陕西省"十二五"古籍整理重大项目
陕西省社会科学基金重点项目

陕西古代文献集成【第十八辑】

陕西古代文献集成编纂委员会 编

主编◎贯三强

槐野先生存笥稿

[明]王維楨 撰

吳敏霞
范志鵬 袁憲 點校

陕西新華出版傳媒集團
陕西人民出版社

圖書在版編目（CIP）數據

陝西古代文獻集成. 第十八輯 / 賈三強主編. — 西安：陝西人民出版社，2018
ISBN 978-7-224-13065-2

Ⅰ.①陝… Ⅱ.①賈… Ⅲ.①地方文獻－彙編－陝西－古代 Ⅳ.①K294.1

中國版本圖書館CIP數據核字(2018)第296503號

《槐野先生存笥稿》　　吳敏霞　范志鵬　袁　憲　點校

陝西古代文獻集成·第十八輯

編　者	賈三强
出版發行	陝西新華出版傳媒集團　陝西人民出版社 （西安北大街147號　郵編：710003）
印　刷	中煤地西安地圖制印有限公司
開　本	787mm×1092mm　16開　34印張　4插頁
字　數	500千字
版　次	2018年12月第1版　2018年12月第1次印刷
書　號	ISBN 978-7-224-13065-2
定　價	256.00元

陝西省古籍保護整理出版工作
領導小組編纂委員會

主　任	方光華	陝西省人民政府副省長
副主任	高　陽	陝西省人民政府副秘書長
	程寧博	中共陝西省委宣傳部副部長
	任宗哲	陝西省文化和旅游廳廳長
	司曉宏	陝西省社會科學院院長
委　員	劉　强	陝西省發展和改革委員會副主任
	王建利	陝西省教育廳廳長
	史高領	陝西省科學技術廳副廳長
	王愛民	陝西省民族宗教事務委員會主任
	習雲傑	陝西省財政廳總會計師
	羅文利	陝西省文物局局長
	徐　曄	陝西省文史研究館館長
	雷　湛	陝西省地方志辦公室主任
	明平英	陝西省檔案局局長
	周天游	陝西省古籍整理專家委員會主任
	白寬犁	陝西省社會科學院副院長、陝西省古籍整理專家委員會副主任
	賈二强	陝西省古籍整理專家委員會副主任
顧　問	司曉宏　任宗哲　郭立宏	
主　編	吳敏霞	
副主編	王祥瑞	

《陝西古代文獻集成》編纂工作領導小組

組　　長　任宗哲　郭立宏
副 組 長　白寬犁　高　嶺
成　　員　吳敏霞　惠西平　吳振磊　段建軍　王祥瑞　潘麗華　韋禾毅

《陝西古代文獻集成》編纂委員會
特邀顧問

張豈之　趙世超

學術委員會

主　　任　周天游
副 主 任　白寬犁　賈二强
委　　員　周天游　周偉洲　閻　琦　白寬犁　賈二强　吳敏霞　張懋鎔
　　　　　惠西平　郭憲曾　李　浩　王煒林　向　德　張　弘　趙力光
　　　　　趙建黎　徐大平　史天社　淡懿誠

編纂委員會

主　　編　賈三强
副 主 編　吳敏霞　趙望秦
委　　員　賈三强　吳敏霞　趙望秦　張新科　段建軍　霍有明　傅紹良
　　　　　周曉薇　郝潤華　李芳民　張　沛　張文利　趙小剛
主編助理　杜學林　李向菲　魯夢宇　楊　瑞

前　言

　　陝西有着悠久的歷史，是文明隆盛之區。傳説中華夏民族的始祖炎帝和黃帝都曾在這片土地上活動，並且留下了相關的遺址遺跡。對今天中華文明和文化傳統影響最大的周秦漢唐王朝，肇興於這片土地，同樣留下了數不清的文物遺存。這些文化遺産雄辯地證明，陝西是中華民族的發祥地之一，也是中華民族一步步走向强盛的歷史見證。有越來越多的國内外人士來到這裏，觀賞半坡遺址、周原故地、秦兵馬俑、漢武帝陵、大夏統萬城、唐長安城以及終南風物等，領略這裏恢弘、悠遠、博大、精深的文化。

　　世界上很多地方的著名古跡，比如英國的史前巨石陣、復活節島上的巨人石像與秘魯納斯卡地畫，在相關的歷史文獻中，找不到絲毫的記載，因此只能是一個一個神秘的千古不解之謎，甚至有人將其解釋成外星人留下的奇跡，這當然大大影響了它們具有的文化意藴。而陝西的周秦漢唐遺跡和文物，絶大多數可以與傳世的文獻相印證。用文物與文獻相互印證研究歷史的方法，從漢代起就有學者運用。在清代乾嘉學者，尤其是後來的王國維先生那裏，成爲一種科學的學術研究手段，是歷史研究的利器。秦始皇陵兵馬俑坑棚木明顯被焚燒過，這在《史記》中有記載，是楚霸王項羽所爲；而遊客們在遊覽唐大明宫遺址，驚嘆其恢弘的氣勢時，也不由得會想到古代典籍中記載的發生在這裏的歷史事件，如盛唐時"九天閶闔開宮殿，萬國衣冠拜冕旒"的朝貢場面，大唐落日西沉時血雨腥風的"甘露之變"等，這些事件都深刻地影響了中國歷史的走向。設想一下，如果沒有文獻的佐證，這些文物古跡將會怎樣地黯然失色。因此，如果將這些可視的文物古跡視作壁上之龍，那些可讀的傳世文獻就如同龍的眼睛，一經點畫，飛龍就會騰起在天，活靈活現。

與文物文化相輔相成的是，這裏同樣有着深厚的文獻文化傳統。陝西存世文獻的品質之高，舉世罕有。《周易》極力探究宇宙產生和運行的根本法則，《周禮》爲萬世定立典章制度的企望，《史記》"究天人之際，通古今之變，成一家之言"的抱負，展示了早在西漢以前這片土地上志士仁人的闊大胸襟。這種特質對於秦地之人已經浹髓淪肌，融入血脈。而《詩經》中產生於周秦故地的諸多詩篇，從莊嚴的宗廟祭祀到民間青年男女嘹亮的情歌，無所不包，則又體現出這裏人民生活的豐富多彩。漢唐時代在這裏產生的諸多歷史、哲學和文學作品，至今仍有着典範意義，是中華民族精神寶庫中異常珍貴的遺產。

無論在陝西生活或者工作的人，不僅有責任將這塊中華民族風水寶地產生的文化遺產保護好，而且還要發揚光大。新中國成立後的20世紀50年代，我們國家幾乎還是一窮二白的時候，國家投入鉅資發掘了半坡遺址，並修建了保護性的建築。70年代又發掘了震驚世界的秦始皇陵兵馬俑，並在遺址上建立了博物館。改革開放以來，特別是近年來，陝西省提出建設文化大省、強省的戰略目標，而這對文化遺產的保護無疑是重要內容。近年來，隨着經濟的發展，政府在文化遺產保護方面的投入不斷加大，周原遺址、西安漢城遺址、曲江遺址、大明宮遺址、大唐西市遺址的發掘保護，爲世人矚目，已成爲陝西和西安古代文化的亮眼名片。

但是對於古代文獻的保護和整理，則稍顯落後。正是意識到了這一點，陝西省政府決定在"十二五"和"十三五"期間，在這些方面加大投入，進行建設。《陝西古代文獻集成》是其中的重大課題。這裏説的陝西古代文獻，指的或專寫陝事，或作者爲陝人，或書籍爲陝版。前兩者是主要的整理内容，陝版圖書除了在圖書史或版本目錄學史方面具有較重要的意義外，從内容方面來看，與其他地域出版的圖書並無本質區别的，不作爲此次整理的重點。由於人力、物力、財力的限制，這批整理的文獻，原則上只收録那些没有經近人整理過的古籍或雖經近人整理，但是整理品質不高的古籍。這樣，一些多次經前人整理的古籍，雖然有很高的歷史意義和學術價值，如上述的《周易》《史記》等書，就不再進入整理者的視域。經過專家推薦，課題組嚴格篩選，選取了300餘種古籍作爲整理對象。這些古籍，絕大多數是宋、金、元、明、清人撰作的。

毫無疑問，在以周原、豐鎬、咸陽和長安爲中心的周、秦、漢、唐文明之後，隨着我國政治、經濟、文化中心的東移南下，從宋代開始，在整個中華文明中，陝地風光不再，逐步被邊緣化，整體上處於衰落之勢。但它仍是中華文明的重要組成部分，有時甚至引領風華。這可以關學、明清文學和戲曲的傳世文獻爲例。

北宋的關中大儒張載是早期的理學家，他"爲天地立心，爲生民立命，爲往聖繼絶學，爲萬世開太平"的宏偉誓言，激勵了數不清的中華民族志士仁人修齊治平的理想。張載是宋明理學中導夫先路式的學者，他創立的關學深刻地影響了"二程"的洛學、朱熹的閩學，而這三者構成了理學鼎立的三足。張載奠定的重實踐功夫而相對輕視繁瑣論證的關學傳統沾溉陝西學風民風甚深。從宋代至近代，宋代藍田"四吕"，元代楊奂、蕭㪺，明代王恕父子、吕柟、馬理、馮從吾，清代"三李"、王思敬，直至近現代的劉光蕡、賀瑞麟、牛兆濂等，歷時近千年，構成了不絶如縷的關學體系。這種不尚空談而重實踐的傳統也培育出了關中諸多磅礴豪放的義士和勤敬忠孝的百姓。

明清時代陝西的文學成就也同樣值得大書特書。明代前期度過了慷慨悲歌的改朝換代短暫風光，中國文學進入了百年孤獨時期，充斥文壇的是歌功頌德、神仙道化和說教衛道之風。張廷玉主編《明史·文苑傳》稱之爲："永宣以還，作者遞興，皆冲融演迤，不事鉤棘，而氣體漸弱。弘正之間，李東陽出入宋元，溯流唐代，擅聲館閣。"正是對這段時期文學柔靡之風的概括。而到了明弘治、正德、嘉靖年間，中國文學進入了復興時期，其標志是前七子翩然登上文壇。前七子中的主要人物李夢陽是慶陽人，時屬陝西，康海是武功人，王九思是户縣人。而前七子中的另一位領軍人物何景明，雖是河南信陽人，但卻與上述三人交往密切，還擔任過陝西提學副使之職。繼唐代之後，陝西文學又一次進入亂花迷眼的大好時期。萬斯同《明史稿·文苑傳》說："關中自李夢陽、康海、王九思後，作者迭興，若吕柟、馬理、韓邦奇、邦靖、馬汝驥、胡纘宗、趙時春、王維楨、楊爵輩，彬彬質有其文，而（張）治道輩鼓吹之，一時號爲極盛。"這段文字中提到的絕大多數人，都是科舉中高第中進士的文人。例如康海和吕柟，分别在明弘治十五年（1502）和正德三年（1508）先後中狀元，這也是陝西科舉史中的佳話。這個文人群體詩文創作成就極高，當時在北京官場中流行的"西翰林"之說，就是指翰林院中陝人極多的盛況。500年後的今天，追憶當年，仍令人神往。明嘉靖三十四年十二月（1556年1月）關中發生大地震，當時身在關中的文壇領軍人物馬理、韓邦奇、王維楨等人罹難，使陝西文學盛況戛然而止。但是清代初年，王又旦和"三李""一康"爲代表的三秦詩派又異軍突起，爲陝西文學贏得了聲譽。這一文學現象近年來也受到了學界的關注。

戲曲是我國獨有的藝術。如果將"代言體"作爲其起源和本質特徵，從青海大通縣孫家寨出土的新石器時期陶盆上帶尾飾的群舞、周穆王時傳入中國的傀儡戲和產生於周幽王時的俳優藝術等資料看，完全可以說周秦之地也是中國戲曲的發源地之一。而宋代以後，陝西代言體類的表演藝術總體走下坡路。明代大戲曲家康海、王九思的橫空出世，使這一頹勢中止。而在明清之際作爲"亂彈之祖"的秦腔的出現，更是使流行了近400年之久的宮調聯曲體戲曲走向了窮途末路，而以秦腔爲代表的板腔體戲曲流行於大江南北、長城内外，成爲中國戲曲的主流。"花部亂彈"是清人對板腔體戲曲的俗稱，秦腔也因而被戲曲界稱爲"花部亂彈之首"，對包括京劇在内的近現代以板腔體爲主的各地戲曲影響深遠。

　　這些文獻，在這次整理中都有收録。我相信，這批文獻的整理出版，將會使學界和廣大對古代文化有興趣的讀者朋友們獲益良多。

　　我要衷心感謝從事這項課題的100多位省内外專家學者，正是你們數年的艱苦努力，爲實現我們陝西建設文化大省、强省的戰略目標做出了卓有成效的貢獻，也爲我們陝西文化增添了一項標志性的成果，在此謹致深深的謝忱。

賈三强
丁酉年秋

目錄

總凡例…………………………………………………………………………1
槐野先生存笥稿………………………………………………………………1
後記……………………………………………………………………………515

總凡例

一、《陝西古代文獻集成》收録範圍，爲傳統近代以前陝西傳世文獻。陝西爲清代版圖所轄區域。陝西文獻概指陝人著述或述論陝事者。

二、本叢書僅收録未經今人整理，或雖經今人整理，然而品質尚有提升空間之古代文獻。

三、本叢書以點校爲主要整理方式，亦有個别作者前期已完成校注本，且有較多史實箋證，於讀者有裨益者，亦適當收入。

四、諸書底本之墨釘"■"、闕字"□"均一仍其舊，空闕或漫漶之字亦示以"□"，部分殘缺之字外框以"囗"。

五、底本之誤，原則上不改，而在校記中説明。一些明顯之常識性錯誤，如古籍中常見"己、已、巳"不分者，則逕改，不出校記。

六、諸書各有特點，且其整理成於衆手，故點校前言、凡例和附録等不强求統一。

七、諸底本中原有之注，用小號字排印，置於原處。

八、本叢書多有一輯多種者，其前後排序按作者之生卒年月。

九、因本叢書諸作之整理完成時間不一，故每十輯爲一批次，按經、史、子、集和時代先後順序編排。

槐野先生存笥稿

[明]王維楨　撰
　　吳敏霞
　　范志鵬
　　袁　憲　點校

點校説明

一

王維楨（1507—1556[1]），字允寧，號槐野，陝西西安府華州（今陝西省渭南市華州區）人。生於明正德二年，嘉靖十年舉鄉試，十四年登進士第，選庶吉士；十六年授檢討；二十四年參修《大明會典》，爲纂修官；二十八年晉修撰；二十九年會試武舉，爲主考官；三十一年遷右春坊右諭德，署掌南京翰林院事；三十四年主順天鄉試，升南京國子監祭酒，便道歸家探母，遇關中大地震而亡，終年四十有九。

王維楨家世業儒，耕讀守望，"世以文行相後先"[2]，其族曾孫王承之撰《王允寧先生年表》云："其先昌平人。始祖伯牙，元進士，官河南按察司副使，國初用爲華州稅課局大使，遂家焉……父載，剛直果毅，恥與庸俗伍，鄉人稱處士。"維楨生而"風骨峻岐"，自髫年就學至進士登第，始終勤學不輟，《年表》載其發奮攻讀情狀云："公屋後有白榆大數圍，百年前物也，公每日夕持《史記》、杜少陵詩，登踞樹岐，誦讀聲振霄漢。"[3]

王維楨二十五歲中舉，二十九歲登第，此後二十年仕宦生涯，都在翰林院中度過，是典型的"詞林"文士。他官居閑曹，仕途平淡，有不足百字之小傳見於《明史·文苑傳》，生平事跡主要見於其殁後友人爲之撰寫的行狀和墓誌銘。

---

[1] 關中大地震發生在嘉靖三十四年十二月十三日凌晨，王維楨遇難而亡，其時爲公元1556年1月24日。

[2] 〔明〕瞿景淳：《南京國子監祭酒槐野王公行狀》，見明萬曆三十四年刻三十八卷本《槐野先生存笥稿》附録。

[3] 以上見〔明〕王承之：《王允寧先生年表》，見明崇禎十二年刻四十二卷本《王允寧先生存笥稿》附録。

二

關於王維楨，《明史·文苑傳》記載：

> 王維楨，字允寧。嘉靖十四年進士。擢庶吉士，累官南京國子祭酒。家居，地大震，壓死。維楨頎而晳，自負經世才，職文墨，不得少效於世，使酒謾罵，人多畏而遠之。於文好司馬遷，於詩好杜甫，而其意以夢陽兼此二人。終身所服膺效法者，夢陽也。[1]

論其人貶過於褒，言下之意王氏最多是一位"有志不獲騁"的狷介文人。

王維楨歿於明嘉靖三十四年（1556），《明史》最後成書進獻在乾隆四年（1739），相去已遠，所做評價的客觀程度自然不可盡信，然其言亦當有所本。現存王維楨生平記載，以作於明嘉靖丁巳（1557）之《南京國子監祭酒槐野王公行狀》與《明故南京國子監祭酒王公墓誌銘》爲最早。《行狀》乃王氏門人吳郡瞿景淳所撰，《墓誌》爲王維楨生前好友、同年進士安陽郭朴所撰。瞿氏所撰《行狀》云：

> 公性孝友。始爲諸生時，喪文菴公，哀毀骨立。比既貴，每在告。事仲父質菴恭順唯諾，如事文菴公。與從兄弟維藩、維祺、維新、維厚群居怡怡，友恭靄然，人不知爲從兄弟也。從姪吉兆少孤貧，公異其質，資給就學，撫而教之甚備，今爲郡學生。念族蕃有貧不能葬者，割地立塋，俾以昭穆次第，即葬其中。歲饑則出粟贍族，有婚喪亦如之。故族人多德公。公素剛直，少不當意，即時貴必面折其過，人或不堪。然與人交不渝終始，誠意懇至，迥出俗輩。里中孫通判氏，居官清苦，夫婦沒垂三十年，其子不能葬，公爲買地葬之。其與人之周多類此，故雖素不悅公者，亦服公高義。公雅意經世，然優游館閣積二十餘年，訖不當任，故不及以功業自見，時托之著述。[2]

主要從兩方面稱揚了王氏爲人：一是"孝友"，事父執恭順，與從兄弟友恭靄然，撫教從姪甚備，善待族人。二是"剛直"，責人之過不留情面，與人交不渝終始。也指出其有"經世"之志，不獲施展，遂"托之著述"。其友人郭朴

---

[1]〔清〕張廷玉：《明史》卷二百八十六《列傳第一百七十四》"文苑二"，北京：中華書局，1974年，第7349頁。

[2]〔明〕瞿景淳：《南京國子監祭酒槐野王公行狀》，見明萬曆三十四年刻三十八卷本《槐野先生存笥稿》附錄。

在所撰《墓誌》中亦持類似說法：

> 公始爲諸生，喪父，哀毀骨立。比登仕籍，泓胥駿發，顯貴可立致也。顧以痛父不逮養，每圖順悅母志，遷延家居者前後五六年，其孝如此。性素豪邁，負氣敢言，折節交游，中存區畛。稱人之美，惟恐弗及；面折人過，若無所容。眾遂謂公善抑揚人，公自謂真弗變也。至剖疑決難，雖非已職，必依然任之。且博學彊記，論事慷慨，指顧揮霍，廣譬曲諭，多中肯綮。諸公亦以此偉其爲人。平居好觀今昔名賢經略，凡關隘阨塞、備禦曲折，能歷指陳其詳，此其志概，豈諓諓拘拘者比哉！[1]

稱揚其至孝，并認爲他因孝養母親而耽擱了仕途升遷。指其"性素豪邁，負氣敢言"，以至於"面折人過，若無所容"。也讚揚他"博學彊記"，不以詞臣自限，留心軍國大事，慷慨以天下自任，且言之有物，切中時弊，並非一般泛泛俗士文人可比。

《行狀》爲其門人所撰，自然不免爲長者諱；《墓誌》限於隱惡揚善的慣例，亦難逃"諛墓"之譏。同樣一個王維楨，《明史》謂其"使酒謾罵"，《行狀》讚爲"剛直"，而《墓誌》稱"負氣敢言"，平心而道，這些說法都是對同一種人格從不同側面的解讀，不宜以"真"或"僞"來做簡單的是非判斷。王氏生長秦中，天性亢直，"面折人過"，使人不堪，無疑犯了官場上的大忌，有違儒家"中庸"之道，在被指責的一方，這當然無異於"謾罵"；但在另一些旁觀者看來，這樣"剛直"、"敢言"的作風，正可以洗滌因循苟且的官場習氣，使人心神爲之一振，耳目爲之一新。這種觀點可以在後來的文獻中找到印證，清康熙間周召作《雙橋隨筆》，談及王維楨，說：

> 王槐野先生諱維楨，華陰人也。爲人戇直樸略，自謂"受性已定，猶僕之貌，修幹廣顙，昂首軒眉，揭膺闊步，皆造化陶冶，不可移易……"其自信不移如此，故其與浙江趙巡按、姜僉事二書，因海寇之亂直陳時弊，激切痛快，皆他人所不能道所不敢道者，真救時之藥石也。余於范月工架上得其集，讀之，謂其爲文多右正嫉邪，揚美刺惡，時抉胸臆以鸣不平，曲爲引譬以發奇思，真所謂擲地有聲、入

---

[1] 〔明〕郭朴：《明故南京國子監祭酒王公墓誌銘》，見明萬曆三十四年刻三十八卷本《槐野先生存笥稿》附錄。

> 土不蠹者，不但詞句之沉雄軼蕩令人避三舍也。[1]

不但肯定王氏人品，對其胸中識見、筆下文章亦讚許有加，稱爲"擲地有聲、入土不蠹"。

王維楨於嘉靖十四年登第入仕，至三十四年遇震而亡，從政二十年間，正值明王朝多事之秋。明世宗嘉靖在位45年，初期尚能勵精圖治，力除弊政，開創"中興"局面；中、後期則日漸剛愎，沉迷於方術，喜怒無常，任用權奸，怠於朝政。此時北方蒙古土默特部俺答汗崛起，稱雄於大漠南北，威逼遼東、掩有青海，連年侵擾內地，甚至兵臨北京城下；南方江、浙、閩、粵沿海倭患漸熾，勾結當地奸商刁民，寇略不已，生民爲之塗炭。史云：

> 其時紛紜多故，將疲於邊，賊訌於內，而崇尚道教，享祀弗經，營建繁興，府藏告匱，百餘年富庶治平之業，因以漸替。[2]

面對內憂外患的時局，王維楨在翰林院的同僚們大多本著"不在其位，不謀其政"的心態，或清高自詡，或明哲存身，繼續詩酒贈答、優游文字的"翰苑"生活。王維楨則不同，他懷著強烈的用世之心，每每在給友人的書信中吐露對時局的憂慮：

> 方今天下之患，南困于倭、北怵于胡、中絓于梁宋之盜，蓋甚紛擾矣。窮本則任事諸臣能者狼顧而不肯前，不能者又闇劣瑣屑、偷位而不辭，弊在官人者之不審，且坐不公；迨今患成，乃以皋任事之臣，舛矣。[3]

此時"天下之患"，主要是"南倭"與"北胡"，這是朝廷上下盡人皆知的事實，造成"倭""胡"紛擾局面的內外因素很多，王維楨這般大聲指責"任事諸臣"，進而總結出根本責任在於"官人者"的"不審"與"不公"，未免以偏概全。此信收信人"王三渠少宰"即時任吏部侍郎王用賓，吏部掌官員任免、考課、陟黜之事，正是王維楨所指責的"官人者"。

王維楨雖不在其位，卻常懷報國之心，欲效"鉛刀一割"之用。他對朝廷面臨的難題也常常提出自己的應對之策。

---

[1] 〔清〕紀昀等：《四庫全書》子部儒家類《雙橋隨筆》卷十一，《文淵閣四庫全書》第七二四冊，第504頁。

[2] 〔清〕張廷玉：《明史》卷十八"世宗二"，北京：中華書局，1974年，第250頁。

[3] 〔明〕王維楨：《與王三渠少宰書》，見明萬曆三十四年刻三十八卷本《槐野先生存笥稿》卷二十五。

> 夫南倭與北虜異勢，而禦虜與禦倭宜不同道……今倭寇則不然，駕輕舟于大海之中，來不知其所向、去莫踪其所歸，一舟裝五六十人，五六舟突來，食頃間數村皆赤又突去，星散鳥集、不立大軍，流薄飄忽、未有營壘；而海道綿亘且數千里，徵兵待報動逾時日，先期防禦則從入之路叵測、見難而趨則倉卒之變不捄……爲今日計，則莫若慎擇有司，令選丁壯，厚蓄重賞，必得其死力；比寇至則結連屯寨、自保境土，彼固有痛痒心，遣之出境卽亡命是圖矣。然必撫臣以其事責海道兵備，兵備以其事督所在有司乃可。若倭舟停泊海洋、觀望不去，則責之戎幕不少貸焉。如是則行有實效、咎有真歸，禦倭之策，無便此者。[1]

王維楨的"禦倭之策"總結起來要點有三：一曰重賞募勇；二曰連寨自保；三曰層層負責。這樣概而論之的對策從邏輯上說自然沒有什麽問題，但是具體執行起來卻不那麽簡單，尤其在明王朝已經積弊重重的經濟、政治、軍事狀態之下，想要有所作爲很不容易。以戚繼光、俞大猷這樣的傑出將領，協調各方面的力量，耗時十餘年，才基本肅清東南沿海的倭患。實際上，造成東南倭寇之患的因素有很多，其中很重要的一點就是明朝廷僵化保守的"海禁"政策，很大程度上造成了"逼民爲寇"的惡果。王維楨看不到產生"倭寇"的根本原因，也沒有考察過倭寇危害地區的實際情形，所發議論、提出的對策，從宏觀角度來說大體是合理的，似乎也可以作爲一家之言。但是在那些熟諳朝廷弊病的當權者和有實際治理經驗的地方官員看來，這樣的議論與對策正是典型的書生之見、紙上談兵。

王維楨居官翰苑，文名甚著，又不甘心墨守詞壇，時常就軍國大事發聲議論，指摘當軸施政得失，影響頗大。長此而往，大概當局主政者對他的喋喋不休也難以漠然置之，於是在嘉靖二十九年（1550）派他會試武舉，爲主考官。雖則武舉會試以翰林二員爲主考是正德以來的成例，但之所以派定王維楨，與輿論所向恐怕也不無關係。王氏雖一面自謙"于時無裨，又未嘗學"，"驅之校武士，茲何異借明於瞽"[2]，一面還是很得意、很認真地做了一回武舉會試主

---

[1] 〔明〕王維楨：《答孫用脩監察書》，見明萬曆三十四年刻三十八卷本《槐野先生存笥稿》卷二十五。
[2] 〔明〕王維楨：《與喬三石大參書》，見明萬曆三十四年刻三十八卷本《槐野先生存笥稿》卷二十二。

考官。他在《武舉録後序》中說：

> 今年庚戌，天下貢武士于京師。維九月實當會試，屬虜警至，有司以天子命且舍而逐虜，俄而虜遁。比十月，有司復以請，乃試……臣以故按依舊令，偏主射技，射中多者，卽文不副射，收之；文而能陳形便、指利害，射又中者，丞收之……臣今收者若干人，劍斷割則知利，士驅使則知賢，苟稍稍任用，斯辨之矣。[1]

由此可見，王維楨會試武舉，取材的標準並非唯武藝是舉，而是智勇兼備。時值胡虜囂張、倭寇猖狂的危亡之秋，急需能夠殺敵衛國的壯士，更需要通武藝、精韜略的將帥之才。友人郭樸在爲王維楨所作《墓誌》中也稱他"典試武舉，所進多謀略才豪之士"[2]。嘉靖二十九年，一代名將戚繼光年方二十三歲，作爲一名世襲低級武官參加了王維楨主持的武舉會試，結果是落第而歸[3]。至嘉靖三十四年（1555）王氏遇地震罹難時，戚繼光才調任浙江都司僉書不久，年少位卑，尚未展開他流芳千古的抗倭事業。王維楨卒年四十有九，設若天假以年，使其得見後十餘年中戚繼光屢戰屢捷、大破倭寇的赫赫戰功，不知當作何感想。

王維楨科甲出身，在翰苑多年，曾爲會試同考官、順天鄉試主考，但他對於養才取士之道，並不專主"舉業"一途，而是主張"國家取材之路宜廣，舉業之外，更設數科，則賢者畢收"[4]，使得那些"挾倜儻非常之才，不閑於筆劄應對之技"的人才也能有用武之地，而不至於"含抑白首"泯沒無聞。這樣的觀點雖非王維楨原創，但是在以舉業爲唯一"正途"，科舉考試嚴重僵化的明朝中後期，能發出這樣的呼籲，無疑是很有勇氣、也很有見地的。

總之，王維楨一介儒士，本以文才見長，有修身齊家之德，又抱定治國平天下的經世之志；他關心時局、指斥時政，卻被有意無意地長期安置在翰苑閑曹，沒有實踐自己修政治民、安邊衛國理念的機會。王維楨一生遭際，固然

---

[1]〔明〕王維楨：《武舉録後序》，見明萬曆三十四年刻三十八卷本《槐野先生存笥稿》卷二。

[2]〔明〕郭樸：《明故南京國子監祭酒王公墓誌銘》，見明萬曆三十四年刻三十八卷本《槐野先生存笥稿》附録。

[3]《明史·戚繼光傳》未及嘉靖二十九年事；戚繼光之子戚祚國撰《戚少保年譜耆編》記其與試而不言得中與否，以理推斷，應是未中。

[4]〔明〕王維楨：《壽西澗先生胡公七十序》，見明萬曆三十四年刻三十八卷本《槐野先生存笥稿》卷六。

與他不爲當局者所喜的"剛直"好言的性格有關，而他的詩人氣質，以文才自負、動輒歸隱山林的人生態度，也並不適宜做一個需要城府和謀略的政治家。

三

王維楨一生成就主要在文學方面，他在當時即文名甚著，對後世也有一定的影響，是嘉靖時期關中文壇的代表人物之一。對於王氏詩文的特點，《明史》的評價較有代表性：

> 于文好司馬遷，于詩好杜甫，而其意以夢陽兼此二人。終身所服膺效法者，夢陽也。

王維楨文宗兩漢，詩學盛唐，重理氣、尚法度，是明代復古派在關中的後勁。復古派"前七子"中，李夢陽（1473—1530）是慶陽（今屬甘肅，明代屬陝西）人，康海（1475—1540）是武功（今陝西咸陽）人，王九思（1468—1551）爲鄠縣（今陝西西安市鄠邑區）人，都是王維楨的同鄉前輩。王氏尤其對李夢陽推崇備至：

> 本朝作者，空同老翁聖矣。即大復猶却數舍。蓋空同有神變無方之用、有精純不雜之體，讀一篇詩見一事首終。雖縱橫奇正弗一，其裁而粹美同也；玡琚璜瑬弗一，其形而温栗同也。至若倒插頓挫之法，創自少陵，善用之者空同一人而已。學者未睹其大，慢肆醜詆，以爲空同掠古市美，比之剽虜。嗟乎！空同富才神解，能自作古，假令與李杜二豪並生同代，二豪當約爲兄弟，補所未逮、增所未能。故官幣失金，不可盡疑陶朱也；良驥駸足，不可謂相肖似也。空同生李杜先，不爲李即爲杜；若李杜後空同生，亦未必不爲空同。豈可謂李杜掠人美哉！[1]

空同"富才神解"，爲一代文壇之聖，是沒有疑問的；然以之與李白、杜甫並駕齊驅，則不免有過譽之嫌。不過"神變無方"、"縱橫奇正"確實是李夢陽詩文的特色，也是其天才所至，王維楨才不及空同，只好在"法"上多下功夫。作文賦詩，不能無法，但過於注重外在的形式，又會造成買櫝還珠的弊病。王氏很多詩、文讀來詰屈澀重、氣韻不暢，就是他刻意追求"法度"、過

---

[1] 〔明〕王維楨：《答張安世中舍書》，見明萬曆三十四年刻三十八卷本《槐野先生存笥稿》卷二十。

於"鍛煉"的結果。錢謙益在《列朝詩集小傳》中評論王維楨說：

> 爲文慕好太史公，盱衡抵掌，沾沾自喜。論詩服膺少陵，自謂獨得神解，尤深于七言近體，以爲有照應、開闔、關鍵、頓挫，其意主興、主比，其法有正插、有倒插，而善用頓挫倒插之法者，宋元以來唯李空同一人。及其自運，則麤笨棘澀、滓穢滿紙，譬如潦倒措大，經書講義填塞腹筒，拈題豎義，十指便如懸錐，累人捧腹，良可一笑也。[1]

王氏文好司馬遷、詩宗杜甫固然不假，論詩好講法度也是事實，然而將其詩貶爲"麤笨棘澀、滓穢滿紙"，則有失公允。錢謙益向來不喜李夢陽，因此將推崇、學習李氏的王維楨也一筆抹煞，大肆譏詆。

王維楨文勝於詩，其存世之作亦以文爲主，《槐野先生存笥稿》三十八卷，文即佔去二十八卷之多。其詩雖非上品，但也不像錢牧齋批評的那麼低劣，比如這首五律：

> 寶劍藏年久，匣中渌水光。千金酬未許，一日爲君將。青海傳雙箭，天山駐五王。何當持此去，萬里靖邊疆。[2]

格調高邁、神情峻爽，雖無驚人之語，猶有幾分盛唐氣象。而另一首七律：

> 子月簷梅正欲舒，他鄉杯酒對寒廬。冠裳十載依天近，弧矢茲辰閱世初。鏡裏窺顏驚老大，雲中獻賦愧吹噓。西瞻舊業蓮峰下，歲晚黃精好自鋤。[3]

法度謹嚴，鍛煉得當，言志怨而無怒，抒情哀而不傷，可謂學杜有得之作。

四

王維楨官居翰苑二十載，交遊頗廣，與當時很多政治人物往來密切、書信頻繁，其存世詩、文作品除具有較高的文學地位之外，對於研究嘉靖一朝乃至明代中後期的社會歷史，無疑也具有相當的史料價值。

王氏詩、文生前並未付梓，遇難後，親友爲之搜集、整理、刊行，其間多

---

[1]〔清〕錢謙益：《列朝詩集小傳》，上海古籍出版社1983年版，第384、385頁。
[2]〔明〕王維楨：《贈劍與孫都督》，見明萬曆三十四年刻三十八卷本《槐野先生存笥稿》卷三十二。
[3]〔明〕王維楨：《初度》，見明萬曆三十四年刻三十八卷本《槐野先生存笥稿》卷三十四。

次增補遞修，卷帙也由最初的二十卷增至四十二卷。

王氏詩文集現存版本主要有七個[1]，分別是：

1.《王氏存笥稿》二十卷，明嘉靖三十六年刻本。杭州大學圖書館藏，收入《四庫全書存目叢書集部》。白口，四周雙邊，十行二十二字。卷端題："左輔王維楨著"。前有孫陞序、鄭本立敘，後有李攀龍跋。

2.《王氏存笥稿》二十卷，明嘉靖三十七年刻本。國家圖書館藏。白口，左右雙邊，單黑魚尾，魚尾下鐫"存笥稿"，十行二十字。卷端題："左輔王維楨著"。

3.《王氏存笥稿》二十卷，明嘉靖四十年刻本。北京大學圖書館藏。白口，四周單邊，單魚尾，魚尾下鐫"存笥稿"，十行二十字。卷端題："左輔王維楨著，門生豫章潘僎較刊"。前有鄭本立敘，孫陞序，後有李一鶚跋。

4.《王槐野先生存笥稿》二十卷、《續集》九卷，明萬曆七年刻本。北京大學圖書館藏，收入《四庫禁毀書叢刊集部》。白口，四周單邊，版心上鐫"存笥稿前集"或"存笥稿續集"，九行二十字。下方書口處記刻工：張時節刊。前集卷端題："左輔王維楨著，吳興顧爾行校，漢陽尹應元梓"。續集卷端題："左輔王維楨著，吳興顧爾行校，門人靈璧徐學禮梓"。有孫陞、李攀龍、顧爾行、劉士忠序。

5.《槐野文選》三十卷、《別集》一卷、《附錄》一卷，明萬曆七年刻本。北京大學圖書館藏。白口，四周雙邊，雙黑魚尾，九行二十字。卷端題："咸林王維楨允寧甫著，渭上南軒叔後甫選"。有孫陞、許轂序，鄭本立敘，李攀龍、楊一鶚、南軒跋。

6.《槐野先生存笥稿》三十八卷、《附錄》一卷，明萬曆三十四年刻本。復旦大學圖書館藏，收入《續修四庫全書集部》。白口，左右雙邊，單黑魚尾，版心上方鐫"存笥稿"，十行二十字。卷端題："左輔王維楨著，館甥渭上南師仲編"。前有黃陞敘，王圖、盛以弘序及原序六首，後有南師仲書後。

7.《王允寧先生存笥稿》四十二卷、《附錄》一卷、《年表》一卷，明崇禎十二年刻本。上海圖書館藏。白口，左右雙邊，單白魚尾，版心鐫"存笥稿"，九行十八字。卷端題："左輔王維楨著，廣陵李嗣京編，清湘鄧承藩

---

[1] 參見崔建英輯；賈衛民、李曉亞整理《明別集版本志》，北京：中華書局，2006年版。并見杜澤遜撰、程遠芬編《四庫存目標註》，上海：上海古籍出版社，2007年版。

較"。前有李嗣京、汪喬年序及原序六首，本刻序四首，後有鄧承藩、王承之跋。

另有王維楨著《杜詩七言頗解》四卷、《李律七言頗解》一卷，明嘉靖三十七年刻本，爲王氏早年學詩、論詩之作；《司成遺翰》四卷，明萬曆三十八年刻本，收録王維楨部分書信。此外，明人編輯的一些詩、文選集中也部分收録了王氏作品。[1]

上述主要七個版本大致源流關係如下：

嘉靖三十六年二十卷本爲最早；

嘉靖三十七年二十卷本是嘉靖三十六年二十卷本之增補修訂本；

嘉靖四十年二十卷本是嘉靖三十七年二十卷本之復刻本，且刻印較嘉靖三十七年二十卷本爲精；

萬曆七年二十卷本之《前集》二十卷乃復刻嘉靖三十七年二十卷本，其《續集》九卷爲增補內容；

萬曆七年三十卷本是以嘉靖四十年二十卷本爲基礎之增補刪訂本；

萬曆三十四年三十八卷本則是綜合萬曆七年二十卷本與萬曆七年三十卷本之後的增補修訂本；

崇禎十二年四十二卷本基本是在萬曆三十四年三十八卷本基礎上，又加入前面提到的萬曆三十八年四卷本《司成遺翰》中所收録的全部書信。[2]

此次點校整理，以萬曆三十四年三十八卷本《槐野先生存笥稿》爲底本，主要以嘉靖四十年二十卷本及崇禎十二年四十二卷本參校。底本不誤而別本有誤者，不出校記；底本不誤而別本異文有研究參考價值者，出校記列出；底本有誤而別本不誤者，不改底本，於校記中辨析說明。

點校者

二零一六年秋於西安

---

[1]〔明〕俞憲編《盛明百家詩》收録《王祭酒集》一卷；〔明〕李賓編《八代文鈔》收録《王允寧文鈔》一卷；〔明〕陸弘祚編《皇明十大家文選》收録《槐野文選》二卷。

[2] 這里對王維楨詩文集主要版本之間源流關係的說明參考了西北大學2010屆碩士夏明媚女士的碩士學位論文《王維楨生平及其<存笥稿>版本研究》的相關論述。

目録

槐野先生存笥稿敘 …… 43
槐野先生存笥稿序 …… 45
槐野先生存笥稿序 …… 47

槐野先生存笥稿原序六首 …… 49
 姚江孫陞_{南京禮部尚書} …… 49
 蘭谿鄭本立_{陝西巡按御史} …… 50
 濟南李攀龍_{陝西提學副使} …… 50
 曲梁王一鶚_{建寧府知府} …… 51
 渭上南軒_{吏部文選郎中} …… 51
 同郡劉士忠_{江西道御史} …… 52

附錄四首 …… 54
 孫王倡和集序 …… 54
  東海何良俊_{翰林院孔目} …… 54
 談藝集序 …… 55
  上元許穀_{南太常寺卿} …… 55
 匪懈稿序二首 …… 56
  長垣李化龍_{河南提學副使} …… 56
  宗孫王庭譔_{翰林院修撰} …… 57

槐野先生存笥稿總目 …… 58

槐野先生存笥稿卷之一 ... 61

疏 ... 61

乞送母疏 ... 61
乞終養疏 ... 62
再乞終養疏 ... 63

槐野先生存笥稿卷之二 ... 64

序 ... 64

順天府鄉試録序 ... 64
武舉録後序 ... 66
南宫奏議序 ... 67
制府奏議序 ... 67
陝西奏議序 ... 68
鈐山堂集序 ... 69
刻河垣稿序 ... 70
潘襄毅公文集序 ... 71
少華贈言序 ... 71
榮壽録序 ... 72
崔東鹿德政録序 ... 73
姚母六十詩序 ... 73
思惠張翁輓詩序 ... 74

槐野先生存笥稿卷之三 ... 76

序 ... 76

送柳濱先生赴平涼苑馬寺序 ... 76
贈黄僉事兵備遼東序 ... 77
贈山東右使芹山陳公序 ... 78
贈趙長沙序 ... 79
壽峯羅先生歸淳化序 ... 80
恕齋先生還華山序 ... 80
贈傅大夫守廣信序 ... 81
贈西洲趙先生序 ... 82

贈鄭一山序 ……………………………………………… 83
贈張雙渠序 ……………………………………………… 83
贈方厓趙君六載考績序 ………………………………… 84
豫內篇贈秋巖戴子之保州 ……………………………… 85

槐野先生存笥稿卷之四 …………………………………… 87
序 …………………………………………………………… 87
贈督學李大夫序 ………………………………………… 87
贈侍御齊公再考序 ……………………………………… 88
贈青巖胡君督學江西序 ………………………………… 89
贈諫議趙君使歸省覲序 ………………………………… 90
贈太守胡兩臺序 ………………………………………… 90
送大司馬鳳泉先生歸宜陽序 …………………………… 91
贈南京吏部尚書朴溪潘公考績序 ……………………… 93
贈大理卿盧公應詔北上序 ……………………………… 94
贈石洲張君擢守建寧序 ………………………………… 95
贈濟南太守項君序 ……………………………………… 96
贈少司空橫溪歐先生考績北上序 ……………………… 97

槐野先生存笥稿卷之五 …………………………………… 99
序 …………………………………………………………… 99
贈南京禮部尚書端溪王公入賀聖壽序 ………………… 99
贈南京禮部尚書端溪先生考績序 ……………………… 100
賀柳州太守小江毛君序 ………………………………… 102
贈別駕梁君之延平序 …………………………………… 103
贈焦大夫奏功拜恩序 …………………………………… 104
贈少司徒芹山先生告滿序 ……………………………… 105
贈東穀先生考績序 ……………………………………… 106
贈大司成見滄茅公奉召北上序 ………………………… 107
贈大中丞須野張公巡撫貴州序 ………………………… 108
贈大理少卿方厓趙公北上序 …………………………… 110
贈監察御史濯溪閻公還朝序 …………………………… 111

贈南京太宰儼山周公序 112

槐野先生存笥稿卷之六 114

序 114

　　　壽封監察御史東村張公序 114
　　　壽劉大夫父母並躋七十序 115
　　　壽少宰龍湖張公六十序 116
　　　壽方田李翁八十序 117
　　　壽大宗伯毅齋先生孫公七十序 118
　　　南京吏部尚書致仕兩洲王公七十序 119
　　　壽大司馬督府太華何公序 120
　　　贈七十翁都督孫先生序 121
　　　壽八十翁白泉先生序 122
　　　壽西澗先生胡公七十序 123
　　　壽東園公七十序 124

槐野先生存笥稿卷之七 126

序 126

　　　壽汪母楊太宜人序 126
　　　壽張母陳太宜人序 127
　　　壽太孺人張母六十序 128
　　　壽俞母袁太孺人序 129
　　　壽敖母鄒太孺人序 130
　　　壽太夫人孫母九十序 131
　　　壽潘夫人六十序 132
　　　壽沈母程安人序 133
　　　壽太恭人許母八十序 134
　　　壽任母張夫人序 135

槐野先生存笥稿卷之八 137

記 137

　　　核邊記 137
　　　西嶽廟新置齋所記 139

目　錄

　　潼關衛脩學記 ··· 140

槐野先生存笥稿卷之九 ······································· 141

碑 ··· 141

　　重修三聖廟碑 ··· 141
　　益壯先生墓碑 ··· 143
　　明尚寶司司丞致仕洛原白公墓碑 ··························· 144
　　明贈徵仕郎南京戶科給事中懷雲萬公墓碑 ················ 146
　　明封戶部主事喬君墓碑 ······································ 148

槐野先生存笥稿卷之十 ······································· 151

志銘 ·· 151

　　明處士王公暨配碩人石氏合葬墓志銘 ····················· 151
　　明安陽縣丞致仕半山郭公墓志銘 ··························· 153
　　明封文林郎翰林院編脩裕菴歐陽公墓志銘 ················ 154
　　明浦城簿東丘余公墓志銘 ··································· 155
　　明四川道監察御史雙洲嚴君墓志銘 ························ 157
　　明封戶部廣西司主事懷朴康公墓志銘 ····················· 158
　　明王孺人趙氏墓志銘 ··· 160
　　王氏第二妹正儀壙銘 ··· 161
　　長女王淑姬壙銘 ·· 162

槐野先生存笥稿卷之十一 ···································· 164

傳 ··· 164

　　孫忠烈公傳 ·· 164
　　王太史傳 ··· 167
　　西峯張公傳 ·· 168

槐野先生存笥稿卷之十二 ···································· 170

行狀 ·· 170

　　贈禮部尚書諡文簡西玄先生行狀 ··························· 170
　　昭勇將軍陝西都司指揮僉事葵軒張公行狀 ················ 172
　　亞中大夫長蘆都轉運鹽使司運使渭川東公行狀 ·········· 175

－ 17 －

封宜人劉母甘氏行狀 …… 178
　　太孺人馮母行狀 …… 179

槐野先生存笥稿卷之十三 …… 182
策 …… 182
　　※聖壽策 …… 182
　　※王霸策 …… 185
　　※上書策 …… 188
　　※相業策 …… 191
　　※士節策 …… 194

槐野先生存笥稿卷之十四 …… 198
策 …… 198
　　※營務策 …… 198
　　※邊計策 …… 201
　　※制將策 …… 204
　　※兵法策 …… 206
　　※黃河策 …… 209

槐野先生存笥稿卷之十五 …… 212
論 …… 212
　　善用兵者教正不教奇論 …… 212
　　聖人自有中和之氣論 …… 214
　　文章根本六經論 …… 215

槐野先生存笥稿卷之十六 …… 217
雜著 …… 217
　　御試足食足兵議 …… 217
　　王母太孺人述 …… 218
　　雪灘釋代陳子作 …… 219
　　五泉子說 …… 219
　　字姪脩仲說 …… 220
　　葉母還金跋 …… 221

跋許石城所藏群公詞翰卷 ………………………………………… 221
許氏贈言跋 ……………………………………………………………… 221
匪懈稿志 ………………………………………………………………… 222
書李空同贈華雙梧瑯琊行後 原詩附 ……………………………… 222

槐野先生存笥稿卷之十七 ……………………………………… 224

雜著 ……………………………………………………………………… 224
御試喜雪賦 ……………………………………………………………… 224
擬賜翰林學士宋濂以所選良馬并爲製歌謝表 …………………… 225
大司寇箬溪先生顧公像贊 …………………………………………… 226
咸寧令齊子像贊 并引 ………………………………………………… 227
答尹朔野啟 ……………………………………………………………… 227
請南吉士啟 ……………………………………………………………… 227
請東體忱啟 ……………………………………………………………… 228
中秋延賓啟 ……………………………………………………………… 228
壽薛渭野帳詞 并引 …………………………………………………… 228
贈楊刺史帳詞 并引 …………………………………………………… 229
孝烈皇后鼓吹詞應制 ………………………………………………… 230
南寺避暑詞 ……………………………………………………………… 230

槐野先生存笥稿卷之十八 ……………………………………… 231

祭文 ……………………………………………………………………… 232
告華嶽文 ………………………………………………………………… 232
告武安王關公文 ……………………………………………………… 232
再告關公文 ……………………………………………………………… 233
祭華巖東侍御文 ……………………………………………………… 233
祭鄭亭東大夫文 ……………………………………………………… 234
祭劉隱君文 ……………………………………………………………… 234
同鄉合祭馬西玄先生文 ……………………………………………… 235
同鄉合祭呂涇野先生文 ……………………………………………… 236
詞林合祭呂涇野先生文 ……………………………………………… 236
詞林合祭張陽峯先生文 ……………………………………………… 236

謁侍歸展告先公文 237

　　祠堂成祭告文 237

　　祭甘經歷文 238

　　祭外舅半山公文 238

　　詞林合祭王懋中太史文 238

　　同館合祭王太史文 239

　　祭先考贈君文 239

　　祭叔父王次公文 239

　　祭前山先生文 240

　　祭孫通府文 240

　　祭贈君墓文 241

　　祭仲父質菴公文 241

槐野先生存笥稿卷之十九 242

　祭文 242

　　祭趙宜人文 242

　　詞林合祭王太史孺人文 243

　　同鄉合祭王太安人文 243

　　祭趙侍郎母太淑人文 244

　　同年合祭王太恭人文 244

　　祭盧太史孺人文 245

　　同鄉合祭太恭人王母文 245

　　詞林合祭王太恭人文 245

　　同鄉合祭龐母太孺人文 246

　　祭胡宜人文 246

　　會祭孫太夫人文 247

　　祭趙宜人文 247

　　祭南恭人文 247

　　哭亡女淑姬文 248

　　祭妹文 249

　　送亡女文 249

槐野先生存笥稿卷之二十 250

書 ………………………………………………………………… 251
 與王三渠宫諭書 ………………………………………… 251
 答趙洪洋巡撫書 ………………………………………… 252
 答張安世中舍書 ………………………………………… 252
 與趙洪洋巡撫書 ………………………………………… 253
 答王序夫孝廉書 ………………………………………… 253
 與高石山給舍書 ………………………………………… 254
 與楊玉泉提學書 ………………………………………… 254
 答丁滄源都憲書 ………………………………………… 255
 與趙劍門侍御書 ………………………………………… 255
 答喬景叔督學書 ………………………………………… 256
 與程松溪司成書 ………………………………………… 256
 與孫伯泉錦衣書 ………………………………………… 256
 與孫季泉宫允書 ………………………………………… 257
 與張龍湖學士書 ………………………………………… 257
 答王堯衢編修書 ………………………………………… 258
 與呂沃洲侍御書 ………………………………………… 258
 答王思質侍御書 ………………………………………… 259
 答襄陵令尚子書 ………………………………………… 259
 與劉嵩陽太守書 ………………………………………… 260
 答南姜泉太守書 ………………………………………… 260
 答曹東村侍御書 ………………………………………… 260
 與孫季泉宫允書 ………………………………………… 261
 與王序夫孝廉書 ………………………………………… 261
 與袁元峯編修書 ………………………………………… 262
 與周石崖曹郎書 ………………………………………… 262
 答趙大洲編修書 ………………………………………… 263
 與敖夢坡編修書 ………………………………………… 263
 答許少華中丞書 ………………………………………… 263
 答韓苑洛司馬書 ………………………………………… 264
 與郭東野侍讀書 ………………………………………… 264
 與孫季泉宫允書 ………………………………………… 265

答胡自湖侍御書 ... 265
答張安世中舍書 ... 266
與魏明瑞諸子書 ... 266
與張惟訓孝廉書 ... 267
答程松溪祭酒書 ... 267
與孫月崖都憲書 ... 267
與郭龍潭主簿書 ... 268

槐野先生存笥稿卷之二十一 ... 269

書 ... 270

與汪春谷太僕書 ... 270
與謝畹溪都憲書 ... 271
與保定成總兵書 ... 271
奉王大廓先生書 ... 272
與許仲貽舊吏部書 ... 272
與謝應午舊宮直書 ... 273
奉王麓泉先生書 ... 273
答盧淶西少司成書 ... 274
答喬三石督學書 ... 274
答李東岡舊給舍書 ... 275
答王襄垣序夫書 ... 275
答鳳泉先生復套書 ... 275
與黃雨田少參書 ... 276
答王九岩禮部書 ... 276
答嚴敏卿內翰書 ... 277
答王石岡總督書 ... 277
答孫用脩司理書 ... 277
答韓苑洛司馬書 ... 278
答王鳳泉先生書 ... 278
與王九岩論傳書 ... 279
答鳳陽李太守書 ... 279
答廣信傳太守書 ... 280

答王襄垣序夫書 …… 280
答彭豫齋大參書 …… 281
答喬三石督學書 …… 281
答牛槐堂相國書 …… 282
答王鳳泉先生書 …… 282
與蘇舜澤巡撫書 …… 283
與王南溟兵憲書 …… 283
答韓苑洛司馬書 …… 284
與高金麓太守書 …… 284
答呂芹谷二守書 …… 284
答南都李司諫書 …… 285
答韓苑洛司馬書 …… 286
再答韓司馬書 …… 286
答陳平岡同年書 …… 286
答張太乙僉憲書 …… 287

槐野先生存笥稿卷之二十二 …… 288
　書 …… 289
答王大廓先生書 …… 289
答王吾崖侍御書 …… 290
答陳文岡舊給舍書 …… 290
與王三渠宮詹書 …… 291
答傅應臺巡撫書 …… 291
答貴州大巡張子書 …… 292
答王石岡總督書 …… 292
答韓苑洛司馬書 …… 293
與王南溟兵憲書 …… 293
與陳巽齋侍御書 …… 293
與楊南澗總制書 …… 294
答余伯初司封書 …… 295
答王大廓先生書 …… 296
與河西閻監察書 …… 296

答汪春谷巡撫書	297
與兗州高太守書	297
答林平泉內翰書	298
答張石渠給諫書	298
與南姜泉太守書	298
與馮午山大理書	299
與喬三石大參書	299
與王樗菴僉事書	300
答趙劍門侍御書	300
與何太華總督書	301
答孔文谷大參書	302
答張太谷司馬書	303
與張雙渠太守書	303
答薊鎮趙主政書	304
答許少華中丞書	304
與鮑思菴中丞書	305
答姚惟貞侍御書	305
奉敎東谷先生書	306
答許少華中丞書	306
答王石谷給諫書	307

槐野先生存笥稿卷之二十三 308

書 309

答趙劍門侍御書	309
與趙景仁兵備書	310
與張南溪侍郎書	310
答張元洲太守書	311
答鮑思菴巡撫書	311
答姚惟貞侍御書	311
與王兩洲太宰書	312
答李直夫主事書	312
答孫用脩侍御書	313

答何太華總督書 ……………………………………… 313
答喬三石大參書 ……………………………………… 314
與高平令衛子書 ……………………………………… 314
答趙劍門侍御書 ……………………………………… 315
答薛芳山憲副書 ……………………………………… 316
與王三渠少宗伯書 …………………………………… 317
駁喬三石論文書 ……………………………………… 317
與賈樵村巡撫書 ……………………………………… 318
與白伯倫論碑文書 …………………………………… 318
答尹朔野太守書 ……………………………………… 319
奉王麓泉先生書 ……………………………………… 319
答閻右泉祭酒書 ……………………………………… 320
答潞安張太守書 ……………………………………… 320
答閔水東提學書 ……………………………………… 321
與張元洲太守書 ……………………………………… 321
與艾西麓巡撫書 ……………………………………… 322
答劉亦齋大參書 ……………………………………… 322
與張秋渠少參書 ……………………………………… 323
與光祿谿田馬公書 …………………………………… 323
與尚書西陂劉公書 …………………………………… 324
與中丞平田管公書 …………………………………… 324
與張太微比部書 ……………………………………… 325
與胡蒙谿少卿書 ……………………………………… 325
與昝龍渚侍御書 ……………………………………… 326

槐野先生存笥稿卷之二十四 ……………………… 327

書 ……………………………………………………… 328

與徐少湖閣老書 ……………………………………… 328
與李南渠閣老書 ……………………………………… 329
與萬治齋太宰書 ……………………………………… 329
與屠東洲大中丞書 …………………………………… 330
與聶雙江少司馬書 …………………………………… 331

與陸東湖都督書 …………………………………… 331
與孫伯泉都督書 …………………………………… 332
與周石崖中丞書 …………………………………… 333
與尹洞山宮允書 …………………………………… 333
與林平泉內翰書 …………………………………… 333
與吳澤峰內翰書 …………………………………… 334
與凌道山給諫書 …………………………………… 334
與趙子樂郎中書 …………………………………… 335
與仇止齋總戎書 …………………………………… 335
與南姜泉憲使書 …………………………………… 336
與東體忱孝廉書 …………………………………… 336
與聶雙江大司馬書 ………………………………… 336
與歐南野大宗伯書 ………………………………… 337
答郭東野宮庶書 …………………………………… 338
與孫季泉少宗伯書 ………………………………… 338
與徐少湖閣老書 …………………………………… 339
與江北李監察書 …………………………………… 339
與南叔後吉士書 …………………………………… 340
與唐小漁修撰書 …………………………………… 340
駁謝提學刻華山志書 ……………………………… 341
與浙江巡按趙子書 ………………………………… 342
與滁倅楊子書 ……………………………………… 342
答姜以正僉憲書 …………………………………… 343
與孫用脩侍御書 …………………………………… 345
答徐鳳竹侍御書 …………………………………… 346

槐野先生存笥稿卷之二十五 …………………………… 347

書 ……………………………………………………… 348

答敖夢坡祭酒書 …………………………………… 348
與余伯初郎中書 …………………………………… 349
與王三渠少宰書 …………………………………… 349
答南叔後吉士書 …………………………………… 350

與王子儀給諫書 …………………………… 350
　　答王元美刑部書 …………………………… 351
　　與程松溪少宰書 …………………………… 351
　　答董潯陽編修書 …………………………… 352
　　與孫季泉少宰書 …………………………… 353
　　與孫伯泉都督書 …………………………… 353
　　與陸東湖都督書 …………………………… 354
　　答王思質巡撫書 …………………………… 354
　　答徐浴泉給諫書 …………………………… 355
　　與郭東野少宗伯書 ………………………… 356
　　與孫季泉少宰書 …………………………… 356
　　與孫仲泉尚寶書 …………………………… 357
　　與南叔後吉士書 …………………………… 357
　　答趙劍門侍御書 …………………………… 358
　　與全九山內翰書 …………………………… 358
　　答何月梧憲副書 …………………………… 359
　　答楊裁菴巡撫書 …………………………… 359
　　與黃翠巖督學書 …………………………… 360
　　與張白灘給舍書 …………………………… 360
　　答林平泉內翰書 …………………………… 361
　　與王鳳泉先生書 …………………………… 361
　　答孫用脩監察書 …………………………… 362
　　答張南溪侍郎書 …………………………… 363
　　與鄭少潭提學書 …………………………… 364
　　與張半洲論傳書 …………………………… 364
　　答薛方山憲副書 …………………………… 365

槐野先生存笥稿卷之二十六 ………………… 366
　書 …………………………………………… 367
　　與何柘湖內翰書 …………………………… 367
　　與何大壑祠部書 …………………………… 368
　　與許石城太常書 …………………………… 368

與史沱村巡撫書	369
與孫季泉少宰書	369
與楊朋石光禄書	369
與鄭澹泉總督書	370
答喬三石觀察書	370
再答喬觀察書	371
與賈樵村督府書	371
答任棠山太守書	372
與喬三石觀察書	373
答南叔後吉士書	373
與徐少湖閣老書	373
與李古沖太宰書	374
與王三渠大宗伯書	375
答鄒一山巡撫書	375
答白幼權令尹書	376
與潼關王兵備書	376
答吴總兵守直書	377
答俞是堂憲使書	377
與孫季泉少宰書	378
與萬兩溪吏部書	378
與何柘湖内翰書	378
答吴總兵守直書	379
答康道甫太守書	379
答孫東谷大司徒書	380
答趙大洲同年書	380
與樊斗山御史書	381
答俞是堂憲使書	381
答薛方山憲副書	382
答趙方泉提學書	382
與艾西麓巡撫書	383
答俞是堂憲使書	383
答唐霽軒巡撫書	384

槐野先生存笥稿卷之二十七 ········ 385

小簡 ········ 387

與王鳳泉先生簡 ········ 387
答吳柳濱先生簡 ········ 387
與張南溪巡撫簡 ········ 387
與南姜泉儀部簡 ········ 387
與徐少湖少宰簡 ········ 387
與朱碧峰先生簡 ········ 388
答謝畹溪巡撫簡 ········ 388
與張太谷中舍簡 ········ 388
答鄭一山督學簡 ········ 388
白里中親友簡 ········ 388
與顧六泉督學簡 ········ 389
答彭豫齋大參簡 ········ 389
與汪春谷太常簡 ········ 389
與張南溪少司徒簡 ········ 389
答鄖陽任巡撫簡 ········ 389
答劉一軒侍御簡 ········ 389
與孫右川太守簡 ········ 390
答盧書菴方伯簡 ········ 390
與盧淶西少司成簡 ········ 390
答傅應臺巡撫簡 ········ 390
與饒仁菴太守簡 ········ 390
與張重卿太守簡 ········ 391
與王三渠少宗伯簡 ········ 391
與劉月山少參簡 ········ 391
答周石崖憲長簡 ········ 391
與尹朔野太守簡 ········ 391
答謝與槐少參簡 ········ 392
與喬三石大參簡 ········ 392
與趙守朴大司馬簡 ········ 392

與張東沙少司馬簡 …… 392
　　與謝與槐少參簡 …… 392
　　與徐儀岡給諫簡 …… 392
　　答韓苑洛大司馬簡 …… 393
　　與張元洲兵憲簡 …… 393
　　答任櫟山太守簡 …… 393
　　與張石渠給諫簡 …… 393
　　答閆滻溪侍御簡 …… 393
　　與王子皐給諫簡 …… 394
　　答姚惟貞侍御簡 …… 394
　　與王思質巡撫簡 …… 394
　　與何太華總督簡 …… 394
　　與許少華巡撫簡 …… 394
　　與薛方山憲副簡 …… 395
　　與趙大洲光祿簡 …… 395
　　答王仲山提學簡 …… 395
　　與唐齋軒巡撫簡 …… 395
　　與趙大洲光祿簡 …… 395
　　與王穉川少司成簡 …… 396
　　答任櫟山太守簡 …… 396
　　與薛方山憲副簡 …… 396

槐野先生存笥稿卷之二十八 …… 397
　　與孫季泉宗伯簡 …… 397

槐野先生存笥稿卷之二十九 …… 405
　五言古詩 …… 405
　　贈汪氏赴瑯琊四首 …… 405
　　慶源堂爲許氏作 …… 406
　　世芳樓爲許相公作 …… 406
　　送人之南陽二首 …… 407
　　贈汪子 …… 407

贈謝子令大興 ········· 407

寄謝氏四首 ········· 407

與汪仲子別三首 ········· 408

贈佘駕部之南都四首 ········· 409

贈瞿太史使梁册封四首 ········· 409

爲嚴相公題三瑞圖三首 ········· 410

貢院贈袁懋中學士二首 ········· 411

贈袁生督兵守鳳陽三首 ········· 411

燕子磯次韻二首 ········· 412

槐野先生存笥稿卷之三十 ········· 413

七言古詩 ········· 413

贈孫伯子畫菊歌并序 ········· 413

錦江行贈陸子使蜀 ········· 414

贈劉少參赴楚守顯陵 ········· 415

對雨篇 ········· 416

對雨後篇 ········· 416

相逢行贈艾少參 ········· 416

石鼓殘文歌 ········· 417

封君鄭公以子朝慶太史貴衣錦南歸作畫錦篇贈之 ········· 418

東海篇送劉太守入覲 ········· 418

北邙行 ········· 419

槐野先生存笥稿卷之三十一 ········· 420

五言律詩 ········· 422

春登郊壇偕諸同館三首 ········· 422

別舍弟二首 ········· 422

送人奉使南歸 ········· 422

留別諸同館四首 ········· 422

慈恩寺納涼用郭質夫太史韻四首 ········· 423

立秋夜坐有懷三首 ········· 423

雨霽宴郊壇徐奉常院二首 ········· 424

送駱太史謝病歸湖州四首	424
送黃僉憲赴山東二首	425
七夕宴集和陳太史	425
陳子詩期七夕宴集忽雨渝盟廼依韻嘲之	425
七夕雨二首	425
七月八日夜集陳子館	425
中秋夜飲景叔喬子和韻二首	426
送李子西憲使再赴汴臺	426
三忠祠	426
寄趙孟靜	426
陳戚畹宅同年會和孫志高韻四首	426
廣德寺送別陳子	427
千秋節二首	427
送趙明府赴長洲	427
送陳子侍父歸嵩山	427
詠孫氏第雪獅二首	427
左順門望文華有述	428
月夜孫志高見過	428
左順門偕諸寮上問安疏	428
冬夜孫志高宅對月	428
冬夜過孫錦衣太史昆仲留觴紀贈一首	428
雪後望西山	429
送兄二首	429
和袁子詠雪之作	429
初度二首	429
贈王懋中太史移居四首	429
壽甘母二首	430
大風	430
春日院中齋居對雪	430
同館寮宿院中	431
三月晦日諸館寮約集鄭園余坐阻不赴寄之二首	431
俞侍御父母雙壽	431

七夕雨 ……………………………………………… 431
　　秋夕齋宿 …………………………………………… 431
　　送盧子上泰陵祠昭聖太后二首 …………………… 431
　　齋夜同彭孫歐三太史 ……………………………… 432
　　中秋過汪氏二昆季玩月二首 ……………………… 432
　　贈潘使君赴汝寧二首 ……………………………… 432
　　贈李侍御按雲中二首 ……………………………… 432
　　送吳吏部謫大名二首 ……………………………… 433
　　秋夕孫子見訪和韻 ………………………………… 433
　　壽蘇諫議母許孺人兼贈諫議得告歸侍二首 ……… 433
　　雪中簡鄰舍汪子 …………………………………… 433

槐野先生存笥稿卷之三十二 …………………………… 434

　五言律詩 ……………………………………………… 436
　　送人之金陵 ………………………………………… 436
　　上元壽傅母太孺人 ………………………………… 436
　　午日送郭主簿之江都二首 ………………………… 436
　　送內兄選士郭子歸省二首 ………………………… 436
　　寄郭舅郭故爲縣倅 ………………………………… 437
　　寄齊侍御 …………………………………………… 437
　　夏至齋居 …………………………………………… 437
　　送孫生鋌入吳成婚 ………………………………… 437
　　雨中郊寺送郭子 …………………………………… 437
　　慈仁寺集鄉中諸友 ………………………………… 437
　　送華學士之留都 …………………………………… 437
　　中秋集汪尚寶舍和韻二首 ………………………… 438
　　白僉事入賀聖壽卻還山東二首 …………………… 438
　　送彭子還山二首 …………………………………… 438
　　贈許氏二首有引 …………………………………… 438
　　送王司成之南都二首 ……………………………… 439
　　沈光禄謁歸以改塋先大夫兆 ……………………… 439
　　申進士令分宜 ……………………………………… 439

秦維价宰孟縣	439
寄贈宗兄司訓	439
送汪子	440
送徐推官之西安	440
輓許相國夫人二首	440
送李明府之任蜀中李父故爲御史	440
贈陳憲使之江西兼訊謝許二丈二首	440
還闕二首	440
寄家書二首	441
寄東氏妹二首	441
五日登毘盧閣同王趙二子二首	441
予既還京會無錫王子亦至因簡二首	441
寺閣同諸子和楊司諫韻四首	442
立秋書懷	442
聞蟬	442
秋日閒居二首	442
贈張秋部決獄南畿	443
雪日詣宮門哭大行皇后有述	443
贈學士張公之留都	443
春晚見白髮作	443
聞鶯次趙子樂比部韻	443
孝烈皇后輓歌四首應制	443
人日作	444
春日寺集和尹崇基韻二首	444
賦得天寧塔贈胡中望同年	444
郭氏莊遊次崇基尹子韻二首	445
南浦泛舟次韻	445
南浦觀蓮次韻	445
贈閔氏提學山西	445
贈劍與孫都督	445
送葛給事以使册封歸河西二首	445
輓竹坡隱君	446

有客二首 ··· 446
   贈朝宗劉子宰瑞安二首 ··· 446
   寺中訪喬景叔大參留宿二首 ······································· 446

槐野先生存笥稿卷之三十三 ··· 447
  五言律詩 ··· 449
   東峰二首和韻 ··· 449
   趙孟靜弟下第歸 ··· 449
   郡堂趨賀聖節三首 ··· 449
   投南寺避暑四首 ··· 449
   贈馮子 ··· 450
   西溪亭上分韻得屏字 ··· 450
   草堂即落悼往悲今愴然有懷于我翁遂賦四韻爰抒底衷焉 ··· 450
   熱 ··· 451
   郵亭賦別限韻二首 ··· 451
   宴南寺用韻 ··· 451
   冬至西溪限韻二首 ··· 451
   別浦竹塘侍御二首 ··· 451
   元宵 ··· 452
   齊大尹父母雙壽二首 ··· 452
   送李兵備致仕歸二首 ··· 452
   壽趙中丞母七十二首 ··· 452
   張憲使父母輓詩二首 ··· 453
   寄朝邑劉令二首 ··· 453
   春夜草堂飲趙孟靜限韻二首 ····································· 453
   暑雨 ··· 453
   寄周潤夫汪子才二曹郎 ··· 454
   夜雨 ··· 454
   美人篇 ··· 454
   秋日登墅樓同郭子得差字 ··· 454
   出平涼尋故人 ··· 454
   王母宮二首 ··· 454

夜投乾州	455
宿涇陽館穀不至	455
涇陽早發用壁間韻	455
渡渭	455
渭南早發	455
宿臨潼	455
華清宮	455
渡河用壁韻	456
王喬洞和趙孟靜韻	456
望輞川	456
過湘子祠	456
秦嶺過文公祠	456
度秦嶺	456
商州別舍姪吉兆北歸二首	456
聞蟬	457
除夜書懷	457
元日喜雪和韻二首	457
早春過王宗伯宅留飲次韻二首	457
早春王錦衣宅集諸舊游次盧君韻二首	458
春日登鳳凰臺次韻二首	458
春日遊靈谷寺次韻	458
贈仲良童子之任泉州二首	458
悼內爲項氏作	458
哀姊爲項氏作	459
張戶部母六十二首	459

槐野先生存笥稿卷之三十四 …… 460

七言律詩 …… 462

送縣倅之浙東	462
和夏相公九日邵園賞菊	462
夜雨偶得窗字	462
迎恩寺次王懋中韻三首	462

病懷二首 …………………………………………………… 463

彭子遷居鄰宇因簡 …………………………………… 463

病告馬尚寶孟之彭編修起之許吏部仲貽茅殿撰邦獻攜觴枉別 ………… 464

和黃子九日感懷之作 ………………………………… 464

雪晴 …………………………………………………… 464

齋夕有感和大宗伯王公韻二首 ……………………… 464

長陵恭謁 ……………………………………………… 465

康陵陪祀 ……………………………………………… 465

沙河道中用懋中太史韻 ……………………………… 465

祗役山陵憇道院 ……………………………………… 465

鞏華城陟眺 …………………………………………… 466

沙河逢同年高令 ……………………………………… 466

登長陵山和宗伯馬公韻 ……………………………… 466

上陵和韻 ……………………………………………… 466

長陵樓眺和韻 ………………………………………… 467

和韻送友人 …………………………………………… 467

送吳吏部謫赴大名 …………………………………… 467

初度 …………………………………………………… 467

陳子至自嵩山 ………………………………………… 467

小至院內對月簡諸同宿 ……………………………… 468

和司空甘公誕日夜宴見示之作 ……………………… 468

爲人賦碧山 …………………………………………… 468

九月二十八日過袁太史詠堂內菊用何氏韻 ………… 468

卜居 …………………………………………………… 468

冬夜過林太史宅 ……………………………………… 469

冬日朝天宮道院和韻 ………………………………… 469

元日 …………………………………………………… 469

凌進士父母雙壽卷 …………………………………… 469

立春日賜宴和宗伯徐公韻 …………………………… 469

正月十六日冊立敬妃侍班和韻 ……………………… 470

送李御史之南都 ……………………………………… 470

夏日同諸文學登都城和孫志高韻 …………………… 470

答袁子告中見貽次其韻	470
贈李封君樂隱公	471
京館守歲同舍姪吉兆	471
曹侍御以使便歸覲太夫人	471
曹侍御使金陵	471
冬郊候母北至	471
贈陳太史奉其家君還蜀	472
贈袁太史使南陽便且還越用舊韻	472
贈嚴太史使大梁用舊韻	472
贈世胤趙侍御之南都	472
贈吳純叔分司太和山二首次韻	473
秋赴郊寺同曹王二客夜遊用獻吉先生韻	473
九月十二日黃太史宅賞菊次韻	473
贈李給事移官南都	473
聞警二首	474
聞笛	474
秋思	474

槐野先生存笥稿卷之三十五 …… 475

七言律詩 …… 477

贈張憲使之閩中	477
贈蔡使君守衡州	477
送晁太史使梁次董太史韻	477
除夜與親者飲用韻	477
次韻答用均太史	478
春日邀諸同好登毘盧閣和尹崇基韻	478
五月五日寺集	478
夏日同教純之尹崇基二太史劉道卿客部朱士南憲使郊寺讌集會大雷雨是時朱得除督閩中學怯暑滯行余爲紀述二首	478
六月三日作	479
夏日李氏山亭錢閣文甫之金陵即用其韻	479
贈閣文甫司成之南都	479

贈吴氏視南都翰林	479
立秋	479
秋夜吕信卿胡穉美周祖義枉過對月二首	480
贈秦太史使徽藩便道歸越	480
贈朱太史使楚藩	480
張給諫將使侯藩尋復留行孫司成爲賦詩余和之	481
朱象玄太史使楚尋復留行次閔翰長韻	481
元日	481
人日飲汪户部宅次韻	481
功德寺遊眺	481
宿碧雲寺偕同遊諸子	482
西溪亭上次劉太守韻二首	482
移山潭同舒大行游讌用韻	482
次劉太守登移山韻	482
萊公祠送江從之用杜工部望嶽韻	483
至家貽京邑同好次韻	483
北窗	483
送柯元卿自秦移鎮河南	483
五日和唐臣户部韻	484
和應午謝子華陰雨中望嶽見懷之作	484
夏日東氏園亭讌集和世鳴張參伯韻	484
村南晚望口號	484
淇門留别周給事潤夫	484
寧山寺	485
原州鎮西樓制府劉公讌集用韻二首	485
原州魚池秋泛用王宫諭韻二首	485
王母宫次曹可宗韻	486
旅館獨坐	486
臨潼初度	486
冬日同王宫諭曲江雁塔和韻二首	487
王喬洞和趙孟静韻	487
登雞鳴山寺	487

和大宗伯王公至日見贈之作二首	487
大司寇顧公以請告勉留作詩自紀因和答之	488
人日盧通政宅宴集用韻	488
春寒	488
南中立春	489
烏龍潭上亭子和壁韻	489
宴烏龍潭上朱氏亭子次韻	489
登清涼寺後山次韻	489
贈仲榮葛子守河南郡	489

槐野先生存笥稿卷之三十六 ... 491

五言排律 ... 491

瓊翰流輝樓二十一韻	491
忠弼堂二十韻	492
贈別胡中望給事二十九韻	492
送別吳日靜宮贊省覲十二韻	493
嵩鶴老人六十壽八韻	493
送侯大參赴山東右轄十四韻	493
壽張德徵侍御封公四十韻	494

七言排律 ... 495

| 贈吳日靜學士之南都次內閣韻 | 495 |
| 贈敖純之學士之南都次內閣韻 | 495 |

槐野先生存笥稿卷之三十七 ... 496

五言絕句 ... 496

望雨四首	496
圖中小景二首	497
病臥五首	497
題鸂鶒圖二首	497
涇河	498
春意二首	498
題項侍御雙節卷二首	498

題項司訓歸休卷二首 …… 498
六言絕句 …… 498
　　渡渭二首 …… 498
　　淇門用壁間韻別周潤夫給事四首 …… 499

槐野先生存笥稿卷之三十八 …… 500
七言絕句 …… 501
　　梳粧樓 …… 501
　　題菊贈陳子母 …… 501
　　苦熱行十首 …… 501
　　贈墨與陳子 …… 502
　　次韻答陳子饋筆 …… 502
　　老將行贈孫都督二首 …… 502
　　海印寺聽沈山人彈琴二首 …… 503
　　問彭子疾彭子者安禪養生並自稱能於其疾也余故得嘲及之二首 …… 503
　　贈劉令赴潮陽二首 …… 503
　　贈王相陸氏之楚四首 …… 504
　　贈單倅之濬縣三首 …… 504
　　對雨 …… 504
　　十六夜貢院作 …… 505
　　集杜句問訊孫志高疾二首 …… 505
　　過望兒山 …… 505
　　回山 …… 505
　　原州教場閱武曲十二首贈制府劉公 …… 505
　　彰德道中時聞駕幸承天二首 …… 507

槐野先生存笥稿附錄 …… 508
　　南京國子監祭酒槐野王公行狀 …… 508
　　明故南京國子監祭酒王公墓誌銘 …… 510

書槐野先生存笥稿後 …… 513

－41－

槐野先生存笥稿敘

敘曰：文章關乎氣運。信然哉！夫以龍馬呈象，無煩藻繢之奇；書契漸興，炳若日星之耀。鬱而始暢，有開必先，遽非世隆與隆，則文章繫之乎。是故代際淳厖，文絕脩靡之態；時趨綺麗，辭乖古雅之遺。遡自西漢，文爲履端，史稱其渾朴溫厚，炳焉與三代同風尚矣。迺延歷以來，粉糅波靡，炳蔚風雲之狀，雕繪月露之形。淺夫掇彩，徒摭其英華；哲匠研真，必窮於膚澤。詎知銜華佩實，言簡意該，無取雕琢，自成奇偉者乎！

我明稽古右文，斯道大闡，譬日月之麗天，山河之煥綺，超乘而上，爛乎域中。然猶拾排諧之剩瀋，咀波流之餘唾，瓌詭傷氣，縟繡掩骨。即使聲詩摛翰，徒競秀於片言；苟其錯出兼長，尤難工於具體。粵惟北地崛起，日月重明，左輔代興，山河益潤。於時肅皇御宇，海內雍熙。先生簪筆龍池，視草鳳閣，鎔冶墳典，翔集雅謨。文非騷選班揚，不歷於思；詩非曹劉李杜，不注於目。由是隻詞傳播，咸歸遷史齊衡；一韻甫出，共羨少陵讓采。寧非志以定言，獨鍾間世者歟！先生，鄭人也。余代狩三秦，駐節華下，望龍門而太史之氣猶新，履西溪而功曹之風儼在。然後知先生之文濬發有自矣。夫先生志存用世，詎曰立言。天假脩齡，何難大受。即其論要害於九有，譚疾苦於四方，較若借籌，明同觀火。至夫南倭北虜，時切請纓；內警外訌，常懷按劍。遐想慷慨之氣，再惟深遠之謀。異日者，倘改職授任，當與梓里汾陽焜耀後先矣。又奚翅軼遷史之雄詞，步功曹之雅韻已也。芳規既遠，遺編猶存，讐校未精，流傳更訛。玄象南史，先生甥也，接跡玉堂，醉心緗帙，窮蒐廣詢，雖斷簡必收，旁考互訂，即一言務信，遂稱完璧，亡復逸珠，誠藝苑之苦心，左輔之功人也。披閱再四，寔獲我心。遂檄渭南王令，捐貲募工，付之剞劂。庶幾正始復還，玄風再睹。後之觀者，景先喆而徵文獻，不亦全盛之遺響乎哉！余識慚半豹，竊窺一斑，聊弁數言，用紀歲月云爾。王令名九叙，肅寧人，起家進士，政惠而文，故以茲役畀之。

萬曆乙巳春

賜進士出身山東道監察御史欽差提督南畿學校前奉勑巡茶巡按陝西翰林院庶吉士睢陽後學黃陛撰

渭上後學南居業書

槐野先生存笥稿序

海內以作者鳴代可睹也，其爲學士家所北面，莫若空同氏，次則推轂槐野先生。兩人者，皆關中產云。先生初入中秘，即奮志千秋之業。文不屑舉東京以下語，詩不屑舉大曆以下語。一時脩文之士，無不心伏，願爲之下。而間有謂文須舍筏，安所事尺寸古人也者，先生獨不謂然。洎在史局，引繩摻墨，彌入神化，每一結撰，傳布薦紳間，人人膾炙。薦紳大夫時有贈送，非得先生搦管，人不以爲華也。其爲一時所尊向若此。盖嘗考覽國初時臺閣文體，類尚明析暢達，而其爲詩亦沖夷俊美，頗借塗宋人。而士大夫不在館閣及布衣之雄，率乞靈秦漢人口吻，與詞林爭勝。考其所作，大都刻畫皮貌，剽竊影響，競相塗抹，漸入支離。即所稱海內七子，非不高自夸詡。然自歷下瑯琊而外，孰能爲詞壇執牛耳者！嗟嗟難言之矣。先生夢寐古人，文規子長，詩宗少陵，今其言具在。言司馬則司馬，言杜則杜，妙契環中，神符象外。試取先生所著雜寘子長少陵集中，惡知夫先生之非子長少陵也，又惡知夫子長少陵之非先生也。譬之韓幹畫馬，曲肖神情。又如胡寬營新豐井市，宛然雞犬之競識其處。盖曩時臺閣之體，至是劃然大變。而所稱士大夫及布衣之雄乞靈秦漢人口吻以勝詞林者，始識秦漢人真面目真命脉，將慚汗咋舌，不敢復逞其甲乙雌黃之口。是先生不獨有功詞林，抑且有功於贗秦贗漢諸君子，詎非藝苑之前茅而名世之間出者哉！

先生志在經世，慷慨有大略。當世廟時，天下多事，先生抵掌論說，具有石畫。藉令得一當，其勳樹必有可紀。顧以詞臣不得任他事，又早世不競其材，董董以空文垂於世。夫使先生以空文垂世，而世亦以空文知先生，非世道之幸也。先生《存笥稿》二十卷，初刻於關中，又刻於吳，會皆虞佚。後刻於魏博，增《續稿》九卷，差俗矣，又虞訛。茲太史南玄象氏，先生館甥也，博采精讐，合之共得三十八卷。後謀於侍御黃公，鋟梓而廣布之，而屬不佞爲之敘。太史公，左輔名家，工爲古文辭。而侍御公博雅好文，故於是編加意表章若此。《詩》不云乎："高山仰止。"不佞，梓里後進，仰止先生舊矣。茲因太史之請，輒述文體代變之故，并先生所爲斡轉元運者，以告同志。倘海內有共此炙嗜者乎，幸勿以不佞之言爲誣也。

　　萬曆乙巳初秋日
　　賜進士第中順大夫詹事府少詹事兼翰林院侍讀學士東宮日講官役裪後學王圖撰
　　濠梁後學朱宗吉書

槐野先生存笥稿序

　　古文詞自空同先生振起，握槧者蓋人人希心西京大曆而上矣，顧沾濡漸靡，舍神師貌，猥剽裂成章以爲奇絕，而不顧其安。精氣黯索，味之若陳紅然。迨槐野先生繼起，心弗善也，廼一切脫去榛楛，惟獨以神情符契百世上，鴻裁短什，直追子長、少陵之軌。矩度森栗，猶之大匠營創，左尋引，右繩墨，中處焉以役群工，高深狹濶之制，犁然有條。而阿房之巨，靈光之巍，不事跡襲，無不可爲。何者，操其方圓，圓倕之圓、方班之方，而締構自己也，焉用跡襲。蓋文有法，有法法，不得其法法而蘄法之若，於是乎有拾瀋誠契其法。法且不煩繩削而自合，即子長、少陵文藪詩史，寧直得之言泉毫素間哉。彼其周流窮攬形勝，謠俗古今成敗，備囊括之，而後乃馳騁諸家，吞吐歷代，其善陳時事，情不忘君，而後渾涵汪茫，千彙萬狀，聲稱到今。先生事親孝，服官念孜孜王室，窮究世故，鴻猷巨典，吏治民隱，士風夷情，方輿嗜向，疆場大計，具有碩畫成算，鑿鑿當窾；其胸次醞藉，誠足媲垺往古。故其摛之詞，渾渾噩噩，方圓曲中其則，琅函奧典，搴茹酉穴之菁，噆啜百氏之栽。而朝華是務謝，膏馥爲盡袪，所謂得其法法者非邪。是以典午江左，語自不能措其毫端。竊嘗辟之貞松古柏，黛色龍鱗，而蘺落間卉植失其斐亹；溟海曾瀾，勢且浴日月、王百川，而尺寸波瀾當之，却其淪漪，殆與空同先生并垂不朽哉。然空同詞氣偭然，機鋒橫溢，猶時徑率亢厲。而先生沉厚雍穆，意趣翩翩，在文之內，又在文之外。是集也，於昭代指詘容多屈哉。學士大夫挹味者眾，固嘗三四繡之梓矣，然漏遺叢襍豕亥時不免。茲先生甥玄象南先生鳩蘗穮蓘，精摩詳訂，衷白王先生爲敍而傳之，豈不焜耀一時而焄奕千載者哉！將殺青，玄象先生顧蒙曰：吾鄉詞林先哲之集之傳，子安可以無言？弘遂忘其區霯，輒以夙所斑窺先生者爲之敍云。

　　萬曆乙巳孟秋之吉

賜進士第翰林院檢討徵仕郎關門後學盛以弘謹撰
渭上後學南居仁書

槐野先生存笥稿原序六首

姚江孫陞 南京禮部尚書

世稱三秦多豪傑，本其山川絕奇。自空同李先生以論著高一代，華州槐野王子接跡而起，兩人者，皆人傑云。王子拜南京國子祭酒，入關省封樹，會關中大震，王子殞于家。嗟乎！王子產二華之隩區，所云嶽降不虛矣。而地坼山崩與行會，豈非地紀絕而人傑萎邪。余同王子舉進士爲史官，日聚著作之庭，獨與王子語合。退朝輒相與就舍，持文墨議論，中夜不輟以爲常。有故則走豎子挾策進之，務相攻錯，瑕瑜不掩。乃若揚權古今得失，即王子所膾炙，余率有味乎其言，使余不當于心，則王子業已彈射之矣。王子爲文法司馬遷，詩法漢魏，其爲近體法盛唐，尤宗杜氏少陵。居常好深沉之思，務引于繩墨，必結構中度而後脩辭。初，王子屬辭藻麗，學士往往稱之。及其治業益精，去彫敝，尚玄素，聞者諤諤，持可否兩端。王子執余手，語曰：眾言淆亂，余且不能自堅，使余一意脩古而無郤顧者，公之力也。薦紳大夫乞言王子者日益眾，王子不喜卑論，必求合于作者之軌，然後受簡書之。嘗與余約曰：文章不朽盛事，乃今酬應不給，無所發明，何以徵後世。願儗古詩篇目，與公共賦之，務竭精殫思，一當漢魏，比就業相與定其是非，他日成一家之言，則以是載首簡中，庶幾有足徵者矣。乃王子即世，余竊恐其所著書不存，乃今得其遺書笥中，無所失，獨無所謂儗古者，有志而未就，惜哉。要以所存者遍讀之，亦既足傳矣。余不敏，惡能定其文。顧王子有成言不欲倍，故爲之衷次，得文若干卷，曰《存笥稿》，則王子所自名云爾。陞曰：余觀作者之林，其長短較異，即能屬書摛詞，而聲詩不振，抑或以近體取重，古體詘焉。尺有所短，寸有所長，非虛語也。獨空同先生得其具體，王子與之後先入室，皆得擅場，即關中多材賢，此兩人者，豈易得哉。王子既博學多識，與之抵掌論事，四方疾苦、九邊要害，又可坐而策之，曾不得終其天年，功用未起，命也。王子質行載本傳中，不具論。論作者之志如此。

嘉靖丁巳三月

蘭谿鄭本立 陝西巡按御史

余自有識以來，即聞海內有王槐野氏，玄覽博辯，善爲古文，而其人奇偉不群，慷慨有大節，私甚慕之。迨入仕，奔走塵途，愧未識其面。去歲抵京，忽報槐野沒矣。頃之濫役關中，過華山，存問其家，亟索其文讀之，果與昔聞不異，因信槐野人品之不群，當如其文之不凡也。攜入省，把玩不忍釋去。方事校録，適季翁先生自數千里外以其善本至，繁袪類析，益復精粹矣，遂檄督學李子校之，西安劉守刻之焉。刻之者何，爲其可傳也。曷爲傳之，嘗聞君子不知其人，則視其友；不詳其行，則考其言。昔蘇子美沒後，其友歐陽子敘其文而録之，蘇氏之文遂盛傳于世。何者，天下固重子美，而尤信歐陽子也。今觀槐野之集，文追子長，詩擬老杜，體裁格製，迴邁時輩。而要其大意，率多右正嫉邪，揚媺刺愿，時決胸臆以怠不平，曲爲引譬以發奇思。炳炳鏗鏗，聳人觀聽。真所謂擲地有聲，入土不蠹。其視子美，信足並駕齊驅矣。迺季翁復爲之敘，録衷集焉。譬之梁璆泗磬、楚鐵吳鉤雜然並陳，而辯識品題之者，則博雅君子也，人有不信其爲希世之寶者哉。然則是刻成，使天下由是知槐野人品之奇，由是知季翁友誼之篤，文獻足徵，而古道不沒，其于風教亦或少裨矣，夫寧獨以其辭而已邪。

嘉靖丁巳五月

濟南李攀龍 陝西提學副使

余觀大宗伯孫公所稱祭酒文章法司馬子長氏，其然哉。今之不能子長文章者，曰法自己立矣，安在引于繩墨。即所用心，非不濯濯唯新是圖，不知其言終日卒未嘗一語不出于古人，而誠無他自異也。徒以子長所逡巡不爲者，彼方且得意爲之。若是其自異爾，奈何欲自掩于博物君子也。關中故多文章家，即祭酒在著作之庭且三十年，爲文章其用心寧屬辭比事未成而不敢不引于繩墨也。且三十年爲文章，其用心寧屬辭比事未成而不敢不引于繩墨[一]。原夫法有所必至，天且弗違者乎。巧者有餘，拙者不足。假令祭酒爲文，其微辭美事一不得其所置，豈揚雄、劉向所稱實錄者也。大宗伯又言祭酒與北地李獻吉氏接跡而起，以爲祭酒重。則是稿也，海內學士大夫受而讀之者，將益重子長之爲文章而引于繩墨，宗伯有力矣。乃御史鄭公按陝以西諸郡稱采風使者，還且奏之，則又謂攀龍在左輔有祭酒，于文章往往紀列國家大典，而抵掌談四方疾苦、九邊要害，奉胡言胡，奉倭言倭，即欲聞時政，不亦輶軒所載者哉。乃若其詩，則大宗伯所稱李獻吉得其具體矣。吾重傷著作者之志，因并錄焉。攀龍得以具論二公所取祭酒者如此也。

嘉靖丁巳十月

【校記】

[一]"且三十年爲文章其用心寧屬辭比事未成而不敢不引于繩墨"，重出，當爲衍文。崇禎十二年四十二卷本同。

曲梁王一鶚_{建寧府知府}

《槐野先生存笥稿》梓于姑蘇，士大夫購之者恒慮弗獲。予獲而誦之，悚然嘆曰：關中形勝，峙華帶河，古稱百二，先生寔鍾其秀。故其氣節發于文章，誦之者即如振衣華巘、泛楫河源矣。因攜入建安。建安，潘尹先生之門人也，又從而梓之，以廣其傳。噫嘻，有道華陰瞻華嶽、睹河流者，其如見先生也邪。

嘉靖辛酉六月

渭上南軒_{吏部文選郎中}

《槐野文集》，舊名《存笥稿》，初刻之長安者，乃嘉靖乙卯地震後得于散袠中，僅十之三四。蓋惜其遺者多矣，故未加選焉。無何，刻之吳下，雖少加裒益，顧其時遺者尚未盡出也。無何，復刻之建寧，又即吳板而翻之已耳，觀者率嘆其非全書云。隆慶庚午，余養疴里中，遍咨姻舊，得遺文若干卷，爰令季男師仲編次成袠，顧媿趑趄塵溷，無能廣厥傳焉。萬曆乙亥，余讀禮里中，會大中丞右坡董公嘉惠斯文，表揚前哲，固雅珍茲集者，乃遺書議梓事，且謂文貴精不貴多，盍選焉以傳。蓋誠慎之也。余不自揆，輒取前數刻并遺文，謬加刊定，總得若干卷以往，未及鋟梓，而中丞公陟三邊督府，尋且逝矣。嗟乎！文不易傳若是哉。戊寅，會督學翼軒李君行部過余，談文事，慨然欲成中丞公志，余輒更加訂正，因紀歲月于末簡。嗟乎！立言之道豈易語哉。余曩讀書中秘，得侍大宗伯季泉翁教，聞其嘗與槐野公約爲擬古，著述未就，而槐野公溘爲修文郎矣。假令至今存世，即笥中所收諒不止此。或又自加潤削，未可知也。余於是曠然有感于作者之志焉，是故閱其文若詩，卓關化理，當于世教者錄之；不則詞調雖古雅，姑置之以竢大方君子訂焉。或欲究其所詣，則前諸序跋盡矣，余復奚言哉。嗟乎！余嘗觀于季泉翁所編《談藝集》，又慫然有感于作者之志苦矣。於是挈其原刻之半，蓋皆喫緊切磋者，謂足訓友誼耳，豈曰文詞爾邪。乃余猶慮閱茲選者，徒以文概人也，故又以狀志附焉，大都欲令後之觀者，知槐野公之文章事業皆未竟也已。嗟乎！余復奚言哉！

萬曆己卯三月

同郡劉士忠_{江西道御史}

故國子祭酒王槐野公者，余里先生也。當肅皇帝朝，以著作雄一代，即單辭小牘出，人無不習而誦之。迨先生沒，宗伯孫文恪公爲裒次其集若干卷以傳，乃習而誦者愈益眾。集始梓于關中，而吳，而閩，無不爭梓者，蓋先生集行踊赫趭之直且驟而數倍矣。顧文恪公裒集時，董得先生文若詩十之七，其三尚未發笥。余生也晚，乃幸以枌榆故得寓目珍錄家藏。比叨理中山，諸寀識往往遣主書就錄，甚費擾。會關中版亦漶漫不可讀，乃清豐尹君、東明徐君雅重先生文，因謀付剞劂，并原本彙梓之，爲前集者八，爲續集者四，總爲帙十有二，庶幾有以窺生全矣[一]。工竣，二君以先生文屢更傳寫，譌且落者相踵，乃遣使自數百里外持集，屬余校而序之。余不獲辭，敬爲手讎，少正其訛。即不能言言而校靡一謬，然視昔則有間矣。至若先生文及詩，其品隲在學士大夫，行履具本傳，又大都見孫文恪公序中。余小子，復何言。雖然，余讀先生全集數過，乃識其所爲大者，因稽古人以明其志云。昔徐庶嘗事先主矣，操執其母以要庶，庶不得已，去劉就曹。比且行，而以孔明薦，卒建興蜀之業。夫全其親，不弃其君，其忠與孝，何其偉也。先生當乙卯歲之十月，聞母劉太孺人遘癱患，遂徬徨懇疏乞養。會以遷官，便道歸省。行次華山下，虔告嶽神，願代母，令眚着其躬。未逾月，先生即遭地震之變。劉太孺人疾尋亦愈，壽竟躋八旬。嗟乎！念誠代母，神即令之代，此非謂孝子奇節邪。乃先生所舉文武士凡幾百人，率斌斌當國家實用，且嘗欲西接宣大，東連山海，爲邊千二百里，令修築墻垣亭鄣，星聯不斷，每百里爲一軍，練習拒守，分番乘鄣，諸凡禦虜之計甚辦，而當當其時[二]，人固未之與也。今且三十年所矣，北虜款塞，一時謀人國者，果自宣大薊遼，東西相接，築墻建臺，岑峩雄固，虜亦環顧股慄，不敢敗盟。乃其策則自先生預發之矣，可不謂忠哲之遠謀哉。夫庶完母以生，而功著薦賢；先生代母以死，而功著策士。若先生者，則徐庶之烈，忠孝之概也，豈徒炫空文以自見者比邪。此其志微，其事奇，人固莫有發者，余不敏，敢以所聞于長老併集中所載，掇其大者論著之焉。

萬曆己卯八月

【校記】

［一］"生"，崇禎十二年四十二卷本作"其"。

［二］後"當"字應爲涉行而衍。崇禎十二年四十二卷本未涉行亦衍。

附録四首

孫王倡和集序

東海何良俊 翰林院孔目

《孫王倡和集》者，迺大宗伯季泉孫先生與祭酒槐野王先生倡和之作也。良俊讀二先生之詩，見有倡和諸篇，喜其音調之同，謹爲録出，銓次如左，序而刻之。夫詩之有倡和，其古賡歌之遺乎。爰自明良喜起之歌，肇于虞庭，嗣是有魏太子西園之詠。唐中宗時，群臣有臨渭亭、昆明池諸作。其後則元、白同聲于朝，皮、陸振響于野[一]。雖其格之高下、詞之醇駁不同，要之君臣則上下一德，朋友則彼此齊契，然後可以並陳叶奏，無相奪倫。不然，則魚目與揀珠同握，嫫母共西施比肩。其精麤妍醜，能不較然矣乎。若我二先生，同在翰林，力以主張斯文爲己任，講求研究，獨主旁搜，盡古人之能事，而折其中。凡有篇什，其取材駕格，命意鑄辭，必求至當之則。加以句洗字鍊，窮妍極工，如射者張侯挾矢，期于破的。至于頓挫倒插之法，又皆古人不傳之秘。二先生專精苦思，得之意匠，而他人則概乎未聞者也。槐野專主于杜，其力稍勁；季泉則既備風骨，復多俊語。而應制與五言之作，尤爲擅塲。則以主于杜，而旁出于王右丞故也。今觀集中諸篇，工力悉敵，正如諸葛武侯與司馬宣王治兵渭濱，相持歷年，營壘嶷然，時以奇兵相角，威力不挫，而疆圉各全，豈非千古勍敵邪。誠藝林之極，則昭代之盛事也。良俊謁選吏部時，首蒙季泉先生賞識。及官南翰林孔目，槐野先生方掌院事，實二先生門生故吏。先生以良俊稍知文事，每晨見，必劇談，常至日昃，故親承音旨爲最多。槐野一日語良俊曰：夫七言之有杜，如至圓不能加規，至方不能加矩。今人多不喜杜詩，此何故邪？良俊曰：先生重風骨，故喜杜。今人多重聲調，故喜錢、劉。錢、劉之詩，流麗動人，然一誦則興象俱徹矣，豈如少陵深厚雋永邪。槐野首肯之。槐野曰：余綴文置五簿，必五易簿稿始定。季泉先生曰：自余初入館時，即與槐野期共砥礪。每成一詠，互肆譏評。或有一字不安，即時拈出者，或有全篇抹去者，或槐野詩先成，余作繼出，槐野覺不敵，即弃去更綴者。嗚呼！人但見二先生之作爲近代絕唱，然孰知良工心獨苦哉。昔曹子建與楊德祖書云：後世誰相知，更定吾文邪。世共宗詠，以爲名言。二先生虛懷能受，合符子建，故其所造幾與同風。推而遠之，雖周、孔之業可致也。世有隘心自是者得聞二先生之風，則豈特爲騷壇之助，而于世教不無大裨也邪。

嘉靖庚申四月

【校記】

[一]"嚮"，崇禎十二年四十二卷本作"響"，當是。

談藝集序

上元許穀 南太常寺卿

《談藝集》者，往大司成槐野王公與今大宗伯季泉孫公並游翰署，交訂藝文，其所往來之簡牘也。頃槐野公遭關中地震隕去，季泉公傷之，既哀其遺文及所倡和詩，序而傳矣。再檢篋中，得談藝舊牘若干首，恐其放失，復萃而刻之，蓋彰雅道存交誼云。季泉公近以示穀，且命序諸簡端，若曰：藝義甚長，談何容易。向吾二人之論文也，各相攻錯，瑕瑜不掩，往來簡牘最夥，余簡當在槐野家，計變後毀矣，乃槐野遺余簡遭海上多故，亦不盡存。近掇拾止此，追惟良友遺墨，不忍漸滅亡也，吾將托之梓人。子，吾二人同榜且稱同調，安得無言。穀三復久，感羨良深，乃敘曰：藝文之道，緣情體物，立則孔昭，揚芬極玄，含指寔奧，矧夫片詞既吐，駟牡奚追。斯言苟玷，千古弗化。故選義考辭，唯由于染翰，指疵摘疢，寧無待于盍簪乎。昔子輿立會文之撰，忠告居先；宣尼論取友之益，直諒稱首。豈非多聞善道，哲語易求，互擊遞攻，讜言希覯也哉。然必深詣，乃可證體虛受，庶幾入聖。使取舍之權衡未定，彼己之芥蒂猶存，則持論或乖，取譏作者，受言倦改，竟坐迷途。以此談藝，不既遠乎。穀觀二公，各挺英姿，並探文窟。精嚴有則，既鳳鶱于東南；宏肆不羈，遂鷹揚于西北。方當釋褐之初，即結如蘭之契。既而同升玉署，對草瑤篇，異議不諛，侃言非忤。嘗曰：濡毫是藝，詣極斯深；把臂皆朋，規瑕乃益。若文不逮于西京，詞不宗于漢魏，近體落開元以後，即搖筆窮年，終非正法。吾二人，盍努力圖之，務成一家之言可也。於是每搆一篇，必相訂正，不欲師心，務求合作。公暇相過，或夜分不去。有事則走童子持尺書以代面。今觀簡中所載，其揚休頌藻、舉非溢美可以毋論。至于批駁，或至數番較量，僅止一字，不以瀆告相嫌，豈曰微瑕遂貸，蓋志追先軌，力登彼岸，寧傷詆斥，無從詭隨。厥意遠矣，自非質臨上知、識邁時賢，即慕切偲之義，安能篤行不厭至是乎。善乎子建之言有曰：世人著述，不能無病，僕常好人譏彈，其有不善，應時改定。夫文至子建，亦云美矣，猶以才不過人，喜聞利病。由斯而談賢豪所見，豈不古今同軌邪。以故藝高一代，名擅八區，雖云文同金玉，宜爲世珍，其鎔鍊砥礪，得之麗澤者亦甚厚矣。世有敝帚千金，明乖反視，入宮見疾，志在相傾。誠覩斯簡，必有悄然自失者。然則季泉公刻茲並傳，其補于斯文不細，豈直歎罕生之不作，感惠子之知我而已哉。

嘉靖庚申六月

匪懈稿序二首

長垣李化龍 河南提學副使

世傳槐野公詩學杜、文學馬遷，總其實不然。夫豪傑之生不數數也，蓋亦上關天造，下毓地靈，河山之粹氣凝而結之，以散采揚精，輝映當世，寧以世代相假借乎。夫海內之州九，雍、冀稱上游焉。終南鄠杜，翕陰吐陽。太華之巔，呼吸通帝座。黃河破積石、下龍門、貫二華而東，九折入海，其高明融朗，騰躍逢浡，峩峩乎、淵淵乎，洵天下之極觀已。夫地之大者，其殖產必豐。不爲物異，則爲人文。甫生杜陵，遷生龍門，槐野家二華之下，俱西北產也。故其氣凌厲而沈雄，俱河山之精也；故其致高朗而博大，俱全盛之代所孕也；故其文迤十門、匠萬有，發洩吐露而猶若有餘。天籟自鳴，日華自耀，各極其致以鼎峙終古，豈相學哉。且夫天地之靈氣，亦二五之所含也。吾讀遷史，愛其宏肆倬詭，然好奇而不撫實。子美興寄之什，忠君愛國，有足多者，而歎老嗟卑，亦時有之，往往消壯夫之氣。槐野亢厲守高，斬斬自信，其傳節比義，若立萬仞而俯八荒。由是觀之，彼且將絜長度短，爭勝前人，而狎主齊盟者，豈天地之氣必千百年乃一全洩之邪。乃世儒猶多其說，是謂華學山而高，河學水而大也，失其理矣。《槐野存笥稿》久在世間，人多知之。寮長蓮洲氏特出其所藏《匪懈稿》相示，蓋公掄士乙卯所擬制義程式，半世所未見者。余正苦士子以剽竊相高，謂砭之者無如茲製，乃請刻之澤宮，而序其所以如此。蓮洲于公爲宗孫，兄弟翩翩，雄長藝林，夫子長腐、少陵餓嗣，人亦鮮有聞者，槐野雍容廟廊，爲世鼎呂，其後復爾。余謂天地之氣既久乃全洩之也，果不誣也夫。

萬曆戊子八月

宗孫王庭譔 翰林院修撰

此先大司成槐野公典試順天所爲錄也，稿曰匪懈，則其所自名者云。錄至今且三十餘年，而人之所傳而尚焉者如新也。顧錄弗可遍傳，其序若策雖附在《存笥稿》中，而費檢閱，經書義九首、表一首則未之載也。至聖壽策一道，肅皇帝曾覽而亟賞之，特降御札，問出何人手。會先太史即世，不敢以亡臣應，而假之同事者，故集中不以傳，其事甚秘，人莫或知之。家兄宦遊梁園，一日寓書譔曰：先太史公《匪懈稿》一帙，吾且圖壽之梓人矣，若可引其端。譔曰：錄者，錄士之文也，而主司代爲之者，懼其弗中于軌而示之程也。假令錄出而先自不可以訓，則士將何程。以今觀先司成公所爲文也，其發揮理道，揚榷古今，崇論竑議，浩氣偉辭，江河不足以喻其決，雲霞不足以擬其變。讀之令人躍然喜、融然怡、爽然自失也。而卒不見其有炫焉自賈、作意上人之態，則以其醞藉深而不爲文藻所驅使耳。今之習博士家者，不務多讀書、厚涵養，而徒剽竊古人緒餘，甚且掇拾二氏咳唾，以競奇鈞詭于字句之間，而遂囂囂然曰我能勝人矣。於戲！此文之所由敝而士習之所由壞也。是錄也，可以訓矣，是烏可以無傳。

萬曆戊子九月

槐野先生存笥稿原序

槐野先生存笥稿總目

文部子集一　卷之一
　疏三首
文部子集二　卷之二
　序一十三首
文部丑集一　卷之三
　序一十二首
文部丑集二　卷之四
　序一十一首
文部丑集三　卷之五
　序一十二首
文部寅集一　卷之六
　序一十一首
文部寅集二　卷之七
　序一十首
文部寅集三　卷之八
　記三首
文部寅集四　卷之九
　碑五首
文部卯集一　卷之十
　志銘九首
文部卯集二　卷之十一
　傳三首
文部卯集三　卷之十二

行狀五首

文部辰集一　卷之十三
　　策五首

文部辰集二　卷之十四
　　策五首

文部巳集一　卷之十五
　　論三首

文部巳集二　卷之十六
　　雜著一十首

文部巳集三　卷之十七
　　雜著一十二首

文部巳集四　卷之十八
　　祭文二十二首

文部巳集五　卷之十九
　　祭文一十六首

文部午集一　卷之二十
　　書三十八首

文部午集二　卷之二十一
　　書三十七首

文部未集一　卷之二十二
　　書三十四首

文部未集二　卷之二十三
　　書三十三首

文部申集一　卷之二十四
　　書三十首

文部申集二　卷之二十五
　　書三十首

文部酉集一　卷之二十六
　　書三十五首

文部酉集二　卷之二十七

小簡五十首
文部西集三　卷之二十八
　　小簡四十首
詩部戌集一　卷之二十九
　　五言古詩三十五首
詩部戌集二　卷之三十
　　七言古詩一十首
詩部戌集三　卷之三十一
　　五言律詩八十六首
詩部戌集四　卷之三十二
　　五言律詩八十首
詩部戌集五　卷之三十三
　　五言律詩七十五首
詩部亥集一　卷之三十四
　　七言律詩五十九首
詩部亥集二　卷之三十五
　　七言律詩五十九首
詩部亥集三　卷之三十六
　　五言排律七首七言排律二首
詩部亥集四　卷之三十七
　　五言絕句二十首六言絕句六首
詩部亥集五　卷之三十八
　　七言絕句四十九首
附錄
　　行狀
　　志銘

槐野先生存笥稿總目

槐野先生存笥稿卷之一

左輔王維楨著　館甥渭上南師仲編

疏三首
乞送母疏
乞終養疏
再乞終養疏

疏

乞送母疏

　　臣陝西西安府華州人，由進士授今官。臣故貧，年二十背父，獨母劉氏躬拮据之勞，教臣讀書。自蒙甄録以來，臣母凡兩從臣就養京師。每于大官分餕得具嘉旨、大庾常禄得易穀紵以奉親悅體，則何者非聖恩哉。顧臣母離背鄉閭，尋踰四稔，懷憂致疾，歸心甚切。始臣有一弟三妹，父既歿，弟及二妹相次夭折，獨遺一妹，嫁爲儒生妻，甚困。臣母痛死者眾著于心不可解，而嫁者又離隔久，每有感觸，淚輒數行下。然念臣濫竽在列，徇禄代耕，口不言歸，而心欲之。抑鬱既久，心火上炎，乃齒痛如撼不可忍，兩頤墳起，形神損消，至減常食之半。臣憂之，爲致醫藥，母乃曰：我安病？但令我歸家見我女兒，可自愈，顧安事醫藥乎。臣聞之，五內動搖，亂如紛絲。痛母有懷不疾發，令及于病，至傷神易老也。臣今者蒙詔同脩《大明會典》，職在纂述，大者標提綱要，次者删定舛複，斟酌損益，皆心爲之。臣之方寸今爲亂矣，猶能操鉛槧守職業哉？今京師距華州可三千里，中經黃河風浪、太行盤紆，此路故稱難行，重以杪秋霜露被徑，跋涉險艱，必臣與俱，臣母始歸之便。臣查得本院脩撰沈坤、編修高儀等,往以送母請,俱荷恩綸允放。臣與二臣事體相同,伏望皇上憫臣私,令得比于二臣,送劉回籍,依限前來供職,臣母子志遂、諸礙俱釋,冀有所論定,著之版策,以繹舊業答明恩。臣亦故有痰疾,盤結心脾,氣平則伏,一觸輒發,至不任。念甫就館局有憚勞之嫌,不敢言去。今臣母既懷歸如此,臣又憂惶甚,即若不歸,臣母子危也。伏惟憐察,臣不勝感激仰祈之至。

乞終養疏

右春坊右諭德臣王維楨謹奏,為比例終養,懇乞聖恩俯順私情事。嘉靖三十一年正月內,伏蒙聖恩,陞臣右春坊右諭德,署掌南京翰林院事。臣在任已經二歲,至嘉靖三十三年五月內,復蒙恩詔,令臣回坊管事。臣以重玷班行、再瞻闕廷為幸,而又以古之人臣聞命不俟駕之誡為懼。既得報,十日乃即束身奔走,累繭重眠,期造闕下。行至歸德府地方,忽得臣母家書,臣長女夭折,臣母坐失愛孫過慟而有傷,督臣且歸相視,臣手書驚悼,五內震迷,臨路踟躕,莫知所向。臣竊覷陛下體察群臣,不遺幽賤,臣抱區區若此,或蒙曲照,乃遂取道回籍,問慰臣母。臣母見臣,抱持涕泣。臣仰視慈顏,大異曩舊,再觀行步,漸覺龍鍾。當是之時,臣固有終養心。久之庭闈相依,情事稍定,臣復以治裝趨召告臣母,因請臣母與俱。臣母默然,無以應也。居頃之,臣又請,又不應。臣於是再三請,臣母乃言曰:汝不見我老而衰邪。往吾居南京,而苦思還歸者,不獨以水土異耳,老故也。今又堪北走乎?臣以為人子之事親,違親之所欲與強親之所不能,皆不得為孝。臣於是解裝罷行,思以披肝膽、陳丹素,上干聖聽,而猶復逡逡至淹日月者,竊幸臣母萬一聽臣,以故悠悠而抵于今耳。非敢盤桓,有他幾望也。臣伏自循念,本乃草野陋儒,自荷聖明拔擢,簡置詞曹,已二十年矣。雖嘗出入承明,驅馳南北,曾微叁伍薄伎之奏、鉛刀一試之長,程功課食,不如庸賃,乃今輒爾請告。臣思之俛首頓膝,惶愧若厲,顧獨無奈其私款何也。且臣母今年七十有一,臣今年四十有八,即乏糞土之息,又鮮兄弟之聯,獨有一女,今又失之。即今臣割情膝下,趨而奉召,則朝夕省侍,屬之何人?兩地相望,轉成疾疢,此臣所為迴腸痛骨,而不能已于言者也。伏望陛下矜憐烏鳥之情,將臣所奏勅下該部,查照翰林院修撰林大欽終養事例,為臣題覆,俾得退依家園,躬親菽水,則臣母意得志快,算數且增。凡由今以往之年，皆陛下之賜也，非臣剖心磨踵所能上報，非臣燥吻乾脣所能咏歌，唯有瞻天叩首，仰祝萬壽而已。緣係比例終養，懇乞聖恩俯順私情事理。爲此具本，專差義男王梁親齎謹具奏聞，伏候勅旨。

再乞終養疏

奏爲母病危急，懇乞天恩俯鑒下情，亟賜終養事。臣于嘉靖三十三年六月內，自南京回籍。十一月內，差義男王梁奏爲比例終養，懇乞天恩俯順私情事，奉聖旨："該部知道，欽此。"該部以臣不係親身具奏，於例不合，不爲題覆。至嘉靖三十四年五月內，該部移文，催臣赴任。臣念人臣之義，貴在奉法。文書到臣未幾何時，臣即辭別臣母，單騎登途。當是時，臣母雖老，然尚猶無恙也。六月二十一日，臣入京朝見，私計以爲身既到此，如例具奏，庶幾得諧始願。侵尋而至八月，忽奉上命，令臣典試秋闈。及事既竣，臣私心時時萌動，然以沾戀闕廷，未敢言去。乃今月二十日，忽得家書，內稱臣母於九月二十八日偶中風濕，半臂不隨，口眼喎斜，語言形貌俱變常素，而飲食又日減一日。臣既鮮兄弟，而得子又晚，方在襁褓中，止有一妹，嫁爲同里生員東夔妻。今書東夔所作也，具述臣母病勢危急，醫藥罔效。又寄書人屬臣同里，臣母又親見其人，于榻前屬之曰"其語吾兒可急歸視我"，言之再三。臣讀書未畢，驚迷仆地，不知所云。竊惟凡人患中風者，尚延時月，苟得醫調治，猶有十一二可復。今臣守官在茲，即有骨肉親屬代爲醫治，終無以慰臣母之心。伏望皇上察臣憂惶無聊之情，勅下吏部，放臣回籍，迎醫和藥，侍臣母病。苟幸調治有功，臣母能復如常，則天恩淪浹，真謂吹枯回生，臣之感戴，隕首剖心不足以明報，拜斗祝天不足以盡私也。再惟臣母衰年嬰疾，事變叵測，而中懷疑懼，誠不忍言。以故得書之夕，舉燭陳詞，冀一哀鳴于君父之前。倘令臣旦夕得歸，臣不恤霜露，期以旬日可見臣母于膝下。惟陛下憐察，臣不勝瞻祈懇切之至。

槐野先生存笥稿卷之一

槐野先生存笥稿卷之二

左輔王維楨著　　館甥渭上南師仲編

序一十三首
順天府鄉試録序
武舉録後序
南宮奏議序
制府奏議序
陝西奏議序
鈐山堂集序
刻河垣稿序
潘襄毅公文集序
少華贈言序
榮壽録序
崔束鹿德政録序
姚母六十詩序
思惠張翁輓詩序

序

順天府鄉試録序

今年乙卯順天府鄉試，廼我皇上龍飛之第十二科也。考試官諭德臣維楨、侍講臣煒皆以上命至，同考試官進士臣復、臣湊、知縣臣孔墀、教諭臣應和、臣樞、臣梅、臣棟、臣大魁、臣成式，皆以聘至，監試官御史臣冀、臣俊皆以請至，其諸執事人眾則皆府尹臣燿、府丞臣鏜辟至，而臣鏜則職在提調，董一切簾內外事，先至，諸臣咸至矣。既分之，而各執乃事矣，臣乃進提學御史臣馬三才所選士及諸曹六館所選士，三試焉，乃復加志掄選，録雋者一百三十有五人焉。士既録，簾內外諸臣始相見，乃喜而相慶曰：嗟乎！良哉選也，藉是可以報天子矣。然臣維楨顧有懼焉。今者臣手録以獻之上也，色勃勃而不能持，足盤盤而不能前，誠懼之也。臣聞之，往古士有才賢而不獲進，有司罪無赦；進矣而才賢者不果效，有司之罪亦無赦。何者？不智之故也。今夫所貴乎樹木者，樹松栢也，其次樹桃李。松栢可材，桃李華悦人，所不足，不任風雨，然不與荊棘倫矣。即若不意松栢化而爲桃李，桃李又化而爲荊棘，持是以誰呵樹者，則樹者口噤莫爲應，彼其初，固嘗植之也。夫樹人亦類乎是者，臣恐其或類之也，故懼。臣，關中人也，頃者臣自關中來，而渡于孟津，見有轉大木于河渻者，前呼輿誇，後皆應之，木翩然如馳焉。當是時也，即有齊謳鄧調吳歈越吟，與夫激羽流商之奏、截雲下塵之曲，悉末之用矣。臣以此則歎，以爲侈言無當，而繁華沒實。故今校諸生之文，則直掇大指，而棄其雕蟲，蓋竊有悟於轉大木之事也。既行而及燕趙之間，則今畿內地也。在昔燕趙之間，猶多奇偉俶儻之士，今其人已往，其聲猶存也。臣乃頓步躊躇于境上者久之，即其人雖不純于先王之道，然以效節不顧身、盡公而不徇私，固亦有足多者焉。今此諸生以誦説詩書、稱引先王，則人人能矣。令之受事，而奇偉俶儻之氣如彼何？故臣猶願諸生之慕之也。今國家建都于燕，四方奉贄納貢之臣繈屬而至，其諸齒角羽毛、百物珍異，皆御府所餘。常山在其右，遼海在其左，厥形險固，造物者故設此以作藩垣，又國家所有，然所貴者，唯獨節士之幹與忠義之腹耳。異日者，諸生誠養有節士之幹，而懷忠義之腹，則臣且望下風而拜之。非拜諸生也，拜節士與忠義之夫也。臣列在交戟之內最久，竊視陛下之神明，天授之也。即如一日之間，國家之大議凡幾，其大事凡幾，然事皆炳于前知，而議皆成于立斷，諸司奏疏而得報者，咸抱疏吐舌，以爲弗及。今此諸生豎儒耳，豈能奉奔走哉。然臣私以爲世無粹白之狐，而有粹白之裘，所求者博，所取者微也。若是，則臣乃敢以諸生進矣，而卒慮乎奔走之或後也。故事，士既録，順天府有宴宴諸生，諸執事皆在焉。臣將挾持前説，須詣宴所，一一爲諸生道之，且因以爲勸焉。而先以謁諸同事，諸同事曰：夫勸也若是而止歟。於是臣應之曰：諸執事亦嘗聞里父之醮子乎？里父之醮其子于客位也，爲之具，三加著誡詞，備矣。客曰：且更有加乎？里父曰：無以加也。曩吾父所以醮吾者，固若是止矣。今吾所以勸諸生者，固吾昔所受于先達先生者也。録將獻，臣宜有序引其端，乃謹具其始末如此云。

武舉録後序

今年庚戌，天下貢武士于京師。維九月，實當會試。屬虜警至，有司以天子命且舍而逐虜，俄而虜遁。比十月，有司復以請，乃試臣維楨濫耦臣瓚而典是役。事竣，亦宜有序，序曰：臣自守官史局，得以覽稽秘書、抽尋往蹟，睹于近事，則深歎國士之難焉。昔我成祖之都燕也，虜酋徙幕而北絕數千里，猶尚以爲肩背之患，興師窮追，至南望斗杓而還。當是之時，士大夫以徇國爲榮，保軀爲辱，猛氣英聲，振于殊俗矣。正統初，虜復入寇，賴二三驍將銳身與戰，虜遭創奔去，竟不更來。綿歷而及弘治、正德數十年間，即有烽燧，猶之驚電飆風，倏起倏滅。士大夫以爲亡足憂，於是左干戈、右文墨，與時恬嬉，日有餘快，斯視軀重矣。皇上神武燀赫，同符成祖。自嘉靖來，虜何嘗敢窺關南頃。緣邊候稍懈，奄焉擁入，奄焉竄逝，彼仗鉞登壇者豈少乎，卒莫有摧輪而笞其背者，則信乎徇國之難也。臣當攤卷品士時，則仰天祝曰：是安得徇國之士而收之哉！誠歎之也。夫保軀之與徇國，不可同日語矣。士不免蹈此者，何耶？士有三北：不識形便與敵相迫者北，金鼓之聲在耳弗審利害者北，拙騎射者北，如此則保軀之士眾而徇國之士鮮矣。臣以故按依舊令，偏主射技，射中多者，即文不副射，收之；文而能陳形便、指利害，射又中者，亟收之。凡以冀徇國之士，出不至爲奔北保軀者等爾。夫臣之于君，譬則手也。夫手上以脩頭，下以脩足，蜂蠆傅體，則搏而扞之，臣奈何獨自保哉。故壁壘盈郊，烽火相燭，臣不謂懼；羯奴魁健，日厲兵馬而謀南向，臣不謂憂。臣所懼而憂者，惟不得徇國之士奮距先登，俘名王、執貴人，連綴而獻之闕下爾。誠令在收者有若人焉，則豈惟宗社是倚，亦臣之所大幸也。臣竊見皇上加意邊庭，思得猛士以寓托之，未始一日釋于懷。臣今收者若干人，劍斷割則知利，士驅使則知賢，苟稍稍任用，斯辨之矣。今有賣珠于市者，華其櫝而中亡珠，貿人以爲美，攜歸而啟視之，則嗒然嗟焉。臣懼其與是類也，惟任之哉，惟任之哉！

南宮奏議序

上即位之十有五年，制度儀文漸已還古，乃復欲創未有、起未振，備一代獨偉之觀。然典在禮官，當是時，介谿嚴翁為宗伯，始也。而宗伯明經術，習今昔之故，然又達情與權。明年丁酉，皇太子生，天下咸悅，遂請正號東宮，順眾望，定國本，從之。其年，會議討安南，稱不貢也。則計以為且須文告，不聽，則伐之，無遽勤兵于遠。戊戌，上欲尊稱文皇帝為成祖、獻皇帝為睿宗，必祔之廟。又舉秋享明堂，以嚴親配。諸大議皆下，眾恐，乃悉議如禮，咸以為難。己亥，大行章聖皇太后祔顯陵，上痛甚，為條悉事宜，展孝思焉。先是二月，大駕幸承天，以南祔故，宗伯從，計畫甚夥，具大狩條中。其年大享殿肇工，殿取明堂之意，而異其號，制則頗采部議，用之。又言官以故禮部侍郎薛瑄從祀請，下議未一，罷之，翁言獨多瑄。辛丑，宗廟災，上趣有司更起之，則告費鉅民困，宜順變緩圖以安眾心，許之。是歲也，安南聽始謀，果降，乃奪國號，貶為安南都統司，給印如禮部議。壬寅，虜大入寇，山西參將張世忠與遇戰，死之，白為立祠。旌忠勸餘者，將由是奮。虜去，不更來。其秋，上詔宗伯為大學士兼領禮部如故。癸卯，侍郎呂公枏卒于家，請諡與葬，不報。呂侍郎者，有道仁人也。翁疏列侍郎美甚眾，願得請比崔文敏公。甲辰，宗廟新復，從古制，采翁論也。凡此，皆見《南宮奏議》中。翁在南宮，所進牘且千數，不具論，乃論其著者。故宰相得燕見天子召對，他即大臣不召。翁為宗伯，乃數入召見，與宰相比。言多所匡正，其事秘，莫為傳，獨販販在人聽睹者，如此刻焉。王維楨曰：余聞之故老云：仁哉孝皇帝。當乙丑選士也，私籲于天，願天畀真才神國用者。是時，嚴翁應選中。夫念誠好賢，乃予之賢，豈可常哉。乃後遭今天子興，知其才委任焉，遂竭忠盡智若此。惟盛世典章，寔藉用明，往代莫比焉。傳稱：好賢之利不于其身，于其後人，信然哉。語亦有之：樹木者苍，樹穀者肥，小言可以喻大，而人君惟在樹人。

制府奏議序

總制陝西三邊軍務有若松石先生者，今晉太保列司徒移官南京云。先生涖邊越四稔，若所駿豎，若所鴻謨，咸載《奏議》中。原州兵備副使滇南李君，乞集于先生所，刻之，居無何，李君去。會東山紀君至，刻始竣事，遂稱《制府奏議》云。議蓋凡五種，君子觀之，有五評焉，評曰：輕車蹈險，強弩貫札，增陴拒衝，浚塹戒襲，胡戰弗克，胡守弗堅。若言邊備，校古宜今，威戎扞虜，則南仲之謀也。顧惟餽餉屈乏，進有後憂，夫烏獲猛矣，使枵腹而操束薪，且弗勝也，況捧千鈞。若言邊儲，殫精竭慮，危陳愁論，則葛亮之忠也。虜寇我圉[一]，爲禍甚鉅，小入小挫，大入大衄。逮乎庚子之捷，百七十年，僅此一睹。若言邊功，褫魂奪膽，埤威生氣，則衛霍之勇也。功雖細必録，罪雖眇必罰，賞非濫濫，罰非近苛。若言舉劾，獎猛勸良，策駑磨鈍，則小白之公也。今者天子嘉其勞，士紳讓其美，三陲頌其德，四域流其聲，炳乎煌煌，赫焉盛矣，先生遜弗處也。若言陳謝却名如釋，辭能如捨，則淵禹之虛也。門人王維楨氏聞之曰：夫五言者確矣，無遺厥本乎。乃遂申曰：予觀松石先生，殆執誠體國，不二其德者乎。夫九信而一違，難以語誠；始守而終渝，難語不二。故誠，百嘉之宗也；不二，萬事之紀也。君子而有所樹立，無務於聲色，無變於頯壯，兢兢屹屹，奉以終身，然後稱于世，而列于不朽之塗矣。先生之制軍也，患敵若癬，恤士若子，苦顏悴形，人皆信之。年踰六裘，服官三十餘禩，乃愈益約躬勅度，長算却慮，戚戚焉惟社稷之大計是圖，靡惰志焉。諸葛武侯曰"鞠躬盡瘁，死而後已"，先生當之。所謂誠不二耶，所謂不朽，所謂本耶。季世滋偽士，皆務華標而疏於實蹈，群群然綵土舟而行江河也，不慮其殆。如先生者，豈非鮮哉。愚昔祗役西土，獲謁先生于轅門，乃遂遍觀營械，親聆規畫，咸鑿鑿如集中所云，未始飾情張偽，以炫己震代也。嗟乎！誠哉紀君，以使來徵序。愚具所論，復且綴曰：先生姓劉氏，楚之麻城人也。竊聞之，其遠祖在唐、宋朝有官經略，有官制置。今先生以大司馬兼都御史制軍務，實統兩祖之榮，纂百世之休矣。語云"將相無種"，其不然哉，其不然哉！

【校記】

[一]"圉"，崇禎十二年四十二卷本作"圍"。

陝西奏議序

侍御雙溪張公，有《陝西奏議》一帙，刻之臬司，傳之大夫士。或問王子：奏議者何？曰：人臣將天子之命于四方，四方有事，條而上聞，天子曰可，則行，否，則止。故奏議者，啓宸聰而達幽邃者也。稱陝西者何？雙溪按：陝西條聞者，陝西之政，他無與焉，稱陝西志專所也。刻而傳者何？序有之，涇野先生曰：範後之有事西土者也。範者何？爲其辭辯也，爲其畫當也。辭辯、畫當者，傳乎。夫闡幽昭故，稽之在辭，樹大濟艱，本之在畫。言弗中款，謀弗投機，奏于天子，天子弗聽，弗聽弗敢行。由是志抑靡究，變日益滋。是故鄭人脩辭，周士好謀，一時稱之，後世傳焉。是議也，狀淑慝則循聲而得貌，陳利害則披文而見情，述因革則纖委而易感，談天人則悚惻而難忘。厥識玄玄，厥論秩秩，讀之者矍然興不寐之懷焉，斯其辭不亦辯與。議中皆鉅事，而其建事也，執符于往度，參變于今規，割正于中庸，會通于衆論，章章縷縷，炊炊爔爔，卒之威揚紀振，蠹抉豪摧，關以西藉是底寧，斯其畫不亦當與。故能有奏輒可隨試隨效，凌駕往哲，作法嗣來。今之君子，寡見其儔矣。或又曰：漢賈子，非一代之英與，乃其陳說治理，豈不辯且當耶。乃竟竽瑟于文帝焉，何也？時也。賈子不幸而丁漢，張子者幸而丁聖明也。然張子、賈子之耦與，蓋賈子挾練達之智，張子抱閎偉之才。張子忘籌于禍福之塗，而賈子恒較情于功名之會。智配才敵，識不可同日語矣[一]。然張子嘗語予曰：我生惟身耳。豸錦者，君所賜也。顧榮棄節，則賊身之道矣。嗟嗟烈哉！《奏議》凡若干首，張子示予于少華之館，問序。王子曰：而辭辯，而畫當，而又節挺，可傳。

【校記】

[一]"識"，崇禎十二年四十二卷本作"誠"。

鈐山堂集序

自楨承乏翰林，好覽當世之作者，顧其籍不盡有。居數歲，乃始獲《鈐山堂集》讀焉。《鈐山堂集》者，今少師袁州介谿嚴翁所爲詩也。夫明興百八十年矣，而作者代起，猶之霞蒸雲變，爛乎域中。然問之學士，或予或否。揆之今昔，或合或齟。若斯集者，寔所希遘覯也。夫古者，今之範也。君子之言也，非法不道，故美而傳今。夫公輸子，天下之巧人也，若釋規矩而自創，則拙。此道明于弘治之間，于時作者數人興，而鈐山在其中。故蒐奇抉異，博者能之；埜出幻化，才者能之。然法以約是，二者非好古篤力弗至也。凡鈐山之作，三者具焉。是故言出而人誦之。鈐山故與空同李氏交。李詞尚法，亟稱之，語在漁石唐翁序中。楨既讀《鈐山集》，乃後又會長老先生習鈐山事者論道之也。初，翁童卯稱神，既入詞垣，即用才顯名。乃復即謁告返故所，居鈐山之東堂而繹業焉，蓋七年往也。於是蓄日以邃，詞日以昌，迹遠而名顧近，處深巖而朝士大夫慕焉。尋乃游兩都，歷數階，迨今相，且四十載餘矣。為言累百千，澤溢而流，貯廣而發，要自鈐山始也。故總其凡，盡繫之鈐山，號曰《鈐山堂集》云。歲乙巳，楨得請，且行，從故事，即辭于相舍。翁手集授之，命曰歸序矣。始翁居山中，有日者談公貴，翁拒之，詩"元無蔡澤輕肥念，不向唐生更問年"，見載集中。由是言之，當是時，翁于詞篤矣，弗以富貴淆厥志也。君子立言而垂不朽者，誠非易哉。嗟乎！弘治時士，先實後名，用本達末，然又安安于退養之節如此云。

刻河垣稿序

《河垣稿》者，今關中提學憲使與槐謝君參議河南時作也。謝君入關時，屬余歸在華下，得見謝君，謝君遂出今稿示余。余又以觀華州守胡子，胡子好詞，重有慕于當世之作者，乃輒取而刻焉。嗟乎！胡子可謂識詞之美矣。乃余則悼其志焉。夫謝君，白下豪儁人也。往在翰林，恒與余相朝夕甚篤。余覯謝君不可窮以詞，時詰之以事，乃謝君能章章道、縷縷分也。當其時，戎馬漸生矣。設令不跌，或引而畀之重權，蕭曹丙魏之業豈足論哉！後謝君既出，在外七八年，而虜患愈益甚。其時問所能排難解紛之臣，至汲汲也。乃因而進者數十人，而謝君不與。斯其故，余難言之矣。今稿中詞云：九逵信云廣，脫鞚將焉馳。不可悼哉，不可悼哉！夫君子之學，將以康世保邦為也。不得，則托文以明其志。故余讀謝君《募兵行》，則慨然壯懷焉。夫驅生民而就死地，所重在賞；先王以耀威為務，所戒在器；成敗之機視乎握算，所急在將，而謝君詞皆具焉。世徒曰謝君詩人耳，淺乎睹矣。刻成，胡子持以訊余：若謝君詩，當居古人誰何之右？余以為：謝詩冲者似韋、柳，然秀俊者過半。蓋自大江以南，其所崇尚習效，皆若此矣。若謝君者，又矯矯著聲者也。

潘襄毅公文集序

夫近世以來，凡宦人蓋棺則集出，蓋塊然塞乎域中矣。然觀者或厭其繁，至欲得祖龍之火燎而滅之，爲其紫奪朱之章而亂真，是疾憤之語也非過。乃有若襄毅潘公集者，則焉可滅弗彰也。當今上御極之二十年，潘公方以都御史使在外，督采木之役。其時洛陽孫公爲副使，分董其事甚理。忽而坐誣，奏收焉。孫公抑心抱痛，不能自明也。乃潘公則爲上書白其事，上竟爲釋之。書略曰：若如所奏，則罪當歸臣，不在孫副使。即不如奏，亦宜罪逮誣者，示讒口之戒。嗟乎壯矣！夫利害之臨，灼如炎焰，彼其不阿指，反舌以重勞臣之咎，斯亦優矣，矧引爲己責而脫之罪乎。故余讀《潘公集》至此，則輒變色起坐，極歎其難焉。夫所爲貴言者，謂其可訓世教也。有言若此，則安可滅弗彰也。潘公之子曰都事君者，憂其先大夫之遺業不傳，傳或弗遠，遂乃板行，而以序謁余曰：先大夫詩若文在斯，願因門下著之。夫詞人之詞，其指洸洋幻化而靡有住著，恒爲有道者所裁。彼其歸，又一門塗矣。乃若潘公，則道德之準而節士之儔也，徒以詞人比觀焉，可哉？都事君孝不忘親，忠不負國，固克纘其休者，余故並著之焉。

少華贈言序

《少華贈言》者，贈龍坡劉子之言也。劉子將赴闕，祖者爲言以贈，稱少華，志治所也。昔韓侯朝周，周人爲之賦梁山，即景抒懷，緣物道致，有餘感焉。贈言既集，王子誦之，感作序，序曰：詩者，言乎。言者，志乎。然根之動矣。夫美劣區材則欲惡殊情，純秕判政則悅愠異向。述欲昭惡、闡悅章愠，則言興焉。故曰：言者，志之華標，情之外際，文以宣之，斯謂之詩。今說詩者，脉脉而興，咨咨而吟，泠泠而發，鏗鏗而嚮[一]，則歎曰：詩在斯，詩在斯。夫脉脉咨咨，意也；泠泠鏗鏗，音也。其興其吟，其發其嚮[二]，孰使之耶？動于志也。惟動故音，惟音故詩，風噫而葉切，湍激而瀨語。物亦有然，而況詩哉。載觀《贈言》，言者數十輩，有昵留，有愴離，有述征，有覬來，有鴻篇，有短韻，有浩曲，有切歎。夫若是纍纍也。然昵留、愴離，根乎悅政之所孚也。述征、覬來，根乎欲才之所感也。鴻篇者，廓此者也。短韻者，約此者也。浩曲者，演此者也。切歎者，戀此者也。潛格默化，縱發忽吐，靡由要取，不屬意必，諸君子之動于劉者，厥惟深哉。今夫春，淑氣載敷，萬喙咸鳴，而或則雝雝，或則喃喃，或則喈喈，或則恰恰，何弗同耶。然迓氣衝和，宣靈暢序，則諸鳴者一焉。知此，可以觀《贈言》矣。客有曰：先王陳詩采風，以考民俗，察治道。今天子稽古甄治，上下其績。劉子持是言往，其殆最乎。王子曰：劉子才而政，令問上徹，即不詩，猶最況爾爾哉。

【校記】

[一][二]"嚮"，崇禎十二年四十二卷本作"響"，當是。

榮壽錄序

《榮壽錄》者，錄壽趙母太淑人言也。太淑人有子曰洪洋先生，爲御史中丞，晉少司馬，鎮撫關中。在關中而會太淑人七十壽，於是關中游君子暨諸鄉君子咸有言稱慶，纍纍數百章，大要謂厥母厥子，域中無兩，而且祝之。王生之至長安也，先生出以示王生，王生曰：夫錄有諸君子之言矣，然非諸君子之私也。語出民間，詞者采之，被以華繢，著之篇什，宣之咏歌，奏之堂下。凡在《錄》者，咸真放實吐，公唱直和，匪昵于比周，匪倚于歡愛。嗟乎難哉！夫齊民之言可畏，詞人之言本乎齊民者可感。夫民無飾情，不善偽口，德我則悅，悅則欲久，欲久則祝，而又欲久其所親，不者反是。余嘗讀《華封之頌》並《時日之怨》，至變色嗟歎，轉徙警吟。爲人上者，豈可不慎夫！詞人者，摰擷風謠，章闡物情，故愛之言溫，惡之言厲，美之言繁，刺之言絕。君子觀之，爲愛、爲惡、爲美、爲刺，循文省念，感由是作，詞其可少哉！余自訪藥山澤，再易歲年，乃往往與山澤人遊。山澤人問余曰：今撫我者誰也？曰：趙也。有趙者誰也？曰：今太淑人也。山澤人舉手加額，仰天祝曰：大人千年，淑人萬年。至咨咨不已。余感之，有詩。及得觀茲《錄》，總其言，率根愛標美，溫如擊玉，繁如雜絃，乃知眾願既集，君子始文，誇不涉誕，頌非違群，故曰《錄》有諸君子之言，非諸君子之私也。先生曰：夫吾以《錄》爲諸君子之言也，吾壹不知非諸君子之私也。吾日且謀之梓，王生曰：《錄》梓行，將有畏焉，將有感焉，何以故？察夫愛惡之情，能弗畏乎。究厥稱願之始，能弗感乎。苟民有憎喙，士罕善述。即于親歲上三錫、日張五鼎，謂之曰榮壽，去榮千里矣，去壽萬里矣。先生韙之，遂用爲序，而附余詩于《録》。

崔束鹿德政録序

嘉靖十三年，乃余即聞神木尉崔氏賢。神木，秦鄜邑也。是年，屬大比，神木方執事塲屋，故人士見者，往往能道說其狀。神木蓋前剖符陽曲，典司有執性鮮諧，時乃奄爾坐論，此聞于十五六年，余得之晉人。又五年，而爲二十一年，乃蒲城令李思菴氏，日忽以公事過余廬，爲余道束鹿令崔氏賢。問之，則前神木尉也。李即其土人，言稽必信，余往聞非謬哉。頃之，李自蒲城寓書抵余，列束鹿之政甚偉，略曰：夫民不即康者，存上崇虛譽而乏實作功；弗奏序者，存志涉伺遷而遁艱危。斯兩者，仕宦之共情，季世之公患也。夫實作習瘵，艱危遞遺，民安所賴哉。束鹿之鉅殃惟水，又伏奸惟賦。夫疾有必死，癰疽是已，謂善潰也；木有必斃，蠹蟲是已，謂善損也。水若賦，實似之。崔力捐二難，與民竟休，此其殫志悴形，冒險任怨，豈近視所恒有哉。夫患崇譽文表耳，郡邑咸崔，雖皥皥可也。崔今擢僉蜀臬，束鹿人勒石頌德，告嗣世勿忘。余治蒲，恒務軌則，事亦不及僨。夫懿璞弗剖，玉人之蔽也；嘉善弗揚，友朋之咎也。走終不能默令束鹿無聞，願托公言以傳于義可。乃余覽其詞核，又素諳其聲實，豈所謂惟賢識賢邪！於是復曰：今君所寄《樓谿稿》，樓谿豈崔號耶？《稿》稱作于束鹿。其詠秋水：漂泊吾民貧似洗，此生何以報穹蒼。又木綿歌：歸來忍見機杼空，夫婦相持泣如雨。則正哀水傷賦二事。崔能章章底績如此，本茲念哉，本茲念哉。

姚母六十詩序

侍御姚子一日過余舍，余坐姚子，姚子從容問余曰：夫詩者，何也？曰：志也。言之而動人之志者也。言喜則躍，言怒則憤，言美則改容，言苦則口呰鼻酸不能已已，故曰詩可以興。又曰：序者，何也？夫序，理也。諸家語各自出，犁然雜置。序者整齊之，約繁總要，明其指歸。《詩》三百篇，得卜氏序之，三百篇一軌也。姚子蹶然起坐，再拜致詞曰：昔在丁未，母游年六十，諸與孤交者居多才士，皆爲母詩之。顧獨序無。今先生曰序理也，願有以理之。姚子即持詩觀余，盡讀之，則口呰鼻酸不能已已。夫母年六十也，蓋苦哉六十春秋者云。游當與其君子姚貢士背也，纔二十九歲耳。侍御君兄弟皆幼，而又無厚產。游傷之絕，乃蘇已，奮曰：吾且振姚氏後，竟不令逝者滅無聞。乃力自作家給費。視諸子，獨侍御君異，督令學舉子業。及歲甲辰，余舉，侍御君爲進士，母游業年五十七矣，晝不踰閾，夜不休績，蓋五十七年如一日也，苦哉苦哉！凡此皆具在詩中，足動人，而侍御言尤悉焉。王子曰：予感姚母事，乃因稽古人之迹，而明其志云。昔豫讓嘗事智伯矣，智氏亡，讓爲報仇，毀形變聲，卒與同亡乃已，此非謂貞士奇節邪？程嬰爲趙朔客，則朔其主也。下宮之難，嬰不能與，乃抱孤兒匿山中，何其怯也。其後趙孤長，復爲趙氏立後。乃知嬰弗與者，審所重在此也。設嬰與下宮，則趙孤絕，即博虛聲，奚益哉？讓所爲必亡者，智氏無後，圖所爲報智氏者不得，一亡足償之矣。故讓爲必亡者，非獨勇也，無地也。嬰弗亡者，非獨怯也，欲有所立之也。夫臣事主，與妻事夫，其義何異哉？姚貢士卒，游第痛甚不與俱，竟能成侍御君、振姚氏後，令貢士名揚，則程嬰之志、丈夫之概也。顧今詩中則莫有發此者，余故徵取與比類焉。今士談奇慕節者，曰吾誠不愛吾身，遂徑往不顧，卒或顛蹯自隕，尺寸未豎，此匹夫匹婦決一朝之憤，自填溝瀆者爲耳。其視姚母，不可同日論矣。夫愛生與輕生殊塗，然皆非也。苟得所處，則皆是也。若姚母者，以太史公法論之，得稱曰是然，其識深遠矣。

思惠張翁輓詩序

思惠張翁者，吳醫國工也，年九十卒，壽矣。子爲太醫院判，京師諸大夫嘗與院判君游者，咸爲翁詩之。院判君將歸而輦翁之竁，欲令執紼者歌之以送往，於是稱輓詩焉。夫詩者，述也。觸事含情不能直宣，則歌以送之。昔者田橫死，其門人悲之。比及葬，爲薤露、蒿里二曲以送之。曰薤露者，言人命促迫也。曰蒿里者，言賢愚同一坯也。至今喪家傳習之，號爲輓歌，歷千百禩未之有易也。茲輓翁者，雖祖沿故體，而更造新聲，第寫其情，不嗣其音，何哉？橫之死，可悲焉，故歌者聲苦。後死者等橫，因歌送橫之曲。今翁以壽終，以子貴，于人情志願足矣，則何悲乎。固不得直襲舊曲也。余讀其詩，即繁如零露，散如墜瓊，總之頌德咏年之指無二軌也。夫情之感人，猶之風之著物也。春聲噓唏，秋聲蕭瑟，所值不齊，則音隨之變。執一律者難與論詞，膠古道者難與語化,惟達曲識變者能解也。諸詩最稱院判君世其業,傳上池禁方,諸大夫多予之,要以明翁有子,故輓者弗得遺也。昔公乘陽慶善方數,私以教太倉公,不傳之子孫,謂後莫可嗣耳。慶年亦九十死,死而目弗瞑矣。翁卒矣,誠何歉哉。宜詩之乎,宜詩之乎!

槐野先生存笥稿卷之二

槐野先生存笥稿卷之三

左輔王維楨著　館甥渭上南師仲編

序一十二首
送柳濱先生赴平凉苑馬寺序
贈黃僉事兵備遼東序
贈山東右使芹山陳公序
贈趙長沙序
壽峯羅先生歸淳化序
恕齋先生還華山序
贈傅大夫守廣信序
贈西洲趙先生序
贈鄭一山序
贈張雙渠序
贈方厓趙君六載考績序
豫内篇贈秋巖戴子之保州

序

送柳濱先生赴平凉苑馬寺序

王維楨曰：余嘗履平凉境云，知平凉苑馬寺事。平凉在重塞複嶺間，游鞗罕至，寺務甚簡，又幾大夫綜之，乃愈益閒寂幽曠。且日循故事，集揖衙署，命坐呼茶，茶已，輒揖退。坐私關内，吟臥自如。興至，則約與躡空，同理艭咏，如此悠悠率用爲常。然志士勞人，恒不樂就其所，即就，思去如蹈坑溺中。若曰：土僻秩散，比之隱丈人云。寺少卿柳濱先生者，固世之所稱志士勞人也。自辰州才晉今官，自姚安才改辰州，自部郎才刺姚安，而發軔崛興，則自吾華庠始。官凡五遷，歲凡二十，更可不謂志士勞人邪。論者咸稱今遷非先生樂就，而先生以赴平涼道華州，顧靡有弗樂。於是王生欽之賀之，以先生綜馬，即說馬爲贈。夫莫險于山，踰之在馬；莫遠于天下，至之在馬。故馬者，免險而到遠者也。擇地而蹈，不任險遠，毛即奇，無稱焉。有馬于此，西超河華，北踏幽燕，南飲滇池，旋越七澤，赤汗血流，逸足景靡，歷四表弗病，此其骨與氣能常有哉。然又夷塗平坂，讓馬爭趨；文韀繡轂，讓馬爭服；束脯石粟，讓馬爭秣；仙仗天閑，讓馬爭入。煙水之陂，莽蒼之野，抑首甘心，不一悲號顧焉。故殫力任使，貞志安遇，非獨君子，馬亦有之。先生笑曰：嗟，允寧論馬，而實謂我，我倦游人也，茲赴信適。於是王生又說御夫，世稱造父爲周王御八駿，日行千里，周游八極，人咸怪之。八駿信善馳，能一騁千里哉？惟御者節其控，縱時其奔，徐察其休苦，不竭其才，遂千里至也。蓋百里一息，千里十息，八極可周。急彎疾鞭，以速必到，崇朝而絕。故脫驂駐珂，休力養健，御者之法也。授閒投散，儲精需晉，官家之度也。先生又笑曰：嗟，允寧論御，而實謂我。我倦游人也，安能千里。允寧，蓋余字。余自學于先生而至今官。先生執余手而喜曰：吾識子在童駒時，茲服在帝輦，且範馳驅，乃何憂識馬。即望平涼去。

贈黃僉事兵備遼東序

天子踐祚之二十年，虜酋大入，寇太原。其明年，復入，更進趣利。守臣不能禦，令得志引去。天子怒，悉法守臣。有司奏：自今緣邊置守，咸以西北人承之。謂西北人忠敢有濟，遇難不回，不專以習邊云。當是時，秦人爲刑部員外郎者二人，蒲子仁伯、黃子叔卿，於是遂用仁伯爲山西按察僉事。二子有友王生維楨，謂黃子曰：仁伯固晉往，然且及子。居無何，遼東兵備缺，吏部遂以叔卿請，疏曰：臣觀虜寇晉鄙再，得利甚鉅。今聞守不至，然性貪，意必窺覬得所欲。夫遼東者，國左臂也，北鄰東胡，虜如要約東胡合兵內嚮，則禍中遼東。遼東若守，虜既阻于西，復閉于東，勢不絕漠而北不得也。然本在任人，臣謹擇可者莫若黃員外。令員外爲僉事，以山東銜備遼東，寬則聽訟儲糧，練兵課勇；急則從軍擊胡，逆來遮往。如此，則官省而政一，事豫而變消，於計便。疏上，乃詔僉事往，舉職盡如吏部請然。黃子深中篤厚，眾心比附。蒲子哲偉有猷，受事輒立。二人者性行雖異，於今拜咸稱。王生曰：余聞諸邊人云，漢掠在虜者，率安土忘歸，其能者返爲胡攻漢[一]。問之，則謂漢賦法繁重，人無寧處，而胡俗自便，以故苦漢而安胡，不嫌負德，不羞逆節。夫胡至犯夏，用夏制胡，夏化爲胡，胡何制哉？是故隆城浚隍，易踰也；利劍長戟，易折也。卒不得恃。誠欲保境攘亂，興造緒業，唯在愛養拊循哉，唯在愛養拊循哉！其時，蒲子使在外，乃即使所拜僉事，不得與語，獨以語黃子。諸與黃子遊者，多謂王生言是。黃子，秦之咸寧人。咸寧人有何氏、許氏，並爲都御史，罷歸，有靖虜材，乃因黃子而感及二氏。黃子先爲工部，後歷刑部，皆有狀不著，著今所以命官者云。

【校記】

[一]"返"，嘉靖四十年二十卷本作"反"，當是。

贈山東右使芹山陳公序

今上御極之二年，拔天下頎俊不恒之士爲進士，用以康世輯民，乃得廣陽芹山陳公，舉第六。時傳陳公本舉首榜，卒乃倏易稍後，余童年聞之。往余以使過鄴，見後渠先生，說與此合，余以是蓋亟慕公云。其後十九年，芹山爲陝西按察使，以參政守慶陽。來既三月，言按察平者、謹者、不虐者，詳確不莽莽者，無辜且死復生者，奸囧巧脫而竟繩于理者，私白不使售，桀右縮趾，初憚而末服者，乃日至余耳。是時余告在里，聞而欽之，私奇公雅好文才，顧又法理如此。居一年，巡按御史潁川張公列疏薦按察，略曰：臣觀所謂陳按察者，固所謂頎俊不恒之士哉。乃其刑不冤，既嘖嘖載道路，臣賢之不甚異。有若屹屹卓樹，不爲嬋嫣媚時，封利自點，臣誠獨重之。且今天下所鮮豈能者哉，立者難耳。按察初以巍科震天下，迨今亢躓騰聲益茂。昔聞得士如此，蓋千百可一二人。恒言舜臣五人，不相爲能。若按察，實兼才，歷試當效，臣言非阿也。他薦者多類此。無何，山東右布政使缺員，上以按察往補。若曰：按察廉又仁，能活人即能養人，擢使布政，責之養以觀其兼。王維楨曰：聖天子夙夜憂勤，計安元元者，慮至纖懇矣。乃今閭閻數困凍餒，一不熟即殍逋相望。余田處，亦值再熟，既輸公賦，即聞比閭作啼號聲。今齊與秦豈異也？患在下崇侈而去約，上急徵而忘緩。不則，何困？余意見芹山必告之。既芹山以趨山東道華州，維楨以境內士，又所宿好，既謁送之郊，乃芹山即於邑，論民疾苦，戚戚在眉間，如談人蹈湯火，懊不即一引手救。嗟乎！此意芹山先得之矣，余能有告哉？夫康世輯民，使天子之澤濊覃洽霑，先山東而遂天下，芹山公任之矣。芹山昔提兩浙學，明通作人，遂有茅、袁二士魁選名世。既分麾慶陽，虜徙不犯。累至今秩，乃又爾爾。御史稱其兼才，且云效後言，繼是而往，卿寺公孤，參贊和燮，靡試弗功，不獨謂今昔也，余亦以爲然。芹山道華州在二十年冬，明年春，余脩別日約，始作序致之。

贈趙長沙序

嘉靖七年中，關中蓋稱有三俊云：同州趙用章、長安張安世、臨潼任伯玉。是時清江敖公督學關中，試此三人者，優，特置一等，異之，三人由此名顯。其後三人相次舉鄉試。又十七年而爲嘉靖甲辰，張安世、任伯玉同舉進士第，乃用章獨不第已，即投牒銓司，除爲長沙別駕。用章爲文崇古尚氣，不能卑逐靡黷，取媚時眼，以此累試有司弗合。然其人卓犖曠達，信道順命。即不第，即除別駕，殊坦視不爲戚也。舊爲諸生既有名，會詔令天下咸選士貢大學，乃用章輒應選。當是時，西安太守鳧溪夏公大器用章，令貢勿應，不聽，辭謝曰：夫人成名微鉅，豈不有命哉。既貢，復爲舉人，其達概如此。史王子者，華州人也，故與長沙交。怪長沙忍即棄第不待，詣長沙責焉，詞甚具。長沙靦然曰：往無論已，業已拜官，第論官。於是王子爲論官：夫官者，觀也，謂居上者爲下所觀也。又觀者，視也，視人之則以律己也。又察也，反照內省既有而後發之也。然有序焉，必有觀己而後能觀物，必善觀物而後可以爲人觀。故軒組一也，有榮有弗榮；階秩一也，有貴有弗貴。何以故？能厥官，不問卑峻，不論遠邇，咸稱光國。不能其官，即係籍華戀，托景青雲，君子以爲辱位矣。長沙抱術淵大，內視有本，其所與游，類才豪名碩，麗益多有，而瑰容嶽嶽，弗憊以弛，睹者肅焉。以此三者，皆有合于觀之義，余信其必能官也。長沙得余言，謝至再。以其言言張子、任子及嚴子，三子遂徵余言爲贈。嚴子，同州朝邑人，在朝邑稱才。因善長沙，嚴子爲余說長沙太守即故守西安號夏鳧溪者。夫鳧溪故識長沙，越十年，乃復爲僚。嗟嗟人生，會遘且有數，矧功名哉，矧功名哉！

壽峯羅先生歸淳化序

羅先生者，淳化人也。故有四方之志，困于諸生二十年不得通。乃嘉靖甲辰，以貢如京師，始出關，游于洛陽，由洛趨于衛，觀于鄴，歷于趙，薄于燕已，稅駕于京師。先生行遠道不爲苦，志意顧恢恢大也。子曰公裳，時爲考功主事，諸與考功游者，咸謁先生于考功所。坐定，客謁者問所來，詞甚悉。先生輒應曰：予，秦人也，不言秦。自余見洛之俗侈，其民浮，其政宜質。衛之俗佻，其民儇，其政宜忠。鄴之俗蕩，其民俠邪，其政宜約。趙之俗靡曼，其民爭末利，其政宜革。燕之俗與趙同，其民亦同，其政不宜大振，以近京師。一夫肆口，能妍媸興壞，仕人畏之。客謁者咸起拜，驚歎稱羅先生，以先生非一方士也。居無何，入大學。在大學，乃遂與齊、晉、楚、魏、吳、越人游，乃又知齊、晉、楚、魏、吳、越諸俗，及其政宜。當是時，松江徐先生爲祭酒，講先王之治、經術之要，乃又聞政本在誠心，無務威嚴。而先生爲人，故篤中溫厚。及論天下政俗，愈益辨。客聞之，歎曰：於乎，國制，令天下郡縣各置學造士，有司選士之材者貢于大學，卒業，乃始論官授政，非直慎予，寔以廣聰睹、神智術也。今觀羅先生如此，法之立豈不誠善哉！夫士窮居，足不踰州閭之中，目不越堵墻之外，欲以辨天下事，難矣。乃若羅先生，苟得仕即四方，信所往安弗宜哉！居久之，先生上名吏部，吏部以選次未逮，令先生歸待之。考功君固留先生，謂貢除吏卑勞，莫有大表樹章顯，即待次謂何；且予幸貴，足以貴吾親，願留安養，吾不忍吾父更道路也。先生不聽，曰：兒不欲卑勞我，謂不大表樹章顯。夫表樹章顯，志也。苟有志，卒能因分自致，何必尊官哉。且奈何以汝貴奪我志，其歸我無留。考功君乃具車治裝，戒僕人卜吉日送先生歸，而友人王生紀其事。

恕齋先生還華山序

恕齋先生者，華陰人也。華陰接華州七十里而近。先生有子曰子德。子德未第時，與華州人王維楨者游，嘗論述家世，於是王生詳先生，蓋自其子子德云。楊氏之先，在漢世最顯，史稱四世五公是也。其在近代，或以科奮，或用貢升，冠帶詩書至奕奕不絕。於是關中論故家著姓，咸推轂楊氏，而楊氏赫關中矣。恕齋先生既爲士，自以爲紹累世之業，而當其後，期勿予絕，乃發憤，即讀書華陰山中。年二十而名立，三十則學愈富，五十而志不渝。遭運之衰，屢試有司，輒不合，竟不第。歲癸卯，先生且老，始以貢入京師。是時，子德舉進士，爲御史，而王生爲翰林供奉，謁先生于子德所。先生乃歎曰：吾聞君子進退有極，貴適其志。余年六十往矣，頹曦易下，脆葦易折，顧識者鮮耳。居無何，先生復去京師還華山。去謂子德曰：余楊自上世以迄于今，嘗顯功名于縉紳之間，今墜于余乎！明天子方隆有道之治，余陑不獲效。汝爲御史，職得論庶政，糾官邪，明法信道，作輔弼耳目之臣。余去與世違，惟汝則無墜先緒矣。慎旃哉，慎旃哉！子德以其言言王生，王生曰：於戲！自貪夫徇貨，曲士徇名，彼不極不返，世人非之而故蹈之。公久困得脫，輒棄官不仕，退老巖谷以全其性，豈非達哉。既去，又以官勗其子。夫梁鴻、龐德自隱其身，乃併攜其妻子不見，徑情滅世，賢士少之。若楊公者，遁不遺君，克明大義者也。於是秦大夫在京者數十人，咸嘉斯事，謂王生典紀載，宜序。序曰：公初投牒禮部，旋即辭去，部大臣高之，請于上，得賜冠帶，朝士榮焉。其還時如此。

贈傅大夫守廣信序

傅大夫爲工部郎中三年，諸與大夫游者，乃往往稱大夫焉。大夫之爲人也，能而不伐，異而不爭。嘗坐稠客中，客多出高論，遞相詡下，獨大夫端纓帖聽，不和一語。然于客言則中度臧否有識別焉。乃其色則沉幽沕穆，不稍見也，豈古所謂溫恭君子哉。大夫得稱于縉紳間，以此選于吏部，爲廣信太守。客曰：廣信善厥職。史維楨詰之曰：諸稱廣信善厥職者，奚觀也？客曰：詩不云乎？"溫溫恭人，惟德之基"。夫震猛而暴抗者，百姓不親也，士大夫不與也。不親不與，化是用尼。夫隰下而水趣之矣，茅柔而人藉之矣。既溫且恭，將無僻政。政之不僻，人咸以欽，必信其來，繄占其今。維楨曰：然，客言是矣。毋猶觀其外遺其內哉。廣信實沉毅，乃所謂善厥職者，諸大夫君子顧弗睹也。廣信爲郎吏，猶問學不怠，凡政俗之異、得失之理、經權順逆之宜、今昔是非之鑑，譬如淵谷，百物畢聚。予私嘗探究之，至不測也。及觀其行事，不矯不隨，不競不卻，不爲利回，不爲勢劫。以此兩者窺廣信，知廣信沉毅，不直溫恭已也。初，廣信守缺，吏部以大夫請補，疏略曰：今天下吏治紛紛靡矣，淺者困施，懦者縻綱，安望其就順理也。夫廣信，東南之劇郡，而舟車之走集也。誠得沈毅之人以使之，應至不竭，撼至不搖，則廣信治。臣程品郎署中，獨傅氏可。吏部論與予合，予復申曰：夫日月藏精，則人昧晝夜矣；虎豹當峴，則人廢樵蘇矣。故闇極啟疑，疑者易叛；強甚干懼，懼者難輯。能沈能明，能毅能馴，政之要術，君子所珍。于其往以告築野。傅大夫號築野。諸鄉先生聞之，曰：彼史論傅氏守廣信甚理，執是道也，寧獨善一國哉。廣信往六月，而王生復次前語，以諸鄉先生意致之，稱曰贈云。

贈西洲趙先生序

夫山東故稱多文學才士，至于今，益彬彬盛矣。乃濟陽則有趙露泉氏。趙露泉氏者，刑部大夫也。刑部主法理，乃大夫即善法理，間嘗屬綴篇翰，人復多予之。大夫年三十，其焯然著能如此，豈不謂才哉。山東人曰：今趙所由才者，本其父西洲公教也。趙以故廸訓早奮，至今歷有名。然西洲公，固豪奇士也。有司校文論材，率嘗冠其邑諸生。邑諸生自以爲弗逮，下之。乃數試輒阨不第。及露泉第，乃歎曰：兒不負予，而予負先人矣！先人蓋督西洲公學益勤懇云。嘉靖二十三年，以出身選貢，就序天官。天官試其文，奇之，除爲登封知縣。既往，其年刑部君亦擢陝西按察僉事。史楨者，陝西人也，因謁相見，見之，僉事君論州縣吏勞劇有狀，念其父在登封，於是楨面伏其孝。既又曰：所不能奪登封志者，則家君從此冀有進取以追光先大夫，此勞劇甘心也。楨聞之，愈益欽焉，乃述之。陝西諸宦人稱曰：孝哉西洲公，乃欲以光其先人。語曰"不知其父觀其子"。西洲公方未遇，名彰縉紳間，豈非以僉事君謂耶。僉事君守道不渝，表見在位如此，其所樹子者，毋即其所自樹哉。予信其必光先，有推卜也。然光先理博，說在孔子"顯親揚名"及孟子"事親守身"語中，今不備論。孔、孟皆魯人，其教傳天下，後世生其鄉者有厚獲焉，趙氏固有厚獲者哉！未幾，僉事君告且之官，言道登封脩省觀禮，陝西諸宦人以僉事君故，議有以贈西洲公，於是楨任其事，爲著首末，皆實有，不溢一詞焉。

贈鄭一山序

嘉靖丙午秋，詔華州守爲南京戶部郎中。守姓鄭氏。州人王維楨聞之，竊歎曰：鄭君得遷，予蓋有慨于聖德之大、聖度之弘云。予幸以侍從獲出入禁闥，竊聽睹天子之行事興居，即處深宮、養宥密，然念逮蒼生、關四海也。誠用兢兢，乃脩祀祈福，勤勞夙夜。既又念百官之或怠弗若，乃申誡訓、示指期，咸恭命令，勿抵于罰，百官亦罔不祇肅以率，庶幾上下一德之象矣。乃癸卯春，坐從祀宗廟諸臣間後至者，天子怒，讓司儀御史，以爲百官怠，御史匿不聞。是時，鄭君屬司儀，乃奪御史，併後至者悉左遷，調澄城令。尋從令徙守。守由御史歷州縣，獨惴惴念天子之威，日爲宇下撫眾，求稱上四海蒼生之意。是故有所穆然深思焉，有所蘷然矜志御物焉。循循煦煦，鮮有過舉。於是部使者賢之，上書言曰：臣按秦中，察吏治，誠無若華州守最者。守不擾而事集，吏習而民馭之。始守在御史臺，用矯矯名，即罪譴外服，靡有懈弛。臣聞遺簪罔弃，奇寶可收。幸得比守于斯二者，稍從拔擢、假羽翼，即功能可隨效。使者代至，薦守皆一指。天子察言者非阿，又嘉守之懲往而勅事也。令從今徙，蓋弗追往事云。夫仲舒膠西、屈平沅湘，彼二賢者，竟抑滯不揚矣。以守所邁值校之，大哉聖德，弘哉聖度，邁古帝王遠矣。始予得告歸里，里中長老若管君輩咸來訊視，問鄭君安罪譴？予既爲口其狀，以爲鄭君譴非罪。嗣鄭君承遷，牒且行，諸長老又以予知鄭君，宜爲贈。乃遂與群往，前颺言曰：鄭君鄭君，其猶龍邪。夫龍化物也，能潛能見，能小能巨，上下四方，靡向弗神。君爲御史，知御史在執法即弗徇。爲澄城令，知令職從守即若命。爲華州守，知守在安民即與順治。體因勢便，政與時遷，局方一節之士所不能究也。即由此而部寺、而公孤宜亦若是。是故達人大觀，洞性命之原；哲夫識時，神變化之道。

贈張雙渠序

雙渠張子者，字重卿，相州人也。與予同進士者，蓋相州四人焉：翰林侍讀郭賢夫、禮科都給事中李仲西、兵部主事許仁夫、張重卿。四人者，皆賢豪士也。然郭子冲和而介，李子真靜而亮[一]，許子方嚴而固，張子沈默而辨，獨予疏鹵么麼，竊幸附于諸君子之末，出入朝省，簪珮相摩，至相親也。居十年，仲西調理于天雄，重卿謫倅于華州，而仁夫亦退臥于漳浦銅臺之側，漸風萍散矣。宦踪岐路[二]，庸距有恒哉[三]！始，人有偽爲玉璽章者，覺，捕得人。事聞，上惡之，乃並罪有司，司者可十人，悉從外補，於是張子倅華州。夫以內外輕重異也，以階秩崇卑異也，以物情飛沈異也，乃張子一視之。往在青雲，張子固未始沾沾喜也。既乃鍛羽，亦未始戚戚憂也。在職滿歲，人不見其恚色忿詞，稱之者以爲淵懿君子也。而張子固藏智蓄照，與之商時政、校人物，能章章道焉。予往來鄴下，每眺洪川廣野，水流而不涓，山崇而不峭，風氣渾厖，鬱在人目。若張子者，蓋其鍾靈然哉。予告在里，張子時能過予，予爲說雜而總要之命。說曰：命者，令也。猶之四序寒暑，數既逮而弗可移也。數者，時也，行乎命者也。故洛陽才而斥，廣川賢而逐，命斥命逐，即才賢奚論！竇廣國命竟封侯，崩岸弗壓；英布命當王，即刑不廢，謂天定也。鴟鴞惡喉而冲霄，鸞鳳德輝而棲枳；寸苗秀于高山，喬松伏于深谷，所值殊也。雀或變蛤，雉或成蜃，此造化之神微而詎測哉。夫物殊而所受于天者一也，是故君子行法以俟命，委心以順時。說已，張子軼然曰：子言命，毋謂我哉？吾業已安之矣。居無何，檄至，遷判寶慶府。邦之士大夫凡數十人，群而祖之野。予重有戚焉。夫以湖海之契，散合之跡，十年數易，往事既逝，來驂如何。乃于張子行追及疇昔群游之雅，有感于今日者如此。

【校記】

［一］"真"，嘉靖四十年二十卷本作"貞"，當是。

［二］"岐"，同"歧"。下同。

［三］"距"，據上下文意當爲"詎"。

贈方厓趙君六載考績序

方厓趙君者，余同年進者也，爲御史，事今天子。初使江西，已乃使貴州，又使南京。車凡三出，咸有功，歸命于天子，天子以爲能，志之，留侍中，勿更遣。於是趙君之名，顯于闕下。今諸大夫論辨治貞亮之士，能肩鉅重、立國事者，皆稱曰趙君。趙君云：夫儒者，攻先王之術而起家，所貴濟當世之務，以批蠹正法、明枯竹、守空言，有署置不任，如膠舟不渡、木驪不駕，國家何幸焉。若方厓君者，誠非易哉。初，趙君自三使還既六年，挾六年牘將趨謁聽天子考，會鄩人楨造趙君，謂趙君曰：昔臣將對君，必從友謀，擬得當然後入，蓋慎之也。君今考，即如天子按牘問：御史使三邦，三邦各有狀，效胡以臻？則君安置對。趙君作色，前舉手曰：即如承問，即對曰：臣使江西，蓋清戎驅，逋逸者歸之伍，亡沒者廉補之。夫軍既苦凶危，而饟食歲復不給，以故逃。臣于其遣，檄有司厚資裝，令堅其去，毋反顧，至則守壘。夫貴州者，夷方也。臣使按貴州，觀俗制令，取所不畏。畏之閒復警犯，文諭之，不聽，再諭，乃竟聽。豕胄羊馴，服役比于編戶，臣不敢峻威急縛，重傷陛下懷遠一視之仁。夫盜公家之利以自潤，而又減其影，在法毋貸。臣使南京，勾檢積案，摘其辜坐之，以懲邪者，不以私匿、不以舊黨，罪者若干人。夫仕既以食君之祿，君使之又漁其財，與倉鼠奚異？臣以故痛繩之。對如此，三者當不？楨於是矍然歎曰：趙君，達儒哉！乃事事各底于理。明日牘上天子，如所擬對。有頃再與遇，楨與論：今且復先王之盛，安事而可？趙君曰：嘻，華繁矣，未睹其實也。宋儒言治，高高于秋天，上上于唐虞，遠而不可即之塗，重而不可舉之器，易如拉霜榦、超尺級，比稽其末，鮮成事焉。夫先王之治之所由盛者，士循力務效，與鏤脂刻冰者異也，誠人循力務效也。今之天下，即古之天下，何弗復哉，何弗復哉！

豫内篇贈秋巖戴子之保州

乙巳秋，虜眾犯大同，勇士王千斤與戰，死之。王千斤者，磁州人。偉榦多力，嘗持千斤器，移數處不爲疲。閒舞鐵杖，躍馬行市中，市中觀者咸異之，以爲雲長不死，敬德更生也。虜數至，我軍避不與接，易之王千斤，見虜則趨而前，奮杖揮霍，手自格殺者數十人。會虜圍，千斤不得脫，遂死。然虜固壯千斤，死而環其尸，相視齰指，蓋自是亦小懲少寇矣。戴子秋巖之爲兵科都給事也，寔薦千斤，其言竟見效如此。夫千斤者，一奇士也。士果皆千斤若也，庸詎憂胡患哉。今策事之臣，率言簡卒擊胡。夫卒不從天降，不從地出，比來悉眾而陣，莫能快一鬬，又安所選之哉。往戴子言兵，累十疏，甚具大要。謂訓練、儲積兩者，豫內而務本也。予蓋咨咨嘉尚之焉。孔子論足兵，乃首足食。夫食，能旦夕辦哉？因天之時，順地之利，時而調度，計而散斂，令夫飽于伍妻厭于室，若此乃後教之戰也，有向輒克。今邊卒裋褐不掩形，糠糲不充口，老幼聚處土圜一室之中，相顧垂泣，乃責之撻虜乎？夫賁育至猛，使枵腹而與强女子鬭,則女子勝。故馬足芻粟,無論胡代,皆以致千里也;士足衣糧,無論强弱,皆以任干戈也。驅頓兵以却勁敵,非勝算也。十人出而七歸,非完事也。故務在豫內。今主上下明詔議征討,惟憂邊隅未寧,民生未遂,故云不謂廣威斥壤,以夸示四夷也。若憑主之威以急功,持空拳而以茫茫決事,是爲國家顯飾美名而暗啓釁隙也。戴子諳于斯理,今別駕保州,保州控扼三關,外障胡虜,內護京師,亦講武地也。于其往言之,冀其概于中懷,俟得柄則繹而施焉。徵予言者,祁州太守陳子及倅王君也與,戴子爲僚,而王君之子與陳子併予皆同計偕,而予與戴子又同進士。於戲!戴子負才而敢任,非卑卑名實者,其謫外而抵今淹泊也,予莫之究竟矣。

槐野先生存笥稿卷之三

槐野先生存笥稿卷之四

左輔王維楨著　　館甥渭上南師仲編

序一十一首
贈督學李大夫序
贈侍御齊公再考序
贈青巖胡君督學江西序
贈諫議趙君使歸省覲序
贈太守胡兩臺序
送大司馬鳳泉先生歸宜陽序
贈南京吏部尚書朴溪潘公考績序
贈大理卿盧公應詔北上序
贈石洲張君擢守建寧序
贈濟南太守項君序
贈少司空橫溪歐先生序

序

贈督學李大夫序

余既產在關中，蓋嘗訊求先大夫之風，切有歎于弘治之舊焉。弘治時，天子用醇朴爲教，其下化之，士無靡業，亦無贗儒。於時關中敦本好脩之夫，翔集闕下，以涖政則奏其能，以典文必博其趣，默默者乃爲有章，逡逡者至以決事，猶之西施匿妍，利劍藏鍔，豈必章顯之哉。夫重者鮮負，而鉅者難持，乃關中先賢隨所畀予，輒任焉持焉，邁往不沮，可謂篤信君子矣。斯言也，武功康先生爲余指陳甚悉，茲特記其略云。而武功又言：治沿教興，導之有本；教由人立，施之貴宜。乃遂稱引李空同之在江西，劉西陂之在晉，許少華之在楚，三君者，皆關中人，並用督學顯名。余恨不及見李君，乃猶幸見劉君、許君，又因習其行事，武功言皆信云。然劉君、許君皆起正德中，乃無異弘治之烈者，以育于弘治間也。自正德訖今，關中人士代興遞作，彬彬焉稱盛矣。其敦本好脩之實，視昔人何如也。嗟乎！余難言之矣。以今睹于涇陽李子，豈亦一時之奇，而弘治之所謂賢耶。李子者，沕穆厚蓄人也。或與言政，或與言文，李子不爲曉曉辯，而中咸具焉。嘗曰：器貴藏，神忌露。桃李何言，荊璞亡采。嗟嗟，茲爲李子哉。李子頃拜山東僉事，往督學，語余曰：夫督學，教也，而治繫之，然本之在我矣。重茲我負之，鉅茲我持之，子寧毋助之乎。余謝無有，固請之，乃述曩所聞康先生之言曰：夫空同之道，主在伸士節、振萎習，卑也而故令高，常也而故令異。今去江西數十年，其徒誦義不休，斯謂強毅有立者也。至若劉君，謂寬乃教則涵而育之，久之品裁進抑，士有服詞，罰不倚朴，勸不藉賞，有孚格之化焉。楚人追論許君之教，號曰絕倫。然究其指，乃謂嚴則無犯，繩則無枉，通則不閼，審則不謬，舉此四道，而楚人永懷之矣。殆明哲君子哉。劉官至大司馬，許御史中丞，空同竟止副使。夫以空同之才，稍自抑以徇世，其勳名不可道矣。余既以應李大夫，且白諸鄉大夫之祖李子者，具列今昔，令得以觀感焉。

贈侍御齊公再考序

齊侍御者，遼東人也。其方近塞，而與東胡鄰。其俗尚飛纓走馬，其人講干戈戰陣之事、禽敵封侯之業，乃侍御用文顯，豈非士所謂兼才者邪。始舉進士，除蒲城令。會胡居西方者寇邊邑，大掠去。令爲蒲城，理城郭、選守卒，而時時論制狄之技，無長于炮火、利于五兵已。又調咸寧，是在嘉靖己亥庚子之間，邊將有私其策勝虜者，於是秦之人第知咸寧令良令也，而不知令更武也。既爲侍御，持節按山西，山西苦胡患者連數歲，聞侍御來，百姓相謂曰：意甦我者，必齊乎。侍御至，果以爲大創之餘，無用密法，痛之，乃捐徭賦、寬獄訟，扶傷舉仆，與百姓復始。久之定，乃始明法申令，鉏有司之爲厲者，山西大安。至檄諸邊制狄之略，大概言繕垣、增兵、制器三事，具若爲令時所講云。侍御出入中外凡六年，及再考，臺大臣考侍御者，署上考最，稱練識兵謀，足當異時一面之寄。嗟嗟，固知臺大臣非溢言矣。考之年，爲戊申。是秋，虜本謀犯宣大，虜謀者言：宣大牆新成，又峻，不得犯。且約犯遼東，曰：自遼接薊無牆，往得縱。語聞，侍御因循前議奏曰：臣今竊聽胡謀寇遼東，遼界廣力稀，不能獨應，必借援他軍。夫虜歲入，歲援歲費，胡馬三返，而倉帑已虛，費雖耗而害不息，非長計也。臣願接宣大而東，因山爲障，其平地築堵，高與山半，即虜至，不得直犯，可省調集供奉之煩。且令負牆處者，倚而耕作，牛羊故縱，靡患侵驅，此則暫費永寧，計便而利長，可施也。及陳增兵、制器，率詳備委折，茲不盡紀焉。士大夫傳其疏，皆韙之。侍御固負才，然謙溫不欲居人右。聞人譽，則引身退，退如弗勝，於是士大夫益賢其爲人。王維楨曰：夫孤子語孝，瞽夫論步，口言之，身不能行之，二者非也。能行之，而獨能言之，齊公是也。今人望連帥方鎮，力求勇任，略無遜詞，謂烜赫尊重，得意也，乃不省于權而安所措設，若齊公者，豈非鮮哉。

贈青巖胡君督學江西序

夫以胡君督江西學者，則斯舉豈不誠甚當哉。蓋人材之識拔在宰相，升進在銓衡，其風厲陶成則實隸學政者賴之。故此三列者咸各得當，斯足矣，奈何患世乏才哉。曰胡君拜新命，諸嘗與胡君同中秘者，皆嘉樂之，頌說之，固信有所感，非私而已也。初，胡君在翰林，年甫踰冠。時蜀有二俊，其一則內江趙君，乃胡竟遷給事中去翰林，非其當也，豈固命坐彼不坐此哉。其後十餘歲，胡君忽而仆已，又仆而興，漸徵漸引，始歷今階。命頓抑之爾，胡君能與競乎。今胡君齒髮逾壯，神凝凝定矣。夫士至定其神，將安投弗善也。胡君少而負奇，恒以爲人臣委質而出，苟肯戮力進取，安事弗濟？故往在諫司，輒有所論駁以明己志。然本無他腸，如世俗獵名自烜之爲。於是執事者追論之，賢其人，拔爲諸生師表，誠擇其當也，亦命且達哉。鄙人楨，關塞間人也，塞間人十出九講戈矛戎馬之技，乃楨濫典筆箚之役，則時時就胡君考訊載籍，推探至竅。既虜數犯塞，烽火達于居庸，則復與講戈矛戎馬之技，小折大創之略。頃胡君爲士者師矣，余第執手嘿嘿，不能出一語。私謂其富積著可施，余安裨之哉。顧獨以胡君故，則慨噫甚焉。夫古之人，能當其任，位副其有，則何言命；躐級而升殊雋，立談而貴尤人，則何言命；時之所予，序在鵷鴻，俗之所否，滯在塗泥，則何言命。非無命也，所由自致，命弗能格也。唯士專言命，於是君平之肆，客常滿座；季主之卜，聲動長安。術家主權，脩士墮守，自漢迄今若是矣。胡君順命而又好脩，其可恒覵之哉？胡君拜命時，宰相則袁州嚴公，銓衡則四明聞公，究其事宜，傳述久遠。趙君謂余曰：斯毋典筆劄者之責乎，勿令缺逸焉可也。

贈諫議趙君使歸省覲序

夫使者將天子之命，行游藩國，其威儀車馬甚都也。今趙君以給事居青瑣中，稱貴近。使已，歸而抵桐城，邑大夫且迎之郊。趙君至里門下車，步入家，升堂拜其父母。其父母見之，歡甚。出乃見邑大夫，去乃持觴上壽，其車馬在門外，笙竽在庭內，里人睹者，嗟羨傾慕，遞相誦說，則趙氏光寵矣。趙君父曰一竹老人，母曰汪氏，有五男子，四人者皆傳先業，治農奉二親，獨給事游在京師。恒念以為二親春秋各八十，老矣，不得省，奈何，輒愀容傷神焉。及得乘傳將歸也，忽愉愉快矣。一竹雖隱在林間，然故為儒，以不獲伸志，休而治理法象，固猶欲聞。今天子睿聖絕倫，九卿百司皆奉驅使，令行若馳，威斷若神。老人問給事，自具悉之。給事別家幾年矣，兄弟五人者聚會，以次問農業，則飢穰相代也。穰之歲，即有惰，農田亦入；飢之歲，即有力夫，半菽不可得。凡人皆因天，苟非值時，第能捐奮安神也。趙君歸而抵家，與父母兄弟晤言，其大都若此矣。昔相如使蜀，其威儀車馬至以赫視臨卬，榮被外家，史獨不稱其家慶云，何則？行不逮趙君遠甚。及還報命，見漢帝，盛言通西南夷無所用，願罷之。余又壯相如能為國家止戈定紛，非詞人比也。今趙君使楚，楚事有不便者幾何種？何尤最鉅？趙君善詞，攬采而記之。即若還而報命，有詔召問楚事，則趙君有對矣。一竹老人性方嚴，自趙君少而教之正，以故給事在中無婥婳之行，亦無矯飾之節，顯名闕下，光施父母，略無累其心。此殆益父母年，不用丹砂；華父母躬，不用綺繡者也。趙君且往，以其情語友人關中王生，王生為擬論之如此。然王生有母，老，在關中，今守史局不得省，望趙君往，竊感愴脉脉矣。

贈太守胡兩臺序

夫學者誦說詩書、稱述古昔，蓋人人能矣。至起而試官，乃輒悖其所習，違道而悅上，敗度而事私者，不可勝數也。以余觀于兩臺胡公，豈非近世之所鮮，古人之所貴哉。夫立官而畀之威者，所以制暴，非令其遂私也；有所司必有所監者，所以禁邪，非令其妄悅也。古人之法如此，而近世之俗如彼，余慨然有懷焉。華在關中稱善地，又當午道，關中諸使者過，太守踰禮逢迎倍于他所則大喜，不則怒去，遂得罪。初，胡公之蒞華也，吏具斯事白，胡公曰：事上固有道，以道得罪，何怨乎？卒弗聽。關中民好鬥，而重觸憲，而吾華尤甚。民富者以千金不死，百金不笞，凡此，前守皆有之。自胡公至，富人懷錢徘徊公門下不敢入，犯者悉論如法，廉聲震于部中。由是觀之，胡公之治，幾古人矣，近世能兩之哉？然胡公楚人也，往余在京師，楚人有爲余言胡公者云：胡公少負才績學，乃竟蹭一第，楚人皆爲屈之。至其貞志勅躬，服先王之義，迪詩書之訓，雖獨醒之大夫，未有增于是也。今茲在官果若此，楚人言固信哉。世恒言楚材，余又親睹楚材最多。夫楚何以多材也？楚有衡嶽之峻、洞庭之雄，天下稱形勝者莫先焉。故孕于物則爲梗柟杞梓以棟明堂，鍾于人則爲貞廉俊傑以禆盛治，各往往而見。若胡公者，華人皆異之，不獨楨一夫云爾也。故古之人，取魚必于河，取妻必于姜，正謂是耳。窮鄉下邑，彼其所見不越乎咫尺之間，求以稱奇著世，有乎？余嘗究論馭才之道有四：以擇地則獲雋，以任子則崇德，以尚節則吏飭，以表賢則士奮，四者舉而治化美矣。然擇地、任子，則銓衡大臣之責；至尚節、表賢，部使者之宜有事也。頃之，監察御史有蔡君者，按部華下，見胡公，異之，乃移檄華下，表太守，甚多美詞，大抵皆余言之所具云。太守同官解子、鞏子、侯子，咸共持檄，具儀儼然，造太守，如御史指稱賀，太守不敢當，請辭，三君固請，許之。屬楨之官，道華下，覯其事，迺喟然而歎曰：夫賞異等、罰不肖，雖唐虞之治，舍是無術矣。故騏驥不與罷驢同足，而別之則其材見矣；芎藭不與蕭艾同臭，而別之則其芳遠矣。治不賢不彰，士不表不振。觀于胡公，則他諸君子，其亦有所感也夫，其亦有所厲也夫。

送大司馬鳳泉先生歸宜陽序

鳳泉先生者，宜陽人也。天性忠鯁，少而講匡攘之略。所居官多在秦之邊鄙，凡虜情兵狀，皆明知之，聲名甚顯。今天子之二十九年，先生爲吏部侍郎。其秋，虜騎入關南，京師震恐，先生受詔督營兵以拒虜。先生令士皆負郭而陣，收郭外民皆入城，民皆以私藏隨。虜守十餘日，竟不獲一物而還。於是天子賢之。頃之，天子更兵制，合十二營兵，三分之如舊制爲三營，而設戎政府及總理、佐理之官二人，遂以先生爲佐理官。當是時，先生奏罷中貴人不得預戎政，又罷勳臣不勝任者二人，兵浸浸振焉。由此天子器先生愈益甚。而會兵部尚書缺，天子手批先生爲兵部尚書。先生自以遭遇非常，思傾身以報之。既拜，乃遂條治兵五事上之。疏入，天子忽下詔讓先生，先生恐，即上書納印綬，遂罷而歸宜陽。秦中人宦在京師故居先生之門下者，凡若干人，咸追而送之郊。臨別，史楨進而言曰：先生且休矣。少選之頃，天子且復召先生起矣。自楨濫竽供奉之班，立在交戟之內，竊覩主上之英明獨斷，論功不問其咎，錄大不校其細，蓋自天地剖判以來未嘗有也。在昔經國之臣，有所謂楊石淙氏者，其人如龍。又有所謂王晉溪氏者，其人如虎。龍所在淵，雷雨興焉；虎所在山，草木茂焉。人罔不仰其爲祥，亦罔不駭其爲異。上始皆斥之矣，後竟皆徵之。且方其時，讒者在側，而二氏復進，是蓋覩昭曠之道，越拘攣之見，不奪于三至之口，前世能有之乎？語曰"玉剖而良，桂伐而芳"，言士不遭跌，其節末見也。故夫有非常之功者，必有非常之議；有非常之議者，必有非常之謗。謗久而益銷，功久而益著。暫不勝久，則謗不掩功，而跌者卒奮。彼其婥婀附時，捨社稷之長策徒以自固其祿位者豈少乎，然一跌竟不復振，主上棄之如腐鼠然，誠見其莫有賴也。故楨願先生且休矣，召者頃復至矣。先生歸宜陽既二年，言官復奏之，欲以爲兵部尚書，未報，若有須焉。先生前所奏罷中貴人，遂著爲令，不得變。所與共事號總理戎政者，其人鷙悍，先生故嘗嫉之，卒陷于大辟。其明年，先生之子王子儀選爲給事中，有司以爲子儀名家子，年雖少，有大人風，上因乃拜之。今天下傳先生在兵部疏凡幾種，獨至讀罷中貴人疏，則皆變色嗟歎，以爲難能焉。疏略曰：今國家之所患者惟虜所最，甚患者唯士卒弗振。臣以爲斯二患者，非深患也。所謂深患者，唯在中貴人典兵權耳。夫今之團營，即漢之北軍，唐之府兵，宋之禁旅，所以衛京都、備不虞，至重矣。其令勳臣掌之者，謂其明武略；其令文臣共之者，謂其督怠弛；其令中貴人監之者，謂其防擁蔽。總之以厲兵振威焉耳。乃者胡馬來，臣調團營兵，令出城擊胡，而十二營半空，見卒又罷弱不任旗鼓。夫卒至罷弱，罪屬之文武二臣不得解矣。至空無人者，則乃中貴人爲之耳。外語籍籍，咸以爲有輸錢脫更之弊。是本用監軍，反用蠹軍矣，可痛！陛下即若不赫然立罷之，則歲月既積，消耗益甚。假令虜踵前智，復射一矢于關下[一]，誰與驅逐？此可爲寒心者也。夫刑餘之人，典在傳公車之命，供掃除之役耳。令其參列壇堧，固已虧體，而況于作蠹邪。臣聞久服之裘必敝，常用之器必缺。請罷中貴人，勿使更濫戎機，亦保軀善後之圖也。夫中貴人既罷，則什伍充實。即于什中選伍，于伍中選一，豐其饋餫，時其練習，即可得精卒。以精卒當强虜，何患哉。臣故曰二患非患，中貴人典兵權，深患也。臣又觀在營諸將，徒善爲容，難以效實。臣欲調諸邊名將，久處行間諳穰苴之略者，每營各置數人，而罷今之善爲容者。則李廣在軍，而舞車之徒出；王翦開壁，而超距之卒奮。所以懾外夷、安中國，滌舊耻、伸新威，計無急于此者。臣誠憤胡驕，志在忠于陛下，故縷縷如此。夫撩蠆之尾，必中其螫，臣豈不恤，顧令戎事坐而益壞矣。願察愚悃，降咫尺之詔，定萬世之規，臣不勝大願。此疏初下時，諸大夫見之，驚曰：古之言洛下多才，名不虛矣。

【校記】

[一]"關"，崇禎十二年四十二卷本作"闕"。

贈南京吏部尚書朴溪潘公考績序

夫朴溪潘公者，蓋古所謂社稷之器哉。初，潘公爲戶部尚書時，適楨守在史局，嘗從之游，知其爲人也。潘公簡重寬博，而又明于大體，口逡逡不肯舍一詞。及與商政事，則不惜唇吻定之。久而金可鑠、石可泐，公之詞竟不易也。譽之所在，不與眾趨；毀之所歸，不以智免。推所包納，則滄溟未爲廣，泰山未爲高也。楨私以爲潘公長者，足可負社稷重，不宜持米鹽之技責之，且不宜離人主左右。俄而有詔，徙爲南京工部尚書。斯其故余莫之究詰矣。居一年，潘公又改南京吏部尚書。又一年，而楨以徙守翰林至南中，南中縉紳大夫之倫，咸籍籍一口譽潘公，大抵言潘公長者社稷器，如小子之所稱者云。夫庶事之未集，集之在才；紛難之未理，理之在智。至于厭服人心，鎮撫國家，則屬之長者。故求才者、智者，百人而一；大才、大智，千人而一。若欲求長者，則萬人而一。何者，其器彌大，其獲彌寡也。在昔鄭莊每朝，未嘗不言天下之長者，彼固能辦乎此也，今潘公獨不直有鄭莊言耳。設有言者，天子方篤念社稷，求非常之人，潘公必徵，徵而鑒顏貌、察志意，則必拊髀驚歎，以爲見潘尚書晚，其所褒嘉拔置，恒情不能揣、百舌不能間也。潘公之屬曰考部何君者，楨之友也。楨嘗具是語告何君，何君亦以爲然。有頃，潘公爲尚書滿三年，當書狀投闕下，聽天子考。將行，何君與其寮七君者來過楨，屬楨詞，云以贈潘公往。於是楨乃言曰：夫楚璞誠珍，然必剖而後信焉。沚蘭誠芳，然必佩而後親焉。潘公誠長者，今往亦必身見天子，乃能自異，不見不能異。前日之南徙是也。夫策士挾術以干世主，彼固區區耳，猶然守宮門，冀幸一見主之顏色。彼蓋謂兩相接則浮言止，況大臣乎。雖投百狀，不博一見也。

贈大理卿盧公應詔北上序

今爲天子守三尺令，天下惕然震肅，不敢作奸觸網者，則主在刑部矣。至平法論當，昂之非益，卑之非減，則又于大理責之焉。故楨嘗念此兩省者，不可無長厚謹重之人。夫法，火也，煬者失則橫焚，故自昔聖王慎之云。頃歲大理寺卿缺，有司言南京大理卿盧公者可，上乃召還補之。盧公固長厚謹重，治南中獄稱平。檄至南中，南中人呀然惜失之，且以頌天子之明，能燭賢者于數千里之外也。夫冤精不化，則甘澍不降。人有抑情，即天有憝氣。爲兩省擇人，安得不云爾哉。大理丞趙公者，楨同年友也，與盧公爲寮。前盧公未召時，趙公嘗過楨，楨從容問曰：今斯大理，非漢所稱廷尉者乎？趙公曰：然。漢廷尉張釋之，公慕之不？楨欲爲之執鞭，獨恨乎不同時也。方其爭犯蹕罰金時，實以批人主之逆鱗，何其殆也，乃張公法視泰山，身視鴻毛，出身衛法，法植而身榮，卒令聲施後世，臣主俱顯，桀哉桀哉！趙公見楨爲執鞭說，歎之，因漫問之曰：子守史官，古昔史家眾多，子其執鞭于誰氏之門乎？曰：春秋。春秋，孔子之刑書，楨視其書且下拜，不直欲執鞭也。其爲書，天子之所罪，孔子因而罪之；天子之所罰，孔子因而罰之。要在明一王之法，抑人心之邪而已。乃若魏收之撰魏史，牛弘之撰周史，此二氏者，意所欲賢，則妄益好詞；意所欲醜，則曲加秕行。斯皆輕弄筆端，恣情高下。設其人尚在，吾道逢之不與揖焉。趙公凝睇視余者久之，辭去。少選盧公之檄至，以吉日戒行，南中冠蓋傾城出送盧公于江上之旗亭。其時雪水消，江大泛溢。楨立亭上，望趙君歎曰：夫水之道危，舟之道安。彼有被髮之子，狂而蹈溺，非舟人之事也。既人在舟中，歘而颶風吹浪，帆側舷簸，舟人不爲相風挽拖，令就寧所，何以稱長年三老乎。趙君囅然曰：子且舍是。今盧君斯須且別去，考昔贈言代軒之義，子安得竟已。楨應之曰：唯唯。今而有諸公，令余言安得已。然卒亦不能舍頃者之言也。

贈石洲張君擢守建寧序

夫仕宦而至領郡國，歷太守，蓋赫然顯盛矣。顧獨以建寧令石洲張君往非計也，余私竊咨咨慨噫之焉。今天下坐戎馬之警，浹歲以來，騷然靡敝，未有寧所。又時有水旱之虞，民人流冗道路，輕徙易搖。即若青、齊、汴、宋之間，燕、趙之分，西至秦，北至晉，此十數郡者，何嘗卒一歲無事哉。然唯獨江南完在，江南又唯獨閩中完甚，建寧于閩又稱完郡，蓋漸南漸遠，漸遠漸安也。以彼其所，即令一長者行，能治之，乃何必張君往也。若張君者，固宜在青、齊、汴、宋之間，燕、趙之分，秦、晉之境，譬猶病瘝而逢倉公，若寬髀而得利刃也，豈不便哉。夫張君者，蜀人也。負才略慷慨，爲南京浙江道御史，南中縉紳大夫之倫多稱之。余至南中，見其人，親睹其行事，主在便國家、利人民，其伏奸宿蠹，自張君在事，猶之去腐置冰，蚊虻不就也。假令張君得攝專制之權，據要害之衝，不以州府困其志、局其才，其所興發建豎，當與古昔豪桀方軌而爭馳、抵足而論烈。乃令守一郡，不能見張君奇，而又遷之完郡，將益靡有見，余奈張君何哉！先王辨官論材，所從來久遠矣。祖宗時，或以御史遷都御史，或從郡守轉六卿長，若此類者，往往而有。彼固謂其當也，他悉置勿論。近世之官人，次合貫魚，積同累薪，次不及不進，累不謝不伸。雖有賢者懷拯救之志、挾批搗之能，亦引躬逡巡，莫敢自效，誠格于調也。故賢者或老白首始躋大官，比其時且颯然衰矣。往日十舉十當，今不能五。若是以謂信名者非，可哉？故時過而種，雖后稷，一物不生；老至而官，雖有賢者，鮮克立功。張君方壯歲，能寒暑、忍渴飢，蓋四方士也。不及其時畀重權，彊大業，徒令尺寸進，如待庸眾人焉。余恐其績效不睹，老冉冉至矣。張君辭其寮，往建寧。其寮八九君第莞莞視張君笑。一日，其寮鳳竹徐君爲余述其事，余問徐君笑何以，徐君嘿不應。余謂之曰：今張君擢如此，且在事幾何年矣？徐君曰：業六年滿矣，且欲考而值此。余呀然歎之，語曰"南道如虎，陞官半府"，非虛言哉！

贈濟南太守項君序

項君者，越人也。越人號稱多才，習文法吏事，而項君益復犖犖。故項君爲南京刑部郎中，有聲籍甚。南中獄得從項君訊者，咸稱曰：項君持法平，不苦索我，不有項君，我等其銜冤終矣。初，項君起嘉靖甲辰進士也，當是時，余奉校士之役，舉項君。項君來見，與之言，則數稱引先王，誦法孔子，與世俗殊絕，私以爲項君竟所至當列儒者之林，豈謂其今爲理官，而斤斤若此也。夫劍之爲器也，利斷割、辟妖魅，可謂神矣。方其藏在匣中，飾以寶玉，錯以采繪，君子佩之，固燁然可親也，而出之則見神也。此足以贊項君矣。項君在南部且六年，與海內士大夫游，摰采謠俗，究遍人情，明所興除振廢之道、難易之節。士大夫與游者多稱之。頃者，余遷官南中，項君間從余語，久至更僕，總之物物中窾肯也。其言曰：夫今憂世之士，率戮力防胡。若以爲胡寇不至，則戈馬休閒，中國帖定，此謂救時，未稱要睹也。方今所患不在羯胡，而在中國。夫大江以南，姑無論已。至若淮泗之疆，多水澤萑葦，土瘠而人稀，其俗慓悍，少年椎埋攻剽，閭里不相非，急則伏于澤中。山東人俗尚綺靡，家務相高，其地通漕，舟檣鱗集，遠方之貨至，富人爭市以博利，利多則置酒徵樂，歌舞雜進，連日夜不休，其子弟習之，卒而衰息，不耻作奸以放情，而不閑于禮也。趙地故多健兒，工騎射，國有戎興，召其徒可濟緩急。然人鮮厚業，官家不爲恤輒去而爲盜。夫水鍾成淵，盜聚成殃，此弗可弗計也。先王之風教，河南尚存，蓋古梁周之域焉。顧其域與山東壤界，俗轉相染。市坊少年，尚鳴絃擊鞠以爲歡，不治其生業，即有呼，易走爾。燕近趙，俗與爲一。晉土最瘠，而俗尚孅嗇。其民力本治生，不可惑以邪。秦人强而好義，又險塞之邦，即有患，特用丸泥封關，坐困一月，而十夫可制之。此諸方大較也。夫風俗所易所難，所宜興除，所宜振廢，悉責在有司。有司近民，易識其故，故府責之縣，縣有聞白之府，兩者交相圖，何變之敢生。今不憂中國，而專意備胡，于計左哉。自備胡來，中國之靡敝不可勝道，此人人所睹也，獨奈何末之講也。居數月，項君擢爲濟南太守，其寮歐氏、金氏兩君者就余請曰：公固雅禮項君，項君今且詣濟南矣，亦將有以益項君乎。余謂之曰：吾無以益項君。余嘗睹項君言論如彼，其當事情也。誠使項君因俗效實，卒視其言果應，即與上記所稱潁川、渤海此二賢者比驅可也。吾無以益項君。然項君與歐氏、金氏兩君者處也，披腹臆示之，不肯令已獨賢、名獨歸。以此兩君德之，爲請余言甚力焉。語曰"君子蘭芳，無在而非好也"，則項君是乎。

贈少司空橫溪歐先生考績北上序[一]

　　夫自明興以來，泰和歐氏用科第起家者，蓋數十人焉。此數十人者，皆天下士也，各以才能翊贊其鴻業，勳名俱著于竹帛。於是天下言世臣者，咸推轂歐氏，而泰和門閥遂嵬然稱海內冠矣。鄙人楨產在關中，童子時即聞泰和名，慕之。及年既壯，而遊闕下，見今橫溪歐先生，先生方爲儀制郎中也，睹其容，盎盎如也。已而考其行履，夔夔如也，皜皜如也。因竊謂周世尹氏之卿，而漢任石君之子，非私之也。彼固謂其賢賢相肖，不欲隳其家聲，又安肯負于國乎？若歐先生者，斯固其倫類也。其後十年餘，先生官至南京工部侍郎矣。余鄙人楨適以徙守翰林至南中，先生風貌稍蒼然改舊矣，其行履愈礐然，若荊玉之初脫于石也。余鄙人誠咨咨慨噫之焉。夫崇臺有基，巨木有初，寶玉在前，則智士眩移，或負豪傑之才，卒乃不得陟千仞之丘、須明堂之用者，坐此虧毀，遂短折也。司空大官，六曹重地，寧可以倖而致乎。當是時，洛陽人東谷孫先生爲工部尚書，孫先生方廉質直，而歐先生精潤脩潔，兩公者行不同，顧甚相敬也。一日，歐先生治行，將赴闕下告滿，以牘視孫先生，孫先生謂楨守翰林、典紀述之事，持歐先生牘就楨請著之。楨手牘再三披，則前尹應天事居十七，今貳工部事居十三，問之，曰：輻輳而成，三年績也，例得考焉。楨既從孫先生得所爲貳工部者如彼，又從南中人得所爲尹應天者如此，於是遂爲著曰：南中人稱歐先生尹應天時，適旱甚，穀價湧貴，富人至竭金寶，分臥溝渠，蓋岌岌矣。先生則發廥焉，而活者甚眾也。歐先生他所脩復甚夥，不具論。即若振窮乏、起僵仆，此之爲德深厚矣。主上憂恤元元，懼一夫之失所，至勤懇也。今歐先生以牘上，牘所具者，正無失所。其取何階寵異之哉。夫噓生與吹枯，其難易相絕千里矣。論功者宜殿最之，毋令溷哉。歐先生有兄曰南野先生，今爲大宗伯，侍天子左右。歐先生行，且見宗伯公，出牘相視，且問楨所云者，當之不也？宗伯公，楨故從之游，蓋瑰瑋博大，有休休之度焉。歐之賢，自身所睹者概如此，其不及睹者，有聲在其耳，何其眾也。人言歐氏，宋大儒歐文忠公之遠裔也，有譜牒存焉爾。則歐氏門閥，又不獨自今朝始矣，所從來者久也。或曰：芝草無根，醴泉無源。非然哉，非然哉！

【校記】

［一］"考績北上"四字本卷目錄無。崇禎十二年四十二卷本同。

槐野先生存笥稿卷之四

槐野先生存笥稿卷之五

左輔王維楨著　　館甥渭上南師仲編

序一十二首
贈南京禮部尚書端溪王公入賀聖壽序
贈南京禮部尚書端溪先生考績序
贈柳州太守小江毛君序
贈別駕梁君之延平序
贈焦大夫奏功拜恩序
贈少司徒芹山先生告滿序
贈東穀先生考績序
贈大司成見滄茅公奉召北上序
贈大中丞須野張公巡撫貴州序
贈大理少卿方厓趙公北上序
贈監察御史濯溪間公還朝序
贈南京太宰儼山周公序

序

贈南京禮部尚書端溪王公入賀聖壽序

自楨侍今天子，且二十年矣，蓋習見諸方之臣趨賀聖壽者焉。每歲八月，當其誕節至，於是從東南來者以舟，從西北來者以車，至則干旄雲擁，帆檣鱗次，煌煌乎集于都門之外。及賀之日，內廷之臣入，諸方之臣以次入，而又有蠻夷之君長陳方物、效貢贄者，綴立于諸臣後焉。班定，則咸稽首拜舞如禮，連呼萬歲者三，聲殷殷起于楯陞之間，徹于雲漢之上。此其中禮文曲折，楨不能具而悉，然大概若此矣。今禮部尚書王先生自南京往也，固循舊章脩恒敬耳。至語萬壽，則主上自爲之矣。南京戶部侍郎有陳先生者，故嘗與王先生爲寮。王先生有大德，陳先生過楨，索楨言贈王先生。聞楨言若此，乃輒前而問曰：子謂主上之自爲壽，有說乎。楨應曰：有之。方今四海之內，萬事之紀，可謂稱極治矣。乃主上愈益慎，蓋內定其神而外理其凡，雖堯舜之兢業奚加焉。京師者，合五方之人以爲聚，其困于疾至可痛也，則濟之醫藥。狂人坐無知抵法者屢，恒原而赦之，雖黃帝之仁、大禹之慈奚加焉。然黃帝之年數千歲，堯舜咸過百歲，禹百歲，咸稱悠久。此數聖人者，徒各具一德，猶然壽命若斯。今主上兼之矣。推數循理觀之，即萬年不啻也，故曰主上萬壽自爲之矣。陳先生肅然改容，舉手而贊曰：然哉然哉。已又曰：余聞主上謁款天帝，脩禮百神，蓋皆敬謹之甚。今茲萬壽，則天帝、百神固有祐乎。楨應曰：有之。夫既數見珍符矣：往年外郡獻白鹿；頃年內苑醮辰，有鶴百群，翔舞于壇上。夫白鹿者，百禄也；鶴，羽族最壽者也。其告之矣。於是陳先生乃歎之曰：今茲萬壽，主上自爲之，天帝、百神又祐之，吾屬諸臣誠躚躚忭蹈，然竟莫之裨，徒令王先生以舊章往耳。楨應曰：誠欲裨，有之，惟諸臣加之意焉。且壽之義有三：夫壽者，厚也。言人君施德累仁，厚自培植，其年綿綿而未已也。又壽者，受也。言天帝、百神儲祉降休，人君受之至壽考也。斯二義者，楨前所謂者是矣。又壽者，奏也。言人臣各遵其職，效其業，以奏功于君前，君用是以弗勞，遂乃益算進曆，迄無窮也。楨今所謂諸臣宜加之意者也。今夫執事之臣眾，楨卒說不能具，即如陳先生，乃司計之臣也，王先生，乃秉禮之臣也，自二先生在事，何嘗一日不概于中，何嘗一物不隸于理。若是，則主上奚勞焉。令諸執事之臣皆二先生若，皆不以勞其主上，是即所謂裨萬壽也，而安云末之裨乎？獨楨列在詞臣，主在奉筆劄之役，不能爲公家效咫尺之勳，減秋毫之憂，乃今徒以其名附王先生往，亦循舊章、脩恒敬耳，則固有慄慄之懷焉，則固有慄慄之懷焉！

贈南京禮部尚書端溪先生考績序

禮部尚書端溪先生者，開州人也，姓王氏。初，嘉靖壬子之冬，而楨以守南京翰林來也，于時六卿之長，則見有五人焉。五人者，兵部則桂林屠公，吏部則徽州潘公，禮部則開州王公，刑部則長興顧公，工部則洛陽孫公。此五人者，要其行能雖殊異，然志意皆質直，不遷于流俗，不沒於藻繢，則楨有慨慕之懷焉。明年癸丑春，而潘公以秩滿，赴闕下考，楨遂贈之詞，稱潘公社稷器，非米鹽之能。諸公見者，皆然之。於是楨因而遍請諸公以滿期，言楨職在紀述，當盡爲諸公書之。乃屠公則既已考矣，唯王公則今歲七月、顧公十月、孫公十一月，楨得之，則輒前而賀公曰：今而諸公位皆在尚書，非輕眇矣。比既滿考，皆得贈及三世，廕其子，朝廷之所以遇大臣者益甚厚矣[一]。諸公其幸而熟圖之哉。居無何，而屠公坐有念，疏歸，許之，乃楨歎息者久之，以爲其鴻鵠舉也，橫絕四海而莫之能羈也。夫宦，寓物也，既歸其主，則耳目手足卷爲已有矣。自屠公告而去，兵部不補，而以工部孫公攝其事。俄而海上之警至，孫公聞，乃即念江海通流，若卒至，奈何？則日夜畫計守南京。寇諜者見南京之戒備，預兵威設，寇遂不來。楨乃造孫公賀曰：今日之政，微公銳身爲圖，則誰肯然者。公即欲效屠公鴻鵠舉，弗可得也。頃之七月，而王公滿期至，潘公前爲吏部尚書告滿，乃改爲兵部尚書，適而來，孫公歸兵部印，其寇仍留海上，王公于寇雖非其職事，然甚憂之。諸在南京臺省之長貳凡若干人，咸罷燕遊、避聲樂，俟寇之定。於是王公且行而赴考也，以書止諸執事，令毋解禁怠憂國之心。諸執事既以不能觸王公，乃授簡于楨，屬之曰：夫別者情多，故觴之令醉，醉而令忘之也；送者義重，故詞之令宣，宣而令播之也。子其詞之，而以送王公。於是楨乃逡巡低回，喟然而歎曰：夫今天下風俗，蓋靡靡而敝矣，本之雕巧者勝、藻飾者多也。幸而有王公者在焉，吾猶其見古人也。王公之爲人也，其志潔，故其履芳；其情朴，故其德厚。魯國之處子未爲修，漢廷之周勃未爲重也。平生幽默而罔躁焉，然語及當世之故、矯僞之行，則輒矍然而顧，蹶然而起，即若賁育按劍，振振乎無敵于前也。語曰"白璧不雕，明珠不飾"，王公其近之矣。夫流而不可還者，風也；成而不可變者，俗也。即欲變之令還，期不失先民之舊，則王公者固宜尊異之哉。

【校記】

[一]"益"，崇禎十二年四十二卷本作"蓋"。

賀柳州太守小江毛君序[一]

柳州太守小江毛君者，故禮部尚書三江毛公之元孫也。三江毛公居禮部時，當今上即位之初歲，有詔下廷臣議所爲尊崇大典未定，固將擯秦漢以來諸儒之謬，而祖其意于唐虞三代之上，蓋義起云。毛公前與諸臣議弗合，乃疏歸。久之，議既定，所與共定者咸至大官，進公孤之任焉。向令毛公且勿去，立頃之而擇其是，將必至三公。然毛公不少須也。由此言之，彼三公位尊重矣，乃不能奪毛公之執，何其介哉！當是時，小江君方童少，不甚詳其事，然獨記毛公所善關中人幸菴彭公往來之跡。余入南都，爲余道之歷歷焉。彭公時爲兵部尚書，其爲人剛方，不能濡忍見邪僻之人。顧獨數過毛公家，每過未嘗不移日也。其所論，悉邦家大計，至不當意所，則輒大呼恚忿焉，左右皆廢。語曰"薑桂同味，投在一器"，則二公謂矣。小江君之父曰浣亭君，浣亭君嘗爲思州太守，在思州數歲，徒以夷方之地圖藥物歸，無他裝。客或詫而問焉，浣亭君謂之曰：夫先大夫官尚書，非眇小矣。歸之日，宅不西益，畆不東拓。予其敢沒世俗之好，而遺先大夫之辱乎？矧又有嚴訓在也。嗟乎！崑巖之玉，產無弗良；丹穴之雛，毛無弗異。以余觀小江君，口刺刺誦其先世事，若荊客談其所藏璞，以爲珍卒之善[二]，柳州何疑乎。初，小江君得柳州也，其里中士見宦在南都者，總之十許人，期相約而造小江君賀，小江君辭謝曰：不敢也。自吾大父以射策魁天下，又列在六卿，長大榮矣。然大父每一拜命，輒惕然懼不爲喜，諸君獨奈何賀柳州邪。其謹畏不矜若此。夫小江君，太倉人也。今太倉世家有二氏焉，其一毛氏，其一王氏者，今詹事主簿王君振菴之家也。主簿之祖曰司馬公，司馬公之子曰都憲公，都憲公之子曰刑部君。主簿者，都憲公之從子、刑部君之從兄也。毛氏、王氏，其先皆同德好脩，其子孫皆化之稱賢，故吳中人指數衣冠世德之家，必推二氏焉下之。夫吳自季札讓國以來，幾千餘歲，其故風蓋澌澌絕矣，而二氏獨能廉，不徇世利，自機、雲兄弟一唱之後，文士嗣興焉，甚眾。然皆散出異族，遞起遞伏，固未有奕葉亘秀者也。而二氏世文詞，不見有一人陋，可不謂難哉！二氏之諸君，咸相紹而締交于余。余關中人，與幸菴彭公同鄉里。余謝彭公以爲弗如，不識諸君安所采于余，獨推轂甚，余愧之焉。

【校記】

[一] "賀"，本卷目録、嘉靖四十年二十卷本及崇禎十二年四十二卷本均作"贈"。
[二] "卒"，嘉靖四十年二十卷本作"萃"，當是。

贈別駕梁君之延平序

今南都諸省皆稱閒曹，而翰林尤甚。余以守翰林來且半歲過矣，則竟日第塊處，乃漫取莊生籍讀之，及至論海鵬扶搏事，則輒撫卷歎息焉。夫鵬之上搏也，乃至九萬里，高遠矣，是鵬之能也，然非藉扶搖力，則徒屈伏海漈耳。即不能極高遠至九萬里也，鵬徒伏海漈不動，斯與凡鱗常羽殊乎？由是觀之，客游南都乃往往苦之者，非薄之也，彼固有所抑也。翰林孔目有梁君者，廣東人也。爲人沈毅瑋瑰，有橫馳四方之志，乃亦羈在此。余苦閒甚，則恒要梁君過與談焉。梁君謂余典文詞，請所爲詞何從？余慨然謂之曰：今吾方厭是，而君顧歆豔之耶？揚雄有言：壯夫不爲。蓋其技雕蟲，能令完璧殘、巨木腐。雄既老，始悔之。所貴君子者，固在棟明堂、充珪璋之用耳，誠無事雕蟲爲也。吾方厭是，而君顧歆豔之耶？於是梁君默然。一日，梁君復過，談其鄉珠璣翡翠，土人泅池而採，不恤沒頂；歷木而求，不憚嵐煙。若是其險艱也，余爲之惻焉。夫珠璣處于淵，翡翠巢于林，斯二物者，去人世邈矣，乃二工必得之，固謂其珍異，絕非庸庸也。賢者投于遐僻而不用，即珠璣翡翠弗若之矣。居有頃，而海上之盜興。梁君請余：今策且安出弭之？余笑而詰梁君曰：往君慕詞而請爲之。今盜興，能以一詩退乎？夫天下有卒然之變，而未有卒然之功。有卒然之功者，蓋謀嘗前定，物嘗素辦者也。夫鵬伏于海，而羽翮已具，至乘扶搖則橫焉。今諸公在事，謂江南爲極樂國，無慮，乃不講于批擣之術，警卒傳則失之。余弄筆劀人也，奈何越他人職而言干戈事乎。久之，梁君擢延平府通判。檄至，余過梁君賀焉。夫珠璣貴而廉賈躁，翡翠盛而貞姬惑，乃自古歎之矣。何者？物尤而欲不可止也。君子之黷貨者亦若是耳。梁君苦二物之見，求其不以自巉其躬，明矣。乃余以曹署故，既已賀，復此送之云。於是梁君避席再拜而謝曰：產在東南隅，足跡未嘗踏四方，不知關西先生之論諤諤如此，茲往固鞭驅前矣，顧獨無奈別先生何？念先生寂寂守孤邸耳。梁君既去，有華亭何君者代其職，未至。至，則余有與談者，不寂寂也。

贈焦大夫奏功拜恩序

昔焦大夫奏功于朝之時，余實親睹其事云。焦大夫，蓋挾牘來也。牘約之蓋數十，極一人力僅勝之。牘所具，咸大夫守平定勞勳事。其巨者有三：一曰平定之民嘗飢矣，太守令民不流殍，戶口如故。二曰太守政平而令肅，民重爲邪，無盜，他盜亦不入其境。三曰州俗黠而好訟，日受牒至百而未已。往吏甚厭苦之。焦太守居三年，訟止。吏部閱牘，大異之，上其事于天子。天子詔有司問：太守治平定，何以令民飢年不困、盜賊銷亡、爭訟衰止也？太守伏地叩頭，謝曰：此非臣之能也，盡陛下神靈威惠之所及也。臣何力之有焉。於是天子嘉其賢有讓，乃加太守爲奉直大夫，太守父曰通判公，贈奉直大夫，母曰某，贈安人，其配某，封安人，令太史各制詞予之。焦大夫乃即趨闕下受制，叩頭謝而且歸。趙保州者，焦大夫之姻也，當其時，爲刑部郎中，余爲翰林修撰，與焦大夫故同計偕，乃相期約，造館下稱賀。焦大夫顧歔欷逡巡而言曰：僕先子所以教僕者備矣，乃今藉天子之休命得以報。然泉室幽杳，白日不照，僕誠甚痛之。已又曰：僕有箕箒妻，性不好華，而善操家政，以故僕一意治官，微回視之憂。今之封，足酬之矣。余聞其語，則大息歎焉。以爲君子者，出而服職受事，顯聲名于當世，垂光烈于無窮，此非獨己能也，亦必有父母之教、室家之助焉。今夫百尋之木，可謂材矣，而雨露澤之，而柯葉芘之，久而彌大，此匠石之所爲顧也。君子而得父母聖、室家宜者，亦固其遇哉。刑部君請余次第其說，書之卷，贈焦大夫。其時，會焦大夫遷二武昌，第卒卒辭別，罷之。既三歲，余遷守留院，刑部君亦出補保州，保州以書抵余責負，故爲激詞求應，其詞曰：彼焦君所獲，固弗若大臣崇陛華峻，上逮三世，下庇重葉，煌煌燭燭，震炫時人之耳目者，然均之荷天子寵也，焉得弗記？往子有成言，竟不肯次第書，即誠謂輕眇，如君恩何？余既已次第陳言，報保州，因復之書曰：夫君言大臣沾榮，上逮三世、下庇重葉者，以爲奇絕。夫奇寶不償，絕德不報，斯固大臣之所以爲難也。雖然，豈可以不務勉哉。古亦有言：精衛填海，女媧補天。夫海不可平，天本非缺，此人人所明也，然今昔稱焉，非謂其果能也，美其殫竭心力耳，以勸忠也。

贈少司徒芹山先生告滿序

少司徒芹山先生者，故嘗以彊學能文著名海內，乃今領度支、算緡錢、主軍國之需，背所習矣，乃先生固能之。先生既得遷南京戶部時，會大司徒缺，而先生掌其事，以爲古者稱效賦于京師，命之曰灌輸，以言繩繩繼繼，如水之流，未有絕也。於是移檄諸道，令各以歲賦入，而責治粟之吏甚劇。諸道得檄，讀其文，肅然敬憚之。既半歲，賦皆至如期，唯恐後。今南京倉廥穀粟充溢，露積于外，御府諸藏皆滿，稱富國焉，皆先生之勞之所致也。先生之言曰：小人之道猶染也，染于青則青，染于黃則黃。君子之道猶龍也，上下風雲，逐時而數變。是故先生嘗柄文教矣，士隨造即化；嘗爲奉常矣，禮樂因而明。嘗鎩羽而沈于末位，未始以爲戚也；乃今矯翼而列于大僚，未始以爲訢也。於是縉紳大夫之徒，咸翕然一口稱先生，以爲先生猶龍也。既先生掌戶部一年餘，會倭囚侵暴海上，橫甚。當是時，工部有洛陽孫先生者，攝兵部事，乃躬自選卒，將發而禦倭，而按尺籍，半虛；見卒，率疲弱不任干戈。孫先生憤苦之，乃以白芹山先生：卒空饗太倉粟，請圖之。芹山先生方纖纖務節縮，聞孫先生言，乃遂上書曰：臣聞養貓所以捕鼠，而不捕之貓弗養焉。畜犬所以吠盜，而不吠之犬弗畜焉。今南京官卒歲食太倉數百萬石之奉，乃一旦有急，能從軍者不滿十之三四，其不能者顧居其六七。是居此六七中者，固不捕之貓，不吠之犬也，焉用食乎？臣願于其六七中，汰其最甚者，更募壯士，以今省粟奉之。此管子所謂"開塞通變，國以不乏"者也。臣嘗問倉曹，粟所支堇堇可數年之資耳。然其間又且有水旱之虞、戎馬之警，皆不領于常費，臣切爲憂焉。夫國家有萬年之圖，臣願效萬年之慮。要其道惟在罷冗散之役、絀浮淫之蠹而已。彼請益賦者，朘民之肉；索山海者，誨民之盜。賣爵則名號濫，贖罪則刑律弛。臣以爲非久遠計，且害治，故弗言。先生書奏蓋四事，其他三事不具悉，然皆其蠹財者。書下南京九卿及諸司集議之，時史楨不在議中。久之，史楨造先生所，謂曰：亦嘗有以秦越人之決疽聞于先生者乎？夫秦越人之決疽也，不令疽人見刀匕，煦煦然以手拊其背，卒而一痛輒已之。今先生言汰去蠹財者，則決疽之類也。夫計未發而令蠹者知之，則多懼；已發而令蠹者備之，則多沮。故昔之豪傑柄事，恒弄奇務神，甘蒙好術之名而弗辭，非卑卑也，畏事有不立也。先生然余言，歎之。先生之司屬若干人，服先生教既久，頃之謂楨曰：今大司徒缺，久而不補，即若補，必吾芹山公也。已而調工部孫先生爲大司徒。諸司即又謂楨曰：今吾芹山公且告滿，滿必有遷，償先生之勞。楨應之曰：然。夫官人者第稽其資，議人者則程其能。誠令官人而肯采議人之口，則安弗當焉，又安有笯鳳之嗟、軒鶴之喻也！

贈東穀先生考績序

今南京戶部尚書東穀孫先生者，前爲南京工部尚書，而攝兵部事。其時會倭囚發，先生諸所振舉，皆可明臣節、翊國難，余私爲記之云。始倭囚來侵海上也，眾不過數百人，微眇耳。海道以書白兵部，先生得書，輒大驚。其時屬大暑，而又暮夜，先生立呼火草疏，驛聞于上。當此時，客皆謂先生疏大遽，且須之以觀其定，先生固不肯。居頃之，諸道書旁午至，或一日十數至，上海言城陷，太倉言城樓燬，嘉定言城被攻甚殆，賊眾見者至萬人，其伏兵不知其數。先生傳書令諸大夫遍觀之，客前言先生疏大遽者，乃皆造門下謝，言先生識賊狀、睹後事，我等弗及也。頃之，有得賊諜者白云：賊且欲窺江上不但已。先生懼，遂集諸守臣謀之。有一人前曰：苟必欲發兵，固須請乃可耳。先生目言者，言者奉首退，不敢復爭。先生乃言曰：夫春秋之義，先發後聞，謂倉卒之變生也，獨奈何守膠柱之見，而不顧急難乎？於是自爲令，分軍爲六道，出屯戍要害處，而各置一將領之。而又爲之縣賞格[一]、申罰科。既已定，乃剋日行宣言曰：有來撓吾計者，吾奏之；不則，與若俱伏矢石之下，毋令誤國而徒自泯沒也。其日，兵遂出，乃請糧于戶部，戶部予之。當兵出而行都市中，卒皆練甲金戈，光燭雲日，父老觀者，咸拊手歎嗟，以爲老且死，乃始此睹，何其盛歟。兵出可十日所，而倭囚皆回舟不來。先生禦倭凡三疏，其二疏事既已，斷乃後奏焉。翰林王生曰：夫從古以來，負才之士非少矣，然事每不立者，坐有病四焉：事勢奔迫，利居其一，害居其九，算較分明，而怯心生焉，此病一也。獨智之慮，眾不及睹，而駭議隨之，自信不固，制于唇吻而遂止，此病二也。太阿倒持，授他其柄，動發舉事，未見福端，先嬰禍首，此病三也。投機之會，間不容髮，而逡巡猶豫，未有所決，譬之臨道踟躕，坐失千里，此病四也。斯四者，固償事之根，蹶才之路也。余嘗持是以驗天下之士，百不失一，而孫先生獨無一于斯四者，此大計所由定，大事所由成也。在昔正德之季年、嘉靖之初禩也，傳有樂平喬先生者，而又有儀封王先生者，二先生相躡而爲南京兵部尚書，南中人至今稱之，以爲當其時，江南保障，東不在海，北不在江，在二先生之身焉。由今孫先生觀之，令與二先生出同時，當鼎足立；仕同地，當比翼奮。皆所謂上應四七，下乘五百之運者也，豈可數數見哉。孫先生攝兵部時，南中人咸事籲禱，願先生爲真兵部。已而改南京戶部，非其望矣，南中人甚歉之。孫先生自爲尚書蓋三遷，而滿三年當考，臨行，王生送之曰：吾欲上書明先生之概，乞改玉授鉞以答下情，懼人以我爲越俎而阿私好也。吾欲纂述前事[二]，寄勒石室，而身在江表，懼人以我爲賣直而奪彤管之職也。故私獨記之，吾且欲謁歸，將持而藏之名山，令後世有知者求焉。先生毋以我爲無益于公也。貳工部者歐陽先生見余記，語人曰：彼王氏記東穀先生事，信魁然大矣。然東穀前爲戶部，而值財用屈也，曾歲益巨萬之資以給之。既改南京工部，又復省財至不可勝算。凡此皆大政，乃皆遺而不錄，何也？王生聞之慚已，自解曰：夫合浦之珠，網者詎有窮哉？則吾有遺錄焉，固也。

【校記】

[一]"縣"，嘉靖四十年二十卷本作"懸"，相通，下同。
[二]"纂"，崇禎十二年四十二卷本作"篹"，當是。

贈大司成見滄茅公奉召北上序

夫見滄茅公爲南京大司成既二年久矣，乃者上念之，召之還。於是南京縉紳大夫之徒，咸儼然造茅公賀焉。夫海鵬扶搏，談者奇之，鶴唳而上高空，則觀者翹首。彼其意非徒慕之也，固亦有所爲也。在昔戊戌之歲，茅公嘗以射策見天子，天子覽其策，爲置第一。其所條對累萬言，大抵皆國家大計。迨于今十有七歲矣，豈其策概于主心，言既有驗，而適乃召之邪？且欲以備三公之列也。夫董子對策，論天人之際，極矣，一遷江都而竟莫之返。賈生言治安之要，漢廷公卿皆不能及，而宣室之後不復再見。此二士者，才非不儁，言非不良，乃所遭非其時也。由今茅公觀之，可謂五百而一會，千年而再遇者矣。方今天子聖德，光昭比之日月，靡缺可補。然青齊之郊，水患不收；河南南陽以南，米一斛萬錢。夫救菑恤危，以撫安元元，此主上所軫慮也。茅公即往而謁闕下，有如天子使中貴人問茅公道所從來，安所見聞，具上之。茅公由前道往，不得諉曰：臣典在養士，斯固未嘗理也。夫蔽主之明而壅其澤，匿民之殃而重其困，此人臣之大忌也。昔茅公對策時，指陳利害，不知有他，何其具也！豈今日顧略之邪？語曰"美服人指，美珠人估"，言求之備也。故余隨諸大夫後賀茅公，禮既成，復此望之云。茅公爲人篤中而自信，識大體，口不好辯，而白黑分明。常稱以爲：士人出而應世，持體不可不弘，御物不可不厚。聰明戒于太察，嚴威戒于太峻。一一而聽之，雖善竽者必乖；寸寸而較之，雖善丈者必差。其在大學，所養六館之士，蓋數千人，至眾也，靡不頌茅先生之德者，固其腹腸洞豁，人皆見之，乃相服也。語曰"桃李不言，下自成蹊"，蓋謂是乎。茅公嘗與余游石城山中，其時三月矣，而桃尚未華，茅公訝之而問故，余謂：草木期雖至，猶須日暴之乃發耳。今四面連峯，雲霧恒覆其上，見日最難，桃欲華，能乎？故得日苟先梅常侵臘，得日苟後桃乃失春，斯未足訝也。余嘗食橘而甘，茅公指所食橘，謂曰：是物一渡江，即變而爲枳矣。余以爲物善變者，非真性也。若而松栢，在江南如是，在江北亦如是，有異狀乎？茅公與余故同官翰林，茲之日又同游南都，茅公每過余，未嘗不移日也。其所論對泛引旁徵者，至不可勝原。然余獨記桃、橘之事，其他皆忘之，則信乎華子之病忘也。茅公且行，而辭諸大夫，諸大夫趣余言贈茅公。初，余往賀時，業已有言望茅公矣，更益之不能。雖然，有松栢之喻在，夫是所以贈也。

贈大中丞須野張公巡撫貴州序

今天子念貴州在萬里之外，其地險遠，其俗半雜夷難治，非得博大通方之士以使之，則不可以往。令有司上可者名，有司以張公之名上，天子然之，爲下制諭張公。張公得制，其時爲南京通政，即以其事問貴州人，而貴州人游南京者甚少。又以問客嘗游貴州者，而愈益少。乃就翰林王子問焉，謂翰林典在史局，按輿圖，知其方，考譜牒，知其事，宜令言之。於是王子受令，而以爲愚者畢謀，智者畢聽，古之道也，乃爲之言曰：夫貴州諸夷既已受制稱臣，比于內地久矣。忽而豪暴者興，輒敢干紀者，公知其故乎，彼有所恃也。蓋其地多山，而山又峭峻，蜿蜒回互，自爲城郭，山下激澗千尋，環之如帶，據之成池，夷所居國必依此爲固。彼寬則稽首納貢，效款款之忠；急則閉關拒敵，不發一卒，不射一矢，雖有百萬之師翺翔而不敢近，誠格于險也。高皇帝知其然。諸夷既降，乃因其故俗官之，于貴州置省，廣遷內地之壯士實其中。若曰：夷安則與安，夷動則與定也。公今往撫其地，但仰求聖祖之指于二百歲之上，而法其意于萬分之一，則得矣。夫以聖祖之威，兵甲之力，其剪虜若草菅耳，乃不滅斯種者，非倦而不能舉也，以爲西南夷至眾，而斯種頗內屬，將因爲扞蔽。內省屯戍轉輸之勞，而外禁侵軼之患，故第以漢官命之，不純用漢法治之也。間者秉鉞大臣苟揚國威，不講前事，如雲南沅江之患，上以虜天家之重，下以啟他夷之奸，此有識之所謂舛也。夫古號貴州爲鬼方者，以其人譎詐變幻，執之無從，搏之不得，有似于鬼，故名之也。謂御夷狄爲羈縻者，以言拘之不拘，譬猶之羈馬之首，縻牛之鼻，其事相類也。然馬雖受羈，不能不蹄齧；牛雖受縻，不能不抵觸。其性然矣。願公察羈縻之義，鑒鬼方之稱，視如馬牛，毋與鬼較，而效儺者干戚之計。僕聞法緣俗立，順其俗即所以行其法；威忌時作，當其時乃可以明其威。彼諸夷相噬，自其恒俗。方其狺狺而爭之際，兩不相下，則竟必相屠。然畏死亡，戀親戚，亦固有之。適此之際，公若遣一介之使，奉咫尺之書，馳入其境，以示爭者，剖判是非，曉以禍福，令各罷兵。彼之聽之將不俟詞之畢也。僕竊觀大臣之體，與小臣異事。小臣競一節、持一行，即得托名于賢者之林；大臣則問安社稷、保封疆不耳。公博大通方人也。而又奉天子之命詔[一]，其日夜孜孜，思所以安之保之者，如飢求食、寒求衣，固甚具也。僕言胡益于執事哉？顧獨念幕中一肉，則推食無餘；賞賜不饒，則超距之才不出。兵患輕動，動亦有期；士患弗彊，彊亦有道。惟公財察而熟慮之毋忽。或語余曰：張公故嘗使滇南、道貴州矣，誠諳其地形，悉其政俗，今而問，非不知也，聊爲之耳。於是王子愧之曰：吾失乎，吾失乎，吾乃今則燕人若矣。昔有越人將渡河，燕人從傍而指越人渡處，比入舟，又刺刺然語以槳柁之事甚具。已而問之，越人也，燕人竄入岸葦中不敢出，越人入葦引燕人出而謝曰：吾善操舟，而子言之誠過，然爲吾謀則忠矣。張公其以越人之視燕人者視我可也。

【校記】

［一］"命"，崇禎十二年四十二卷本作"明"。

贈大理少卿方厓趙公北上序

　　方厓趙公者，蓋與蒙溪張公同治大理之事爲僚焉。兩公者之治南中獄也，其志寬而不急，其法平而不頗。今南中人戴兩公之德，至望空祝拜，即欲一日而致三公。夫所可博而求者，官也；不可幸而獲者，名也。故余每與兩公會，則輒揖而賀焉，誠謂其難矣。然而趙公居大理既七年不調，張公自入官歷此且三十年，亦不調。余因是則唶然慨歎之，以爲聲名者，華身之具，亦祟身之物也。才賢者，策足之路，亦胃足之糜也。當是時，南中有日者劉生善言人禄命，其諸淹速短長皆豫決，卒之皆驗，人皆信之。劉生嘗爲余言大理丞趙公頃之當遷卿，張公少須焉。若竟兩公，至則皆鳴玉珮，躡金闈，抗跡百僚之上，揖讓人主之前，吁鑠哉盛乎。居有頃，趙公果遷而爲大理少卿，如劉生言。由是觀之，數有必至，理有固然，孰能違乎哉？君子聽之而已。何則？子聽令于父，臣聽令于君，人聽令于天，此理之固然者也。宜淹者不能激而速，應長者不得割而短，此數之必至者也。總之皆命也。故負才賢者而不聽則失其所以負，美聲名者而不聽則失其所以美。既余往賀趙公，乃並持是語語張公，兩公皆虩然大笑之。然劉生以言趙公故，其術益售，士爭要問命焉。趙公瑰瑋有大略，而不務爲毫毛之益。常稱以爲君子病不得志，既得志，病不盡能，其欲銳身以赴公家之急，固素所盟誓也。今趙公且摶摶上矣，不啻食頃，即且佩中丞之印，柄外制之權矣。願趙公乘此盛時，效能畢智，視盟而行，令澤施宇內、功彰萬里之外，謨烈輝光，傳于千世。此又非命之所能拘也。趙公在南中，以同年之故，獨時時過余。余恒引劉生言，趙公必至大官、建大業，乃趙公顧退退不肯任，則誠甚謙乎，然亦過矣。何也？釋騄耳之乘，即不可以詣千里；奪專諸之劍，即不能以劫匹夫。非匹夫強而千里遠也，亡據故也。夫士欲建大業，則安可不取大官乎。從古以來，有道之士，思欲安內懷遠，扶社稷、尊宗廟者，蓋以百數。才智之士，挾策抱奇，胥時而豎管晏之烈、附五伯之踪者，蓋以千數。馳說之士，志于藏三牙、一堅白，纍瓦結繩，將以動人主之聽而伸其臆者，蓋以萬數。然往往坐命困不得致通顯、獵大位，卒泯焉罷之。其能如其志者，概此三等各不及十之一二。固知大官者，乃策勳之利器、致遠之上駟也，趙公何遜而不肯任乎？故余謂其過焉。劉生談余命不立，以爲竟擾擾無成，徒早博白首耳，不如去之山林快也。居無何，余且將歸矣，而會趙公赴新命之北，而與張公等數十輩共送之，語余其情，諸公咸讓余信劉生言大篤。嗟乎！余故嘗擗楚詹尹[一]、漢司馬季主之論，其語率窈冥無事實，以爲古人寓指耳，而今乃真信之矣，又篤也。

【校記】

[一]"擗"，嘉靖四十年二十卷本作"誦"。當同"擘"。

贈監察御史濯溪閭公還朝序

夫御史者，奉天子之命，以按視部中。苟其持三尺、警百寮，取所謂損下殃民者論而罷之，即所謂承用詔書，聲名歸之矣。御史閭公既得命按應天，讀詔書歎曰：噫嘻！今有司鮮有不損下殃民者也。即有之，亦百一之獲耳。令其既損既殃，而必繩之法，是法徒雪其憤，無救于傷也。有司警民，吾警有司，是上下遞相警無已時也，何益。夫療病者，貴治其原，不在巫祝；安民者，貴防其蠹，不在威刑。於是乃行而詣部中。部中有司或其度不能免者，聞閭公來，輒先期解印去矣。及閭公至，顧且不問有司，乃先問百姓便益，與之圖。於是六郡各條便宜事，上之閭公。閭公則因六郡俗，制六令，大之而朝覲之儀、祭祀之費，細之而供億之繁、燕會之節，靡不犁然著、井然分焉。令既具，乃卒爲著犯令之科甚嚴，乃先下太平令，試行之便不。當此之時，有任公者，守太平，奉令如閭公指。行之三月，凡省費若干金，果便而有驗。於是閭公乃下寧國令，次下池州令，次下安慶令，次下徽州令，次下應天令。御史行臺在太平城中，故令下以遠近爲序。久之，諸郡咸報便，上省金數，而六郡之氓遂皆安枕田廬，亡有狗吠驚擾之患矣。閭公出行部，所至父老拜伏，遮道頌功德，車不得進，至中道宿焉。鄙人，閭公之故交也。閭公遺鄙人六郡令，鄙人觀之既遂，乃報閭公書，且賀之曰：今江南號稱沃土，百物之所出。有司得江南，猶之甘醴之猩，銜魚之獺，未有弗饜者也。江南困于有司，猶之樹披其枝、體胲其膚，未有弗病者也。夫人情，病久則變生，事苦則慮易。將恐有不逞之徒，緣間而起，爲國家憂，僕竊私念之。今公所制便宜六令，嚴如峻防，密如結絲，侵之不能過，觸之不能亂，有司欲殃民，得乎？有司不爲殃則民安，民安則寇賊熄，寇賊熄則惠化溥洽，上下怡愉，有司不及罪，臺史不見威，如此則至治之風光于一時，傳于後世，真所謂救時之勞臣，識體之通儒也。即今有殊絕賞遇加于公身，公不爲益，然可以顯茂異而厲具臣。顧廟堂之議非遠人所得豫，聊爲公明所當耳。閻公往嘗按河西，河西之宿蠹大猾皆以正法伏辜，莫有遁者，威稜甚著。視今按應天，其體大概相類，而措置不同。昔倉公挾醫而行游四方，術隨地輒變，顯名于天下。閻公亦云。閻公按應天既一年，得代，將還報天子。鄙人繫官白下，不得身與別，以書送之曰：客由北方來者，皆言燕趙之郊多餓人，市或撤肆。青齊以南，人相捕而食焉。至語梁宋，益苦矣，伏尸枕籍，行人皆掩泣過矣。若此者，誠可懼也。僕也思西域之異香返伏尸魂，然而道遠不可致；思辟穀之術，將以扶餓人、濟侵歲[一]，而海上之神人不來。第塊然坐而欺之。幸今值有公，顧公不能化百身以救萬靈，唯得以尺牘陳困厄之狀。公今往而登文石之陛，涉赤墀之塗矣，唯圖所得爲者可也。閻公才廣而氣直，志高而節堅。其平生慕汲長孺、袁盎之爲人也，以爲苟利社稷，違恤其他。一時縉紳大夫之徒皆稱之，號爲"千尋劍閣"，以閻公蜀人也，即取蜀物比況之耳。語曰"大國多良材，大海出明珠"，信然乎，信然乎！

【校記】

[一]"侵"，崇禎十二年四十二卷本作"祲"。

贈南京太宰儼山周公序

儼山周公者，吉水人也。吉水當永樂、正統之間，故多犖犖顯名之士，至于今既百餘歲矣，乃始有周公出焉。賢者之生不數，其難如此。周公方爲都御史守南臺也，其時關中王生守翰林，亦在南中，南中諸曹率皆務簡而力逸，得相從論議。故余每睹周公之論，則輒歆衹歎息，以爲難能，非諛之也。今天子加意治理，驅策任事之臣，可謂至篤。然而品物未盡遂，風俗未盡醇者，則咎在有司矣。周公曰：不然。夫有司遂物，猶有令之遂者。有司變俗，猶有令之變者。彼夫蚌胎視月，月滿則充；磁石引鐵，鐵赴如拈，此可以觀已。中原之盜既平也，南中諸臣咸共相賀，以爲無事。而周公獨於邑，以爲歲有水旱，吾既不能必歲；有司有良惡，吾又不能必有司。斯兩者，盜之所由生也，則惡得無憂。此老成之遠圖，國士之極慮，非沾沾之智所能窺也。周公論事，常依大體忼慨，其諸米鹽細碎、曲計小數，即可以見長取譽，周公輒棄而弗舉焉。余觀從古以來，苟稱願治之朝，則何嘗不論才。其才者亦盡奮，然往往坐掣頓不前，何故哉？豈才者之咎邪。周公曰：均之有過，才者過半，論才者過亦半。周公凡與余所論說，蓋纍纍不可勝記，然大要在明大體、薦才賢、遂萬物、變風俗數者而已。既余守在翰林，典記述之事，有臣若此，缺而不錄，則余之罪也夫。於是次序所聞，著于篇，藏之巾笥，竢上石室焉。周公狀貌甚臞，若不勝衣。然其中屹屹如泰山，莫可搖奪；胸空洞若鑑矣，賢不肖較然。從外視之，則幽幽默默，爲一概之觀，而靡有別異也。余既次其言，乃并著其人云。居頃之，周公擢爲南京吏部尚書，南中士皆頌曰：即安得周公爲真吏部乎！夫謂真吏部者，謂北吏部也。南吏部第操空印，不得有昂抑進退，有似于假，故頌者欲其真耳。周公前守臺中，與周公爲僚者曰沱村史公，聞頌者語，爲之歎曰：難矣哉，今之吏部乎！於是王生謂曰：夫君子所謂難者，豈謂其官難哉？其時難耳。夫江河之趨，鬼神不能反；時世之遷，聖人不能拘。故按調而移柱者，善曲者也；酌俗而制事者，善世者也。車轂行千里而不滯，其軸自若也；聖人應萬變而不窮，其道固在也。故曰聖人不朽，時變是守。若其智不足以權變，道不能以綱維，徒持一節往，即行之上世且弗達，矧今之際乎。周公以治《易》起家，明于從時之義、聖人之德，則何憂吏部難焉。周公自起家，凡幾轉而積至今官，咸有功德可紀述，士人稱者甚眾，然皆莫若史公詳。卒之余別有論撰，茲不具而悉矣。

槐野先生存笥稿卷之五

槐野先生存笥稿卷之六

左輔王維楨著　　館甥渭上南師仲編

序一十一首
壽封監察御史東村張公序
壽劉大夫父母並躋七十序
壽少宰龍湖張公六十序
壽方田李翁八十序
壽大宗伯毅齋先生孫公七十序
壽南京吏部尚書致仕兩洲王公七十序
壽大司馬督府太華何公序
贈七十翁都督孫先生序
壽八十翁白泉先生序
壽西澗先生胡公七十序
壽東園公七十序

序

壽封監察御史東村張公序

東村翁者，侍御雙溪先生翁也。雙溪按關中，兩見春暉，恒咨咨念翁弗置。洎代歸，關中能文之士咸聲諸歌咏，佐以壽翁。於是有頌德者，有賦節者，有述榮者，有紀樂者，有寫康者，有稱後者，有擬類者，有借祝者。其頌德者曰：星輝玉良，海渺蘅芳。允矣君子，範我家邦。賦節者曰：組可斷，腰不可折，胡不歸去來。二頃足田，五斗非傑。述榮者曰：煌煌豸錦，日中有燿。燁燁鸞章，天子有詔。何以詔之，爾子克肖。紀樂者曰：風軒水榭，月館雲亭。花開酒進，興至琴橫。拓三蹊而命侶，達萬物而同情。寫康者曰：顏赤赤，髮玄玄，形钁钁，履翩翩，駕黃鵠，遊碧天。稱後者曰：子如鸑發，孫如蘭苗。國之居珍，匪徒大其閥。擬類者曰：解組潛乎，達生周乎。鹿門乎，浮丘乎，其翁之儔乎。借祝者曰：鶴之集，于彼岩嶤。鶴之飛，摶彼扶搖。鶴之來，千歲一朝。鶴之侶，安期王喬。雙溪之道華州也，以其言言王生，王生曰：嗟，備矣。夫八言者言翁，翁自爲壽也。予有四言者言君，君所以壽翁也。雙溪矍然曰：四者何也？撰南山之頌邪，侈東海之詠邪，歌瑤池之桃邪，賦漆園之椿邪？王生曰：南山崇虛，東海飾詭，瑤池述怪，漆園肆誣，予將稽諸理焉。竊聞之，君子之孝其親也，在朝則樹節，在使則樹勳，百年樹德，百世樹名。夫節以植紀，勳以經世，德以淑躬，名以彰先，盛大之極也。親之心有弗樂者與？樂矣，有弗安者與？安矣，有弗久者與？凡雙溪之履，四者具焉，故曰克壽翁也。翁今年五十有八，厥配封孺人少翁一年。雙溪君歸也，春酒既芯，合燕稱觴，歌舞在庭，亂以八言，恢乎天壤，曠乎今昔，其有幾哉，其有幾哉！

壽劉大夫父母並躋七十序

劉大夫者，燕趙間人也，仕于華爲才大夫。大夫能詩，其詩傳者："千里燕山樓外暗，幾年萊綵夢中披。"又曰："目斷雲爲舍，心疑鶴是翁。"史王子聞之，曰：嗟，大夫戀親哉，孝哉！蓋自是知父母俱存云。他日見大夫而問父母年，曰：七十，偕。問行，曰：不肖不佞。父早孤，色事祖母，既老罔攸懈。克懿內相，維德之行，我母有焉。問胤，曰：不肖，伯；巍，仲，舉人；巘，叔，大學生。爲三子，有六孫，孫稱曾者一，尚未艾也。王子曰：嗟，吾聞劉氏詳而得觀道者三焉。三者何？夫腴土豐穀，廣淵長鮪，今以其年七十也，蓋並生于成化間邪，是在淳厖際矣，可以觀世。《易》稱視履，《書》載祥善，言天人之會也。乃劉協孝而齊耆，非栽者培之與？可以觀感。昔王氏以二郎昌閥，竇翁以五桂起譽，夫其樂何如也。茲英冑駢興，前輝後燿，爲無憂者非邪？是故志暢者神適，精凝者形固，可以觀養。故曰吾聞劉氏祥而得觀道者三焉。既而大夫例當朝，詣王子而告曰：吾幸矣，入覲于王，歸道于鄉。爰登我堂，以趍以蹌。有詞侑觴，惟吾子之章，其毋諉。於是王子者爲歌三疊，以介二人壽。爲瀛海之歌曰：瀛之水兮浩瀰瀰，仙人下兮光陸離。駕黃鵠兮赤虹，導翠羽兮朱旗。貝闕兮瓊閣，瑤草兮金芝。千年逝兮一日，坐扶桑兮猶夷。爲太行之歌曰：有矗者山，廓而寥兮。鳥飛不度，言薄崇霄兮。蜿蜒盤礴，屹不可搖兮。君子有屋，勢相朝兮。吸露餐霞，匹王喬兮。爲叢桂之歌曰：有桂有桂兮，當戶君子。有酒兮，胡不曰歌以舞。爛品英兮成三，秀虹枝兮惟五。薦芳兮宜風，含光兮戴雨。醉臥兮樹間，夢恍忽兮月宇。歌已，大夫曰：旨哉，渢渢乎可以壽矣。夫歌瀛海者，大也，言乎福，非詩謂川之方至者與？太行者，高也，言乎年，非詩謂南山之壽者與？叢桂者，昌也，言乎胤，非詩謂松栢之茂者與？手其歌，色沾沾喜，三四謝。王子釁然曰：大夫詩人哉，達比興之義矣！

壽少宰龍湖張公六十序

龍湖張公者，始爲學士時，上嘗欲伐南越，使之往諭。還，乃進少宰，今攝學士，爲詞林宗云。初，越以亂告也，上念勞師萬里之外，而爭不用之土，亡利。不若曉而效命，詔選才干往，乃以屬公。行未至越，服。設時越驚不服，公至令必服，有方略也。自上御宇二十有六載，余竊睹天下之勢，觀乎儀文章度之列，以及縉紳甿庶之間，彬彬焉，熙熙焉，可以稱治安矣。乃張公顧獨前慮先憂，以爲華須臻實，治無幸有。余甚歎伏之，曰：大哉所聞，乃張公爲予言。當此之時，方內順軌，英俊充塗，爲社稷計者非少，可以云治，然強胡寇邊，數無寧歲，莫或痛之一創。夫胡與越殊制，越告而能伏，胡不武折不北也。然兵以食健，食以農供。兵不休而食竭，則農困。夫民非皆知道守義命者也，困而待盡者，人情乎？故厲法以脩武，孰與聚糧而厭其腹[一]；募卒以戍邊，孰與裕眾而固其本。故幾有伏智者睹之，務有時謀者乘之，斯安可久、治可長保也。乃公又究本，以爲國非士弗治，所貴于士者，秉道而植志，赴公而輟私，大者大圖之，次亦不墮所司。若由斯路，此有恃之國，萬年之期也。夫人目周堂戶之中，而聰徹垣堵之外，斯已優矣，況乎燭未有、逆來將？若張公所謂，豈非鮮哉。夫載重寶絕廣洋，非長艦巨檝甚諳風波之師，無幸也。故任重視力，謀鉅視養。張公博習厚蓄，洞徹今昔之故，負不可涯之氣，第未當軸居中耳。欽有詔公入相，公入相，獲施之矣。措令萬方寧，四夷懾，士脩道，官舉職，宜秩秩若所稱述，況竝而望之者眾矣。余觀天之祐人國也，必生賢者以翊佐之。其賢者，必壽必康。蓋壽則久，久則練世。康則寧，寧則慮精。桃李之華不踰時，苑囿之觀也。梗柟長于深山，歷千歲而始材，廟堂所需也。張公固必享遐福哉。會有公門人何君輩十許人者來訊言壽公。公今年六十，壽宜云何，余具常所論冀者酬之。予久從公後，識其概，冀之非諛也。

【校記】

[一]"厭"，據上下文義當爲"饜"。

壽方田李翁八十序

方田李翁者，臨安人也。其子稱晴山君者，爲黃門給事。黃門君居京師，翁在其鄉，相絕逾萬里。黃門君念之，蓋咨咨悁悁，有不能奮飛之思焉。其言曰：我何以官爲哉！吾翁年八十，老矣。語云：曉露易晞，冬曦易下。即吾翁能百年，由今相距，至之無幾何。所可須而補者，名也；不可待而續者，年也。脫吾上謁得如請，歸也，造吾翁膝進一卮，吾快之若越鳥呼林，代馬舞風焉，我何以官爲哉！會有時忌，不得輒言歸，憂在其色。方田翁聞，貽書誡曰：郎今念吾，越在萬里而不得壽，毋亦謂侍几席者情相屬，違萬里者神相絕乎？夫父子也者，同氣而異息，一體而兩分者也。析之不斷，遠之不隔。夫下有茯苓，上有兔絲，二物不相連，然觀兔絲者，以爲茯苓其本也。鐵、石異質，而磁石引鐵。蚌與月邈，而盈虧應月。何者？精通氣乎，而勢弗能格也。今吾庶幾，郎者在恢志意、樹勳庸，以輔翊人主，固神所注、情所鍾也。能之而神悅情暢矣，不能則神困情悒矣。由此言之，几席非屬，萬里非違也。且吾既遲暮，方今國家有事邊隅，壯士皆赴行間冒矢石，而吾不任戈；有財者皆輸貲助費，而吾道里迂遠，不能負囊橐給半菽之食。郎苟出一策，博一效，吾神誠悅，吾情誠暢也，安用念之？學女兒欷歔，思歸寧哉！黃門君以其言當，罷歸計，第西南望，再頓首，申所爲壽者。始黃門君在翰林，與余善。余亦重君抱奇沈篤，非世俗之儒。一日，君持翁書示余，且道平生，余甚賢之，賀曰：是父是子。因遂悉翁爲人云。翁居里閈，不爲苟同，不爲特異。里中父老約爲經會，經會者，講演佛偈，集眾來聽，以化導善俗也。翁從之。至約入公府白事，則不往，曰：官家自有法禁，何用下干上？家蓄稍贏，即以振宗黨之急，至盡乃已。人問之，曰：甚愛大費，多藏厚亡。翁蓋習用老氏之宗指焉，凡世所謂華豔靡曼之好，翁悉禁弗重。以故既八十而筋力彊固，形神盎溢也。方士言服砂辟穀，可能鍊形益算，皆偽妄術，而翁殊好之。配孺人葉，少翁一歲，今七十有九。聞其彊與翁等。豈翁得真術而與共服之耶？審爾則赤松同舉並昇之事，或有之矣。然今翁、嫗所以壽者，誠不坐此也。

壽大宗伯毅齋先生孫公七十序

毅齋先生，事今上蓋三十年所矣。逮晚節，上眷之篤，擢爲禮部尚書，兼掌詹事，一身至領兩省焉，最異數也。居無何，有以言侵先生者，先生力疏歸松江。歸一年，上念之，召之還，復領舊銜，掌詹事。其年爲庚戌，先生壽七十歲矣。傳曰"七十杖于國"，言老臣在廷，神氣就衰，不用常儀煩苦之也。先生既七十，而筋力愈益勁，有事宮廟，竟無惰容，強年者顧或弗如。國有老成若此，豈非幸哉。夫聰明術智、盛年茂才，以辦事易也，以終事難也，以承君之令易也，以寄君之重難也。而老成人者，其敦朴若愚，其退默若懦，人君欲托重而求竟所事，非斯人莫與也。天子覽察群臣既久而明，在廷大臣，凡年踰七十者，皆固留不許歸。於是黃髮之老，間列朝省，謀國任重，爲萬年計，此聖智高遠弗可及也。初，先生承上眷時，縉紳之士咸爲震燿，乃先生不色矜，一如固有。比言者至，先生第曰：我固當歸，鑠金銷骨，不自明也。老嚴之論，主在定神齊物可以長生，乃吾今信之矣。先生少負文采，每一撰出，輒動京師。今老矣，至操觚揮霍，不減曩時。讀其詞，猶尚振振燁燁，千人可廢也。世獨曰孫先生老成人耳，淺乎睹矣。上好文最甚，大臣在左右者，往往責以文詞，若先生者，令得登進而近左右，其文詞百當上意，何疑哉。語云：福至不期，喜來有因。固且竢之。先生醇德真氣，薰灼詞垣，自宗伯徐公而下凡若干人，咸相率造先生庭，再拜壽先生，莫有後者，可以卜人情矣。予受簡屬詞，詞曰：昔漢高任周勃，謂其厚重，顧獨少文爾。今先生厚重似勃，而文復郁然，上竟用之掌詹事，不以他代，有意哉，矧年七十而健乎！此其中天必監之，人不可測也。

南京吏部尚書致仕兩洲王公七十序[一]

兩洲王公者，安福人也。爲南京吏部尚書且二年，一日忽歎曰：吾年六十餘，而猶此車轍也。日月不相貸，而役役弗休，如知止何哉？吾將歸，吾將歸。乃上書稱老，乞骸骨，不報。頃之，南京兵部尚書缺，復徙公爲兵部尚書。南京兵部得參機務，其權次出六曹上，報至，公愀然曰：吾形神夢寐皆山人也，寧復視事哉。爲書且復奏，會有詔許公歸，公於是以吏部尚書致仕云。夫明興百九十年矣，俗以漸流而靡，法以數變而弊。天子念老成重舊，故具責之事而返其初，意甚篤也。以故九卿大臣用請告謁者輒得罪，坐謂規避懷翔視之心。乃公謁歸遂歸，人主不疑，固其悃愊章徹，誠感于君心，非偶幸能獲也。公歸三年，而爲嘉靖辛亥，厥壽七十。公弟大廓先生時以徵起，復爲都御史，居內臺，不得爲公壽，歎之。會公中子拜南京光祿寺署丞，便道歸壽公，先生將因署丞致其志，乃授簡于門人楨，令詞。楨執簡竚思者久之，以爲先生詞人之雄長也，先生即欲申兄弟骨肉情，則宜自文之，顧又假他人手口哉。乃茲以屬我，而我叨史職，典紀述之事，論廉夫貞士進退完毀之節，與聖帝明主知人善使之故，意先生欲序其大者，以傳永久，是乃所爲壽也，於是序曰：往公貳吏部，余蓋親睹其行事云。賓客詣門，門者亟通，延之入，與坐甚恭。或用私請，第應曰：其以白太宰。言私者不更來，竟吏部，不聞其陰庇一士、陰入一物。公儀狀魁桀峩班行[二]。方爲太僕少卿時，上常視朝，顧而見公貌，奇之，私問之，則王少卿也。已又得其前典選司有名，繇是重少卿，寖引寖拔，遂歷嵬峻。縉紳之屬咸稱之曰：天子知人。其爲上下所予如此。昔人謂得時則駕，御風而行，公蓋是乎？今歸而臥安福山中，猶之抱完璧、收遺劍，既獻而復還，已試而弗缺，頃歲以來，此一覯耳。矧又其壽云云也。按王氏俱出姬姓，其後世分散四方，不可系尋。惟在安福者獨盛，以治《春秋》起家，冠冕佩玉，奕代不絕，公兄弟今最顯者。楨壽公既具，乃復標幟家世，竊亦有遙遙共本之私矣。

【校記】

[一] 本卷目錄標題前有"壽"字。
[二] "峩"，崇禎十二年四十二卷本作"峩峩"。

壽大司馬督府太華何公序

　　薊州故不置督府，薊州督府之建，則自今太華何公始焉。何公蓋嘗有名于嘉靖之初，以僉都御史巡撫大同，虜酋不敢窺大同。已而廢歸，居關中。然何公才高，頗自負，以爲脫國有兵事，且更復問我，我臥未安也。客從關東來，言東隅輯寧，烽燧不燔，何公即喜。或有警，輒愀然動容，若將持重畀己也。居十九年而爲嘉靖庚戌[一]，虜酋擁衆從薊州界入，殺掠數萬人而去，烽火徹于郊關，天子蓋憂之甚，詔薊州置督府，公卿大臣謹擇可者以聞。於是大宗伯徐公果乃言何公。已何公徵至，天子信宗伯言，陞何公右副都御史，尋進兵部右侍郎，以薊州兵屬焉。或言今何公守薊，虜酋必不侵薊，則西寇紫荊、東犯遼陽必有之。莫如取三鎮悉屬之何公，則東西三千里俱安枕無事矣。於是何公奉詔領三鎮。初，何公之徵入也，縉紳之徒故聞何公名，咸造門下請謁，座客常滿。客問計，何公頗道之，客見者輒自以爲不及也。何公廢時，年尚壯盛，今其髮斑斑變矣。客曰：天祚國家厚，令何公駐顏可也。何公既詣鎮薊州，巡撫都御史吳君、兵備副使王君皆輒以事白，大概言什伍虛耗，塞垣不守也。何公太息焉，乃遂奏募兵築邊及分區、列戍數事，上皆允之。於是東接山海，西連宣大，亭障星羅，旗干林立，肅肅乎稱金城矣。是時辛亥春也。及夏，而諸鎮防秋之兵四面踵至，悉聽何公計，何公則論較要害，部署兵將所宜，計定，下令曰：不如令者付之法。其遼陽、紫荊兩鎮遠，各以檄告設備。虜酋往來塞垣下，徘徊瞻顧不敢入。既秋八月，虜酋度計困，乃遣使上書，乞脩貢職比三衛。天子不許，許金幣市馬且示羈縻，因以見我之廣大富厚焉。是時屬有收，禾稼登塲，馬不糞野，長老頌德，童豎歌謠，皆以爲得何公晚，令昔年虜入而罹禍慘也。於是吳君、王君相與謀曰：在昔有周，有奏凱飲至之禮，彼尚謂功成振旅也，今何公在鎮，不動衆、不血刃，而境內宴然如堵，于古人且難焉，其渭日持觴壽之宜，即爲約書移兩鎮，兩鎮報書如指。兩君因間白何公，何公曰：未也。往虜之入也，云三衛有導者。夫三衛者，薊州之藩蔽、虜東道之咽喉也。誠與虜通，謂之近憂。急之則自撤其防，寬之則長姦滋患，奈何？會有請征三衛者，何公列狀具陳其不可，即其罪不赦，第擒其導者示警足矣。頃之，何公果得其導者二人，俘于朝，天子嘉其捷疾言效，乃進秩廕子，寵光光大也。兩君因再白欲壽，何公曰：待之。卒不離次，將未釋戈也，即觴之，樂乎？乃奏兵近者歸伍、遠者歸鎮，各與犒乃遣。比十月，督府甚閒暇，兩君率諸從事部下者持觴觴何公。何公曰：諸君幸今日樂乎？故前爲壽也。吾且有萬年之憂四焉：夫三衛本狼子，以人畜之終難，一。邊人降虜者多，則我眾減彼眾增，二。募兵實邊，非攻戰之資，三。遠道徵卒，疲于奔命，蔑吞虜之氣，四。夫圖目前之急，而遺久長之利，非計也。何公且觴且論，至酒罷未已。月餘，王君以書抵史楨，述其觴之日何公語。楨乃歎曰：夫人苟以就功名，不慮其遺難于來者眾甚也。乃何公獨念萬世計，古有社稷臣，至如公近之矣。何公爲人，精研有數，大放計然之策。家居身所致貲數十鉅萬，一起而謀定疆場若此。人生退不免于寒餓，進不能取尺寸之勳，安可比丈夫哉。楨，何公之里中士也，相知特深，故云。而吾又歎徐公知何公，非尋常見哉。

【校記】

[一] "居"下嘉靖四十年二十卷本有"二"字，據上下文意當是。

贈七十翁都督孫先生序

夫孫先生官至都督，蓋貴重尊顯矣。顧獨念其負才卓犖，不得策勳于萬里之外，書名于竹帛之間，不出都城門竟老，則余有慨噫之私焉。孫都督，餘姚人也。父曰忠烈公，忠烈公伏節，而都督君以其故補錦衣千戶，已乃中武舉第一，累至今官。夫孫氏世文學，而都督君用武興。餘姚人言都督君自其爲士時，即善馳騁彈射之技，常引弓出野，飛鳥走兔不敢過其前，斯固天之所建，非人能也。都督君之季弟曰宗伯君者，與余同年舉進士，其年嘉靖乙未也。其時都督君不忘舊學，輒出所賦示余，余心大奇之，然未肯下也。至睹其講兵略、論要害，猶之泉涌桴答，百詰不窮，則誠竊謝避之焉。語人曰：令孫君得仗鉞柄事，韓、白、衛、霍之業，豈足道哉。久之，孫君但自府中遷，不令出在外，則論官者之拘也。孫君呼鄭君爲姻家，鄭君爲置酒，在遊者甚眾，酒半，孫君挽六鈞弓與客較射，更十數耦，矢連百發，不少倦。時孫君年已六十往矣，其健若此。彼其力不能挽彊，材不能絕眾，乃顧仗鉞登壇者，何也？庚戌秋，虜酋大入爲患，都督陸君乃言彊弩之利，因表孫都督習弩事。教弩踰年，而學弩者數千人皆熟告成事，遂上書稱老乞歸，天子不許，於是孫都督仍復居府中。夫騏驥伏櫪，則千里之能隱矣；鳳凰在筊，則九仞之覽絕矣。今孫君視此兩者奚異也？故余觀孫君有慨噫之私者也[一]。今年辛亥，孫君七十歲矣。鄭君以余故遊其囿中，又于孫氏至深，謁余，言壽孫君，余謂曰：聞之孫氏兄弟念其先大夫忠烈公事，自至其誕日，則輒歔欷感動，茲往恐不肯任。鄭君曰：固也，願乞一言往。於是王氏乃言曰：鄭君知劍乎。夫劍數試不缺必折，匿之匣中則悲鳴，然其精具、其光完，時閃閃射于斗牛之間。若孫君之才氣肝膽，令得與大敵遇，誠不愛其軀，孫君能保而至七十不也？孫君以不試故壽，然非其志矣。夫人生由童亂至百年，直須臾耳，所弗朽者，表豎也。世有豪桀之才[二]，困陑而不得伸，含抑白首者，何限哉！余殊嘆孫君老，乃鄭君固壽之，意各有主謂也。

【校記】

[一]"噫"，嘉靖四十年二十卷本作"嘆"。
[二]"桀"，嘉靖四十年二十卷本作"傑"，相通，下同。

壽八十翁白泉先生序

始楨童子時，則睹記里中長老若葉宰郝翁、交宰席翁、司訓管翁，其年皆八十，先太公時七十。三翁者與先太公游，三翁過太公，太公必為置酒，酒中各道平生、展心曲，未嘗不指天日以為證也。然司訓翁特達恢廓，有容容之度，故其年竟兩翁過焉。接是以來，物情大變，右巧詐、鄙長厚，見勢思傾，見利思奪，陰行不軌，而飾容誣善者，不可勝數也。於是早折急摧，往往而見，藥不能延，方不效異，蓋三十年若此矣。乃今睹白泉先生年八十，彼何嘗採藥好方如他所為？然其神灼灼，其骨屹屹，蓋信有先世之遺焉。白泉先生者，司訓翁之季子也。少時號為管季子，有才名，乃竟不中科，嗣其父官。先翁以通家子與先生交。先生官罷歸，則時時張樂命觴，與里中故人會，極歡而醉。乃先公不獲預會中，先生未嘗不念之嘆之也。先公嘗稱：管先生外嚴內寬，其為人譬若驚飈曳電，燁燁冥冥，頃之光霽，則萬象不失。里人以為確言。未嘗嫉人之有，里中富貴家皆非眶中物，務在信命樂生，無苦于志而已，若此八十年如一日也。先生會中客若思軒閻公、正菴張公、南圃劉公，皆年七十餘，以先生躋八十，羨之，要里中士就而觴先生，其日累觴數百，先生拜伏酬酢不怠，不亂人言。彼司訓翁如斯之年，未能若先生彊，則先生年且當過司訓翁，用理卜之也。一日，三公問楨曰：若我等，竟何如白泉先生壽？楨應曰：同之。曰：安識其同？余嘗入華山谷中，望巖際老松古栢，蓋數十章，高者千尋，大者十圍，問之山人，則乃處幽生邃，樵斧不及，以故率性任長，窿窿庞庞也。今而諸公居山林，皆能自遂其天，無傷于性，故厥壽同永也。嗟乎！變詐者伐生之斧也，忮害者滅性之波也，陰詭者促歸之祟也，嗜欲者燋命之火也。凡我同黨，慎戒哉，慎戒哉！

壽西澗先生胡公七十序

西澗先生者，楚之承天人也。從其子華州太守來游關中，而余小子適以之留都便道歸華下，得見先生于官邸。則先生者，蓋個然有古豪士之風焉。先生曰：吾自發承天而北也，則涉襄鄧，歷商於，徘徊乎紫芝之巖，念四皓高舉，不以世故滑，其中何其大哉。已乃踰秦坂，陟蓮峯，頓轡于希夷之峽，倚佇嘆慕者久之，以爲時苟不我與，則長臥其中足矣，而況以保壽命之源也。自余聞斯言，則甚敬禮先生，以先生非常人也。太守君曰：家大人蓋嘗爲士，而竟乃棄之云。爲士時，負才氣，謂功名可指取已，數不偶，遂退而栖于野，睹世之貴人煇赫顯盛，翛然起、翛然仆，則太息曰：我道固是也。嗟乎！若先生者，豈非古豪士之遺哉。夫嵬爵重禄，賢者欲遂其志之思也。然福種而禍伏，慶至而吊隨，則君子有隱憂焉。故或醉而獨醒，寐而長吁，因之泄越精神，卑減年數，蓋往往然也。是非造物乘除，特于貴人厚其所受而薄其所享，亦貴人自促之耳。即如商之四皓、華之希夷，彼其視富貴等浮煙耳。故世人莫究其年，司命不制其算也。今先生追慕二道，大而歎之，毋亦自擬其似耶？先生今年七十歲矣，往從先生使者，言先生歷商嶺，蛇徑盤紆，過者十休而上，九休而下，至險艱矣。先生跨馬登降，疾于快翼，矯健如此。及登華山也，躡級捫蘿，乘危而不怖，竟覽而始歸[一]。若斯之氣，假令應時獲售，策名巖廊之上，驅馳萬里之途，其勳烈可勝道哉！故余嘗論國家取材之路宜廣，舉業之外，更設數科，則賢者畢收。今士有挾倜儻非常之才，不閑于筆劄應對之技，卒至含抑白首，竄伏巖穴，泯泯脉脉若胡先生類者豈少乎！余甚悼之焉。太守君聞，以余言關當世之故、人情之要，請書。居頃之，太守之寮解子、鞏子、侯子三人者來，三人一口稱太守奉其父母甚備。母孺人長先生二年，而健與之敵。余乃曰：今君曹所謂備者，供養具也。太守治華，華之民恬習不擾，咸德太守，廣令譽于關中，蓋什伯供養矣。此謂顯揚其親，壽之而不用詞，樂之而不用觴者也。三子曰：雖然，茲我等壽也，固須觴而詞，願徼一言往。余謝謂曰：前太守請書余言者，即可云詞也。

【校記】

[一]"始"，嘉靖四十年二十卷本作"如"，當是。

壽東園公七十序

東園公者，姓徐氏，中山武寧王之六世孫也。中山王當高皇帝義起時，甚有功能。天下既定，乃勞功臣，令遂休逸之樂，賜園一區，在中山王賜第之東。王拜而受之，至今六世孫東園公更新之，因自號曰東園，意章君德、表先烈，志弗忘云。東園公又有園在第西，稱曰西園，有劉宋時鳳凰臺居其中，即唐李太白南遊金陵故嘗賦詩者也。臺今存者少半耳，園主因遺墟施欄檻，其上平鋪瓴甋，可班坐傳觴。客遊者，則拾級而登，登之則南都諸勝轉顧咸收，客未嘗不仰歎高皇帝開國之勞與中山王左右之勳也。東園公爲人謙恭，能下士，好客。即冗散卑官來，東園以必罄折迎之，無敢傲慢失禮，士以此多焉。故南都縉紳大夫之倫，好游者恒曳履于東、西兩園之間。今日東園宴，明日又西園宴，或連十數日皆有宴。凡竟宴，而東園公皆執禮若初，未嘗見困頓容也。癸丑之春，余嘗從東園公游，因遂登鳳凰臺焉。余感李白負絕世之才，乃令流落江海之澨，於邑吟嘯，不得一見明主，則惻然罷觴欲下焉。東園公固止之，左手持觴，右手指視余曰：日且暮矣，花又欲謝矣，獨奈何弗歡。由是觀之，東園公蓋察四時之序，而悟生人之道，固達者流也。其秋，淮北之盜發也，羽書達于南都，南都諸大夫咸畫地城守。東園公日夜步中庭，憂念之，乃遣使四馳悉詣諸大夫守處，持酒脯爲犒從人。已乃誡其姪嗣中山王之後稱爲魏國公者曰：盜必不敢涉江而南，即若涉江而南，願子無忘吾祖之烈，吾家受國恩深重矣。其忠悃如此。假令東園公生爲嫡長男，嗣其爵，得操節鉞而鎮京國，即古衛霍田竇之業不足道矣。乃厄而不得伸，直以其才施于亭館臺池之細，花竹水石之幽，非其質矣。余私竊慨焉。東園公足跡未嘗出都市，然名聞天下。頃年既老，方士慕其名以却老方見者，蓋以百數。東園公第陽浮好之，實不用其術。其言曰：鶴頸固長，鳧頸固短，皆天所定也，奈之何用人力勝乎！佛氏之徒獻輪廻說，言善惡各如其報云，東園公顧復稍稍聽之，爲置宇誦偈，以警澆俗而覺迷心，非果自依禪也。東園公最所自信者，唯在布恩厚施，振孤恤匱，進不能而憫不給，以爲如是則庶幾哉稱積慶之源、續命之縷矣，他又何求焉。今年甲寅，東園公年七十歲矣，南都諸大夫之倫，故嘗從東園公游者，咸以其誕日集東園公第而賀東園公。東園公自敘其生于成化之代，而長于弘、德之間，而老于嘉靖之世，蓋身所歷者三朝矣。彼其治俗所更，物情所尚，蓋紛然不可考而原也，東園公類能道之，諸大夫聽者，即罔不脉脉動懷焉。是日，東園公爲諸大夫設宴，宴中琴瑟歌管皆被以鹿鳴天保之章，其諸浮豔新聲，悉屏而弗舉。彬彬乎，東園公固近世之佳公子也！

槐野先生存笥稿卷之六

槐野先生存笥稿卷之七

左輔王維楨著　館甥渭上南師仲編

序一十首
壽汪母楊太宜人序
壽張母陳太宜人序
壽太孺人張母六十序
壽俞母袁太孺人序
壽敖母鄒太儒人序
壽太夫人孫母九十序
壽潘夫人六十序
壽沈母程安人序
壽太恭人許母八十序
壽任母張夫人序

序

壽汪母楊太宜人序

太宜人楊者，尚寶卿七峰汪子之母也。汪子先爲戶部郎中，嘉靖癸卯，天子詔更新宗廟，選廉且才者視厥役，而責之成，於是汪子改工部，遂以其身圖事。甚勞苦功多，有司上其狀，擬汪子從內遷，表異之。乃汪子固不欲內，請補外，疏曰：夫內外皆王臣也，臣亡擇焉。上念之，不可，竟拜今官。初，汪子請外，冀便歸爲壽母所，其情隱，人莫有知者。汪子負才績學，爲詩清亮微婉。嘗作瞻雲對月諸什，悠悠然有《北山》《白華》之致。世之酣榮耽位，遂以弁髦其親者，何眇小也。今年丁未，太宜人六十有八，汪子得使荊。使竣，將歸而壽焉，即甚喜。且行，則以告其友楨。因問曰：古人稱壽，由千至萬，以迄于無疆，有之乎？楨對曰：嘻，人之壽不踰百年，故百年曰期。稱壽而至無疆者，誣也。然則《魯頌》曰"萬有千歲，眉壽無害"者，何也？謂名永也。天地間至久遠者獨唯名，物莫得而害之。故身脩則名立，名立則親顯。今距魯且千萬載，而僖公有壽母傳繹繹不休，頌所指此也。今夫持祿而養者，祿去而孝衰；戴爵而歡者，爵移而榮絕。是故君子抗節澡行，非以市潔也；脩詞殖學，非以釣奇也。脩身永名，顯親是圖而已。今子讓爵如釋，遠利如膩，而既益以文。今時推節士才卿，必引七峰屈一指，歎之曰：誰哉，而有子若此。自置其身于高等，而宜人之名因以章灼。保而大之，引而不息，即千萬年至無疆可也。於是汪子矍然曰：言壽無疆者，如此乎！吾歸，慶禮畢，即具以告吾二季。二季者，兵部主政少泉君、鄉進士方山君也。兵部以嗣大理翁後，進士以家食，皆得侍太宜人。而長兄稱春谷君者，爲南京大鴻臚卿，在宦所。三君才行咸偉。語曰"深山大澤，龍蛇出焉"，宜人固賢哉！

壽張母陳太宜人序

太宜人張母有三子，而顯者二人。二人者，習，戶部主事，中子；旦，戶部郎中，少子。戶部司國計，掌財利出入。自二子在官，身處脂膏而未嘗自潤，於是人號之二介。又以其兄弟同貴，間稱曰二張云。郎中君曰：余等所無汙于其署，本吾母太宜人之教也。自余等相次食公家，太宜人既沾恩誥，又高年矣，乃唯練裙蔬豆，不作貴人態。即固時時進綺縠、置重肉，太宜人輒麾之不以御已，誠曰：凡官所爲邪者，未有不始于家人欲大而好侈無窮也。若等無以老婦故，令傷丈夫之節。郎中君，楨與同年舉，此故得聞。而主事君亦恒以語人，於是人知張氏有令母，或義其言，比之敬姜、曹媛、齊軫云。宜人本姓陳，家在揚州。揚俗故靡，又貴家易致華盛，乃獨兢兢于慎約之道以刑家勑子，固當與兩君烈烈也。丙午歲，太宜人年七十，時從長子養在家，而郎中君使大同，給餽餉助邊；主事君以括賦使浙江，皆莫得壽其母。後二年而爲戊申，兩君各以使事成，還戶部，相見歔欷不能休。痛定，主事君曰：往吾在浙而值太宜人壽，其日吾楗關默坐，不自知其涕之盈于襟也。郎中君曰：吾于其日，蓋忍泣顧矜飾于他時，誠恐左右窺吾，動以爲或怵我軍撼而私憂也。當是之時，大同卒倚悍悖其期，索餉。郎中君拒之，必待期。乃其言誠不以私傷虧大觀，有見哉，有見哉！兩君約謂，若更得使者，即取道歸壽太宜人，補所闕，慰所思。居頃之，郎中君果受命催財江西，而道由鄉里，得以壽太宜人。時與郎中君同年舉者，初三百二十人，越十四載而在京師者止二十五人。是二十五人者，皆知太宜人者也，又知郎中君兄弟念其母太宜人不得見，今使獲見且壽之也，則相與謀賀，而楨爲論讚其事。讚曰：夫壽者，厚也。上孝厚德，其次厚養。今張氏兩君興，而太宜人之德因以章灼，恢恢綿綿，傳聲靡已，其壽之矣，必歸而稱觥乃始云然，則攬轡叱馭之倫，非哉！顧歸而稱觥，張君以爲遂其念，深矣。

壽太孺人張母六十序

太孺人張母者，都諫張子之母也。張子仕爲今官既十年，而實侍上左右者三載。法曰：三載考績，最者予之恩。於是張子奉制，封其母爲太孺人，張子歡甚。是年戊申冬也，而太孺人留居家，不在都諫所。其明年，都諫乃爲製翟冠、錦帔、緋袍、束帶凡四事，各一檟裝而封題其上曰：此命服。其又一檟，金錯朱文，視他更異飾，中貯制詞，則獨誡使者負之肩背往，令歸涇陽，併獻之太孺人。事具將遣，會其姻選部羅子至，見之，因以賀。都諫忉怛在容，不爲悅，羅子曰：吾唯解君之悅也，而未解君之怛。都諫曰：今茲吾母正六十，而吾在官，無得壽之家，故以怛也。一日，羅子過楨，而具以語，楨曰：嗟，張子，嗟，張子！即若而言，則扇枕者是，而叱馭者否矣；則舞斑者是，而斷裾者否矣。夫孝，權細大無論違依，吾將舉其能子而大者，有六焉：受國委任，出力效績，令主有成功，則忠悃之子也。利害故怵，毀譽故亂，一意奮往，必就天下之事而不反顧，則強幹之子也。言中儀的，國論韙之，人主聽之亦以爲然，則奉公之子也。鄙私請，畏公非，寧仆無悔，不倚而立，則植公之子也。博辯文麗，道古今事務百不失一，措之甚可施行，則懷奇之子也。手其柄則行，不則籍之而藏于山，要其竟得名與行者等，則好脩之子也。此六子者，不在親側，不省朝夕，立朝事職，乃皆成斯之名，名成而親顯矣。彼之扇枕舞斑者，何眇小也。今張子好諫，疏每入，上輒嘉納，國人無弗與者。秦人生不婥婀，而張子益無有，所謂不矯不比，奉公而植身者也。子而若是，足壽親矣，必家而稱觥以進邪？且臣辭所生以奉其主，君設爵號以顧其私。凡事君者，亦爲親也，而謂依者得、違者歉邪？頃之，羅子以吾說說張子，張子大悅，而詣楨謝。楨謂之曰：今遣者抵涇陽，太孺人發制襭而視之，已乃發冠帔袍帶襭而服之，而君之長子侍太孺人于家，爲開堂布筵，請太孺人升，於時宗黨親屬持斝進履，賀者充庭，光光大矣。假令君不立朝、不事職，能令其親有是乎。張子益大悅。

壽俞母袁太孺人序

夫俞子之欲其母孺人之壽也，豈異于吾哉？夫父母皆教，人子皆愛。然子之愛母獨濡濡重者，何也？父之道嚴，母之道慈，教莫如嚴慈者，所以成也，是故其重之也。俞子家在靈州。俞子既爲黃門給事，于仕宦得意矣，乃恒戚戚弗懌，吟吟嗟曰：吾今獨母老，獨奈何違之。即其年，輦其母孺人來。明年戊申，俞子以孺人誕之日，觴于京邸爲壽。而有賀者二人來，憲院周子、比部趙子，皆俞子之友也。二人者因首事合諸秦人見宦者俱之賀，史楨與在賀中。前時俞子嘗爲楨稱說母孺人，既失其先大人[一]，獨瘁力教子也，恨不一日就之。晚，吾忽忽動心焉。往吾母教吾，業既操而束之，恐其傷，間復息之。既與息之，防其大逸，旋復勞之，乃知俞母當于余若此矣[二]。自吾追惟母勤，每讀傳記，見啖桃長年、求丹益算之事，其說誠謾不然。然吾欲吾母長年益算，則亦猶冀幸爲求而啖之也，曰庶以報吾親。今俞子于吾，其情豈異哉？吾列在侍中，與俞子並立交戟之內，恒與語，善之。俞子博達弘衍，習識當世之故。其論遐在萬里，近在垣堵，略舉窾會，細逮米鹽，洋洋纚纚，罔弗中予聽也。靈州，古朔方之域，俞子生長其間，其談兵戎愈益當，然言務詳慎，候間不躁動冥投[三]，士亦以此多之。俞子曰：吾莫之敢縱也，吾母之教爾也。於是人咸謂俞子有母矣。周子、趙子當賀時，與眾稱俞孺人年七十又五矣，而健于壯婦焉，壽乎壽乎！史楨前曰：夫榮靡所施于身，即年迄百歲，乃親自爲壽，天之所予，子于親莫益之也。能榮即親之壽迄乎百歲而名引于千年，乃所謂益之克壽其親者也。俞子加孺人以榮名，壽益之矣。我乃思之未有也，徒冀啖桃求丹焉。誠謾哉，誠謾哉！

【校記】

[一] "人"，嘉靖四十年二十卷本作"夫"。

[二]"余",崇禎十二年四十二卷本作"俞"。
[三]"候",崇禎十二年四十二卷本作"喉"。

壽敖母鄒太孺人序

今高安蓋有兩學士焉,兩家事種種,每多奇異,余爲記之云。兩學士者,筠泉吳君、夢坡敖君也。吳君、敖君同舉進士,又同官翰林,出入朝省,翼接肩摩,與昆弟不殊。夫林雀共枝則喙[一],宮姬等色則妬,物情之大都也。兩君生同土、仕同館,而情義交通,翕翕焉,豈不謂奇哉。往吳君之母當八十也,時吳君在東朝,則大息曰:我安得壽吾母而歸及其誕日舉觴焉已。吳君俄遷庶子,視南京翰林院事,吳君取道,遂得歸。今年春,吳君徵入爲翰林學士,仍視院事,天子復以敖君代吳君,亦遷學士。敖君拜命,喜曰:吾歸矣,吾歸矣。吾壽吾母有日矣。母之年適八十也。夫兩君得歸,皆會其母年八十,而南北兩院互視遞遷,若券授焉,異哉異哉!吳君爲人方廉堅直,不能爲婞婀猥瑣之節,固介石君子也。若夫敖君,則茫無垠堮,究其所抱,則滄溟爲隘、泰山爲卑焉。然兩君並有稱譽在士大夫間,而士大夫又知兩君之踊躍于南也,皆以其母往,於是二母之名隨以章灼,身處閨閣而聲遍區域矣。吳母,吳君自有述。敖母,姓鄒氏,古邾子之遠裔也。其國有賢母,大孟氏之門,而教子三遷者,不知母何世徙高安,又不知母何以聞孟母之風,能通儒術、達宦理焉。夫仕宦之道與農、賈異。夫農,春舍于郊,秋荷擔而入,以囷倉爲務者也。賈子,逐利于萬里之外,賈巴蜀則以錦歸,賈荊陽則以金歸,以篋笥爲務者也。儒者,辭親而起家,齋躬而事主,囷倉倒不爲羞,篋笥空不爲屈,以脩身爲務者也。故農嫗喜穀,賈嫗喜貨,儒嫗喜脩。今敖君歸也,顏色華粹,步趾不失度,鄒孺人見之,將卜其子能脩也。嗒哉乎,可知已!初,余等與敖君同館者凡三十三人,及今敖君行,在祖道所者僅十人焉。十人中,姚江孫母年九十,四明全君母八十餘,鄴下郭君父母俱各六十,廣陵沈君母七十又幾,余母六十又七,或在京,或在鄉,其親在鄉者,又悁悁感動焉。

【校記】

[一]"喙",嘉靖四十年二十卷本作"啄"。

壽太夫人孫母九十序

今年，孫夫人壽九十歲矣。傳曰"九十曰耋"，言老至而衰謝及也。乃夫人顧強健，灼灼然有啖桃食丹之容，而屹屹乎有鶴停鵠峙之狀，茲其故余小子能論焉。正德末，逆濠搆謀，思逞不軌，東南之大勢蓋岌岌殆矣。乃忠烈公出，抗膺奮氣，力折其角，投一身于危，易宗社萬年之安，此之爲德，固與三光爭明、兩儀參大，非眇小矣。夫天之道猶酌也，有所挹必有所注。而夫人者，忠烈公之配也。忠烈公既伏節，天其或者挹彼不足，注此令有餘，將報之乎？夫壯士入而虹見，一言善而星移，天人之際，應若響答，矧于忠烈公乎！余言非謾哉。夫人有三子：長曰都督君，次曰尚寶君，次曰宗伯君。三君者，皆當世顯名士也。夫人自失忠烈公歲，至其所誕日，則輒椎闟感動不肯舉觴。三君固請舉，夫人謂曰：請舉觴云何？云：壽之。夫人曰：夫我也安用壽爲。方先公伏節時，我固當俱，唯獨以若曹故乃忍而至今。每念一逮，若瘍者不忘痛、懲者不忘呻也，乃顧欲壽我邪！語曰"器重難負，恩重難酬"。吾家自先公來，荷天子恩至屢矣。令若曹各能其官、舉其業，上之效咫尺之勞，謝人主之惠；下之光孫氏之閥，以無墮前人之聞，我固樂焉。此謂不飯而飽，不飲而甘，又安用觴邪！宗伯君與余同年，最善，爲余道之如此。余以夫人閨閤者流，乃持大義、識事情，嶷然有古節士達人之概，則知忠烈公者，天爲宗社生以定東南之危；而夫人者，天爲孫氏立以振忠烈之後。自有宇宙來，所生男女何限，若此二人者，非漫出偶合也。三君念忠烈公業往而幸夫人在，年九十，最高矣，獨奈何重違母指，闕躋堂上壽之節。乃從諸孫子羅拜堂下，固請不肯起，夫人令曰：起。乃遂舉觴觴夫人，外人以幣來者誡勿入。於是薦紳大夫之徒諸與三君游者約曰：聞之孫夫人壽，誡不入外人幣。即不入，固往。於是皆往。其日會六月大暑，汗馬相屬，至日中不絕，煌煌哉！京邑之華觀，近世之希遘也。先是而有大夫十七人過余舍，言且造孫氏，願介子之文往。而十七人中言乃有兩端：一曰我等吳人也，宗伯君昔擢士吳中，我等與焉。夫有德于我者，我固圖祝之也。一曰宗伯君爲祭酒時，教法嚴，士藉而成名者甚眾。乃夫人私勸之令寬，曰：恤其情。我等不能忘，將亦祝焉。余小子歎曰：夫鼓哼園則花放，鸛呼垤則雨來。神從所欲，福鍾所頌。始余以孫夫人之壽也，獨天祐之也。乃今觀十七大夫語，則頌禱之口，亦與有助矣。嗟乎！人不天不成，天不人不因。吾故著此，令砥行脩名之士得以考覽憑倚，而孫氏之芳當世世傳焉。

壽潘夫人六十序

潘夫人者，今南京兵部尚書樸谿潘公之夫人也。潘公初爲戶部尚書，已徙南京工部尚書，已改南京吏部尚書，合之爲尚書滿三年，以滿告于天子，天子嘉之，詔封其配方爲夫人，故其家人遂稱曰夫人，其外人亦稱曰夫人云。是年，嘉靖癸丑春也。居頃之，潘公復改南京兵部尚書。南京兵部受節鉞之寄，務在保障舊都，任最重。潘公自告歸，道其家，會改官而又值有海寇之急，乃遂以單車來，不以夫人從，辭曰：吾不顧家矣。頃之寇定，潘公之甥曰胡生者來省潘公，潘公見胡生于楨。楨問胡生曰：今樸谿先生來，不以夫人從者，何也？胡生曰：往先生凡之官，夫人未嘗不從。今固且暫耳。戶部以前不可詳已，方先生在戶部時，夫人從，先生造公所，夫人則下楗自持其鑰也。既先生徙南京，歷兩部，夫人皆從。以夫人在，得一意治官焉。於是楨乃喟然歎曰：古稱夫人者，以夫者扶也，有相扶之義焉；稱妻者，以妻者齊也，言與君子齊德也。今自潘夫人觀之，彼于斯二者奚愧焉？胡生曰：夫人，吾徽之名家子也。其端愨莊嚴，蓋其天性。而先生又時時取《易傳》上九孚威之義教之，夫人服其教，乃愈益加篤，以故其家肅肅然也。楨於是竊有感于當世之儒焉。夫六經之道，始于脩身，中于正家，終于治國。士而治經，具斯三者乃得稱儒。今世之儒者，方其困而治經，如賈求售，不顧其業精與否。及既通，則輒棄去不啻敝笥，蓋往往然矣。若樸谿先生者，豈非上古之遺教，近代之真儒哉！且先生治《易》，既已施之家，吾又欲其用之國。今海寇橫鶩，莫與一創者，何也？由士卒不奮也。所以士卒不奮者，由威信不申也。誠自先生申之，庸詎憂海寇哉！胡生謝而去。及秋，胡生復來，言曰：潘夫人今年八月六十歲矣，願因門下一言，將歸而稱觴進之。於是楨乃謂胡生曰：夫《易》有之矣，其言曰：有孚威如，終吉。終吉者，長久而不咎之道也。余觀樸谿先生，巖巖仡仡，如南山當吾前，吾不敢易，彼其年吾能卜邪？即夫人亦云。世恒言鹿門龐公之壽昌，與其配偕，至于今美之。彼固乃巖穴士耳，猶然以爲難，矧如潘氏均榮並盛，白髮相望，垂垂至老，豈不尤難乎哉！樸谿先生少夫人二歲，竟所至，皆百歲人也。從後觀焉，乃知鄙言之非諛矣。

壽沈母程安人序

程安人者，南京禮部主事沈子之母也。程安人非沈子母，沈子母曰張安人。程安人繼張安人而育沈子，沈子失張安人時方年五、六歲也，故今事程安人即若其所生母云。沈子舉嘉靖庚戌進士，其年虜騎南侵，烽火達于京師，有詔問群臣擊胡計策，能者令上之。當是時，文武之臣集于闕下者數百人，衛士為列案，案上置筆劄，令能者書。而沈子前，直取案上劄，奮筆書，言擊胡事甚憤切，靡所顧忌。既退，或謂沈子曰：此得無遺程安人憂乎？沈子笑曰：吾母固知吾，聞固弗憂。明年，沈子拜南京禮部主事，之官道其家常熟，奉程安人與俱入南京。沈子大父為重慶太守，至沈子蓋食祿三世矣，然無厚藏。沈子又舍業分給其宗黨親戚，而厚與其程安人所生子以順適其意。而俸祿又薄，然沈子每食母必務洗腆，而自食一菜脫粟之飯。常熟人言曰：從古以來獨稱閔損、王祥之為孝者，非特謂其二氏能也，謂其母繼耳。乃今觀沈禮部事程安人，即二氏何讓焉。居有頃，程安人思歸，沈子即遣人奉之歸。明年，倭寇犯海上，海上郡縣悉遭毒螫，卒無有出一策制之。乃沈子上書，言寇所由來，又言寇所由縱。人見其書，或吐舌色動，而沈子顏弗懼。頃之，沈子復上書，奏制倭六事。月餘，關中人王子聞之，見沈子問曰：子果再上書言事乎，亦大數遽矣。沈子曰：然，有之。吾所為上書者，非托媒于口舌之間以博顯榮、獵好爵也，亦非自暴所能以愧當路諸臣也。顧吾母在常熟，由常熟望太倉，堇堇百里餘，寇既已殘太倉，得志矣，必且窺常熟，吾所言計，在免太倉于難耳。太倉定，則常熟可安枕，吾母可勿憂。於是王子喟然而歎曰：烈哉！沈子之所以為其親者，而遂及其國，因不恤牴牾而甘冒越俎之嫌，茲其志非卑卑矣。異日者假之節鉞，令專閫外之權，彼其所振舉當如其書，豈與鼓頰空談者類乎！鄙生關塞間人也，自結髮時，輒從客論說當世之務，以為功名者將出門俯地拾也，無難。迨于今二毛生矣，何嘗有咫尺效哉。僕非講老莊之術，習為循嘿善守而徼福也，獨念母劉年七十高矣，而僕又獨子。古之豪桀垂功名于竹帛間者何限，固未有愛身顧私、倖一捷之獲者也。即僕不愛其軀，獨奈何不顧親？以故濡忍而至于今。吾今對沈子愧，汗淫淫下及于踵足矣，吾望沈子塵，蓋瞠乎千里不相及也。有頃，沈子之鄉大夫若光祿錢君等數十人，造余館謁：沈子母程安人今年五十一歲，議且欲壽，願先生文之。王子謝曰：夫余安能文乎。古之文至馬遷絕矣。其論賢人，既尚孝謹而又重材能；其記國士，既右急難而又貴慎圖。其言反覆洸洋，莫得其端，而其指卒歸之勸，誠令睹者各以其似，矍然懼而自失、勵而益進。乃所謂文也，余安能文乎？錢君等請益固，必得之，於是王子文焉，然去昔人云云之指遠矣。

壽太恭人許母八十序

太恭人許母者，石城許君之母也。太恭人今年壽八十，高矣。更益二十年，即滿期稱百歲人矣。然恭人顧益康和不少衰，余竊必之，即百歲不啻也。當是之時，南都縉紳大夫之屬故嘗與石城君游者，乃咸相期約而造石城君家，賀石城君而請太恭人出拜之。石城君言曰：余母平生事神謹，而今乃益信之矣。嘗語家人曰：夫敬神則歆之而有福，不敬神必怫之而有咎。以爲人生榮祿壽考，固可禱祠而求也。乃今余母之年至若此，夫安得弗信？於是諸賀客相與大異之，以爲太恭人言神道，乃其指與宦道通焉。太恭人固燭乎萬物之情而識其故，不宜以閨閣之流品觀也。當是時，賀客中有關中王生，而王生有母年七十，留在家，不肯出在外。王生方圖所以壽其親者而不得。而會賀石城君，因問之曰：今君之壽太恭人也，其道奚若？石城君輒問之曰：子之壽子之母也，其道奚若？於是王生乃言曰：吾方數圖之，而苦未之遂也。吾欲陟崐崙、訪瑤池，謁所謂西王母者求其桃。懼西王母不誰何吾，而吾不敢去，徒令方朔每得竊啖之耳。吾欲躧履挈壺造麻姑之泉，引滿而歸，而人又言近市多醇醪，而顧遠崇泊味，何迂哉！因復止焉。吾聞海上多神人，有禁方藥草，令人長生不朽，且欲往而值曾游海上者止余毋行，以爲蓬萊可望不可近，即且近，風輒引之而去，蓋希事也。吾念此三計者悉困，奈何？乃忽記日月之華、沆瀣之漿，服食之可以還精益氣，思欲御風登舉，攬羲和、叩望舒，期遂所請而快吾志。而天關有虎豹守之，陰霧杳冥而迷，上征卒不得至。以此數圖不可得，第盻盻望西雲再拜焉甚苦。石城君聞余言，笑之而謂曰：子所圖者，率震俗難效，其卒不獲固宜。今余所爲壽者，皆因也。自余謝奉常而屏居里中，里中故出蓴鱸，朝夕盤餐，不外索而足焉。太恭人所嗜獨飯粳蔬筍耳，而粳得之田，筍得之林。太恭人誕日，每舉觴，則子婦進履，諸孫羅跪，凡在內屬以及其日來賀者，蓋履相接、簪相摩也。太恭人嘗行游家園，臨亭臺、視花竹，則余必從而奉襟裾。余所爲壽者，皆因也。以故恒取恒具，無乖志之圖，無缺望之事。於是王生乃遂操其事賀之曰：夫世人皆以先生負廟堂之器而伏在里巷，以爲於邑，不知先生快之若此也。即令先生更得志，脫衡門之厄，乘堅策肥，翺翔四方，奉太恭人與俱，太恭人有此樂乎？先生即欲以其吳產遂所甘，能之乎？古人有言：有天適，有人適。夫仕宦者，適人之適者也。至如先生，可謂得天適矣。吾誠慕而歎焉。吾謀且西歸，吾邦直華山下，華山谷中多黃精，其巔有池，產巨藕，吾將采之而食吾親，以求永年，蓋亦謂所因所能而易獲者耳。吾前所圖云云者，果誕而未可遂也。

壽任母張夫人序

任氏之先，蓋嘗有起進士而官至僉事者，其後子孫紹其業，奕奕繩繩而罔有絕時，至于四世而太平太守興焉。太平太守號曰棠山君，棠山君爲人方廉而持重，不能效世俗靡靡之態。其初仕爲翰林，已改爲給事中，余以其故皆嘗與之游，敬禮之。私以爲朝有正直，則人無比德，而棠山君竟出爲太平太守，斯其故余莫之究詰矣。余居江南既一年，而太平太守以單車入其郡。居無幾何，而太守思其母張夫人甚，乃使使往迎焉。太平太守，蜀人也。初爲給事中時，嘗以使出，乃因奉張夫人歸其鄉。已而還報命，而張夫人戀土，遂留未與俱。太守之言曰：吾母不來，吾安能一日守太平也？及張夫人至，會余移官于北，且欲行，不能賀，太守聞之，乃馳書問余曰：先生行矣，誰爲文壽吾母者？今母之來也，下三峽，歷險艱，飛流漂沫，舟從象馬上過，言之蓋骨驚汗出焉。又其時冬暮矣，雨雪在塗，霜露又從而加焉。自吾爲游子恒憚之，乃以勞白髮親，安忍乎？斯義誠區區，願因先生明之。余發書觀，其詞旨深厚矣，余嗟歎焉。當是時，余母劉夫人在關中，別離久，亟思一見，不能留斯須，執筆剗而報太守，遂去。去之半歲，太守以使督余曰：今先生業已侍北堂，快私心矣。往吾所請爲壽吾母者，先生識之乎。夫人有所慕而不得，則稱曰缺望。故仕者思欲內入則夢登天，懼不得意則夢落羽，凡以志所注耳走也，唯獨望先生言恒在夢寐間矣。使還固須有齎持，毋將徒手歸，令吾望缺也。於是余乃執筆剗爲文報太守曰：以余得侍余母劉夫人于家之歡甚，乃知君得侍張夫人于官邸之歡愈益甚也。夫事親者何有常哉，亦各視其意所適耳。張夫人既安于從宦，則塗山之跡可以入頌，大江之水可以效祝，又何必引峨眉以祈年之高，慕巴流以比算之長也。張夫人，嘉州大家子也。雖婦人，而有大人君子之識。太守始拜給事中，而憤世事、嫉邪人，思欲投軀論之者數矣，張夫人輒止之，謂曰：夫馳馬者視道，晉言者相時。馳而失道，獨有一跌之憂。言不中會，則大事去矣。願兒慎之，毋開口重老嫗戚也。已又曰：夫固有親，亦固有君，若以老嫗故因而塞壯士之節，未可也。於是給事中卒論之。由此觀之，古所謂令母者，非也。語曰"直木無曲榦，而鴟巢無鳳雛"，信然乎，信然乎！太守今之年未四十，張夫人年七十有一。即若張夫人之年積而滿百，則太守從今日往且有三十餘年驅馳之久，其功名所被，當遍宇內而勒太常，張夫人其身睹之矣。張夫人自其太守少時，嘗勉之續其祖僉事公，卒之奚啻續其祖也。

槐野先生存笥稿卷之七

槐野先生存笥稿卷之八

左輔王維楨著　館甥渭上南師仲編

記三首
核邊記
西嶽廟新置齋所記
潼關衛脩學記

記

核邊記

　　今天子念三邊之氓數罹虜害，歲誡邊將慎防，無令虜入。即入，奮死戰，一創害止，意至勤懇矣。然終不止，此非直敵勢盛也，敝在將怯而罰不逮，功罪溷而法未之彰也。嘉靖乙巳七月二十三日，虜兵二萬餘騎，結營邊外三營兒河甚近[一]，謀復入寇。覘者以報榆林總兵吳瑛，瑛即以報總督兵部侍郎張公珩。明日，瑛與副總兵李琦併將兵出榆林，榆林巡撫都御史張公子立主糧餉，即檄所至給軍食。時總督以防秋住花馬池，聞即發所部將在花馬池者四將軍軍往擊之。瑛故狡智多算，度虜入必自寧塞營，寧塞則遊擊將軍張鵬分地，伏寇彼自當，我即往，必與虜先鋒遇接戰，乃與琦故回遠出，乃並波羅堡，又並威武堡，又並清平堡，逶迤邅延，不與賊兵值。乃二十六日，虜果由寧塞營穿牆擁入，張鵬不能禦，匿避之。初，虜入寧塞也，以爲旁有伏軍，顧慮不敢前。及至新城池，四望不見一人，遂揚揚南馳，無復忌畏。而李琦自清平堡與吳瑛分，行至靖邊營，忽值虜，虜圍琦急，琦度不免，殊死戰。延綏遊擊將軍龍登、固原遊擊將軍葛宇，咸以總督遣適至，而分守延綏西路參將楊銳亦領兵來，與兩軍會，咸奔救琦。虜見兵集多，度不勝，解去，琦得免。琦面中賊矢一，所殺虜亦數人。瑛、鵬軍不知所往。陝西總兵王緇、寧夏總兵李義與登、宇軍同遣，以爲賊犯所自有當，乃故逗遛，後登、宇期，登、宇以二人同遣不至，李琦方免于難，又甚恐，乃與楊銳等各頓兵不擊賊，行但依險自保而已。於是賊益狂馳趨利，直抵園林、驛岔、洛川諸處[一]，縱兵肆掠，亂如沸湯。蓋踰保安、犯安塞，未至延安僅百里耳。民居此所者，以爲山谿嶮巇，虜故不能到，不爲備。而諸將又不爲遮狹截突，以故虜得極意恣暴，盤留十餘日而去。至八月七日，復自所入寧塞營穿牆故道出，亦不見我軍一人。虜出邊，有司籍虜掠男女四千四百五十有四，馬騾牛羊十四萬五千二十有四，殺傷男女一百七十有四，其蹂躪田稼，燔爇室廬，劫取衣物，皆稱盡不可數計。蓋自庚子固原之難，此其尤慘者也。諸將懼，以爲爲將令內地殘傷若此，罪不赦，乃交相約，莫如襲庚子故智，部各僞爲虜首，各爲書僞稱戰，得虜首若干級，罪如此得釋。遠者騎傳，近者面結。謀定，咸奏報，總督隔遠不爲察，而撫臣雷同不肯發奸。當是之時，巡按御史曹公行部次慶陽，慶陽距今寇所三百里而近，聞之大憤，絕惡諸將。於是上書劾諸將曰：臣今觀將不擊賊而善脫罪，陛下即欲令安邊，胡得哉？夫寇至不擊，彼且謂將偶值怯，他固有強時。至聞吾軍以誣功脫罪，將輕狎眇小，以爲若竟不我戰，歲侵月掠，無有休已。邊圉之弗靖坐此耳。今八將軍軍合二萬餘人，視虜眾亦相當，竟令虜得意去，此亦可曰眾寡非敵耶？寔則愛命懷螫耳。有將如此，不如無有，請法之。其詞微連撫臣，獨不逮總督，有以也。書至，天子使給事中鮑公往視之，驗如御史言不？鮑公還報，天子怒，詔捕下吏，治七將軍咸論如法，總督撫臣亦皆不宥，惟李琦以與賊戰少有功，獲賞焉。事已，曹御史名大顯，於是人稱曹御史，以爲彼將帥者皆有倚，苟有罪輒解。曹御史責諸將，諸將不得解，此其忠義心誠格于上，下無疑阻也。史維楨屬告在鄉，聞其事甚悉，謂可懲往示將[三]，爲記始末如此。而關中人又言曹公明法立斷，不徇習容容。宗室惟熵者，蟞害人也，殺人父子，燔其屍無驗，監司屢以上命即訊，不服。歷十三歲而曹公至，一訊輒服，奏置于法。他若明任世英之誣，雪梁彥章之冤，伸曹登之枉，折閻宗萬等五人之疑，具在頌口。死者獲生，滯者獲決，此非持剸犀之劍、照膽之鏡者，弗可能也。予觀曹先生狀貌逡逡，不振矜先物，乃行事顧若此，敢任人誠不在外厲哉！

【校記】

[一]"營"，嘉靖四十年二十卷本作"管"。
[二]"洛"，嘉靖四十年二十卷本作"落"。
[三]據上下文意，此處疑脫"來"字。

西嶽廟新置齋所記

西嶽廟置齋所者，潼關兵備副使何公訖廟功而禮起者也。嶽故有廟，圮。嘉靖己亥，巡撫陝西鈞陽任公聞其事于天子，天子曰：新之。乃何公則受檄而任事，蓋畀諸良者，公慎之，申畫示勸，篤謀務成。於是閟宮穹閣，峨闕修廊，窅窅燀燀，奕奕堂堂，視嶽比雄而垺麗矣。何公曰：費縮初美，飾加往模，幸無負已。又俯俯思思，顧而歎曰：嘻，闕哉而不齋所耶，令祀者奚止？夫祀以昭禮，齋以萃誠，無所無齋，無齋無誠，無誠無禮，無禮無祀，竟使可闕耶？命作之。於是華陰知縣唐寅、主簿周雨咸應命至。問費，公曰：于廟羨。問役，曰：于廟隙。問址，曰：于舊。凡以屬知縣、簿。乃知縣、簿慎之。又申畫示勸，篤謀務成，咸公式所，遂底績。何公曰：備哉！夫嵬如者神廟者妥焉，翼如者所祀者止焉，雨雖霑衣，而禮不廢，備哉。故曰置齋所者，訖廟功而禮起者也。時西州有王氏子者，望嶽百里而近，嘗與客談廟事，輒稱公有三懿焉。客曰：三之何？王子曰：夫五嶽宗岱，華也次之。五鼎隆禋，三公比祭，則虞周已然。而屋而祀，以增以飾，沿代相承，未之有改也。今廟新且所，不稽古乎。段煜葘土，堂闕載營；樊毅攝祠，外亭是拓。今所望堂而竦重門之外，段、樊與何殊代同謀矣，不洞制乎。歆神介祉，祭人達願也。乃孔子曰我祭則受福，究本則慎齋云。是故粢牲非芬，瀋璧非潔，神之既之，視精明之德焉，齋之謂矣，不明神乎。故一作而三懿具者，是潼關之能也。日公過徵記，具言之，何謝而不居已，鞿然曰：夫所齋也，然有興道焉。王子曰：興何以？曰：以山。夫山矗矗直如，雪嚴潔如，昂三峯英如，出雲雨，殖百物，有請輒荅，澤如惠如閔如，德人考似通士覽玄，至則有觸焉者矣。觸則悟，悟則興，興則沾戀棲遲而弗忍去，則所其有助哉。王子曰：公言之，吾浡浡矣，況至者乎。何公返，遂釀所言，刻之石爲記。公名鰲，浙之山陰人，正德丁丑進士，今擢江西右參政。沈毅而幹，勞伐昭宣，不但于新廟置所云。

潼關衛脩學記

　　潼關衛學，初正統四年建。夫衛肄武，而置學焉，蓋歆才敷教，俾之親上嚴長之義明已，乃講干戈戰陣之事，則化濡而兵强，故學名論文而實武之神也。學故在衛東，成化十年以避水患徙今所。在昔徙之時，主者苟就聖廟，制儉，止三丈，屋卑而陋，他宜有咸缺。自予遊京師，凡四度潼關，見學輒欷焉。當是時，指揮姚勝祖掌衛事，以爲姚力且百舉，顧獨後此，問故，則主在兵司。嘉靖二十一年，四明周君至，於是發謀脩學，遷學左右十餘家，約官地償之，過當弗計。制乃拓改殿兩廡，崇廣皆倍。昔始有欞星門，有啟聖祠，有鄉賢祠，有名宦祠，有神廚庫，有教官衙，有號房。又于其外橫衢豎二坊，東扁曰"才全文武"，西曰"道備聖賢"。分區布位，增無創有，周君之用心如此。功且卒，周君以憂去。會姚指揮亦謝事，諸遺木石狼棄而莫爲理。二十三年，休寧汪君繼，睹之嘆唶焉。則詢功未卒者，於是爲露臺，爲葺明倫堂，爲泮池，學遂完美無缺。當是時，微汪君來念遺續斷，周君勞幾廢。二十四年，予以告復，如關望學，烺烺爟爟，驚目快心焉已。見渠水遶城中，民就其門汲，輿人曰：是即引潼水自南門入，折流而注之泮池，又北折而達于黃河，則汪君爲也。於是又賢汪君，歎焉。是役也，費金三百九十兩有奇，取諸脩水關之餘者，周君嘗請撫按趙公、劉公、殷公、浦公，咸可之，乃興事。二君者之備關也，選兵籌食，愼費削浮。乃此獨務侈者，重道而育才，苟不可更襲也。予抵家，汪君按部華州，遂問記，且勑以訓衛之學者。夫訓，坊言備矣，予能有加哉？無已，則申其義。夫聖人之道，親親長長而已。兵凶戰危，又視其親長輕焉，武由之不振。故其爲教也，使人誦詩書焉以明此也，習干戈焉以衛此也。不聞之夾谷之會乎，躍階揮兵，立折强主，出身以保君，竟合兩國之好以還，此嚮之所謂習俎豆人也。故治亂殊遭，文武異用，兩設互發，定難而飾治，莫踰乎聖人，故曰聖人萬世之師也。諸士子觀于坊、瞻于廟、講于學，寧無感發而振勵之乎？周君名相，癸未進士；汪君名尚寧，己丑進士，並副使。周君役指揮姚勝祖、經歷王仁。汪君役指揮孫塤、千戶王輔。學既成，法皆得書。

槐野先生存笥稿卷之八

槐野先生存笥稿卷之九

左輔王維楨著　館甥渭上南師仲編

碑五首
重修三聖廟碑
益壯先生墓碑
明尚寶司司丞致仕洛原白公墓碑
明贈徵仕郎南京戶科給事中懷雲萬公墓碑
明封戶部主事喬君墓碑

碑

重修三聖廟碑

　　三聖廟者，祀堯、舜、禹三聖人也。獨平陽置廟者，傳記言平陽堯故都，而舜都蒲坂，禹都夏邑，皆隸平陽境內而近。既嘗南面，茲方饗之或歆，格之或萃，以故平陽置廟云。廟自唐顯慶三年始建，然專祀堯。宋、元因之。本朝來，山西布政使石璞修廟增室，合祀舜、禹。合祀，非禮也。正德中，巡按御史周倫又修之，始置舜、禹二廟于堯廟後。然皆因他氏二祠改爲之，於是三廟錯置，義終未協。廟在平陽城南五里，相傳爲堯故宮，壞僻路岐，訪古慕聖之士非特駕命往，莫能一至其地。又歲易人非，前功罔續，乃復即圮，安望更大哉。嘉靖二十四年正月戊寅，巡按御史陳君豪以行部至平陽，觀風紀事，欽厥往躅，載謁宇下，睹榛蕪之侵蝕，顧與其偕分巡河東道僉事李蓁駭且歎曰：夫廟所以報聖人者，而今乃若此也。彼云茅茨卑宮，聖人所自爲者，而非後人之所以爲報也。夫慎小費而乏大猷，卑見之士則然爾，乃儉于聖人之廟，益不大庚哉？吾新之。遂移檄僉事經紀其事，又下知府李乘雲條畫之，又下同知許樅督責之，又下推官趙世奎襄翼之，而更制定凡，則御史主之。工始于三月庚辰，成于九月丙戌，群策畢諧，百物咸集，大撤陳構，具起新觀。於是陳君以狀抵京師，問碑于予，欲識斯典。予惟自唐虞與夏以逮于今，不知幾何世矣。然願治之君未有舍堯、舜、禹之道而成治功；效忠之臣，未有非堯、舜、禹之道而稱敬臣者，是聖人之道其教甚廣、其澤甚長也。明興百七十年，列聖相承，世用靖康。今上嗣服，益號極治。是雖神武聖文知人善任之所爲，而其道一，三聖相傳之道也。固宜陳君瞻廟感思，奮然興作如此。而陳君又稱今廟費出官藏，民不知勞，乃又若三聖仁民之心矣。予寔欽之，乃不欲沒其功，遂爲識曰：

夫三聖廟制，堯廟居中，右舜廟，左禹廟。堯廟中爲放勳殿，七楹；後爲垂拱殿，又後爲寢殿，各五楹。而放勳殿旁有碑亭四，寢殿傍各有翼室，又有東西序各一，自寢達于殿，延爲旋廊，而殿之下有井亭，土人云井爲堯宮故有，因亭之。井亭南爲萬世聖學心法殿，中植三石，鐫三聖語。又南爲峻德門，爲繼天立極源流坊，爲協和門，爲唐帝坊，皆以次南。而由協和門達殿，亦爲旋廊各有數。東西各有堂室，而東曰粢盛所，西曰齋居所，於乎備矣。舜廟中爲重華殿，殿旁有翼室，南爲祀神殿，又南爲玄德門，又南爲虞帝坊。而重華殿後有寢室如堯廟，亦有東西序，唯諸處楹數各減堯廟之二，以尊堯也。禹廟視舜皆同，直殿曰文命，門曰祇德，坊曰夏帝。總之皆沿統而秩位，稽實以施名，於禮協矣。三廟門坊並峙，而坊外東西又翼以兩坊，南爲一大門，署曰三聖廟。循門而東，又創三聖考廟，蓋推三聖之意而爲之，何其詳也。陳君又懲往懼廢，謀于巡撫都御史曾公銑，歲編廟夫門子四名，守焉俾勿壞。今廟內地橫從凡百七十八畝，故嘗侵于民，陳復之以供祀事。輪奐既飾，俎豆時張，三聖之神如存，將洋洋乎陟降左右矣。乃爲迎神、降神、送神詞三章，俾舞人歌之。詞曰：

　　朱宫閟兮玉琴張，桂爲醑兮椒爲漿。又吹竽兮擊鼓，靈不來兮使我心苦。我心苦兮望雲，若有旗兮繽紛。既降兮條山，忽逝兮河汾。靈何爲兮夷猶，今昌朝兮道謀。道既同兮何疑，寋將庚兮在茲。
　　右迎神
　　　載雲旗兮驂六龍，一車前兮二車從。風驅兮來下，蕖墥兮芝榭。

白玉堂兮辛夷楣，靈含笑兮咸顧之。即我兮瑤席，揖讓兮有儀。思若逝兮愁予，願羲和兮頓綏。

右降神

天門開兮杳冥冥，神之上兮勞予情。風颯颯兮安追，仰日月兮空明。君黃收兮玉珮，翱遊八極兮龍爲隊。朝會稽兮夕蒼梧，邀放勳兮相歡娛。歡娛兮焉極，獨遺予兮太息。

右送神

益壯先生墓碑

益壯先生者，朝邑縣人也，字伯信，名朝璽，姓王氏。以嘉靖十六年丁酉八月廿九日卒，年六十五。其年仲冬九日葬，與其配孟合，於是有渭北先生誌。葬四年而爲二十年辛丑，其子三策始竪碑隧道，刻表，表曰：先生蓋兄弟六人云，自貴顯余聞者：曰朝雍氏，山西按察僉事；曰朝璗氏，進士，知縣；曰朝弼氏，今知井陘；並郎中君子，而先生長。郎中君名鼉起，進士，拜戶部，有聲。配安人上官氏，生六子，而顯者至如此。雍有子三省，又繼進士，歷知府；三省又有子傳，舉鄉試。於是王氏以科第豪關中，關中推鉅族無能先王氏。乃先生顧獨爲大學生不顯，不表曷知者。按：先生氣磊才豪，涉博識遠。然困于草野，無功業可述，而固有大志。初爲縣學諸生，謂諸生曰：若等即視我芥拾一第。眾誚其狂，已譜先生才，於是諸生盡歎服，出先生下，即先生亦自謂諸生莫己若也。弘治中，有邃菴楊公者，校士關中，稱先生，奇之，名起，乃累試科不第，先生則大言曰：此一鄉士不足爲，爲天下士。於是囊業走馬，趨例貢入大學，爲大學生。結才盡海內，而諸海內才亦靡不以天下士與之，名大起。而先生則見他仕京師者，或直竄，或媚升，壬夫得塗，善人辟易。乃竊自念曰：嗟！是可尚求進哉？即返歸，時在正德中。歸，遂即其居南洛苑泊村子卜幽構室，陳几設闥，日偃臥其中。几攤天文、音樂、字韻、醫、算、占驗等書，時復游目消暇。興發則獨走洛濱，弄潺湲歌滄浪曲，徜徉雲沙煙水間，倦歸復臥，視世之聲利泊如也。鄉人嘲曰懶，因遂號南野慵夫。居十餘年，而會今上改元，盡反正德中事，黜僻晉良，士咸思奮，而王氏諸科第業纍纍興。顧又動，忽憤曰：吾即老，然終不可負明時、璻世美。語云：失之東隅，收之桑榆。遂下帷縣燈，盡取故舉子業肆其力，刻厲倍少。爲文轉突騁奔放，妙俊過人，於是又更號益壯，而人亦咸壯之，呼曰益壯先生云。及四年大比，先生笑曰：此非吾時邪？趨漁石唐公選，名又起。比試，忽疾作，不竟。十年，又趨京闈試，又疾歸，竟不第。或曰益壯數奇。又曰物理乘除，甲豐則乙嗇，彼諸王則盛，其然乎，其然乎！先生既阨塞弗售，乃始著書見志。本蔡氏《律呂新書》作私解，測天驗人，足神治理。奏之朝，行世。他詩文十數種藏于家，不傳。聞其旨率悼命憤時，有靈均、長沙之遺，悲夫！始三策及華州謁余問表，偕季父井陘君來，井陘君稱說先生孝，母安人之亡也，廬于墓側，朝夕拜之泣，有鶴至，徘徊如伴侶弗去。郎中君忼慨好言事，謫置雲南，乃徒步送之，還無恚怨色，郎中君白，人稱孝子，有司屢欲奏狀表坊，又徵鄉飲賓，止不應。史所謂砥立名行者，非邪？先生善美甚眾，業具誌不表，表第其大者。按誌，王氏其先大梁人，有諱善者，避元末兵亂，如朝邑，占籍，由是子孫遂世爲朝邑人。曰聚者，洪武間舉人材，爲局大使；大使生斌，斌典史；典史生郎中君而有先生。先生生成化癸巳三月七日，娶于孟，又娶于高。孟卒，有二子：長即三策，次三獻，一女。三策爲士，先生病革，三策自刲股，和藥求愈，茲非其孝之報哉！王子曰：孔子疾沒世而名不稱焉。余誦其言，蓋重傷時俗之偷云。自風之衰也，赫霍當塗之士，往往稱述；而懷奇砥行之夫，每令闇汩無聞，莫勸嗣來。余甚憫焉。乃今既表先生而又繫之銘，俾世世有述。其辭曰：

  瞻彼洛水，有龍載興。孕之凡幾，比比霄登。一龍何偉，光光有曜。雷雨不逢，田中獨嘯。爾鱗其困，爾靈則神。雲乎使御，澤我八垠。逸以碧落，曠彼廣野。竟仆莽墟，觀者涕下。化爲華蟲，得補袞衣。化爲龜蛇，得上羽旂。死目不瞑，我願則違。田草蒼蒼，龍也永慨。

明尚寶司司丞致仕洛原白公墓碑

  洛原白公者，常州武進人也，名悅，字貞夫。其先洛陽人，後徙武進，居採菱巷。白公不忘始，故號洛原。白公大父昂，刑部尚書；父圻，都察院右副都御史。其治官民皆有大功德于世，語在其傳。白公，都御史之長子，生而負俊才，好文詞。十二三時，都御史與客問報扎咸出其手[一]。客得札稱善，以爲都御史能，而不知子洛原子爲也。都御史卒，白公以其蔭補大學生。補二年而爲嘉靖壬午，白公舉順天鄉試，推蔭與弟。又十年，舉壬辰進士，除戶部主事。當是時，白公父行皆大官，皆器白公重之，而白公又好士如飢渴，故所與游非其先世交則海內知名之士也。白公故嘗聞關中鄠杜有王太史、武功康太史兩公者，皆家居。慕之，乃求使入關，謁兩公。兩公見白公，與語，皆大驚喜，各留其家數十日乃發。別而之平凉使所，道望北地。北地，故空同李氏家，而李氏客于梁，死之。白公念當世之文所能復古昔者，由李、康諸人倡始，顧獨不得見空同，乃停輧褰帷，徘徊瞻顧，有愴然之思焉。其好士如此。既歸，遷主客司員外，已又遷郎中，復使江西。乃遂登龍虎山，奇之。聞其東即武夷，不遠。乃即又放舟登武夷諸峯。白公詞調既逸，而又善晉人書。兩使還，出紀游詩數十篇，一時見者未嘗不種種稱絕也。白公爲人恢廓而好義，與人游，其人當于已心，即解劍捐珮以贈不爲惜；即心內所弗合，亦陽浮慕之，不終拒也。白公以此聲名益顯，然亦以此招忌賈禍。居頃之，改儀制司郎中。會天子冊立東宮，爲置官屬，詔有司選補，白公補左春坊左司直。其年大駕幸承天，歸而按劾從官未至者，言官中白公，於是白公謫永平府通判。久之，轉南京後軍都督府經歷，已轉南京吏部驗封司郎中。無何，復謫河間府通判，復轉戶部主事。又一歲，改尚寶司司丞。白公自登第至爲尚寶，侵尋二十年，官不過六品，而尚寶又閒曹，不得有建立，恒鬱鬱不樂。明年庚戌，遂病。其秋，北虜犯京師，百司震眩。白公臥閣內，日引賓客入與計擊胡。白公狀貌甚臞，至談天下事，則蹈厲憤發，有萬人獨往之氣。自十年來，棄去文詞不理，時時習騎射、訪燕趙少年俠客與之游，人多怪之。及至庚戌，乃始知其非謾也。白公方其父都御史卒時，白公甫弱冠也。謀危白氏者蓋縱橫至，白公挺身抗之，卒無害。則沈毅有謀，自少已然，非獨今也。又明年辛亥，病篤，有詔遷司丞爲江西按察司僉事，未拜，俄又遭論，乃遂以司丞致仕云。白公有五男子，長子啟常，禮部主事。既且卒，起而振襟端坐，謂禮部君曰：吾白，秦大夫乙丙之裔也，歷千百世而顯者不絕。自吾上二世並著勳名于竹帛之間，而吾卒湮沒至此，度平生亹亹無覿于前人，豈固命哉！小子念之，其愼所爲，補吾闕也。語曰"書掣肘，驥絆足"，則我乃似之矣。言已悽然，遂卒。是時，公配楊宜人在前，諸子咸跪伏牀下，問家事，竟不一語。及白公弟代廕怡者爲雲南廣西府太守，是年亦致仕，且歸。禮部君將扶櫬還葬武進，持其外親錫山吳太史狀謁楨請表，泣曰：今葬，須仲父廣西翁至，吾翁兄弟殊相愛也。既葬，則計立石墓左以告來世，願子文之，且道其翁遺令若此。初，白公游關中，時余方家食，未之能交也。追余官翰林，始與往來甚數。則白公者，固偈然有古豪士之遺風焉，不直工文詞也，乃坎壈終其身，吾不知造化何以生又何以抑邪？白公墓在芳茂山。初，都御史葬烏龍岡也，地卑有水害，白公患之。後母何淑人卒，乃徙都御史合淑人葬芳茂山。而白公即自穿壙其側，甃磚爲室，仰臥其中，曰：斯吾返貞處也。嗟乎達哉！余既爲論述，復系之銘曰：

譬彼梓才，蠹齧霜摧。斧斤再尋，茂維艱哉。有璧而碎，有珠而隕。孰不憐寶，于士則忍。嗟嗟白公，竟已焉乎。黃壤不妬，能綏爾驅。英英白公，含抑訖死。結爲雲虹，蕩爲風駛。靈車上征，爰叩帝閽。籲情道故，帝也愴魂。還歸九原，冥冥寞寞。山鬼竊笑，伏于林薄。公不爲顧，玄宮是棲。胡死胡生，我念則齊。齊之實鮮，前莊後白。人其何徵，著之繫石。

白公生弘治戊午十二月二十五日，卒嘉靖辛亥四月二十日，年五十四。初配鄒氏，贈宜人；繼配楊氏，封宜人。有五男子，長啟常，禮部主客司主事；次啟京，常州府學生；次啟詹；次啟吳；次啟河。有五女。男皆娶名家女，女皆配名家子。孫男子二人；孫女一人。

【校記】

[一]"扎"，同"札"，下同。

明贈徵仕郎南京戶科給事中懷雲萬公墓碑

懷雲萬公者，雲南臨安衛人也，名祚，字天錫。父曰昂，號雲軒居士。居士卒時，懷雲公甫三歲。比長，則問其母王曰：吾不審我父何狀。母王謂之曰：咨爾父，其意氣超脫，自絕于塵壒之外，似雲；其丰神盈盈皛皛也，亦似雲，故號雲軒。懷雲公泣。自是見雲來輒悲愴不自持，乃遂以懷雲爲號，云懷雲公。其始祖曰中，中本江西南昌人也。洪武初，中爲南京天策衛指揮僉事，已從西平侯沐英征雲南有功，於是西平侯留鎮雲南，中陞都指揮同知，亦留守臨安。遂有詔令中子孫世襲臨安衛指揮也。中生寅。寅生二子，長曰城[一]，城亦以軍功陞都指揮僉事[二]；次曰珊，珊生俊，俊生雲軒居士。萬氏以武蔭，非其序不得官，故懷雲公自曾大父珊至其身，皆稱處士不表見。而懷雲公瑰奇，恒竊自歎曰：夫爵禄者，人主之所予也，弗予弗得；功名者，運會之所遭也，弗遭弗立。至若砥修行義，楷式國人，則由之吾，何俗之靡靡也！於是務自振飭，耻隨世浮沈。居常落落，見人有不善，輒遠之如膩；其不善者，望見懷雲公亦輒避匿不與接也。年三十八歲而卒，在正德己卯年，葬于回隆原祖塋之左焉。卒時有四子，其一天，其三文奎、文彩、文光皆尚幼。其配賈，雖婦人，然丈夫志也。懷雲公且卒，顧賈抱諸兒前，謂曰：度吾平生百舉，一無逆于天，今其數止于斯乎！語曰"善種者必發，善賈者必售"。有諸兒在，天其或者昌吾之後與！雖然，絲棼則織不就，教散則業不工，子其視諸兒，各因其近似督成之。賈涕泣唯唯。卒之後如其言教諸兒，持門戶甚謹。距懷雲公卒十九年，而文彩登進士第。文奎號克家男，文光爲諸生。又四年而爲嘉靖辛丑，而賈卒，年六十歲。當是時，進士君以富順知縣徒跣歸，偕其兄文奎、弟文光即懷雲公墓之右，以母賈葬焉。於是臨安人稱萬氏爲德門，以其善積又善教也。其後十年而進士君以南京戶科給事中滿三年赴闕下考，考既，乃遂上書曰：臣聞先王之教，其祭先河，謂水所從出也；其室先廟，謂宗所由興也。臣四世來皆伏在草間不見，及臣之身幸值明主簡拔群材，置之諫司，臣得濫竽其中，名號冠簪，列在大夫之後，可謂榮矣。而臣父若母生臣教臣學，臣故得至此。今雖長寐泉下，然其始願深期固未嘗不欲其從子貴也。乃猶號爲匹夫匹婦，而令臣獨顯名，臣切痛肺腑焉。臣按故事，諸臣及考者，其父母皆得以其子貴貴之，願陛下恤臣私。書奏，制曰：給事中文彩父祚，其贈以子官，階徵仕郎；母賈，贈孺人。明日，給事君入闕下謝，辭而還南京。又三年，陞四川布政司參議。將發，適關中人王生以遷守南京翰林而至，參議君手兩制詞過王生，再拜言碑事。於是王生睹之歎曰：夫從古以來，其節孝好脩之士豈少哉，其後世微，末爲章闐，率同雲煙沒、草木腐矣。懷雲公誠君子，然聲不出州閭間，至今姓名徹九關、輝光燭海內者，則參議君爲之後也。參議君在諫司，卓犖有氣概，其行履益復礪然，于凡世俗所慕向一無所動于中，故能暴跡揚親如此。余既述之碑，且繫之銘曰：

奕奕萬氏，興自戎功，而籍臨安。歷世滋昌，厥有顯者，顯不以官。孝義直方，粹侔之玉，芳擬之蘭。邑子頌德，閭人匹休，厥聲載完。爰生三鶵，一鶵鳳毛，聿振羽翰。上叩天閽，奏尺二牘，言陳肺肝。帝曰吁哉，詔慰其私，錦軸龍盤。鳳拜稽首，伐石具詞，將摹以鑴。苟非哲匠[三]，疇克論著，令識其端。嗟余蕪陋，承鳳來委，即言曷觀。獨循褒制，演而肆之，永圖弗刊。鳳獲以歸，且欣且哀，涕下汎瀾。

【校記】

[一][二]"城"，嘉靖四十年二十卷本作"珹"。下文言及其弟名"珊"，則其兄之名當爲"珹"。

[三]"匠"，嘉靖四十年二十卷本作"匹"，據上下文意當是。

明封戶部主事喬君墓碑

喬封君者，耀州人，諱仲節，字宗禮，四川按察使喬景叔之父也。按察君爲戶部主事時，得以己貴貴其父，於是喬公遂封爲戶部主事，而人即稱喬公曰喬封君云。喬封君自其少年時即善治生，然獨用力田積穀起。久之，穀以數萬稱，而景叔又益貴，大盛矣。喬封君顧益務德義，捐財利，振貧乏，自關以西莫不慕喬封君之風者，而封君之名遂震赫關中矣。關中俗，富人出債，歲取息如其本，而喬封君獨減息之半，歲出穀數千，約秋成償如數，或貧不能償，則又約來秋，來秋又不能償也，則舍之。有以田牛質者，終辭弗取。而每至出債時，償者來，不償者亦來，竟人人如其願以去。蓋近自郡中，傍及他縣，貧人得賴以存活者，皆喬封君之力也。喬封君之父曰高年公，高年公之父曰三老公，三老公蓋兄弟五人，其第二曰政，景泰時以助賑得賜勑表爲義民，人號爲義門喬家云。其第三曰三老公，三老公強奮有威，人憚之，然能傾財濟貧人。貧人有鬻產者，故自昂其直，公即多與直，人以是多之。而其遠祖又有諱吉察者，蓋勝國時人，以積穀雄于郡中，乃後以救荒顧自困，鄉里人至今傳之。由是觀之，則喬氏者蓋富而世修其德，逮至封君而愈益振振也。嘉靖戊申，而歲大飢也。死者枕藉于路，官廩空，富人皆匿財莫肯出賑。喬封君助之穀六百石，又給驛中人馬食，使者過弗困。或問使者曰：若所過，誰令若弗留者？使者言耀州，而因語其故。於是當路諸公咸義之，以爲喬封君長者，耀州太守徐汶爲立石頌德焉。喬封君之父稱高年公者，兄弟蓋三人，長曰志元；次曰志玉，即高年公；次曰志申。高年公以義勇往征洮州也，封君甫八歲耳。當是時，志元既死，而志申又出分，喬氏家稍稍替矣。乃封君獨依母馬夫人治生，辛苦之狀蓋以數萬，故封君年既老而每言少時治生事，輒簌簌淚下弗可收云。

志申既出分，其後益貧。志元死而遺有孤孫曰鼎柱者，又死無後。封君乃藉志元之貲產盡以與志申，曰：吾弗用矣。居無何，志申費又盡，遂死。封君又爲治葬事，而收其二子，婚之，已又給之田廬焉。耀州人言曰：胡不觀喬封君，不利伯產而收恤其叔之二孤，今其子奕奕至大官矣，有天道哉！有天道哉！庚戌之歲，忽而夜失火，大亡其財，唯獨三老公所遺故屋及馬夫人所遺故粟無動。人有弔者，應曰：先世所遺者悉無燬，吾足矣，吾足矣。外其餘，吾得之，吾失之耳。其雅量若此。喬封君所以治富者，雖用仁厚興，然其智計誠有大過人者，郡中人多依焉。姚蘇賀李此數人者，皆毆殺人，百計啗讐家弗可也，分必死矣，用封君間以一言罷之。香坡人掘地得錢，千人聚而爭，且欲相殺，封君聞，往諭止之，乃量錢得二鍾，以二分歸地主，而以餘均之衆，衆乃罷，散去。凡此皆官府不能禁、刑罰不能止者，而封君能之矣。喬封君既老，睹世之吏習日靡，而貪戾不止也，故按察君所至，則輒遺之書喻意焉。其略曰：語曰"大樹多蔭，大官多庇"，言能自畫便宜，造福澤也。乃今之爲大官者顧若此，即百姓何賴？爾小子官浸浸然顯矣，其謹思慮拊百姓[一]，以稱明天子愛恤元元之意。吾即老，幸猶健飯，汝無吾憂。唯吾所屬小子者，無吾忘，吾所願者在此也。嗟乎！以彼其志，假令封君得如漢之卜式，乘時颷起，大用于世，而究其施則康世輯民之業，即冊書所稱者何多讓焉。喬封君方面大耳，姿容修美，人謂之福相。平生少疾病，卒之前一夕，歎年飢，問米價貴賤，爲鄉里人憂。乃明日忽而卒，年八十有九。郡中及傍近縣人聞封君卒，奔而哭者數千人，咸相顧歎曰：善人死矣，誰爲恤吾鄉者乎！封君生二子，長曰世寧，字景叔，即按察君；次曰世定，號喬仲子。按察君生二子因羽、因阜，俱爲郡學生；喬仲子生二子因植、因習，俱習諸生業。喬封君本以農業世其家，而後世儒興，何以也？按察君之言曰：始世寧爲諸生時，先大夫督之學，則門嘗外扃，夜視讀至漏下二鼓乃已也。乃知喬氏之儒業，蓋自封君啓矣。封君卒在癸丑年之二月，是時按察君爲河南參政，方承四川檄，未行而封君之訃至，遂徒跣歸。明年甲寅，按察君葬封君于其家小丘村北，從故葬三老公與高年公之次，家相距二百步而近[二]，與其配李安人同壙焉。將葬之三月，按察君以書抵友人王維楨曰：先大夫葬有日，業已乞長老先生爲之志，碑則以屬子。余念碑以表隧首、傳來世，至重也，楨安能任之？已復曰：余故典太史氏之職矣，主在論撰顯德而發摘幽懿，今鄉里有長者若此，乃顧遜而不前，闕而弗錄，則余

之罪也夫。乃遂按狀而論其事焉。既已碑,復繫之銘。銘曰:

　　誰之不富,而機是營;誰之不貴,而氣是盈。慊慊喬公,不比于群。以愿以愙,古萬石君。人亦有言,善則多報。既壽既康[三],有倬其造。厥造伊誰?長君赫赫。詞卿蒸蒸,尊之曰伯。霞爛而宣,璧粹而完。於以比君,君且甚焉。聲名電擊,起滅儵忽。以告後人,焉圖弗沒。隧首有石,牲來繫之。勒詞于腹,永永在斯。

【校記】

［一］"拊",崇禎十二年四十二卷本作"撫",當是。
［二］"家",崇禎十二年四十二卷本作"冢"。
［三］"既",崇禎十二年四十二卷本作"且"。

　　　　　　　　　　　　　　　槐野先生存笥稿卷之九

槐野先生存笥稿卷之十

左輔王維楨著　館甥渭上南師仲編

志銘九首
明處士王公暨配碩人石氏合葬墓志銘
明安陽縣丞致仕半山郭公墓志銘
明封文林郎翰林院編脩裕菴歐陽公墓志銘
明浦城簿東丘余公墓志銘
明四川道監察御史雙洲嚴君墓志銘
明封戶部廣西司主事懷朴康公墓志銘
明王孺人趙氏墓志銘
王氏第二妹正儀壙銘
長女王淑姬壙銘

志銘

明處士王公暨配碩人石氏合葬墓志銘

王處士者，華州故縣里人也，諱時任，字澤民。其先世居州北石孟村，以石孟徙故縣自諱能者始。故縣即唐鄭縣，州西南望形隱起爲陵，林煙藹鬱，占謂宅者蕃子孫且貴其後。能有子五人，其一興，學刑名，從成祖皇帝北征，駕還，録功擢爲金吾兵馬首領，遷泗州吏目。先娶宋氏，生子來，以歲貢爲靈石主簿。繼娶趙氏，生三子，是爲處士母。繼又娶梁氏，又庶鄭氏，又生三子，合七人，處士于倫第四。趙之殂也，吏目念處士幼抱，置姑氏所，姑氏養之。比長，績學習文，試爲增廣生。增廣生有穎才奇氣，工書，書遂名。縱所造即科第可指取，乃性好酒，一飲輒引滿大醉乃已。一日醉，忽中風，枯其半體，由是業廢。然竟不以故斷酒，恒飲恒醉，醉後嘯歌睢睢，如有所憤。識者曰：處士以疾阨，令志不展，其怨之矣。正德十五年八月四日坐疾卒，年五十八耳。處士有子四人：長堯輔，早死；次堯弼，今戶部主事；次堯咨；最次堯士。率能立其家，皆其配石氏出。石氏號碩人，碩人在室，以端慤淑慎爲父母愛子，及嫁爲王氏婦也，事繼母梁與庶母鄭先意順欲，一敬不怠，二母賢之，常稱之內外親。姒娣五六輩，性行各異，與朝夕無怨議者，諸且盡爲之禮。處士卒，碩人痛苦至疾[一]，遂督諸子咸抵于成。諸子若婦見碩人必整容侍側，觀顏色進退，碩人視之，亦不以立故解嚴[二]。里人曰：振王宗者，石也。嘉靖二十三年壽八十一歲，以七月十日卒。卒之時，戶部在官，訃聞，且謁歸。友人王維楨走吊以別，戶部杖拜哭已，乃輟慟蹶起白云：往府君葬也，固欲志，不遂，然念之。今母啟府君封以祔，志則以累子，又拜哭。既歸，使使以故代州太守楊南涯氏狀來徵予銘。予與戶部同窮達，甚善，恨生晚，不幸不獲拜處士，其行履則自長老傳聞者甚眾，大較爲人尚慷慨、立然諾，接人即疏微咸適其意，不限畛域。遇貴人亢族，顧嶄嶄不少降，今狀亦云。辛卯之歲，予與楊氏得拜碩人于戶部家。是時，予三人者皆舉人，碩人已貴，見之，衣不御綺，言儀敦樸，予歸以稱之母與妻。狀稱碩人及見孫男女凡十一人：王畿、王甸、王甾、王田、王畬皆男；畿、甸，戶部子；畿，母孺人出，聘庠生東希稷女；甸，側室張氏出，聘聽選官高漢女；甾、田、畬，堯士子，馮氏出；堯咨娶賈氏，子未立，以堯士之中子畬權嗣，生一女，聘庠生吳宗道子建勳。戶部五女，一適渭南李光先；一適生員郭光裕，父進，舉人；一適張騰江；李、張號鉅富。一適靈寶儒生許佽，父默齋，御史中丞；一適蒲城馬某，父陞遠，武昌府通判。於戲盛矣！處士雖不及見後世若此，然今談者孰不追曰王處士子孫也。葬得日爲卒年某月某日，與之志，且銘曰：

　　貴不于躬，以貽厥後，德卒用昌，維天之明兮。哉哉佳城，于彼舍背，峯回水洋，惟地之良兮。生也同室，卒也同窆。二魄偕康，維人之光。我言則傳，而石既堅。于萬斯年，曰處士阡。

【校記】

[一] "至"，嘉靖四十年二十卷本作"致"。
[二] "立"，嘉靖四十年二十卷本作"其"。

明安陽縣丞致仕半山郭公墓志銘

　　吾外舅安陽縣丞半山郭公，以今年六月五日卒于家。其子曰岱者，走介京師，以書泣告曰：嗟！吾父竟坐前疾不起矣。且卒，張目呼岱曰：若銘我，則累婿王太史。連呼曰"致意、致意"四言，言訖瞑。予手書驚迷戰栗，書失墮地，拾復讀，則大哭，已爲位，再三哭。扅楨之北也，即其帷與公別，公疾且稱已，何謂其至是也。痛哉痛哉！公兄弟二人，稱鳳谷公者，公兄也。弘治中，督學遂菴楊公試華州士，公及兄咸躋高等，遂菴公極歎之，稱曰：今二俊乃何避東氏子。東氏者，指副使葵軒公之子，今顯者四。公時爲士，有問望也，然郭氏母實葵軒翁同母弟，葵軒之子若車駕公、都運公、御史公、刑部公，斯四公者皆呼郭氏爲兄弟，校業遞上下。然四公早達，二俊乃愈益發憤增脩，有試輒冠其曹，至大比則數困弗利。鳳谷竟用貢爲滑縣丞，公丞安陽。當其時，與郭氏齊稱俊者，又有管白泉氏，後亦以陃塞爲瀘州學官。里人語曰"無爲嶽嶽，盍觀管郭"，言負才氣不大售也。初，公之貢于大學也，諸海內才蘊之士無慮數百，公與游，皆輒敬伏之。久之，司成趙公聞，遣子來從，曰：郭生關中才也，從之當益其雄。在安陽六年，丞壓于令，不專制大施，所司皆米鹽細務，一至輒了。乃日爲嘯詠，有所抑鬱不平，盡泄之詩。又爲教民謠數十章，咸劀文從質，令易曉。安陽人崔後渠先生者，以文章議論高一代，鮮許可，見公製每賞之。公既高自負恃，而守彰郡者又鄉里後生，故嘗尊禮公，今爲下吏，勢絕，公亦于于遇之，少謹畏容。竟以是中傷之，遂致仕歸。歸之十年，爲嘉靖丁未，卒。公諱從禮，字以行，本蒲城人。曾祖瑄，以棲霞縣丞歸，過華州，樂其勝，著土遂爲華州人。瑄子璽。璽二子：長曰經，聞喜主簿；次曰紘，驛丞。驛丞二子：長從義，號鳳谷，爲滑縣丞者也；次則公。滑縣二子：山，爲寶慶通判；岳，爲大學生。公一子即岱，書顏體有名，籍禮部儒士。而又有岫者，爲江都主簿，于公爲從子。郭氏蓋世有衣冠云。公三女：楨娶者季；長嫁生員魏自脩，魏父知縣；次嫁生員東夏，夏祖吏部考功郎中，皆碩人朱氏出。朱氏爲岱娶知縣李公傑女，傑女賢。岱有三子：祐之、祐之、一尚在抱。郭氏雖世祿，祿入隨費，亡爲子孫立業，故官罷輒窘。自公謝歸，而管白泉氏者亦從瀘還，二人者倡里中長老約爲酒會，旬六七舉。不舉日，公宴于家，岱及孫爲勸觴，間逆諸女，爲具食，用客禮接之，因遂竭資。

然公竟不以貧故戚懷，訢訢如也，恢恢如也。人與居多親愛之。亦每急人之難，不言人之過。其甥故代州太守楊南涯氏，取"溫厚坦曠"四字狀公德，信哉！疾，比卒，里中弔問者履接于戶。公生成化九年五月六日，距卒年七十有五。即用卒年十月某日葬，竁在滑縣公右。楨既奉遺令，次其生事始終，遂銘曰：

　　矯矯郭翁兮，噫！位卑才崇兮，噫！傑者固窮兮，噫！此屋藿蓬兮，噫！彼棟隆隆兮，噫！

明封文林郎翰林院編修裕菴歐陽公墓志銘

　　歐陽公者，名倫，字宗彝，故翰林院編修學章之父也。楨與學章共選舉，數得拜公于官邸。公樸貌而粹顏，溫詞而慎履，每以爲有古君子長者之風焉。故今爲誌其墓石，皆蒐實掇有，非諛語也。公初爲士而習舉子業，治朱氏易甚解，嘗推其指以驗人事，往來進退、消長盈虛無弗合者，則歎曰：天人判者，迹爾，而其致一也。是故君子順天而弗違，俟命而自信。學且就，會其父聽選公攜其母李碩人遊在外，聽選公又有母于，年既高，而又有二子曰夔、曰龍者則幼，皆在家。公以冢子領家幹，故凡于之養及夔、龍兩弟之抵于立，咸殫力任之，由是學廢。然日猶冀念聽選公歸，則尋復緒理，竟所志。久之，聽選公歸，而公之長子時、季子晚稱學章者，業各露頂角，爲聞士。公曰：吾既有子，乃遂棄儒而益事家人業。然計疏，家蓄乍贏乍縮，贏即散即食客即瞻族人，至縮則蔬食布裕，灑如也。語人曰：今之居積算較者，予知之矣，飾裘馬、厭口腹已耳。夫童齓視百年，至遠也，然奄忽至今且半，安能營營勞懣，效世俗之所爲乎？因自號曰裕菴，而人亦遂稱裕菴公云。其後十餘歲，晚果舉鄉試第一，連舉進士，選翰林吉士。時亦用選士除揚州府通州同知，通州距其鄉遠，公憚弗就，乃就晚。及晚授編修，即得封公如其官。以法，封君見在官邸者，令赴闕庭謝恩。公攝衣冠綴班行，朝士羨之，稱稀覯焉。性謙厚，即爲封君貴，一如無有。封之數年，歸其鄉，時年踰七十矣。常步歷城市中，即涉遠郊，從車馬步出郭始就之，故武強人號歐氏爲德門，恒推數而稱之曰：時若晚似其父封君，封君似其父聽選公瓚，瓚似其父鑑，鑑似其父榮福，榮福父曰思溫，始自淮安之山陽遷武強者也，代遠莫能知。由是言之，歐氏蓋世有善士云。初，公就編修君，至，誠之曰：我歐來累厚矣，乃今逮爾小子，慎念哉！慎念哉！後編修君以人言免官，賜之書略曰：夫昔之人被黜，然或書空而咄、遵澤而吟者,豈不以中有所鬱抑不得通其意哉?吁!亦隘矣。夫達觀列之大人,造化託之小兒,時榮與榮,時淬與淬,所謂知天,所謂順也,而小子勉乎。夫人言之興也,其猶飇乎,始盤盤羊角轉也,倏忽散漫,石遭之捐,木遇之折,何其烈也;頃之定,空青野寂,幻乎莫執其迹,而木石災矣。彼其捐而折者,亦其數宜爾耶。小子苟有省于吾言,則無繫官。編脩君既歸,其兄通州君亦解官。兩君約日遞具酒食,各迎公過其家,進觴稱壽,諸孫從後羅拜趨舞。間復用公之命,邀公之二弟夔、龍者來共飲食接歡。公顧謂二子曰:是樂人間亦少,兒曹可云功名蹇乎?如此數歲,卒。寔嘉靖二十六年七月二十一日也,距其生成化五年十一月七日,春秋七十有九。配李氏封孺人,有二子,一女嫁任秉常。三孫:筆、第,皆大學生,時出;策,邑庠生,晥出。筆又出韓,第又出蘇,厥胤繁矣。李孺人具婦德母儀,以故佐夫而克昌其後如此。孺人有弟曰鳳吟,故爲綏德太守,今狀實綏德爲之。狀曰:裕菴公有厚俗之行二焉:盜少年之夜騷閭里也,閭人共苦之,謀捕,則請之官,必死害乃已。他日捕獲之,公勸衆釋之,已乃戒曰:吾今乃活汝,汝弗悛,復爲盜,嗣有捕者,殺汝矣。其人感泣,遂竟不爲盜。嘗買田,弗之省也,令鬻者自質其直,鬻者紿公,誣瘠田爲膏田,要膏田直,公信之,即予膏田直,已乃覺,終不反質。夫刻厲而儳黠者,季世之通疾也,以今裕菴公觀之,可謂矯薄化頑、風教有裨者矣。葬得日爲卒之明年三月七日,槇既爲序其事,遂銘曰:

  繫歐陽生,徵漢博士,而論石渠。沿逮歙者,八世同官,厥聲奕如。詢工書體,詹善文詞,悉重璠璵。愈傳愈儁,廬陵永叔,光被本初。遙遙華胄,丰自淮南,徙于武居。爰有德人,不發其躬,嗣詣公車。啓祚流祥,冠紳書史,繹繹徐徐。柯茂惟本,泉甘有源,茲言非虛。狥千萬世,考歐宗者,石在玄廬。

明浦城簿東丘余公墓志銘

東丘余公者,崇德縣人也,名儶,字公悅,以嘉靖庚子六月十八日卒。卒十二年而其孫田舉庚戌進士,謁其座主王子,曰:東丘公,吾大父也,葬未有銘,今幸得見先生,願先生銘。並以狀來,狀則田同年侍御馬君爲之。按狀,則東丘公者,蓋逴然有古達士之風焉,狀曰:東丘公父曰樂耕翁,母曰舒氏,生三子:長曰仁;次曰信;次即東丘公。公生而機警,六七歲時即嶄嶄露頭角，樂耕翁愛而奇之，私語舒曰：昌吾家者，季子也，彼二子者竟且賴之。甫十歲而樂耕翁亡，舒涕泣曰：教季子學，卒吾君子之志。而季子好讀書，一再誦輒記。年二十，入爲縣學生，而舒又亡。季子痛二親鍾愛，懼學未有就，貽二親辱。服既除，乃辭其二兄，出從名師游焉。既三年乃歸，暴名，乃就有司試，不第；再三試，又不第。是時東丘公已逾三十，或說之曰：夫翡翠離越而貴，章甫入魯而售者，物固有所遭也，以君之才而數此不第，君何不從都下試？且獵者祝網不獲則徙其處，獨奈何撼促守一株也？東丘公然之，乃遂應例貢入南京國子學，因圖就南京試。其時四方抱藝之士雲集白下，聞東丘公名，咸即訊探取之，皆服，以爲出其下，即東丘公亦自以爲四方士今來集者莫予若也。比試，又不第，竟歸。當是時，會二兄相次卒，又皆無子，兩家事無巨細悉來眎公，公應之不爲厭。兩嫂各有女，已嫁。兩嫂聽女，每出其藏餽女，公亦不問。已乃割兩兄產半分與兩嫂女夫家，而兩嫂則竟曲爲供養，不少傷其志。凡此皆以勞費心神，學遂廢。於是余氏兩兄雖亡無助而蓄積田產轉振振起，東丘公以身專任故也。其後東丘公年五十餘，始來謁選吏部，除爲福建浦城縣主簿。主簿稗官，壓于長吏不得自屈伸。而簿固有才，巡按御史廉知之，乃檄簿督八縣逋，簿往八縣，逋應聲而完。頃之，浦界礦盜發，殺人斷行旅，長吏觀望，莫誰何。御史復檄簿平礦盜，簿設計禽其魁數十人，餘黨解散，盜平。簿在浦五年，一物無所取，獨勞勞奔命無休已。時而年又漸高，甚苦之日，忽歎曰：夫仕卑者不辭勤苦，不羞跪伏，效一命之職，以五斗粟也。其尊者積歲年、望資缺至老，白首不肯歸，爲顯名大爵也。今吾產足自給終老，而簿即勞見筋骨，祇爲他人刈薪供炊耳，自不得啜汁，且格在下僚，即錄之，無大振拔，吾何以簿爲哉！夫鴻鵠九天，鷦鷯一枝，各適所志也。即日解冠，著山人衣，自買舟載妻子歸，其年嘉靖戊子也。歸三年辛卯，東丘公壽六十。里中衣冠與公結社爲觴咏交者，相約持肴酒，咸爲壽公。其日宗族親黨履接于戶，浦之民有持其邑士大夫文徒步上壽者，諸客咸驚，問故，壽者曰：夫自今簿去而後簿來也，浦之民始知簿去而無簿矣，以故相議而遺吾壽。東丘公老而好奕，以爲奕勝敗之數不可豫擬，或始完而卒缺，或先笑而後患，有類乎宦之道焉。故奕得之在早見先收，宦失之以欲躭而不知止也，故常對客奕以喻指。東丘公好辯有口，客與議天下事，每屈之。每先事言成敗利害與脩短興仆也，卒之皆驗如其論云。客或談科舉事，則嘻嘻笑曰：夫此道，吾固已諳之矣，命也夫！命也夫！吾平生最苦業，卒不得意，吾以竢吾子孫學有命者。居數歲，東丘公卒，年六十有九。以生于成化壬辰十月五日，比卒，年得今數云。東丘公，其先歙人，其後徙崇德彭和橋安丘里，不知始所徙者。有六世祖顯忠，生永銘，永銘生慶，慶生璿，是爲樂耕翁。世以貨雄鄉里。樂耕翁好施，東丘公亦好施，嘗折券以寬債人，爲屋以居其流無歸者，故今余氏子孫烝烝焉盛矣。子三人：曰懷忠，娶趙氏；曰懷孝，娶沈氏，皆明農；曰懷恕，大學生，先娶鍾氏，再娶沈氏。獨懷孝早卒。孫男三人：長即進士田，娶胡氏；畿，聘鍾氏；疆，聘徐氏。孫女二人：一適胡，泮；一許聘曹，應科。曾孫一人。公初配費氏；繼配徐氏，德清徐銀臺女也。公子孫改公阡，卜西安丘，將以某年某月某日啟費氏窆，共公丘藏焉。史王子方受狀，而田忽以憂歸。既一年，田走价京師，問囊所爲請者，史王子曰：夫人死者形，不死者銘。銘曰：

　　彼材可梁斲爲楯，志遠途促隘騰踔。千里之步空爾學，孰高者丘突嶽嶽。其中藏者楚之璞，宰木蕭蕭烏剝啄。

明四川道監察御史雙洲嚴君墓志銘

　　監察御史嚴君者，朝邑人也，名天祥，字叔善，以所居望仙觀在洛、渭二水之間，因號雙洲。嘗稱以爲人能脩潔其躬，比于洛、渭，斯可語士矣。以故嚴君脩謹，平生無污節辱行，皭然若處子云。嚴君中嘉靖甲辰科進士，除爲山西絳縣知縣。既三年徵去，一錢不著于身。去之日，父老遮道攀留者以千數。嚴君持法不假借，常約束吏胥，竟嚴子去，兢兢不敢縱，以此百姓戀之。己酉，選爲四川道監察御史。居三月，嚴君忽鬱鬱不樂，或問嚴君曰：君官御史，何不樂也？嚴君應曰：官御史，可樂；今且責我以能，其官樂乎？吾亦有所覽觀思慮。夫鸞鳳鷹鷳，各有所稱，皆著其能，吾將奈何？是以弗樂也。久之，嚴君病。嚴君父曰堯黼，號直菴。母李氏。弟天祐，舉人。嚴君生而孝友，六七歲，李嘗病，罷食，嚴君跪而進食，不食輒泣，食乃起。一日天祐病，嚴君身奉湯藥，夜三起，問之惟恐其弗間也。嚴君病，在京師，直菴公聞，乃跨馬馳來視病，留天祐事其母李。是時六月大暑，嚴君相見泣曰：噫，翁何觸熱爲也！兒病固無害，殆傳者誤翁耳。尋問母李及弟天祐，語刺刺惻惻，淚數行下，移時不止。直菴公居月餘而嚴君病少間，歸。既歸，乃復遣天祐來視，而嚴君病忽劇，遂卒。天祐來不及訣，才數日耳。天祐撫棺慟哭曰：嗟，天乎！吾兄何負而遽令至此乎！嚴君配曹氏，無子，有二女皆幼，皆隨居京師。天祐乃扶櫬載嫂若女俱還。以庚戌三月十日葬嚴君于望仙觀之東，從親新兆也。其後一歲餘，曹氏坐哀毀亦卒，天祐啟其窆與嚴君合焉。初，嚴君且卒也，曹氏提二女伏牀哭，嚴君亦哭。有頃，誡勿哭，徐言曰：吾視吾弟厚，吾弟視我又甚謹，必不令若等無依也。吾死而還骨于家，其告父母，以天祐之次子允恭爲吾子，立之。於是直菴公竟與立，如嚴君言。嚴君舉進士時，余識嚴君于稠衆中，敬之。既嚴君爲御史病卒，余與長安人王給諫子臯偕視棺殮，哭之成禮，然後去。已而天祐至，遂請王給諫狀其兄之行，攜而同乘吾門乞銘，時卒不能應，去。越三年，而余遷官南都，便道還華下，天祐渡渭造請者三，泣曰：先兄所不瞑目于泉下者，獨竢先生一言耳，幸以慰死者。而絳縣人又言嚴君方在絳縣時，恒以役至夏縣，道經傅說祠側，嚴君必入拜，徘徊瞻望，顧有曠世相感之思焉。一日復過，屬有急不得入拜，憩其側短亭中坐，見二青衣持檄伏堂下白云：傅丞相要公。嚴君謝不往，顧左右賜使者食，左右實無所見，以爲嚴君作鬼語，然不敢詰，第應曰：食使者矣。嚴君乃語二青衣還報傅公，異日者竢我爲御史乃往矣。言訖就寢，頃之寤，呼左右，大驚汗出，述夢中事。左右白云：自未寢時有之，非夢也。嚴君默然，誡左右勿泄，卒而從行者始傳其事。由是觀之，嚴君甫爲御史輒鬱鬱不樂者，蓋斯念哉。彼其稱憂不能官者，托設也[一]。嚴君生正德甲戌十二月十六日，卒嘉靖己酉十一月十九日，年方三十六耳。女一許字樊氏；一又夭，蓋重可傷悼焉。乃爲之銘曰：

人生而良，惟神亦慕。翼翼嚴君，傅要于路。傅跨箕尾，嚴乘煙霧。翺翔九虛，以遊以悟[二]。彼衆弗知，欷歔驚顧。杞梓俄摧，驊騮窘步。我解以文，刻置新墓。有來觀者，茲石可寤。

【校記】

[一]"設"，嘉靖四十年二十卷本作"說"。
[二]"悟"，嘉靖四十年二十卷本及崇禎十二年四十二卷本均作"娛"。

明封戶部廣西司主事懷朴康公墓志銘

懷朴康公者，初爲行省掾，已而待選吏部，授冠帶歸。而懷朴公顧讀書頗解其大指，所與游盡里中賢士大夫，諸以掾興者弗敢望也。有子三人：長子曰脩吉，仲子曰迪吉，叔子曰貞吉。脩吉、貞吉皆爲諸生，而仲子爲太原太守，先獨顯。初，仲子拜爲戶部廣西司主事而奏滿于上也，乃得封懷朴公戶部廣西司主事如其官，母胡封安人。當是時，懷朴公與胡安人俱在家，仲子乃函制詞，具冠服再拜，遣使而將以獻之。既至，懷朴公歡甚，遺書謂仲子曰：自吾康氏以棗強來而徙居章丘，抵于余五世矣，歷五世而未有顯者。余大父樂，嘗有志于功名之際，負才氣不與庸眾伍，以爲青紫事可俯地拾也，竟弗遂，卒。余父鉞，嘗語及大父犖犖之概，未始不泫然泣、愾然歎也。乃至今發于爾乎！爾小子今服在郎位，受天子恩深重，而余又沾被若此，爾小子能無念哉！康仲子得書未幾何，時上命之使監歲漕于楚。於是便道歸章丘壽懷朴公。壽之日，康伯子、康叔子皆以次進觴，諸孫皆列拜在後。乃懷朴公持觴，顧歔欷感動弗能止。仲子請所爲感者何也，懷朴公曰：吁！今所饗，往余事吾父未有也。及吾父既老而家計益縮，吾嘗傾身致甘旨，猶竟不能快吾志，矧乃有今日邪！言訖，諸子復進觴，懷朴公醉。康仲子侍懷朴公未數月，遂辭而之楚。已而還，又使往監姑蘇稅，康仲子乃又歸壽懷朴公。又以郎中使雲中，乃又歸壽懷朴公。方仲子使楚時，懷朴公問之曰：爾今往何事？曰：爲公家榷財利耳。懷朴公曰：嗟乎！語曰"利令智昏"，爾小子慎哉！初，吾爲掾而同舍者醉而歸，而投金于余，忘之矣，既醒，瞿然驚起，仰天頓足曰：吾失金！吾失金！余乃出所投金予之，同舍者喜且謝曰：即君不出金，吾安所索乎！讓之半，不受。爾小子其無忘余所持者可也。以故仲子三使于外，咸以節廉自好稱，懷朴公之教也。懷朴公爲掾時，有方伯者令之視獄囚，其時六月而會又大疫，懷朴公白方伯，錄輕囚出就外，約疫已復來，方伯聽焉。疫已，囚出就外者果復來，得不死者百餘人。及康仲子陞爲太原太守，使使迎懷朴公與胡安人俱來，居郡閣。凡懷朴公所爲誡語太守君者，盡皆寬仁長者之道。彼其志自爲掾時已若此矣。懷朴公居太原踰一歲而思歸，曰：吾除吾先墓上荊榛耳。太守君不能留，乃輿之歸，胡安人從。懷朴公歸，乃輒造先墓下祭，以其祭餘會族于墓下，因問其貧不能娶、死不能葬者，振給之。已乃與里中人會，而里中人固岡不敬服懷朴公者。懷朴公爲人寡言笑，平生未嘗有墮行佔德。其訓里中兒，則數稱孝義，恒在口不置。令懷朴公不拜封馳得從仕藉，歷民社之寄，其道化所漸，惠澤所加，即詩書所記何以尚焉？懷朴公歸章丘之年，嘉靖甲寅歲也。太守君思之甚，乃使使問焉。使還報曰：家大人病太劇，太守君立解印綬，白兩院，且歸而侍家大人病。兩院弗之許，太守君曰：即弗許，吾豈以一官忘吾親哉！遂馳去。去太原既二日，而舍人以訃至。太守君從馬上聞，墮地，哭極哀已，且行且哭焉。既抵喪所，觸木哭已，伏胡安人前哭。胡安人勸勿哭，以仲子遠道來也。久之，仲子與伯子、叔子議葬事，而先圖銘。仲子以書抵余曰：先生舉吾成進士，吾先君未能忘也。顧不幸不獲與先生晤，先生不識先君之爲人何若也，於是吾爲狀狀先君，願先生相其事銘焉。先君諱濟民，字惠之。季年睹俗之靡靡而距古遠甚也，於是乎緬思古人而因號懷朴云。卒時年七十歲矣。有孫男子六人，孫女五人。孫男子六人者，大有、大壯、大受、大阜、大田、壽穀也；孫女五人，有三人者，一適仇瑄；一適生員白汝玉；其適馬夢鱗者，則先君愛女也。凡所適皆同邑大家子云。余按狀，則懷朴公者蓋斷斷乎古之篤行君子也，其胤緒繁昌若此，固宜有之，乃爲銘。銘曰：

誰則投種，而歲弗田；誰則持券，而物弗還？即有大侵，彼種亦沒；所寄者亡，而券徒揭。唯德之報，靡爽靡遺。不于其躬，于其嗣而。奕奕康公，是其元龜。以告來世，刻此冥詞。

明王孺人趙氏墓志銘

王孺人姓趙氏，西安前衛人也。夫曰平石公，生子曰鶴，事今上爲給事中。初，平石公往來賈江淮間，三歲中率二歲在外，不得教鶴學，而鶴少雅馴，天資甚美，乃孺人自持家事，教鶴學。孺人誡鶴曰：夫女之績也，絲分而日治之則大帛成，安有疎慵子成器者乎？鶴奉教唯謹，學既十年而舉進士，是年甲辰歲也。進士守次銓部，念其父母，乃遣使往迎父母，而平石公又往賈江淮，乃獨載孺人來。進士即復爲書抵江淮請平石公，云孺人已自其家至。而平石公賈方快，不來。有頃，進士授行人，奉節使朝鮮，而留孺人京師，以其婦周氏侍。比歸納節，孺人檢視笥中，惟《皇華集》數卷及去時衣帶圖書而已。孺人問曰：夫稱《皇華集》者，何也？鶴應曰：古者送使臣則歌"皇華"之詩，今集紀朝鮮陪臣贈言，故倣而稱之。夫贈言何謂也？行人爲摘"行李蕭然"及"腹貯冰霜"句義解說之，孺人則大喜，稱曰：兒今勑志若此，不直揚名異域，且與邦家增重矣。明年，行人使河南，便道奉孺人歸長安。會平石公亦自江淮來，行人日日爲稱觥謹燕。居無何，行人當還報命，乃請與父母俱。平石公倦游，又以官所局促，固不許，孺人乃遣平石公侍兒，與行人如京師。又明年，行人遷爲給事中。給事中有所論白，上輒嘉納。平生逡逡謙溫，口不道人短；至搏擊媢邪，則貴近弗避也。孺人重愛子，常以爲憂。居三年而孺人病，給事中方謀歸孺人，而病漸劇，遂卒。給事中伏于舍，苦哭甚哀。既殮，則念平石公獨在家，年老，懼聞訃傷其心，乃即復遣使問慰之。給事中，余所舉士，然又同關內人。孺人居京師，余母劉孺人嘗與相迓，母劉謂余曰：今見王孺人，端雅莊嚴殊不類婦人，固宜其子若是也。卒而母劉爲傷之。給事中將扶櫬歸葬，乃杖而乘門，請余銘，投以狀。狀稱孺人生弘治壬子十二月十九日[一]，卒嘉靖庚戌十一月十九日，年五十有九。初有三男子，其二早夭。給事中有男胤吉，聘舉人黃勑女；有女，許聘張四維。給事中泣曰：母卒時，戀戀二孫最苦矣。墓今卜長安木塔里，葬得吉，嘉靖三十一年二月初八日也。銘曰：

> 維趙氏先，世有顯人。王父岳岳，作藩八閩。本家鹿邑，來遷于秦。彼大父者，氣亦大振。比及孺人，家休未泯。誰謂閨處，識達群倫。誰謂不學，勗子克臣。出入京鄉，翟茀朱輪。有輝載路，或歎或珍。南山之丘，鬱乎嶙峋。孤魄歸是，子也傷神。傷神何爲，曰咨二親。生不恒偕，沒復一身。嗟乎過矣，萬有終藏。千秋萬歲，隻者竟雙。

【校記】

[一]"十二月十九日"，嘉靖四十年二十卷本作"十月二十九日"。

王氏第二妹正儀壙銘

正儀之父曰文菴翁，兄曰槐野子。文菴翁以嘉靖七年卒，卒時槐野子爲諸生，有三妹、一弟、一男子焉。男子名曰逢春，束氏婦出；弟名曰寶子。寶子與槐野子及三妹同出自太孺人也。太孺人且欲名三妹，命槐野子各相其德性以爲號。於是槐野子號第一妹曰溫儀，號第二妹曰正儀，號第三妹曰慎儀，太孺人皆頷而是之。已乃曰：吾甚愛少兒，珍惜之，可名寶子，以見吾志。寶子則太孺人自爲號者也。寶子以文菴翁卒之年夭。明年逢春夭，於是束氏婦坐哭子病，成沈涸之疾，不治。其後數歲，槐野子既登第，拜官翰林矣。而第一妹溫儀卒于家，葬在厓坡祖墳之側焉。於是槐野子遣使奉迎太孺人及束氏婦與在者二妹俱入京師，居一年，槐野子以使事如關中，乃復奉太孺人還關中，諸侍太孺人來者皆從。有頃，槐野子當報命，甚急，乃單車馳而去。既去之明年，而東氏婦卒于家，太孺人哀苦之，數遺書督槐野子歸。於是槐野子請告歸，遂得葬東氏婦焉。初，東氏婦未有葬所也，槐野子乃從兩術人行，視諸山皆惡不吉。一日出古城南，過始祖墳下，兩術人問曰：是爲誰？槐野子曰：吾始祖副使公墳也。兩術人遂下馬，登古城四望，則太華在其東，太白在其西，少華正值其南，此旺氣之所鍾，法所謂吉祥善地也，即此可以聯置一墳地，又何求焉。葬東氏婦于此宜。槐野子乃徘徊瞻顧，脈脈私念曰：昔先大夫文菴翁卒時，余爲諸生，貧，草葬之。今既獲吉壤矣，奈何先以厚婦人也。於是與術人議以斯所遷先大夫，逮及後余即附焉。術人曰：可哉！乃卜先大夫穴，立石表之，以須吉歲。已乃葬東氏婦即余後宜所當者穴也。東氏葬未逾年，而第二妹正儀卒，乃即以小姑從嫂附在東氏之側，蓋幽魂相依云。後十五年而槐野子之女淑姬亡，槐野子別爲淑姬卜葬地得所，謀且並遷二妹來與淑姬共域，乃以請太孺人。太孺人曰：今二姬亡殁久矣，骨且欲朽矣，獨奈何搖動邪？矧溫儀墓與族姬毛娣之穴鄰，正儀又依嫂，咸稱帖帖，可毋動。槐野子唯而退。已復思正儀墓適當先大夫宜隧之道，卒不得無動，乃復請太孺人：溫儀墓不遷，遷正儀。太孺人然之。於是乃遷正儀，蓋居在淑姬之左矣。太孺人曰：今遷正儀去，如東氏婦孤何？槐野子曰：嘻！東氏婦敏惠，明于大義，百歲之後且須我而偕也，何謂孤？顧獨念溫儀與正儀隔在兩域耳，斯固可傷哉！淑姬生也晚，識慎儀，不識溫儀與正儀，然同氣所生，神魂則未始弗投也。慎儀今適茂才柬體章氏矣，淑姬死，哭淑姬；聞遷正儀，則又哭正儀；聞溫儀不得遷，又哭溫儀。其言曰：吾同胞子四五人，獨我與兄氏在矣，於乎！三十年來，骨肉損銷，寥寥落落，譬猶晨星秋葉，存者無幾，余臨石蓋深痛之焉。銘曰：

汝棲未安，汝骨已寒。徙汝實難，汝悲汝歡。汝姪若蘭，偕汝圍欒。二封等戀，來者聳觀。坐亦有盤，沐亦有瀾。豈不痛汝，卜茲良寬。

長女王淑姬壙銘

王淑姬者，槐野王子之第一女也。王子在翰林時，居在京師高坡巷，而淑姬生。淑姬生彌月而背發細瘡如粟，大者如豆，且落且又生。淑姬日夜啼，乳母抱淑姬出房中露立則啼止，醫視之，以爲胎毒，其出房中露立而啼止者，氣不鬱而毒暫解也。無憂，用一匕藥可愈，然自後諸瘡悉不能害矣。以臟毒盡泄故也。既三歲而淑姬復發痘，痘瑩瑩如摩尼珠，而又稀疏，未七日而收，果無害。明年王子奉太孺人歸關中，淑姬已離乳母懷，能自起拜，識人顏色矣。然恒依太孺人前，太孺人念王子既四十未有子，而獨有淑姬，於是愛淑姬特甚，凡起臥食飲，淑姬未嘗不在抱也。頃之，王子復奉太孺人居京師，而淑姬從。年九歲，能刺繡，而里中舉人東體忱以就南宮試，爲其中子聘淑姬，許之。其後王子遷春坊諭德令，其署守南京翰林也，淑姬復從太孺人居南京。既半歲，余不得一見淑姬面，余問太孺人淑姬何爲？云日坐窗下事刺繡耳，侍婢三四人莫敢擅出入也。太孺人以不習南中水土，思關中，余乃與太孺人歸，而淑姬從。余送太孺人至江上，入舟中拜太孺人，太孺人泣，淑姬亦泣。淑姬牽余裾，且拜且問曰：阿爺何日歸？遂別。明年二月，太孺人年七十，而余留滯江南不得身爲壽，乃遣使往壽太孺人。使既已還報，乃因間言淑姬亡。余大驚，問淑姬安病，曰：病疹。疹幾發乎？曰：九發。嗟乎！往醫嘗言臟毒盡泄，後不爲害矣，乃卒坐此夭滅亡邪？命也夫！命也夫！頃之，會有詔令王子還守宮坊，講諭德之事，於是王子遂取道歸關中，拜太孺人。太孺人守淑姬棺大呼哭，余環棺持太孺人哭，哭已，太孺人爲余言：淑姬病既篤，固不肯令醫視，醫來輒以被蒙體，從被中嗚嗚哭。太孺人懼傷之，令醫出，醫竟不得效其能。凡病十日而亡。且亡之五六日，氣喘逆不能出一語，第口張目動，淚淋淋下不休。忽而握太孺人手，胡盧而言曰：死則死矣，獨恨不得見我翁耳。太孺人言既，與余復抱棺哭，左右視者皆大哭。居五日，余請術人占葬所，得之祖墳之東，少華山之麓。術人云：茲山氣太盛，恐非少女所當，請徙下方，余是之。余念淑姬生長閨中，而瘞在山下，魂單骨寒，煢煢靡托，乃徙前亡第二妹號正儀權厝在祖墳之側者，與淑姬共域棲。正儀居左，淑姬居右，庶幾乎雙玉相依，萬禩永寧矣。淑姬生在嘉靖壬寅九月，亡在甲寅三月，年十三歲耳，悲夫！銘曰：

> 維壽維天，是誰主尸？既溫既惠，又何夭爲？天乎難問，人莫之知。我淚縣河，厚土以滋。生不踰閾，焉識路逵。矧茲中野，逝將獨之。爰有姑氏，徙與比居。夜月游魂，珮環相隨。無震無恐，無阽于危。千秋萬禩，禮其永綏。

槐野先生存笥稿卷之十一

左輔王維楨著　館甥渭上南師仲編

傳三首
孫忠烈公傳
王太史傳
西峯張公傳

傳

孫忠烈公傳

　　孫忠烈公者，餘姚人也，名燧，字德成。爲人沈毅有大略，而與邑人王公守仁、錢塘人胡公世寧同舉于鄉。正德丙子，孫公以都御史巡撫江西也，會寧庶人宸濠反，孫公伏節死，人至今壯之云。宸濠者，驁害多知人也，好生事，不靖。術人有李生者，揣濠知其指，乃爲妄妖言謟諛濠，濠喜，厚賞術人。因以其言起陽春書院，以當王氣。濠由此乃爲反謀焉。濠府中宦者劉吉、南昌人李士實、王春皆阿濠，畫計曰：大王即欲有所爲，可先請復故護衛之奪者，以嘗上指，幸許，即有兵，其他以漸圖之。是時正德甲戌也，天子嬖都督錢寧、樂官臧賢。兩人擅權用事，濠遣人賂兩人，兩人爲矯詔復護衛如故。濠見計遂，爲謀反滋甚，而士實等固言安福人劉養正有才略[一]，知兵，濠乃招養正。而養正益爲妄言謟諛濠，濠大喜，日夜集吉、士實、春、養正四人與計謀，乃招納四方有罪亡脫及勇力材藝之子各數千人，爲衣食居處。諸司頗皆覺知，然憚不敢發也。是時孫公方爲河南布政使，而胡公世寧爲江西副使。胡公乃陰上書告其事，濠聞即復遣人賂兩嬖人，因遂陷胡公謫戍遼東。濠懼觸衆憤不便，乃復開館延士，爲講聖人之學，明己能好善禮士若此也。關中人故江西提學副使李夢陽者，以詞賦高一代，罷而寓居大梁，濠使人請陽春書院詩，其飾詐要名如此。有頃，孫公自河南遷江西，覘濠姦，憂之，乃進諸司計曰：即濠發，奈何？當是時，適副使許公逵管南昌部中，乃孫公即又喜而令許公陰圖之，而自下檄部中：無城者亟築；無糧者亟畜[二]；無兵衛者可選練丁壯；居僻治遠者爲奏立縣治；以便約束。於是進賢有城，安義有縣，縣各有兵，兵皆有餉，悉如令。濠念孫公每一令出咸爲己備，又懲胡公世寧往事，意孫公必有奏，乃置人要路密詰之，由是孫公凡七奏皆不得達。奏略曰：夫濠列爲藩王，親爲宗室，至富貴矣，乃今所爲，臣甚惑之。府中使齎重寶往來京師者趾相錯于路，此何以故也？鄱陽賊凌十一、閔念四、吳十三者，吏捕之急，濠匿賊于西山祖塋中，吏不能得。夫匿賊安用乎？鎮守太監畢真由江西之徙浙江也，濠厚贐爲別，別時辟左右密囑，畢真首肯之。夫密囑背公、厚贐結好，非藩王所宜有也。其他顯罪甚多，不具論，論今踪跡可疑慮者。其後孫公見奏格，益懼，度濠旦夕且舉事，乃令兵局徙兵器于他所，益復下檄諸郡設兵備焉。正德己卯，言官言濠不軌也，上遣重臣往，欲奪護衛，按其事。濠恐，乃召吉等四人謀曰：今使者來即訊我，乃翁事敗矣，不如遂反。四人曰然，因共定計。迨壽濠之次日，鎮巡諸司咸入府謝晏[三]，濠乃伏賊兵于殿內，諸司拜未畢，濠奮膺高足立露臺大呼曰：方今天子巡幸在外，太后召我監國，汝等云何？於是孫公抗聲對曰：既有詔，請出詔令眾觀之。濠見孫公不可奪，素亦憚許公，乃以問許公。許公曰：是安得此悖妄之言乎，吾有赤心，豈從汝反耶！濠怒叱賊兵縛孫公、許公。孫公奮臂推縛者，指濠罵曰：汝賊！且不見天乎，天無二日，吾豈有二主哉？吾死一身耳，且見若種之漸滅也！濠怒甚，縛者持銅錘擊折公臂，曳公及許公至惠民門外害之。其時同謝者，或從或默。濠立即僞授劉吉太監令，提督軍務；李士實國師；王春、劉養正俱僞授軍師。令人詣兵局取兵，無有，乃括民間農器炊釜造兵器，歷二十日始就。濠乃從妃婁氏、宮人百餘人，登舟趨南京，又留兵守南昌；遣所親婁伯之橫峰招兵，道出進賢城，進賢知縣劉公源清殺婁伯；而濠兵先鋒攻安慶者又不能下，濠甚憂焉。其時巡撫贛州都御史王公守仁以行部，道聞變，乃即駐節吉安，移文遠近令各以兵赴義。於是諸郡練卒一呼響應，居一月，兵集數萬，所過供餉未嘗乏絕，則皆孫公前爲之所也。於是吉安太守伍公文定製孫公及許公木主于文山祠，率所集兵以文哭之，諸軍皆感泣。因遂督兵至南昌擊破之，兵入，濠宫人留宫中者多自縊死。濠駐兵王家渡，聞南昌破，悵然曰：大事去矣，我安適歸矣！於是泣下。官兵遇濠于樵舍，風逆，官兵戰不利，俄而風順，王公令實茅于舟，順風舉火，濠兵焚溺死者無算，妃婁氏赴水死，濠易舟挾宫女四人而遁。官兵追及，濠投水，水淺，濠不死，遂併宫人執之。劉吉、李士實、王春、劉養正皆就縛，而凌十一、閔念四、吴十三等脱而至安義，安義人縛三賊獻俘。事聞，天子念濠懿親，不欲加誅，令自裁。諸與濠通謀者，皆以輕重伏誅。李提學答濠詩有規詞，免罪。其入濠府中謝晏，默而不能抗義者，皆減死謫配。居無何，而毅皇帝棄群臣，不及錄孫公。今天子即位，首襃孫公，贈禮部尚書，諡忠烈，詔江西爲立祠，賜額曰"旌忠"，與許公並祀之。廕子堪錦衣衛千户，世襲；公配楊氏，封夫人。公赴江西時不以夫人隨，公死報至，楊夫人哭之哀，其時昧旦，天劃然忽斷，炯炯若目，見者譁曰：天眼開矣。以濠就擒日考之，則此先未擒一日事也。子堪徒跣赴難，至而濠已擒，伏公棺哭之，乃更治棺殮，啟棺，公面顏若生，異香蒸蒸自棺中起，江西人大詫焉，以爲鬼神不欲死之也。初，孫公至江西，治廨舍，得古鏡于深溝中，背刻二十有四字，其文曰：光運忠扶，日月心感。天揚䭲忠，獨難塞天。不世內靖，斯以昭明。字畫奇怪，觀者多不識。後孫公死，好古者以意辨之，其文乃著焉。孫公自始仕，歷七官，皆有大功德，具在國史中。孫公三子：長子堪，今官都督僉事；仲子墀，尚寶卿；季子陞，吏部左侍郎。三子者，皆天下士也，豈天于以報孫氏哉？胡公世寧，濠滅後復官，卒至兵部尚書。王公守仁，封新建伯。

論曰：夫孔子不語神，非無神也，有之而弗語之也。世傳弘治壬子，浙之文場中夜既半，場中人見東西立巨人二，一人衣緋、人一衣綠，合言曰：三人好作事。已忽不見。是年孫公、胡公、王公遂同舉。卒之寧濠之變，胡公發其姦；孫公折其氣；王公平其難。三人相次成功，二巨人告之矣，豈非神哉！夫奇瑰非常之士不可恒有，有之，皆天帝意也。彼修一職、立一節者，豈不謂賢，以扶世翊運，能哉？

【校記】

[一] "固"，嘉靖四十年二十卷本作"因"，當是。

[二] "畜"，嘉靖四十年二十卷本作"蓄"，相通，下同。

[三] "晏"，嘉靖四十年二十卷本作"宴"，當是。

王太史傳

　　王太史者，無錫人也，名立道，字懋中，舉嘉靖乙未進士，已選爲翰林吉士。是歲天子躬御文華殿，授簡命題，校第諸進士，乃得選者三十人，而關中人王維楨在其中。時李文康公在內閣，月試吉士凡兩；而顧文康公典教書。李公文尚溫夷爾雅，詩婉切，乃懋中文即溫夷爾雅，詩婉切，適與券合，一試輒冠吾曹，再試再冠，又再試又冠，如此至五。而顧公又數數稱譽之，由此名顯。楨竟試與懋中同案，懋中見楨作，至閣次則恒獨居後，爲歎之已。規曰：子第易子手即可前，不易不前也。乃楨固不易。其後懋中授編修，楨亦爲檢討。懋中既爲編修，列史職，稱曰：夫太史之官立，爲其志一代之故，集古先之鑒也。乃吾今守其事矣，隘而罔識，闕而弗修，如職何？於是卜僻遠居，盡括古墳籍，刺取之今事大者皆牒記。客時過其門，每見其下楗也。蓋自其爲士時，日坐一小樓，連數旬不下，即宗黨造者莫得睹其面，則耽嗜讀書其天性也。後十二歲爲嘉靖丁未，太史自告起，還翰林，相見亟稱歐陽永叔之文粹，固須法；詩談唐張司業、劉隨州，以爲質而近。及索其自作，讀之果皆似敬之。予亦出作觀太史，太史戄然曰：子自昔固不易，而今乃如此。太史爲人靜定沈篤，蔑世俗靡靡之好，既乃贖故邸，復楗門著述如曩時不輟。居無何，太史病肺，楨說之輟業；已察其面霜白，兩頰銷縮，骨稜稜出，又說之歸。太史於是遂疏歸。太史號堯衢，頃改海樵。語曰：脫吾疾瘳，以請而得走錫山也，將腰斧伐木于海之側，群樵人，徜徉足終吾年，吾誓與雲霄冠珮絕矣。疏上未報而太史卒，即其年十一月二十四日也，年三十八耳。父曰九巖，以禮部郎中自免家居。太史居在京師，遇一果一肉之珍，不輒食，必函致九巖公。爲書訊其親，必盥手焚香乃始書；書就，含涕封，至不勝，其孝如此。與人交，雖簡嘿艱合，然心依忠厚，得一善必揚之，人有過則口悛悛不忍道一詞也，是皆足不死，乃顧死，天道誠遠哉！太史美髭髯，垂幾及臍，貌癯而骨清，日者咸指爲奇，將穿致顯融綿綿久也。今若此，則人相石室之篇諈邪？龍湖張公者，太史舉主也，病數自來視，卒，哭之哀，曰：王生好讀書，竟坐是死。諸大夫聞者咸爲慨惜，曰：才人死矣。始與太史同選者，今在京若干人，既會哭其邸，櫬還又送之郊。踰年而楨爲作傳。太史有二子，一孺人唐氏出。唐氏，永州太守有懷公之女、荊川太史之妹，先三年卒。

王維楨曰：余甚悲太史亡而靡有憾焉。孔子曰：朝聞道，夕死可矣。太史病且革，予入省其臥內，見側案有劄，取視之，則自記病起加減，除日次，予問記何爲？以白吾親，令寬之勿繫戚病子也。會又孝烈皇后薨，太史自枕上加素冠，曰：即一日不死，猶爲朝臣，安可以病廢儀。嗟乎！由二事觀之，孔所謂聞道者非邪？死可哉！死可哉！世以壽命終者豈少乎？若其罔罔泯泯也，誠何以死哉。

西峯張公傳

西峯張公者，兵部尚書半洲張公之父也，諱海，字德涵。童子時喪其母，已又喪其父，西峯公皆哭之成禮，如其大人，鄉里咸歎而異之。既長，益脩德，其大而可傳者十數種，具在張氏家乘中。故西峯公身在布衣，而名列于賢士大夫之間，非徒以子尚書公故也。西峯公本姓張，而冒蔡氏姓者凡五世，究所以，則張馬賜者娶于蔡氏而生子容，子容未齔而張馬賜卒，容孤無依，蔡氏乃攜容還歸母家而養之焉。張氏之後得不絕，蔡氏力也，故容長遂冒蔡氏姓矣。其後子孫襲稱之而莫有返也。尚書公既舉進士，欲復之，爲書請于西峰公曰：吾聞魯更吳孟之字，宣聖譏之；范托張祿之宗，太史鄙焉。故河流上天而復歸之海，謂其源也；華葉滿柯而下聚之根，謂其本也。由是觀之，蔡氏不當久冒矣。吾欲上疏，去蔡而歸張，敢以白之大人，願大人決之。西峰公報曰：未可也。吾聞仁人不背德而滅名；義士不矜新而棄舊，故屈子不去楚而衛青不返鄭，彼各德其所由興也。輒去蔡，不可。尚書公復請曰：吾聞饗非其宗者，神吐之；祀亡其類者，神怨之。今張氏之先怨蔡氏之先，吐，是廟祀空名耳，神不下也。吾意在追本定祀而安集徬徨之靈耳，復之可。於是西峰公良久乃報曰：待竟吾世，若去而復之，未晚也。尚書公遂聽而罷之。尚書公初仕爲嘉興縣知縣，而載西峰公與俱居。一年而嘉興之政成，西峰公歡甚，語其子曰：乃吾今何患矣，亟歸我，亟歸我，我將依西峰之故廬棲焉以適吾志。西峰，當公之故廬，故因以爲號云。西峰公歸二年，而嘉興徵拜爲吏科給事中，給事中凡七遷而爲兵部尚書。西峰公每于其遷官則輒遺詩教誡之，其大指要之"奮忠報主，顯親揚名"八言而已。西峰公天資瑰異，雖未嘗效于世，而當世匡濟之略輒究其始終，與之語，即習事之大夫不能難而下也。尚書公以節鉞之鎮兩廣也，會其時有安南之役，而二三將事大臣咸相聚闕下，商勤撫之計未定，而尚書公先發，因便道過其家省西峰公。西峰公問曰：聞之方有事安南，信乎？尚書公對曰：有之，顧其計未定，或言勦、或言撫，卒之奈何？西峰公曰：嘻！撫之便。夫犛氏篡陳，而莫氏又篡犛，以力相亡，以詐相吞，固其俗也。言勦，則名其罪，是用中國之治治之矣，兵不得罷而怨毒日深，徒以貽東南之苦耳。不如撫之以安其志、順其俗焉。且有宣德之故事在，可弗講乎？尚書公辭行而至鎮所，以其言白將事大臣，諸大臣咸是之，安南竟從撫，遂定。兵罷，東南諸路得免轉輸暴露之苦者，西峰公一言之功也。其後數歲而西峰公卒。且卒，呼其弟津前告曰：我即卒，若可赴鎮所慰尚書云：乃翁固嗒然化矣。吾兒孝，言勿遽，恐驚動傷其心。已又顧諸子之侍者謂曰：吾先，江西之冠帶族也。其始兩世皆宦閩，安之，乃遂就候官縣家焉。既更五世而莫有振者，余甚憤焉，至于尚書乃復興，則續吾上世業矣，吾復何憾！目遂瞑。後尚書公自鎮所跣歸，逸棺哭之。哀已，聞西峰公卒時語，乃于歲時伏臘，為壇以望祭江西之張氏當為祖者，而別為廟祭蔡氏之養容而存張氏宗者。乃始上疏復張氏姓，如西峰公教焉。西峰公以尚書公貴，凡四封，卒得號為兵部右侍郎兼都察院右僉都御史云。西峰公初封為嘉興縣知縣，後改封禮科右給事中。當改封時，西峰公適游在京師，乃攝衣冠而趣闕下謝。西峰公在前，給事君在後，朝士咸相顧驚歎，以為稀覯，至繪為圖傳其事。圖今藏西峰公家焉。西峰公生三子：長曰經，即尚書公；次曰綸；次曰綱。晚節衰老而謝家事，一聽之二季子，獨與里中賢者年齒齊者數人結社，以觴歌往來，號曰怡怡會，終其身云。西峰公卒時年七十有四，蓋見至曾孫矣。里中人稱曰：西峰公，福星也。西峰公壯時，嘗渡江墮水，水中一老人扶之上，得不死；又嘗病疽甚殆，臥而夢官卒二人擁之行至一所，屋大而堂高，其上坐神人，侍衛甚嚴。問執而至者誰也？卒對，神人大叱：脫之。謂曰：此人有厚德，天帝且報之，乃執之來乎！覺而疽竟不為害。尚書公嘗持二事語史楨，史楨乃遂記之云。

論曰：余不幸不獲見西峰公，而幸覯公之冢子尚書公焉。尚書公，恢恢乎！犖犖乎！蓋古大臣之風也。天子方倚以為國柱，自六卿而下，莫不推轂讓能焉。神人所謂天且報西峰公者，非此事邪？夫豪傑之見世，猶寶也，生于國國光，生于家家亢。造物者恒珍惜焉，不肯數數生，苟生之，必有以也。世嘗言鬼物不可信，以今張公觀之，欲弗信，得乎？

槐野先生存笥稿卷之十一

槐野先生存笥稿卷之十二

左輔王維楨著　館甥渭上南師仲編

行狀五首
贈禮部尚書諡文簡西玄先生行狀
昭勇將軍陝西都司指揮僉事葵軒張公行狀
亞中大夫長蘆都轉運鹽使司運使渭川東公行狀
封宜人劉母甘氏行狀
太孺人馮母行狀

行狀

贈禮部尚書諡文簡西玄先生行狀

西玄先生者，綏德州人也，姓馬氏，諱汝驥，字仲房。其先山西臨縣人有諱仲謙者，宋季兵亂避地綏德，因籍，故馬氏遂爲綏德人。五世而至秉吉，秉吉生震，震生永盛，永盛爲壽官，壽官生驄，驄號煙山公。馬氏自煙山公始讀書爲儒，而煙山公數奇，積學竟不第，以歲貢爲夏縣訓導，陞萬全教諭。教諭生四子：長汝駿，配黨氏出；次即先生、次汝驊、次汝驦，皆側室王氏出。教諭後以先生貴，贈中憲大夫通政司左通政，黨、王俱贈恭人。先生之生也，爲弘治癸丑九月十九日，煙山公在夏縣學，其夕夢月墮廨宇中，取而抱之懷，覺異之，以爲子得必顯。後煙山公自萬全棄官攜先生歸綏德，先生尚幼，乃即善舉子業，讀書一見輒誦，而又即知聲律吟咏之學。試于有司，有司異之，稱馬生，以爲年少而奇，非常人也。乃正德庚午舉鄉試，丁丑舉進士，已選庶吉士，尋授編修，號爲才子，能詩。然先生爲人沈毅有大節。己卯中，武皇帝且南狩，諫者輒獲罪，後縮，莫敢諫者。先生曰：即畏罪，寧不爲宗廟朝廷所乎！乃奮氣抗疏，率諸同館士六七輩赴闕上之。疏出先生手，切直言巡游有隱憂伏禍，不可。天子怒，罰跪闕下五日，已又杖之，諸上書者悉調外，而先生調澤州知州。澤故多王府，王率聽用邪小，暴侵民利，澤人苦之而未能有禁也。乃因事稍懲其左右不法數人，爲條告誡，暴止。又，王以書來請私，好答使者，去已即投書櫝中封之。所請或于法得醳[一]，又使將謝，乃首使者至櫝前，啟，取書還之，實未發。爲報曰：法誠如是，吾安敢低昂徇情乎。後書不更來。陵川令葛者，賄人也，害人，人怨之，廉得狀，議且黜令，有巡按御史者，以親故爲葛解甚力，不聽，竟致于法[二]，威聲震于部中。辛巳，今天子即位，録前諫者忠，詔知州還爲編修如故。澤人攀泣而送之以百千數，而前王以禁不得暴及投書不發者，亦郊祖頌德焉。曰：馬先生，民之父母，國之正人也。其年，天子用吏請旌忠加俸一級，名由此益顯。癸未會試爲同考官，以觀卜才氣取士，士多類已。乙酉，《武宗實録》成，有纂修勞，陞修撰。明年，母王卒，歸三年，煙山公亦卒。先生連哭其父母，至嘔血毀形。制起陞南京國子監司業，尋改北監司業，會天子幸大學，充講官，坐講言辯而正，賜文綺。而司業壓于祭酒，不得有所規畫，然諸生固知憚馬先生。先生持重有儀度，居數歲，陞南京通政司右通政。又三歲，爲南京國子監祭酒。於是先生慨然曰：自予爲司業，固嘗念諸生善逸，繩之，今與諸生約，度所能行耳，期勿犯，犯必罰，如縣格不解。其所約有懲跅跎、勤考課、稽德行、肅威儀數事。今制，大學生出散諸曹歷事，出序視入，不得越而捷者。或因貴關說，求越疾出，卒不聽。即序及，故抑奪之，曰：以懲求者。蓋自是大學之教彬彬循循，多可觀云。庚子，禮部右侍郎缺，陞祭酒右侍郎。當是時，少傅袁州嚴公爲宗伯、宮詹，松江孫公爲左侍郎，而上興禮樂、創制度，諸大典更起不絕。諸公日聚講議，而先生洽覽群集，習識今昔，故遇可言則問答如響。平居視之，顧恂恂若不能者。嚴公賢之。又嘗善其詩，愛重踰等。居久之，嚴公拜相，見上言馬侍郎賢，上由是知侍郎，因以其官加翰林侍講學士，寵之。而先生故病肺，爲詩晚節愈益工，自始仕至今未嘗一日廢書不觀，皆勞弊心神，由是復病。會又哭其內子，鬱鬱惻惻不能平，遂卒。癸卯十一月六日也，年五十一歲。上聞，剳下內閣問故，嚴公具悉而對，上悼之，爲遣官致祭護櫬歸，勑有司營墓，加贈尚書，以其德履謚曰文簡，蔭孤逢乾爲官生，皆殊渥也。令不死，得乘會欬起，佐明主，濟昌時，其功業可勝道哉！公故嘗論政有三要、五術、六微、七疵、八難，說甚具，竟不及施，死矣。公性廉，不好居積，所得俸祿悉以給昆弟、親戚困無依者。弟汝驊死，厚恤其孤；而汝驪亦藉以立。有甥十餘人，數來乞分，公應之不爲怠。卒之日，御史楊子本深以其女聘逢乾；郎中南子逢吉、檢討王生維楨皆以鄉故，咸會哭其室，已共發笥，視之無有也。翌日，嚴公來弔，知之，爲賻治棺殮。而今右相南郡張公者，以繼嚴公爲宗伯，與文簡爲寮，又來賻。而孫公又時時即其館，撫孤逢乾而憐之若己子云。公初娶郡人劉英女，以弘治壬子正月十三日生，嘉靖己丑三月十九日卒，年三十八歲，有婦德，事載墓志中，贈恭人；生一子四女，咸夭。繼娶劉氏，故霸州知州中部劉君璋女，封恭人，恭人天性樸儉，衣不御綺，日食一菜脫粟之飯，寔助公廉；又慈，家人有生得野雀獻者，亟命放之。先公五月卒，寔七月二日也，距其生正德癸酉八月十七日，年三十一歲；有女一，幼。側室張，生一子即逢乾，卒十年所矣。公室遂無人，卒時獨二孤哭其帷，而弟汝驪及汝驊子會亦至，哭之。曰汝駿者，公之長兄也，今汾西知縣，前廣德州判官。廣德上計來京，期視公疾，比至，亡，哭之。會遷官，以其櫬歸。見嚴公，受誡撫孤。今年夏，以子大學生一乾自汾西抵書維楨曰：塋壙且就，卜以今年五月二十一日納文簡與其配二氏合，而碑志非得當世尊顯者之撰，則莫以信示來世，予將哀乞焉。子業諾爲狀，有乎？楨于文簡公爲館局晚進，又甚不肖，而公顧謂我爲小友也，接遇至勤，行能緒論，私竊寔多，乃遂與紀次其事。公所著詩文若干卷，公且卒之十日，自楊前屬楨，舉手曰：幸爲我校此集，收之令無散滅亡也。予歷官多閒曹，建立少，最致心力獨此耳。公談詩常依深嚴，忌漫緩淺俗。今校集，乃自作固如此。校定，且謀之梓，擬稱曰《西玄先生集》，而未能也。先生號西玄，今刻西玄詩行世者，集中十一耳。

【校記】

[一] "驊"，嘉靖四十年二十卷本及崇禎十二年四十二卷本均作"釋"。
[二] "致"，嘉靖四十年二十卷本作"置"。

昭勇將軍陝西都司指揮僉事葵軒張公行狀

嘉靖辛丑八月一日，昭勇將軍葵軒張公有子曰安世者，以應襲中陝西辛卯省試。安世有同年友曰華州王生屬謁告在里，安世以書抵告，泣謂余曰：先將軍已矣，然有大勳德焉，不列諸竁石，莫以托弗朽。茲將走使洛陽，請吾師鳳泉先生銘。知余者子也，知余斯知余父矣，幸爲狀毋辭。於是王生掇次來疏，按事而操筆焉。狀曰：公諱鵬霄，字圖南，葵軒其號也。上世直隸揚州府江都縣人。曾大父英自瓜州渡江，從高皇帝取天下，庚申事定，授指揮僉事，世襲。居六年，上忽詔英曰：爾隨朕起兵，歲久勞多，當封之爲侯。英辭曰：臣年老，子孫薄福，即指揮足矣，乞勿授。上賢之，賜緋袍金帶，留侍京朝。英傳秤，秤初慶陽衛，尋改西安後衛，奉高皇帝命平雲南，會冒癘疾作，上賜佩刀及家人二戶慰之。夫秤者，葵軒公之大父也。秤有子二人，曰煥、曰敏。文皇帝興，詔煥隨侍。煥無嗣，敏得蔭其官。敏稱長者，有器度，是爲公父；配周氏，以天順癸未閏七月八日生公。公脩軀通臂，豐頤疎髯，面如紫玉，目若朗星，正視不見耳，聲吐如鍾，尤精騎射，壯膂力。年十五襲官，初將兵守寧夏，已改守榆林，已推衛僉書，已又陞掌衛事，並能舉職效才，一時寮佐咸推伏莫及，公由是有名。敬皇帝時，北虜擁衆入寇，大將軍武安侯檄公應之。公率騎兵二百，遇敵滿受堡，公曰：衆寡弗當也，殊死而已。令諸軍下馬，馬盡入堡，步戰移日，公督擊愈厲，忽一虜朱甲青騅揮刃突來，公率壯士許朱三直前斬之。朱甲青騅者蓋酋長云。虜懼，遁，我軍無傷。事聞，天子壯之，賜白金彩幣若干。是時，他將兵孔壩溝者，全軍皆沒，坐免者衆，人以是咸服公勇，而公益有名。少傅遼菴楊公者，毅皇帝時來總制三邊事，徵公幕下，咨兵略，建圖畫計，山川夷險之形暨奇正分合之勢，炯炯在目。楊覽而奇之，大息曰：大將才也。欲大用，不果。後環慶地方弗靖，有才總制者知公，疏公守備環慶，陞署都指揮僉事。至即縣賞募兵，招商實廩，斥堠繕飭，城隍峻浚，又奏歲增銀布，時犒士卒，環人安之。寧夏寅鐇亂，諸路兵會靈州，公謀諸將曰：賊據城不出，黃河伊邇，可引灌使下。脫南渡河，患不可測矣。於是令善渡者若干人夜奪河船盡使不得南，賊聞船奪，度不免，乃內自相殺，公因攻之，約諸將協應，賊遂平。事聞，天子降勑褒諭，賜白金若干兩及紅金虎豹衣二襲，陞都指揮同知。公以署職加級，辭不受。居無何，擢掌陝西都司事。都司事故閣相踵，莫之或振，公憤然曰：不振不立。於是刷姦剔蠹，著令布條，咸斬斬有實，軍吏惵縮無敢犯，都司稱治。久之，蜀中盜起，流擾漢、沔、湘、洛間，橫不可撲。或有薦都司者，而大司馬幸菴彭公亦檄公督三省十九路兵將討賊。公即督三省十九路兵將討之，渠魁廖麻子、喻老人相繼授首，俘馘以萬計。公亦親斬六級，其時論功第一。有王給事者來紀功，諸將謁紀功率旁門入，獨公入紀功中道，王銜之，乃獨掩公功弗上，又分六級三陣。同事者皆晉秩，公止得賜白金及金衣二襲，論者憾之。又平關中盜，斬獲千二百有奇。又平洛南盜，洛南盜負山，孫副使難其勦，向公念曰：此無乃漢南鶉兒故事邪？公哂曰：未也，可二十日擒。比捷，才十九日，孫大服。又平石門山回賊，擒其首田迪，遂盡收餘黨。歸，屬冬雪沒徑，馬跌傷足，公以是不出。居數年，今天子興，復起遂菴公總邊事，公以楊雅知我，再出董旅，期大得志于時。楊壯之，歎曰：孰謂廉將軍老？尚可用也。令代巡諸邊，乃即疏公掌寧夏都司事，不報。公曰：今之仕宦者，余知之矣，不蹊徑，率貶折爾，予終不能蹊徑貶折官而愧于志[一]。楊公去，遂杜門謝事。後中丞王公、御史楊公、王公連疏薦之，竟不出。公才氣卓犖，屢著勞伐，人謂三錫五等之階，超足可至。即公亦自謂非俛俛人下也。乃顧連蹇陀塞，不獲大致顯融，豈李廣不侯，數信奇邪？抑時值饗吹，而公操絃邪？嗟哉！公之得謝也，日惟課園觀書，絕口世故。歲時家廟展祭畢，坐堂上令兒孫及家眾羅拜堂下，訓以內政甚肅。生平不疾，卒日猶三飯如常，得年七十有九。先，公守環時，夢一老人皓首龐眉，兩手捧紅羅餽公[二]，且曰：與公約之得八十尺，末稍不足。人咸謂公壽徵，由今觀之，信有數邪！公慷慨峻爽，絕機械，論事可否，面裁琅琅傾聽。好稽古昔說先王奧言邃旨，超悟自得，即章縫之士，猶或後焉。余同年渭南有劉子文甫，臨潼有任子伯玉，二人者曩遊長安，與安世交，因獲見公，爲余道之如此。而安世又稱，公爲指揮總中軍時，有太監劉雲者，鎮守陝西，肆誅求，脅公爲附。公面折其非法數事，執不從，劉怒，令無藉毀其宅。又僉書都司時，能立判冤訟，當道有滯獄皆以委之，無弗得其情者。此豈非豪宂自負、敏達不局者哉！公配胡氏，大興尹珣女，封恭人，加贈淑人。繼白氏，清澗大參行順兄良女，皆先公卒，其婦德母儀各載太史康公及總戎楊公兩志中。又繼周氏，貴州憲副封君統女。子一，才，即安世，白出[三]。才娶楊氏，都督同知宏女；繼韓氏，參議邦靖女[四]；又繼焦氏，儀賓淇女[五]。孫女二[六]，長聘胡守備隆子應襲指揮使靖；次聘劉守備紳子應襲指揮同知天敘，俱楊出。安世以是年十二月二十一日葬公，兆在咸寧縣光泰里龍首山。王生曰：人亦有言"種木自苞，種德自昌"。余觀葵軒公，宣力王事，迄老弗倦，又讓田于伯仲，二氏用饒，可謂篤倫敘理者矣。有子如安世，當哉！夫長安多文士才卿，士生其間者，尺寸無譽。太微先生，詞壇之鉅師也，乃往往稱安世不輟口；鳳泉先生，擅聲當代，慎與可，往校士長安，即首録安世，安世遂有名塞關中矣。安世博學，負奇氣，不欲以武顯，虛蔭幾念年不襲；工辭賦，能不作今人語。設偶時階用，當必凌跨時曹，拓光先葉，所謂偉男子哉！葵軒公且卒，瞠目視曰：吾有兒才，後復何慮。語曰"知子莫若父"，信然哉，信然哉！余譾劣，且知公未譜，概爲此論，俟命世作者采焉。

【校記】

[一] "官"，崇禎十二年四十二卷本作"宦"。

[二] "紅"，嘉靖四十年二十卷本作"江"。

[三] "子一，才，即安世，白出"，嘉靖四十年二十卷本作"子三，長才，即安世；次楊哥，次賽哥。女一，愛姐，皆殤。俱白出。"

[四] 此處嘉靖四十年二十卷本有"早卒"二字。另卷末存疑"按參議階從四品，不得稱榮禄，疑誤"。

[五] "儀賓"前嘉靖四十年二十卷本有"光禄大夫"四字。

[六] "孫女"前嘉靖四十年二十卷本有"孫男五，壽齡、歪兒、吾、台、巧兒，皆殤"十三字。

亞中大夫長蘆都轉運鹽使司運使渭川柬公行狀

公諱漢，字希節，別號渭川，成化乙未五月二十四日生，嘉靖辛丑十二月二十四日卒，得年六十有七歲。卒之一二日，呼其子棐屬曰：我死即銘我，必王氏子狀我而可。言至再。王氏子者，翰林檢討王維楨也。公有兄弟凡五人：曰周，七品散官；曰魯，兵部車駕郎中；公兄。曰郊，監察御史；曰野，刑部主事，公弟。而車駕公者，王氏子之外舅也，故悉柬氏之閥、諳柬氏之履者，皆莫先于王氏子。王氏子將辭里之官，棐皇皇踏門求止，曰：先生去，即誰與狀先大夫？乃述先大夫易簀之言懇懇于楨者如此，乃楨竟不得以脂車辭，遂爲之狀。狀曰：柬氏之先蓋鞏昌人。有諱良惠者，仕元爲商州總管，值紅巾亂，城陷，死之，於公爲高祖。事定，高祖之配鄧攜其子驥走居華州，不去，遂世爲華州人。驥子昇，博學有文，以貢爲商河縣丞。驥，公曾祖；昇，公祖也。昇有子四人，舉進士者三人：長思忠，四川按察兵備副使；次思誠，吏部考功員外郎；次思恭，兵科給事中。而渭川公者，按察公第三子也。按察公配薛恭人而生公。公生之夕，恭人夢樂聲洋洋自空中下，導一緑衣婦盤奉嬰兒降恭人寢所，謂恭人曰：此與若子。公生而天性孝友，靈穎非常，年十一，按察公卒于官，公扶柩悲號，自蜀及家間關數千里不替。比長，窮覽墳典，刻厲有志。嘗曰：夫余冠簪之冑而書史之業也，先大夫沒，垂空橐以歸，乃余兄弟不自圖振興，令延累老母，其何顏見先大夫于地下乎？弘治癸丑，車駕君謁試禮部，公從之至京，因受無錫秦公之學。無錫之學主理，公既依秦，乃遂即其京之慶壽寺僑寓卒業。嘗夜不就榻，晝自炊食。惡衣蔬飦，意憺性恬，若不自知為貴家公子如今之藉梁肉縱厭飫者。久之，學大益，曰：吾可歸矣。歸遂為學官弟子，有名，會遼菴楊公者校士華州，覽公文詫曰：何物英俊而究理若是？乃優之首，拔置正學書院。書院萃三秦之才，乃三秦之才亦靡不推轂東氏矣。戊午果中鄉試高等，當是時，人謂公進士可一捷，而公亦以探囊視進士，乃五試有司，竟不合，豈非命哉！正德辛未，渭川公始就選吏部，授直隸池州府同知，語人曰：吾母老矣，竢必第能養，吾懼薤露之先晞也。且皋、夔、稷、卨，咸焯焯若是，從何第出哉？夫人貴自樹立耳。至池州，會池州造黃冊，同知督造黃冊，立法袪弊，招亡附籍，收九百一十八戶，男婦二萬三千二百二十二口，大稱增益。劇賊劉七起，攻陷劫掠，流薄江湖吳楚間，勢如烈熾，莫有敢禦。同知曰：鬬士死戰，義夫死守。乃點選民兵，得壯丁數千人，各陣于永豐鎮、鬬壠口、鷄壠山等處，晝操夜守，斷絕賊路，賊以是不犯。又石埭章仁者起兵謀叛，患且不測，賴同知計乃止，殲渠魁，餘黨悉降，得無虞。又胡天龍者，連結王浩八，聚眾行劫，衝突無方，同知分兵于大洪嶺、莊嶺、赤嶺、羊棧嶺，並通黟、祁等處，下令曰：賊來，直前力戰，有後者論死。賊凡數十遇，輒敗衂遁，三月，賊遂平。此即介胄之勇、衛霍之略不能踰矣。人常言書生，書生豈可謂池州公哉！而又有糧長柯瑞者，匿金于盒，覆葡萄其上，稱獻葡萄而中實金，公覺之，發其事而坐以罪，民於是有冰清之謠。又有程文寶者，劫殺人而匿胡三隆所，捕者至，文寶買捕者，顧誣指三隆為劫，縛于官，文寶獲賞。公察三隆有冤色，而文寶即應口吐實，三隆得釋，人服其神。由是三吳數郡之政咸稱池州，而池州之聲蓋纍纍騰薦牒矣。甲戌，改鎮江府同知。同知治鎮江一如治池，鎮江之人戴同知一如池，或勒像于石，祠之家。同知之政，大抵察民隱、剔政蠹，戢豪右、斥姦宄，故所至咸戴云。丙子，陞南京戶部雲南司員外郎。庚辰，陞本部河南司郎中。員外郎故有廉聲，寧藩之變，部議齎金募兵，諸當行者輒辭不往，獨員外請行，已又返其羨金。大司馬喬公聞之歎曰：毅哉，東員外，不可能也。乃疏薦之。武廟南狩，天兵百萬，員外以輸餉不乏，欽賞白金二十兩、綵幣二表裏，一時稱焉。既爲郎中，奉檄清查江西錢糧，得五百萬石，宿弊一洗。然勞費心神，遂以疾乞歸，而侍太恭人養于家。歸三年而爲嘉靖甲申，遂即其家陞江西九江知府。九江三年，有修文廟之功、辨海賊之誣、毀淫祠以正俗、殄渠寇以靖難等事。丁亥改南昌，南昌視九江倍劇，知府優優理之，一如無事時。有鎮守黎太監者，怙勢張威，誅索無忌，獨不能干知府。知府見之，傲不理，遂拂衣出。會錦衣使者至，意將干知府，太監聞之，爲錦衣言曰：固且止，東太守爲人剛直，犯之不可。屹屹如此。歲大飢，出粟救餓，他郡悉來就食，不爲禁，曰：均吾民也，奈何分彼此邪？活者數萬人。於是巡撫陳公、巡按徐公、秦公咸薦知府爲九江兵備副使，會當塗弗悅，不報。戊子，陞長蘆鹽運使司運使，一年釐弊通貨，商人戴之，爲勒石頌德。庚寅上疏乞致仕侍親，略曰：臣母八十有五歲矣，而又喪明，艱能就養，臣日夜思之，緣厚藉國恩，未忍言去，即使母壽及百年，計得侍才十五歲耳，矧人生驟驥飄風也，臣願得歸，願陛下恤臣私。上許之。歸一年而太恭人卒，哀毀骨立，臥土草于柩側，大冬嚴雪未嘗知避。嗟乎孝哉！運使歸時，諸兄弟獨御史公在。御史公有同樂園在城南少華山之隈，公亦治圃西溪，建四望樓、構澹然亭、築友華臺、鑿愛蓮池，景色靈勝，並稱兩絕。二公者時命車載酒、和歌交歡，鄉人傳羨嗟慕，比之二疏。二疏者，辭榮知止，克享餘齡者也。御史病卒，運使痛悼於邑，竟致疾至此，悲哉！配武氏，處士義之女，封宜人，內政整嚴，視公克儷；側室趙、張，又克式武。余先配東孺人，每往來公家，爲余道之。男子三人：長榮，大學生，娶里人薛尊周女；次即棐，州學廩膳生，娶華陰歲貢生楊盡忠女；季栗，栗與榮俱先公卒。女子二人：一嫁爲知縣王君贊子謙，卒最先；一嫁爲隴州河南參議閻君欽子生員司繼。榮有四子：璠、瑋、珮、璣。棐有子女各一，子珣。柯葉繁茂，振振詵詵，謂非天之報德人邪！壬寅三月二十六日，棐將葬公華麓先塋之次，告余期，余問棐曰：翁昔何著？棐曰：有《仕優則學稿》、《不自棄稿》、《閒居雜興稿》，凡三種。又問何教，曰：書。室中大書"知命安分，寬舒忍耐"八字于壁，意蓋自謂而并以訓嗣。王氏子歟曰：東氏固多聞人膴仕，若渭川公幷鄭亭公，皆稱有道。鄭亭在工部，余往往從游，今既沒，乃日想見其爲人。渭川公有棐，英妙稱奇，足紹弓裘、振門閥，意鄭亭亦當爾。昔余欲狀鄭亭而不獲，乃今狀渭川，故因狀渭川而輒思鄭亭不置。鄭亭諱實，字希大，號鄭亭，官至工部郎中，給事公之子，爲渭川從弟。二公者，魁梧莊毅而中復坦蕩。而渭川公軀滿七尺，偉加鄭亭，面如紫玉，坐立如山，見者儼然起敬。余既次其事而併著其貌，俾世世有述云。

封宜人劉母甘氏行狀

西夏人劉君思唐爲山西按察提學副使，居無何，其母甘宜人卒于家。訃至，劉君號哭頓地，絕復蘇者數四。越明日，遂西，觸暑候，跋太行，皇皇望塞行。比入關，丰容摧毀，幾于立骨。而華州有王生者，劉同年舉者也，聞其至，弔焉。劉君痛伏地，第目睨王生，淚淫淫不收已。再拜言曰：噫，傷哉母！噫，傷哉母！訃，母之亡也，蓋面瘡云，瘡八禩，安，乃一發輒至此，唐宦繫弗能逮有侍也，罪其何贖！又曰：唐奉慈訓，乃獲忝從大夫之後，苟沒先德之幽懿不以章顯，罪也不滋大哉！子尚筆而闡之以播。於是蒐集新故，口授王生，王生次其事爲狀。狀曰：甘宜人者，寧夏人也，父某處士。宜人生而凝靜，機穎不類凡育。十歲既解女紅，女紅絕人。家人竟日不聞笑語聲，處士公憐之，撫其背曰：兒貴徵種種，他日其落誰家？年十四，歸劉氏質菴公。公易其少或不諳婦職，乃宜人顧甚諳，事公之父母愈益謹，而公及父母罔不悅宜人。質菴公賈維揚，家事悉以屬宜人。宜人慎出入、戒門扃、操井臼、躬組織，夙夜勤劬，迄無惰志。戴碩人喜曰：有婦如此，吾家殆昌乎。碩人蓋宜人姑云。碩人常病，累三年不愈。宜人左右侍，時時供湯藥、問嗜欲，夜跪籲天，請以身代死。碩人念之，疾革，握宜人手而願其興後。於是族黨鄉閭咸嘖嘖宜人孝。子副使君，生甫七歲，有異質。時質菴公賈在外，宜人自爲選師，驅之學。比長，督業愈屬，或脫簪珥市奇書。讀少間，輒怒之曰：汝父悔不學就賈，今辛勞百倍，占貲幾何？嗟，汝固甘勞蹈悔邪！副使君怵其言，學遂茂，爲弟子員有聲。乃辛卯舉鄉試，明年壬辰舉進士，又被選爲庶吉士，讀書中秘。尋改戶部，爲主事；拔吏部，進員外郎；擢今官，提學山西。不數十年榮名華品徑攬而超躋，謂非宜人之教之功而何邪？宜人雖品流閨閣，未諳書史，顧識理道、灼事機。初，副使君在中秘，是時宜人來就養，每聞中秘士至，必訊里氏、聆談對，已謂之曰：兒交盡海內才，宜善結虛咨，增所未有，向僻處一隅，欲此儕得乎？副使君循其言，遂有聲詞林。既副使君爲戶部，奉宜人還西夏，將之京，遣延弗忍行。宜人曰：第行矣，無老身念，但汝治性耳。語曰"木直防伐"，不治人將中之。蓋君性剛方，不屑瓦合于人。乃後爲吏部，峻潔自居，異己者陰擠之，竟出爲今官，而宜人豫見之矣，其達如此。副使君始有山西之命，私念二親垂白，不欲赴，乃假道歸省，白欲上表終養，意甚懇。宜人固止之，怒曰：以爾草茅寒賤致身金紫，君恩未報萬一，豈顧私時邪？往哉，其勿我之辭。又曰：人才難得，進退之際，不可不慎，與其誤黜，寧誤入。副使君奉其言往，至則標塗樹準，甄德晉良，崇實左華，迪邇刑遠。至夫酌進退、平賞罰，大抵皆宜人所云。居六月，風教大行。嗟嗟，宜人爲古之士女邦媛者，非邪？嘉靖庚子五月八日，宜人卒。卒之日，首孫潛屬曰：遺語爾父，尚慎展力克官、顯宗光孝，恨老身不及見爾。嗟嗟，傷哉！宜人生于成化癸巳八月八日，迄卒，春秋六十有八。初封安人，乃復封宜人。時質菴公亦累封奉直大夫、員外郎。雙白並榮，每歲時宴會，烏紗繡服、翟翹霞帔，爛爾相輝，夏人傳羨嗟慕，同爲累德訓子者勸焉。子一，即副使君，娶郭氏義官德女，同宜人封。孫三：長潛，讀父書，侍宜人終。娶周氏，指揮佐女。次渥，次渤，俱幼。渤聘陶氏總兵希臯女。孫女一，許聘都指揮保周子某。宜人性嚴整，子婦至成立，有過恒面斥不貸。諸孫皆由撫視。雅嗜儉素，雖貴，猶服澣濯之衣。至賙貧卹孤，則油油如也。人皆謂養福種德，殆渝百年，而今已已哉。副使君之西也，將以某年月日葬宜人，墓在城南長湖祖塋之次。王生曰：余狀宜人劉母事，未嘗不辟席三歎而致仰云。他無論已，即篤事病姑，三霜不渝，足稱至德。齒榮並茂，按察既昌，天之報錫，赫哉！按察賢豪天與，振之啟之，又孰非宜人者？後祿未量，光先名世。彼處士公者，非常瞳矣。不闡以播，孰悉其懿？遂筆之如右。

太孺人馮母行狀

太孺人姓陳氏，贈監察御史南溟馮公之配，今大理少卿天馭之母也。馮與陳，皆蘄州著姓，皆用文學世其家。南溟公父曰雷厓翁，兗州府推官；孺人父曰鳳麓翁，福建都轉運使。兩翁始爲諸生時，並有名，提衡而立，相得甚歡。是時孺人方幼，即聰慧百解，鳳麓翁稱曰：吾女不與凡兒類，必不昏凡子。而南溟公且亦露頭角，浸浸乎向文學、稱少俊矣。雷厓翁亦曰：吾子必不令配凡女。頃之，鳳麓翁過雷厓翁所，見南溟公，奇之，輒試之，則大喜，相謂曰：

君郎殊非凡兒，願以女昏。而雷厓翁亦雅聞陳氏女善，欲爲兒配未能也，遂許諾。尋納禽焉，而孺人來歸于馮，是年弘治戊午也。於是馮氏子、陳氏女皆自以名家子相當，且本擇對相與，協和甚篤也。南溟公既壯，有大志，恒以爲人生而幸爲男子，當勉自竪植，奈何憑依蹈藉，甘兒女子同也？即父官兗州，外家運使，一如無有。孺人自寧外家歸，亦絕不道外家富貴事。於是南溟公得堅決績學，一時流輩咸出其下，楚中號曰"蘄下生"。蘄下生自視一第可摘取，即他人觀者亦以爲蘄下生非池中物也。乃試有司，十往十返，卒不售。且老，乃時時欷憤，欲罷業棄儒，孺人因間問曰：君嘗言揚雄坎壈、梁鴻不遇，君自謂孰與二氏才？南溟公曰：此古賢者，我安能如之。孺人曰：誠弗如，彼二氏者卒俱困，又何啻君也？至憤憤如此。且東鄰之子未齔而字，西鄰之子老而垂髫，亦各信所命也。而君欲罷業，則業之尤矣，其奈命何？南溟公是之，意乃解。及嘉靖戊子，南溟公竟應貢入南京國子學，孺人從。是年子大理君舉于鄉，南溟公既卒業，攜孺人歸。而雷厓翁卒，南溟公坐侍雷厓翁病，被病亦卒。孺人哀欲死，有嫗勸曰：媼無甚哀，長子天馭未第，可視其第；季子天駿未立，可視其立。苟令二子如願，足以慰死者，何徒嗚嗚摧崩，效窮煢無歸者爲？孺人感其言，收泣，理殯卜葬，其年庚寅歲也。至乙未，大理君果中進士第，季子亦爲邑諸生。孺人泣謂季子曰：令而父在者，快足矣！居無何，進士除爲評事，已又改御史。明年，御史奉詔往督南畿學。是時，會天子覃恩，孺人得封如今號，乃即函制詞、具法服，便道歸蘄，拜孺人，上制與服爲壽。已奉孺人入南京。有頃御史出試士，辭孺人，孺人誡曰：汝今出，行進退權，苟妄一擲去，即終其身不復錄，進固宜審，其尤慎所出乎。御史唯唯。御史嘗試未半，忽念動，輒歸視孺人。孺人怪御史何遽以我歸，令餘待試者望。自後御史出，竟事乃始歸。今吳中士出其門既籍仕版者百餘人，頌御史之教，勤敏公精，以爲淩跨後先焉。孺人之訓成之也。居三年，孺人思歸蘄，御史疏請奉以歸。又三年，詔起御史復督南畿學，孺人從。已御史擢大理寺寺丞，孺人以生長南方，不諳北土，固不肯與大理俱來。大理來，則時時念其母，使使問興居者趾相錯于道。比進少卿，孺人爲書報曰：兒官漸達，老身幸益強，其毋爲吾分公家念也。大理手報，喜。乃庚戌二月訃至，云孺人以正月四日卒矣。大理俄驚仆地，左右呼持之乃蘇，則大慟曰：母乃謾兒，誠強，何遽卒也？訃者曰：元日尚開閣延諸族子入拜與語。越三日，偶眩，卒。實無病。大理起，爲位哭，哭無休已時。於是同年友王生維楨弔之，因勸止勿哭，計所爲襄大事者，大理遂輟哭坐楨，且追述孺人始末甚詳。其大者曰：母孺人歸時，及事其曾祖母陳、祖母羅，兩母咸悅母孺人。後兩母且卒，咸又稱曰：賢哉，婦！昌吾家者是婦也。母孺人之母也，華氏，華氏之父，方伯之弟，翰林。華氏因通《孝經》、小學二義，即用以教母孺人。方馭童時，母孺人數數稱二義加訓戒焉。言訖復大哭，楨勸之不爲止。楨歸居數日，大理伏在苫塊，介其門人黃門張君、中舍郭君、袁君三人者來爲詞曰：馮孺人行實，大理公業嘗口列始末在君耳矣，願君條爲狀，將請當世顯名貴重者銘。楨以爲狀者象也。苟得象，言一而足。乃掇其概而近象者著于篇，竢名家采焉。孺人生成化壬寅五月二日，卒之年壽六十有九歲。生二子三女：長子娶張氏；季子娶馬氏，今爲大學生。女一存者，嫁爲生員張儒妻；其二早亡。凡此，法皆得書附于後。

槐野先生存笥稿卷之十二

槐野先生存笥稿卷之十三

左輔王維楨著　館甥渭上南師仲編

策五首
聖壽策
王霸策
上書策
相業策
士節策

策

※聖壽策

問：自古聖人，其履帝位而永天年者，皆莫若堯舜，其前莫若黃帝，顧吾求黃帝堯舜之所以壽者而不得，得三墳、二典而讀之，其所記則皆三聖人敬天卹民之道，未嘗言壽，豈敬天卹民之道即所以爲壽，而壽之道又復有其說乎？已而讀故記，乃有述。黃帝之所以壽者，其要在守一而處和，而堯舜之相與問對，亦復有天德出寧之說焉。由是言之，則三聖人之所以壽者，誠復有其指矣。毋其道玄妙精微、貫通無二而人莫之測乎？諸生其爲我解焉。今日在廷諸臣，皆以我皇上之壽不獨兼總三聖而直至萬年，蓋謂其道同、其德超也。今我皇上所以敬天卹民之道，凡著之祀典、布之詔令者，業已煌煌燭燭照在耳目間久矣，可得觀焉。唯其聖德之蘊，則高遠如天，深默如淵，即在廷諸臣未之能窺，而況蒿蓬之士乎？然吾竊以爲測天者以景、測淵者以意，且固有中之者。今爾諸生莊誦我皇上敬一之箴非一日矣，能窺敬一箴之指，則知黄帝之所謂一若和、堯舜之所謂寧矣。知一若和與所謂寧，則豈不可以窺聖德之萬一邪？在昔，華封之野人眇小耳，尚猶致祝堯之詞；周公大聖人也，思以顯揚其主君之德，則數數稱焉。諸生其敬陳之，吾將敬聽之。

聖人之道，天道也，天不息，聖人之道亦不息。夫不息者，氣之所達也。聖人之德，天德也，天無心，聖人之德亦無心。夫無心者，神之所以定也。神定則固，氣達則暢，暢則順，順則利，利則無所不治，五內皆融，六府皆和矣。固則靜，靜則虛，虛則無所不照，萬化自歸，萬物自正矣。夫皆融皆和，自歸自正，夫是之謂弗擾，弗擾之謂弗勞，弗勞之謂得一。夫一也者，天以是清，地以是寧，聖人以是治天下。天地悠久，聖人亦悠久；天地無疆，聖人亦無疆。夫是之謂與造物爲徒，與造物爲徒則亦與造物爲壽。天地一聖人，聖人一天地，未有兩焉者也，亦其理固若是也。然不知者眾，彼不知者，難以語道，又可以語壽邪？愚嘗求之千萬世之前而有聖人之壽者焉，則黄帝、堯、舜其盛矣；求之千萬世之後而有聖人之壽者焉，則我皇上其盛矣。究所由，則皆法天之不息以爲道，體天之無心以爲德。其爲道、爲德又皆不越乎敬天卹民之間，而其效則歸之氣達而神定。愚請爲執事言之：夫《三墳》者，記黄帝之行政也。其述相時，其述聚財，其述崇教，其述制義，何者非卹民之事，則亦何者非敬天之實？輵輵轇轇亦大煩勞矣。然而號爲垂衣之治者何也？爲而不有，順而不宰，因天地之紀，遂萬物之情故耳。故黄帝之氣恒達、神恒定，在位百年，得壽一百十有一歲也。《堯典》者，記帝堯之行政也。觀其制曆象以授時，恣四岳以效能，舉元凱以神政，竄饕餮以蠲害，何者非卹民之事，則亦何者非敬天之實？輵輵轇轇亦大煩勞矣。然而號爲"垂衣之治"者何也？爲而不有，順而不宰，因天地之紀，遂萬物之情故耳。故堯之氣恒達、神恒定，在位九十八年，得壽一百十有七歲也。《舜典》者，記帝舜之行政也。舜所爲，以璣衡齊政，以四門通明，以伐苗見威，以阜財布德，何者非卹民之事，則亦何者非敬天之實？輵輵轇轇亦大煩勞矣。然而號爲"垂衣之治"者何也？爲而不有，順而不宰，因天地之紀，遂萬物之情故耳。故舜之氣恒達、神恒定，在位六十一年，得壽一百十有一歲也。由此言之，則黄帝、堯、舜之所以爲壽者，唯在于氣達而神定。然氣之所以達，神之所以定者，又在于爲而不有、順而不宰焉。蓋所以致天下之治者，此術也。所以延悠久之算者，亦此術也。唯當黄帝之時，有聖人者出焉，告之曰：守其一，處其和。黄帝拜之，而遂服之焉。舜嘗告堯曰：余天德而出寧。惟堯亦以爲然，用之矣。然以愚觀之，則夫一也、和也、寧也，此三言者，其指雖殊，然其道即爲而不有、順而不宰之說也。何以解焉？蓋一也者，言乎其心也，圓徹靈覺，上與太虛，其竅流通，渾爲一體，斯之謂一也；和也者，言乎其德也，靜與天合，不失吾本，動與人合，不失吾常，斯之謂和也；寧也者，言乎其志也，靜也固靜，動也亦靜，無靜無動，無終無始，斯之謂寧也。一者，不擾則萬化自順；和者，不滯則衆物皆軌；寧者，不搖則百昌咸遂。故曰一也、和也、寧也，此三言者，即爲而不有、順而不宰之說也。故人之爲言也，言天而天，言地而地，貌不相通。聖人之爲言也，言天則兼地，言地則兼天，一貫之道也，不可不察也。於戲！黄帝、堯、舜去遠矣，愚所論者，特求之聲跡文字之遺，而因推其精神心術之奧，未能身睹之也。今愚幸而身睹聖天子之行政矣，又身睹其壽矣。其行政，一皆法天之不息以爲道，體天之無心以爲德。其爲道爲德亦皆不越乎敬天卹民之間，而其效則歸之氣達而神定。愚敬爲執事陳之：我皇上之敬天也，郊丘有祀，宮殿有祀，有祈穀之典，有祈福之典，有脩省之典，有報謝之典，凡可以敬天者靡弗舉也；其卹民也，則養老有詔，蠲租有詔，有傷疫之令，有憫水之令，有賑饑之令，有勸農之令，凡可以卹民者靡弗舉也。其敦天之典也，則明大倫，制大饗，篤事親之孝焉，舉嚴父之禮焉；其勑天之罰也，則斥不肖，戮不忠，胡騎來侵則驅之，島夷有犯則擊之，身處宮廷宥密之中而慮周乎四海九州之遠，天下有不可勝窮之務而咸取報于一日二日之間。自恒情觀之，是其務至繁而其應至勞也，而我皇上執簡以御繁，繁者自爲順也；主靜以制動，則動者自爲理也。緝緝熙熙，會道之微焉；穆穆玄玄，履道之原焉。譬之若天焉，陰陽之流行，四時之轉移，萬物之化生，輪輪駸駸，而未始有息也。然而於穆之神，流者自流，不與之俱流；移者自移，不與之俱移；化者自化，不與之俱化。而所謂太乙者，未嘗離次也。是故以氣則恒達焉，以神則恒定焉，以壽則長久而不知所極焉。然而在廷諸臣皆以我皇上之壽不獨兼總三聖而直至萬年者，則固有卜焉。蓋黄帝之所爲壽者，一若和而已；堯、舜之所爲壽者，寧而已。各殊其德而不能相兼也。愚嘗竊讀我皇上敬一之箴矣，其曰"勿參以三，勿貳以二"，與黄帝和一之指同；其曰"靜虛無欲，日新不已"，與堯、舜出寧之指同。夫彼三聖人者，人抱一德且得年甚永，今我皇上蓋兼三聖人之德而統會之矣。愚聞道什于人者壽什于人，德百于人者壽百于人。唯我皇上道什于軒轅，而德百于唐虞，諸臣所謂有萬年之算者，用是道卜之也。雖然，天無心，生聖人有心；天無爲，托聖人有爲。故聖人之生也，必受之異焉，必厚之周焉，必助之至焉。聖人之壽，殆天乎。何說乎？受之異也！夫人生等氣耳，唯聖人靜之若山，動之若川，上知千歲，下知千歲也，故曰：壽者，受也，謂受之異也。何說乎？厚之周也！其所居鉤陳衛座、虎豹守關，天降甘露以悅其志，地產嘉禾以昭其德，故曰：壽者，厚也，謂厚之周也。何說乎？助之至也！忽不意老人獻雉羹焉，山人呼萬歲焉。未有所作，鬼神將告之；一有所思，鬼神將啟之。故曰：壽者，助也，謂助之至也。由此言之，我皇上之壽，非天而何哉？愚也生在蒿蓬之野而游乎甸服之中，觀聖人之治而不究其道，被聖人之化而不測其德，頌聖人之壽而不知其要領之所在，唯執事教焉。

※王霸策

問：王霸之辨久矣，而竟不得其的論。且若管仲、晏子，皆古之所稱賢臣名大夫也，其功業具在，孔子蓋溢口稱之最甚，而孟子少之，以爲是眇小耳，不足爲我願。夫孔孟之一言，萬世褒刺之赤幟也，乃顧枝梧相絕如此，則王霸之是非何時而定乎？漢司馬遷論撰二子之功，則又深文管仲，爲其既已得君，用之不盡其才，蓋猶襲孟子之說也。及論晏子，復甘意執鞭，慕之矣。夫此二子者，在孔子皆以爲多，在孟子皆以爲少，而馬遷之論，又若左管而右晏焉。若是乎紛紛不一話也，吾甚惑焉。竊嘗意孟子之所爲卑二子者，寧有他哉？第繩之以伊呂，則二子覺么麼耳。假令二子遭商周之主而責之以伊呂之業，則二子者能乎？亦卒之不能也。又孰爲能孰爲不能也。夫晏嬰雖賢，恐難與仲埒；伊呂之業誠偉，仲所爲相齊之政亦往往相似，而卒不免孟子之譏，其隱居何所哉？諸生其深究焉。吾將以是而決王霸之分，觀辨志之學矣。乃若掇拾陳唾，褒抑無當，則非吾所願聞也。

君子欲立事功于天下者，有其志矣；而猶欲勿徇也，有其識矣；而猶欲勿權也，何哉？夫王者聯四海之外以爲家，而霸者服列國以爲長，其大小不同也；王者之澤，百世未泯，霸者生而赫赫，沒則已焉，其久近不同也。豈以管仲之識而不辨此哉？方其拜上大夫之爵而尊以仲父之號也，彼亦欲駕鴻鵠之翼而致桓公于湯武之列，其待主君非小，其所欲稅駕之地非在睫間與几下也。然竟不能如其願者，彊國環視而主君急功也。主君急功則不能不徇，彊國環視則不得不權。徇主以遂名，權謀以服眾，此功之止于霸也。非其志不遠也，有所徇也；非其識不足也，有所權也。竊嘗讀管子治齊之政而因有以觀其識與志焉。何觀乎？井牧畫田，與王者之制產同；什伍連家，與王者之制兵同；設輕重之法，與王者之制幣同；捕魚之法、煮鹽之法，與王者之厚生同；妾無羨食以贍貧窮、臣無羨祿以撫鰥寡，與王者之不雪無告同；不以飲食之辟害人之財、不以宮室之侈勞人之力，與王者之節用愛人同；與俗同好惡，與王者之懷保同；令卑而易行，與王者之近民同。夫其政如此，而謂管仲不辨王霸之義，不可也；而謂管仲無志于王者之道，亦不可也。然卒止于霸者，則桓公之志然耳。何也？夫王者之政，一世而習，再世而化，三世而恩結名立。恩結名立則人愛之若父母，從之若流水。得非有之地，撫非有之民，雖有溟渤之遠、江淮之巨不能絕矣；雖有華山之高、會稽之險不能障矣；雖有賁育之勇、孫吳之兵不能當矣。其功誠偉，非一世之效也；其名誠高，非一朝之積也。彼桓公者，將及其身顯功名于天下，安能於邑累世之勳而俟後不可知之譽乎？觀其再會葵丘，則固有振矜之色矣。居無幾何，又欲封泰山、禪梁父，自序于三代之後焉。此其器易盈、其志易驕，信必然之畫而不能忍歲月之效。名為任仲而實欲仲之任已也；名為扶義而卒欲并利歸也。仲視桓公，猶之漁者之視鉤也。魚有大小，則餌有宜適。桓公有志，則安得不徇乎？於是遂主之好，違主之惡，蓋主之慾，揚主之美。為主富國則實倉廩、足衣食；為主彊兵則作內政、連五家。國既富矣，兵既彊矣，於是伐郯，郯子奔莒；已而伐魯，魯侯來會于柯；已而會諸侯于甄；已而會諸侯于葵丘。至葵丘之會，則威名大著，赫赫燁燁，燭照海內，而桓公之霸成矣。始未霸時，桓公初立，而楚魏秦晉之國最彊，非彼噬我則我噬彼。軍候遽人交至而不絕，相親相惡錯見而無恒。歡來則如嬰童之連臂踏歌，不知其日之移也；怒至則如齊之勇夫抽刀相啖，盡染而後止焉。夫所值之時既如此，而所事之主又如彼，此仲所為甘心就霸，名謝伊呂而功羞湯武也。然其霸也，不殘、不賊、不倨、不亢，不為不仁、不為不義，端在興滅繼絕、除害平戎之間。入重耳于故國，徙衛君于新丘，申尊周之盟，却燕君之送，凡此數事，悉皆合于王者之法。孔子所以稱之不容口，乃曰"如其仁，如其仁"者，有取于此耳，語其功也。孟子所以卑管仲而罪其負君者，誅其志也，而不究桓公之志焉。此說立而後世因之，至漢司馬遷，遂勘其指以責仲，而不肯相寬，乃知豪傑之立事，非得君不可以遂欲，非守固不能以善圖，甚矣哉！不可不慎也。若彼晏子之事景公也，承桓公百歲之餘烈，而管仲相齊之政，其令甲法度尚遵而勿失，故景公彊，諸侯賓貢不絕，此非晏子能致主于霸也，管仲之遺教然也。司馬遷讀《晏子春秋》，覩其服敝裘、乘柴車，內無衣帛之妾、外有脫驂之事，其諫主也不憚批鱗、不顧罷免，以爲此賢者之所難，遂欣慕之，思爲執鞭，而苛責管仲焉，此所謂尺短寸長者也。夫晏子之所難，管仲之所易也，而管仲之所能，則晏子之所必不能也。何言乎？葵丘會時，王人來致胙，桓公下堦拜，仲令之拜也；桓公之欲封禪也甚厲，仲不許，遂罷。仲何嘗不強諫哉？但未嘗揚君之惡耳。若令仲後百年而生，得景公而事焉，則景公之過不彰，主君日遷于善而不自知，君有美號而臣無直聲也。且令齊國無賊，有賊必討，其炳幾先事之防、折萌室竇之略，彼晏子者且不能窺其藩屛，而況以登攝堂室乎？故曰晏子之所難，管仲之所易也。然以晏子枝管仲之任，吾知其必無當矣。何也？敝裘登壇，不足以攝帶劍之客；柴車行野，不足以招丹轂之主。儉治其躬矣，而景公自奢；意嘗自下矣，而御者自驕。上之不能免國之難，下之不能討國之賊，近者若此，何以服遠？幸矣哉！晏子不得爲管仲，不及其桓公霸日而事之。假令得爲管仲，及桓公霸日而事之，必不中其懷，仲父之號，移日之燕，晏子不得一于彼。而射鉤之讎，猶將復之；檻車之苦，猶將益之；鴻鵠之翼，猶將鍛之；鼎足之美，猶將折之。故曰管仲之所能，晏子之所必不能也。嗟乎！管仲本乃挾王佐之才而卒止強霸之業，本乃負王佐之志而奪于急功之主，不能自明。人生遭遘有時，功名有命，所值之時即命也。伊尹之佐商、呂望之佐周，皆命也。若使夷吾當二代之際而出，庸鉅知其不爲伊尹乎？不爲呂望乎？惟後之君子待伊呂太高，視管仲太卑，以爲藐不相及，而不究其固有甚相若者存也。所謂甚相若者，夷吾治齊之政是已。二代之政，主在仁義；齊國之政，亦本仁義，即錙銖不爽也。所以藐不相及者，伊呂主仁義，主之者其實也，爲安百姓、爲保四海，而無所私也；夷吾托仁義，托之者其僞也，爲服彊大、爲并弱小，而志不屬之天下也。即若責夷吾以伊呂之業，則夷吾亦復變而爲伊呂之志，不移日而可尋其端，不移歲而可舉其凡，不移世而可底其績矣。何也？其志固在也，而奪之矣，還其奪，何有乎？昔有人學射于羿者而請羿之弓，羿曰：吾之弓即子之弓也。明日學射者以其弓來，羿教之射，令正其志焉，射遂精，與羿無異也。夫射不易弓，一正志而藝遂精矣。若欲轉霸爲王，豈變其行事哉，亦易其心志耳矣。於戲，志也者，機也。王霸之所由分，伊呂之所由高，管仲之所由卑，皆從此發焉。甚矣哉！豪傑之立事不可不慎也。雖然，彼鶯鳩不出乎枋榆之間，跛驢不涉乎太行之路，志豈不足哉，力不能也。大鵬之南圖，赤驥之千里，此獨其志遠哉？力有餘也。并志與力而兼具焉，乃能搏九漢而致千里也。甚矣哉！豪傑之立事不可不強也。至其行事之際，忽襪以數，稍離于王道，則君子濟時之微權，聖人之所嘗爲而不語，管仲之所善用而被誚者也。誚仲者曰：本欲伐蔡，乃飾楚之罪；本欲伐山戎，乃令燕君脩政；本欲貧梁，乃貴買梁國之絺；本欲困莒，乃重買莒山之薪。諸所不足者，皆此類也。嗟乎！從古以來，立功之士豈必盡中繩墨哉？拯溺者濡衣，救火者焦額，固其理也。禹之裸國，裸入衣出；墨子游齊，吹笙而衣錦，此皆變易平生而濟少選之務者也。若盡持繩墨削立功之士，則伊尹、呂望皆有創殘。被伊以染湯之號，加呂以釣文之名，則何辭焉？故捐摘微瑕，則宗廟之圭瓚恆缺；寸朽不錄，則大廈無落成之日矣。此又論人者所當知也。

※上書策

問：昔漢臣上書于天子有四名，一曰章、二曰奏、三曰表、四曰議，夫書一也，而取名殊異者，義各安指也？漢臣言事莫良于董賈二子，賈誼論制匈奴則可謂之表，論遏大臣則可謂之奏，乃統名之書焉，夫謂之書者，又安取也？仲舒陳德刑之分甚明，原災異之故甚辯，其陳德刑則可謂之章，其原災異則可謂之議，然一名之策，一名之對者，何也？二子通于諸義，以故言出而當世是之，後世傳之，言豈可易哉？史稱賈之才達，董之學精，夫既才且學，又達而精，乃始言之當也。故今言事者宗董賈，宗董賈有術，諸士子其嘗講之不也？苟有能言董賈者，異日即克宗董賈者也。

人臣有見于事而不能自聞，故書者所以聞事也。有切于意而不能輒通，故書者所以通意也。意之所措，詞貴別白，指貴分明。不別白不可謂之章，不分明不可謂之表，如此則意且不自達，又安以冀人主行其說也？事之所敷，可否欲其有度，得失欲其有裁，無度則不可以奏，無裁則不可以議，如此則見在我且未審，又安以冀人主行其說也？故書而稱名曰章者，取其別也。傳稱色有五章，蒼素雜、丹緇混，非章也。稱名曰奏者，取其度也。嚴氏曰"樂一更端曰奏"，作止高下無節，非奏也。稱名曰表者，取其明也。猶揭物于杪睹者，得識之也。稱名曰議者，取其裁也。排布群言，卒而斷以已意，決疑定紛，聽人主擇也。總而名曰書者，傳曰"書者，如也"，謂寫其言如其意，意在千里則言遠，意在咫尺則言近，賈誼言制匈奴、言遇大臣是也。又名曰策者，人主登士而計可否、商得失，則爲之辨可否、決得失，董子論德刑是也。又名曰對者，人主有問焉，則就所問酬之，事無匿避、語不滑澤，董子論高園廟災是也。夫人臣進言于天子，必先自定所名。曰章、曰表、曰奏、曰議、曰書、曰策、曰對，此七名者，貴識也，未有七名昧而良于言者也。然七名之義，各有奧樞，未有七義昧而良于言者也。故賈之書、董之策，若對斯皆通于七名、究乎七義，志無沾滯、語無乖剌，固所謂良于言者也。夫賈誼者，漢才人也，少而達國之體，事文帝爲中大夫。文帝時，匈奴數寇上郡、雲中，邊臣不能制，朝廷不以問，誼以爲可流涕，乃獻三五之計，自請授官屬國，願使匈奴，繫單于之頸于闕下。其言曰：匈奴之眾，不過漢一大縣。夫匈奴强，漢視之以少爲多；漢兵弱，因自視以眾爲寡。自斯言出，釋中國憚虜之心，張謀臣摧敵之膽，猶之揭物于杪睹者，皆識之也。漢法嚴，大臣有罪輒收逮係緤，事得白復釋之。夫收逮係緤，是捐棄體貌，大臣下比于庶民也；釋之而復使在上臨庶民，庶民即不敬大臣矣。誼太息焉，因取投鼠之譬、堂階之譬、冠履之譬，纍纍數百言，凡以明大臣近主尊，即有罪，下視庶民當爲異，法輒折辱之，非宜已。又曰：上設廉恥禮義以遇其臣，而臣不以節行報其上者，非人類也。始切望于君，卒反責于臣，語有節會，指有端閡，猶善樂者變聲更調，傾人聽聞也。故曰誼良于言者也。董仲舒者，漢篤學士也，明于天道人事之紀，其言鮮所回匿，武帝棄德教之官而專任執法之吏，舒以爲非天意也。一日帝策曰：伊欲受天之祐、享鬼神之靈，則何道？舒因推天配人，謂天有陰陽，故人君有德刑。陰不可任以成歲，故刑不可任以成治。然獨陽亦不成，故假陰以佐之則歲功畢；獨德亦不成，故假刑以佐之則王道終。斯言也，顯示取舍、省悟人主，若指蒼素、若列丹緇，粲乎煌煌，甚可觀也。武帝時，高園殿災，又遼東高園廟災，帝以問仲舒。仲舒見當時親戚貴屬、左右之臣驕揚恣睢，朝廷不忍致法，乃因托天而比其類。以爲罪在外者天災外，罪在內者天災內。燔遼東高園廟者，天若語：可視親戚貴屬遠在諸侯不正者，忍而去之也，如吾燔此；燔高園殿者，天若語：可視左右近習在廷不正者，忍而去之也，如吾燔此。斯言也，直而不阿、斷而不惑，又當實切理，故曰仲舒良于言者也。夫既良于言矣，而人主不用其說，則非二子之能與矣。然亦二子之咎也，何也？凡人未見福而突言福者，聽者必喜；未見禍而突言禍者，聽者必怒。誼言事方動唇吻，指意未具，人主且漫漫聽之，乃驟取痛哭流涕太息冠其篇以發端抵冒，夫痛哭流涕太息此數言者，皆哀窮悼亡語也，寔觸人主之忌，忌則惡，惡則遠，而長沙之命下矣，不專坐絳灌之徒害之也。仲舒言災異、著事應，以爲人如此天變象此，人如彼天變象彼，自理測之也。然造化幽杳，變化不可執，盛夏而藶草死，嚴寒而欵冬花，安可擬也？苟有其事或無其應，或事在此應復在彼，人主將不信矣。天何嘗不信，至令不信者，則事變之說啟之也。仲舒方正，武帝敬禮之，卒不免江都相，誕視所言，以爲不按事實也。夫以賈之才、董之學，而爲言尚猶錯迕疏缺，不當人主之意，則言豈可易哉？故言而衝激褊躁、犯主之顏以危其身，而無立于事，臣不謂良；兩設俱可，不要于一，以眩其聽、瘵其功，臣不謂斷；好爲隱語，暗射掩擊，未知所指，臣不謂亮；米鹽小談，遺社稷之大計，臣不謂明；言古則徵引不合，言今則考訂未融，臣不謂達；博拾泛及，人主觀之未睹指要，臣不謂精。此五臣者，固進言者之所戒也。彼二子者，則進言者之所宗也。何以宗之？賈宗其志，即才有弗逮，則亦賈之徒也；董宗其心，即學有弗逮，則亦董之徒也。設有其才無其志，則才轉生害；有其學無其心，則學乃滋奸。若二子者，有其才矣，不肯養祿負主，其志大；學之于家，略不肯壞之天子之庭，其心正。志大則才不弊，心正則學不偏，故二子之言，名于當時施及百世也。夫人才之生世也，在一鄉千而拔一，在一國百而拔一，在都會十而拔一，選益精則才益寡。若二子者，言施百世，百世之下莫敢與爭能，固百世之選也。百世之士，識之者眇，故二子並棄于漢；都會之士，識之者半，故或棄或取；一國之士，識之者眾，恒以自固其身；一鄉之士，則世又忽之矣。故士大卑者人忽之，大高者人危之。若是乎，偶世之難也。不令人忽、不令人危，則中才適好矣。夫天生尤才不數數然，而棄之、危之者常未休，乃顧歎曰：乏才。乏才夫？才在天下，何嘗乏？棄之、危之，才者厄在下位、置在草野，抑而不獲施也。然則君子之愛才，與才之所自用，皆不可弗重矣。

※相業策

　　問：自三代以還，其號稱王佐之才者，無先于諸葛孔明，乃其相蜀之跡，率摯然可考，有作必異，有言必偉，而宋儒或以偏才目之，何謂乎？漢初大功臣，蕭何第一。何事高帝，常居帷幄中持文墨議論，未嘗有汗馬之勞也，而史臣至稱之爲一代宗臣，何以故？始孔明未遇時，嘗自比管、樂。吾觀孔明之才不謝伊、周，而顧以管、樂自比，豈宋人覩其素許如此而事功又如彼，乃遂爲觀場之見而少之乎？且固有說也，高帝差品諸將，常取獵事以白蕭何之功。當是時，何寵冠群臣、聲施海內矣。意者史臣望其末光以爲奇絕，遂立號宗臣予之邪？若不然者，必有說也。夫此兩公者，皆漢之所稱賢相名大夫也，其事功或就或不就，天也；其大體有得有不得，則人爾，不可謂之天也。自今觀之，若略其事功而直以才校，則何不逮亮遠甚；姑舍其才而直以大體校，則何爲得乎，亮爲得乎？宋人議論好窮本，偏才之駁不屬孟浪。班固撰《漢書》務在核實，其予何絕甚，誠有觀其大者。諸生其深究之。夫論人者，譬之入寶肆、評貫直也，一不得當，市者遂用以爲低昂，可弗愼歟？乃若哆口無驗、妄施襃抑而輕搖其筆端，即令奇文蔚起，主司者將斂祍視之，則何貴焉。

人君以大臣之能爲能，則心逸而功集；大臣以天下之能爲能，則事治而名高。名高則獲在我，事治則勞在人；功集則獲在上，心逸則勞在下。在昔明君之所以撫世[一]，賢相之所以獲福，皆不出此，亦其大體固若此止矣。愚蓋嘗讀孔明出師二表焉，彼其盡瘁之忠、敵愾之氣，即鷹揚不過也。其詞感憤，其文瑰壯，即伊訓不過也。又嘗考所作木牛流馬之制焉，其巧通靈，其用利捷，即公倕不過也。又嘗觀所畫八陣圖焉，分列部署，上應天文，下合地理，即穰苴不過也。孔明奇才也，其諸過人者不可勝數，然大率類此矣。即就三事而論焉，則亮之所以望抑群雄、名高當世者，此也；其奉魚水之歡而不能建一統之業者，亦此也。何者？大體失也。今夫人君之于天下也，譬之若天焉，宰相者斗杓也，百官者四時也，天運則杓轉，杓轉則四時行，而杓不化而爲四時也；譬之于人若心焉，宰相者意也，百官者手足四肢也，意聽于心，手足四肢聽于意，意不化而爲手足四肢也。故天道圜、地道方，君主圜、臣執方，宰相者立于不圜不方之間，所以斡旋四序、揮使四體者也。若乃孔明所爲出師表者，氣既鷹揚而文復瑰壯，一出則俶儻之士、修詞之子皆捫心退矣；木牛流馬之制出，則伎匠之徒、執斤錘而求售其巧者皆攦指退矣；八陣之圖出，則誦鬼谷之書、習黃石之略者皆批頰退矣。夫使諸技客才人皆退而不敢前，引以爲弗如而不肯任，則亮不得不勞，以故恒自立于矢石之間，事無大小悉決于帳前，課功程罪，不爽毫髮。是斗杓化而爲四時、意化而爲手足四肢也。事必不可集，功必不可就，才累之也，而大體失也。所謂大體者：我無能而無不能也，我不足而無不足也。不操鉛槧而天下之文皆吾文也；不事剞劂而天下之巧皆吾巧也；不學兵法而天下之略皆吾略也。人君執斯道而任相則爵祿不悖，宰相執斯道而柄事則福澤無窮，何以說也？漢高帝之起豐沛而定天下也，天下豪傑之士雲附景從，日以百輩來，乃拜蕭何爲丞相，所謂爵祿不悖者也。天下既定，論功行賞，蕭何功第一，先封。於是封何爲酇侯，食邑八千戶，位次居諸將之上，賜劍履上殿，入朝令勿趨。已又封其父母兄弟凡十餘人，皆食邑有差。此所謂福澤無窮者也。自今考酇侯之爲相也，無奇也。以運籌決勝，不如良之智也；以戰克攻取，不如信之捷也；以揮霍先登，不如參之勇也；以橫行直下，不如噲之敢也。其功爲第一者，以無智而使智良，則良出其智；以無捷而使捷信，則信見其捷；以無勇而使勇參，則參奮其勇；以無敢而使敢噲，則噲施其敢。而沛公之帝業成焉。故未嘗挽強而曰射取江東者，酇侯也；未嘗馳駿而曰踴躍中原者，酇侯也。何非能踴躍，非能射取，諸將之踴躍射取者悉歸之何，以何能使之也。取亮較何，何木彊人耳。出師二表何不能爲，木牛流馬何不能制，八陣圖何不能解。獨以無文而用文，無制而用制，不解而用解，遂以佐成大業而享有令名，寵冠群臣而慶流苗裔也。由此觀之，則班固以一代宗臣予何者，非以何事功謂也，謂其忘己任人，恢恢乎有大臣之體也。後世有佩何印綬、襲何職事者，則撫海內、鎮國家無事他求，即此人乃其宗矣。宋人目亮爲偏才者，非以事功弗就之謂也，謂以抱才自用，不屬之人也，役耳目、任聰明，屑屑瑟瑟，殊異乎混一之規模、無內無外之氣象也。今夫天下之事一有未治則責之相，社稷之功一有未集則責之相，即令相事事而擘畫之，人人而譙訶之，惽惽然用力益勞而取效益遠，求之彌切而得之彌艱，故在用人，而用人之道又在乎有能而不能、有餘而不足。蕭何之驅使諸將也，似于無能而能于諸將，疑于不足而足于諸將。彼孔明者，有奇而直見其奇耳，此奇者不爲用也。此兩公之別也。竊嘗觀于孔子矣：力能舉國門之關而不以力逞，懼夫人之有力者不爲我盡也；明能見吳門之馬而不以明著，懼夫人之有明者不爲我視也；博能辨萍實之狀、表商羊之異而不以博衒，懼夫人之有博者不爲我告也；智能決拾塵之誣、料結纓之禍而不以智名，懼夫人之有智者不爲我察也。故其相魯也，一月而功集，三月而道行，不自聖也。不自聖乃所以爲聖，不自賢乃所以爲賢，惜哉！亮之不察乎此也。夫相臣之於天下也，其始而分其任于眾也，猶之治絲焉：人理一縷，人司一染，已而付之機上杼柚，既成則貴人衣之，不曰某工之所製也，但稱曰某貴人之衣錦美錦也。猶之乘馬焉：伯樂相之，王良御之，造父驅之，貴人乘焉而過于市，市人曰貴人之馬良馬也，不問相之、御之、驅之者誰也。其事治功集，君上悅之而獲有福祿也。猶之宴賓焉：宴賓者，酒人奉觴、饔人奉膳、鼓瑟吹竽，客心甚樂矣，明日，不拜樂己者而拜主人，主人使之也。猶之治宮室焉：大匠爲圓必以規，爲方必以矩，方圓既成，則規矩無功而主人謝大匠，曰巧工也；及宮室既成，邦人相賀，不賀大匠而賀主人，主人居之也。蕭何有辨于此，故竟以帷幄蒙福；孔明不察乎此，故迄用瘁斃。此兩公之別也。雖然，自二表傳，而逆臣懦子讀之骨竦而毛豎；自陣圖立，即江水泛濫而行次不失焉；自牛馬之制出，歷數百歲未有能解其事者。此蓋天地之毓靈孕秀、鬼神之託精見異，乃生此隆中之龍耳，非庸眾人也。顧愚所爲扼腕者，念其齎志而終，令萬世有憐才之歎耳。抑愚又有說焉：從古以來，號稱才士者不可勝紀，然往往不聞道，不聞道則才不成。不聞道者何也？不學也。所謂學者，非他也，唯在于忘好惡、去巧故、釋智術、除將迎。栖志乎無妄之次，游意乎自然之塗，如是則無以害其真而知精，知精則知神，知神之謂知道。凡彼群才，得道然後廣。故知道，則萬物畢聚，潤大淵深，不可測也；性情嚴肩，無所思慕，不可誘也；塵壒越絕，中情潔白，不可汙也；靈徹貫通，比于蓍蔡，不可欺也；動作當務，與時變化，不可窮也；得失成敗，先幾炳見，不可遁也；賢人至前，邪夫乘之，不可涵也；毀玉爲珉，譽蕕爲荃，不可誑也。夫唯知道則才乃達，才達則無己無人、無內無外。無己則無難舍己，無人則無難任人；無內則無醜力不已出，無外則無惡功從人立，此學之成也。孔明講于寧靜之學，蓋嘗聞道矣。又其治蜀也，亦嘗開誠心、布公道，集眾思、廣忠益矣，固非用才自見者也，而所就竟若此，何也？蓋其才熖閃爍，如燈之在帷，一開一合，時見時藏而不可終遏也。以故觀者疑之，疑生懼，懼則眾不爲使而事功瘵。然則君子之學也,非聞道之難,而體道之貴,蓋自古記之矣。

【校記】

[一]"世",嘉靖四十年二十卷本作"臣"。

※士節策

問:聖人之教本以救時行道爲賢,而今之君子固有談古高節獨行之士者,此不可長也。其談古高節獨行之士,則率稱引段干木、魯仲連之倫焉,以爲此二子者,可以廉頑而立懦,其說似矣。乃或有稱鮑焦、爰旌目、荊輿、顔闔之四人者焉,吾不識四人者之蘊與段、魯二子何似?然其行皆過激非人情,難繼,乃亦博萬世之名,何也?嗟乎!此亦後世好奇之士爲之標幟耳。不然則四人者皆與孔子同時,孔子著魯論,其述賢人君子之行眾矣,然上不挂爰、鮑,下不引闔、輿,豈聖人之論撰顧於廉頑立懦者而屑越邪?亦或其少之也?夫高節獨行,士之所甚難能也,然而有聖人爲之軌則焉。聖人之出處固不若是之必矣。乃若段、魯二子,其奇可以扞國家之難,望足以寢疆敵之謀,而志在固藏,其視聖人之道何如邪?夫持二子以削四子,則四子爲小;持聖人以削二子,則二子又復小矣。夫其遞相不及者何在乎?然此四子中且亦有區別,尚費品題,未可以一概量也。諸生其一一第其等焉。方今聖明御世,山澤之儒苟具一德、通一伎者咸來上謁而誠願自效,蓋充滿公車矣。然吾所慮者,俗行無名,俗事無功,將無有好奇如六子者出乎?吾且擒古之非以防今之趨耳。毋曰:駢胟而枝贅矣,無關世教也。

聖人之視天下,猶一家也。其視天下之人,猶一身也。故世有紛難必思批之,世有勑勸必思定之,猶之有家者顧家、有身者顧身也。今夫天久雨,墻垣圮,以爲不嚴且有盜,汲汲然不俟明日而連籥者,顧家也;病五日不起,未甚也,客有言秦越人者,知禁方,能已人之疾,則裹金馳使而請之,顧身也。世有紛難勑勸之事而掉臂不顧、高枕不來,是視天下不如家,視天下之人不如身也。聖人弗爲也。是故駕敝車、策羸駟,軋軋以行于四方而弗以爲憊也。干七十二國而弗遇,乃猶使子貢之徒搖脣鼓舌游揚于諸侯之間,偲偲然冀萬一之聽而弗以爲倦也。上嘉唐虞，下樂二周，如有用我者執此以往而弗以爲夸也。及得定公而相焉，則即墮三都、去正卯而弗以爲橫也。既用弗卒，則即退栖于杏壇之上，與七十子之徒講道而論治焉，以立百王之準而弗以爲高也。用則往、不用則引而退，又復用又復往、又復不用又復引而退，聖人不厭其煩者，凡以爲天下也。思欲批紛難、定勋勷，伸唐虞之志而樂行二周之道也。方今海內爲一，既異于春秋之世，而聖明在御，天下抱奇之士畢集于廷，林藪窟宅皆虛而無人，何者？用之也。令孔子生而當斯世，則亦且車馬不疲、杏壇無講矣，何者？遇之也。而世之君子，顧乃有稱鮑焦、爰旌目、荊輿、顏闔、段干木、魯仲連之倫者，以爲此六子者，皆能遁世好隱，不沒于利、不牽于勢，此高節之士、獨行之賢也，欣慕之焉。嗟乎！此猶之厭粱肉而思藜莨、謝淄澠之水而甘行潦也，悖之甚矣。夫學也者，學爲聖人耳。聖人出處進退之跡固在也，所謂無意、無必、無固、無我者也。而今之君子，離聖而語行，違道而談節。出者皆卑，則律以六子；處者皆高，則附于六子。若而人者，即非幻民，亦屬狂子，愚不得不辯。故愚嘗謂隱有四術而君子察焉：有炯然抱奇而固請不見，其名曰石隱；欲觀我奇而令我見，才一見之而輒復收之，其名曰高隱；度無所見而託號以覆短，其名曰智隱；空自以身爲枯木朽株而尺寸無聞，其名曰痴隱。此四術者，君子不可弗察也。夫所謂石隱者，則段干木其人是已；所謂高隱者，則魯仲連其人是已；所謂智隱者，則荊輿、顏闔其人是已；所謂痴隱者，則鮑焦、爰旌目其人是已。夫鮑焦者，吾不知其何許人也，第聞其衣敝衣、持蔬而遇子貢于道也。子貢曰：吁！吾子苦矣，衣敝而蔬之持也。鮑焦以言擢子貢，子貢亦以言擢鮑焦，焦愧而立槁于洛水之上焉。爰旌目者，東方之士也，餓于道，有狐父之盜曰丘者見而下壺餐以餔之，已而知其爲狐父之盜也，乃吐之，而兩手據地喀喀而不出，竟伏地而不起也。夫此二子者，皆古之所謂高節獨行之士也，亦徒聞其能不辱耳，而史不著其他奇貨可張設施行也。夫其不辱也，固昔人之所謂枯木朽株耳，不亦愚乎？若彼鮑子憤世不用，蓋與世猶未絕也，乃不能忍痛須時，而輕投其身于空虛無用之地，此侍人婢子之所爲，一不得意輒效于榻前，以爲無復之耳。昔卞生三刖其足矣，乃懷璞呱呱而不去，彼亦謂須識者耳。卞生不肯亡，璞竟剖，見珍且乃獲賞，鮑子不聞斯道而徒以憤斃，故曰痴隱。聖人所不道，君子所不由也。荊輿者，荊人也，楚王使使者齎百金造門曰：請先生治河南。荊輿不許也，遂負釜戴經而與其妻去，莫知所之。顏闔者，魯人也，魯君將造闔，使人以幣先焉。使者及門而見闔，闔紿使者去，使者復來，闔鑿坏而遁矣。夫君子之所爲重進者，蓋謂其無禮耳。今楚既齎金、魯亦攝幣，可謂有禮矣。乃荊輿滅影、顏闔竄跡，此之不往則又何須也？昔宋人有寶燕石以爲玉者，襲以十巾、藏以革匱，人不得觀焉。既發藏，則乃燕石也，觀者俛首掩口而笑焉。則此二子者，乃亦寶燕石而懼其發藏以賈笑也，乃固祕之耳。嗟乎！兔絲燕麥，徒有其名；踦鼎烹雞，豈其任乎？故引而逃去而且博捐金輕幣之譽以遺後世，又有高節獨行之風，故曰智隱。聖人所不道，君子所不由也。夫既聖人不肯道，君子不可由矣，而後世轉稱之，何也？以其賢于貪生而優于競進也。於戲！吾竊痛後世之爲士者焉，較利害于毫毛之微，而爭功名于尺寸之間。託名千金坐不垂堂，何其怯也！已觸三面，乞以一目見脫，何其哀也！積澤之火不救而麗水之金顧採，何其智也！食嗟來之食，何其苟也！伏在車下，泣血孫陽，何其卑也！突梯滑稽以叨升斗，何其汙也！貶抑孟陬，自前進御，何其妬也！日置驛馬，請謝賓客唯恐不遍，何其周也！得近霸王，不羞牛口，又何辱也！四至九卿，甘宦若飴，又何巧也！身處江湖，心縣魏闕，又何鄙也！懊不得意，坐而書空，又何隘也！若此類者，不能舍生、不能遺榮，令與立枯吐哺之輩、負甑鑿坏之倫同日而並論，則高下相絕奚啻萬里？無怪乎後世之有述也。然以聖人處之，則不若是然耳。自聖人而降，則唯段干木、魯仲連之二子者其庶幾焉。夫秦將將四十萬之眾而東圍邯鄲也，趙危若累碁，存亡在俛仰之頃矣，趙且欲尊秦爲帝以免難也，仲連固不肯，而語中有奇，殷殷乎有動眾傾秦之術，秦將聞之爲引軍去。趙得不亡者，仲連之力也。趙欲封仲連，仲連辭不受；壽之金，亦辭。遂去而逃之海上，終身不見也。夫却秦存趙，不亦偉乎？避爵辭金，不亦潔乎？故曰仲連高隱，言善見又善藏也。魏在春秋爲小國，秦視滅魏若搏豚鼠耳，然竟文侯之身不敢加兵于魏者，則段干木在焉。文侯嘗欲相干木矣，干木不肯也，乃日造館而請事焉。秦將攻魏，諫者曰：夫魏不可攻也，段干木賢者也，而魏禮之，尚可以加兵乎？秦遂輟兵不行。夫不就禄位，非潔乎？跌坐高談，令所居之邦不危，非才乎？故曰干木石隱，言堅不可移也。世之君子賢干木而右仲連者，獨稱其讓封避相以爲高節獨行之士也，而不知二子之所以爲賢者，不獨在讓封避相，在却敵免難耳。不費一領甲、不食一斗粟而置兩國于磐石之上，敵人虎視狼顧而莫敢誰何，此其人豈徒沁沁泯泯居無一物者邪？故即不出，出即犖犖；即不隱，隱即冥冥。譬之若神龍然，能潛能見，能上能下，不可以形跡拘，不可以網羅求也。然此唯仲連能當之耳，若彼干木者，塊處石室、彈琴樂道以咏先王之風，而不顧人世有拯溺之事，其於聖人之出處，何乎？然能抑秦王之虎心，不可及也。仲連一試而遁，秦雖釋趙，螫必中于他。若使仲連拜趙之封，而以所壽之千金爲資，養賓客以親秦，約與國而申誓，歡樂則相賀，患難則相援，亦庶幾哉，與桓文之霸業比隆矣。而卒乃逃去，爲德不博，弃百代之烈而薄收須臾之譽，非聖人之概也。然能以三寸之舌折强秦四十萬之眾，不可及也。由此觀之，則論士者必投之猝至之難以觀其才焉；才既明矣，又試之非意之榮以觀其操焉；操既得矣，又納之死生之地以觀其志焉。才足以批難矣，操足以遺榮矣，志足以忘軀矣，備斯數道而甘就閒寂，終身枯槁，乃稱曰高隱也。三者缺一焉，猶屬之智隱也。夫智隱非傑也，痴隱非情也，石隱非道也，高隱非聖也。彼六子者皆非也。即有慕其聲而趨之者，又以非蹈非也。於乎！君臣之義，其在天地之間也，猶之逃雨焉，無之而非是。履其土而欲潔其躬，非也；竊其名而佯棄其名，非也；謂隱獨高，非也；謂出獨卑，非也；謂世莫我知，非之又非者也。夫人也，以身盛心，以心盛智；一人一心，一心一智。故一人不能當十人之視，而視者不止十人；一心不能當十心之疑，而疑者不止十人。彼六子者，千百世以前人也，千百世之下且猶揭肺腑而定藏否也，矧當其時乎？語曰"楚璧稱璞，腐鼠亦稱璞；月旦稱朔，車輈亦稱朔"。名實相溷，往往有之，然而卒有能辨之者。甚矣哉！君子之出處，不可不審也。

槐野先生存笥稿卷之十三

槐野先生存笥稿卷之十四

左輔王維楨著　館甥渭上南師仲編

策五首
營務策
邊計策
制將策
兵法策
黃河策

策

※營務策

問：昔宣王之詩曰"王旅嘽嘽"。夫王旅言天子之兵也，嘽嘽言眾盛也，其以威虜止暴盡在是矣。我國家自成祖皇帝建都于燕，立三大營以蓄戰卒，乃後又分立十二營，號曰團營。其時猛士健馬咸集其中，蒸蒸焉稱眾盛矣。頃歲以來，黠虜數窺邊關，謀國之臣爰念古有細柳之屯，京師不得忘備；而團營兵，議者以爲視昔甚寡弱，急無賴焉。夫寡弱何由哉？古者，天子居于京師，則稱曰居重以馭輕；又曰彊幹弱枝。稽之皆言兵也。伊欲令其寡更復眾、弱更復彊，以重內、以彊幹、以威虜止暴也，安事而可？其爲條凡幾？夫醫貴診切而效在鍼砭，士貴論辯而用在興除，賢輩其籌之、議之、熟之、復之。

夫謀國者，有深憂則有至計；有外慮則有內脩。何謂深憂？團營之兵是也。故將不獲良非憂也，士不充伍非憂也，馬不任乘非憂也，器不精利非憂也，兵不服習非憂也，謂今時若此，後時將奈何？念逮後時，故云深憂也。何謂外慮？國家建都幽燕，與胡虜鄰，北有居庸、西北有紫荆，重關險塞，屯兵置守，至無虞矣。脫有不意，關吏失鑰，戍卒離次，邏士負墻而臥，虜突一騎得飲關下之池，我將、我士、我馬、我器皆弛不具，將奈之何？念逮關塞，故云外慮也。何謂至計？內脩即至計也。何謂內脩？將獲良、士充伍、馬任乘、器精利、兵服習也。初，成祖之都幽燕而北伐胡也，深入數千里，不見一人而還，車騎輜重動數十萬，胡安得不懼！於時設有五軍、三千、神機三大營。三營之兵，天子依則周人蒐狩之典親加校閱，於是驍將、猛士、健馬、利器皆蓄其中。又爲之立禁：私役一卒者罪；私乘一馬者罰。將有考選之規，士有練習之條，馬有飼牧之令，器有苦窳之戒，當是之時，何憂胡哉！宣德以來，宿將舊卒消亡過半；又席戰勝威强之餘，虜既不來，武亦不講。因循而及正統之季，遂有土木之厄，兵力之衰，至是極矣。景泰初，謀臣效計，乃選三營精卒十二萬，立十二營，分符置將，團聚操練，號曰團營。又爲之申飭故禁：士不得私役；馬不得私乘；其他諸令皆如故。而一時人心感憤，爲主敵愾，上無保軀之將，而下有飲血之卒，城門三戰，虜人竟不得一焉。已而歷成化、弘治、正德以逮于今，距景泰又且百年。百年皆太平，則曩所號精兵十二萬者復半消亡，見存者半疲鈍矣。虜諜者行入國中，先偵我兵，我兵如此，是安得弗憂！夫士消亡，無眾也；士疲鈍，無强也。無眾無强，在郡國且不可，而況京師乎！傳曰"京，水也；師，眾也"。地下之眾者莫如水，地上之眾者莫如人。天子之都，大眾所居，故曰京師，無眾不可也。且有眾則有彊，無眾則無彊。有眾則京師重，京師重則四方輕，是之謂居重馭輕；有眾則京師壯，京師壯則四方弱，是之謂彊幹弱枝。以今觀，京師輕重彊弱瞭然可見，是安得弗憂！執事策愚曰：伊欲令兵寡復眾，兵弱復彊，安事而可？爲條凡幾？愚請先指弊孔而後效便計。初制，大將之提督團營也，令其將識兵情，兵識將意，有事而出，兵將相習，固足賴也，而今則其形存、其實失矣。初制，兵在團營者不得擅役，諸役咸取之三營，而今則不問何營，半屬私門矣。初制，諸營牧馬各予草塲，而今則半入權家，半沒民田矣。初制，團營弓刀甲冑之屬，皆出諸省，部送京師，而今則諸省部送者，皆苟且應文，亡其實矣。初制，團營操法，五日之內，下陣走馬二日，較藝習射三日，部置既定，卒不再更，而今則雇代之弊滋，講肄之條湮矣。夫將不識兵，無將也；士在私門，無士也；馬失草塲而損，無馬也；器亡其實，無器也；雇代充兵，無兵也；是豈可不爲之寒心乎！夫兵設而不盛，是法不用也；法立而不循，是禁不嚴也；禁厲而不肅，是罰不決也；罰決而不避，是信不孚也。信者何？上之心置于下腹，下之情徹于上耳，未令而眾料其必爲，未禁而眾擬其必止，故令則行、禁則肅矣。治兵而無信，猶束亂薪而不爲結也。今若選將，愚欲徵調邊郡偏裨，分典兵符，如出軍吏，則倣武舉之制，守次待需。彼其目恬白刃、志甘馬革，既不畏胡，又肯辭難，信不使紈綺之胤，信不開請謁之門。若此，將無弗良也。今若選卒，愚欲嚴私役之令，申削級之條，信而施之。視役多少爲削重輕，甚者罷免，又甚者謫發。如是，則士在私門者少，在什伍者眾。眾中抽奇，奇士且出，練一奇士，令教十士，以十教百，以百教千，以千教萬，士無弗充也。今若牧馬，愚欲遣使躬歷草塲故地，按視方域，建標爲識，沒權家者收之，仍罪權家；沒民田既出租者收之，與復其租。信持初法，夏秋馬信在塲，春冬信給芻豆。若此，則有馬者不藉雇直而足，馬無弗健也。今若治器，愚欲凡隸中原、江南諸省不屬邊方者，第令出材輸之臨邊諸省，責令造作，彼其經戰則知技、論技則知長、校長則知利、得利則思好，有以惡來者，信罪之。若此，器無弗利也。今若練兵，愚欲更署部伍，立一人爲之長，諸各籍記年貌署定，令長自相識，又令部伍各相識。操日，長視其部伍，部伍各視其輩，有不應籍者，攻之出，信罰之；互相遁者，信連坐。若此，則士有常操，常操而兵無弗習也。夫將既良矣，士既充矣，馬既健、器既利、兵既習矣，五者不缺一，虜即南牧，無慮也。治兵在一時，而安利施後世，嗣是以往，無憂也。故有憂者無憂，有慮者無慮，怠弛招患而玩愒生戚也。往年虜嘗逼居庸矣，至厪天子之憂，詔遣團營兵出擊之。於時兵出，可當敵者無幾何，賴皇威煇赫，先聲所被，虜旋移去。難定，莫更以團營爲計者。頃來虜勢益張，議者漸廣，顧又憂措手足，蓋難之也。何難乎？有始作之難，有既作之難。何謂始作之難？國利在營卒實伍，臣利在營卒去伍也。卒去伍而利歸于家，故利國者必不便于家，固有家者之仇也。夫治大瘍者，必創之使痛，鍼砭甚而其病脫；鏊大弊者，必苦之使懼，掊擗嚴而其害已。於是仇者伺之，有可以罪被者，以法中之；不可以罪被者，以危言傷之。故利國者之在事也，無銖兩之效而即有鈞石之咎，四體未動而先困于口矣。何謂既作之難？自卒去營伍，其有者以財賄買便，身游都市，操其奇贏以賈大利；亡者貸錢行販，或傭作要直以顧其私，非一日之積矣。今糾而集之在伍，令離市肆而就行列，背游手之樂而使之執矢石之勞，棄日見之利而服甚苦之事，則恚怨興，恚怨興則謗沮至，謗沮不聽則射矢之計入而附耳之奸效矣。於是謀國之臣不盡其處，中道而跌，而又蒙惡聲，曰更張過而好生事也。夫人臣之謀國也，其不爲利也，亦且爲名也，而故毀其名，謂不毀其名則不能危其躬也。代者懲往，塗目塞耳，一不與仇，豈有國者之利哉！方今之務，欲釐弊而不令人仇，則莫若與共功；欲練兵而不令人怨，則莫若與恤私。所謂共功者，與之開其迷惑，說以隱禍，如其省悟革非，與之戮力，善則歸之，不自有也；謀則就之，不自擅也，如此何仇之有？所謂卹私者，非人情而令之，令卒不行。其富而滑脆不任兵革者，及獨子而家累重者，準漢踐更之法，明令雇代，著名在籍，代者至老乃更健卒當。其游市末作贏利，今可拔之令出，署以美號，于校藝時待以厚賞而不爲偏，如此何怨之有？不仇則不憂始作之難，不怨則不憂既作之難，營兵大脩而國家獲利，謀臣畢志完名並受其福矣。即若我故共之而彼故仇之，是與國作仇者也；我故卹之而彼故怨之，是與國作怨者也。仇國者不忠，怨國者蔑法，聞于天子，聽所裁決，謀臣不得擅事專斷。即若擅事專斷也，是又資仇怨之口而自危其躬也，非能解結批亢者也。

※邊計策

問：我國家建都北平，以宣大、薊州爲肩背，以遼東爲左臂，謂其外與虜接而內距京師不遠也。故先朝謀臣於此數鎮恒注算焉。正德中，北虜突入宣大，寇白羊，南逼居庸，近矣，已而見我軍三面至，虜輒遁去，卒無所得。于時兵何卒辦、將何卒良？至今人有傳其事者，可爲訓乎？花當之子寇馬蘭谷也，射傷禪將，桀矣。本兵請使責問，求執其子償其罪，以明朝廷之威，自是朵顏諸部畏威奉貢。何謀以制之也？成化末，海西建州諸夷數犯遼東，守臣議主撫，本兵議主勦，卒用本兵議，興師伐之，遼東以寧。由是言之，則主撫者非矣。乃復有言勦之非者，何哉？今朵顏諸部、海西諸夷，往往竊發，爲二境患；北虜益鷙悍莫禦。故就爾諸士訊所聞而知者，以禆邊計。苟有自獻而足效者，即不襲故計可也。

愚聞正德中，虜酋駐牧威寧海子。威寧在宣大二鎮間，時王恭襄在本兵，書聞，乃即選大將一人、參將二人督京營兵練習之；又徵遼東兵赴薊州備之；

又檄宣大整兵備之。既半歲，虜不來，申令營兵在練者無得怠，諸鎮兵亦不解。忽而虜果入白羊口，南響而趨居庸。書連至告急，乃即遣所選將、所練士出擊之。遼東兵自左臂至，宣大兵隨肩背至，諸軍既合，虜狼顧駭慄，一日輒移去。是歲也，虜春駐威寧、秋乃始入者，伺我懈而冀得縱也。借使我兵以久待不至弛焉，彼計中矣。蓋虜凡大入，必招集諸部落，以利啗之，不得利不足示信。自虜駐威寧，即識其計而備之，若恭襄者，真謀臣也。又聞正德中，朵顏酋長花當之子寇馬蘭谷也，參將陳乾禦之。花當子射乾，乾死，恭襄乃請遣使責問花當。即如花當不知，則執其子來歸償罪，花當不坐；不服則起大兵伐之，以遼東兵攻其左，以宣大兵攻其右，破滅必矣。花當懼服，如令。夫花當，夷種也，輕生善鬥，豈憚我兵哉？貪漢財物，如啖甘蔗，含而弗忍唾之也。恭襄習之，故花當寧棄其子，竟不絕漢好。即如忍而不問，將無忌矣。今若此，則是爵賞之恩予其降伏，誅罰之典咎其犯順，威惠並著以革其奸而誘其衷。若恭襄者，真謀臣也。又聞成化末，海西夷之犯遼東也，驅掠甚盛，我軍半創死。本兵馬端肅議曰：夫海西夷，降虜也。今來犯，是不降也，勦之宜，否則長鶩而狎中國之恩。守臣陳越曰：勦必啟釁，撫之宜。詔從本兵議。乃命將出師，直臨賊境，誅戮俘馘以千百數，赫赫燁燁，威振殊俗矣。夫女直，嘗起海西、據中土，非細物也。犯而顧撫之，是彼制我也；今勦之，是我制彼也。其時余肅敏議之曰：寧成功于門庭之間，勿遠致于敵人之境。斯馭夷之恒調，非適時之大權也。若端肅者，真謀臣也。夫謀臣之在事也，未事而畫之，則爲之計利害、籌多少、視遠視近、校彼校我，若大賈行貨，度三五之數而等貴賤之利也。其畫定而舉也，不可譖奪、不可禍恘，訊往迅邁，飄飄乎若鷙鳥之搏也；若峽水下舟而放之疾也。故始無輕發，卒鮮隳事，後至者弗可弗稽也。夫大匠以目中，然未有離繩墨巧者也；上醫以意中，然未有舍方書神者也。兵亦若是而已。頃歲以來，朵顏諸部恒出兵以撓薊疆，不宜置之不問。且國家所以懷夷者甚厚而久，授爵降印，世世弗替，乃復和親。北虜市外交而恐喝疆埸之臣，以要賞益貨，否則來侵，弗可狃也。可及其來朝，諭之禍福，戒勿負恩絕好。其撓邊甚者，按依前事，固求其人罪之。卒之蒙罪者少，被賞者多，少不勝多，則威不勝德，不傷國重、不起禍階，則朵顏可常服也。海西諸夷，屋居田作與中國同，射獵侵掠與北虜同，蓋兼二俗有之，兼二俗則易制也。夫屋居田作則內顧重，內顧重則搗巢之令得懾其奸，且彼內附久則信義可責，於其來侵時，出銳師以逆境上，名曰搗巢，按且勿進，令來歸義，兵乃解。比既歸義，則要取盟誓文書以持後事，夷即難信結，我將兵之有詞也。如此則勦存撫情，撫寓勦威，海西夷可常服也。至若北虜，制之固有舊算，而效卒罕睹，何者？庸將先失之，懦將後失之也。何謂先失之？虜將大入，其兵非一日能集也；又其性儇黠，結營在此，所向在彼，倏東倏西，疾于鳥舉，此彼醜恒態也。覘者至，苟得虜情，能即發符徵兵，分地據守；又於要害之口、必從之路，多張旗幟、盛振金鼓，示形以必不可犯，示間以必不可乘。虜眾望見，憚不敢逼，守之無何且移去矣。而將不早圖，遂令穿塞而入，肆螫我土，故曰先失之也。此智不能照、謀不能先，故曰庸也。何謂後失之？虜既入塞，或合十萬之眾結爲一營，而我軍數萬分爲數處，勢不相當，安可進取？惟得利歸也，則所得有多寡，彼醜有喜怒。及既出塞，輒各分散不相顧藉，苟俟之歸路，谿谷之間、陁塞之處，伏兵邀擊，奪獲畜產即以其半與之，宣大之人習勇好利，將奮九死應矣。而將不此圖，遂令十來十歸，窮來富歸，虜無遺矢缺戕之勞而安取漢財如索諸寄，故曰後失之也。此其保爵愛身、懾禍求全，故曰懦也。且彼既債事矣，而始罪之，罪之當也，無救于債。故選將恒談而制虜之術要不出此。其若選將，則莫如守臣自薦所知、本兵因視所宜任之。守臣得良將，則外有與；本兵得良將，則內有恃，殆無憂制虜之術矣。雖然，本兵、守臣此兩臣者尤要也，尤要則尤宜擇也。是故天子內擇本兵，非有識者弗與也；外擇守臣，非有識者弗與也。兩臣者起而應擇，內者量力未能勝，弗敢舉也；外者量勢未能運，弗敢任也。上擇固精，下量又審，則才者處權；才者處權而疆圉之不固者，無有也。本有他長，授以樞管，則用非其能，用非其能而責疆圉之必固，安有也？故兩臣先識，無識者弗可與也。彼王恭襄、馬端肅者，並以識勝，不識其識則不用其謀。故國有識者，又貴識識者，何也？百年之計不可以目前效，而見在眉睫者謂迂也；獨睹之計不可令眾庶見，而不得其指者謂詭也；持重之計似怯、趨時之計似輕；勝計佯敗、取計佯與。凡此皆難識，故有識之士恒爲不識者擊之。識者一明其指，以示無他，則謀泄事去，與無識同歸矣。是故孔子譏不密、管仲戒漏言。兵且壓境敵國不知其向，終日治旅左右不測其爲；納之死地猶如用我者，置之安利猶如危我者。故兵事稱機，謂發乎此應乎彼，利害迅疾效如去矢，胡可泄也？胡可漏也？此則有識者任兩臣而擇此焉可也。

※制將策

問：古之言曰"君將將，將將兵"，又曰"闔以外者，將軍制之"。夫云將將，是將聽君制也；曰將軍制之，則君不以制，令便宜也。此兩言者孰當也？李牧之才，不溢于李廣，而牧祇以趙許便宜，得以擅斷橫行，匈奴不敢近塞；漢誡廣，勿使當單于，令廣軍出東道，廣失志卒敗。由斯而觀，則言將軍制之者，豈當乎？且武帝素壯廣，比至行軍輒抑頓之，不究，其願何見哉？牧雖伸威匈奴，大破數十萬人，然先以數千人委之，乃後得計。夫以我易彼，即所傷過當，非完事也。趙王何以不問？夫將猶鷹也，臂鷹者不得解繰鏃，解即弗制。至搏擊效能，非令其飄颮蕩颺，安遂乎？茲欲爲之不制而制，制之不制其術。何以彼趙、漢兩君者似得之，諸士其謂之何？

人君命將而假之權則將重，然辨將先之矣。大將持權而將其眾則功成，然料敵先之矣。夫敵，害我者也。我眾，害敵者也。兩害相搏，必一遭創，不料則敵害我矣；料之得計則我害敵矣。故將有料敵之智而君假之權，是與庖丁利刃而便解剝也，成功必矣。將無料敵之智而君假之權，是驅昧子踐谿壑也，敗仆必矣。夫權者何也？戰守、攻圍、緩急、進退自我決之者也。而人君每惜之，恒從中撓之，於是將自拘，拘則內顧而多憚，何功之成？故君而握權忍不予人者，不可以責功，責之則將有解。君不辨將妄與人權者，不可以悔敗，悔之鮮有及也。李牧雖賢，非趙王許之便宜則牧無名。李廣雖以漢帝制不獲成功，竟死；即不制之，令行其意，功亦不可成，亦竟死。愚讀史傳，至李牧則歎趙王賢，至李廣則歎武帝明，今請畢其說焉。夫李牧者，趙才將也。趙王使牧守雁門，曰：牧能擊胡，可却趙國患。牧至，不與匈奴戰，下令曰：匈奴入寇，急入收保，敢戰者斬。如此數歲，王怒而讓李牧，牧不動如故。王奪李牧將，令他將代之。他將數與匈奴戰不利，敗亡多。趙王寤，曰：牧計良是哉！復起李牧守雁門。牧令却如故，不出戰。後匈奴小入侵趙，牧稍出軍，佯敗，匈奴殺趙二千人。單于聞之，輒大入，牧乃勒兵數萬人翼擊之，匈奴軍十餘萬皆破殺，單于遁走。語在牧傳中。夫趙國，迫邊與匈奴鄰，匈奴窘急，必出而騷趙，則趙乃匈奴之苑囿也。趙苦匈奴，猶之附頸之癭、著背之疽，未始一日忘除也。牧不擊匈奴，實重違王指，及承王讓而固不擊，王豈不能殺牧哉？知牧故多算，故且令他人代之，以觀戰守之果孰便也。既一衊而召牧，聽牧便宜，牧所不便，不以強劫。牧用此得意于匈奴，趙國以寧。即失趙二千人。然前數歲收保所活者，不知其幾何人矣；後數歲匈奴不敢擾所活者，又不知其幾何人矣。兵家無十全之利，將欲取之，必故予之。九亡而一存，罪之可也；小卹而大獲，寬之可也。故曰趙王可謂善假權者也。夫李廣者，漢才將也。武帝時，廣爲前將軍，從大將軍擊匈奴。大將軍知單于所居，自走單于而令廣出東道。廣請于上曰：臣願居前，先死單于。上不聽，廣慍怒，引兵趨東道，與大將軍相失。大將軍簿責廣，廣不服，自殺。初，廣出雁門擊匈奴，爲匈奴所得，復失之；後出右北平，全軍幾沒。武帝曰："廣年老數奇，勿使當單于。"語在廣傳中。夫廣號飛將，震于匈奴，武帝豈不欲以虜所憚漢所有者博一奇哉？顧廣好勇而輕趨，兵出輒困，雁門之亡、北平之敗，殊不厭帝心。若曰廣前兩出值匈奴兵多，廣何得與戰，令匈奴輕漢。故抑制之，不令當前，固使出東道，出東道與單于相左；若當前，正與單于遇，遇則復敗亡也。廣死，以爲漢困我。有將如廣，武帝豈欲困之？謂縱之適亡之，困之實保之也。且射虎，危道也，虎而騰傷廣，竟射殺之，與猛獸爭雄。兵法曰：善戰者，立于不敗之地。廣安知之哉？當是時，漢庭皆推其勇。夫冒白刃、蹈湯火，此一校之長，非大將之器也。武帝雄才，部署諸將如師涓鼓絃，安柱、調撥咸適，或令同道，或令異道，或令從行，或令專趨，悉當其能。李廣之才，與衛青不甚相遠，乃令廣軍統于青，受青約束，武帝善假權亦善惜權，他主不及也。故李牧損趙軍而趙王不問，非宥之也，不當問也，所謂"閫以外將軍制之"也。漢止廣勿當單于者，非少廣，故抑頓之也，不可不制也，所謂"君將將"者也。嗟乎！爲將者亦難矣。弛張大擅則上疑其志，勳伐大顯則眾嫉其能，才氣大毅則君制其命，紀律大嚴則眾譏其苛，明以其計語人則機泄而事償，不語之則謗起而身危，凡此於將爲患、於國弗利，人君不可不察也。苟察之則諸患皆消，不察之則諸患並集。且牧豈反趙者哉？王遷用郭開讒，卒殺之，信浮淫之說而甘壞干城之將，秦兵至而趙遂無類。趙自亡也，非秦能亡趙也。廣固輕剽，然氣蓋諸將，其部下已俱侯，廣將兵至白首，猶自爲郎，廣安能平？老而固請當前者，侯心尚未忘也，漢卒抑之。既死，廣三子悉拜爲郎。生而奈何惜一侯哉！漢固不殺廣，亦苦廣甚矣。是故人君之御將也，鑒別誠精則任不謬，處置得宜則責不怨，戰守、攻圍、緩急、進退，惟將所裁，吾不制于前也；卒而論功罪、等賞罰，天子之威福行焉。若曰不制，實制之矣。勝敵者賞、沒軍者誅；功大而罪薄者貸，罪重而功微者謫，銖銖絲絲，計量分明，制之何急也。然始而約法，中而調度，一自外決，不從中授，又何嘗牽綴之也？故媕人勿將，無言能制；賢將與權，無言復擾。昔有張子病腫而命醫竘治之，張子謂曰：非吾背也，任子治焉。治之遂愈。夫身之與國而猶此也，必有所委，然後治之。奈何立一將于三軍之上，行師萬里之外而不與之便宜也？又大醫令淳于意能診病，決人死生，文帝問意曰：子治病能全無失乎？意對以爲病順者可治，逆者不可治，不能全無失。夫疾之與兵而猶此也，醫無全功，將無全勝，順逆之勢不可不參。恃權而縱，則君與之便宜者，反大將之鴆酒也。將而知此，則稱善將兵者；君而知此，則稱善將將者，而天下平平無事矣。

※兵法策

問：古之用兵者，先爲不可勝以待敵之可勝，故以近待遠、以逸待勞、以飽待饑，信矣。然是三者，敵與我共焉，待之固難，而知之尤不易也。故曰知彼知己，百戰不殆。然則所以知之者何道？所以待之者何術？或謂避實而擊虛，或謂變主而爲客，夫如是，則遠近、勞逸、饑飽勢至不常，我以是待之，又安知敵之不待我也？惟孫子曰："善戰者，致人而不致于人。"斯殆得用兵之要，其指意所在，亦有可原者歟？方今國家之于醜虜，沿邊屯戍，來禦而去不追，較之以三者之勢，奚啻百倍！然而在我者未見全勝也，在彼者未見全敗也，豈勝敗之數無當于兵法歟？抑所以知而待之者有未盡歟？至如昔人堅壁饗士則匈奴遠遁，罷騎屯田則羌虜坐銷，其遺論具在，亦可採而行于今歟？夫審主客、計虛實，以全力而制其敝，固籌邊者所樂聞也。其爲我畫必勝之策于篇。

夫兵也者，兩設而互敵者也。必知之然後能待之，必待之然後能勝之。法曰："知彼知己，百戰不殆。"言貴知也；以近待遠、以佚待勞、以飽待饑，言貴待也；避實而擊虛、變主而爲客，言貴勝也。然則遠近者何？言地里也：高壘深溝，據險而守，是之謂以近待遠。勞佚者何？言士馬也：敵來挑戰，堅壁不出，是之謂以佚待勞。饑飽者何？言芻餉也：轉輸多，蓄積富，是之謂以飽待饑。虛實者何？處乎近，得其佚，遂其飽則實，否則虛。主客者何？處乎近，得其佚，遂其飽則主，否則客。虛實主客有常形乎？曰：水無常勢，兵無常形，敵而有智者出攻我要害，不得不徙，則遠近易矣；應救煩擾，則勞佚易矣；絕我餉道，則饑飽易矣。故不爲敵撓則我爲主而實，敵能撓我則反爲客而虛。善戰者避實而擊虛，則實者亦虛；變主而爲客，則客反爲主。實者亦虛，未有弗敗者也；客而爲主，未有弗勝者也。夫兵皆喜勝而卒或弗勝，皆惡敗而竟底于敗者，弗知彼也，又弗知己也。時勝時敗者，或知彼而不知己，或知己而不知彼也。誠知彼又知己，則何敗乎？將明其說，必徵事焉。其證在李牧之制匈奴，趙充國之平西羌。此兩將者，明彼己、審主客、計虛實，通于法術，合乎勝道，當時稱之，傳于後世。昔者匈奴侵趙而李牧守雁門，匈奴數入寇，牧誡士卒勿出戰，第日椎牛與士卒共食，士卒日得賞賜而不用，皆願一戰，曰：吾將何怯也！李牧若弗聞。匈奴玩之，復大入，牧勒兵大破之。終牧之身，匈奴不復來。夫牧豈怯虜者哉？以爲吾卒弱而虜縱，以弱卒當縱虜，如以卵投石，必無幸矣，故且待之。待之數年，一舉而破之，若口中虱焉。假令牧搖于脣吻、怵于邪說，則喪其本謀，趙之亭障卒不解甲、鼓不停桴，永無安枕之期矣。昔者漢伐先零，以充國往。充國引兵至先零，見先零或降或叛，度其必壞，上書請罷騎兵留屯田爲坐勝之策。書三上，乃得報。分兵爲九校，校各萬人，因田致穀，撓亂羌眾不得處肥饒之地。居數年，先零果大困，殺其首惡楊玉以降。充國書曰：臣豈不知引兵遠攻，自避嫌疑？此人臣不忠之利，非社稷之福也。嗟乎至言哉！假令充國不力爭，輒以天子詔討之，先零兵強而自據善地，軍士困于寒苦之域，罹于疲餒鞍篆之患，變且不測，況望縣首藁街哉！法曰"善戰者致人而不致于人"，李、趙二子誠有之矣。頃歲以來北虜穿塞爲寇，大入大利、小入小利，我軍遇之輒靡、屯之輒解，此無他故，虜兵與法合、我兵乖所謂也。虜合法云何？彼雖千里趨戰，於法爲遠，然絕澗踰垣，遂有其險，則奪我之近；經涉川谷，日夜而馳，於法爲勞，然既入塞，結營如堵，晝掠夜歸，我軍救東則擊西，救甲則擊乙，則奪我之佚；不持糧、不載蒭，於法爲饑，然一入其地即食其有，困圍我軍，餉道轉絕，則奪我之飽。我乖法云何？頹垣壞壁，延敵而入，不可謂待遠；戍卒候望，力孤勢弱，又不番休，不可謂待勞；月廩冬衣，踰時不給，不可謂待饑。且欲爲待之云何？他邊且勿論，論其至切者。今國家建都于燕，西北以宣大爲蔽，東北以薊州爲藩，彼宣大邊垣既已底績，而薊州一路顧有遺謀，雖稱峻嶺絕攀、巉石拒口，然地形延袤，通胡之孔道尚眾。自今作之，西接宣府，東連山海，爲邊千二百里，誠使幹濟之臣戮力經營，令睥睨繼屬、亭鄣星聯，虜騎望見無可奈何，患可少止，乃所謂近待遠也。戍卒所備者多故力孤，力孤故勢弱，今可徵募新軍填實空缺。以今邊千二百里爲準，每百里爲一軍，每軍五千人，析爲十二區，每區置一將領之，寬則練習，急則拒守，分番乘鄣，養其精銳，乃所謂佚待勞也。司計大臣會計內帑若干、外儲若干，月廩冬衣，應時給發，賞賜犒予，不期而至，內帑不足，取之外儲，又不足令民買爵贖罪，務益蓄積。虜若臨邊，明以宣示以折其氣而伐其謀，乃所謂飽待饑也。然虜計狡獪閃忽，且欲知之云何？邊法故有遠哨近探之卒，惟遠哨者未至虜營，返而紿我；近探者虜兵已迫，懼爲所得，張設危言，不符情實，以故不能知彼。既不知彼，遂昧所待，亦不知己，勝歸彼、敗歸我獨坐此耳。今之邊將，各養死士數十人，親信既深，豈忍負主？若驅之哨探，令與遠近偵卒偕往偕來，偽口不至，夷情可獲，乃所謂知之也。且欲勝之云何？虜凡大掠，必悉眾而行，搗其巢穴以牽制之，則內顧而憚遠涉；多設疑事離其上下之心，令謀臣不用、驍將墮體，乃所謂避實而擊虛、變主而爲客，制勝之術也。法令久弛，人心不肅，且將爲所欲爲云何？曰：嚴法。董閼于行石邑山中，見澗深峭百仞，問之傍人，痴兒馬牛無有入者。董乃歎曰：使吾法之無赦猶入澗之必死也，則人莫之敢犯也，夫人不敢犯，則臂揮頷招，隨所東西，何功不可立、何事不可興也！法太嚴則厲，又欲令人親我云何？曰：厚賞。越王欲伐吳而未知人心，乃自焚宮室，下令曰：救火者比勝敵之賞。趨而赴火者六千人，因遂伐吳，滅之。夫利之所在，人忘其害，皆爲孟賁。婦人拾蠶、漁者握鱣，所利在此也。設我欲爲之而人固撓之云何？曰：堅其志而已。始李牧之壁軍也，趙王用人言譙讓之，已又奪之，既代者弗利，王乃是牧計，聽焉，言者自失。充國奏事時，廷臣非議者十七人中十五人，後計定，上詰前非議者，皆頓首謝。吹竽滿庭，孰辨其美，一一聽之，乃識其音。夫難與慮始，可與享成，自古記之。觀于二事，則吾志決矣，志決則功可就矣。雖然，士而有志于天下者豈少哉？至成功則未焉，何也？機有所難窺，變有所難圖，時有所難矯，勢有所難移；或以敢任而坐鬻權，或以周謀而目炫智，或以革蠹而誣亂法，或以振惰而訕苛眾。流言三至，慈母不親，況君臣之際乎！此有志之士欲爲而懼其撓也。彼李趙二子，其志誠堅，然亦遇主。今者聖人御世，畢照群情，志士奮袂而作、投軀而往，其誰撓哉，其誰懼哉！

※黃河策

　　問：黃河爲患，隨地遷徙，其間防避之法，代有規爲，姑勿論。即如頃者，河決曹邑，生民昏墊殆甚。有司思患預防，乃有安平鎮故事之虞，而持議之臣有欲穿趙皮寨者，有欲穿孫家渡者，其說孰優？守土之臣有稱便者，有稱不便者，其見奚異？方今力已困矣，猥興莫大之役；用已匱矣，重以不貲之費，而其役其費，于時勢又不可已。茲且圖之。役欲其效力而不怨，何以郵之？費欲其財出而有功，何以理之？夫役夫眾多，久勞則潰；費涉諸州，兼取則冒托資姦。我將令其役久不潰，財用不濫，其何道以督之？夫眾言淆亂，必歸諸一，安所便安所不便？安可見功捷而不至久役？安可少費而成功大？無厭其瀆說也。

天下有不可必興之利，亦有不可必去之害。夫利害者，休戚之原也，興衰之機也。利有可興而弗知所以興，害有可去而弗知所以去，仁者不爲也；利不可以興而必欲興之，害不可以去而必欲去之，知者不爲也。不必于興利，不必于去害，知以度之，仁以經之，盡諸我者足以回天人之心，是謂得時。方今黃河之害，非在所當必去者乎？運道之利，非在所當必興者乎？而執事先生懇懇焉，惟是之問，無亦欲察利害之原而究其說乎？夫河之爲中國患也久矣，禹鑿龍門、導大伾，疏九河而注之海，而後懷襄之害息，允賴之利成，孟子所謂"禹之行水，水之道也"。繼禹而治者，代不乏人。然議論敷奏，人持所見；經營規度，各私其功。其于利害之原率未暇致詳也。明興，洪武初河嘗決雙河口，入魚臺，已而用兵梁晉間，命大將軍徐達開塌塲口、決耐牢坡，引曹鄆河以輸晉梁之粟。永樂中運道淤阻，輸挽不繼，乃發河南丁夫，命侍郎金純引開封河，復開塌塲口，出穀亭北以復故道。當是時，不徒察利害之原、明興去之宜，而聖德神功、孚契感格，亦不可誣。自是百餘年間，凡七決矣。雖嘗命大臣董治其事，然亦隨時補葺，未聞經久之圖也。邇者河折而東，決夏邑、經曹縣、達梁靖、接二洪，其于運道有賴矣。然戊申年河水暴溢，曹單之地皆沼渚而濱河之民悉魚鱉，蓋不忍言者。且弘治五年決張秋也，潰自金龍口，而其所經之地莫非曹州之境。今曹單之野視河水爲甚低，而張秋故道又視曹單爲其邇。故曹單一決，勢必尋故道而決張秋，非徒南旺以北閘座盡廢，愚恐山東諸泉悉因之而東奔矣。此河患之在山東者誠爲至切，而運道之在張秋者不可不慮也。決上流以殺其勢，開支河以分其流，今日救患之策，宜莫先于此者，故總督重臣一則有欲穿趙皮寨之奏，一則有欲穿孫家渡之奏。夫二河，俱上流也，而難易殊焉，何則？孫家渡之開，昔嘗因之以塞張秋，五十餘年，淤積成阜，雖經十五挑濬，卒罔攸濟。趙皮寨之穿以達渦河，雖其道里較若稍遠，而河身尚存，易以成功。然自河以南者曰：二河既開，則曹縣之患轉而之睢，歸毫泗矣。夫民患均切也，而未然之防亦不可不虞。是故決孫家之渡則必由白露、西華以入荊山矣，而壽春諸王之墳近淮河者，可不慮其奔迫邪？開趙皮之寨則必經渦河、蒙城以達臨淮矣，而祖陵皇陵之在鳳泗者，可不憂其蕩齧邪？故菑害之及于民者均之可恤，而其切于陵寢者尤可畏也。雖然，二河誠可鑿也。方今財力困矣，莫大之役、不貲之費將何所取給邪？議者謂在山東則有溜淺之夫、堤白之夫，在大名亦有堤夫，在河南亦有河夫、堤夫、堡夫，而歲時定派，復有椿草之銀。然河南之夫，徵銀以爲雇募之直；山東之夫，役力以備挑濬之用，而力與銀又取諸均徭，蓋自黃河興役而經費有常，所謂輪年之額辦者也。而明問則曰"役夫眾多，久勞則潰；財出州郡，兼取則冒托資奸"者，無亦有懲于勝國之已事，而爲是憂治時之言乎？愚則以爲救災卹患，本非黷武窮兵之事，而董理諸臣又非好大喜功之人。故尚書宋禮役夫一十六萬以決會通之淤，凡七閱月而後成。都御史徐有貞役夫五萬八千以塞滎陽之決，歷十有八月而後集。及決金龍，則白康敏役夫二十五萬矣；復決張秋，則劉忠宣役夫一十二萬矣，又皆成功于二年之後。當時民不以爲怨者，得非說以先民，民忘其勞邪？茲果欲其役久而不潰，愚則曰非姑息之可能也。必與之工直以安其心，錫之犒賞以作其氣，出給有時、更休有候而又節其風雨之勞、恤其疾苦之私，復得仁厚之吏巡行勞來于其間，有如李牧、魏尚之撫士卒，即驅之于必死，民且樂于戰矣，況徒役其力而已邪！果欲其財出而不濫，愚則曰非浚削之可恃也。必圭地以計其數，因數以定其夫，測深廣以驗工，視濕燥以爲節，而又遠邇有程，稽考有籍，復得廉明之吏覈實經度于其間。如孔僅、劉晏之善心計，即有污吏猾胥，無所容其奸矣，況用之而得其人邪？嗟夫！此自一時區處者言之也，而利害之原則固有未悉者。昔宋欲回河，歐陽脩曰：凡動大眾，必順天時，量人力，謀于其始，審于其終，計所利者多，乃可無悔。劉敞亦曰：天有時，地有勢。今極力于疲病，掠財于殘耗，上與天爭時，下與地爭勢，未見其爲可也。方今可憂之害，莫切于皇陵；必圖之利，莫先于漕運。乃者河水東行而陵寢無虞，接河濟洪而漕挽通利，此蓋皇天垂祐、地祇效靈，國家億萬載無疆之休，端有在于此者，是豈人謀之能與哉！而持議之臣不審其所終，自貽無窮之患，爭時爭勢，强爲難圖之功，誠未見其便者。然則爲今之計必何如而後可哉？陳堯佐知滑州，以西北水壞城，築大堤又疊埽于城北，護州中居民，復置木龍以護岸，當時賴焉。任伯雨云：河流必決者，勢也，安可以人力制哉？爲今之策，正宜因其所向，寬立隄防，約攔水勢，使不至大段漫流爾。故與其分心于難濬之二河，孰若併力于尚完之曹單。是故多置方舟疏濬淤澱，使河益深廣，足爲容受之地，以行賈魯之三法。寬立隄防，增培卑薄，復旁植木龍以當奔突之勢，以行賈讓之三策。不然則又于崔壩南岸別決小河，自賈庄以達梁靖，俾水有所分且免他虞，是或治河之一道也。如是則事捷而役不久，功大而費不重矣。然草野之臣，不識忌諱，復有進于此者。晉景公時，河壅不流，召伯尊，遇輦者曰：君親素縞，帥群臣哭之。既而祠焉，斯流矣如言。漢武帝時，河決金隄，谷永以爲河乃中國之經瀆，今潰溢橫流，漂沒陵阜，異之大者，宜脩政以應。至後世，三寶之說獻于祖禹，崇陽抑陰之疏進諸李綱，此愚至所謂得其時焉之意也。茲遇聖明在上，知周仁備以建中和之極，行將見其就下安流，出圖書以答皇休矣，愚也又何贅焉。

槐野先生存笥稿卷之十四

槐野先生存笥稿卷之十五

左輔王維楨著　館甥渭上南師仲編

論三首
善用兵者教正不教奇論
聖人自有中和之氣論
文章根本六經論

論

善用兵者教正不教奇論

兵之道貴神而用之者貴密。神也者，言不可測也，而使人測之則非神矣。密也者，言不可泄也，而豫泄之則兵殆矣。夫兵之爲器，非玩物也，勢相角而成敗分焉，壁相望而存亡決焉。皆欲相敗，皆欲相亡，則皆用奇。故奇者所以徼勝圖存，使人不可測者也。善用之者不豫泄則孰能測之？不能測則令之而隨、驅之而往，隨者自隨莫知所以隨也，往者自往莫知所以往也，如是則勝道得而敵不能敗也，存道得而敵不能亡也。李靖言"用兵之道，教正不教奇"，非愚三軍而自智、專能而忌人奪也。正可教也，奇不可教也。夫攻、守、進、退，此四者，兵之形也。攻與之攻，守與之守，進與之進，退與之退，授以方略，豎以表幟、期以時日，約以止舍，此謂"以正出，以形見"，可使三軍知，亦可使敵國聞。何也？兵得利則攻，不得利則守，得利則進，不得利則退，敵之智與我均也；其得利與不得利，可攻、可守、可進、可退，形跡暴章，了在眾目，三軍之智與我均也。若之何而不可教也？至若當攻而却守，變守而爲攻，進可矣乃復退焉，退可矣乃復進焉，得利而不趨，不得利而不避，所用者不合形，不用者不合勢，駭耳目，悖方體，此所謂奇也。不可令三軍知，不可使敵國聞，三軍知則機泄，機泄則敵國聞，敵國聞則謀解而乖我所之，敗之階也，亡之媒也。故兵道貴神而用之貴密。神者所以爲不可敗也，不可亡也；密者所以爲勝也，所以爲存也。其不以教衆者此也。古之人有用之者，齊之田單、漢之韓信是已。夫騎劫舉數萬之衆以臨即墨，即墨小邑，安能當劫？單乃令男女乘城、妻妾編伍，此謂死守，以正教之者也。彼收牛、聚刃、買脂、采葦、製絳衣、選壯士之數者，人不知單之爲，單亦不告以故。一夕而牛具，乃加絳衣其身而灌脂、束葦其尾，火燒其端，帶刃于角，穴城而出，以奔燕軍，壯士從後攻之，燕軍敗遁，即墨得不下，遂復齊七十餘城。向使單豫以謀示，則人必相恐，以爲速禍，將有持謀告劫而求下者，此不教奇之效也。韓信之擊趙也，建大將之旗，鳴靈鼉之鼓，歷太行之巔，下井陘之口，號令三軍，乘夜急馳，此謂進取，以正教之者也。已而爲背水陣，諸將不然，信徒令之而不諭其指，及趙軍攻壁，漢軍殊死戰，趙軍敗走，漢軍進擊，斬陳餘于泜水之上，諸將畢賀，問信所爲背水陣者，信乃解之，而諸將始服。向使信早諭其指，三軍聞之而生懼，懼則必走，漢事償矣，此不教奇之效也。且趙亦有奇，廣武君之策是也。陳餘棄而不用，信間知之，乃遂東下。趙聽廣武，信必爲禽矣。故信宜亡而顧存，趙宜存而反亡，乃趙之奇泄也。田單反言詭詞以誤燕將，燕將惑之，劓面掘塚，遂以怒衆而堅其敵。苟劫而有間，所得詭詞皆因而倒用之，雖有十單，不能守一即墨。故劫應勝而顧敗，單應敗而反勝，乃單之奇密也。夫奕者，背道而反擊，彈遠以圖近，相對脉脉而勝負決焉者，密之所就也。醫國厲鍼砥石掩其不見，而著病人割皮解肌不謀而施，病因以已者，密之所濟也。兵亦若是而已。夫死者人之所懼也，亡者敵之所惡也。用奇危道，納生于死者也；用奇劫道，陷敵于亡者也。其密而不以教衆者，所以使懼死之士不走而惡亡之敵不備也。故或止如泰山、或動如流水，其動其止不可得而測也；或恬如處子、或疾如脫兔，其恬其疾不可得而測也。一日之內而攻守異焉，俄頃之間而進退異焉，變化紛紜，不可執擬，問之不告，告者非情，我所趨者非衆所意，衆所意者非我所趨，在心有餘，在口不足，乃所謂善用奇者也。雖然，奇亦非易易言者：機智弗圓不可用也，勇力弗贍不可用也，士心不和不可用也，不信于君不可用也。好奇而數出之則三祥而七災，間出之則十往而十利。越王式怒鼃而士氣遂奮，再式之則不奮矣；周王求玉簪而人不敢欺，再求之則反欺矣。何也？機泄而人得測之也。故奇者間道，正者周行。正，可使由之，亦可使知之；奇，可使由之，不可使知之。故有教有不教也。

聖人自有中和之氣論

聖人所以善其符表者，能治其性情而已矣。夫性之所貴也，莫貴于中和；情之所忽也，莫慎于幽獨。故能治其性情則容貌威儀靡弗善矣，不能治其性情則容貌威儀靡弗失矣。何也？容貌威儀，性情之符表也。傳曰"其儀一兮，心如結兮"，言因外以知內也。又曰"顯允君子，莫不令儀"，言由內而彪外也。且夫性有四德、情有四失、氣有四戾，皆相沿而起、相漸而流也。何謂四德？端而肅者，貌之德也；威而毅者，容之德也；莊而嶽嶽者，體之德也；慎而縮縮者，動之德也。四德不存，則有四失。貌不作肅，其失也怠；容不作威，其失也惰；體不作莊，其失也放；動不作慎，其失也肆。四失之流，則有四戾。夫怠流而肅不可返矣，惰流而威不可返矣，放流而莊不可返矣，肆流而慎不可返矣。不可返謂之戾，戾謂之不和；不合道謂之失，失謂之不中，此恒人之通疾而粹氣之難覯也。聖人之生異于凡民而所操存兢業者又甚于凡民。入太廟則肅肅矣，然入前有肅，焉所入而不肅也？立朝廷則慄慄矣，然立前有慄，焉所立而不慄也？接賓客則戢戢矣，然接前有戢，焉所接而不戢也？無不肅即有所不肅，猶肅也；無不慄即有所不慄，猶慄也；無不戢即有所不戢，猶戢也。是故燕居之時異乎入太廟矣，而肅未忘；異乎在朝廷矣，而慄未忘；異乎接賓客矣，而戢未忘。心不忘則性存，性存則情自治，情治則氣自醇，故貌若解肅而不涉于怠，肅將之也；容若解威而不淪于惰，威持之也；體若解莊而不近于放，莊維之也；動若解慎而不溺于肆，慎宰之也。夫不肅而亦不怠，不威而亦不惰，不莊而亦不放，不慎而亦不肆，是氣也，誠難所名，君子目之曰中和。明抗厲之人則大局，任縱之人則大乖也。今夫冬日苦寒，偏于陰也；夏日苦燥，偏于陽也。體陰陽之氣，適寒燥之中者，莫當于春輝，春輝可以喻聖人矣。是以身處梱闑之奧而聲聞于邦閭之著，美在一時而儀刑乎萬世，謂其幽獨之中、忽微之際能若此也。夫氣不可偽，以發之乎性情也。故聖人之學，治性情而不治氣；恒人之學，治氣而不求之性情，則氣終不可治矣。夫恒人之學既不逮乎聖人，而所操存兢業者又不逮乎聖人，故自生民以來，恒人恒多、聖人恒寡者，此也。或曰：《語》有之"唯上智與下愚不移"。聖人者，天予之；眾人者，天否之。噫！非然哉！金之含礫，玉之挾瑕，此非其性與？而良工治之，金化轉精，玉化轉美也。斯足以證聖人之可學，氣質之可純矣。

文章根本六經論

夫聖人之言稱曰經者，何也？釋義曰：經者，常也。言萬世可常用也。故天有常星，不見則為異；聖人有常言，不用則為乖。經有六者，何也？聖人迭出，咸各立詞，交明互發，故累為六也。夫天地之理不旋生，一聖出一經作，所說何也？道在天地間，紛綸溟涬，一方不可盡，故一人不能究，固必待數人出，前者開之、後者推之，略者廣之、微者闡之，其理始完具無缺。故六經各一體，不相沿也。夫既不相沿也，則無相悖乎？夫聖人觀物察則而立詞，聖人誠聰睿出尤，不能各創一理。若道有鬱而弗彰，物有存而未名，世有變而政殊，時有更而事異，則尋所漏遺增埤之，其已具者不復枝贅。故聖人之言，或開或推、或略或廣、或微或闡也。若然者，則六經者載道之器也，亦稱文乎？夫文，猶飾也，器不飾則賈不售，言無文則人不傳。故文者，感愛鍾慕，悅目注情，使人沾沾不釋者也。六經若不文，當時即棄之，何以行千萬世至于今？是故《易》布卦以經緯相錯，《書》序事以都俞造端，《詩》紀德以比興發義，《春秋》明王伯以褒貶屬詞，《禮》、《樂》陳器數以問答成章，人誦其言則愛、則慕、則悅、則注，至不忘也。然則文章必根本六經乎？文章根本六經，宋士說也。宋有曾鞏氏者，號為能文章。彼其操翰命指，類皆憑依道法，頌說先王，一時士人稱之，以為不詭于六經。夫不詭于六經，能矣，然而不能翼也，其失則泥也。何也？夫千萬世之上，聖人迭出，其言猶以世殊，故經有六。千萬世之下，聖人既遠，其言愈當有修補也。且所貴于文者，非徒不詭于六經，即云至也，于以明道教、議政治、稽品式、辨風俗、商損益也。古今異時則諸物異宜，六經之言誠具，然不能豫窮後世之變。修詞之士，能隨時論事，令可申法陳教，即所謂助其窮、周其變也。故言雖不必六經之徇，而寔翼之也。今按鞏集，其說第陳故而繁枝蔓。凡枝蔓必附大木，然後引而起。謂為根本六經，信矣；稱為作者，未也。夫棟宇之制，大匠不能更，然宗廟明堂，各一規也；律呂之節，大師不能變，然雲門肆夏，各一闋也；六經之道，才哲不能踰，然宣情道蘊，各一模也。故語必襲古，是賈販而轉徙也；體必依物，是童步而倚壁也。夫道猶帛也，而五色之變燦燦殊焉，其質則皆素也。由此言之，文何嘗無本哉，亦何必相襲哉！

槐野先生存笥稿卷之十五

槐野先生存笥稿卷之十六

左輔王維楨著　館甥渭上南師仲編

雜著一十首
御試足食足兵議
王母太孺人述
雪灘釋代陳子作
五泉子說
字姪脩仲說
葉母還金跋
跋許石城所藏群公詞翰卷
許氏贈言跋
匪懈稿志
書李空同贈華雙梧琅琊行後 原詩附

雜著

御試足食足兵議

　　夫慴敵思奮以震耀國威者，策士之志也；養兵俟時以培植本根者，哲人之智也；岐兵食而兩圖者，偏陋之見也；隨罅隙而補葺者，因循之謀也。是故因循僨事，偏陋無功，哲人樹績，策士揚名。夫兵之不震也，國威以卑，謂兵者國之防也；食之不充也，兵且隨憊，毋亦謂食者兵之幹乎？夫騏驥之行千里也，然奪其粟則跬步難之矣；賁育之敵萬人也，然枵其腹則匹夫惴之矣。國倚于兵，兵倚于食，其勢固聯而弗可離也。今昔經國者，孰智于孔子？其言曰：

足食、足兵，民信之矣。夫加食于兵之先，蓋豢騏驥而豐其粟、飯賁育而充其量，使之千里馳而萬人當也。其次如漢孔明者，亦不可謂弗智，然盡瘁出師，竟滯偏安，乃亦謂運糧不繼，使已志不申，正猶夫奪騏驥之粟、枵賁育之腹而責之千里、萬人之技也，其弗難哉！故愚謂足兵莫如足食，足食莫如節費，節費莫如儉欲，儉欲莫如審勢。夫閭閻之蓋藏盡則民貧，倉府之積貯虛則官貧，內帑之頒濟竭則國貧，三貧具而國耗矣。國耗不可以言足食。故足食之道，不在于開源而存乎節流，不在于任人而存乎儉欲，不在于詢謀而存乎審勢，何謂勢？欲心侈則財費，財費則民費，民不支則國費，國且費，腹心枯寂之至也。內之或揭竿，外之或舉烽；大之或連甲不解，細之或狐鼠相尋；吾不知其所底矣，故歸諸審勢。今之食其可謂匱而嗇矣，今之兵其可謂驕而惰矣，邦家之威靈氣燄其可謂貶以卑矣。其貶以卑也，謂驕而惰者也，其驕而惰也，謂匱以嗇者也，茲欲其不貶、不卑、不惰、不驕、不匱、不嗇而兵食足焉，國威震焉。是故惟策士先其急，惟哲人究其原。勸農通商者爲裕圖，選材練卒者爲通論，何也？孟子謂制挺以撻堅利之兵，壯士具也；韓洸運米未及而六軍有脫巾之呼，餒奪志也。此可以鑒矣。

王母太孺人述

太孺人姓劉氏，配先君文菴公。先君生一子曰維楨，楨年二十而文菴公即世。初，文菴公教楨治舉子業甚力，恨不旦夕就功名，母劉姓醇慈[一]，念孤兒，不欲勞獎精神，不問勤惰，顧禱于鬼神謹。每晨興焚香，屈膝仰天祝曰：天乎！我王有世德，至吾兒孤矣，天庶其祐之！比楨貴，母劉敬神愈益篤，以爲兒成人，神相視力也。初，王氏業替也，會又值歲飢，楨持故紵衣易斗粟來，僅僅朝夕，鄰有嫠婦，餓且死，母劉收養之，至損直之半以給，曰：即飢甚，吾能活鄰婦，天獨忍斃我乎？於是聞者皆賢劉，謂代餓婦報劉者，必天也。嘉靖丁酉，蒙恩詔得封太孺人，文菴公贈翰林檢討、徵仕郎如楨官。楨爲具翟冠、製錦袍進母劉，母劉顧涕泣曰：汝父安在？誰令種之，誰則食之。一再御，輒箱之。後楨數冬進紵、夏進縠，皆箱之不御，曰：吾美此，第非性所安耳。癸卯歲，壽六十。秦俗：父母六十始壽，子孫爲入諸內外親禮，置酒大會，稱觴致祝詞。是歲母劉從楨養京邸，缺不舉。越二年乙巳，母劉念家思歸不可得，楨爲疏請于上，乞送與歸，許之。今年壽六十加三歲矣，歸，且入諸內外親禮，置酒大會，稱觥致祝詞，舉癸卯缺事。夫楨所祝願吾母者，即南山不啻也。顧猶悼往觸懷，念吾父焉，年不與俱也，而章志揚光，訓孝勸德，則惟大人先生。立言示信，俾氏有述云。

【校記】

［一］"姓"，嘉靖四十年二十卷本及崇禎十二年四十二卷本均作"性"，當是。

雪灘釋代陳子作

雪灘山人者，峽江人也。關中陳子與山人同官，每從山人游，見山人瑩表淵中、弗激弗湟，乃甚禮山人，問山人曰：公奚雪灘稱也？山人曰：余蓋依峽水之沂而家焉，巖虛境寂則泉聲瀑峽而落，延漫平川，席展鏡澄；又雪時墜玉飄綃彌灘幕峽，風噓之塵，月輝之動，山人則棹孤舟、蕩瓊漵，光溢波映，目曠神怡，山中人訪余者輒亦舟從於是灘之上，遂呼山人曰雪灘，而余亦自謂雪灘云。陳子曰：固矣！今且官大夫，離隱就列，廼猶嗟灘戀雪，必襲故稱，何也？山人曰：余愛其時如鷺斯下焉，如鶴斯集焉，入沙脉脉、拂澗泠泠，布襪凌波而不爲緇，敝裘行岸而不知寒，雖余脫跡灘上而神往若昔，終不以大夫廢吾稱。陳子曰：嗟！雪灘山人觥勝矣！吾爲山人闡厥義。夫雪，澤物也，冬窮雨露，故膚序以著功；灘，匯區也，時值旱魃，恒分流以濟竭。是故同雲始降者，以廣潤也；靡引弗達者，以荅望也。君子觀于雪，於是虛明以象其體，氤氲以肖其氣，勢乎我乘，則罩以澤宇；觀于灘，於是蒙蓄以大其源，鑑澈以含其用，時乎我將，則溢而流下。山人者雪灘之思，思者勝也，苟繹斯義，則思者遺矣。山人矍然曰：遒哉理乎！子之論也。始余欲灘之上臥如袁，以偃以仰而已矣；狂如孟，以觴以梅而已矣；放如猷，以往以返而已矣。茲若而言，余將謝所思，而余稱終不欲廢。陳子曰：稱聽山人，然雪灘非山人實無當。

五泉子說

東南之水不可勝記，唯海爲最大，次若太湖，太湖于古爲震澤，其水延漫浩淼，未可津涘；既溢而流，則區分支別，爲號不同。流嘉善者稱五涇焉。五涇有薛子之居在，薛子以居其濱，因而自稱曰"五泉子"。居三十年始爲仕，仕而政體有沿革，物情有常變，人事有順逆，若是弗齊，固各有則。薛子居學既久，諸物咸具，仕逾十年，自有振矜表樹之業以百指數，皆能因政植體，不怵于情、不詭于衆，有定執焉。於是人譽五泉子，然又或惡五泉子，擠使不利。於是五泉子不得久在内，謫居外服。而五泉子得譽不以我爲賢也，即得惡不以我爲不肖也。爲駕部郎中，貴重不爲忻也；迫出典牧守，不以抑爲戚也。於是王子欽焉，爲說五泉。夫五涇之水分迤各足，流日夜無休已時，非以太湖爲之本哉？不有則絕。然望海遠，不直達徑奔，又必經九華之山、三泖之浸，幾折而後。至于其中衝飈激浪，偶會不謀，或使蛟龍徙其窟，光景失其觀，固亦有之，然竟歸于海，何者？以水之志必于海也。夫水之志必于海，人之志必于極，則何異哉？然不蓄不洩、不曲不達、不激不奔，水之道如此，五泉子之行，寔此與類，故予欽羨嗟異，非私之也。五泉子曰：於乎！予稱五泉，安能若子說，且予安能抵于極乎！於是王子申之曰：夫水之道，順逆不至海[一]，唯人亦然。乃子譽不爲有，惡不爲懾；在内不爲忻，出外不爲戚，誠有合乎順之道矣。夫順而往，焉弗至哉！焉弗至哉！

【校記】

[一]"不"，嘉靖四十年二十卷本作"必"，當是。

字姪脩仲說

姪名吉兆，從余業。既冠，余將字，告之曰：汝孩窘奪母、孤子失依，幾無以形振于人寰，祖母氏篤憐，躬撫。及長，甘貧嗜學，命名吉兆，志喜也。尊其名則身愛矣，身愛則親顯矣，愛身顯親，允如所謂吉也。古人有履吉之道，夙佩以自教，今以教汝。吉兆感泣，請示之。夫子嘗曰"君子脩之吉"，因取脩仲字之，以示教也。夫君子始厄夐險、末躋達順者，非初以達且順之爲貪，恒懼辱身逮親、罔獲彝倫居也。明通以宏詞，比類以成行，師恪以廣業，歸欲愛身顯親如吉也已。昔李密六月而背父，四歲而別母，習行依劉以至成立。當其時，密免淪于危者幾希，密懼焉，弗敢學肆，崇欽以植德，折節以鼎賢，侍蓐殫孝，砥行軼古，已行飭而風高，君賁而臣臨，英熖懋績，拔衰躋盛，劉因以慈著，迄今人遜悼焉。密于時敗學危身，天下後世庸詎知有劉邪！故不知脩者，辱身者也；辱身者，辱親者也；辱身以及親，凶之孽矣，吉兆之謂邪！久之，吉兆泣下，籍手以拜曰：字我者，叔也，師也；朂我者，密也，古賢人也。體規立念，吾可以勉順祖母氏命名之意矣。既退，遂書其說于齋。

葉母還金跋

夫葉母，其可謂難哉！夫士習書史之業，講聖賢之則也，然猶不免金惑；即不爲惑，則又振物矜有，釣勝希前，實彼以就此，均之貪矣。夫葉母者，笄黛之流、閨閤之英，固無所謂習書史之業、講聖賢之則也，顧有此還金事，然非賈名[一]、非餌世，嗟乎難哉！司馬氏號稱良史，至爲巴婦立傳，啟貪人心，謬甚。若葉母者，可以傳矣。

【校記】

[一]"然"下嘉靖四十年二十卷本有"又"字。

跋許石城所藏群公詞翰卷

今在卷者，則皆吳中長老先生之作，往皆有聲詞壇者也。彼其人骨朽矣[一]，其言猶爲石城君寶而藏之，乃知自剖判以來，未有不敝之軀，誠有不敝之語也。余，關以西人也，仕宦既二十歲矣，乃始行游江南，睹江南之川嶺、生物及其士風[二]，既歆然豔異之矣，乃復獲讀此卷[三]。則大江者，固天所以界宇宙、限南北，令各不相能，非人爲也[四]。且無論他，即詞調亦兩之矣。總之，北尚風骨，南尚色澤。然人好南音者，則十夫而九也。

【校記】

[一]"骨"下嘉靖四十年二十卷本有"已"字。
[二]"士"，嘉靖四十年二十卷本作"土"。
[三]"乃復獲讀此卷"，嘉靖四十年二十卷本作"乃茲復讀卷中詩益又悟焉"。
[四]"非人爲也"，嘉靖四十年二十卷本作"非區區人力能勝之也"。

許氏贈言跋

少華許氏者，余關中詩人也，乃贈與槐公詩，顧皆江左陸何諸人之調。謝公爲余歎伏之最甚，有故哉？在昔有狄牙者，能嘗淄澠之水而別之，因以調味，而適于眾口，則許氏之謂矣。余觀許氏諸什，總之工于形似；至稱謝公之詩，則言宣金，大呂振摛，錦高霞絢，可謂得象。蓋自陸何諸人以後，獨唯謝公足以當之，豈可數哉！然謝公頃游關中，往來鄠杜之郊，其爲詩固有方軌杜陵或且軼之者，不專做陸何。乃知許氏有遺論矣，余固表出之焉。夫江海所以爲百川宗者，以珍奇具也。

匪懈稿志

在昔詞林諸公，凡承校士之役者，至所録諸文，率皆宿構，謂既入簾，每多瑣屑責應之事，不得專意筆硯故也。余因是亦竊效焉。及既入簾，與同事者慈谿袁子議題目，乃遂易孟子題有謂。居數日，梓人請録文，余出諸所構者巾笥中，視之甚慊慊，不當其懷，於是苦之而伏在牀上，起復視愈益厭惡之，乃輒就焚棄焉。嘿坐移日，不得一好語，甚困，至夜半，忽忽若有得也。乃剪燈益炷，引筆伸紙，遂成一文，明日又成一文，又明日又成一文，不出七八日而諸文皆就矣。遂皆入梓。即其詞荒穢不治，然嘔出心肝矣。今録既已行世，然稿本不欲輒廢，留以覆醅，仍內之笥中焉。昔詩人咏山甫之德曰"夙夜匪懈，以事一人"，自余奉詔入簾，歷二十日許，計目得交睫者，不及三四夕，兢兢然以不稱任使爲懼也。余讔劣，雖望山甫千里，然匪懈則其心有之矣，乃取以名其稿云。策一篇遺而不録者。以皆心力所在，與初構孟子文一篇，亦附之稿末焉。

嘉靖乙卯八月二十五日關中王維楨書于貢院之聚奎堂

書李空同贈華雙梧瑯琊行後 原詩附

此空同先生詩也。蓋華公以言事謫官之滁，因遂借馬爲喻，又切太僕本事，其間命意構詞上逼少陵，而骨健氣逸則駸駸然凌太白之駕矣。頃來晚學才弄筆札、習韻語便欲雌黃老手，誠所謂幾曾望見腳板者也。余在愁寂中，偶閱太僕志，此詩編在其間，因附是語，以警狂悖云爾。

> 瑯琊山，淮海際。瑯琊神，上訴帝。唐韋亡、宋修老，釀泉西澗空秋草，圍人山下開新道。勾吴驥子行地龍，奮鬣入燕燕群空。屹立天仗下，長鳴向天子。願借上方劍，斬此求馬使。千金買騄駬，可望千里至？帝斥驥歸瑯琊，駕紫氛，驂赤霞。步驟堯舜軌，背扛羲和

車。怒氣洒江江水立，渴吻吸海老蛟泣。颶風夜襲扶桑根，天吳噴薄箕斗昏。絕頂望之眠不得，圓方莽蒼日無色。亭前吹笛凍石裂，崖下笛聲風雨黑。長安執友束生芻，楚天延佇雲模糊。

右詩《空同集》不載，以是知先生著作，逸者蓋尚多也。因附載于此，俟蒐藝文者采焉。

渭上後學南師仲志

槐野先生存笥稿卷之十六

槐野先生存笥稿卷之十七

左輔王維楨著　館甥渭上南師仲編

雜著一十二首
御試喜雪賦
擬賜翰林學士宋濂以所選良馬并爲製歌謝表
大司寇箬溪先生顧公像贊
咸寧令齊子像贊并引
答尹朔野啟
請南吉士啟
請東體忱啟
中秋延賓啟
壽薛渭野帳詞并引
贈楊刺史帳詞并引
孝烈皇后鼓吹詞應制
南寺避暑詞

雜著

御試喜雪賦

　　時維玄冥之月。北風增嚴，萬彙蕭騷。層郊落漠，九漢沉寥。墨卿牽興于梁園，鄭老縈情于灞橋。英辟待賞于雪宮，剡人伺夜而鼓橈。況夫三白兆瑞，當宁軫懷；白雪逸調，孰發瑰才？爾乃玄陸降坎，青達升震，同雲靉靆，冲風釀醞。剪澄江之瓊練，舞天花于千仞。僵子御麻衣而摶空，瓊屑學楊花而吹鬢。由是騷人詞士，志爽神怡，攜詠登臺，炯炯光迷。北望燕然之山，東眺扶桑之枝，中觀仙人之掌，傍臨黃金之陂。山增概而嵯峨，樹分葩而負奇。危掌擎天而璀璨，故陂積玉而陸離。載盼游客，則有謝家吟調，孟氏風流，揮麗藻以模象，問梅花于瓊樓；載睹景物，則有皓鶴擬鮮，白鷗比素，藹藍絮于回飆，綴璧英于綺樹。由是竟日徹宵，層飄疊委，突矣數尺，皓然千里。多稼滿望于甫田，有年將出于太史。則見蝗種斃、土鼓鳴、柳堤白、麥壠青。窈窈灑灑，脉脉縈縈。光搖明月之墅，影浮白玉之城。宸闈覽瑞以開顏，群工占歲而適情。三農有賴而忭舞，九衢喧笑而蚩聲。俯仰堯天，熙皞無營；氣調人和，逸興遄生。乃嘯良儔、涉靈象、踏瓊瑤、恣玩賞。燁然珠玉之雰霏，況爾春光之交益。逮夫暮景相禪，銀魄流波，乾坤一色，泛亭棹歌；雪月在庭，棹歌在阿，異哉奇乎，此樂如何！然俄懼其狃康而溺歡也，迺睹嘉祥、抽冥契、悟清標、訂新誓。其薄冲虛而六出繽紛也，有似乎高人志士放懷于宇宙者，莫之能繫；至夫匝郊原而萬品葳甤也，有似乎豐功偉烈霈澤于海埏者，莫窺其際。象圭璧以示潔，錯六英以示藝。盼貞松而覺操，倚寒梅而思儷。尤願化育恒普，協氣常調。帝德增戀，皇澤彌高。萬代陋黃竹之詠，九垓夐白雪之謠。於是載忭載舞，爲之歌曰：二氣冲融，瑤池蔽空，帝降祥兮。墜于隰原，珠玉彌阡，歡聲揚兮。惟天惠民，六合同春，帝德光兮。淑和布濩，百工安化，樂無疆兮；樂無疆兮，祝吾皇兮；祝吾皇兮，協虞唐兮。

擬賜翰林學士宋濂以所選良馬并爲製歌謝表

洪武九年某月某日，翰林學士臣宋濂伏蒙聖慈以所選良馬并爲製歌以賜臣者。神駒在馭，特分御府之珍；睿藻傳神，驚覘化工之妙。既聞嘶而知德，亦持扎而懷慚。臣誠惶誠恐，頓首頓首上言[一]：伏念臣濂雕蟲小夫，駑駘拙品。生當勝國之季，居在深山之中。竄形影以圖存，望風塵而增慄。著鞭首事，空憐祖逖之雄；歷塊非材，敢慕孫陽之遇。會真主崛興之始，正遺賢待出之時。過采虛名，至勤再三之驛召；曲承渥眷，親睹九五之龍飛。遂令遍歷于高華，未嘗少責以奔走。叨霑異數，首尾十年。感過隙之迅駒，漸空華髮；愧馮軒之衰鶴，恒抱汗顏。剪拂何施，馳驅難效。況乎三出三入，髀消乘傳之餘；兼以一節一趨，力匱登臺之後。欸龍鍾之已甚，瞻鳳閣而不前。豈期待廢之軀，翻軫益隆之顧。簡六閑之寶駿，群無留良；揮五色之雲篇，特將貌雅。不重戀德懋功之賞，忽臨私人私第之門。臣乃想容與于賦中，察風神于階下。得言得意而得象，掩周王黃澤之謠；和律和呂而和聲，陋漢帝蒲梢之曲。美而知愛，捧琬琰以驚心；感極生悲，撫樊纓而雪涕。一跌之虞可免，千官之眷誰先。茲蓋伏遇皇帝陛下冠古威神，御圖廣大。用三驅以取順，馳八駿以除殘。日月煥乎重明，乾坤帖爾再定。義降江表，畢收倚馬之才；詔下域中，至有墜驢之笑。駕馭一時之豪傑，廓清萬里之妖氛。有如愚臣，亦冒殊獎。彼奇才之蘇子，甘為前驅；若安國之康侯，尤當退舍。何悟一朝之錫，仰同二氏之榮。鳳臆龍鬐，考馬經而特異；過堤趨闕，從人欲而不違。乃知大宛之種非凡，而益信王者之言有驗也。所愧難報者德，但徒懷裹革之思；不待者年，亦無多據鞍之日。第當勉尋舊學，堅保初忠。踐霜雪而全身，無羨莊生之論；當晚莫而求道，庶酬齊主之知。伏願朽索馭民，兼金賈士。永定萬年之軌，先登九方之明。華山之戰騎咸歸，在在歌鎬君之德；黃河之瑞圖忽出，煌煌表羲后之靈。臣無任瞻天仰聖、激切屏營之至。謹奉表稱謝以聞。

【校記】

[一]"頓"，崇禎十二年四十二卷本作"稽"。

大司寇箸溪先生顧公像贊

有峩其冠，而袍則朱。腰犀胸鶴，厥狀訏訏。彼貌者誰？姓顧系吳。司寇是職，仁者是呼。胡以稱仁？續斷吹枯。訟牒盈萬，一冤則無。維昔皋陶，擅聲有虞。沿逮漢世，陰德惟于。代遠風微，蒼鷹為徒。豈惟蒼鷹，更號曰屠。婁菲張罪，鉤棘仆軀。民生疇重，眇于葭莩。仰天冥冥，不聞我吁。籲帝帝遙，沈沈紫樞。孝娥竟柱，越父輒拘。愆和干咎，帝德良孤。以水以旱，崇當其區。茲孰為者？深文之夫。於美司寇，穆穆鉅儒。爰究經術，古訓是模。欽之恤之，嬰孩閔辜。彼核彼詰，我原我蘇。飛鶯走驢，念與之俱。輕脫犯蹕，重用鞭蒲。茫茫大楚，亢極而巫。召祥導和，既沾既濡。誰謂偶獲，愷悌攸乎。黃口喧頌，赭衣去途。物亦類感，省樹集烏。於美司寇，魁顏巨顱。馮馮大腹，并貯江湖。孔曰仁壽，斯言匪迂。陰隲終吉，今古同符。茲年既耆，杖不用扶。眉秀華蓋，目炯驪珠。嶷嶷嶽立，矯矯梟趨。唐生在側，驚顧瞿瞿。算數焉極，彭籛可逾。余言罔誕，徵之斯圖。徵斯仰斯，脉脉動吾。

咸寧令齊子像贊 并引

此咸寧令雲汀齊子像也。雲汀初令蒲，蒲人德之，乃募工擬容，用志弗忘。辛丑之冬，雲汀屬公游及華，蒲父老越數十輩浮渭奔謁，念往泣離，持圖以獻，若曰考公似者。嗟乎！召稱去思，張傳遺像，邈代音徽，溢爾輟響。乃如雲汀所獲，詎可言今無古人哉！余乃恫懷時政，欽厥令美，爰製四韻，式闡孤芳。贊曰：

傷視彼民，雲汀之志。民用不傷，雲汀之事。彼奪者誰？失此人龍。爭公弗獲，纂公之容。巖額星瞳，依稀克肖。秋凜春煦，顧吳失妙。瞻依有托，無論一毛。求所似公，麟閣丹霄。

答尹朔野啟

讀所惠書詞，俊侔駢駠，貫擬連珠，珍等睟盤，爛方簇錦，固以嵬目怵衷，欽容避舍，則斯作者，誠四六之博徒，文章之宗匠也。緊自漢魏寢響，晉宋承風，降歷四朝，各裁一體。總之雕鏤金碧之章，協比宮商之韻。角奇逞秀，傾五內之精；探異搜冥，洩二儀之秘。猶之鄭旦嫩閭，不同形而共媚；園椒江芷，非一氣而俱芬。蓋炳然有象，蔚然有光矣。世代既移，華豔隨落。於是操觚之士，侈口西京，卑睨江左。匪刀鍥之爲嫌，直才情之自索爾。至若君侯之詞，則洪鍾蓄聲而待扣，菀藍具染而出青，音不厭聽，色無輟觀，可以比肩顏陸，敲頂潘張。固不必托李奇之高調，假相如之夙稱，其音自遠，其傳勿疑也。顧其撰意命篇，緣抒孤憤，而徵詞引類，咸屬微言。則又靈均之諷諭，嗣宗之避隱，達者增唏，昧者弗可測也。君侯飽黃石之猷，兼彩毫之技，翌日建牙虎帳，草檄龍城，固無俟陳琳之爲記室、孫楚之作從事矣。蒙采蕘言，竟期布諾，方有他奪，敢勞後命乎哉。

請南吉士啟

恭惟百年門望，衣冠承奕世之休；八斗才華，文賦挾擅場之譽。顧聲猷之弗競，兼族姓之無聞。豈意高賢，能親非耦。引兼葭而延玉樹，秪表輕微；張簫鼓而列綺筵，深慚接遇。合松上施蘿之雅，續酒中伐木之歌。感私寔切于銘心，酬計將期于枉趾。夙贶薄宴，穆卜良辰。乃于八月十有九日，牛馬走擁篲當門，望光塵而踟躕；雲霄客乘槎上漢，霑玉露而歸來。屬從徒閒暇之時，當灝氣空澄之候。命觴如魯，徵樂惟秦。聊將合二姓之歡情，誰道羅八珍之奇品。場苗何物，欲維千里白駒；世德非輝，敢下九苞赤鳳。餽魚書而遣使，思鶴駕而顧吾。幸誠閽人，無留門者。

請束體忱啟

伏以喬木高門，許絲蘿而上引；華堂嘉宴，擬秦晉而交歡。倚玉爲榮，報李是愧。茲者言申卑悃，穆卜良辰，以今月二十七日，誕陳雞黍之筵，妄意冠裳之會。敢謂北門之學士，聊爲東道之主人。星聚荀家，知太史明朝必奏；氣占尹氏，望僊車應日來臨。

中秋延賓啟

伏惟浮踪梗泛，漫作江湖之遊；逝景駒過，俄驚歲月之積。頃還初服，幸值中秋。戒酒正而命尊，要蘭朋而對月。雖茅堂竹迳，遠謝西園之珍木瑤華；而皓魄高空，頗擬南樓之遐觀曠覽。願尋舊轍，言赴新盟。懼冰轂之易馳，期玉山而共倒。

壽薛渭野帳詞 并引

時維季春，和風放渭川之花柳；律當姑洗，遲日麗雍土之河山。世際昇平，域開仁壽。祈黃耇而尚齒，義重于古人；介眉壽以延年，情篤于今日。恭惟渭野先生執事，斯文正脉，天府奇才。問學宏深，髫年已擅名于文囿；器宇俊偉，弱冠遂震望于儒林。論文登顯科，三秦驚看行空之天馬；獻策取高第，四海爭識絕代之人龍。花封小試牛刀，閭井仰嚴明之治；夏官大展驥足，豼貅歸統馭之方。自古直道難容，於今高才多妬。蓴鱸馳思，情懷鷗鷺之洲；琴鶴還關，夢斷麒麟之閣。陶情物外，適意林間。茲惟三月良辰，閬苑黃鶴傳玉笈；是謂六十初度，海屋仙人獻壽籌。玉液瓊漿，交梨火棗。綺筵開華屋，瑞氣絪縕；玉宇弄瑤箏，仙音嘹喨。衣冠濟楚，禮樂繽紛。貴戚如雲，高朋滿坐。真塵寰之羽客，請擬八百歲而爲春；乃陸地之謫仙，願祝十二會以紀壽。

此固人生之大快，作德之餘慶也。僕躬逢盛事，無任歡情。欲罄鋪張，必須音什；勉綴蕪詞，用祝華筵。詞曰：

春花鬪巧，正值春光好。東海上，來青鳥。今年桃更多，此會公須到。嘉慶也，從天祐得君壽考。看珠圍翠繞，聽簫韶縹緲。襟懷潤，乾坤小。金尊飛座上，明月轉花稍[一]。從今後，海田數變人難老。

右調千秋歲

【校記】

[一]"稍"，崇禎十二年四十二卷本作"梢"，當是。

贈楊刺史帳詞并引

伏以天子徵九牧之金以鑄鼎，義取安邦；大夫佩五侯之玉以分封，志存報主。得郡苟愧于製錦，承恩終負于揮金。若此遭逢，可勝慶慰。恭惟大刺史彬菴先生執事，沿執戟之華胄，挺聯璧之上姿。系出鳳城，故聞四海九州之略；家鄰虎觀，嘗窺三墳五典之微。問學淵源，神情秀朗。望之罔不退舍，見者倒其前徒。遂使冀北千金，價重燕臺之駿；圖南萬里，風高越海之鵬。卓爾儒林，蔚爲國器。懷玉無勤于三獻，奪標真勝于五言。乃者吉協夢刀，榮分剖竹。英妙如終軍而御才則慎，瑰奇如賈誼而議事不疏。顧茲劇州，寔稱孔道。路通巴峽，甸接長安。非膚遊刃之才，寧奉解繩之旨。淮南無一事而晝臥，鈴閣常閒；河內緣萬瓿而時巡，襜帷鎮捲。希心古烈，高儗華峯十丈之蓮；抗跡時流，清侔渭曲千尋之水。九江已見其度虎，三郡盡爲之還珠。春省動兩岐之謠，夜作收五袴之譽。少年挾彈而潛亡他縣，不聞探囊；長老扶藜而遮拜中衢，願爲立石。屈指計美，尤恐十失五之在茲；捫心嗟時，將無萬有一之難獲。適承臺獎，允副氓懷。抑揚進退之間，風俗教化所在。誠使赤車下召，當彰黃霸之能；玉璽加褒，乃表龔公之績。僕也墮身關輔，濫齒詞曹。由今人而觀古人，歎傷滿目；自結髮以至華髮，攬采彌襟。他人之賢及肩而已，我君之政居首衰然。踴躍實倍于常倫，品題難混于同日。情均拔薤，詞代歌棠。詞曰：

矯矯龍鱗，隨風雲盤轉，上通寥廓。帝念西州，千家萬井參錯。驅龍下界，爲茲方、甘雨時落。到如今，桑麻遍野，處處人家歡樂。兒童群立華薄，待行春相迓,再四期約。只恐徵書一朝,頓下鸞閣。將玉人天上歸去,吾曹寂寞。聊且把酒漿奉壽,留取一錢贈却。

右調漢宮春

孝烈皇后鼓吹詞應制

燕山北望鬱陵闕,雷鼓嘈嘈向曉發。鷫車行,榆汁滑,馳道蜿蜒盤似髮。笳聲鳴未歇,空嶺永埋明月。冠冕千嗟萬咄,此際魂超忽。

右調應天長

南寺避暑詞

萬里驕雲,千山赤日,人在洪爐。雙翼難生,十洲阻向,暫臥松廬。天風陡起南隅,繞林壑,那羡蓬壺。倦遊歸去,月中跨鶴,花底鳴駒。

右調柳梢青

槐野先生存笥稿卷之十七

槐野先生存笥稿卷之十八

左輔王維楨著　館甥渭上南師仲編

祭文二十二首
告華嶽文
告武安王關公文
再告關公文
祭華嚴東侍御文
祭鄭亭東大夫文
祭劉隱君文
同鄉合祭馬西玄先生文
同鄉合祭呂涇野先生文
詞林合祭呂涇野先生文
詞林合祭張陽峯先生文
謁侍歸展告先公文
祠堂成祭告文
祭甘經歷文
祭外舅半山郭公文
詞林合祭王懋中太史文
同館合祭王太史文
祭先考贈君文
祭叔父王次公文
祭前山先生文
祭孫通府文

祭贈君墓文
祭仲父質菴公文

祭文

告華嶽文

嘉靖三十四年歲次乙卯閏十一月壬戌朔，越初九日庚午，南京國子監祭酒華下生王維楨謹設牲醴告祈于西嶽華山之神曰：頃者楨之母劉病在里中而報至京師也，楨乃疏請天子乞歸而侍疾焉。天子下吏部議，吏部顧尼疏不行，以楨徙今官，令便之西，於是天子可之。乃茲行過祠下，徼惠于嶽神，唯垂明聽而賜鑒焉。夫祥眚禍福，皆天所畀，楨既已知之矣。然竊聞五嶽者，視三公也。三公不敢上僭君權，然法得以告，令主澤下流也。楨今徙官而西者，是已假楨獲罪于高玄，則眚當著其躬，不宜累及所親。即若非罪，或螫氣流薄突至，偶值嶽神，亦宜白之高玄，令勑司命真宰，驅彼二豎而還此四體，不得令慈闈坐痿、孤兒銜恤也。且神血食金方，職在保育群生、禦災扞患。今母劉災患若此，獨不當扞而禦之乎！母劉天性醇篤，事神最謹，嶽神所洞鑒也。乃顧令疾甚，禮神者蒙災，慢神者奈何哉！今夫境有旱澇，禱之輒應，吐霧吞雲，效不移時，若是乎其靈且異也。今楨所禱，爲親乞命，又非直旱澇之比矣。嶽神顧忍使之延時日乎？楨故守史官，凡山靈川異，不嫌特書。即嶽神顯庇，令母劉疾已，楨力當撰録其事，傳之永永，以彰嶽神之惠，唯垂明聽而賜鑒焉。

告武安王關公文

義勇武安王關公祠下，今月二十日，家報來言，楨之母劉太孺人以九月二十八日感冒風疾，半身不隨，語言蹇澀。報至楨，神魄飛越，不知所爲。竊惟大王足下英靈振于千古，前知通于九天。即如母病目前可復，大王幸明示之；脱若纏綿不能遽爾去體，大王亦明示之。或用醫藥收功，或因禱祀求痊，二者皆世俗救疾者之恒道也，果若從事于斯二者可以愈母之疾，楨亦不憚隨俗，期在解親之厄而已，大王亦明示之。楨嘗讀漢史，睹大王之英烈忠勇，未始不氣爲之壯、神與之依也。仰惟大王鑒此素衷，憐此哀祈，露機于未萌，告事于將至。卒之有效，楨當曳履祠下，手將瓣香，庸展謝私；且欲爲大王論撰往蹟，闡發幽懿，以補譜牒之所未具。惟大王憐察之。

再告關公文

今者楨以老母病廢之故，計將具疏上聞，欲圖終養。第官叨侍從，事取宸斷，所繫匪輕。今疏或可或不可，或就或不就，唯明神示之。楨將據之爲行止也。語曰"卜以稽疑"，楨平生無疑事，而爲親圖歸又未足置疑，所恐恐者，獨懲于近事，以故弗敢直遂耳。又明神之靈照通于四海而察于九玄，故不恤再瀆，再拜稽首而敬使卜之，唯示之筊詞焉。

祭華巖東侍御文[一]

嘉靖庚子，華巖叔丈東公卒。其年十月十有二日，將奉公窆焉。而史官王維楨者，公故女姪婿也，以先期奠，有辭。辭曰：我崇我肴，我載我酒；縞帶練袍，酹公柩所。公氣豪絕，公性慷慨；英魂不流，瞻也如在。嗟惟巖公，卓哉炱炱。孕華而生，肖華而立。侃侃者論，矯矯者風。光邦震代，急電長虹。乃世弗諧，縣車特早。歌觴永日，丘園娛老。人言龍臥，公曰鴻冥。遙岑孤杪，弋彈何驚。巖月溪花，青娥白紵。彭澤徜徉，東山容與。閱年六袠，笑口常開。袍崢豸角，庭擁麟胎。而壽而昌，有先有後。江東王謝，關西韋杜。言念貴游，建節鳴騶。百歲如矢，樂不償憂。所嗟公者，摩霄俊鶻，空群逸馬；孰安孰危，孰多孰寡？所嗟公者，俊鶻鎩翮，逸馬窘步；空負蒼生，竟阻遐騖。追惟晉陽驅車，淮海攬轡，都亭埋輪，行行者避，可謂無具者哉！胡階萋菲，成此屯蹇。雲不爲霖，悠悠在山。嗟乎！仲尼天知，子輿不遇；杜甫窮愁，李廣失利。或海或桑，或帝或甿。星輝月晦，尺短寸長。數也何常，而奚爲巖公傷哉！乃亂曰：化而往者同邪，合而終者獨邪[二]，巖巖者華邪，百千萬祀付與不朽者公邪。

【校記】

[一]"華巖"，嘉靖四十年二十卷本作"叔丈"。
[二]"合"，嘉靖四十年二十卷本作"令"。

祭鄭亭東大夫文

嘉靖庚子，奉直大夫工部營繕司郎中鄭亭東公甫及葬時，翰林院檢討王某以告在里，取十一月二十六日脩奠事。公，丈人行也。再拜哭且告之曰：公之死，死荊楚，長沙域，汨羅所，賈誼足幽儔，屈平爲冥友；公之葬，葬城西，土窿窿，草萋萋，何時化成鶴，一來華表啼。公死公安，我悲我悼。吉人弗穀，志士毀造。一悲聲咽，一悼淚橫。再悲再悼，月慘雲亭。悲悼悠悠望南垓，魂乎魂乎來未來？洞庭緬渺，衡嶽崔嵬。精爲澤畔芷，氣作天南雷。我握彤管，賦此招魂。英英鄭老，來鑒予言。公心如石，公德如醇；公才如卭，公政如春。天乎不弔，負此吉人。唶昔金閨接珮，紫陌逐風，招邀酒斝，酹唱詩筒；而今也素幃在堂，丹旐在宇，椒醑酹沙，雍門歌戶。俛仰今昔，哀歡殊科。涕匪無從，漸漸縣河。彼人曰：拘哉王生，孤峭違常，哭死獨傷，胡薄此生，胡厚此亡！嗟嗟！鄭老疇當，鄭老疇當。

祭劉隱君文

嘉靖辛丑之秋，劉隱君西野翁卒。其子華州刺史龍坡公聞訃，絕復蘇者數四，已爲位以哭。華州人王維楨者，官翰林檢討。維時謁謝在里，取昔人七哀之誼，布奠抒忡，欽風唶德，爰託告于茲文。辭曰：曩余好此奇遊兮，迺東極乎蓬瀛。覽金臺之故墟兮，訊桂苑之殘楹。往者既不可跡兮，羌延佇而怦怦。翁迺產臺側而廬苑左兮，洵好修而繼聲。驅驥子于萬里兮，恐燕昭未之曾致。蓺蘭種玉雜品桂而羅砌兮，視十郎其不啻。謂一代之簪組兮，形拘拘若桎梏。侶安期而挾羨門兮，遂平分此閬壺。朝晞髮于扶桑兮，夕吸瓢于沆瀣。走浮丘而避潔兮，俛龐公而下拜。誦皇王之御宇兮，風汋穆而熙洽。信老安而少懷兮，遍谷野其相狎。爾其歷寒燠而七十換兮，更四帝而化之。洵堯舜之逸民兮，揆巢由而亞之。苟令德其孔章兮，又何必結纓冕也。彼乘軒而竟爲鶴兮，非斯世之所鮮也。棄顯融而弗履兮，諒嗣彥以取償。曠俛仰其何惡兮，縱偃蹇而相羊。白日忽其不淹兮，羌俄及乎崦嵫。少微晻曖而靡光兮，菊渝節而殞枝。空瀛島之沉潦兮，紛鶴怨而鳳哭。余豈不知古稀之洵美兮，跂彭籛猶謂之蹙。仰高漢之茫茫兮，下哀雁之嘈嘈。傷令子之欒欒兮，值風雨之瀟瀟。悽旅魂之營營兮，共夜烏之啾啾。灑雙涕之浪浪兮，隨東泒而悠悠。猥余小子兮，景休明而鍾慕。夫既不獲承顏兮，又重以殊路。念伯夷之抗行兮，附馬遷而聲施。依太史之遺則兮，握彤管而賦詞。亂曰：燕有隱君曰西野兮，含德弗耀子萬里馬兮，既壽且祺世其寡兮，桂酒椒漿我其瀉兮，靈乎千里假弗假兮。

同鄉合祭馬西玄先生文

天眷皇朝，聖神聿起。篤生哲人，爰作帝使。於爍我公，降命上玄。秀毓崑崙，瑞應奎躔。託景風雲，結知九五。九五嘉樂，需汝霖雨。白日忽匿，梁木易頹。長駕促塗，吉望凶來。天子曰咨，喪我股肱。殲良昧理，福善無徵。邦無笙竽，士有吟嘯。矧我共域，而不斯弔。厥初鷹奮，爰集石渠。疏留八駿，氣奪萬夫。批鱗逆怒，一麾出守。淮陽臥理，潁川歌母。太微重煥，吉士再征。賈歸宣室，朔侍承明。穆穆辟雍，祁祁髦士。公其貳之，標立景附。乃歷銀臺，乃領留均。兩都並蹈，六館咸甄。惟帝懷賢，還公薊闕。夙夜惟寅，五禮遂發。帝曰休哉，兼秩示輝。朝臨南署，暮對北扉。誕陟泰階，克毗克載。雲滅雨絕，盱心竟背。長沙悲鵩，曲阜悼麟。賢聖恒厄，異世同塵。猗歟先生，身固遭時，學弗阿世。外若溫夷，中實貞厲。凡夫踰閑，恭人矜細。于道苟合，于俗寧鼇。至其潛機玄鏡，旁燭無際。執權應物，靡隨靡滯。是則上智無明，末塗罕儷。猗歟先生，幼綜篇翰，遂握真詮[一]。寖閎寖肆，海蓄雲宣。聰窺妙解，道寄遺編。班揚接軫，陸謝執鞭。文明之代，作者犖然。大雅既逝，朱瑟絕絃。猗歟先生，體潛聲燿，數短道長。劍埋浮彩，蘭死存香。帝念前徽，考謚增職。隆章寵數，光照中域。軘軒宵戒，丹旐晨飛。違此皇扃，玄室是依。開阡京兆，礱石蒿里。臣義君恩，紀厥終始。嗟嗟我土，形厚且庬。奕世育賢，長發有祥。廼今武功修文，高陵挂劍，渭南藏舟；上郡辭殿，四氏接零，關河漸虛。悲鄉唶運，相視漣如。祖公于郊，停驂景夕。高城愁入，鄰人夜笛。

【校記】

[一]"詮"，嘉靖四十年二十卷本作"荃"。

同鄉合祭吕涇野先生文

嗟乎！先生歿矣。五星隱曜，太華摧峯。秦人加痛，海內寡惊。嗟乎！先生少綜經術，壯侍明廷。疏獎列政，冀寤天聽。天聽乃迕，遷賈長沙。太息流涕，萬事參差。暨移留都，瞻天彌遠。益保朴忠，誰意旋反。聖思忽逮，有詔賜環。試于成均，晉于講筵。天與貞則，屢躓不移。巖巖立教，侃侃陳詞。動期道合，違恤俗驚。千人所依，一夫或憎。遂去帝側，俾貳南曹。來若泰山，去如鴻毛。先生曰吁，我當往矣。上書白老，報曰歸止。歸止丘樊，畢景是圖。萬方念之，猶俟來蘇。昊天不弔，大星俄殞。賢者弗壽，聖言安準。嗟乎！先生道可康世，文學其餘。志厄途窮，俛而著書。著書孔多，羽翼宣尼。宗朱斥陸，學者以師。假令先生年得耆耄，遇侔旦奭，將勒勳旂，常安號討索也。嗟乎！先生歿矣，不歿者名。彼生無聞，何若無生。某等鄉邑後學，瞻仰在茲，奪我蓍鑑，同情共悲。特念縻爵闕下，負土無從，詞不盡哀，聊寫深衷。

詞林合祭吕涇野先生文

休矣西土，爰有吕公。身歿名立，太華空同。淑質自天，少敦貞素。年踰耳順，厥履彌固。令德既昭，而詞孔宣。闡經翼聖，往紹來傳。聖道維何，忠孝是止。公實踐之，有言匪侈。始公魁世，人稱溫飽。公志弗存，食貧甘老。解組歸來，卿曹右職。扃扉匿影，環堵荊棘。詩讚羔羊，孔稱淵憲。今故相觀，曠世同券。有訃歘聞，哲人其萎。群紳用悼，天子曰咨。講筵故從，卹典示慈。道鉅數奇，帝念在茲。嗟嗟吕公，言方蓍蔡，行等瑤瑛。如春之盎，如砥之平。濛汜俄及，霖雨空情。國亡其寶，士喪其程。某等舊寀新悲，哀不臨木。瞻深室遠，有詞載軸。

詞林合祭張陽峯先生文

於乎！先生令德純懿，如玉隱璞，不暴其光而輝眾目。書貴欽若，詩詠柔嘉。公也蹈之，譽徹金華。天子曰咨，惟汝予弼。位既崇矣，厥心乃慄。中興之治，外攘內修。論思密勿，以贊皇猷。旦奭翼姬，蕭曹佐漢。今古勠力，膚功咸爛。洪川中濟，有柂斯摧。芯芯和羹，而失其梅。頃公拜恩，佩玉煌煌。朝簪駢趨，賀公于堂。榮枯倚伏，則莫可准。慶者出閭，弔者旋軫。事聞九五，若曰噫嘻。感今追昔，罷朝撫髀。早參經幄，未典邦禮。帝聰以闢，王制聿起。運邁好文，大昌厥詞。賦成奪席，奏入稱奇。一朝奄化，萬事俱盡。死生定數，智者勿論。公達幽明，瞑目長畢。乃今之人，思公罔極。百身願贖，九原不作。國中休杵，賢士悲閣。靈輀既戒，餞賓在門。舍此京室，湘山望奔。騎吹喧塗，旌旗蔽天。皇錫異數，以象生前。有傷公者，旅櫬孤征。德人不嗣，視天冥冥。嗟嗟否否，天道忌完。即貴既壽，公其用寬。

謁侍歸展告先公文

緊自壬寅，言邁于京。逮今旋返，霜露四零。在職望丘，天遙壤隔。怵茲逝節，徒爾惻惻。母也念只，勅兒請告。告于天子，曰汝歸造。既造于家，爰哭于野。感今喟昔，誰能忘者。有堂有室，母即是居。翁也幽扃，各安其廬。

祠堂成祭告文

自楨髫年見考君祀先謹，然惟于寢。考君好賢聞禮，以爲庶人祭于寢也。考君既殁，而仕禮得立廟祀先。然故宇局隘，計拓而營之，未能也。嘉靖庚子，幸改宅稍敞，留地一區于堂之左，擬廟，乃楨却宦游未就。《禮》稱："君子將營宮室，宗廟爲先。"乃楨茲顧後，罪其大哉！丙午，楨復告還，始立廟于嚮之虛所。製四櫝座，遷各主于其中，起新模薦孝思焉。楨按典記"自大夫以下不列祭及高祖"之文，又"士祭自祖禰則止"，謂澤有淺深，斯制因隆殺云。我高祖按察君始遷華，始爵，寔啟王裔，科第詩書綿至今世，濊哉先德！寧忍殺之弗祀！曾祖次公，我王父父；而王父，庶子也；我考君，王父長子也。稱宗王父，不得禰次公；而考君爲宗子，寔得祖次公，考君往已祭之。楨又考君之長子，爲繼禰小宗，小宗固得祭三代也。逮祭高祖，凡四代，而楨不爲僭也。古者代爲一廟，制備而象巍；今廟止一楹，閤藏四主，即祭寢者猶必及之，而況得廟乎？禮，殤與無後者祔食于祖考；制則各因代祔。今屋隘，更置他几不得，而夭者孤者又若無依也。將取歲首終準人生殁之義，以元日臘日爲位招祭之。又，萬物本天，人本祖，始祖弗祭，如情何？乃竊古制以冬至之日爲壇祝拜之，歲一行；其廟祭以四仲之月舉；忌日、臘日並舉；自餘俗薦則楨母劉故刑于考君，奉先倍孝，能爲之，不爲典。嗟乎！自宗法不講，祀典久湮，即學士大夫，甘自類于野人。今廟規度儀法未盡符古，然由是得以合先追遠，附于食不忘報之義，仰冀諸慈冥翼，咸相懋王氏宗庶，廟祀永永矣。

祭甘經歷文

謂壽必賢，而公靜淵，顧不得年。謂仁必嗣，而公孝植，孝子乃匱。謂才必達，而公崛拔，臺幕不越。謂天從人，人言恂恂，轉災其身。謂理御數，吉人儉受，于何則厚。謂聖言信，不善或順，善茲蹈釁。總之天遠默默，巫咸不測，古今皆惑。回也弗延，鄧攸絕傳，匪公獨憐。有櫬在旅，仲容斯舉。征日煩暑，汗馬塞塗。送者傾都，或悼或吁。秦蜀形親，我等故人。視眾倍辛，祖奠薤詩，以當別卮，以當驪詞。

祭外舅半山公文[一]

歲秋八月，有伻來詣。訃而乞銘，主翁納竁。予曰吒乎，駭栗不制。昔也何健，今也何脆！矍矍遺老，晝飲宵繼。彼皆泥頹，翁獨揭厲。嗟杯中物，人曰綿世；積而鬱毒，翻以速斃。位不當才，休且飯糲。因覓醉鄉，遂游無際。狀楊氏爲，載弗漏細。誌掇其概，以視來裔。東門之丘，送車嘈嘈。或綍而謳，或酹而祭。余豈異人，奈何鮑縶。神奔跡阻，西顧沾袂。日下更東，羑門永閉。悲離傷絕，怛若受劌。既以銘歸，貽書伉儷。以賵以祀，有亡焉計。

【校記】

[一]"公"前本卷目錄有"郭"字。

詞林合祭王懋中太史文

語曰"寄珠于人，求不越宿；藏劍于匣，化不踰年"，其王子謂乎？王子負器而需時，蓄才而善閟，乃其光益灼灼見也。斯與照乘之珠、斷犀之劍異邪？則天固靳之矣，而弗能收之邪？嘗觀夫東下之波與西逝之烏，即彭殤等死耳，顧獨念賢者夭、才者促，蘊之雖奇，施之未逮，悲夫！昔賈生早萎、李賀弗延，君子曰：既賢之、才之而又夭之、促之，天其謂何！乃今王子又奚異于兩生云？人恒言有不可詰之天，今王子若此，豈非不可詰者歟？

同館合祭王太史文[一]

  王子之行，賢者之侶也。乃遽五月而疾，三十八歲而死，朝大夫聞者，無問識與不識，皆爲雪涕。余等固重有傷焉。王子操儉慎微密以名其德，然亦以是殞其身。病且劇，恨猶瑣屑米鹽之間，少恢恢大也。雖然，伯牛之疢也，窿然瘠矣；顔氏子之弗遷怒也，溘然夭矣。此又關人哉？夫命猶幅尺也，杼柚既定，能益而長乎？王子獨奈命何！若曰作善以速殃，勣躬而減性，天如是冥冥也，非然哉！非然哉！

【校記】

[一] "王"下嘉靖四十年二十卷本有"懋中"二字。

祭先考贈君文

  嘉靖二十八年歲次己酉十一月丙子，越十二日丁未，翰林院修撰男維楨謹治酒脯果蔬，設在旅舍，祭于贈檢討考君之位曰：孤今者叨沾新命，遷秩修撰矣。國制，翰林歷九載滿得陞二級，孤以資進，非由望擢也。始，考君教孤，令任一職效一事，言至今存矣，孤奉之弗懈。勉勉在位，奈疏鹵淺細何！夫詞命之道，關國華采，庸詎可疏鹵淺細能也！比茲九載至，孤捫心惶悖，解纓待黜，會詔以例遷，大哉皇仁！真不弃敝帷矣。故事，由修撰而又進，浸顯浸重，且畀之艱。孤于詞且未良，又安能肩其鉅也。我母先是還里，權修考君祀。孤殆將歸而掃蒿萊矣。人生進不善宦又退不明孝，則忝所生甚矣！孤久懷斯念，因之申白。可不云何，夢以通諭。欽哉仰哉！

祭叔父王次公文

  日值上浣而月仲春，桑梓在憶，客來自秦。余忻坐客，客語逡巡。次達叔氏，災丁其身。是邪非邪？情驚意嗔。無幾承訃，語合來賓。手訃嗚咽，母也愴神；室婦在侍，泣下沾巾；幼女何知，雙睫津津。哀莫酷斯，天胡弗仁！既奪余父，叔亦沈淪。崩腸刺骨，腹轉車輪。俛踏厚地，仰叫高旻。生有夭殤，叔也七旬。壽則壽矣，奈失所親。疾云大劇，醫技罔伸。五日不瘳，千劫長泯。嗟嗟我祖,行備且醇。二父承之,兄愛弟馴。我年弱冠,即罹苦辛。叔也視之,既篤既頻。嗣脱于厄,忽躍風塵。爲教寔繁,勉矣良臣。豈不思報,石粟則貧。撫今憶昔,曲曲難陳。靈遊何所,我縈陛楯。末由登木,瞻雲惟犖。叔有四男,屹屹振振。兩我呼兄,稱席上珍;二季積著,或號千緡。環過其家,釃酒割鱗。問欲以事,靡令弗遵。卒哭之悲,感及比鄰。訃我詞略,詞略意真。伻來致哀,兼葬是詢。胡兆之卜,我言可循。城南古丘,鬱乎嶙峋。左爽右塏,土匪常倫。二父厝之,翼挾股跤。千秋萬葉,有亨無屯。往余卜茲,既刈荆榛。垣墉外繚,佳木蓁蓁。頃計籲帝,將以私論。歸徙嚴魄,歲屬良辰。沈沈九關,上謁懼擯。乘間入告,有懷竟申。先兹治奠,捐帑賜銀。匪物之貴,斯念誠寅。

祭前山先生文

往楨之京時,先生猶伏在淺土,不謂其今歸即九原也。先生歿十五年而始葬,葬時楨滯在史局,不得與紳謳列。歸,乃由阡路攀宰木,則愴然感懷焉。楨自髫年即就先生學,先生若姑母咸子視之。先生所督教期冀我者,咸鴻鉅之業、非常之事,以今睹世師復何如先生者也。昔宋玉哀其師屈原,撰《九辨》之章。楨才駑下,不逮前英,欲圖隻言申寫之安能哉!世俗好華而先生樸,人情好炫而先生晦,凡此皆足範今傳後,而先生自爲誌述之,亦自信其當無愧也。晉陶潛令彭澤,自解印歸,歸而有餘快,至老且卒,手勒祭文,述平生之概,君子以爲達。乃今逮先生特兩見耳。世何有如先生者也?楨憶思往訓,則爲之悽;談述高雅,又爲之喜。二念橫胸,非詞末展。聊陳悃愫,實不盡萬分一也。

祭孫通府文

先生歿二十四春秋矣,子大亨竟不能歸先生于土。尋而厥配孺人亡,楨小子蓋怛然痛懷焉。先生方廉介直,罔觸忌諱,固狷者之高蹈、孔門之遺賢也。乃宦既不達,卒而其嗣又阸塞窘甚,此何以解也?傳曰"天道無親,常與善人"。若先生者,以謂善人,非邪?楨自任衣冠,即睹記先生行履,彼其時先生已拔俗獨立,莫有耦者;物逐運移,俗因化改,抵于斯會,又能有望先生下風者哉！楨小子高先生之節而閔其滯淺土也，乃爲購阡開竁，與其配孺人合定萬年之宅焉。小子誠重亡友且用補天道之漏，非以子大亨故也。神其鑒之。

祭贈君墓文

我君距今歿二十有五年矣。而男署留翰。設令我君在，當七十五歲耳。人生以百歲爲期，而耄耋固時時見之，我君胡不逮哉！我君教我學甚篤，不食其力。緬懷往昔，淚淫淫下矣。茲且南邁，取道丘園，展此永思，詞以酹之，靈知之不？

祭仲父質菴公文

仲父歿一歲而楨歸，歸見其堂除虛則哭于其堂，茲覘其羡門閉則又哭于其野焉。楨之歸也，爲署留翰。乃取道家山，展此哀悰。仲父有潛德高行，令黯黯不能表，是楨之罪也夫！是楨之罪也夫！雖然，有須哉。

槐野先生存筍稿卷之十八

槐野先生存笥稿卷之十九

左輔王維楨著　　館甥渭上南師仲編

祭文一十六首
祭趙宜人文
詞林合祭王太史孺人文
同鄉合祭王太安人文
祭趙侍郎母太淑人文
同年合祭王太恭人文
祭盧太史孺人文
同鄉合祭太恭人王母文
詞林合祭王太恭人文
同鄉合祭龐母太孺人文
祭胡宜人文
會祭孫太夫人文
祭趙宜人文
祭南恭人文
哭亡女淑姬文
祭妹文
送亡女文

祭文

祭趙宜人文

嘉靖庚子仲冬，誥封太宜人上黨趙母都氏卒于渭南旅所，其子四川憲君扶櫬東還，道出華州。華州人王維楨官翰林檢討，寔與憲君同年進者也。誼關世好，情倣生芻，爰敦菲奠，申以蕪辭。辭曰：巴竹甘笋，錦水饒漁。子兮克孝，手轉潘輿。大家逐子，于渭之里。寶婺俄沈，雲輧倏起。劍門何在，潞澤已遙。養弗從志，數也爾逃。川嶺盤盤，言歸言邁。素轂丹旌，路人用喟。宵猿晝鶴，雪館風灘。孤魂獨子，有淚如潺。予也秦人，母迺晉族。三徙成名，爰知令淑。令淑已矣，而貴而榮。歿有不朽，何死何生。西蜀使者，繡斧屹屹。後祿難量，慈訓之力。靈兮于征，爾家爾庭。悃思軌則，鄉念儀刑。我手椒漿，我歌楚些。哀緣義起，余涕沾車。

詞林合祭王太史孺人文

王氏有赫，厥惟太史。休矣碩人，寔天作比。作比伊何？等芳齊美。如珪儷璋，將蘅和芷。太史溫溫，崇樸去侈。豈俗之移？唯道是止。朝士翕然，稱曰君子。皦皦令名，寧獨文似。碩人相之，克順克理。解珮齊眉，動符前軌。媚于士夫，專愛姑妣。令德允臧，勿云纖綺。碩人之生，名宗貴里。兄也班生，翁爲孟氏。懿質既貞，內戒爾爾。乃歸于王，閫譽遂起。帝制有嘉，爰旌幽履。幽履載揚，從以錫祉。吉凶何期，慶弔相隨。大命奄忽，殲此淑姬。考祥元吉，人皆信之。仁賢不祿，毋載空詞。煢煢太史，悼往傷離。形匿世隔，誰哉予宜。比目失浪，連理摧枝。匹翼乖翔，云胡勿悲。塵掩遺琴，蛛網虛帷。物不毀故，而人不追。某等四海之人，太史同池。太史既戚，予戚在茲。生非金石，誰能勿萎。或彭或殤，造化小兒。晨旭夕沒，春卉秋腓。理無久視，達者不疑。碩人克明，安此長畢。欽德將祀，冠裳有秩。

同鄉合祭王太安人文[一]

猗歟阿母，振王氏宗。何以振之？子戶部公。戶部太公，隱德隆中。太公之先，奕世朴冲。爰逮戶部，矯矯奮庸。劉晏經國，蕭何餉戎。朝簪籍甚，里門崇崇。伊誰穀者？阿母之功。太公剛倡，阿母柔隨。太公中殞，阿母峻持。長男戶部，驅事宏詞；中男力本，勉牏小兒；三男屹屹，月旦稱徽。赫赫戶部，卒顯斷機。彼蒼眷德，八衰介祉。行有板輿，御有嘉旨。俄云辭堂，戶部摧毀。豈不考終，痛我令妣。某等戶部與游，識母于子。匪閨著誠，大家趾美。仁族岣孤，邦媛同軌。月落在天，其輝不死。母也云亡，遺芳在里。戶部跣奔，爰即繐帷。緋謳伊阻，望酹在茲。

【校記】

[一]"王"下嘉靖四十年二十卷本有"戶部母"三字。

祭趙侍郎母太淑人文

於赫趙氏，實生司徒。茂功淑問，以翼皇圖。昔我秦服，戎寇邊隅。內困給饟，利害須臾。趙屬保釐，洪猷以紓。權施經據，靡滯靡迂。卒使戰士飽奮，誓共忘軀。獻馘奏績，天子曰俞。既乃訓俗阜財，瓔視惸孤。循行勞來，定擾返逋[一]。秦人德趙，何以效吾。趙有壽母，有祝有呼。呼曰阿母，若子我蘇。祝曰阿母，千歲是逾。人士作歌，爰採謠歈。作者萬言，一言非諛。群言既集，予序以傳。誰謂比周，而德用宣。趙徙度支，詔佐晉邊。板輿于邁，遂子翩翩。無何訃至，月沒雲遷。悼今唶往，實用惻然。我聞阿母，誕膺溫惠，容止靜專。仁逮宗戚，德隆譽延。泉源木本，令子象賢。恭穆仁愿，視則忘愆。胡不永永，副我祝篇。豈云弗壽，謝彼千年。予繫金閨，母家澶淵。弔阻臨木，望蔽遙阡。將使附誄，目斷情連。尚圖石室，令德用鐫。

【校記】

[一]"逋"，崇禎十二年四十二卷本作"哺"。

同年合祭王太恭人文

於鑠王氏，厥維藩公。藩公載興，夫人以崇。夫人伊何？藩公之母。刑家誡子，既順且矩。藩公率之，蚤厲雲逵。脩能垮節，仍倡厥嗣。大道既隱，末季靡靡。如脂如韋，俗移志徙。矯矯藩公，砥柱橫流。信道委命，寧沈毋浮。孟遵仁義，爰念斷織。駿聲用章，母訓是力。昔在辛卯，逐子于秦。我等諸生，子與陶甄。舊德允懷，日月不滅。母也訃聞，相告悽切。豈不壽考，猶謝百齡；豈不榮茂，我願未盈。洛陽北坂，薊野望遙。緋謳無從，焉酹桂椒。詞以寫之，將之雲翰。蘭萎珠沈，怛焉惻歎。

祭盧太史孺人文

賢豈必壽？促延惟命，孺人奚傷。靈輀既戒，違此京室，返彼齊疆。嗟哉盧史，休茲令匹，溘爾云亡。偏輪不轉，隻翼不飛，盧曰予殃。孺人歸盧，遺貧飭敬，人言孟光。既盧歷顯，一綜內治，一秉官常。官常易修，內治希邁，盧也二良。靡實弗宣，如彼宮鍾，有聲載揚。猗猗蕙蘭，春爲茂草，秋萎嚴霜。盧曰悲乎，豈怨霜露？所懷舊香。漢濱遺珮，荒忽邂逅，交甫不忘。矧茲同禍，以歌以泣，痛于蒙莊。有儕來集，哀盧之哀，酹孺人觴。於乎孺人，生不踰閫，冥魂于邁，焉識故鄉？丹旐在途，依方南指，魂兮與翔。

同鄉合祭太恭人王母文

繫中憲君，厥初作儷，寔維太張。張也云歿，李笲來歸，令德繼明。張有六孤，李爲鞠之，若離于腸。或世儒冠，或號素封，嶷嶷光光。中有次公，爰貳秩宗，天子稱良。秩宗德李，曰孤等立，母氏扶將。初李嬰疾，秩宗籲禱，庶幾無殃。其若命何，殞先黃髮，未秋忽霜。訃來自里，詫矣秩宗，皆決形喪。是邪非邪？頃之訊定，一哭輒僵。我曹鄉人，趨而就弔，勸慰萬方。秩宗曰嗟，悠悠長訣，予阻殊鄉。僉曰已哉，且乞渥典，榮施黃壤。秩宗輟泣，伏苦草奏，徹于九閶。維帝曰俞，降制如求，瑤劄煌煌。噫嘻恭人，德則鳲鳩，嘉問蘅芳。彼何人斯，不字遺孤，霜野彷徨。芳臭俱流，有言之唾，有頌而揚。秩宗于歸，大隧開塗，慈魄永藏。有司奉詔，祀筵有楚，左豬右羊。靈車載發，嵬阡廣陌，觀者堵墻。互美遞傳，以榮以大，謂莫能當。我曹縻茲，紳謳末由，回首秦疆。秩宗爲位，群來酬之，爰申斯章。

詞林合祭王太恭人文

世傳閔損、王祥爲純孝者，謂其母繼而難事也。乃茲恭人，寔宗伯公繼母，宗伯公事既孝，而恭人性復慈，豈非古人之所難，今人之所易哉？宗伯公之母亡，遺有六男子，恭人顧復隱軫，即如己出。彼閔王二氏之嫗，不能安隻孤，而況其六乎？難矣！難矣！恭人卒于家，訃至京師，宗伯公擗踊震悼，痛若弗勝，彼其中誠有所不可解也。宗伯公哀有間，則數恭人之懿行幽芳焉。

曰：恭順貞淑，事事在躬。璧完而珠輝，蘭芬而月皎也。夫女一德稱善，乃茲眾休咸會，即古大家奚多焉。嗟乎！月沒留照，蘭死存香。苟爲珠璧，淵沈愈光。恭人逝矣，何在何亡。

同鄉合祭龐母太孺人文

語曰"深山大澤，龍蛇出焉"，其孺人謂邪？方龐翁之尉內江也，內江盜起，攻城且陷，令丞悉亡匿，獨尉乘城拒守，孺人從後持之。若曰夫死官、身死夫者，即古烈士之風何以加焉？今侍御君在列，翼翼屹屹，有斷鰲立極、銜石填海之意，斯固胚胎非凡種能也。孺人雖處在閨閣，然識達事理，里婦有以情白者，得孺人爲解，如病投劑，洒然脫、矍然寤也。侍御君始爲潤州，理獄多平反，萬口歸明，則孺人其本乎？昔人謂陰德興後、仁者永年，今孺人年八十七而卒，又有子如侍御君，嗟乎！兼之矣。某等鄉人承訃踵趨，尋茲置奠，實仰休嘉而下拜焉。

祭胡宜人文

今茲春杪，我車西還。有美胡伯，華聲載宣。斷獄疾流，覆盂比天。政通體暢，色澤而鮮。悲歡倚伏，節月代遷。爰及秋孟，翛爾黯然。我訊胡伯，白內子焉。內子慎職，戢戢勉旃。沈痾既久，百憂余煎。余貌奚豐，余色奚妍。居無何頃，有訃吾箋。上池不效，西母來延。我奔胡伯，胡伯涕漣。悽悽百語，一語一憐。祀事孔脩，往爾治籩。蘋藻在澗，孰薦于筵。言已而泣，我勸且堅。恢恢大塊，含載億千。或夭而折，或邈以綿。生不由吾，去豈吾牽？在昔達人，謂世虛船。不哀殤子，不慕彭籛。公何爲者，有淚迸泉。胡伯戒輔，載逝者旋。引紼傾城，送車盈阡。我時道左，臆想目瞤。往也素輈，來而翟輧。所以胡伯，別意旌縣。生不踰閾，安識山川？或降或升，丹旐導前。哀笳何咽，愁雲停翩。如怨如戚，茲理實玄。嗚呼噫嘻，彼姝者荃。枯而存香，榮爲絋綖。何死何生，芳臭嬋娟。榆柳誠茂，詎此比肩。我今徂亡，有詞載篇。靈窺文義，諒鑒吾虔。

會祭孫太夫人文

夫世稱姚江孫氏爲鳳林,夫人爲丹穴者,蓋謂其所產異也。今諸君翩然振衢,燁然照世矣,余等以爲此非獨所產異也,固誠有教誡之力焉。在昔逆藩之變[一],一時甘心者豈少乎?乃忠烈公獨死之,當斯之會,夫人蓋痛之甚,即何難于一決?顧諸君未立,乃忍而至今。今其年九十餘,高矣!語曰"死有輕于鴻毛,有重于泰山",其在孫氏,可謂兩得之矣。余等又惟下宮之難,程嬰不死,竟以振趙氏後,彼固丈夫行耳,則何異焉?乃若夫人,蓋笄黛之流品,閨閣之淑媛也,固未始有稽古之學、博聲之好也,乃卒與同其志,世豈有兩之者哉!今或鬚眉而爲婦女,冠劍而在溝壑,智愚之相距又何啻千里也。余等與夫人之子三君者游,因竊識夫人之志,于其臨穴,乃爲之詞而章其休焉,非諛之也。

【校記】

[一]"藩",嘉靖四十年二十卷本作"濠"。

祭趙宜人文

奕奕大趙,門閥巍如。王考司牧,露冕赤車。三傳逾振,簪笏玉除。鳳兮罕儷,艱哉相於。有姬曰牟,人亦曰凰。應鳳之求,栖于後房。飛則比翼,以和以倡。月旦有評,維趙之祥。厥祥維何?祀事孔勤。蘋蘩在豆,神保聿欣。豈不儉德,孝養苾芬。翁姑燕喜,爰相夫君。夫君碩碩,載游于吳。棘寺稱平,後趙前于。趙入自外,舉案以趨。君也有婦,余也有夫。高室鬼瞰,嫉憂來干。有鳥銜羽,奄爾成單。譬彼比目,失之狂瀾。莊生擊缶,音切鼻酸。吳越壤界,猶隔雲山。旅櫬斯發,望望海灣。夫君送之,止于郊關。魂逝形留,癡立不還。不還奈何,爰即君詢。逝掩一抔,一訣長泯。吾屬勸斯,乃返其輪。往哉宜人,翩翩駸駸。

祭南恭人文

猗歟南氏,二鳳翩翩。元方既殂,諸孤眇綿。誰則振之?仲氏最賢。爲授弓裘,以世以傳。有嫂淒其,慰者疇前。仲氏捫戶,恭人奉筵。飲之食之,既誠既虔。室無二語，歡無際埏。產有一雛，鳳毛比娟。恭人視之，與孤同憐。出必問往，入則白還。豈不踔厲，咸策之鞭。仲氏初筮，式游于燕。恭人既從，內事忘牽。宋郡掌平，蜀道霄連。逐君于邁，遂諳世緣。夫君倦游，勒功代邊。鷺車言歸，隨以翟軿。恭人拜嫂，敘離嗚咽。諸孤班謁，拊頂摩肩。當此之際，雛飛刺天。晝直金門，夜檢芸編。恭人念之，爰遺素箋。八行珠綴，總之勉旃。忌哉天乎，麀物之全。天乎忌哉，奪人所便。夫君悼之，影隻形偏。鼓缶長歌，淚若灌川。嫂氏拊琳，呼神叩玄。彼胡永永，此獨斯年。諸孤環哭，踊地地穿。生不由胞，痛若戈鋌。雁書告哀，郎君瞿然。夢邪真邪？骨解魂遷。望雲長奔，秋風與旋。峽猿吟嘯，河水濺濺。郎于斯時，肝腸百煎。迨及門閭，觀者駢填。伏木一吽，震雷破巔。翁也持之，勉止語圓。嫗歎金母，翁乃彭籛。郎君聽翁，且泣且言。醫不已疾，禱祀倘存。西禮白帝，南禮上元，東禮木公，北禮星垣。四禮誠畢，意且返魂。禮如罔效，爲示患原。我走十洲，求丹問門。一拌形變，數粒體溫。仙人閟惠，患若或援。諸皆弗試，坐歛厚坤。言已忽仆，情極聲吞。槙乃恭人郎君之姻親也，義托葭莩，承訃廢餐。泊得曲折，春朝罷鐏。江蘺可薦，驛道愁煩。官縻敢脫，執紼空論。使來會葬，授令飛翻。日毋輟運[一]，足毋滯跟。遺書舍人，蔬剪家園。牲牛羊豕，取具山村。左羅五鼎，右列三盆。物儉而陋，意則良敦。

【校記】

[一]"日"，嘉靖四十年二十卷本及崇禎十二年四十二卷本均作"目"，當是。

哭亡女淑姬文

父槐野翁哭長女王淑姬之柩曰：嗚呼淑姬！我來自外而汝不逆我于門內，牽衣袖以行邪？我拊木大哭淑姬者以百數，而淑姬不一從木中應我邪？我來拜堂下省侍太夫人，而淑姬惝怳飄忽不在左右，淑姬安之邪？我入淑姬閨閣中，閤中唯有鏡臺粧匣，其上委塵，淑姬安適而弗理邪？我觀淑姬雖幼，然靜如山，不類短折者，乃顧短折夭滅亡邪？我乃且哭、且輟、且疑、且視而繐帷動、香風生，豈淑姬來邪？我延佇淑姬來，思一拊頂，行倚几而抵暮矣，第見窓燭搖、城烏栖，相呼相引八九子，而淑姬卒不至，淑姬果夭滅亡至短折邪？他或痴如醉、或毒如蛇、或躁如風馬、或流漫如不定之河，乃不死，顧死我淑姬邪？我齒髮向頹矣，而靡有一丈夫，獨有淑姬在而不能留，豈淑姬之會厄，亦高明之室鬼神瞰之邪？太夫人言淑姬病忌醫，醫來輒以被蒙面，不肯啟手令視脉，嗚呼！斯固所以夭短折邪？淑姬生年十三歲耳，甘一死不欲踰大閑，淑姬似我，誰能爲我起似子邪？送太夫人于吳江之上時，淑姬抆淚再拜哭，常時未有也，由後推焉，百年訣絕即此長畢矣，我安識之邪？太夫人失淑姬，譬猶獨栖之鵠；我失淑姬，譬猶落葉之幹。兩慟相視，聲如崩巖，淚若縣河，淑姬亦慟之不邪？淑姬且屬纊，氣喘逆不能語，乃瞪目視左右，勉吐一詞曰：死則死矣，獨恨不得見我翁耳。嗚呼！此語此慟！何日忘之邪！何日忘之邪！

祭妹文

阿哥槐野山人既出亡妹于土中，將徙之，以文爲祭，哭之曰：瘞汝幾何，肌銷骨胺。流光不處，貌亦隨遷。往憶斂汝，紞素雪鮮。頭插鳳釵，珠綴齊肩。母氏痛極，親下金鈿。既已置含，手纊牽纏。今茲發視，泥沙委填。爰檢前儀，前儀不全。臨穴而顧，有漏下穿。山流灌注，萬物能堅。撫膺頓足，淚下濺濺。往事既已，嗟何及焉！乃持剪刀，雙裁紘綖。衣以吳錦，上盤青蓮。髑髏既毀，畫眉補鬒。枯骨再榮，醜狀成姸。伐木易棺，萬世可延。改窆東麓，刻石紀年。言告母氏，母氏輾然。人孰無死，妥者爲賢。明發去斯，恐變故阡。導有丹旐，路有紙錢。祖筵列豆，澗藻澤荃。送車百輛，纓冕嬋娟。往哉樂只，無固留連。

送亡女文

阿爺槐野翁將葬亡女淑姬于城南之野，乃送之以文曰：城野雖曠，猶邇山村。望室雖隔，猶得歸魂。豈不戀汝，置汝九原。亡歿異托，疇其永存。我有果蛤，來自吳門。陽羨雀茶，美掩芳樽。取以餞汝，汝其臨軒。柳車被錦，丹旐飛翻。騎吹行歌，觀者雲屯。何死何生，榮燿寔繁。汝去汝忻，無苦無冤。時則省汝，爲掃丘園。庶其樂之，庶其樂之。

槐野先生存筍稿卷之十九

槐野先生存笥稿卷之二十

左輔王維楨著　館甥渭上南師仲編

書三十八首
與王三渠宮諭書
答趙洪洋巡撫書
答張安世中舍書
與趙洪洋巡撫書
答王序夫孝廉書
與高石山給舍書
與楊王泉提學書
答丁滄源都憲書
與趙劍門侍御書
答喬景叔督學書
與程松溪司成書
與孫伯泉錦衣書
與孫季泉宮允書
與張龍湖學士書
答王堯衢編修書
與呂沃洲侍御書
答王思質侍御書
答襄陵令尚子書
與劉嵩陽太守書
答南姜泉太守書

答曹東村侍御書
與孫季泉宮允書
與王序夫孝廉書
與袁元峯編修書
與周石崖曹郎書
答趙大洲編修書
與敖夢坡編修書
答許少華中丞書
答韓苑洛司馬書
與郭東野侍讀書
與孫季泉宮允書
答胡自湖侍御書
答張安世中舍書
與魏明瑞諸子書
與張惟訓孝廉書
答程松溪祭酒書
與孫月崖都憲書
與郭龍潭主簿書

書

與王三渠宮諭書

西來時辱接引，行日又勤玉趾郊別，家庭骨肉當無踰此，懷感如何！城南游眺，幸附高躅，遂令眇小山人盡覯終南太乙之勝、秦漢隋唐之遺。至今嵬目慨中，激賞壯懷，悠然興尚古之思，豈非我公一啟廸哉！回覽新兆，地形盤踞，造物與之，乃若建規定所、圖久示大，此經綸非小，天相人會，關內稀儔，何言昔日有韋杜哉！離長安十日，江流塔寺，往往神馳，賦詩二章，聊紀一時追攀之意。韻倚洪洋公，詞則未及也，仰求斤教。懇懇北去，有言寵行，小子業製錦囊待之。

答趙洪洋巡撫書

離侍才數日，瞻企論範，若隔年歲，豈由接引之隆，乃使追攀之念深邪！昔黄射列筵而致禰衡[一]，中郎倒屣而逆王粲，高風嘉遇，嗣代稀聞。楨也華下鄙才，實慚往彥，乃濫光遇，忘年劃岸，進之教席，又何言古人哉！曲江游覽，亦思有言紀事，忽奉雄篇，輒次二章。刺目汗顏，幾欲自焚，蓋白雪喧節，下里增蚩；西施當筵，嫫母掩面；騏驥駑駘古難齊足，況此文才哉！明公權總秦雍，職統百府，體周召之業，有懷柔之務，人士論者徒謂擘畫倥偬、旦晡不暇，乃復工辭流翰、隻字千金，非由停貯淵厚，乃爾能之邪！楨少事文墨，壯猶未就。歎白日之易下，望滄海之難窮。再起茂陵，進塵行列，豈直無裨潤色，抑亦祇深荒蕪也。北去蹉跎，征期幾易，撫己宜藏，非薄明時。頃奉面諭，準以春正戒途，惟明公有以教我也。鄙和列在別楮，有所牴牾，輒望點竄，茲道陳思與丁儀固嘗有之，不具。

【校記】

[一]"射"，崇禎十二年四十二卷本作"祖"，當是。

答張安世中舍書

書至，始知吾兄有翁伯先生之憂。大翁伯于後者兄也，尚節情攝體，毋徒爲莫益之哀。僕所爲狀，大要損益馮子稿而掇節比類。馮子稿尚綺，而僕從質；又尚纖悉，僕第撮其尤章章著者。嘗聞敘事貴據大體，忌散漫瑣屑，鉅節既章，其他即略即脱漏不害。稿中稱爭道以鞭擊縣尹，又乘肩輿與藩臬抗，僕悉刪去。蓋翁既讀書稽典禮，必知分好謙，若而所云，則翁特使氣而畔于理道，本以表豪，反顧暴瑕也。昔晉將郤縠誦詩書講禮樂，史氏稱之；李廣以私誅論灞陵尉，論者不與。並此證之，則僕刪去兩事非謬肆譏評也。又稱公平蜀盜，乃忌者擠之去。古者勤王之師不期而會，即無會忌者擠翁，翁職兵事，亦得承檄往。僕於此亦刪去。凡此皆據大體言也，其他遺略者，率散漫瑣屑，不備論。僕狀亦繁蕪，俟作者擇焉。若爲誌，當裁三之二。歸來尋二稔，塊處林屋，頗就中散之性，音問稀闊，馳思曷窮，後月擬能赴弔，盡所委曲。狀録二紙，一付還使，一付去使。先是，嘗思候鳳翁，累乏便輒止。茲隨具書幣，附去潤筆之錫，完封奉返。在雅知下不須疑。

與趙洪洋巡撫書

張生回，領悉高愛殊常，私心感誦未已。《澦西集》坐新歲多所往來，又瀕行[一]，益復擾擾，乃取閒燒燈，得讀徹編。文據有涉理道、禪風教治理者，輒如前命識以朱點；其他文即非亞品[二]，或涉率意應酬之作，欲概取，懼有瑕瑜之雜焉。然對山先生諸所撰述，高下不甚相邈，非如他筆美則比玉、惡則便石如此縣絕者，蓋先生業專漢史，自餘旁塗曲戶一不雜踐，故能章章合軌若是。然細讀之，亦有均事均題、一意複出者，自非有具金睛、持鐵筆者鮮能刪定。顧楨何知，詎可語此？公如必圖簡良以傳，須往定于渼陂先生，乃能稱物當取，即對山亦歎服于九淵之下可也。對山橫才逸氣，方軼太白，諸所爲詩，多情景曠達之詞。詳厥語意，不務鉛華，冲素自得，可謂上薄古作，一洗近陋。揆之文質彬彬之道，差有未合，必若李何二氏，諸體咸具，動中規模、氣骨格調靡一弗備，則入選者十僅二三。故楨雖讀誦數過，不敢肆意謬取，誠恐一斑之窺不足概。又近日三數名公咸謂對山宿聲震世，生平自以抗跡李、何二氏之右，乃今二集各以全梓，公集祇有是，又欲索瘢令其傳不得與二氏比，非所以彰先哲、揚完美也。楨聞之懼，私自謂對山有詩，詩止此，甚少，即盡集刻之亦宜；若其文，必俟裁割一二，亦非捐美。故于文則間有采遺，獨不一加點定于詩者，坐是故耳，非謂避命憚煩也。原集凡十冊，函復。仲春朔日北行，以所欲知附聞。

【校記】

[一]"瀕"，崇禎十二年四十二卷本作"頻"，當是。
[二]"亞"，崇禎十二年四十二卷本作"雅"。

答王序夫孝廉書

過渭再辱光遇，舊好復修，愧汗欲下。抵家即圖掃榻奉迎，會有他妨輒止。乃勤使人將餽兼及翰諭至，自引抑如此，僕甚感之。昔在草茅，孤陋寡儔，狐鼠側目，獨公念在攻玉，定交五十里之外。寺廂燈火、偕計風塵，所在追隨，乃遂驥附木托，廁名張詠之後。其時談者咸健羡傳慕，至云二子有古道焉。迄今二十年間，離合毀譽屢變屢及，然棄婦逐臣，終懷初筮，非敢佞也。執事高俊，奮庸有時，顧以顯抑伸困、起憤增戚，至有西施之喻，斯蓋笄黛之流爭憐妬儕之云耳，非執事所宜有，僕甚訝之。昔者鮑叔既顯，夷吾囚執，二人者雅相善也；乃後夷吾一舉柄國，鮑子以身下之，夷吾亦晏然當之，不疑不怪、相引相推，名顯諸侯、功在天下，此兩賢千禩之芳也。楨愚不肖，遠謝鮑氏；而序夫之才，鞭驅管仲。然又負正心之學，所惓惓者，惟共求砥淬，趾美前人，期不愧始卒之誼，以有光士人之談，如是而已。人有告者曰"子貢結駟，原憲閉門"，則曲士小夫支離壞道者之言，勿之惑也，勿之惑也！方有執筆之役，填委不理，唉竣事嗣告，相將遠違，期椊雪一來，慰我夙歎，如何如何？北去擬春初始發，兼旅資困我，不得所處。以所欲知故喋喋如此。

與高石山給舍書

別去忽再年，世事波雲。再年之中紛怪幾出，從今觀之，公雖鎩羽卑飛，然業脫矰繳，未可懊哉！仕宦榮辱關諸忠枉臧否耳，若浮沈騰抑則數奇偶。鄙夫介中，有道者不論。爰稽在昔，若湘潭大夫、長沙才子、潮陽刺史、夜郎謫仙，其時嚴譴遠投，一身萬里，可不謂甚痛哉？然四賢者不悔。故四賢者身在塗泥而名格霄漢，跡困燕雀而道頑鵷鴻也。公卓犖蹈厲，聲留省署，即一蹶非損。假令石山而在，循墨就列、結舌閉目，即獵致華崇，人或耀之，鄙人弗與也。今日所扼腕者，獨念向時勝侶，漸見支離；感事興懷，諸館人多用歎息，不直予所私也。唯勉圖令休，慰此惓惓。

與楊玉泉提學書

使至，辱及華翰。因悉節旄入關，秦士子望風忭蹈，若將丕變；更益歲年，其績效可睹已。秦中先輩名家務敦本實，已乃衍而爲詞，故各皆有就。近世學者迂視前哲、顓趨捷徑，掇摭六經細碎之語點綴湊泊，眩觀競進，此習且十年，不有中興君子振刷之弗可改也。夫六經爲議道之祖，乃學者不求觀理而務勒詞，所謂截錦補裘、華而亡實者也。流而靡止，將害道蠹政，不直爲文之弊，而僕竊懼焉。違侍漸遠，式申卑戀，併附夙慨如此，伏惟鑒教。春盡聞有榆塞之行，塞上氣候與內地殊，幸節慎爲國，不任惓惓。

答丁滄源都憲書

使至，辱惠嘉音，殊慰夙積。就使得審南中動定，併所弛張，大臣之體國憂民如此。念往建節畿輔，畿輔之民宜之，至比爲長城雁塞，謂設有虜至，得無患。乃忽奪公于南，奈百姓嗷嗷何？方今爲中原憂者，獨一戎狄爾。謀國之臣論建百種，越歷三歲，然勣效鮮覩，大略謂積弱難振也。夫積弱誠難振，將遂聽其弱，不爲之所也。主上英明神武，注意疆圉，功才尺寸，賞輒尋丈，其振厲之志如此之篤也。誠使中表諸臣戮力贊襄、捐私奉公，周宣漢武之業不足道矣。乃今顧如此，言之喟然。近傳胡騎南飲下水海，蓋宣大近壞也。彼情叵測，我計安出？有識之士所危慮焉。使回，附申惓惓，兼布私戚如此。明今欲靖疆宇、安百姓，非得公輩三五承事秉樞弗可爲也。楨碌碌班行，一無表見，獨企懷舊德，每抱極衷，然奉侍未期，祇深瞻佇爾。溽節敷展不盡，總惟鑒在。

與趙劍門侍御書

今三晉之地比遭虜寇，守臣不爲扞禦，令白骨滿野，此誠宜痛憤。然朝廷業論罰如法矣。至徵兵饋饟之費，職者敢奸其中以自潤，此何可不薄責示戒省明令威哉？顧令豪傑跅弛之士縛于文墨，不獲展布自效，因之見難規避、愛生輕國，何者？上下相疑而意氣局促也。漢與陳平金四十斤，不問出入，平城之圍得解；李牧之守趙邊，市租皆輸幕府，得自便宜養士，匈奴不來。凡以首厭其欲而後責其力也。鵬鶚搏擊之能，所願一肉，乃取鳳凰不食生物之仁比德論賢，于理得不哉？直今受命承事一無鵬鶚之用，顧乃欲如陳平李牧兩人者不可見；即得如兩人者亦弗信，以踵弊而貽患有載年也。公等將天子之命，往莅其土，號稱摘發幽伏、振懾奸慝，而精明果執之才又克負荷集事。若鄙人之智，則惟論材較力；其猛將策士，即有汙衊，固且寬之；貪懦具者罪之，庶幾乎國無棄賢，人心感奮，死士從此出矣。夫明法伸威，蓄材宥過，此完名也。僕與劍門相知倍庸，意必采聽，輒列所見如此，再枉嘉音，不任翹企。

答喬景叔督學書

違久，忽奉遠音，慰我夙積，因使知動定暇豫，即職事填委，不廢文墨，僕聞之有愧慕焉。惠至諸篇，讀之累日夜，不忍釋去。五七言律學杜，於杜有得；其七言古間復學李白，總之盡袪鉛華，自見本真。又其搆思綿密，造語雅粹，纍纍如貫珠，今時脩詞之士所未睹也。世俗用華沒實，不講于風雅之指，每使藻繢湊泊之伎，塗亂耳目，莫有辨者，此大道之厄塞、有識者之喟惜也。鄙人信么麽，顧不欲輒棄，竊希心于述作之途，然眩鶩多岐，未窺真筌。念齒年漸加，懼就淪沒與庸俗人同死生耳。附致律詩數十首，皆屬荒穢，幸微品鑒，示之得失，如何如何？京師萬事日新，叨廩自愧。西南得春甚早，惟順養爲道，萬里惓惓。

與程松溪司成書

使來，枉翰教併書貺，館誼之篤如此。公抗身服義、講聖賢之業亦既有年，今得操化柄，造多士矣。諒所廣厲指發者，宜不在言語間，將誠有所立，非作虛車如世儒已也。今世學士崇華亡實，往往爲治道累。高者又飾怪依玄，一物不究，托號于內修，自掩寡陋，又害道之甚者。大學，天下之賢士皆集焉，人挾一技、名一長，犂然不齊于世，各得以效其用。至其抑揚割正咸就實才，不蕩不偷以裨治助化，于門下有厚望焉。楨，秦之鄙人也。曾乏咫尺之能，困淺末之習，愧齒髮逾壯，眇有樹立；顧能寤寐賢豪，思一砥磨，即又不可得。嗟乎！"河清難俟，人壽幾何"，將終焉已矣。楨慕松溪公非在旦夕，即不識面，顧甚于接肩臂、篤懇勤者，乃敢進說如此。南中搢紳多間，得致力所事，每因談口，輒有奮飛之想，縛于官守，奈何！

與孫伯泉錦衣書

楨本詞垣末品，秪以通家故，遂辱接引，而踪跡往來，特百恒情。竊念公行游湖海，暨立中朝，閱人殆千百輩，乃顧取一王生，予王生文又器，王生豈能有取邪？毋私昵之不知其過哉？公家兄弟皆賢人君子，交之不獨以其文也。頃歲以來，休戚隱軫之情，比于骨肉。今歸，順老親願，誠甚喜；然令鄙生濶絕高侶、還復疎鹵,則顧又甚戚也。行日奉愛深重,固以著于心,不具論論。今離懷如此,惟大篇寵行增我故價,在途擬依韻答之,竟困頓未能;俟抵鄉廬,卒所欲言,載之冊書,乘鴻起便上之不虛。

與孫季泉宮允書

頃歲以來,公所與楨談對觀磨者,皆由衷至情,故楨傾腸瀝膽,言無曲理、物無隱情,至曉曉也。賴公照察,不罪狂迂,顧加賞音,此交情與古人可比論矣。楨從事文辭積有歲年,乃多牴牾弗合,至復自疑,頃值季公持格眾之見,稱爲正路,令勿改服,因遂自信,肆力邁往矣;而季公又頌說浮實,令聞者側耳,此所謂"登高而指故見者遠,順風而呼故聽者廣",有憑藉也。季公高才妙悟,世所希睹,楨欽慕希艷,什伯恒情,故常常欲見之。今歸,得順親願,誠甚喜,然同調離析,寔愴中抱,信知吾兩人者皆同也。茲旅次趙州矣,回首京國,頓成天涯,追往悼今,無任惻惻。行日初擬今寓了前諾,而所遇盡惡主,欲留一日不可得;又行路困憊,竟令寒盟,私計抵家須志定即圖之不虛。書成,家母來言孫老夫人有眷我意,當致謝語,幸爲傳報堂下,弟維楨頓首謹告。

與張龍湖學士書

維楨,秦之鄙人也,又不幸不獲廁門墻之末,乃公念秦人諒直,驅而之道甚易,故爲接引,至與孫趙二史等愛。孫趙二史,門人也。楨即庸不若所望,然固感知遇之德。今茲謁歸,實重母志不欲奪,自令鄙生睽遠至教,益復疎鹵,且奈何?行且望鄉山矣,固甚喜,然回首北雲,則又於邑甚也。楨仕宦十年,愧碌碌無以榮吾親,頃奉大撰歸鄉里,鄉里人見者且謂鄙生賢,重王氏宗,以鉅公之言在也。篇中論壽,盡天地萬物之理,揭千古未闡之奧,皆玄言可傳;顧所冀勉,維楨卒未能有,誦之汗簌簌下矣。今次趙州,在道已十日,幸風日晴和,行者不爲苦。送吏回,計宜爲言申謝。書成附往諸,惟台亮不周。

答王堯衢編修書

揚州別駕來，承翰教，捧誦神馳。兄能念及故侶，遂因別駕得悉勳定吉貞，甚慰緬懷。頻年以來，事變紛然，言弗可盡。乃知高臥江濆、嘯歌雲月，即不能竟脫塵網，然亦今時之自得也。弟以老母客久念歸，茲謁告扶侍西矣。以今月二十一日發京，行十日次趙州。逆旅草草，念一往華山，望惠巖益邈，音訊安從通？遂捉筆荒布中曲如此。傳言公今講學，棄去文辭不理，此近世道學自護其短之巧術，乃公奈何蹈之！弟于茲致力雖極，閫奧未臻，以能躡踪昔人，馳聲作者之壇，則未之逮也。西風順，幸惠嘉音，不盡惓惓。

與呂沃洲侍御書

鄙生慕沃洲之名尚矣，乃今覯沃洲之面私，其論吐與其在事弛張之略，率當實不華、簡而易行、有爲咸績，乃知沃洲固經國之大儒、斯文之巨擘矣。今世學者侈言無驗，如畫餅膠舟不濟于用，俗士見其若此，遂指而訾之，世忌論學以此也。僕以爲論學如問途，所貴能行，至之不倦。今交遊中若趙大洲者，高自標植，庶幾于道。而夢坡敖子，沈毅淵嘿，若重溟深谷，靡珍弗聚，鄙生獨私切敬事之，恨天資弗類，不能逮敖子。故敖子實有閎才絕藝而一不暴見，今人稱敖子爲篤厚君子而不知固略士翰卿也。鄙生于流輩中稱最下，顧能景慕賢哲，冀有所表樹，即如己出。亦念世不可無才士大夫，而才士大夫在世齟齬者十指而九，此其故難言之矣。今鄙生既歸，而敖趙兩君與公時出入游從，其所陳說相參，令上合先王、近振時艱，在座快聽、出門可行，即俗士曲意求指，安得乎？自聖人沒，道散在諸書，求道而不讀書，猶入闇室辨色也。僕齒年逾壯，望道逾迷，自訟不學故至此。今擬退依巖谷，蒐羅往籍，探稽世故，求所謂信古振今者。即未能伯仲時髦，亦庶幾無怍于俯仰耳。竊又慮五斗相迫，復就宦轍，則此言虛車矣。嗟乎！日月易夕[一]，逝波難返。四十無聞，聖人弗畏。沃洲諒輅此念久矣。幸愛景光，各圖令名，不盡惓惓。

【校記】

[一]"日月"，嘉靖四十年二十卷本作"白日"。

答王思質侍御書

　　使至，能傳問訊併及腆儀，蓋越國輕數百里來也。乃高賢敦友道一見即故如此。往嘗游河東，亂洪流、陟條山，度羊腸之險、訪龍門之勝，蓋歷歷見之，即未能裨高增深、比觀達人，然觸事徵類，于世故有脫悟焉。以爲人情懦者多畏、怯者恒難，如此當大事，安有就也？今公轍跡到河東，諸所謂山川，意歷歷見之，將必裨高增深，建奇節、標雄名，爲達人曠士，不直鄙人能悟已也。公在臺中，疏凡幾上，上咸嘉納，以能中會袪蠹也。鹽法積弊所由來遠矣，抉剔澄汰之力非公而誰？念公雅號勁直具自本性，況復雄山大川助之乎！楨居依少華山，登少華山望河東不遠，然義不得往瞻仰風儀，徒增繾綣。意公由今當多紀游弔勝之作，便能寄致，即如面承論教也。

答襄陵令尚子書

　　在京見客數稱襄陵之治，以爲有古循吏貞固惠愛之節，而無近世虛恢浮夸之習，乃私竊嗟羨欣慕，謂方今俗尚若此，有一人抗迹獨樹，非所謂大丈夫哉？比抵鄉域，望襄陵益邇，有聞盡與昔合，乃知"君子無患莫已知，患在可知"，聖人之言非虛哉！今甲辰進士宦晉者三五公，皆以節勝用能名。而嚴子在絳，年少特立，人無敢以書生易之。比屬賢豪皆嘉會希逢，齊雲汀觀風域中，不宜泛泛概視已也。歸來守園廬，懶似叔夜，未始作書通問四方。乃勤使使厚將，越國枉訊，其不遺故人如此。僕本鄉里豎儒，乘時奮庸，塵冒詞垣，久縻公餼，罔裨國休[一]。老親念兒薄能享榮，懼干覆咎，乃促請告。春來折笋林間，采蘭山曲，親願子志兩遂俱得矣。執事私所好念延千里、追故道今，真愛滿紙，誠破閴寂、激中腸。酒至，會雨薄寒，即發封進之北堂，不欲稽公惠也。條山阻絕，瞻思徒勞，若五斗相迫，抗顏再出，聚首雲霄，論心青瑣，不盡不盡。

【校記】

[一]"休"，崇禎十二年四十二卷本作"體"。

與劉嵩陽太守書

　　重慶距京師幾千里，公守重慶，僅閱兩稔而華聲飛照如在咫尺，若積勞五六歲者。乃知豪傑應世，如飆動雲流，域不能隔、年不能限也。往在瑣闈，若所論建諸疏，一時談者以爲難能；既又取重慶與理，此即長孺守淮陽之故事。語曰"木直思伐"，乃自古記之矣。前年趙大洲還館，爲言嵩陽視民慈、與物異，直内則如彼、服外則如此，龍化虎變，此通方大儒也。衆人信之。楨今謁告在里，會姜泉南大夫之任，相見與別，托致夙積如此。大夫，秦之望士，守南宫有名，累資七年乃復此調，究本與兄事體略同。今往保寧，他日課西南政最，則兩君者稱伯仲矣。向負一詩贈行，唯域絶風乖，到今稽諾。姜泉行，又卒卒不及嗣圖寄往，且意公在郡逸思豪吟，方駕臨川，幸枉我數篇，當擬羊何，遂和之也。

答南姜泉太守書

　　昨赴會渭南，接遇非分，而令郎陽谷先生者，益復推公之愛愛之，念古人"禮非其任則避之"，乃夜遂奔歸，非謂陶令厭賓客也。小阮來，傳及翰教，眷念滿紙，因知西征在即，上青天、觀錦水，則奇游也，何云蜀道難哉！初擬爲言申贈，乃諸俗牽溷，思之竟日夜，了無佳句，然又不欲草就，懼澀奚囊，俟徐圖補之。所致台山、嵩陽二君書，到郡勞使分遺。節序向暑，惟慎旅爲道，不盡惓惓。

答曹東村侍御書

　　使回，奉翰教，因知按部及鳳翔，所過更新。至讀邊事三疏，摘發伏奸、奮不顧身之義，犯怨凌危，爲國明賞罰、正功罪，皆智巧之士所閉目卷舌，諱言于緣飾之世者，乃公抗節詆之，即令此屬有泰山，然國是既昭，衆讓咸歸，亦可以懾往慝、懼未萌矣。楨聞今之邊事其弊若此者，窮本則自庚子八月之捷始。降虜膏血塗草野，而益爵佩印者皆隻輪不出、一矢未遺之人。乃楨痛心數年，思得一士追論之不可值。故今睹公之白大計，每用擊節歎慕，非私之也。使言且欲移節，由商洛出次華州，俟代者審，則瞻接近矣。延佇延佇。今承貤貺，稱爲扶侍致賀，感激百于恒情。翰中獎予隆重，么麽之夫，進退罔裨，惟重違親志，歸就菽水耳。安能若所云也？惶悚惶悚。

與孫季泉宮允書

抵家不十日即爲新歲，遠客新歸，會又此逢，倥偬可知。盡正月新舊往來不絕，至破二月始訖事。當是時，亦思即事書情，續歸來之句，能乎？頃復念身有兩序之役，業立質，必至倍之不可，乃謝客捐俗，閉關二十日，皆就起。二月望畢，三月五日已覓使欲發。忽言漢且開博苑、置賓客矣，去即觸口語，乃止。今知前聞從罷，始與之往。雖淹節月、渝初盟，本非有懈志也。夫兩序者，咸據有說，實罔溢一語。序時，讀兩集數過，乃爲之刻而傳焉。知我罪我併在是矣，今亦不得解也。季公愛弟之甚，稿至，幸審訂中裁焉。貽來兩書具得之，其和篇獎予隆重，繾綣不已，遇客便手與共讀之，欲以見知己之難耳。既受冊，不著一言，我罪何云！然深衷非促節可著，厚望豈急辭能宣？此往即須操尺陳故，要來定百年之盟焉。老親朝夕游家林，甚適，然見說從宦，便復擦眉，曰：兒奈何又欲違我志？楨乃引太夫人爲解，母乃曰：孫母慣，且子孫滿前，即在旅，猶家也，我安能比孫！親願若此，楨終忍甘爲割裾事哉！見館中諸丈，爲道惓惓，取序與諸丈觀，亦宜此懷盡往。王姓者，故隸，人逐去，以官役入京師，因附之。

與王序夫孝廉書

往赴會渭南，得君之遇甚厚，然非其望也。念昔與君有雞黍之素，以爲竟宜堅約不爲貴人改節，乃過之如此，楨思徒感不足以致報。今君且龍蟠蠖屈，正僕所欲鞭雷驅電、效力致奮之秋也。即有酢言，能聽之乎？方今關內才賢之未奮者，數者必以君屈首指，蓋謂流落十年志硜硜弗爲變也。即楨亦云有志如此，乃何有一第！今至渭，乃見列廛通市，與賈人計盈縮、論廢著，趨丈夫之末節、責洒削米鹽之細入，欲奪而志窶、利交而智昏，眾所注期于君者謂何？乃今若是邪！夫事以一成、以二敗，救策者亡羊、弋禽者廢奕，大舜具重瞳不能兩視、魯輸善規矩不能共作，非智不足，勢不可也。君誠賢，不踰二聖；才誠通，不能殖貨而戀學也。夫利有微鉅，萬物之大分也；居有充乏，生人之大命也。此兩者說長而不可卒具，惟君審訂自裁焉。且夫揮金還璧、乞食臥雪之事邈哉邈矣，不可再見。若伏之牛下、登之乎天上，初甚苦而竟快適，即非君子之上志，然亦窮通苦樂之一鑑也。君有邁儁逸群之才，有跳驅千里之氣，志一變諸，皆壞無賴矣。幸招還始念，與之終初，屏居清渭之北，楗關謝事，溫舊益業，名成而禄入，且萬之市利也。又安事此？定交二十餘年，規勉相持，不啻兄弟，言雖過苦，且不自爲罪。君顧見讓哉！天暑，不欲枉車東下，秋至當使使相迎，勿責疏曠。

與袁元峯編修書

抵家既三月，然冗奪過半。華山見歸人，顧若色喜，乃楨顧不能吐一詞答山靈也。坐此無詩。元峯君者，詞塲之飛將、朋儔之雅徒也。鄙人屏居離索[一]，往往夢尋。比來積句盈箱，天上翰音能從西風下山中乎？望之望之。湖海交游，如吾元峯、見滄兩君厚者寔鮮。故今在家，恒展兩君贈言讀焉，若與兩君對者。秦人疏鹵鄙朴，獨有希古尚友之志爲兩君所予，然力猶弗逮，兩君不欲教之令竟成章哉？遇見滄君道此，若見季泉君當更有與覽者，不再及。

【校記】

[一] "人"，嘉靖四十年二十卷本作"生"。

與周石崖曹郎書

草野之人，雲霄分淺，今歸，乃故甚適，自奉親課農之餘，則坐室中讀書焉耳。竊念國家養士十許年，曾微效米鹽之能、鉛刀之用，乃退守丘園若此，即誠私願大足，如報及一飯者何？然又以職領史氏，若采風輯事，不限朝野。乃今關聖帝明王之大美弗述，忠臣節士、里謳巷謠、風俗政化之所關，滅而弗傳，若是者罪益且重、負益且深。楨於是懼，乃思左氏虞卿之所爲，以爲庶幾哉無慚于天地之德矣。顧隘聞短技，即如前志，百振未有一舉，秖立空言，終與草木同朽爛矣。或誚楨曰：子四十而不試，後無幾矣，即日陳言，安施也？乃笑而應曰：我且作百年計，在山中子責吾四十試乎？離隔遼絕，同人之戀彼此共之，秋交鴻便，幸惠德音。

答趙大洲編修書

公所貽書載祖所和詩二章，有歎羈慕往之致。若緣鄙人興者。詞林遷官，故事循甲次，今守且逯，又奈何欲往？又公故嘗求佐成均，造士以報天子，有缺即真矣，往殆非計也。冢郎擲書于門內，颭去，問之，附孫比部行，遂銜躓而逝，不得訊乃翁動息，歉甚。歸來且兩月，益溷人間事，去來斷續，莫有已時，往日質言能踐與否，可豫卜哉！夢坡敖丈真醇有造，非徒騰口說者，與朝夕甚裨我，乃甘作溝中斷矣。第思此君不置耳，晤間幸致區區。

與敖夢坡編修書

今伏華山八月矣，然忽若歷朝暮。天上故人時能相憶否？塊處僻壤，寥寥無從，念未嘗不在諸公間也。夢坡敦大博厚，古之長者，楨疎鹵頑昧，本非等埒，公乃結爲知己，私有砥磨，而楨以兄事心師之，不與貌昵面恭者類也。在家爲親朋數海內賢人君子，必取公屈一指，而筠泉兄剛正質直[一]，雅所敬瞻，與公相伯仲，故兩兄者我念更獨甚也。七月中，吏部移檄趣入，不得堅守鄉園，歲杪或當握手。人便卒卒申候，見筠泉兄[二]，爲道惓惓。

【校記】

[一][二]"筠"，嘉靖四十年二十卷本均作"醴"。

答許少華中丞書

往奉華牘，稱物以喻志，意隱而詞微，情傷而旨痛，顧世無知之者，楨讀之爲太息焉。夫君子之行不同而志各有寄，陶之酒、阮之琴、嵇之鍛、王之耽意聲樂、謝之遊矚山水，人固謂放浪形骸、潤略禮法矣。夫數君子者，皆當世所謂賢豪人也。彼其始豈不欲爲矜矜之行、用世之徒哉？時有所不可，乃退而就此。故琴、酒、鍛、樂、山、水六物者，數君子之寄寓，乃其情深遠矣。惟公壯歲標植，皭然而不污，慎脩而不爽。當是時，自謂曾參不殺，慈母相信；蕭、曹、丙、魏之業，行可力致。此其志豈不貞固哉？旋乃蒼蠅肆點、黃金邁鑠，遂令韓非孤憤、殷浩書空，棲李廣于南山、竄楚平于澤畔。百懲不錄、一眚被放，斯足悲矣。孔子曰"遯世不見知而不悔，唯聖者能之"，言悔賢人猶不免也。於是境殊則志遷，勢阻則情鬱，故且昵近異物，假借蕩懷，免憂生之嗟耳。亦若陶之酒、阮之琴、嵇之鍜、王之聲樂、謝之山水，皆寓也，而知者鮮矣。今謀人國者不務亮志憐才、濟時抒患，專乃索細瘢、摘寸朽，遂使全璧受疑、合抱見斥。公由是不獲奮矣。楨爲之大息者，此也。強胡數爲邊害，執事者講武遴才，念至懇也。然今日用一人焉，不能，輒去之；明日又用一人焉，又不能，又輒去之。官頻易而勣墜，患漸深而莫之救藥。何者？用者非才，才者未用。用者飾名，用之者信耳也。往楨從朝士間，爲論真才誠可批難解紛者三數輩，不嫌以私其鄉，聽者色駭而意咈，以惑于讒口也。不見公五六歲矣，傳言故嘗一疾，疾已，乃盡謝諸累，保真反初，今容髮光光好也。意或天祐國家，故乃陰誘其衷，禪之順精須用若此。得告在家僅八月，部檄趣還，不得淹臥丘樊，遂不能驅馬曲江乾岡之間，攀接顏色以慰夙昔。聊布欸曲，式答芳訊。見太華公，爲道維楨惓惓。

答韓苑洛司馬書

自洛水南行渡渭抵華下，人稱百里，然迥野荒塗，即快騎必竟日詣所止，此安止百里也。乃翁輕涉遠道，枉訊敝廬，感激萬之恒情；又杪冬嚴寒，冰河雪徑，此宜居堂奧帷帳中猶有侵冒，矧茲外出。使者來，諗知還車無恙，心乃始慰。奉教，南轅且淹不發，謂以期親故，惟翁重抱沈痛，令分國念，楨爲國之典刑軫慮亦復戚戚。今國家大計，莫鉅于防胡治兵。顧惟防胡者多，擊胡者少；治兵者多，知兵者少。以此兩多併此兩少，此虜小入大入、狂馳靡憚，南踐大原、西掠華池，慘惡稔毒詎忍言哉！執政大臣若圖其鉅者，則必入告天子，詔翁還，取大司馬尊號畀之，坐有成功可睹見，此非臆想私諛。天下誠大，人材誠眾，以指校數，與翁等垺者幾乎？楨發擬在正月下旬，蓋屢卜屢易，沾戀慈闈，繫不能斷，無亦去父母國之道，宜爾哉！自省淺細，即就班列，萬無一裨。幸終教無甚貽鄉國羞。至望至望。

與郭東野侍讀書[一]

不奉光儀，忽經再臘，歲序易流若此。南中之役，詞垣榮事，乃公與季泉君爲耦，足稱聯璧。江都簿郭岫以書抵楨，因知還楫北向，而簿言兩君並施非分之眷甚渥,本之以楨故也。矧楨越在天末,垂戀可知。頃客過華州者,稱說南中録美善,以爲邇所希覯,顧不獲輒睹一快心焉。懊歎如何!僻處丘園,動息甚適。秋中部檄趣入,然五斗纏牽,安能堅守故山?征期屢卜,未即北首,誠獨念割裾之難耳。此惟東野數公諒之,他人弗之知也。定計開歲戒輛,所謂芳草萋、王孫歸也。歲宴,卒卒無得遍簡,諸兄幸爲鼎言,莫取懶慢坐遠人焉。張雙渠者得遷,徑赴湖南,瀕行,留書一函、褐一端,俱有封識,謂便以致東野君。竊念高義不可久宿,而翰中所云或有弗可稽者,輒用先往。有懷縷縷,欲俟面盡。

【校記】

[一]"侍",嘉靖四十年二十卷本作"翰"。

與孫季泉宮允書

往書凡三上,皆值公南中之役,意旋時當惠報音併得睹試録一二,今且踰秋及冬之半,苦憶日夜,不獲一快思焉,奈之何!醴泉與南渠二君典文北闈,近因過客出所持録,稍一覽,獨典重敦雅,洗祛近時虚恢夸毗之習,所謂質而不俚、華而不靡者。獨念南中録不至,然以意度之,令班、倕治宫室、持斧斤,其偉大焕美可信也。楨淹跡丘樊,垂白之老不能便赴華省。比來征期屢卜屢遷,進退之難如此。開歲五七日,馬可北首無疑。所委敘述及詩冊,總宜齎至作羔雁也。門人張生光孝以計偕來,附致區區若此。張生弱冠負俊才妙詞,往爲貴邑龔笑齋所深器者也。幸因門者得入瞻望顏色,足慰千里惓惓之慕,而張生顧又可教人也,一見即須知。歲晚,且治行,卒卒不盡。

答胡自湖侍御書

使至,知及瓜期,今且駐漢中俟代者。漢中有拜將臺,漢帝爲韓信築。古帝王御將隆重於以磨礪驍雄如此,然卒賴其力以成洪業。後世廢置輕眇,比之呼叱小兒,安望其效命解紛也。公登臺回眺,嵬目激中,宜興今昔之歎,固須有作。往奉大篇九章,日在吟諷。與公會斯須輒別,然讀詩顧若聆玄論、接英標者,聲調殊也。然吴山之言工緻婉麗,憑凌三謝矣。秦州之言典,平戎之言雅,鎮邊之言壯,睢雲之言則尺尺寸寸步驟少陵,所謂"惟其有之,是以似之"也。初,與公別之華郊,期謂盡和諸什,其會嬰肩背之疾,俛仰并苦,不能據案者彌月。頃來稍平,每于臥內口占隱度,乃復不成,豈調高和寡、朱絃發響瓦缶難爲音邪!征車北向,改卜春仲。獨惟眷眷垂白,去留靡決,可以信進止之難矣。尚計作西征篇贈公,成即托便使致之。蕪詞數首,遠冀斤削。昔子建點竄丁儀之文,以爲言之好醜彼自得之,己何私焉。先哲遺跡,來世之矩也。力疾搖筆,附使還報,私戀不盡。

答張安世中舍書

張生回,具悉屋烏之眷,感戢何已。北征蹉跎,去鄉之難如此;矧又肩背受患,連數月未平,可奈何!只今強欲出門,念破後月即失期。吾兄養恬斗城之陰,遂蓄真探由此益戀,行子誠歉羡焉。賜來濛溪翁集,讀至再周。先是,得少華翁集,近併二集更讀之,乃皆婉麗秀俊,與太微翁集各立門塗;若以名世而傳來,則一而已。可謂接轍錢郎、合券陰何者矣。楨才性駑下,鮮兼識之力、冥搜之鑒,然竊觀先民有作,率非形索象模,必積思累紀,既以得意會神,乃後成章。本朝作者,空同老翁聖矣。即大復猶却數舍。蓋空同有神變無方之用、有精純不雜之體,讀一篇詩見一事首終。雖縱橫奇正弗一,其裁而粹美同也;珩琚璜瑠弗一,其形而溫栗同也。至若倒插頓挫之法,創自少陵,善用之者空同一人而已。學者未睹其大,慢肆醜詆,以爲空同掠古市美,比之剽虜。嗟乎!空同富才神解,能自作古,假令與李、杜二豪並生同代,二豪當約爲兄弟,補所未逮,增所未能。故官帑失金,不可盡疑陶朱也;良驥駢足,不可謂相肖似也。空同生李、杜先,不爲李即爲杜;若李、杜後空同生,亦未必不爲空同。豈可謂李、杜掠人美哉!方匆匆結束行李也,覽藝有觸,輒出數語,恨不與公接朝夕,得窮論討、質是非。紙上言不多,嗣當更布。許有大珠贈行人,瞻佇不至,轉增懊懷。對山先生集及諸書并廑慮,思有成事即馳一介祗領,幸呼與之。吾慕濛溪翁有年載,不幸不獲接面,晤時爲道惓惓。

與魏明瑞諸子書[一]

北征時,諸賢送我特遠,情實戀戀,若謂失所親者。竊自念吾于若曹奚裨哉?獨戇言不諱,督學甚力,于平常軟語款款者不同[二],乃慮諸賢或苦之,既甘意聽從，又復沾慕，若等可與進道矣。脩業體要，往與諸賢面指無餘。誠繹思踐之，即隔千里猶咫尺也；不學而徒予之慕，即日聚首猶千里隔也。山人在山甚便，乃復違親遠游，每念一至，即欲挂冠。伻來，特爲省訊併請命迎養，又不欲重逆親志，聽意所安而已。

【校記】

［一］"子"，嘉靖四十年二十卷本作"生"。
［二］"于"，嘉靖四十年二十卷本作"與"。

與張惟訓孝廉書

去日正值炎節，常在懷思。到家稱壽後，即可楗戶脩業。功名淹速自有時，惟量己爲璞，即刖足何慚；若庸庸逐逐作尋常人，顧徒嗟困悼屈，人神共嗤之矣。惟訓清才茂年，非池中物，其深所負而已。與子別，言甚劇又苦，要皆勉德崇業之助，其可以予爲厲已邪！鄙人違親遠游，終日怏怏，伻來，特爲省訊附此。

答程松溪祭酒書

維楨自鄉至僅四閱月，然時從季泉君訊問南中動定，乃適承佳音併書貺，信慰懷思。邇者隱書漸出，及睹則皆條掇章摘瑣屑之言、憑虛烏有之事，觀者瞀于奇聞，爭傳競好，即楨亦蒙是疾。今獲叢說，即便喜而開卷，一一著目然後已，然於道竟何見也。望江渺渺，懊不具羽翼與秋雁俱南，侍我松溪翁，償夙抱焉。歎之，慕之。

與孫月崖都憲書

在昔井陘，遣至翰貺，於時附言報謝，計徹左右。楨歸一歲餘，今復還京，還而聞公之邊，籌將略籍甚。搢紳間以爲上谷今獨未須憂者，謂有公在也。顧馭戎貴鎮靜，忌數動煩勞。鷹善搏擊，絛鏇恒制之，命足其氣，有時一發，毛血灑郊矣。若令狎狸奴、嚇雞狗，游戲玩侮，臂而之野，烏兔過弗奮也。夫軍，一人耳，能役又能戰哉，執事者慮焉。公上郡人也，飽諳邊理，鄙言誠疣贅，所謂與知者道耳。楨守在詞垣，不能窺筆墨畦徑，顧乃說兵革之務，非其質矣。財察，幸甚。

與郭龍潭主簿書

　　功名謂之會，會者聚也。謂聚必有散，譬諸賓宴，有飲三爵輒即去者，有留連終夜、斗落參橫倘猶未歸者，若此者視主人意耳。主人意非留連，客三爵去矣。仕宦行藏大概類此。公在官銳精當午道之衝，事集人悅，頌聲在口，乃遽令納綬，執事君子不肯惜才如此，公獨奈何！此正三爵之喻也。公故胸次脫落，不繫世故，今歸，當微芥蒂，不俟予說。城南山谷幽邃，可卜築買磯俟予歸，違親遠遊，非區區志也。

槐野先生存笥稿卷之二十

槐野先生存笥稿卷之二十一

左輔王維楨著　館甥渭上南師仲編

書三十七首
與汪春谷太僕書
與謝畹溪都憲書
與保定成總兵書
奉王大廓先生書
與許仲貽舊吏部書
與謝應午舊宮直書
奉王麓泉先生書
答盧淶西少司成書
答喬三石督學書
答李東岡舊給舍書
答王襄垣序夫書
答鳳泉先生復套書
與黃雨田少參書
答王九岩禮部書
答嚴敏卿內翰書
答王石岡總督書
答孫用脩司理書
答韓苑洛司馬書
答王鳳泉先生書
與王九岩論傳書

答鳳陽李太守書

答廣信傅太守書

答王襄垣序夫書

答彭豫齋大參書

答喬三石督學書

答牛槐堂相國書

答王鳳泉先生書

與蘇舜澤巡撫書

與王南溟兵憲書

答韓苑洛司馬書

與高金麓太守書

答呂芹谷二守書

答南都李司諫書

答韓苑洛司馬書

再答韓司馬書

答陳平岡同年書

與張太乙僉憲書

書

與汪春谷太僕書

鄗生楨以今孟夏還京。在家時幸奉嘉翰，會江都簿舍親郭氏家人即南，乃即附言答謝，能徹乎不[一]？疇昔同侶，比入更復落莫，乃獨得七峯君與晤。顧僦舍隔遠，不能數晨夕若往年，至一相過，輒移日夜，過殘漏。而所談述砥磨者，率感憤世故與盟志論文[二]，期以各勉勿二，所謂可與知己言不可與他人道者也。君侯積望二十餘載，他多躋列樞要，總秉臺紀，而君猶徙倚兩寺，雖號稱崇鉅，然終歷閒曹[三]，徒令經略之蘊鬱而弗彰，此其故難言矣。舊說西施浣紗江濱，越君見之好而載歸，名遂以傳。言西施色灼灼殊眾，莫有及也。當其時，艷桃李之容守閨閣者何限，不至江濱不與越王遇，父母兄弟以爲貞女而越王弗知也。取此可以明世事矣。楨秦人，伉厲自信，不能浮沈上下，與時殊乖。而老母還家歡悅，留不肯北，今獨客守官，每念一至輒欲納綬徑往，尋又止。然萬無母子隔絕理，竟擬山中人矣。南望江天，懊不能羽翼一見，露寫心曲，惘惘。

【校記】

[一]"不"，嘉靖四十年二十卷本作"否"，相通，下同。
[二]"盟"，嘉靖四十年二十卷本作"明"，當是。
[三]"歷"，嘉靖四十年二十卷本作"麗"，當是。

與謝畹溪都憲書

北來日，重辱渥眷，且去鄉則既陳詞布感。抵京五月而王大行子皋到，又傳公所惓惓于楨者如此。楨淺細陋末，何宜概于大人長者之心，愧悚愧悚！浹歲以來，西北多事，邊卒困阨殘傷，言者嗚咽，聽之者淚淫淫下。此正扶救療咷之秋，乘此而立功名，非其時也。幸公鎮靜持重，篤念瘡痍，不忍驅殘破之眾博虛聲而希世好。三邊之卒與關內之大夫士，罔不感公之德、識公之心者。古所謂大臣之業在無智名、無勇功而社稷安于泰山，則公誠有之矣。家人歸，令省親，因念楨等沾被保釐之休，安可不一申候也。

與保定成總兵書

北上道保州，使者以公命逆于遠境數舍。既會，則又辱欽崇沾戀；行，復以使送抵定興，強之始還。僕詞林弄筆扎人也，公所講戎旅戰陣之事，乃獨極情于賢士大夫，此衛青所不能、近世所希睹也。黠虜為患，一不得挫傷少創之計。公言虜入寇出邊，往往部落星散，各分利四出，不結屯，我軍伺出時，伏甲于傍，乘其支離，擊之可以得志，令挫抑不敢更入也。此孫臏策涓之謀，神速不備，惟在及時隱用之耳。不爾則聶翁壹馬邑之策，一泄弗效，漢用是竟與匈奴為難者累年，胡反有辭。慎之慎之！家僮回省親，以便述事代面，恐今日制虜之術當不出此。僕雖弄筆札，然秦人頗諳邊計，直公有氣略甚雄，可倚賴，於是寓書。

奉王大廓先生書

乙巳冬，楨謁歸。踰一年丁未春，入京師。前未歸時，上初以翁領節鉞填撫貴州，而兩洲翁在部數見，言有便附書申訊。無何，楨遽歸，含意未伸。今且兩禩，念到輒汗悚，若受譴訶，負責收也。適郭僉憲赴貴州，便述夙積，或門下有以亮區區也。貴州，漢西南夷也，漢竭財力、鈍士馬而有之，及後至馬援定蠻俗，效貢比于內地。考馬援定夷故事，在順俗與治，大犯則創，小犯則略，不與犬羊爭勝。此若取寒泉止沸湯，就須臾之效，貽數百載之安。今苗族橫戈掠境，固彼恒事，至煩請詔命，將騷動連壤之師，恐張虜氣而搖其志，以爲我可患中國，中國備我。方逆苗竊發，直用一將帥之力、十日之勞可以灌兜熄毒。顧湖廣貴州接壤，二境之有司兩伺，莫先聞，故至此。門下前在職方，號稱識略過人，而沈毅廉慈又足附眾死士，即滅此何有？權分于二省、事牽于內制，即伏波更來莫有效也。審時相機，約兩國之師，戮力直前，以批難而解紛，此惟門下勇裁之耳。今爲中國患者，不在西南在北夷[一]。西南之兵豫期可收，北夷之憂歲謀人作[二]，奏功之日未見。夫制狄與苗異，苗叛則不服，服即不叛；狄乃不然，去來來去，不可要結，不可盟信。言邊事者紛集如品，即口以成事，實績鮮睹。孔子曰"不在其位，不謀其政"，楨安敢論擬之哉！以門下吾師也，有雅知深焐，言之繁穢勿計，遂載諸紙上。

【校記】

[一][二] "夷"，嘉靖四十年二十卷本均作"狄"。

與許仲貽舊吏部書[一]

久違，懷戀可知。今兄遭權陁困，諒自不圖。此事初出即人人固駭視愕聽，以爲極變至異。君子當世效用，所恨無柄。人得柄，又巧伺竊窺，美不爲彰、加無爲有，物情世路至若此，可畏哉！可畏哉！今吳中兩才謝與槐氏、許石城氏，並著時名。乃皆以鴻漸之翼墮于燕雀。或曰忌才，又曰數屯，此兩言者皆然也。石城挺巇然之操，鮮阿俗之行，以是人言相及。金惟堅故鑠，玉惟完故微瑕得指也。望遠不能爲情，幸爲道保愛以俟後祉，附此惓惓。

【校記】

[一]"仲貽",嘉靖四十年二十卷本作"石城"。

與謝應午舊宮直書

君意外之變猝至,能談笑承之,即如洛陽隕涕不能逮也。行日會病作,不能送之野,然神情與俱矣。海內才豪,凡楨所睹識及聞其人不接其面者不可勝數,然獨以與槐爲難能,非爲才藻華茂、積著繁富有古墨客風人之致,蓋嘗見其論說世故、指陳經緯,弛張之略甚辨而確。今之天下所關非文,謂有實用者難耳。故于與槐去悼惜悲憤,犯眾諱而言之,人人誠有所公慨,非私而已也。國家值中興之運,雖稱盛世,然北挂胡禍、中困兵餉,近事若此,后益叵測,非得弘博強力之士大振作新則精采不還、國威不伸。今觀之交游、考之目前,若求所謂其人,非吾與槐而誰也!臨海之役,有佳山水可以娛悅心志,君子必先保其躬,乃能與世相須,此惟與槐自得之,他人不能諭也。人情嶮巇甚于谿壑,每與趙大洲私語,以爲世路之難如此。念徇禄代食不能爲噫歌去國之人,而詡詡相然諾,又強性所不有。背面譽而毀隨之,何言千里外哉!大洲始就班列,脫身不可得。楨今謁告,將作山中人矣。三數知己漸風萍散去,而荊川唐氏懷積有年不能羽翼相見,奈此惓惓何。傳聞以來春赴遷所,見秦白厓先生,其道鄙人念之也。贈言四章,聊展悃愫。久稽非怠緩,俟巾石公行,謂得託可將耳。

奉王麓泉先生書

乙未冬謁歸[一],行及瀠城而使者奉翰貤追至,屬侍母不得抽身奔謝。今年春乃單車還經井陘,顧又聞以新命南矣。往返並左值,念之汗慄。抵京數覓便申罪,乃輒阻,鬱鬱如痗。今陸審理之楚,便附言若此。昨楨度井陘關,岩樓雉堞燿示行客,而費且萬計,乃關人不稱關險固可保,獨追慕我公防禦輯理之略、徵卒儲備之猷,有問輒能口其行事。毋地險在關、天險在人邪?公偉度弘識,能肩大任重,湖南屬平壤不得久羈栖,執事者將取節鉞之權授之,非以門墻私好軟語相媚也。陸氏者,故倅趙州,往年道趙州與識,知其爲人也。尚友好吟又辨達恭抑,今作梁王客甚宜,然又或爲嘆屈之。

【校記】

[一］"乙未"，嘉靖四十年二十卷本作"乙巳"，考諸王氏行跡當是。

答盧淶西少司成書

入京，不及與公晤，計相距才二十日耳，悵悢之甚。南中故稱卑濕，北人游其土，言不便者十九。若鄙人之見以爲男子生而墮地，天地四方皆所有事。陸人怯舟、舟子苦騎，各背所習也。客久習深，與土人奚異？大學，賢士所萃，公今儼然用師道臨之，不直諸生有造，即于身有深裨焉。何者？自我入詞垣十有三載，日獨與其儔匹游，與儔匹游不得作振矜色，率啞然聚、蹶然散而已，固未有上下相持之分、言動相觀之節也。又即言過奚尤、動過奚責也？今者一人身千人視，語脱堂戶，遍國中傳而誦焉。以此知有惕厲之益、崇德之助焉。鄙人意以人士攻業入官，所貴致用，上以報天子，下以驗所聞。歷山川、踐四方，可以廣睹識。區區守筆硯老伴蠹魚，不得效尺寸能，謂儒何以？故公之南也，鄙人獨切慕之，顧今年踰四十猶作縈夫，撫念身跡驚危不持，乃復趨時就班，誠所謂溺迷子也。瑣瑣概于公心，至勞訊及，感刺心脾。贈詩竟須奉致，使還，先此附報。金陵佳山水，登詠有篇，能枉教不？望之，俟之。

答喬三石督學書

楚人爲楨言，楚地遼潤，先是諸督學者往往巡試未半輒遷去。自三石公至，陸轅澤檝，所歷殆百處，士經殿最者各當，素有服詞。非強毅精明之士弗可能也。頃奉華牘，述所跋涉亦與此合，楚人言蓋信。僕習弄翰墨雖積年禩，竟渺窺識，今惠諸篇，律體總軌于杜，有沖遠深厚之致焉，安及之哉！安及之哉！頃歲覆讀三百篇以暨騷選，終于李杜諸家之作，其短言不雜，夫人睹之矣；彼鴻篇鉅什，纍纍數千百言，咸摽揃牽掇，一意貫徹，譬之月園千樹而同光，風谷百巖而共聲。何者？以本之初者一也。蜩螗不與蟋蟀齊鳴，絺綌不與貂裘並服，戚愻殊愫、泣笑別音，詩之理也。乃若局方切理、蒐事配景以是求真，又失之隘。孔子曰"可與立未可與權"，言通變合道之難也。三石公研藝深確，洞炤玄機，立而能權者邪！陸機之言曰："非知之難，行之難也。"僕冥昧，猶憒憒不可與知，焉從之？適有便，幸洩秘以告。將指南視之，懇懇。

答李東岡舊給舍書

離之數歲,而甫一晤,歘又以憂去,感念如何。嘗讀漢史,見東方生置陸沈之言,以爲讔語,取今吾兄觀之,言信非宕,閱世自驗之謂也。士人平居,誓志期自表見,不宜俛首人后,比一跌折足,壯圖盡灰,何者?知所願之難伸也。近世若此者往往而有,楨睹之悁且嘆焉。彼山林幽寂,蟬蛻塵壒之士既不能從,而驅馳世路、環轉脂隨,又喪所本性。功名之際,可不謂難哉!是言本爲東岡而設,懼人以我爲托寓也。冬寒,且襄大事,哀勞交埤,幸攝重自保。懇懇。

答王襄垣序夫書

門下才健而力弘,志遠而守堅,楨于貧賤時覘知之。乘時奮庸,當不愆素。且故人所期待者甚非淺尠,雲霄萬里即擬比翼共翱翔也。頃與南豐郝子晤,幸聞初政嚴明,吏民畏服,即諸上官,咸異其才,而南豐亦刺刺稱之不輟口。因知處囊之錐,其末立見,非虛語也。劉氏梗化,非一朝夕,但須酌劑與處,靡而弗振與剛而踰節,其失均也。凡人之情,小怫則怨,大怫則謗;極則爲讐,窮則與敵矣。門下負大觀之見,挾無方之智,必有以燭先幾、察未然,慎之、思之。今襄垣令乃驥足初程,萬里從此始也。彼區區爭一朝之忿者,是百里之才。騏驥不與跛鱉爭途,鳳凰不與鳥雀爭食,所期者遠耳。楨非欲門下唯諾曲隨,作時俗人。叔世仕宦,古道輒滯而弗行,獨且奈何!往事既已,繼自今善圖之,毀譽賢者所不憂,以其無益損也。門下具才節,久當大彰,簧舌不得加,顧應世接物,爲政不廢,豈可忽哉!使回,附言布悃。言涉直戇,恃惠子之知我也。薄命之夫,安有縣弧事?誤蒙眷念,分金相賀,轉有感愴。老親初至,殊匆匆,展布未悉,嗣圖更脩。

答鳳泉先生復套書

復套之議,便與不便,究其末,成敗之算皆非持文墨者所與知。今讀所條九事,似猶因人附說,意者非本願乎?然其委畫極慮,始即圖卒,假令套真可復,用兵行師之要無出此矣。今創此議者一人而令三鎮撫臣效計,其念爲同功哉？將以分過也。識者睹其終，懼坐之訛言，莫敢爭。然伺其後事者，在內者十人而九，在邊者十人而十也。公積聲蹟三十年所，海內數練達剛明之士必先焉，所望保素節、察來將，作社稷一純臣，區區之願而已。

與黃雨田少參書

夏中得自開原所貽書，以使阻不能報，乃後公有山西之命，計且修訊。居亡何，又以憂歸，鄙懷竟不及展，因之遷延到今，愧悚、愧悚！開原，東北窮邊，華夷交市，易生釁端，猾虜或乘弗備襲之，往往得意。自公到鎮，繕塞浚塹，增屯置堡，一切防胡之策靡不委具[一]；而又禁奸威暴，令與夷人市不得生事啟禍，故洓歲以來，東北安堵。境上無一遺矢之擾，不煩廟堂之憂者，誰之力也？今年伯老先生以壽終，有子若此，又以壽終，何恨哉？數與東人晤談，遺愛頌遠猷者，千口一詞，輒曰黃公德鉅而才贍，非恒人也。此豈可幸獲哉！公于國爲勞臣即于親爲孝子。士人生世，眇寸長片能，脉脉作庸眾人，即日侍鼎茵、問朝夕，自謂爲孝，距孝萬里矣。安厝有期，遠道不得聞，縻而不得效執紼之役，謹修詞具幣，令表弟走長安代致區區。惟亮千里之忱而恕其後焉。

【校記】

[一]"委"，嘉靖四十年二十卷本作"悉"。

答王九岩禮部書

堯衢君死，乃楨獨痛之深、哭之哀，誠悲其同心之寡而離絕之速也。自楨與堯衢君處，視諸人特相愛重；顧獨少其苛細小謹，耗費精神。且人有目不能自見其背，有兩足不能一走西一走東，有所舉必有所遺，物情之大較也。堯衢君乃欲兼照併羅而莫令或漏，往往役神逐物。夫物無盡神有盡，以有盡逐無盡，安得不死！槥轝且發之前期，諸館人群往哭之，屬楨撰詞寫哀，今載在軸者是也。斯言寔惜之云。海內交游謂知堯衢君者，信莫如楨，宜爲作王太史傳，至章句之美醜，弗之恤矣。重念堯衢君生而來、死而歸，百年妙契，一朝永絕，擬爲薤露之章以代紼謳而未能也。含情惻惻，勉事報述。賻儀具在別扎。

答嚴敏卿內翰書

使來，辱及翰教，宛宛如對，甚慰。因使獲知跋涉遠道、經歷節月，可謂勞于王事者矣。然衡湘勝區，好奇之士每思一往而莫之至。今公茲役，躡衡山、浮湘潭，弔三閭之遺踪、招二妃之游魂，亦足云曠廓胸臆、埤翼吟情者矣，羨之羨之！平生謂別離人間恒事，殊不介懷，于公特茲沾戀，豈真有不可解于心者邪？公茂才秘思，一時修詞之士，咸願結盟，不獨區區一鄙生也。

答王石岡總督書

今勞翁登壇臨戎者，雖聖主一時偶出之命，然要之當代才計可以批難解紛、紓目前之患，若釋翁又誰任者？傳言翁甫入關，宣慰父老，檄罷諸役，而蹙首愁苦之民應聲帖定，漸乃內志既寧，外虜隨制。由是言之，朝廷知人之哲、籌邊之精，可謂前無帝王矣。三邊戎事踵弊積弱非一日矣，而虜勢日更弘大，掠無虛歲，關內震動，家有徙業之心，人靡戀土之志。何者？力不敵而勢不相服也。今翁仗鉞西北、屹爾長城，既已鎮定群心矣，乃益簡將徵兵、儲餉秣馬、飭甲礪鏃、習射投石，諸所修戎伐敵之略，種種咸起。虜誠慓悍，然好生惡死，與華人無異。由此而往，寇將不至，且遁去遠也。楨，華下人也，距邊隅可千里。往年虜寇華、池，望華下又止四百里而近，故憂患悼時之心，耿懷不滅。今幸翁在事，即賴社稷安靜之福，令秦民獲恒守墳墓，不轉徙落泊焉。斯區區一方之慶也。使來，奉翰教，勞勩可知。伏惟宣節為國，不勝瞻企。

答孫用脩司理書[一]

客自南方至者，輒道盧州理刑之治，以為嚴不涉苛、明不迫察，平恕威斷兩具而相為用，今時之為理若此者，蓋十指不一二屈也。僕聞而嗟羨者久之。乃公氣本深醇，益之敦大之量、精明之志，以故一試輒效如此。今臺諫並稱關人，春夏之交意必徵賢以充厥任。故事，被徵者率滿三年始得與。今公在官雖未及考，然聲實蔚起，不與庸眾伍，豈得用恒例拘哉？僕自昨夏還京，自棄丘園就塵網，齒髮逾壯，身跡尚單，即碌碌逐行，何為也？鹿萍雁渚，終其本性，亦竟須歸耳。使持翰既到，蓋越數千里來也，高誼乃如此。就使益知勤苦獨甚，坐席不煖，一食再吐哺，昔賢成立，往往由是。彼優游養逸、不勝負薪之人，公家何賴哉！尚冀慎德保終，一志弗懈，先副知已。懇懇。

【校記】

[一]"用脩司理"，嘉靖四十年二十卷本作"推官"。

答韓苑洛司馬書

數承翰既，皇悚難任，就使獲諗台體嘉豫，倍于曩時，天之佑人國必助安老成如此。乃茲諭中顧自引棄謝，固圖歸休，則聞者弗信之矣。且老臣禆國，在譽望伏壓嬿邪，猷謀論議足以定難而解紛。彼勞勞趨走、奔命效力於手足耳目之役者，斯一命之士之職也。昔鬻子之對文王：若以臣捕獸逐麋，臣誠老矣；或坐而策事，則臣尚少。此可以今日喻，幸徐計之以從人望。且翁位歷八座，于身誠尊重，而其先猶守舊號于九泉之下，聊須歲時，苟值國有嘉慶，得以假寵先人，亦大孝之成也。楨蒙被遠訊，輒此申酬，竊附不隱之義；然又以進止之道主斷在獨，即骨肉不能與，而況鄉里後生乎？令姪已去京，滄源丁公甚優之，又此附報。

答王鳳泉先生書

在昔，西事興，楨乃私心獨念其謬，又怪首事者之狂悖，雖典司筆扎，不練世務，未睹利害之實，然嘗稽覽往古，論秦漢之失，嗤蒙恬、陋主父，以爲何其迷哉！而自觸禍羅。夫古與今不甚相戾，古所不便今亦不便。乃悟肩大任重之君子不當用狹識淺聞之士。丁未夏，楨幸侍翁之教於京師，乃本願與。飭兵禦胡之略，則固甚壯之矣。其後到鎮，怵于權人，出萬不得已之言，其疏縷細套議，明獻便計，而指在難圖，於時睹者咸識之。乃翁參稽今昔、熟較利患，以故云。然楨讀其疏，亦申寫胸臆、推究稅駕之事。顧性帶戇直，不能作軟語。書去，恒以越俎爲懼。幸翁亮鄙生之心本效忠言，嘉鄙生之論頗灼伏機，賜扎褒答，稱爲知己。楨愈切愧懼，流汗至踵。竊又聞虜候寧夏之虛，陡擁數千之眾入寇，乃我兵以九百餘人禦之，極而至于驅市人以充，張疑示多，此危道也。賴翁威聞幕北，素有練士之功、督戰之能，寇入不移日引去。假令堅壁挑戰不肯去，我兵實少，將奈之何？夫家人之業，主翁不偏，兄弟同心不私其藏，則家道成；各立便圖，專己而不恤他人之害，則國事壞。故兵在協議，二之則非也。今調集之兵成功者鮮，何也？養者不得用、用之者非所養，上下不相信而氣不奮也。燕人之馬，令楚人乘之，馬悲鳴號矣，安責行千里哉！夫敵兩立而各計勝也，我能意胡，胡亦能意我，然寇所犯往往出于不意。今守隘阨塞，築垣列堡，皆意也。胡虜大掠邊郡，頃歷十載，亦無中我所意[一]，此吾所以不能勝也。翁習司馬穰苴之法，又才猷適變、坐測勝算，使得名徹聖主，假之都護之權、大將之任，必能令三軍甲士感憤爭死，諸鎮守臣戮力無二。此非楨區區一人之私言。誠亦屈指數名豪，指方一二屈，即難之。惟保愛爲國，須時樹勳。仰瞻仰瞻。

【校記】

[一]"亦"，嘉靖四十年二十卷本作"一"，當是。

與王九岩論傳書

頃撰《王太史傳》就，函而附使致之。楨與令嗣懋中同館，交久而深，今所記咸說實道有，不溢一語，諸館人皆知之、信之，誠弗敢憑虛誣世，反以累知己也。懋中美善蓋種種難數，在狀者不能盡掇。大抵紀述之體，兼美則揭其著，兩具獨舉其尤。彙列蒐陳，若駢拇贅疣焉，此所謂溷也。懋中官爲太史氏，又克修其職，有聲稱，竟以是官卒，故號曰《王太史傳》。他跡間亦附著。傳又有狀不具者，又楨所獨睹深悲而唯恐其遺也。楨西鄙豎儒，自忖駑下，安能馳驅作者之塗？顧獨念仲宣之誄，陳思不辭；玄文之碑，蔡邕勇任。凡以抒情存故，藉于物而見之耳。令下，遂忘所荒穢爲之。即不文，乃其言猶信也。翁失一令子，楨失一良友，俱爲痛切。茲將幣，潤筆也，固不欲，乃使奉翁主言甚堅強而還其手不肯持，暫以藏之，嗣他客附往充賻。翰劄云悲情稍平，聞之喜。彼子夏者，傷之過矣，今安可更蹈也？太史二弟象其賢，又有子二，太史死足以無憾，翁宜自爲寬也。

答鳳陽李太守書

君家昆季爲郡並有聲名籍甚搢紳間，即古稱二馮，君何謝焉。往在京師，坐分曹殊異，合并寔稀，然心念潔操厚蓄，以爲榜中儔茂，不直擅場，司農且當肩鉅重也。乃茲一領虎符，輒爾表見若此，名下士固非虛哉！淮土今日帝鄉，彼周之岐雍、漢之豐沛，其形勢均莫之過。公時瞻趨其中，固必望氣紀瑞、睹跡頌勳，歌詠皇祖創造之艱，以勒石垂遠。南風便幸以惠我。昔李耳西游周京，歷山川盡海而止，誠謂一代所由興、生民所由始，安可弗一至也？鄙人楨恒極目淮濆焉。使來，持翰儀，云訊故義，不以緬邈遺忘如此。於其歸，附謝至問。楨守官細如塵芥，濫如吹竽，世所謂陋人也，言之汗流及踵。

答廣信傅太守書

仕宦至二千石，金紫在躬，即上躋卿寺且咫尺，而公又丁年，乃固思念，縣車走使五千里上書乞休，雖楨亦頗疑訝，及發牘亟誦而三復焉，乃知榮不敵情，昔人所謂"事君之日長，奉親之日短"也。嘆之、嘆之！已與所司語，咸共悼惜，復謀勒使不令上書，且歸而勸公弗去。乃使者執主人命甚堅，不可搖奪，從之。榮利之沒人，如飲醇酎，昏酣而不知返者眾也。今公一旦決去，如棄遺弗顧，此可以警末俗、醒醉人矣。太夫人之年高而又目昏，朝夕念子來歸，今果得往，至當瞳子更明、齒落復生、髮變而黑也。賴天子敦念孝理，許之去，則公于內事外事，其道兩無怍惡，人士孰能先焉。頃士大夫追論廣信之治，以爲難能，顧制于權人，至令中蹶。權人不在，直道即彰，恐難竟與世遠。若公之意，謂依親爲戀，乃夫人固頌之矣。使言艤舟待報，報至即發。自漢陽抵漢中，開帆滿月可到，家慶庭彩，爲歡安極！楨奉母遠游，日苦覊而不得歸，情事悄悅，職此益增，嗟乎奈何！

答王襄垣序夫書

晉大巡谷公至，相見亟稱襄垣之政，以爲嚴不涉苛、正不好異，仁洽百姓、威折强禦，此有司之首俊、近時之稀睹也。比奉翰剳，列公考詞與其言甚合，乃信谷公篤識賢者，不惑浮語，而公之真意實才，孚格上下，此非可以聲音笑貌獲也。大抵賢豪應當世之務，必積而後信、久而自章，何者？其所爲者，皆人所避；其所斷者，皆人所遷延不敢決也。歲時深而情愫畢露，夫人窺其無他，又服其奉職不私，始遂讋伏。今公治襄垣周一期而暴者歛退、困民咸甦，蓋夫人信之也。愚意以聖王治天下，不盡人之情；君子之爲政，不極己之意。謂其有餘地，令物得容也。公今威惠并施、寬猛相神，若所云云，真符鄙望，歡慰之甚。楨平生知友，孰逾立軒？苟聞人道襄垣治即如身受嘉名被華繡也。茲所懇懇者，顧獨念人心叵測，畏塗宜慎，《詩》云"輯柔爾顏，不遐有愆"，此之謂也。使來屬冗遝，傾寫才十之三四，其遺幣枉貽，則失之厚，啖薇茹蘗之人，奈何贖粱肉饗客也。至念逮老親，感歎靡已，即奉手帖轉而上之，庭闈令楨書白謝意。

答彭豫齋大參書

晤言無幾何，輒復別去，懷戀不可道。今時爲官，難以一意徑往，世塗多岐，且更嶮巇，伏機隱塹，雖智者不能前睹，此老氏守雌之貴、大易勞謙之指，所以立經，則自昔至人固慎之矣。吾兄之才猷超絕，操嚴而施通，即今求所仗鈹而手鉅柄者，釋公不可得。顧美服人指，重寶在篋，貪夫睨之；艷姬者醜媼之妒，賢人則不肖者之大敵也。若所慎而防而消忌，崇禮讓以示不敢當，公宜財察審究之，誠無俟贅說也。長安城中，鄉大夫十數人，于其中何氏、許氏並著名當世，負軼眾之識、批難之略，時輩能希跡者實鮮；厄而弗庸，乃稍稍又放，謂托以逃世，古嵇、阮、陶、謝之儔，俗眼不認也。一時遊宦諸子，塗目任耳，輕忽豪彥、鄙疎大哲，僕私竊恒笑之。公茲到長安，能克一踵叩之，再造再叩，二氏之蘊足尋其緒，始信愚說之信實非佞云也。人才隨氣數而生，氣漸漓漸散，士生漸下漸薄。古重老成，今乃簡焉。以故見聞卑隘而措設謬戾，未獲其福，每及于咎，坐茲謂也。楨守詞垣十四載矣，日游涉于筆墨畦徑之間，末由表樹，以酧明主、伸夙願。每念國難時艱，間忽投筆發憤，思任一面，展效微能，附名鼎常之末，第拘職守未可請。今公所推獎引重我者，恐卒未逮也。犬馬之年，業逾四十，公年且及之，盛時不往，撫躬如何，惟各務努力，圖即休光。懇懇。

答喬三石督學書

頃見楚部使者上章論薦，諸賢有及有不及，其事甚可疑詫；燕鄭邈絕，又莫得訊其故。偶與鶉野李氏晤，言三石公植公守道，蔑世俗靡靡之態，嗟嗟，此固宜然哉！公之譽在士林，非一日一夫之言，誠不能爲昂抑加損也。設令枉曲尋合，挂名薦表徼須臾之幸，附時而阿好大者之情，則諸生何觀效焉？大抵世尚同流、士忌獨醒，自昔人愁嘆之矣，不直今時爾也。公抱奇負鉅，與之遇者業疑其不相下，乃復自貴重如此，彼安肯虌之哉！士人應世勤悴，恒懼勳節弗彰，以爲如此庶能稱職答時，至人言則乃與戇，此孔氏發莫知之嘆、風人切懇憂之悲也。仲冬二日，接八月一日所發書；及十六日，又接九月念二日所發書。兩翰連至，并有隱志伏情，曖曖未著，楨固已竊怪之；後乃睹部使章，始悟書所云者，皆炳幾之見、審己量物之語，非讕詞也。惟堅持加愛勿奪俗言，誣蘭爲蕕，不掩其芬，目石爲玉，難匿其璊。一褒一抑、一喜一慍，斯庸衆之爲，非達人之識也。楨鄙人，且計謁謝，竄伏林坳，不能上下人情，顧未獲所處，需有間，則投章去耳。此唯三石信之，他人聽者以爲謾也。

答牛槐堂相國書

今官誠負公，然在昔董賈二賢皆嘗任之，顧古得望遷資調，今法乃株守纏繫，竟未展效，此賢豪之士視爲窮途，故嗟悼悲怨，往往是矣。稔知坦度曠懷，能齊萬物、一逆順，當弗用一官累志矣。昔梁園賓客，獨相如才而貧，鄒枚不逮。茲任實其故土，而公之才亦略似相如，第未識梁孝之後更有能嗣王好詞賦、敬賓客者未也。鄙人守詞垣，積歲月矣，微隻言可表見；方今諸邊策備胡，又不能投筆從軍，效鉛刀一割之用，髮班班變，少壯舍我去矣。人生幸爲男子，乃不自樹立，媚顏傍人，與婦人奚殊？楨性不有是，懼老靡有聞，計且颺去，下帷修業，畢所始願耳。正欲問訊，會得嘉音，遂復之。近作四首，附請覽教。

答王鳳泉先生書

今設法招降，降者銜尾而至，暗損虜衆，煽動漢人故鄉之思，虜自是將不信漢人降者，漢人亦不附虜，虜不得漢人導，則入塞如眛子度河，懼有覆沒不來，邊方亭部可罷，戍守甲士枕戈安臥也。疏言招降之法，繪圖縣賞，諭指虜惡漢好，急歸來、急歸來，此不請尺纓、不操寸鐵而坐收林旅者也。疏請冠帶降人，以信往激來，誠當。愚獨謂降人本叛漢，今歸，漢安集之，是謂收亡，周宣漢武時皆有之；而冠帶者以章功旌能，屬之等威，不與金帛之賚予同論，降人皆冠帶，即戰而有功者又何待焉？今降人谷廷丙，能驅領群輩，併引黃毛小醜款塞來歸，又載挾夷器、牽絡胡馬纍纍充塗，較功議能，足准斬虜首數級之勞，與冠帶非過。楨云云者，竊懼流而或濫也。前翁留兵疏，諫臣讀不至卒，又不惟其義，輒有論指，即楨亦頗疑訝，及茲睹與督府數劄，往復咨詢，計在全勝，不啻賈人共貨，算嬴縮而籌三五也。彼言者安據焉？此其故難測矣。夫戎機在須臾之間，少怠即不可制。家眾失火，必請命於大人之側而後救之，將何及乎？楨嘗謂言事之臣，譬猶醫手切脉指病，病者陽，醫云陰，病者信而受藥，不直不愈疾，反促之亡也。故不諳六脉、不察虛實而投劑者，病夫之鬼也；不權機勢、不審利害而圖事者，病國之毒也。古人云"苟利社稷死生以之"，又云"禮義之不愆，遑恤人之言"，斯固吾師所熟計者，楨今復懇懇焉。

與蘇舜澤巡撫書

自聞去年移鎮山西，虜幕直山西境者遂移營東去，其套中虜赴寇遼薊者望亭鄣不敢緩馬足，此非威名之顯、防禦之嚴，諜者覘知之，安有彌兩祀無患害邪？欽之、嘆之。昔晉將郤縠不廢詩書，魏公子于從征戎旅之際橫槊賦吟，亦其才富力膽然哉。公之才力萬于二氏，當必有佳篇什以嗣厥音，鄙生楨固跂而思睹之也。楨秦人，乃不講折衝戰鬭之事，今守官詞垣，既微表見，本業又莫能自效，聞人談摧輪靡旗之勳，徒勃勃動志焉。齒髮逾邁，逝水不還，爲之奈何！門下知楨甚者，安能爲教積懷周載稽而未申。茲因平定守焦子霖轉上之。惟財察不罪狂瞽，幸甚幸甚。

與王南溟兵憲書

去冬獲接翰貺，高誼不以遼邈見遺如此。公守潼關一期，隸內墨吏不得肆，豪滑兼并之家咸斂戢讋服，自置分司以來所僅僅一見者也。關中故俗，其人質直尚氣，鮮儇黠詭佞之習，乃今漸澆古朴，閭閻搆訟、百偽朋興，鬼魅晝行、善人辟易，然一里止數人，數人遭創，一里患害自數人即已；數人不創，效尤者不止；數人泒別枝延，搖毒未已。撫念今昔，恒爲扼腕！鄙人楨，生長華下，厠跡官階，然仕宦浮踪耳，終返初服，與里人共處，誠不願今日見此俗也。公洞諳政理，舉先鉅要，茲寔概于中曲久矣。顧猶煩瀆告者，念批大窾、解大脾，非利刃妙技亡賴也。家人歸，附書申意。秋來歸念果諧，當詣廱廷中謝之，且以請僭越之罪也。

答韓苑洛司馬書

乞休疏至，在列諸公皆以爲治朝不當令林巖之下有伏老佚賢，咸共挈頓，不使得遂。暨有司覆疏，上果不可。即翁誠病憊，奈國論人情何？禮，大臣三辭而後退，人君重去，大臣必遲留未決者，存體貌而貴有德也。斯道久未睹，乃于此日復有之。隔絕不獲申慰緬，惟爲國加食，作典刑以副輿望。懇懇。

與高金麓太守書

舍親東生及表弟至，頌說盛美非一。秫州故多狡黠，結黨誣人罪，無辜而死者相次；又多盜賊，常數十爲群，村犬夜桓鳴吠，黃昏路人止而不行；又豪富朘剝民財，越制加息，官府不能禁，即禁者輒倚利設謀中之；又部内衣冠，二三佞諛之徒，居體諸詞以誑惑視聽，假借顏色以啗利于下。此數事不止，每爲長吏累。自公一切禁罷，士人以爲三十年來所未睹也。秦人好鬭而耐榜掠，其故俗也。公齊魯間人也，齊魯尚文學、崇禮讓，畫衣冠即治。以治齊魯之道治秦，則政泥而民玩，今公盡反初政，法立弗易，令行弗撓，以此治奸，何奸不伏；以此薙盜，何盜不息；以此威豪抑諛，何豪敢橫、諛之能售也！敬之敬之！總其本，則公篤中慈厚，微瘠民自肥之念，而操節又厲人心，有神不信官之口而信官之心，以故公得施其政、令靡有阻也。鄙人望華山，懊不一蹴至，顧守史局，未由解縛，而老親固欲歸，奈何！開歲則力圖之。表弟言私門蒙被覆佑，歷歷在口，當刻之心脾而思報也。

答吕芹谷二守書

去冬公以衛州別駕往時，與三數友人竊嘆之，然莫能挽引，徒成扼腕。乃今年稍遷，且二廬州，此銖累寸移，特用恒格調耳，非以待賢豪也。顧獨念古昔墨騷之士，往往困以羈旅、阨于一跌，至發而爲詞，率掐抉腸胃、極妍擅工、宣鬱陳物，遂以負聲當代，若王粲、李白可稽已。故不謂廬州卑遠，謂今昔之踪有偶同者，且料公能安之也。且王粲李白二氏，一生坎壈未達，乃其言足傳，當其時與二氏同出而得位顯融者何限，竟隨代泯泯矣；而二氏之名乃迄千世如新。然二氏疎誕，倚才傲世，以故其官弗振。今公接物謦折，氣肅而詞謙，所謂不亢不卑，有道之士也。第不與識者值，苟值之，將鵬搏鵠舉，扶搖九萬不足爲喻。然今且奈何？老子曰"世知我者希"，在昔人已嘆之矣。讀佳什四篇，皆以托物述悰，因境道致，似與王粲西京之章、李白美人之賦曠代同情，而格韻之殊、風骨之不相襲勿論也。孫子至，獲悉公官勳客況，與楨今所論略同。然貨積乃發，道積始章，萬物皆然；而積云者，又銖銖寸寸之云也。漢官咸累年月乃調，今代因之，非以抑賢豪，謂防競趨速化嫉邪之夫也。公穎達明習世故，當能堅忍須時，荆璞楚劍，難卒埋匿，非識者莫以顯也。鄙言近理非慢，惟留神財察。

答南都李司諫書

今公向南中，得遂所私，非沾沾貴近者，頃歲惟見公與余封部二人耳。燕州炎所，誰能棄熱而抱冰也！封部至，道公概有古昔賢豪之致，鄙人楨愈益奇之。曲士徇細故、飭末節，度大德不可舉，乃競競冀自固耳。至俶儻非常之人，則遺俗亢行不可比兩，猶之神駿飛龍[一]，不受韁鎖，顧必知我者乃能異之。老子曰"世知我者希"，殆謂是也。楨于一再晤即尚其爲人，必以爲非桓有者，今踪跡逴絕也。頃與封部別，甚念之，誠慕誠戀，非作軟語浮好效時態度也。楨，關塞間人也，少讀黃石、陰符及司馬穰苴之書，壯乃遊觀周秦漢唐之墟，則嘆以爲昔賢表樹，迄茲傳而不滅。追考前事，非奏凱戎旅，則建置大議者也，乃私心嚮美之。既釋褐有官，則守在筆扎，又鑒近俗，以學非其領、談非其位，指爲越俎，誣之賈譽，每呶呶敗壞之，夙講遂絕，不在口[二]；而所考探訂摹，不出章句聲律之間，率治世之末事、碩人之餘技，其能者以爲舉職，而職實不在也。且國家初置侍從文學之臣，謂徒筆扎應對已乎？楨今年四十有三矣，上之不能白事見效、奮軀批難如古之一夫；下之數墨行間，又不能縣解妙達、涉足作者之途，即所謂末事餘技者亡之。恒嘿自循省，汗至濕衣，念無狀引去，乃空食官庚十五載，曾不如一傭賃，不得輒罷休。將待時冀效,又慮年事徂謝,志減氣隳,與夙期不副。茲言由臆發,業對封部論之,以奉鼎劑予我之詞,乃此抒悰。士人相知不貴早,古有傾蓋輒合者矣,故今所白不以隱。幸財察之。

【校記】

[一]"龍",嘉靖四十年二十卷本作"黃"。

[二]"口"前嘉靖四十年二十卷本有"手"字。

答韓苑洛司馬書

余司封至,獲奉翰教,因諗台體嘉勝,彌倍昔時,爲慰。而司封又道說服翁之訓甚多,自性命經術以暨星曆音律,諸所論指,種種傾聽,謂今所聞冠平生。楨以司封尊德慕善,乃翁遂以與進,故亹亹如此。往翁疏歸,不許,寔上眷留。春首部議,取翁備閣輔之選,非莽莽者,蓋偵上意,因以推之耳。即不真拜,然士論與歸矣。鄉里衣冠在京師者日漸落莫,而楨徇祿奉親,乃老母又苦遠游,求去固不可奪,竟當順志。即楨且計廻馭歸侍,終所願欲,誠非自棄明時,私亦有當顧也。南北邈絕,奉教末由,司封回,附申卑悃,猶不盡底衷也。

再答韓司馬書

使來,再上章乞休也。楨一讀翰諭,即對使言以爲不可遂,乃卒如所料,亦物情大都如此。而龍湖翁又亟稱翁之精力強盛未衰,豈能果哉?且翁披誠乞身,人士皆信之,顧今時進退之際甚艱,稍急輒得咎譴,聊且俟之以肅上命、以順輿情可也。論樂書十二本,自奉惠來稍覽一過,即不深究本始,然略亦竊窺其用心矣。當圖所以永厥傳者,俟世有習其學者試之,據以刊謬正舛,令五聲六律各歸其部,雖翁不得身定之,然其道果驗,即可謂不澌泯也。暑節漸深,南中更甚,惟保嗇爲道。不盡瞻企。

答陳平岡同年書

鄙人第舍猶在舊巷,與東野比居,每念吾兄一出五載,董董兩移,皆以序遷,非超歷有赫,追往悼今,言之相視悽然。春時嘗共東野專詣執事君子,暴兄淹屈有歲，宜從振拔，東野曾以寓告不也？抵今又更二時，仍守舊服，執事者不聽，嘆之嘆之。楨竊以仕路如沙竇，以杖鑽之則竅通而明，抽杖則塞，此知命君子所以由大道、俟大數也。鄙人年四十三矣，久塵詞苑，尺寸未效，竟擬作山中人矣。他何恤哉？唯獨憂歲侵寡嗣，將恐鄉里指爲絕世，兄其謂何？聞五載間即有五丈夫，此喜萬之加官，乃知兄脫絕世之誚矣。仰之羨之！書來，侑以貺惠，在禮爲過，併報謝。

答張太乙僉憲書^[一]

公在諫垣，以柔嘉文雅取稱一時，乃堇堇一歲，輒從外補，此其故誠莫之究竟矣。古人云宦猶海也，百險備焉。鄙人以爲海大洋其險易睹，人情險伏則安可測也？以公之才，守一面、效一職，穎緒立見，上之兩臺能察之，下之百姓能頌之，即有黃口，不得加點。在內人士，其考第殿最，寄之唇吻，一夫倡議，流播通國。愚獨謂官在內不若官在外也。鄙人椎魯植性，不能上下人情，在世所謂怵也。又淺細凡品，豈宜久塵貴籍，將計退依華山，還我初服。若乘快馳驅，輪鞅不息，一入狹路，思以回車，難矣。語曰"行行多苦辛，客子常畏人"，在昔人固念之矣。翰至，推獎過情，以故披寫衷愫相報，其貺惠我者，誠非我所望也。

【校記】

［一］"答"，本卷目録作"奥"。

槐野先生存笥稿卷之二十一

槐野先生存笥稿卷之二十二

左輔王維楨著　館甥渭上南師仲編

書三十四首
答王大廓先生書
答王吾崖侍御書
答陳文岡舊給舍書
與王三渠宫詹書
答傅應臺巡撫書
答貴州大巡張子書
答王石岡總督書
答韓苑洛司馬書
與王南溟兵憲書
與陳巽齋侍御書
與楊南澗總制書
答余伯初司封書
答王大廓先生書
與河西閆監察書
與汪春谷巡撫書
與兖州高太守書
答林平泉内翰書
答張石渠給諫書
與南姜泉太守書
與馮午山大理書

與喬三石大參書
與王樗菴僉事書
答趙劍門侍御書
與何太華總督書
答孔文谷大參書
答張太谷司馬書
與張雙渠太守書
與薊鎮趙主政書
答許少華中丞書
與鮑思菴中丞書
答姚惟貞侍御書
奉敕東谷先生書
答許少華中丞書
答王石谷給諫書

書

答王大廓先生書

在昔苗寇弄兵，自麻陽首難，已流毒貴州之境；轉薄更北，必且犯蜀，蜀有旦夕不測之害。蜀執事不爲逆折豫防之計，又蔑戮力共濟之誠，藉口鄰人而解患去已，於是以言螫先生，當其念歸，自利而已，非有機穽必陷之也。乃至譴逮，收還印綬，法浮于罪萬焉，茲其故難究詰矣。且撫臣奉天子命，秉鉞萬里之外，許之便宜，崇其體勢，凡以震伏戎旅、威慴夷獠，爲疆域固耳；乃當塗君子靡公家念，快私憤、啟事端，折辱大臣、破壞國紀，卒之怨積禍盈，反中其身，歎之、恨之！方翁在鎮，其措置施設皆篤中自信，不作虛恢夸毗之習，要之累久績效乃章，顧行未幾罷去。頃張監察自貴州部中貽書京師，以爲九簣功止、忠謀晦塞，以暴先生之冤。張子言非謾，人人信之，然必入告天子，下其議于有司，其事始大白。雖公論在眾口，徒嘖嘖耳，未有補也。今苗患未熄，至老兩省之師于境上，而本兵徇言者計增設總督，其議益大謬。夫總督承征討之令，有急難則削之，然苗孽非可以一舉兵破也。匿形茂林深箐之中，彼能窺我，我不能窺彼，時時出其空隙之際以見傷，輒至得意；比官軍至則復匿不見，即多其徵發、利其戈矛，將安所用之？究其務，唯在兩省撫臣伏機伺時，因其所恃反用之，出其不意批擣之，一則創、再則懲、三則革面向風，此計之得也。往翁在鎮時，曾陳平苗便宜，詞甚具，附敝鄉郭僉憲致之，會前事錯迕，不獲達，竟以書返。楨守在文墨，然詞藝非性有，惟生長西鄙，固嘗講戎馬之役，思效鉛刀一割之用，苟幸得請，改職任使，當投筆負戈，求長策以靖外患，不至久頓士卒、虛耗餽饟也。楨今年四十有三歲矣，逝水不還、白日易下，誠懼老迫志謝與腐朽同耳。翁官躋臺府，早樹嘉名，風雷若變，無慮東山不賜環也。聞江湖間多霧露，惟慎防保嗇，副此惓惓。

答王吾崖侍御書

公今所按地，即古桂林、象郡之域，其民雜獞猺，其俗黠悍不可理，然公至則順習就序矣。今日廣西大事，秪坐征苗用兵耳。然苗非可以旦夕破，一再舉平也。攻之不克，守之不可久；釋之且休，則益其輕且教之恣，此其中固須秘術神智，若昔良、平之爲計，乃始戡定如願。不然則彼見沒林箐之中，迅如驚電、譎如鬼魅，利刃長戟將安所用之？近時邊將喜功，俘一虜、獲數級，奏謂得計。嗟乎！此直可明已虜耳，非所以示大創、抑寇心也。吾崖沈謀大智，能爲國家解千萬禩之難而輯和其民，人望之、俟之。語比監司于鷹隼者，謂其善搏擊也。今廣西之政，不專尚搏擊，尤必賴倉桑高手，既鍼砭之，隨熨劑之，斯批抗帖危之上計也。楨西鄙之人也，好言戎事，然末由見效，眾不謂信，吾崖肯信不？自違別來，每與洞山深念之，以爲吾崖篤中直道，爲尤人之尤，茲使出，必有焯焯在人口者。會使來遞翰音，慰我中曲。惟慎圖廣益，策勛萬里。懇懇。

答陳文岡舊給舍書

今公再遷，不離有司，有案牘之勞、形役之苦，然視三閭大夫、長沙太傅則有間矣。彼兩賢者既往，遂不返，其主以爲遺物，不問。日者天子追公往疏，詔有司問所在，今作何官，其念之矣。譬猶寓寶于人，主人惜戀之，竟必取也。覽周郡志略，則見公之居積繁富焉。又多自發臆見、不襲常故而體例新異，與史家頗殊。乃意主瀡洗，遂去古律度弗顧矣。志中往往思祛胡正俗夙念未盡展，故云方今務在擊胡，而正俗次之。今上黨郡，虜嘗大入，掠殺其境內，公往守其土，鴻材鉅略，防禦之固，澤人誠賴之；而又能正俗，明日秉大權、弘美化，則著卜券致可知也。鄙人益淺細，一無表見，緬懷高風，慚汗流洽。

與王三渠宮詹書

今起公于野，士論嘖嘖，以爲邇所希睹；亦無不頌聖德之明、相度之公者，可以觀人心矣。昨李上舍回，已具斯事，計徹左右。楨煢煢孤植，恒謀西還。茲公既復青雲，當需其至則投謁往耳。部咨既到，幸速發勿淹。久在曲江，耽心難斷，古有"志急公家不告妻子"者矣。又開歲或起大儀，于時公爲宮府大僚，若來不及事，倘煩聖問，持何爲答？言之愓然。今吏部虛右堂不補，意或有居功名之會，疾趨競逐，有道鄙之。然遇合有期、得失有數，期過數違，雖聖賢不自振矣。誠知朝野所習，勞佚殊性，然地勢既異，性亦隨遷，每聞內直諸老，夜不交睫；或當食奉詔輒吐哺往，至勞苦矣！久之又安也。斯乃公須臾事耳，固宜先事習之也。楨疎鹵愚戇，言涉觸冒，顧公至即列大臣，傳曰"大臣者，小臣之表也"。況值主上勵精、國家多事，大臣躬匪懈之節，則小臣忘鞅掌之勞矣。三十年來，士林計數盛德雅度者，必首逮公，故去則人惜之，來則人樂之。至則酬主知、答群望，當知有懷，而楨猶啾唧焉者，思效中悃，爲秦人光寵耳。昔有二人渡河，而一人再三呼曰急渡者；後一人者，業理楫先登矣。則僕說實類此也，悚恐、悚恐。

答傅應臺巡撫書

往昔西夏之役，惠逮一隅而光燭關輔；及移江西去，秦父老無不願見節旄再入，思得全沐膏澤者。乃今復自江西移鎮我土也，秦父老誠甚喜，以爲天幸神假，將不棄秦人，秦人獲甦也。秦中自庚子以來，邊氓橫罹鋒刃，內地騷然，至痛苦矣。先是撫茲方者，睹民艱則嘆息，至振刷則縮手，乃謂循習不擾，體則宜然；而五音不調，絃柱可勿更乎？聖人之治，化裁變通，民始弗勌，此非中無所有者可能也。門下挾弘達之才，而又轍跡遍于四方，凡人情所便、土俗所宜，富聞委積、比于武庫，當必大有慰父老願者。鄙人楨固千里隔，亦日夜思睹其效，爲邦人幸也。使來，惠録且予書儀，悚汗之甚。于其還，附言申謝，嗣圖頫槭門下用展夙私，今卒卒未敢瀆也。

答貴州大巡張子書

貴州試録至，畢讀之，則諸製皆洗削陳體，言半往昔所未道者。僕竊以爲必公所創定，非他手可能也。序云"天將開一方人文之運，必有聖哲之君爲之嘉矜而振德之"，可謂頌而非諛、華而有實矣。仰之、敬之。貴州僻在一隅，彼其人文不得與中原埒者，非其地不生才，坐生其地者拘于陋格，于習不睹所謂文者云何，其焉用文？於是乃甘自夷而世遂夷之矣。歷古以來，迨今明興而茲方之文始漸以著。夫苟鼓之，未有弗舞者也。今録序中能發斯旨，甚與鄙人之雅意合，故手録吟吟不得以他好奪者，誠愛之也。嘗按圖諜，見貴州部中列有九溪十八洞，其俗夷也，而屬于漢，國制，治因其俗以綏之也；有不服用漢法，懲之以威之也。設有桴鼓之警、侵暴之事，此醜類恒性，要在宣諭防制之耳。僰種千群，咫尺之檄可定，不當輒勤大眾、煩調度，至以急告京師也。麻陽之役，不戒于初，輕動師旅，遂頓三省之甲于境上，繩結蔓連而不可解，足以鑒矣。峩山既以振人文于此，而又能定夷情于彼，令文武咸效之，則奉天子詔按行萬里，還而歸命，誠抗顏無慚矣。鄙人楨，本守詞垣，與之校品藝術宜也；乃復說及武略，冀公爲西南息未萌之患，講鎮壓之策。念局才末效，而言苟獲用，功不必己。譬人不能移跬步而善談慶忌之捷，求捷者安可棄也？僕說正此類，公肯棄之不？

答王石岡總督書

楨鄙人，久塵詞曹，一無表見，比及三考，即已解珮待黜；顧復循資序遷，出所不意，然誠慚誠恐矣。乃至遝軫翁懷，獎予寵賚，若以爲賢者賀，而楨實非當也。楨愚，無所窺識，竊嘗考訊古昔大臣在朝廷則朝廷重，在邊鄙則邊鄙重，故君欲假重，則于其人不問外内、不計遠邇，以藉其力、保其大然也。今天子憂在西北，而西北節鉞之寄又難其代，故久而不還翁于内者，以此謂重臣有遠勞則國家無近憂也。翰言花馬之役，更二序始得還鎮，勞既甚矣，然往立斯議者，自謂要奇，可扼塞制吭，虜莫得進，今用之果若所策不也？至移撫臣駐固原與督府分守，亦可謂棄重捐本，舍腹心之養而救手足之疥癬也。凡謀國之臣，不貴新異，貴要實可長久，務在根領不在枝裔也。十年以來，用其議守之，虜或入或不，與十年之前事體無甚相遠，乃知事在任人，險阻次之。今翁邊庭越二載，虜無一騎敢南牧者，即入輒不利，則豈專守花馬之效哉！楨以家在西方，故恒講訊戎馬之技與制胡之略，耳目既熟，眾議僉同，猶懼未當，故復請諸下吏，顧職掌不在是，私爲之定所是耳。使者回，附言申謝，併具謷說如此，惟教之，幸甚。

答韓苑洛司馬書

今翁釋柄歸里也，凡懷公家念者，咸以爲國有老成、輕重倚之，豈宜固引求去而不恤其他？此其言非不然，第論大體，不識時變耳。公今在靜居中私自追數自嘉靖來所登進大臣幾何人、能如翁歸幾何人，則可知達人之稀有、末路之難圖也。故楨每見翁乞歸疏至輒以爲宜者，此也。翁位不滿才、官不究施，海內人士共嘆之，他時當有爲明其志者。楨雖典紀載事，顧疎謭駑下，不能識遠表鉅爲先達重也，慚負之至，夫復何云。

與王南溟兵憲書

頃聞礦徒負山聚眾，此但欲探利耳。其或肆殺掠者，本吾人入彼巢穴，撓之既苦，乃又要利，眾怒起而變生，此小人受役不謹之咎也。于誰乎尤？爲今日計，則莫如撤圍緩攻，開其出道，伺其解散歸里，以渠魁姓名收捕之，此十夫之力可爲也。不然高山茂林，戈馬不得施，兵至不知所入、不知所出，徒以費供給、頓士卒耳。矧春時百物長茂，彼其山蔬巖泉可飲可茹，不能坐困；無何秋至，又動防秋之役，罷兵而去則威玩，守又不能久，獨且奈何！斯固公所熟慮者，則鄙人有越俎之罪矣。適潼關李舉人歸，輒爲申致如此。

與陳巽齋侍御書

今公奉天子之命按治晉中，晉俗好訟，其人慓悍猾賊，官能制之者輒以法中之，故吏于其土者十往九折，非吏不盡良，俗皆弊、民皆頑也。自公建節而西、持鑑而立，奸人憚照燭不敢前，俗漸漸更矣。仰之、嘆之！襄垣令王尚禮者，其政務在制慓悍，即以法中之，令患心志不明，三人言而市有虎也。以書抵楨，惶恐之甚，楨報令書言公持鑑在上，事竟得白，宜無憂。襄垣令者，渭南人也。華渭壤地相接，楨自童年與共筆硯，乃後復同計偕，蓋三十年游矣，知令爲人也。令廉直方正，不能婥婀媚世，自爲士時，恒自盟誓，以爲苟當一官，不爲國家豎一勳、除一患，非夫也。其素志如此，今果用是及于難，此賢士所扼腕而發憤、丈夫所仰天而嘆息也。楨先令登第十二年，方令未第時，則日夜望其第；既第，領宰襄垣，則又日夜望其報績入也。乃今橫罹口語，困網羅中，楨也情激義重，寔傷悼痛念之焉。昔桃哀解衣而生友、馬遷上書而白陵，誠悲幽志之難明、交道之弗立也。楨固不類，然情義比于二氏，以故罔恤他嫌，輒瀆聽覽，幸有以察區區也。夫法者受之天子，使者執法，私不得撓，顧楨所爲令言者，友朋之情私也。令苟無罪，能俾令得白者，法也，公所執也，楨庸敢以私撓哉！始公入晉，僕嘗爲令言，計必軫于中懷，茲語枝贅，搦筆戰栗。

與楊南澗總制書

丁未之春，幸獲謁翁于蒲，抵今又三年所矣。歲序逝遷，而傳者言翁之體力精采强固如曩時，一無少損，天之庇祐人國，乃故頤養老成而需于用如此。頃南京本兵闕，有司以翁名請，報不可，取他氏代之。士論以爲：時非乏才，才者棄在草野，以故乏也。楨聞其言，是之。竊又嘆天下之務至眾，一夫不能兼長，必有所偏。乃今之士，人人自賢，物物皆具，略無引躬讓能之風，此老成慎重之才湮沒而不見、甘朽而無聞也。日者苑洛韓公致仕歸，人惜其去者十九，獨楨以爲韓公歸之宜。夫才之試也，猶寶之售也，既賈不售，乃恒暴露在外，啟傍倪者心，則宜匿而蓄之。韓公審于斯機，故輒掉頭去不顧，可謂上智大勇，近時一覯者矣。翁居河山之間，百年逸游，盡日開口而笑，即裴公綠野、白氏香山，其風概何多此焉。楨華下人也，熟知切慕，每謂君子苟立勳名于世，即安樂卒歲可也。

答余伯初司封書[一]

　　自去冬抵今，兩獲嘉翰，手讀之，意指標格咸有踔古絕塵之致。方今修詞之士充溢宇內，若取與九崖埒，指亦不三四屈矣。顧所論僕者，不中僕之悃。語曰"知面易，知心難"，信夫信夫！僕關以西人也，從古以來，所產兼材上智瞭瞭可數，而一隅偏能之賢則不可勝道矣。夫兼材者，與之傳經稽理，則博引而約歸；與之搦管摛詞，則宏深而奧衍；與之應世效用，則措注中窾，十試十功；與之介冑即戎，則制馭有術，士出死力以扞外患；與之校品古今，則倫擬殿最，足令死者魂驚，生者神竦；與之論考方域、山川險阨、風俗移易、政化宜否及象緯風角、妖祥災眚之故，則種種當實不爽也。斯數者，僕未能擅，而間有一獲，即自關中人士計之，若僕者不可勝道矣。夫兼才之人猶大將也，偏能猶偏裨也。故大將秉鉞，偏裨分麾，各審所長也。古以高爵處兼材，庶位置偏能，偏能之人不敢妄躐高爵，自信所具也。五味各一嗜，五色各一章，群材各一宜，其致同也。僕竊自循省，所具與所任相背遠甚。僕所任者，筆扎之役，詞章之事，然此非可易易言也。必博蓄如帑，高覽如陟，法守如畫，機圓如丸，才決如弩，神化變通如雲煙禽魚，離合隱見，不可測擬，乃始搦管登壇，千夫辟易矣。僕自歷詞垣十有六載，攻之不入，覓之弗獲，間一撰記，山夫揭竿野闘耳，非大將之律也。故曰所具與所任背也。僕有一獲，則應世效用是矣。任者既非，具者又不獲效，乃偷食大庾，與鼫鼠伍，僕甚赧焉。夫效用非難事，本之殫厥心耳。彼射石沒羽、揮戈回曜，非駭異也，殫心之功也。僕老髮半改，惟是心獨赤，苟有廉我者，視今所具易今所任，布在庶位，假之柄握、責之算數，因言求試、計歲考實，僕誠騖下，然亦瀝膽斷筋往矣。如是則慚退神寧，悚却而體快矣。然此志又難以語人，獨嘿嘿搣促，終日閉關，忽與王生斛語，遂次第及之，乾唇以自明、披腸以見愫，王生是之。公從王生得聞，乃獨弗是，論辨風刺滾滾千百言，卒歸之勸沮。其言曰"古有終身巖廊，心冷如水"[二]，殆謂僕有執熱之想邪？不謂知僕者矣。僕自結髮讀書，見孟子持志養氣之論，輒守以為鵠；既幸通籍金閨、叨班玉府，未之有改。茲所愧者，才不副授、位不量能，故時思乞職效用，冀得一當以報天子，寒熱誰計哉！夫富厚豪華，災眚之藪；勢驅威喝，殃咎之門也。僕何以焉！本無異懷，反觸疑喙，乃今回腸返始，守此初服，感九崖之諭也。

【校記】

[一] "伯初司封"，嘉靖四十年二十卷本作"文獻"。

[二] "水"，嘉靖四十年二十卷本作"冰"，當是。

答王大廓先生書

使至，詢翁興居安適，殊慰遠懷。頃有人白翁冤者再，數月按訊得白，即當還我故印綬矣。夫偃龍在池，一旦起而雲雨，人始知神。士人之屈伸猶是也。今翁，人龍也，起而必有神答眾望矣。仰之、仰之。楨每念賈居貨必集萬方之產、異域之珍，貴賤遠邇，纖細弗遺，人來求物，應手與之，斯贏利之多耳[一]。君子既以赴功名場矣，乃問之茫茫、任之退退，譬之暗室索物、昧子涉塗，非徒無獲，且有顛躓之虞。故積不厚不發，學不博不試，此道古人有之。舊聞楊遂菴、王晉溪此二老者，一有論辯，率能屈其座人，非空事牙頰間人也，措之事功炳炳矣。今讀遺疏，其厚積博學可考而知也。楨以今謀國之臣苟肯廣稽旁究，圖所爲安輯計者，楊王非天人，焉弗逮哉？翁處江湖上三年矣，固知懷子牟之慮者，鴻蓄淵識，伺時宜售，且楨所願一時之賢者，亦在斯也。使回，附此惓惓，嗣須再陳。

【校記】

[一] "贏"，崇禎十二年四十二卷本作"贏"，當是。

與河西閆監察書

客自西來者，輒道河西百姓嘆以爲得公晚，向使前年大侵有公在,彼中民命十全可也。河西距京師六千里，境遠法弛，自昔已然，而持斧使者，往往又收安靜不擾之譽，以爲柔遠當如是也。夫京師，腹心也；四陲，手足也。手足有疥癬不能忍，必療之平而後止，治遠有異此哉？公負才瑋奇，力兼萬夫，自僕所交游，能與等埒者指亦不三四屈也。河西有墮業頹俗，非賴公振飭之其誰乎！人言公在河西，窮歷甘梁、險涉嘉峪，車轍所至，便有甘雨，嘉禾茂遂、士馬騰躍，此豈孱懦逡巡之夫可能哉？亦赤誠懃懇，故效之耳。今虜寇東方，大將不保，謀國之臣爲之廢食，且復慮延西北，幸公執筆而臨之，驅策將士，爲民扞患。望之、望之。舊聞海西寇與套虜和親，甘州居有熟蕃，皆稱隱憂。公躬涉茲土，其講便宜之略、豫徙薪之議，當安所出？此所謂社稷計、萬世圖也，惟留神無迕。鄙人家在秦隴，倚公非細，矧又蒙被優問，固謂里有賢者，須一禮之，顧僕非其人也。且悚且感，使回附謝，不盡十一。

答汪春谷巡撫書[一]

使至，奉翰教，始知節旄已駐濟上。河道修復，由來議者非一，卒不得其要領，是以黃河之水不循而漕河恒傷也。今幸得公，宜諳要領，循黃之性而令無傷漕河可必也。乃者狂虜南侵，徑薄都城，卒來卒應，種種失措，乃知太平之世不得廢武、任事之臣不得愛軀也。使告去急，皇皇附言申謝，略拾近事白之，嗣圖展賀，覓順鴻也。

【校記】

[一］"答"，本卷目錄作"與"。

與兗州高太守書

陳令訃至，其子斗南擗踊悲號，屢絕屢蘇。楨詣其位弔之，不覺鼻酸涕下而不可止也。陳僕來訃者在側，因述陳令卒時，公爲置棺斂衾含，具精且備，即其子斗南侍亦若是止，無能益也。楨聞之，即以慰陳子，而陳子亦云賴卒時有是耳，高家丈人庇我父者委至矣。乃時不肯待，卒而又加恩焉，即死猶當犬馬報也。言已，復大慟，從者皆爲動容。往聞公家自王父來號稱德門，感天之祐，子孫爵祿逮及三世，而公復仁厚惻怛如此，天之增埤于高氏者，豈其微哉！頃之陳子告楨曰：我父竟坐誣死，是誣者殺我父也。語曰"君父之仇，不與共天"，當以死復。楨問之曰：何以言不共天也？陳子曰：在上者肯明父誣，則誣者死而我生；不肯明父誣，則我與誣者俱至死，乃所謂不共天也。楨勸之曰：固矣。且待之，勿遽爲此。執事者有裁決，不令爾父獨死、誣者獨生，終之當相復也。乃陳子始出，其在兗州侍父死者從兄書曰：父卒之明日，府太公即收繫誣者三人捶之，此殆其端兆也，幸竟與體之，理之。陳子伏在苫塊，荒迷不能作書，再拜請代爲謝，楨亦爲陳子謝。

答林平泉內翰書

在都日，與公踪跡誠濶絕疎逖，然私計我所篤信而切慕者，則莫平泉公若也。近俗漸非，施非禮之敬，飾違心之言，乃人人靡矣。故今交游中若平泉公者，指不一二屈也。楨西鄙之人，不能移其土性，執方而往，宜與物忤[一]，乃顧慨于眷懷，繫書相訊，何其奇也。送往不有贈言，慮羞征橐，以故罷止，誠不謂公既富珠璧而又嗜燕石也。使旋，會被小恙，思一勉抽一章，卒未就，嗣當附致不食言。今時且竣役向吳中矣。坐故廬，讀古人書，悠悠可想。或言捐籍獨悟，彼窮年竹帛者，蠹魚等也。即若所云，今論人者舍形骸而專指心神，言之雖詳，竟昧誰何？惟平泉洽識古昔，蔑偏枯之見，乃敢進其愚說，亦因以求正也。

【校記】

[一] "宜"，嘉靖四十年二十卷本作"疑"。

答張石渠給諫書[一]

茲往本按功罪、覈名實，乃公更取自所閱歷、眾所謀議事所便宜者具而上聞。僕幸得一劄，誦之感嘆抵掌，以爲近時一睹。即引而儕之昔人若馬伏波之聚米、趙充國之上圖，則何過焉。潮河川不可爲謀，蓋人人難之矣。今公欲夾岸起墩、架砲防守，足當百雉之險，殊與鄙見合。他議皆善，若蒙報可，措之施行，東北可無慮矣。朵顏譎悖，外脅與國而內恐我人，究之，則我人實誨之又縱之也。公謂宜稍從裁抑，用威保恩，是矣。至言撫賞漸溢舊額，守臣遞相祖述，僥倖無虞，而不爲國家深長之思，則宜根尋本實，追懲其罪可也。茲奉翰教，一如對語，見面有期，延竚延竚。

【校記】

[一] "答張石渠給諫"，嘉靖四十年二十卷本作"與石渠張黃門"。

與南姜泉太守書

使回，附言申謝，計徹左右。頃者天子注念戎略、徵用才臣，在吾鄉則太華何公督統薊邊，而少華許公尋亦柄授，今且嘿嘿待除也。獨趙浚谷繫官職方，卑棲而不獲大振，奈人情何！自登第二十五歲年矣，諸與同進者咸躋嵬峻，而趙固屈之人下，眾共憐之，執事君子竟當置之便安所也。大抵騰抑淹速，士各有數，數及之莫能頓之後，數不及莫能引之前也。且公何負于物望哉，尚猶羈跡郡國，與庸眾伍，亦數未之及也。苟及之，九霄萬里計日可至，雲鳥風檣，其疾不啻也。僕生本闇劣，未睹國家之大計，偶叨校武之役，徒恐悚不得辭，受役成事，貽笑無窮，公其展錄流覽，足信鄙言之非謬也。

與馮午山大理書

夏首得公途次書，督僕爲狀甚力，而石渠張子時時又過督之，乃七月一日稿具即手遞石渠氏，而石渠云適有便使，即函致之，未知其能達不也？大抵孝子之念，在顯親揚名，故其親之微言細故一無或漏，誠不欲沒也；而詞家之紀事傳信，則固欲實而不浮、類而不駁。何者？五味各一嗜，五采各一色，五德各一行，自大聖以降，未有一身而兼總諸行者也，況婦道內子乎？以故芰薙繁言，獨掇其鉅者，列編而實錄焉，謂可傳而信也。吾兄詞人之雄長，豈以今狀爲莽莽哉？僕典在筆扎，猶慚薄技；點胡爲患，又安能謀？誠所謂具臣也。公夙抱朴忠，負才瑰偉，今之制虜者，計當安出、議者孰是？讀禮之暇，慮必逮此。春歸鴻便，幸惠教音。

與喬三石大參書

春末曾具啟一通併會試錄一冊，托楚使在臺史周吳峯所者致之門下，計在必達。顧久不奉報音，則私有疑焉。參伯尊官、微垣重地，自他氏得之，誠足爲榮；至以居君侯，則猶循調序遷，非超歷有赫，古昔所以處賢豪者不是拘也。乃者點胡入塞而縱，至與我軍俱陣于郊畿，斯固百年未有之變也。而一時任事之臣，曾莫有出一奇、發一矢以與敵爲難者。於是天子怒甚，罪諸任事者，乃遂徵召舊人用之。何太華秉鉞薊鎮，士論倚以爲重；少華許氏嗣至，坐而待除。二君者，皆天下士，不獨鄉里稱賢也。獨趙景仁者負氣大豪，自登第二十五歲矣，尚令抑首人下，鬱鬱而不得申，眾共憐之，久之當有便安所也。竊自歎秦人方其無事時，他則摘發細瘕，率從擯棄；一值有難，即引使當前焉。然則秦人者，固治平之贅疣而危急之藥石也。言之大噱。公挾才瑰奇，明習當世之務，即令擁節登壇，可以坐却胡騎、制勝千里，顧時無知之者，獨曰喬君詞人之雄長耳，淺乎視矣。僕分于時無神，又未嘗學，頃乃驅之校武士，茲何異借明於瞽也。錄成不得匿醜，幸門下鑒觀指示焉。

與王檴菴僉事書

往奉翰劄"歸即深臥巖扉，人事都絕"，此昔人鑿壞之意，非所通于世俗之情也。自孔子不可與鳥獸同群，而三閭寓言尤忌獨醒。夫既已去國爲山澤逸人矣，併與其山澤游者絕，則毋乃甚隘乎？大江以南率高此節，士有敝車羸馬、毀冠穿履者，鄉里爭傳羨之，以爲難能。何者？土富俗靡，萬人流之，一人持之，斯一人勝萬人也。大都尺寸之士，度無他立，抑情堅忍，欲以釣奇。自通方大士觀之，則眇小甚矣。公在江南，稱正士才卿，即今塌翅林坳，天風與便當更沖舉。既不逐流，幸勿矯亢大過，與競競尺寸者伍也。頃者黠胡躍馬，直闖郊關，士大夫咸用爲憂，公固懷子牟之慮者，計將安出？且嘗委質爲臣，未得以江湖解也。今有三人行賈，渡江失舟，所載俱沒，二人者哭貨亡，竟倚岸毀瘠而死；一人掉頭不顧去，復積著數歲，貨既具，仍賈四方，遂營利十倍[一]，稱大賈焉。夫仕宦之業，猶賈也。士之爲彼二人哭者眾矣，若此一人者鮮也。公其爲此一人者，博采會同，令他日仍遊四方應萬變可也。且士非執德之難，執德而弗固者之難。彼局促若轅駒、落莫若槁木，不可望千里至、一葉觀也。僕關中人也，關中地瘠而俗樸，即欲釣奇，安所效之？故僕卒爲庸眾人，無以奇見。至所謂學大賈積著，則又自慚赤赤似竇人子，一物不具，見四方客來，未嘗不汗沾衣也。凡此事有難言悉托之喻，唯省存勉圖焉。開歲鴻順，願聞報音。瞻思區區爾，故且略矣。

【校記】

[一] "營"，嘉靖四十年二十卷本作"贏"，當是。

答趙劍門侍御書

公今貽僕書云：滇南漢夷雜處，事甚叢委。此正公所能居，設在他氏，吾不知其能未也。日者狂虜入塞而縱，至與我軍俱陣于郊畿，斯實百年未有之變也。天子神武，憤欲興師大創，而令有司各獻計，求所爲擊胡便者。於是募軍遣八使，而燕趙青齊晉魏諸路紛紛出矣；督稅遣六使，而江南諸郡紛紛出矣；選銳遣四使，而沿邊諸郡紛紛出矣[一]；獨兩廣、滇、蜀坐征苗之役得免，他皆有舉。夫虜僅一入而海內咸動，乃所謂應敵之兵不得輒已者也。然其中且有隱憂：謂募軍則恐強民所不欲；督稅則恐累民所不勝；選銳則恐什伍空虛，虜牒者知之而抵隙爲患[二]。斯三事者，惟在諸使者審視機勢妙裁之爾，操斷以往不可也。顧僕典在文史，不得與大議之末，欲前而告諸使者，復用越俎爲懼。念公抱謀國之忠、挾批難之才，即身處遐域，心實縣于闕下，斯懷固同，乃爲道述若此。滇夷自漢以來，時通時閉，國家鑒于往代，因俗立官，苟令安和不擾即止，不純以中國禮教法制備責之也。以故百九十年帖然砥定，亦嘗少有侵軼，置不與較，言馬羈牛縻走獸蓄之，誠取中國之治治之，又何得言羈縻也？公雅稱曠覽深識，流輩推轂久矣，且既歷茲境，益諳委曲，苟令漢不撓夷，夷來撓我，我制之有詞；脫漢或首事挑怨發難，又爲國家開一兵隙，僕實憂焉。故傳繡衣使者持斧威斷以肅境內。然當斯之時，又涉斯所，且須解網與民便宜，此所謂柔遠能邇，以安王國者也。夫水激之而飄石轉鬬者，其勢然也，惟公亮察，毋坐迂誕。僕自塵土中與公交，今十有七歲矣，中間離合合離，至靡常也。茲不言私款者，豈忘之哉？獨公家計重爾。南風若便，幸惠教音。

【校記】

[一]"郡"，嘉靖四十年二十卷本作"鎮"。
[二]"牒"，嘉靖四十年二十卷本作"諜"，當是。

與何太華總督書

頃翁甫歷闕廷而聲輒震灼者，此豈有宿交密契爲之鼓扇？其在我又豈常卑詞降色爲之招引[一]？人固景附之哉！寶鋏出匣，睹者動容；瓴甓滿地，過之弗顧。輕重之情異也。楨辱在鄉曲之末，私歎有翁忼慨若此，人情又若此，異日動伐立可奏效，謂大略已著而吉徵先見也。自翁赴鎮後，嗣至者纍纍，凡與晤言者，退而咸有軒輊。彼其人固善招引者，又有爲鼓扇者，而眾不爲動。世有大道，物有大情，誰可強哉！從古以來，豪傑舉事，務先正紀綱、明名分，其次拊群心、定約束，故功成名立而士附也。今翁足躡壇上而首正四事，他人所選悵顧盼莫敢措手者，乃翁一舉而定，此真所謂奇男子也。薊州一路爲長千二百里，乃悉委翁而恃爲扞蔽，苟一隅失守，百城之勞，棄之無用。誠知調度部署各有方略，然地形逴遠、兵力稀少，捉襟見肘，理所必有。翁不于此豈追疏往跡，明陳後事，使成敗利害之勢瞭若聚米，他日即有匹馬緣崖注坂而下，亦我之責無解也。常持此計白之三渠公[一]，三渠公亦以爲然。大抵盛名難居、重負難勝，賁育能任千鈞行百步，未至咫尺而氣逆足頓，人弗勇之矣。今士大夫所注望于翁者非庸庸也，固將引韓白頗牧之績相比埒焉，惟圖之、念之。少華翁既到，物情士望當爲君侯之亞，他氏弗能逮也。謀國者擬取昌平經略之任畀之，果爾，則兩翁相爲羽翼，薊州雖長，無憂也。聶子感翁之知，聞其言即思亡奔，顧憚于自進不如毛遂之烈，卒賴翁力呼取，聶子則應聲至矣。過臘倍寒，塞上益甚，車騎遠涉，苦辛可知。幸加餐飯，厚衣裘，副此惓惓。

【校記】

[一][二]"常"，嘉靖四十年二十卷本均作"嘗"，當是。

答孔文谷大參書

語曰"白頭若新，傾蓋如故"。昔誦其言，乃今信之矣。僕鄙野謭末人也，于時輩爲下陳，乃公一見遂引與同游，解頤示胆[一]，披肝見愫，僕實依戀歎伏之焉。且僕于公何嘗有夙昔之緣、半面之舊哉？乃接遇若是，意其中必有投者，而僕自省牛驥殊才、鍾缶不同量，固莫有能券合者，則復吟吟愧訟之矣。世俗所尚，咸競競尺寸之間，最下者瓦合；公高標澗步，去流俗何啻千尋！每與沃洲呂氏言，以爲文谷公瑰奇，設若不困于例令，得大振而盡其能，蕭曹丙魏之業何足道哉！漢唐以來，柄政竪勳每多椒房之戚，誠念其才不欲厄塞也；國家監于梁霍，著令世守，莫之敢變，而才豪之士間亦坐此頓矣。歷秋及臘，有抱鬱鬱而不得舒，思見君侯一披豁之又不可得。且虜薄郊畿而莫之能挫，諉之猝變猶似也；既去而議所爲挫，乃遞相甲乙、各持白黑，未有抗身奮舌、息眾囂而定國是者。前事已然，後事奈何！此僕拊膺痛腸弗能少寧者也。且議者疑也，國有舉措，可者半不可者半則議之，謂議之則是非決矣。今胡騎侵軼，明明知彊；我兵倒戈，明明知弱。彊斯摧之，弱斯振之，何議之爲！師涓即善聽，然瑟竽並奏，不辨其指；慶忌即善捷，然途徑多岐，不審其適。今天子方銳情戎略，圖以大挫虜鋒，而謀議者若是，此僕拊膺痛腸弗能少寧者也。夫國有危急而眾共憂之，是何忠者之盛也；比及任事而復相推轂，又何讓者之多也！此觸目激衷，至廢眠食，引紙搖筆，不覺煩贅，諒公不以爲誕謾也。計吏將翰剗至，臨去取報，屬卒卒不能即予，適便具謝，附之愚悃。春歸鴻順，幸惠德音。

【校記】

［一］"胆"，嘉靖四十年二十卷本作"坦"，當是。

答張太谷司馬書

僕恒私謂以公器能令提三尺劍，即可豎勳萬里，驅虜若驅群羊。今復徵選士兵爲國增置爪牙，事竟而歸，即以所自徵選者委之練習，聽其調度，奈何憂胡馬哉！楚和辨璞、孫陽識駿，玉若馬無遁焉。公，將家子，耳目所睹記熟矣，固知所徵選者皆猛士也。頃者改除金部，始符物望，然猶未之奇也。若欲見公能事，必襲昔人築壇之貴、推轂之榮，使手足無礙、內顧寡虞，彼其時乃全錐出囊矣，不直端穎露也。僕守官詞垣，平時不能著藏山之指；國有危急，又不能奮請纓之略。每念一至，汗淫淫透重袍矣。日來叨役校武，殊背所學，乃拾他人咳唾湊泊成録，今函而致之門下，幸爲評教勿棄捐也。使者將翰剗到，取報甚遽，有懷不盡十九。仙眷休嘉，附此以慰。

與張雙渠太守書

往公在金陵，再承翰教，屬求便不得，因稽裁報。嗣即有今擢，竊以爲若到上黨，則申悃易矣。顧復悠悠以逮于今未能也，歉甚、歉甚！公天性冲泊，不慕榮利，平生襟期，誠依顏子。世方逐逐聲華，九州一軌，乃公獨志在是，驚羨何已。顏子不遇，乃退而甘節若此，今聖王御世，群材畢奮，野無扣角之歌，而朝有連茹之頌，何得違時晦迹，不著功名于竹帛間也。私恐公志不移，若抛綬徑歸，未可也。頃聞既領潞安，數月之間，抑强扶弱，與民安堵，舉措興除率人搖頭吐舌而不敢忤者，乃知前扎云云，直言其志耳，未便真欲陋巷居、簞瓢食也。今之太守，一郡安危繫之，固須調停變通，大不離法、小不忤情，咸與順適則流聲無窮矣。若膠柱守株，不審時變，君子謂之節士，未通于大道也。此固公嘗所獨燭者，僕言爲贅。僕典在文墨，尚不良于詞，又安能講戎馬之藝？忽叨校武，實用汗悚。録成不得匿陋，附使上覽，幸評教毋棄擲也。

答薊鎮趙主政書

奉翰諭，得悉薊邊經略已卜大猷，又于他處見分區圖說，瞭若身踏巖谷而目接險阨也。大將跋涉之苦，諸君羽翼之勞，概見之矣。顧惟目前民力百種浚削，譬謀諸數畝之田，春取牟麥、秋取蔬豆，耒耜鉟鎛相尋于上者如魚鱗，地力既竭，何生物之能再也？方今築塞築堡，併舉偕作，作之或弗任，舉之或弗勝，則將奈何？以僕之見：築塞急務，築堡次之，一功就，一事興，斷手既易，睹效不難。宜白太華大將軍權度事宜、燭照物情，慮未形之變，審安內之策，具而上聞，聽所裁决，則消萌定危，圖于不見；勳名德澤，以漸俱收。絃急斯絶，束急斯折，理固然也。鄙言非誕，幸諸公諒之。若令鄙言得驗，始更縵柱，晚矣、晚矣！别離恒情，四方男子所有事也；懷思沾戀、友朋私昵，今且可略，故不縷縷爾。

答許少華中丞書

今翁爲陵園守吏矣，邊疆守臣能拒虜勿入則內地寧，翁亦晏坐府中，不得竪奇揚烈也。假令東有薊州之警、西有居庸之難，寢邑地重、主上關情，所藉以保衛者，翁也。倉皇告急，計將安出？楨以事貴豫圖、變須早見，傳聞紅門以內巖谷層複，其徑道可通往來者甚眾，塞罅削垣，截山斷澗，視要害最甚者則請置戍守之；又必躬涉險阨、登觀降望，斯區裁得體而設施弗謬也。近世宦情，苟得善所輒用爲悅，不則怏怏，此無他計，便安要聲利也。昌平誠瘠薄，部吏星稀，人士皆知之，然亦可以養節完名，大臣身任疆場，豈得顧私願哉！諸陵邐卒逃匿居半，與團營之兵同；勾稽補伍，倏集倏散，無裨實效，與團營之兵同。法嚴則波瀾喧口，然竟不爲患；寬則苟安一時而有卒然之憂。斯兩者相去遠矣，不可不審也。且事固有難，難在時勢耳。至權度時勢者，人也。卒諉之難，坐不爲理，可乎？河决川潰，崇堤無功固矣，然守河者竟宜築堤。語曰"憂國如家"，言共憂之無詳略也，惟翁保持是心而已。翁負聲當代，甫離巖穴而遽領兵符，主上之所垂注、縉紳之所具瞻，非眇小也。彼巍爵重階者豈少乎？能揭休光、震聽瞽者幾何人哉！楨辱知且十年所，頃奉翰訊，輒布悃曲，以見企佇，言中與否安計也？

與鮑思菴中丞書

往翁持斧關中，歲無幾何而萬姓繫思，若將百年。乃者仗鉞驅車，再尋舊轍，關西父老扶笻望拜，繈屬不絕。楨即不睹其事，直以舊德卜之，當知其有是也。浹歲以來，旄頭照在幽朔，故西陲甲卒稍得息肩。茲復徵選驍健，自離分地，遠赴戎行。壯夫既去，壁壘空陳，脫令虜諜者得知，擁眾闖塞而入，何以應之？此不可弗憂也。翁愛養元元，不蹈湯火，自松石劉公以還，此為再睹。顧今邊伍既缺，則抽補之議不得少疑，借募之令不得不下，此議行、此令下則閭里騷動。誠諭慰藉、消萌定危，自公能事，但惟早圖豫見之耳。往秋虜騎薄我城下，一時憂國之士抱憤思振，若將有嘗膽枕戈之謀者；比虜解去，更復悠悠。左稱方、右譽圓，匠師操斤而莫定措手。尋及開歲，塞草漸青，欸噫之聲如昨俱起。因思陳湯按劍而叱延壽，延壽不辭矯制之罪，竟立郅支之勳。兩子戮力，揚威萬里，況萬人一心，又豈憂擊胡哉？楨典在筆扎，不宜越俎言事。顧倚柱之嗟終非甚迂，厝火之慮每厪夙夜，鬱而弗洩，懼成痞鬲，以故不恤狂痴，為翁布之。日者談吉凶，聽者信而謝之；君子言事，聽者置不理。此馬遷感而作傳，以明涉世之難也。來謁者為表弟，薄儀將忱，具在別啟，併冀照存。幸甚、幸甚。

答姚惟貞侍御書

近聞公行部至商州，逮捕大猾若干人，故皆民間宿蠹，眾口稱快，聞于旁郡，度不能免，皇皇竄避者不可勝數，斯可謂真御史矣。前按關中者，第慈悲大禪師耳，非所以禁奸戢暴、振紀綱、正風俗也。寧夏失守，為虜創殘若此之慘，仗鉞者不得辭其咎矣。今公既查稽明允，不嫌少遲，況寧夏屬遠塞哉！往年延慶有虜禍，部使者盛子匿不以告，及告，又不情，本之護惜撫鎮而遺念生民也。今疏列殺虜萬人、掠去畜產三萬餘，睹者改容，因以歎公正直堅實、大破舊套、不蔽私昵，去時輩萬里矣。僕又謂三邊甲士各成分地，尚不能支胡，乃今復應徵選，壯士既去，營壘空存，茲憂匪細，近在眉睫，不可弗慮也。見思菴翁當持此議圖之。思菴勁直敏達，與之同心，于事必濟，毋謂我誕也。奉翰扎，加譽溢有，秪增慚汗，然憂國耿耿矣。時事紛異，人守一說，不歸于是，浸尋及于今日，塞草漸青，胡奴南望，奈何奈何。

奉敖東谷先生書[一]

去歲獲承翰劄及所著書凡五種，於時夏仲，惠扇適得却暑，諸書則坐立觀之，不知其夏日之永與炎歊之侵也。既見熊子，因屬覓便計托報謝，而熊子自言頃之當以使還，身可爲繫帛之鴻，已熊子不得還，乃遂遷延而及于今，非飾說曲爲解也。古之賢豪，得其時則行，不得其時則退而著書，即稗官小說無關體要，苟當事實，亦其志之寓也。近世撰述塞于宇宙，然多是非任情、褒抑溢有，國家采風之官不立，聽睹既狹，則譜牒安托？於是懷私忿世之倫，藉是獲售而洩不平之抱，至有隻詞相濺、千古蒙垢者矣。今翁所著，殊不蹈此，一人一事，咸當實不華，影常依貌、響必隨聲，異日開局紀事，楨即操是往矣。熊子嘗談翁耆年而神爽瑩射，矯矯如鵠，意以爲有異術，楨謂不然。屈平顦顇、殷浩書空，此皆怫鬱在臆，即習爲大還，不能澤其貌也。惟翁脫棄榮名等之飄瓦，四肢百骸認爲已有，固所謂戰勝而肥者，無異術也。自楨所事數師，漁翁卒于逆旅，松翁正于首丘，逝者長畢，在者阻絕，南望雲空，不任淒迷。晚嘗事鳳泉翁，而鳳泉翁頃執兵柄、值艱危，與棲木不殊，乃知江鴻海鷗，弋人徒慕，千仞高覽若吾師者，鮮也。楨濫竽詞曹十有七禩，蔑咫尺之長、須臾之譽，往劄稱爲虎視一時，聞之面熱內慚，汗出而食不下也。熊子今春始得還，竟以書屬，爲訊江湖無恙焉。録、幣二種伴往，聊以見區區耳。惟照入幸甚。

【校記】

[一] "敖"，嘉靖四十年二十卷本作"訊"。

答許少華中丞書

往僕言事，誠過激不能作軟語，謂在今日，固須勇任。且既已受檄，寧能弛擔遺之他肩哉？頃聞勾補缺伍，八衛漸實，而衣甲器械猶煩料理；橫谷植木，將防衝突，而望效悠邈，尚有急圖。禁方滿笥，貴在已疾；謀臣充庭，貴在批難；東海之水誠多，然無救西山之火也。茲翁兩疏，並能效疾而消害，然以故事必下其議于有司始得報可。會京考在俄頃，百司肅肅聽斷，過此當如議也。太華何公身秉斧鉞而動輒掣肘，邊牆罷築，兵力又鮮。近傳胡騎東馳，脫若引轡南向，奈何？意何公自挾上猷，此獨區區私憂耳。三渠公以制且欲還，則不穀益牢落孤煢靡依薄矣。悵然、悵然。望昌平咫尺，乃阻瞻對，積有愚悃，既已面致長君茂才，又復載之紙。奉翰諭已領略矣。考後世事，當復翻異，念翁具六翮，無言黃鵠不高搏也。

答王石谷給諫書

不奉光儀，十易伏臘，瞻憶何如。頃緣國家講武，秦人乘時徵奮者蓋數人，乃獨不逮公。世固有知公賢者，顧猶泥于舊例，以為破調駭眾，執事之臣縮手而不敢舉，徒且慨噫之爾。自何許兩翁入內，與談及者並往往稱惜，然無奈執事者何！僕所眷眷於公者，尤萬恒情，顧么麼之子充在下陳，即力前為鼓說，無能為公銖兩重。漢廷狗監，空號知己，此湘潭放士不免悲吟也。僕自信他日不能效時委用，思早自解歸，乃牢被樊籠不得脫，側望西雲，時時悵惘。頃將上謁，固圖請告，幸如願，當共結廬太乙山也。往奉翰示，軫念可知，附此謝私。

槐野先生存笥稿卷之二十二

槐野先生存笥稿卷之二十三

左輔王維楨著　館甥渭上南師仲編

書三十三首
答趙劍門侍御書
與趙景仁兵備書
與張南溪侍郎書
答張元洲太守書
答鮑思菴巡撫書
答姚惟貞侍御書
與王兩洲太宰書
答李直夫主事書
答孫用脩侍御書
答何太華總督書
答喬三石大參書
與高平令衛子書
答趙劍門侍御書
答薛方山憲副書
與王三渠少宗伯書
駁喬三石論文書
與賈樵村巡撫書
與白伯倫論碑文書
答尹朔野太守書
奉王麓泉先生書

答閻右泉祭酒書
答潞安張太守書
答閔水東提學書
與張元洲太守書
與艾西麓巡撫書
答劉亦齋大參書
與張秋渠少參書
與光禄谿田馬公書
與尚書西陂劉公書
與中丞平田管公書
與張太微比部書
與胡蒙谿少卿書
與昝龍渚侍御書

書

答趙劍門侍御書

　　今公此疏，皆處人骨肉之間，定人危疑之事，既又究覈禍本，諭所尊以恤孤寡、責所親以息釁端，詞雖溫厚，然大義嚴切矣。漢儒言"大獄須用有經術人"，則公其是哉！仰之、歎之。滇南越在萬里，部使者所憑以感悟宸聰、申達幽隱者，獨咫尺書耳。言能中窾、見能先幾，斯折萌消患、方隅所賴以寧戢也。楨雖典在文史，時搜覽四方章疏，苟當于理，輒爲擊節，誠念人才之難也。彼方廉正直，豈不謂賢？然苦節自檢者皆能及之；至辨捷裁斷，非天畀授未可勉而能也。自食大庾粟十有七歲，蔑能取尺寸之功。展米鹽之效，今春考察，分必斥放，乃顧復留。齒髮逾邁，向往日頹，坐憶時髦，面熱汗下至淫淫沾几席矣。公軫念同袍，訊及夢蘭，此夢不易得，猶復榮榮一丈夫也。奈何、奈何！人生進不竪勳名，退不謀宗祧，兩者咸失之，尚得謂士哉！無何，即抗疏休矣。獨患乎弗能遂也。

與趙景仁兵備書

參將趙白樓者，故鎮保州時曾與識面，今十七年所矣。中間興仆仆興不啻三五，乃茲復興。與公協理戎事，其大概可睹已。爲人多算，且便捷了達，時中機宜，而公披瀝奉職，不縮不僞，兩君爲一，各用所能，于事必有濟也。僕有二癖，恒自苦之，又不幸不得朝夕觀磨，奈何？幼志好高，沾沾自喜，猶之宋人寶燕石，遇周客而不肯下也，有自是之癖；念作輒往，命駕所如，每至塗窮，有率意之癖。明明自知之，竟不能力抑按也。望廣川不遠，南風便，幸惠報音，且作藥石。

與張南溪侍郎書

去歲奉翰教及腆儀，侵尋到秋，忽有虜患，諸臣咸共憂之，楨也食大庾粟，獨能晏然坐視？遂廢一切往來，報謝因之久稽；開春復值考察，分當斥逐，結束竢抉，既乃復留，始理人事。於是解裝，撿翁寄示二俊之文讀之，遵來命謬施點竄，又以通家故，不得徒爲蔗言以甘聽取悅也。舉業文章名家非少，而翁之作稱鵠，謂其中立而學者可赴也。今賢子若孫讀架上書、聞秘密訣，自當肖似，乃猶尚弗逮者，則習之未究也。令郎溫潤而有沈痛之思，令孫俊拔而多奇崛之識，總之皆千里步也。各極所長、去所短，一變至道，即可探取祖翁故物矣。今時舉業，濟渡桴楫耳，登岸則舍之，苟足獻吾身，未須惛惛苦索之。楨嘗竊慨：農秉耒以利耕，士執業以效用。乃今所業者與效用者異，故士或半世弗售。半世以前精力殫于是藝，卒之成敝帚也。人恒歎曰：乏才、乏才！夫以四海之廣、乾坤之精，所生何嘗無奇，直所學誤之也。且無論賢聖事，即蘇秦少時，便讀陰符，工研揣摩之術，久之精曉，曰持是可以說諸國矣。一說而六國景從、金印纍佩，後世推以爲鼓頰之宗，歎不能及。假令有若慕秦者自少習之，浸淫十許年，亦未必弗秦若也。古人書劍兵法、風角卜巫、九九諸數，率自童竪學之，以故用之輒驗，況匡國理民，其道又鉅此乎！苟欲蒐羅茂異，盡一世之英，宜于科舉之外依倣漢唐舊制，更設數科，則淵珠不留、群材畢會，治世之大機也。顧令甲一定，莫敢增埤，楨云云者，直歎之耳。往叨校武之役，録成，初擬寓致，尋復蹉跎，今併上之，幸無坐怠弛也。

春來台動意必休嘉，附此以候。

答張元洲太守書

凡公歷兩郡，咸有異稱，今領大名，益復藉藉，此非可緣飾炫鬻得也。十七年來，一時同升之雋，浮沈流散，不可勝原；而齒髮更變，或少得壯、或壯得老，間一相見，驚目握手有餘悽矣。人言公當以考最來也，審爾。我固使使候之，又恐相見感歲，轉益惻惻也。僕今四十五春秋矣，人生而逮斯景，猶之注坂之駿、脫彀之矢，望衰暮斯須耳。夕日易下，覆水難收，我壽幾何，而尺寸未豎！每念一至，汗未嘗不浹流接踵也。今春考察，私已倚馬待玦，乃顧不遣，且冀幸與公晤，問所去留。士人奉驅充位，莫有表見，即太倉鼫鼠耳，我今誠似之。以故眷眷舊鄉，避賢者路也。齎書使者還，取報，卒卒附言并謝芳訊，須面更布之。

答鮑思菴巡撫書

頃從他家得翁留兵疏草，讀之，其志忠、其義正、其詞痛切而不涉峭崒，可以上悟人主，下愜士論。言事之體，正爾若此；枝詞藻幅，祇能飾觀聽，于事安禪哉！比議下本兵，果如請得留兵五枝不遣，由今西北一面恃以無恐；即其兵不能力鬭，然爲容好示威則有餘矣。宣大新開馬市，國人可者半、不可者半，于高明謂何？古人謀國，遠者千萬年計，次者百年計，又次數十年計；目前應卒不可言計，避難逭責、冀以身免而不顧其他者也。主上注念邊略，思埽胡塵，置疆場于萬年之固，至惓惓也。其誰爲圖此計乎！僕以翁曠覽深謀，赤衷體國，必嘗設算于懷，幸先以示相知，乃後謁聞于上可也。佇竢、佇竢。使來，辱翰教，附謝不盡。

答姚惟貞侍御書

今關中諸事，以公矯矯之風，漸就緒理；蔑可慮者，獨亭障空虛，或啟戎心，是不能不軫胸臆耳。寧夏被創之甚，客自秦中至者頗能言之，惟在論列中者淆亂其說以熒惑君子之聰，則自計脫禍，故與公爲犄角，兩家並訟，是非竟各有歸，其慎慮之可也。方今宣大開市，與虜酋易馬，後事難量，今將奈何！

諸處徵調之兵，本以赴急，久而不散，或唱思歸之引；且天時恒暘，自黃河以北、太行以東，赤地彌望，木皮草根剝掘殆盡。塞上修戍而內地乃荒，恐有持白挺、乘昏暮爲村市患者。目前萬事俱可流涕，所幸主上明聖，加意制胡之略，一禱不雨，至再、至三，必沾濡乃已。即周宣之選徒振旅，成湯之露處桑林，何以過焉！使在事諸臣協心戮力，仰奉九重之慮，則羯胡不足畏而旱暵不足憂也。搖筆逮此，爲之慨然。鄙人徒耗倉粟，坐觀時政，不能效毛髮之力；華嶽巖洞，可藏吾身，日夕翹首，悵惘、悵惘。

與王兩洲太宰書

頃吾師大廓先生至，一見揖而訊翁，因悉山中歲月非人間世，土人樂之，往往自忘其年。倦客還而卜之，亦可栖形定性、完精而益算也。世事風雲，儵忽幾變，舍筏登岸，棹視中流，乃知濟渡之險艱矣。故翁居山中，一丘一壑，則萬金不移、通侯不換也。今年七月，當翁七十之辰，吾師輊桓山四鳥之情，語楨曰：羈而不得觴，奈何！因以詞屬，令申所爲壽者。楨受簡不敢讓，比詞又不敢夸詡緣飾，以厚誣長者；今在篇者，咸說實道有、不溢一語，即文謝藏山而義取從繩，無論史家備采擇，且令實録入家乘也。翁家兄弟並繫當世之望，居者宜止，仕者宜通，聲稱籍甚于搢紳間，非楨一人之私口也。而吾師感今耳目所接，復戀南枝。楨以既挂網羅，誰能解去？固須摶風振翮，圖萬里也。楨關西鄙生，自十年來，被蒙渥愛，逾于骨肉，令器光禄君歸，附具一幣爲壽，物不逮意，臨發依依。

答李直夫主事書

書至，始知使車駐代，蓋歷偏關、度太原而跋涉至此，路經數千、月破六回，可謂遠且苦矣。人臣勞王事有若此者，鮮哉！方今虜眾以候開馬市爲名，四呼部落、集甲塞上，密如雲屯、結若蜂攢，其意欲如何，不卜而知、不問而得也。所徵諸鎮兵在塞上者，號稱健兒，能與羯奴示一創乎？不也。居中任事之臣，念天子憂胡未滅，於凡饋食厲卒之術，籌之既精，施之亦詳且備矣；而星書一至，猶不免劻勷者，何也？卒能食不能戰，食雖饋不能飽也。茲計所以飽，宜如何而可？夫古爲壯士俠客擊牛釃酒，吹笙竽，舞長袖，乃肯借軀報讐，爲國敵愾；今一飯不厭腹，固然亦其人顧私愛命，蔑忠憤之氣，又將帥之教不先而軍興之法不申也。僕守在詞曹，論四六、校聲律，自其本事；顧念往歲四郊多壘，農夫輟穡、工女下機、商旅不行，吾安事筆硯間哉！以故數從客談戎務，究所爲破强胡而抒國患者，言者紛如，卒未效實。惟公以餉事親行塞上，彼夷之情，我軍之狀，熟悉之矣，其教我毋諱可也。

答孫用脩侍御書

使來，奉翰剖獲悉使事勤苦，殊費心力，比他省不同。且以見南北民俗猶夫氣候，以治北之術治南，是挈狐裘而市之楚也，今公得所以治矣。邇者從謀臣議，既開馬市，虜酋旋復入寇。疏言胡騎在塞下者號四十萬，計將大入，至驕暴矣。初謂市馬可羈縻，反乃示怯招寇。由是觀之，務實者先自勝，飾虛者祇自誣耳。今年胡騎早集，先昨歲一月，而數復倍之，邊臣告急。都民懲既往之創，荒荒怖悸，易以搖動。私量我兵，猶謝昔時斬將搴旗之雄。鄙人之危衷恐懷，既如駕海觀濤、升木被風，顧未有一奇能舒目前之急，愧且欲走，未可也。讀公條十二事，種種中患，越在萬里，心乃縣于闕下，古所謂純臣非邪！歎之，賀之。待防秋期逝，諸鎮咸寧，更圖書報，以明忻慰之私。

答何太華總督書

茲讀公疏，分布兵馬拒守險塞，相地要緩爲兵疏密，算數既精，條具又晰，他即百輩不能得此一也。至謂增調民兵防衛陵寢，益見重本慮大之意，言既中窾，自宜聽發。今內地諸司懾于聖諭之嚴，凡可弭患批難者，輒投足下爲之，無慮有謀復未遂也。且虜酋既與開馬市矣，抱帛牽馬曾未旋踵即殺掠，恩信難結，羈縻之說竟非可恃。獨修戎壘、練武士乃我長計，亦我本業。以公之肝膽，自足感奮諸將；以公之威令，自足鞭驅三軍。頃來邊奏匿端，內地莫弗知，見所言曲折，群指而笑之。部將有襲是計來獻者，勿聽。楨觀今日虜勢驕于往歲，若更大侵，薑螫不已，必有念宗社、痛人民一臣者出，尋究驕端、伏廷請罪，此所謂後災也，惟先見早圖者免焉。使言公身歷崖谷，食宿于草露之間，甚勞苦矣。今諸司苦患胡，皆曰：幸何老守北門，無恐。故公思欲上寬主憂、下答士望，誠不得不汲汲也。有病于此，經醫十數皆無功，主人不問；扁鵲至，主人曰：幸君以一劑。謂扁鵲能生死人也。今士大夫所注望公者，頗類乎此。前時一二浮言，猶之朝煙霽靄，倏忽流散。身爲大車，必受重載，妬口無有，拭目者多也。數承翰劄，稽而未報，詎有他腸，意必亮察。大抵位重則藥言不前、甘言熏耳，惟留意詳覽鄙說，更視後事所至，則楨乃何氏之忠黨也。

答喬三石大參書

往接嘉翰暨腆貽，乃使歸殊遽，不肯少須取報，今其使再返，始附書謝焉，諒不坐爲怠也。公鴻才通方，不可以一隅名，即自引謝不能于戎事，而世固予之矣。且所謂治戎旅者，豈必勁捷若虎，善騎射、角膂力哉？識機達變、篤中不欺，視公家如私，乃稱將萬人、統三軍者也。比歲講武，一時驍雄蹈厲之士蒐羅碁置，然兵不稱壯，何也？篤中不欺、視公家如私者鮮也。公于斯兩者咸有之，故僕推謂可恃，以能振積弱、排紛難者，此也。方今馬市既開，虜酋旋復入寇，則盟誓不可恃、恩信未足結，獨有戰耳；而戰又難卒以語，百策皆收而一效未覩。諜傳虜騎屯塞下殆四十萬，朝夕且入，將奈之何？此之爲憂，知公固同之也。使言公或以賀萬壽來也，果爾則侍對有期矣。東望海雲，可勝延竚。

與高平令衛子書

客自晉中來者，頗稱高平之政，崇慈悲、務寬大，煦煦然有古豈弟君子之遺，余甚嘉之。顧獨念近世人情奇黠獝巧，故治隨之變，至弘治、正德相接，人情尚未甚澆，故政宜敦大。迨于今越五六十歲矣，天道三年一小變，三十年一大變，則人情推移可知也。故體貌之遇士夫、恩惠之結善類、刑威之待邪慝，斯三者，從古以來善治者莫之能易也。若一概量物，不別等級、不辨良惡，則吉人墮體而凶夫掉臂，積久而名敗；即能改服振嚴，百姓弗憚，何者？習故也。世亦有主嚴治者，而君子又非之，放意淫刑，不當其罪，小過而大懲，甲怒而移之乙也。《詩》云"魚網之設，鴻則離之"。刺罪不當也。張衡治河間，下車密先收捕大猾，郡中豪俠皆逃去他境，盜賊止息，大體立而先聲著也。故苟當其罪，荊朴不犯；非我所至，即斧鑕日事，誰其懲焉！吾子英年茂才，于一邑何有？第政體民情猶須裁察，斯措置不謬而張弛中窾。古人有言：不剛不柔，敷政優優。以子通于詩，故數舉其詞告之，毋謂余持文墨者言何迂也。泉南郭君獨稱子不輟口，與余得之他喙者殊異，郭君忠厚如此。待子更調，頌聲達于京師，當復爲言以賀。

答趙劍門侍御書[一]

沅江之役，撫臣不惟始卒，不算勝負，莽莽焉趨之，至令方伯徐子及于難，此法所謂無算而輕動者也。且徐子身爲左轄，未有咫尺之書相命，戎馬之務素非所諳，威聲未洽于蠻土，而才略不逾乎中人，獨何所負而投軀湯火也。今公疏中區別二子情罪犁然如丹，石子即百口不能解，令徐子有知，當作鬼語自怨悔也。往僕致言于公，以爲熟計所爲撫者，誠慮其急之變生、攻之增毒也。乃今果若此矣。且夷種刼殺相傾、滅倫奪柄，固其恒事，自祖宗來，苟値有罪，必問，詞服即置不深文苛責焉。非縱之也，謂夷狄禽獸其類一也。育禽獸者牢籠之而已，能馴之必不逸乎？逆酋那鑑刄兄妻嫂，無道之極，不可肆赦，此以中國之治治夷狄，紀綱一統，不宜二理；既彼稱名兄死以蕩舟失水，亦其怵于罪罰，匿情逭譴，即因其詞稍責之，令國家無赦過之典，西南省瘴厲之師，此謂治以夷狄而包以天地，計之上也。乃不戒微火，拖薪自焚，未睹其情，輒入我師，繫頸不得而反刄先著其身，則鑑乃負固方命，堯舜之世必不肯貸。雲南遐在萬里，四面環夷，創鑑不痛，莫以示餘，矧寬之乎？石子不聽公計，徐子不告而往，其失皆業不救。今欲治之，何出？幸審圖詳計，毋蹈前悔。京師搢紳之屬得讀公疏者，咸籍籍稱云：欲平沅江賊，釋趙監察不可。慮瓜期且逮，又爲之嗟。僕以公憤不任事最甚，即一日不代，固必銳身效命，竟不遺難于來嗣也。徐子幸得卹典，朝廷憫其死，亦以勵諸臣之忠。若援漢事證之，甘陳策勳絕域，議者猶以生事啟釁不錄其功；徐子坐狂瞽送死，至勤國家不可得已之師，貽君父萬里之憂。稽彼較此，則徐子者雖攝魂受譴可也。

【校記】

[一]"劍門侍御"，嘉靖四十年二十卷本作"監察"。

答薛芳山憲副書

郡君以公書來[一]，且道眷眷之情，則公之於僕可謂厚幸矣。古人有言：人之相知，所貴知心。僕秦人也，秦地廣川峻嶺，山形見三百里，河流之音巹聞十舍。故士生其間，蔑幽曖之行，亦無大蓄之才。若僕，淺中狹氣，寔稟土性，然與俗戾甚矣。乃公奮格眾之見，謂僕可朝夕就，乃卜鄰。凡所與論咸當實不華，抒憤申鬱，有忼慨之節焉。僕因竊嘆：公吳人也，而負秦性。故今乖絕恒存記憶，誠有所符契，非私而已也。僕不到吳中，聞之山多奇峰，水亦環曲，晴晦殊狀而光景易觀，故東南之勝區而俊秀之深窟也[二]。乃其地顧復產薛公，豈非異哉！今也人才亮直誠愨者十人而一，聰明洞徹者十人而九，故一人飾偽，九人覘之，一不能誣陷九，故偽者竟敗；一人執實，九人覘之，九不能勝一，故實者輒彰。有人於此於凡世俗之好靡一弗重，乃復匿端竄跡示若未有，庸詎知前有顧者、背有指者、旁有議者、四面受攻、百藏畢見，此僕所爲抵掌而笑、頓足而恨者也。取以較公，何啻人鬼之別、虎鼠之不同哉！自僕交遊東吳之士不可勝計，獨以公爲難能，謂其直露本真、無假緣飾，吳中未有兩也。夫玉無完粹、帛無完采，故瑕不能毀玉之名，纇不能減帛之色。直士而務曲勝負全節者恒必敗，有偽飾也。若公所持，令積而至百年，何敗乎？邵君稱公獎予我者，率非吾所有，僕莽莽鄙樸人也。邊隅用兵，自惟愚孱，不能進而統偏師之任、效一割之用；至語本業，則守在詞曹，大之不能論當代之故，次之不能成一家之言，謝濫竽之譏，誠若昔人所謂仰慚玄冕、俛愧朱紱者矣。以公既知我，不嫌暴短，他人聞之，將謂懦哉秦人何駑也。邵君溫溫退讓，有古泰太伯之遺教焉。乃其師復有秦風，何也？神龍芝草，隨地而出，非方隅能拘，今公亦云。流傳巡試諸郡，所過士有服詞。越人即善點化，人不能少加于公也。雖然，固須加意所未具者，則邵君有口。往許贈言，卒之不負然諾，茲冗冗未能也。

【校記】

[一]"郡君"，據下文當爲"邵君"。
[二]"故"，嘉靖四十年二十卷本作"固"，當是。

與王三渠少宗伯書

自郊關別來奄歷三序，懷戀高誼，固所謂神往形留者也。乃後得翁途中二扎，而以扎至者又致翁口教，最悉哀苦慨衷又復跋涉，乃猶眷眷不穀若此，即骨肉何加焉！顧楨揆分量能，不能副所期冀，世未有赤子抗鼎、怯夫探珠者也。獨懼虛名爲累，側目者眾，私心惴惴，猶之駕風舟、涉大洋，將未知抵泊所矣。聞翁歸居服舍、料理壙事，而楨之先人寄藏他土，不得改封一快志焉。翹首西雲，淚淫淫下矣。老母怵于昨秋之驚，見秋甚思家，楨日夜喋喋慰之。人生進退觸藩，有願皆違，何以言仕宦樂也？日下防秋之兵四集，虜諜者知之，雖稱月滿南侵，徒虛聲恐喝耳。第虜其兵鮮而忽縱也。何許二老調度焦勞，至廢眠食，趙景仁亦將兵四千人協守薊邊矣；東北一面，秦人碁布星聯，此楨所謂無事者也。冬來果竟無寇，中外休息，將士枕戈而臥，學士大夫蔑鞼掌之憂，則楨計且承間以狀謁歸，積有夙抱，種種不可解，安能鬱鬱久爲客也。

駁喬三石論文書

鄙人所撰述，竊自知陋，以視他人率皆面謾，故以投公，誠謂能指迷發昧，令不乖所適也。今所稱予我者，一非我所有，不副本初就正之意，與他諸面謾者未之或殊，即公自以爲業已命之，然不能令僕信也。何也？今海內翰卿墨士彬彬然興矣，其擬則史遷之作者不可勝數，往往藉格襲詞，猶之畫臨粉本，書摹法帖，求一毛之似，幸半體之同，以爲奇絕；固未有蛻棄陳骸、自標形神者也。劄稱僕云"第取其指，不襲其跡"，此神化之道，僕安能及之？而謾以相加也。文章之體有二，序事、議論各不相淆，蓋人人能言矣。然此乃宋人創爲之，宋真德秀讀古人之文，自列所見，岐爲二途。夫文體區別，古誠有之，然固有不可岐而別者：如老子、伯夷、屈原、管仲、公孫弘、鄭莊等傳及儒林傳等序，此皆既述其事又發其義，觀詞之辨者以爲議論可也，觀實之具者以爲序事可也，變化離合不可名物，龍騰虎躍不可轡鎖。文而至此，即遷史不皆其然，乃公亦取之加僕，何言之易也。晉人劉勰論文備矣，條中有"鎔裁"者正謂此耳。夫金錫不和不成器，事詞不會不成文，其致一也。文之不易言也若是，僕安能及之？日來誦覽大撰數篇，總之整雅宛密，厥初營搆布置費心力矣。因取遷史較之，則遷乃疎鹵矯健，門塗雖殊而要妙均也。自僕繹思遷史，累年裸矣。然或由本以之末，或操末以續顛；或繁條而約言，或一傳而數事；或從中發，或自旁入，意到筆隨，思餘語止。凡若此類，不可毛舉，竟不得其要領。乃今觀公之撰如此，則作者自命可也。何必古同哉！且公少時即好習古文詞，到今猶辭云未能也。而僕習之又最晚，重以性資學識並謝上才，豈克有造哉？嗟乎已矣！初計出城得乘間一語，比山游復以賞眺妨焉，然中曲念之，幸承剖諭，聊此布復。自游歸便爾多俗，不能更往爲別，倘軫教懷，無悋嗣音。

與賈樵村巡撫書

關中人望翁履都撫之任，始能概被休澤，如渴者思飲、寐者問旦，乃今果諧所願，知翁即有以答之也。今外服諸司各攝一職，唯撫臺總統焉，固須完德兼才、不規近小，乃可服眾志、豎大猷也。翁乃方嚴敦大，種種有之，視聽通于千里之外，而圖畫每逮乎百年之遠，自楨所交游睹記，誠未有比踪者也。初關中設撫臺也，天子念此邦遼廓，兼之戎務殷殷，每以內臺左右都御史遞往，其時體重，其後頗存之。頃歲以來，臺公務謙約，卑減驦從下同諸司，此優于振矜者，然非所以別等威也。楨以爲昔之人有食一肉、脫粟之飯與一介之使自隨者，是皆察于小物，未達乎大人之觀也。大臣擁節保釐人民，隸境內者果以我之故安堵不擾、盜賊止息、水旱亡憂，此其福澤廣厚矣，即令以千戶食我、百隊從我可也。聖人之教，先廣大而後精微。孟夫子不嫌後車之盛，傳食諸侯，彼其中固自以爲當也。秦人戴翁，將各獻美芹，扶車轂以報盛德，即翁欲自卑減不可得以[一]。凡事必正體貌而後功緒成，故楨于此僭論之，唯留神聽覽，不加之罪，幸甚幸甚。

【校記】

[一] 以，嘉靖四十年二十卷本作"已"，當是，上斷。

與白伯倫論碑文書

使者守碑文頗久，乃今始與遣歸，却自愧其不文也。吳太史狀編年踪跡可尋，而足下手録行實，又廣紀殫述，總之皆史筆也。顧僕之見，以爲尊甫先生負才卓犖，乃竟顛頓至卒，究所肖似，則賈太傅、蘇長公其類也。碑當論其世、明其志，令後世觀者知白公不伸以此故耳。故僕之文，則表尊甫先生好詞尚友，有聲搢紳間，因之招忌賈謗，所如輒不利，此可以慰逝魂、信來觀矣。雖語非茂古，然而非誕也。孝子揚親之念，安有窮已？有咫尺之善，即求爲著之，狀所録種種者是也。而僕以爲，人之行猶人之面也，人各一面、士各一行，故依形而寫者其神眞，因事而書者其德著，泛引厖雜，不辨本實，如之加塗于面，人誰何之哉？今文采狀不能十之三四，非敢疎略，坐所見若此耳。篇中不具生卒歲日與子孫婚嫁諸等者，文成而諦視之，未有入處，宜別勒之下方，中間若更欲裒益以快追稱之志，無妨自刊削也。南望江天，不能羽翼去伸執紼之悰，如何、如何！

答尹朔野太守書

今秋虜酋不敢窺關南者，非以他故，實坐防秋之兵徵發四集，虜諜者覘知之，乃爾不入。憂國之士幸其暫寧而謀所善後，論者紛如，卒落陳常，千人之見一軌，未有窮探極算，息眾咻、定一是者也。茲覽公備虜事宜三策四議云者，咸因事順時，行之可及、用之輒效，固所謂智士之長圖、忠臣之却顧也。方今有司疏請蒐羅群策，尋百世之計，苟令不奪浮言，持是以往，雖界瀚海、城高闕可也。僕以豪傑立事有二道：委任之專也，國論之符也，兩者缺一不可。就毫毛之勳，聽信廣博則士各自疑，國人互不相下則才臣弗奮。遠追往事，近證君侯，誠可太息，奈何、奈何！奉翰諭，乍有拂衣之思，斯甚舛矣。鄰人失火，尚不愛體髮，奔迫救之，況國事乎！寶劍在匣，終非長物；神龍蟠泥，若興雲雨，則須也。幸公忍抑竢時，竟抒夙昔之憤，目前是非短長，勿與之爭。且鷙鳥將擊，必匿其形，獨奈豪傑不然乎！言不盡懷，然大指具矣。惟省度顧慮，庶慰知己，懇懇。

奉王麓泉先生書

自聞翁以憂歸，既歷兩載，坐風毛未順，數欲申訊不可得，然中懷耿耿矣。私計今冬當從吉服，而士論倚翁當一面之任、紓目前之急，固時時指較月日須其至也、既禪，即宜卜期就道，執事君子方手挈節鉞，左右顧莫有當者，翁竟能辭哉！頃來胡虜之患，自正統以還此爲再睹，而正統時有余司馬、石將軍二人者銳身却敵、有死無二，虜三折北去，以故疆場無事，享及百年之安。而胡運有盛有衰，今會其盛時，而余司馬、石將軍二人者又不可呼而起，於是憂憤之士有俯仰之悲矣。楨觸目激中，不可抑忍，輒爲門下道之，則古所謂流涕太息者，誠有所感痛，非迂而已也。便申夙昔，併補賕忱，幸亮在不罪。楨疎鹵譾劣，視往茲甚，明春必侍于京館，鄙生之腹腸，或有浣洗時也。

答閻右泉祭酒書

使者未至之十日，已有朝旨，乃今見使者，僕誠有愴然之懷焉。且公受檄既逾一歲而不之官，即苦疾病困，亦須力爲咫尺之書抵相知者，令達當塗，白所以留滯鄉園之故；又請所爲京考自陳便宜安在，如此，即無今日可也。乃慮不逮此，內地諸人借聽于流傳之口，輕信妄卜，或以爲病，或以爲坐有所覬，波瀾喧口，因以啟眾疑而觸公論，此諫臣之疏所由也。疏但駁公違簡書之程，不及時自陳，未始一語相濺，則平生之概可知矣。顧獨不能爲君子諱昭昭之失，此其中誠自致之，未可嫁尤于別氏也。自僕交游海內之士不可勝數，然獨以公爲難能，固謂其方廉堅直、蟬脫于塵壒之外，皭然而不汙、嶷然而不可下也。異日紀綱風俗，竟必賴之。乃惟一意直行，少回却之顧，其蹈危機何疑哉！豪傑立事，斯際最難，大體既竪而委折亦未可略。夫黃河豈不稱雄流哉？九曲而達之海也。君子之居世亦若是而已。今公歸棲涂水之上，然士論竟不忍釋，羽毛若具，無言鴻鵠不扶搏也。僕天性愚戇，甚不諧于時俗，稅駕何所，私切憂惑，有頃且投劾去矣，聊以竢間伺便耳。使回，附言申復，總之披寫胸臆，殊缺宛順，恃惠子之知我耳。

答潞安張太守書

張令以徵至，獲奉翰貽，故人之念惓惓若此。上黨紬產也，自昔有司爲患苦，不獨在今。凡郡稱沃土出奇貨者，皆其地之殃。故秦之羢、吳之紵、蜀扇閩絲、楚葛越羅，咸以殃民而病國。今公念工不下機、不給其求，良苦哉、良苦哉！他以私請尚得辭却，至如馬市所須，豈能短缺稽滯之哉？雅知公惜費恤下，今且奈何！亦惟就所不得已之中少加之意而已。頃見東野君，云公有避嚚之圖，此甚不可者也。方今進退，俱制在人主，冒昧投一疏，懼有他虞。幸審裁，勿謂過計。

答閔水東提學書[一]

往龍泉梁君自京而返晉也，其時屬倥傯，不得具咫尺之牘，乃因梁君致懷音，諒梁君有口得徹之也。晉大夫游京師者，稱說君侯爲人師表，有軌度可尋，諸生翕然從之。彼苟求備責、岸然自尊，大令諸生視之若鬼神，冥冥莫測其所向，何以作士類、指迷塗也。君侯居詞林十年，與我曹共脉脉守禄，乃今一出而遂振聲名若此，假令沈滯到今，則猶復脉脉也，能有表見哉！故古鏡不磨，誰睹其光；洪鐘既叩，乃知其音。斯兩者，可以喻君侯今昔之故矣。鄙人念詞林舊事皆老死筆硯間，自度即老死無能成一家語，欲脫棄改圖，顧方今講備虜之策、唯戎馬是尚，而我材甚屢愚，不能任荷受之役、統偏師之權，事兩持而靡主、腸一日而頻廻，與故人道，故直披情愫也。且人生得爲男子，又得爲官人，苟足立功勳，無論何所，奈何較外內輕重哉！詞林諸同年漸見序遷，終不離筆硯，君侯所建竪，固眾人歆艷者哉。使來，奉翰劄，益信在事勤苦，乃猶不忘宿昔，千里遣訊，情誼至篤厚矣。感謝彌襟，書不盡意。

【校記】

[一]"答閔水東"，嘉靖四十年二十卷本作"復山西閔"。

與張元洲太守書

行子道經邯鄲，問趙王故叢臺，則莽莽一土墟矣。道傍有呂公祠，乃盧生枕上功名所也。併此兩感，以爲士人榮途相競，亦何如趙王，即百年利達，猶屬短夢，則澹然有縣車之志焉。至聞君侯提兵守大名，壤地千餘里，平野如案，大城小城悉晏然安堵，未始有匹夫號呼于草澤者，此其于功名甚煒燁顯盛矣。乃輒復歆艷慕重之，則謂天地間何者非夢？不有往古，安得來今。士人固須乘時效績，不宜作玄虛歎也。斯志冀邁一識道者語之，以紓旅懷，乃世途錯迕，車馬多背馳，而君侯又越在大名，末由展敘。在叢臺館中問大名遠近，驛丞云距百里許，夫百里非遠，僕坐扶侍慈興不能往也。乃具言令驛丞達之，君侯其以余言爲何如哉。

與艾西麓巡撫書

鄙人道經東垣，而公所遇鄙人者，居多破格之儀、非望之節，在昔故人相值，或至解袍贈車，乃今所遇復過之矣。竊自循省，萬莫一可當也。愧甚、愧甚！鄙人濫厠仕籍十有八禩，所嘗交游海内之士不可勝數，然奇瑰非常之才無幾也。鄙人與公雖稱共土之私、同升之雅，至本所以敬禮歆艷公者，不直坐此故也。蓋殊有公家之念焉。方今天下誠號治平，然虜騎往往有侵軼之患，士大夫習于久安、務于細謹，至令批難解紛、拊士卒、靖邊疆，十人在列，九人鼠首。堪歎哉、堪歎哉！私嘗指數心較，獨公足以當之無歉。故自仗鉞以來，薦歷二碁而威聲所暨、規畫所施，蓋人人公頌之矣。士有負宗社寄，即宜爲宗社重之，矧公又屬共土之私、同升之雅哉。在公省中夜語奚啻萬言，咸掐擢腎腸、不惜忌諱。公，吾白頭之知己也，當必存記，不斥爲謾也。俗士好妬，其遠攬者又欲羈致宇宙之英收爲己有，高標特立士人美節，至于濟事就功，非此輩能與也。且公獨不見饔子乎？調五味至和美矣，當筵入唇，而上客無賞音，主人將以爲不善味也。饔子能復白乎！事故有類是而患甚于饔子者，不可弗之計也。公守貞有素，羞作世俗中人，非智有弗逮，誠志不肯卑也。若欲濟事就功，則固須調滋味、快客吻，令無戚促焉可也。面言既悉，又此喋喋，爲故人完璧計，即過誕何歉哉！今次邯鄲，護行者皆還，卒卒搖筆布悃。南去將兼程，期及清明，候掃先壠草萊也。

答劉亦齋大參書

由漢中抵華下可千里所，乃公不遠千里，道使使齎書加幣來訊鄙人，鄙人誠竊愧之。頃公之臨華與鄙人晤也，蓋在斯須之間，乃今所遣，顧甚于夙昔之好、百年之盟者，此何以故也？古之豪傑，相見則脫龜解珮，遠相臆則折梅贈魚，彼固謂遭遘之難也。鄙人誠碌碌，即令與公三日語，不能一言奇而中，矧斯須之間哉！故對使者有汗容，非虛託也。公歸漢中，嬰情鄙人，此其中固有謂，獨自揣無有耳。客有好游者，歷覽名山大川盡矣，至一石之怪、一溪之愚，猶必記之，曰吾以志吾好也。夫交道亦有類乎此者，固不必結歡皆雋茂、問貽皆異等也。使還附謝，明所承貺不任之意若此。因憶漢中有淮陰拜將台，今巋然存焉。當其時，才者輒上，靡積薪之嗟。以公之賢，勤苦又二十年餘矣，尚猶守在薇垣、滯于一隅，由是觀之，則鄧侯推轂之公，信非後世所能望也。書成，忽漫及之。

與張秋渠少參書

華下山亭之會，得公嘉篇紀之足矣，乃固要鄙人言者，何也？富人已飽粱肉，乃復甘薇莧，貴所鮮耳。斯其意毋相類乎？鄙人謝不獲，今倚而和之，詞格誠下，然直吐肺肝矣。先人阡距會所僅二里許，僕度竟老不能補公家萬分之一，不如解官歸即故阡，營半畒之宮，理松楸、安愚拙。方今才彥塞宇內，豈缺予一人，何以妨賢路為哉！篇中語皆真，非有謾也。往與槐謝公入關而次華陰，雨中望嶽，貽詩見懷，僕旋和答之，今并前詩登一紙寄請斤削，幸毋棄擲，徒美言相市也。領有二扇，滯而不書還，公以為怠乎？殆非也。今二扇仍書前二詩，已踰夏入秋矣，乃始還報者，謂書之不足充公掌握，且辱懷袖。抵于今節候漸涼，二扇將捐置篋笥中，不欲暴醜，故伺時與之耳。造物者若為鄙人護所短，明年毋令祝融秉權可也。

與光祿谿田馬公書

不奉光儀，蓋十有五年矣，然念未嘗不之也。在京師時，客自關中來者，輒道翁之精神完粹、筋力強固，殊不類高年人，楨甚喜，以為邦有老成，後生之典刑在焉。乃今歸華下，望三原百里所，不能撥冗往見，則悵悵有違欲之恨矣。仙居人大司寇應公云與翁至深，楨臨發，以書來屬令致之，今附使往。夫友朋之義，歷四十年如一日若應公者，非流俗中人也。三石喬子為楨言：三原連兩令不知禮其境內長者，則宣聖伐木之事，信有之矣。楨因歎關中自有武功、鄠縣、高陵、三原數老以來，海內之士翕然景響，見者傾悅、未見者景慕，此其盛時也。乃後武功、高陵修文地下，鄠縣老而喪明，獨翁壽且康寧，然不能免乳犬吠，豈氣數盛衰使然哉！楨每念諸鄉先生，思一追躡前蹤，然望塵不及，輒復輟步，又以數值其衰，非鄙生一人獨興能振之也[一]。頃來世務益紛挐，若大江風濤，斯須殊狀，乘軒非樂、岩居非戚也。楨自顧駑下，竟無裨補，故往往有引躬之志，獨無奈何不敢陳也。亦伺間便歸耳。若翁別有教指，將改圖聽之，至望、至望！

【校記】

[一]"輿能"，嘉靖四十年二十卷本作"能輿"，當是。

與尚書西陂劉公書

頃從州中吏得接鼎翰，華軸與腆儀俱至，楨登受恐愧、汗流及踵。自抵家來，日坐塵溷，思欲修訊者凡幾，竟以他奪。乃茲顧勤軫念若此，此所爲恐、所爲愧也。軸中詞居多假借，一非鄙生所當。其云金鼎調羹，即且屬之三渠先生，先生雅量有容，兼四海之外以爲膜，固宰相器也。鄙生楨植性愚戇，不能忍不平之事，淺中狹度，有觸便發，竟安能若所望哉！今天下漸多故矣，而戎馬之務最殷，密勿之所圖畫，與諸司之所經營，率皆是力。然道傍之謀，淆言惑聽；中制之權，績效不卒。今任事之臣，視解印綬快如脫淖，以此乃知翁退棲巖林，偃仰自如，乃鬼神之陰庇、人世之完福也。人言公年已七十矣，而精力彊固、骨神秀健，即少壯弗逮，謂天欲倚而致太平故。然楨以爲非也，本之去累釋負，乃能頤葆若此；假令今日尚羈有位，則憂危勞瘁將不知作何狀。老嚴之論，在定神守一，蓋言退靜也。世不能忘我而我乃忘世，此老嚴所以長生久視而不滅也。翁聲稱著在宇宙久矣，又位躋八座、壽登七裵，丈夫福祿兼隆如此，亦極矣。安臥而逾百年，理可卜也。翁之才誠足戡定禍難，抒公家之急，顧時未可耳。翁洞窺宦機，一去不掉頭，士論高之，故楨數申之爲賀焉。目前所睹記，彼其人求爲漁樵而不可得也。可畏哉、可畏哉！楨南圖在秋仲，其淹吾土不即發者，憚煩暑耳。使來，具儀將謝，且請後至之罪。竢抵南中，更修所爲報焉。

與中丞平田管公書

自歸里中，日坐塵溷，幾欲修訊而卒未能，乃茲顧勤長者軫念，貽音惠問，楨手書愧悚，汗下交頤，謂不往反勞先之也。關中修詞之士，自近世所睹記不爲少矣，厥製皆稱雋矣。至其行履皭然，拔跡于污塗之中，諸學士大夫蓋未嘗不推轂翁也。乃茲所爲詩，又閒雅沖幽若此[一]，豈孔子所謂"有德必有言"邪?楨讀賜至集三復矣,他家皆臨帖字、模粉畫耳,獨翁自吐胸臆、披寫情性[二],所不能離者,古人體裁耳。以傳久遠,睹者自有定議,誰能私之乎?楨濫竽詞曹久矣,卒未有窺,然顧樂稱作者之美。竢抵南中,更欲綴一言于卷末,明修詞之道,貴精不貴多;其詞傳世,以人不以言也。

【校記】

[一]"又",嘉靖四十年二十卷本作"文"。
[二]"性",嘉靖四十年二十卷本作"懆"。

與張太微比部書

自歸里中,日坐塵溷,幾圖修訊而卒未能,然念未嘗不之長安中也。頃從長安人得翁朝夕出入甚詳,蓋世態物情,自昔翟公已然,此顏闔所以鑿坏而遁、陶潛因之託酒而逃也。少年時,翁與何、許二翁號稱"長安三才",今二翁崛興震代,作社稷臣,縉紳之屬咸推轂倚重,自引以爲不及,獨翁伏在丘園,不見所長,蓋世無知者耳。脱有知者出拔而置之高位、畀之重權,則所發謀舉事、濟時效功,豈果居二翁下哉?才略誠埒矣,顧天有大數、人有大命,多少奇偶遂相萬也。則何怨乎!僕又以禄位名壽此四者皆人之福、天之加厚于物者也,天道忌完而貴缺,人有一于四者即足矣。今翁有文名世,蓋千古之事、不朽之業也;行年已六十餘矣,而捉筆伸紙,數千言立賦,其健如此,即百歲不齒。此翁于四者之中身具二福,視凡夫倍矣,又能兼禄位有之乎?固造物所靳也。由華下望長安,未二百里,甚近,顧義不得往,末以申夙昔之抱。僅來崇候門下,明所爲依依者如此也。南圖卜在秋仲,向非炎節,發去久矣,坐此淹吾土耳。以翁或欲知,附白之。

與胡蒙谿少卿書

往從張太谷氏得公集誦之,蓋慨然有感于近世之作焉。古稱作者,謂創制立言、自明其指也。今好古之士,苟幸微名,往往襲而用之,但可稱述,難語作者。故詩有自立俗格、竊奪古意者,則尸祝之傳告也;既擬其體、復掠其語者,則莊生之刼篋也。僕觀公詩,屢出己見,半皆昔人未吐之語,所謂因境抒情,隨體陳致,以稱作者,非邪?至徵事幽奇、鑄詞秀俊,即古之作者不能抗也。僕仰高風舊矣，顧獨不獲一面以快心焉。今幸枉轡而還關中，又望長安不得往。玄指正論，固學步之子所欲聞也，阻不相近，奈此情何！僮來申候，明所爲瞻切者如此。無何，且發而趨南中，既至，更圖問訊，茲草草未之盡也。

與昝龍渚侍御書

久客初還，故人近者幸面，遠者不遑馳候，適方計取間爲之，乃勞高明軫眷，使使持書函幣，抵訊敝廬，則公義不遺舊、禮且先施也。念往與公比翼俱起，而公挾有六翮，負萬里之圖，乃天道幽昧、人情嶮巇甚于太行，遂令塌翅回風、放吟澤畔，迄于今十春秋矣。而鄙人賴有天幸，頗與時偶，月積歲侵，漸踰始望。由此觀之，則進不必賢、退不必愚；達者非才、困者非駑，各信乎命之驅也。則司馬季主之論非邪！始公在臺中時，有質介之聲，流在眾口，久而未泯。今日朝廷徵遺，居多跅弛之士，以謂能解紛批難，期在集事而不恤其他矣。公守躬若處子、奉法如循墨，治世之良臣、廟堂之儀範也，以故論薦不逮、名不上徹，非世罕知己，知己者固多也。然此指思以書達者幾，卒坐風阻，恐高明或謂漢廷無如楊得意者，遂此布之耳。鄙人南圖卜在秋爽之候，冀與公爲渭上之會，展夙昔之好，肯許之乎？日下麥黃，公居田中視刈，坐茂林、咏南風，與農夫野老班荊論歲，鄙人誠羨之。宦塗風雨不期，若頻年所聞睹者可知已。田家憂不稔，何禍之慮也。使歸，卒卒附具中曲，不能盡、不能盡。

槐野先生存笥稿卷之二十三

槐野先生存笥稿卷之二十四

左輔王維楨著　館甥渭上南師仲編

書三十首
與徐少湖閣老書
與李南渠閣老書
與萬治齋太宰書
與屠東洲大中丞書
與聶雙江少司馬書
與陸東湖都督書
與孫伯泉都督書
與周石崖中丞書
與尹洞山宮允書
與林平泉內翰書
與吳澤峰內翰書
與凌道山給諫書
與趙子樂郎中書
與仇止齋總戎書
與南姜泉憲使書
與東體忱孝廉書
與聶雙江大司馬書
與歐南野大宗伯書
答郭東野宮庶書
與孫季泉少宗伯書

與徐少湖閣老書
與江北李監察書
與南叔後吉士書
與唐小漁修撰書
駁謝提學刻華山志書
與浙江巡按趙子書
與滁倅楊子書
答姜以正僉憲書
與孫用脩侍御書
答徐鳳竹侍御書

書

與徐少湖閣老書[一]

　　楨抵家一月所，驛使以邸報見，乃知翁始以今日入政府，蓋甚晚矣。閭里百姓思蒙太平之福，不知太平所由，而士大夫知之。故自翁入政府，乘軒而過華下者不可勝紀，然皆一口稱快之焉。今天下包四海之外以爲家，三十年來靡有草澤之呼、干戈之事，可謂太平矣。然値虜驚，百問百缺，無以卒應，則太平久也。夫器久而不徙則壞，法久而不振則敝。頃數歲間，天子督責臣下，思以振敝起廢，而政府二老又將而成之、酌而舉之，固已章章脩復矣。乃今又得翁配，譬之渡江河、犯風濤，益楫倍槳，未有弗濟者也。夫宰相位絕百僚之右，至尊重矣。然今時有三難，稱至苦焉。天子明聖，群臣莫能及，而思有以裨益之，一難也；事下中書，責應于斯須，得失輕重關焉，二難也；造膝之言，廷臣不得聞，廷臣所得聞，遠臣又不及知，而疑議轉注[二]，易動唇吻，三難也。此三難者，又不敢以告人，故曰至苦也。今翁爲宰相，尊重且就而服至苦之事矣。楨愚以爲，必宰相服至苦之事，然後四海蒙太平之福也。自有虜驚來，楨恒得侍門下，竊睹翁之行事與其議論，實陰裨人主之德而不自明也。猝至之求、未虞之變交橫于前，而一動未有誤也。蓋且寬且謹，且語且默，具長者之風焉。私以爲沾溉既久，可益尺寸，乃今忽而有南徙之檄，不憚遠行，實重違教。若曰北人多苦南中，故託浮言以蓋本情，則楨懼之矣。邸報中有元老薦疏，咸各自引抑，交相推重，卒而歸明于人主，則自虞廷以降此爲再睹，安可不賀？從吏還，附申區區，例不得崇遣也。始楨發京時，翁既觴之，又過而送之，已又賦詩贈之，蓋至勤眷矣。比歸里中，困于俗冗，不得爲書謝。茲方申賀，又安敢言謝？竢抵南中更圖焉。

【校記】

[一]"與徐少湖閣老"，嘉靖四十年二十卷本作"謝宰輔徐湖翁"。
[二]"疑"，嘉靖四十年二十卷本作"擬"，當是。

與李南渠閣老書

今楨徙官南中，本之門下推引之力，遂令塵冒若此。楨竊自循念，蔑有咫尺之能表見于世，斯階安能自取之也？門下贈楨詩，顧甚爲溢詞獎重，取與楨同姓者二人解刀倒屣之事爲比，彼二人者，皆瑰瑋非常之士，卒之祥不負呂、粲能光蔡。楨度竟老不能副所望，故每一讀贈篇，輒面熱內慚，汗出而食不下也。君子所患，患不自明。楨植性愚戇，不可移易，而淺中狹度，有觸便發，仰觀相公之德，廣若九垓，涵如重溟，不見所喜，安測其怒？乃知大造生才，譬之陶冶，大小異器，不相效也。楨安能若所望哉！今歸在里中，甚苦俗奪，幾欲爲書上門下申謝，輒罷之。茲從吏還，附展悃私若此。始楨得徙時，本圖徑往，坐老親念家，乃引車歸；即欲發去，會方大暑，怯而不敢戒僕夫，且淹頓望秋，非耽吾土重去也。歸而道洛中，有留滯之事，不敢瀆聽，意必有能述之者。南北地均，第俗人視之異耳，此亦其一驗云。

與萬治齋太宰書

維楨秦之鄙人也，不習當世之故，又未嘗抱咫尺之能，祇緣稟受土風久，戇直不易，政府以論人爲職，遂引而置之國士之列，斯蓋十年所矣。頃者門下信政府言，已復采之眾口。近世毀譽，居多溢詞，迺門下殊信之，遂上書奏名，令徙今官，鄙人楨自省無當也。宋人有寶燕石以爲玉者，周客索而觀之，掩口笑謂宋人曰：此乃燕石也，非玉也。是豈宋人之識不周客若哉？燕石似玉，因以惑宋人，楨今者類之矣。由是言之，士人出而應世，無患非才，患不遇知我者。故苟獲遇則宋人之寶石也；苟不遇則周人之掩口也。功名之際，騰抑淹速，顧所遭如何耳，豈非命哉！此乃楨自證之見，故以聞于門下，諒不坐謂誕也。金陵名勝甲于大江之南，而翰林又閒曹，斯之南徙，實則蟬蛻塵壒，仙游洞府。顧復有厭南中者，何哉？語曰"水濱不渴，藍田易染"，蓋世人之見大都若此矣。南中，固楨所願游也。夫士之赴功名也，譬則飲也；待士之道，猶酌也。滿者挹之，虛者注之。飲皆至，客皆醉，歸主人以美譽，何者？平之所致也。今門下持衡以待天下之士，近不遂騰、遠不久抑，淹者非疏、速者非昵，天下之士稱平如一口，固未有厭南思北者也。鄙人楨竊慕門下之風最久，頃幸謁者與入，乃復去之，甚有缺然之懷，以故效其愚悃、伸知遇之感焉。西來過洛陽，車留而不得前，既三日乃遣舉，在行者皆病困，今老母邅延不肯南征，懼復有洛陽事，蓋非直憚蒸暑也。夫行子在途，亦貴所遇，矧功名哉！今老母年七十，楨四十餘，又微兄弟之聯、糞土之息，母西與西、母不南楨不得獨南，此本情也。方今正隆暑，不欲勞親犯瘴，苟望見秋風，竟輦與俱去。從吏還，附牘令白門下，惟留神省覽，幸甚、幸甚。

與屠東洲大中丞書

維楨關西之鄙人也，不閒于詞賦之業，而又不達于當世之故，顧獨好慕天下之長者，故造門下數見之，誠有所感慨，非私而已也。今天下風俗，視古昔蠡矣。趨時者為賢，雖有蘅蘭，化為蕭艾；大風東至，物未有不西靡者也。獨翁抗身巖廊之上，撐柱頹波之間，固所謂季葉之孤標、搢紳之鉅範也。楨每一造謁，輒自歎唔，以為邦有老成，風俗即弊猶當賴之振復；而私幸得侍朝夕，亦幾無罪。不謂適至之倖，突爾南遷，譬如昧子背月而走暝途，鮮不仆矣。近世少俊崛興，遂高自眈睞，前無哲人，其亦不睹乎天地之大數也。楨家在華山下，問山下老人，云其先王父稱華陰谷中生松栢高千尋、大十圍者常數十章，今其山童童矣。今樹有稱高大者，曾不逮古之十二三。嗟乎！物產若此，人亦如之。氣完而漓，物盛而衰，其大數使然也。故楨慕長者之風，甘蹈形跡之嫌，至數造門下者，職此故也。前輩後輩豈相及哉？始楨得遷時，本圖徑往，坐老親念家，乃引車歸。日下正暑，怯而不敢問僕夫，且坐待秋風來也。從吏還，附書令上門下，概明今昔之懷如此。臨發枉翁車馬勤訊，征人豈真有所見，謂不宜捐棄之邪！感之，愧之。人言南中非北客所宜，北客往者多苦之，楨之意殊不然也。

與聶雙江少司馬書

鄙人楨竊聞先生之名舊矣，恒恨不得見。及睹世之論學者率空說無事實，言高于秋天、行卑于污池，楨以爲此屬且陰壞天下之俗，安能勵士風哉！頃歲以來，幸獲上謁門下，接其論議而稽其蹈履，固有本之實學、振代之通儒也。乃悟嚮楨所睹者，皆假名號以漁奪勢利，孔子所謂紫奪朱也。則聖人且惡之矣，矧區區之稱心哉！先生之論，主在務廣大，乃能包藏天下之物而就其功，然此統學者範圍耳，至欲整齊條貫、振起頹墮，誠非嚴毅辨達之士靡有就也。故廣大之德，譬則海也；嚴毅辨達，舟楫以濟之也。不有舟楫，海固善溺人；島中所產，人安從得乎？楨少時習科舉，比釋褐，守在詞曹，遂徙而攻賦頌之事，居十數歲，戎馬至于郊，於是復講方略、論戰守，蓋行年四十餘而業三徙矣。前二業者，皆致身之具，由今觀之，何異敝筍？末徙幾于國家求士之指，然獨念淺中狹度，議在因事責效、計日算功，缺廣大之意如先生所箴誨者，蓋不敢自誣謂無也。鄙人所見，亦謂方今之務，固必嚴毅乃能立事、辨達乃能審幾。蓋天下萬事紛紛弊矣，勢有必至、理有固然，客乃舍而不講，鄙人誠憂之。若更復示廣大、拓範圍，是令怠弛藉口、混沌比類也。聖人之學，本之心術，必考之事功，其學始著。故《大學》要之治平、《中庸》徵諸位育，倉公固抱奇，然非起五日不瘳之虢太子，無稱也。先生之學，先性情而後功業；若鄙人之論，以爲極功業乃能盡性情。道竟同歸，獨作用殊途矣。先生嘗言鄙人彊項不肯撓，今之言又堅持矣。頃聞黠胡不忘內侵，則計將安出？先生昔守平陽，虜不犯平陽境者，用嚴毅辨達爲治故也。願且緩言廣大，亟述平陽故事，與諸君即得上計，又安事徵謀臣、募奇士哉！別來僅兩月，念未嘗一日不在先生之左右，誠有所慕重，非私而已也。久客初歸，人事劇于蝟毛，從吏還，草此申臆，并謝臨岐眷眷之情。時方憚暑，不敢南圖，且坐而望秋，以老親在行故也。洛中留滯，其事難具悉，又言之動心，故弗以聞。

與陸東湖都督書

鄙人楨獲與公游且二十年，其所以傾心仰重者，非獨以私好故，蓋誠有公家之念焉。天下萬事，其始亡命壞之，已而大滑起亂之，禍遂以成，不可解結，乃從古然矣。自公爲司隸，閭里之俠不敢掉臂行[一]，四方亡命悉奔竄出境，都城雖廣、萬姓雖眾，門無伏奸、人不觸禁，前此爲司隸者，楨未之聞，方來者未可再也。庚戌之秋，虜騎環城而掠，至紛紛矣，城中人帖定，卒無一夫敢夜呼者，巡徼素嚴、威令素伸也。故楨竊嘗謂，公以事天子、守三輔既若此矣，假令得領節鉞、專征伐，猶當揚威萬里之外，書勳竹帛之間。顧輦轂之下不可一日無公，孔子所以歎才難也。今者楨徙官南中，南中清虛幽僻之區，甚與願諧；顧所勞勞于中者，外之胡虜未滅，內之豪猾或伏，此惟公等加意，毋貽聖主之憂而已。初鄙人發京也，辱公既觴之，又復過而送之，眷別之情，良非薄矣。感歎、感歎！鄙人今尚淹里中，念老親在，行不任炎燠[二]，鴻雁起時，行子當與俱。順毛易托，幸惠德音。

【校記】

[一]"俠"，嘉靖四十年二十卷本作"狹"。

[二]此後嘉靖四十年二十卷本有"且坐而望秋人言北客苦南中非鄙人意也"十七字。

與孫伯泉都督書

鄙人楨發京時，辱公眷眷之誼至重，私計抵家書謝之，既抵則日困俗冗，錯往錯來未有已時；乃厪公念，復貽音相訊，以公不能忘鄙人，知鄙人更惓惓也。季泉公所駁傳中三節甚當，文以傳信，奈何莽莽若是！顧里中人事如几上塵，旋掃旋集，而鄙人胸臆如道傍潦，既澄而復渾若此，其又能握管定草乎？期至南中，亟圖畢役，便致之也。惠教大篇，章章有氣，一似少壯之作。公今年七十有一矣，乃文詞尚爾，斯非其遐壽徵乎！而鄙人又以爲：詩也者，情也；必掐擢腎腸、疲薾神思，乃能入妙；遲暮之人，精力即彊，終謝丁年。養生家曰：無勞爾形，無搖爾精，乃可以長生。願公鑒蒙莊之論、省報貽之文，此謂泉水不耗、巖木不伐，即引而逾百年可也。鄙人與公弟兄之誼，輒敢效悃，豈以爲誕哉！頃聞虜酋勒兵塞下竟欲入，執事君子，當出何計禦之？燕雲北望，公家之憂、故人之戀，并有之焉。

與周石崖中丞書

　　始楨得徙而南也，即擬拏舟循漕河而下，期至齊界爲書報公，申宿昔之戀，坐老親念家，遂引車歸。歸一月所，云公領節鉞守昌平矣。世途錯迕，謀一問訊猶難之，矧聚首之歡哉！昌平南拱都邑、北枕陵園、西扼居庸、東連朝河，蓋吭嗌之神區而股肱之要郡也。軍府創開，百問百缺，少華許公作之未幾輒復遷去，嗣于公來未幾又遷去，蓋不兩歲而遷者二人焉。兩公皆任事之臣，非望遷遺難于來者，顧遷之者大神速耳。今公都節鉞之權、受股肱之託，固宜一意保疆，籌兵略、商軍食、據要害、明號令，期無負主上之顧然後已，毋蹈往跡，盻盻求調也。公挾振代之才、繫當世之望，平生所自擬注，不肯居古豪傑下，其不染于今俗必矣。楨猶喋喋云者，利害之移人甚于風舟，苟有灘焉斯泊之，故今說公者，冀在必濟達岸可也。楨典職詞曹，不閑于文墨之業，又不能習當世之故，投之散僻，甚于質宜，且以見國家用才斟酌弗謬而長短適體也。傳言虜酋勒兵塞下竟欲入，審爾則督府何公與諸執事君子固大費心力矣。卒之必出何計？能制令不更來也。見何公，爲道鄙人惓惓若此。

與尹洞山宮允書

　　二十年來，凡公所遇楨者，率兄弟之情、休戚之義，非若他人詡詡徵逐，修外體而略中愫者也。楨今者南徙，本非意望中事，獨以公爲私交立名譽不顧其實，人信公言，因爲楨重，卒之令有是拜，所謂誣石爲玉、指鶩爲鴻，何以充圭璧、極南北也？愧之、愧之。公贈別之章，獎予又溢，睹者頗疑其私，然以詞高調古，至嵬目怵心。復有爲楨賀者，云在題品，必非駑下，鄙人自省何有也！城門祖道，執手遂分，蓋自是南北東西，渺渺絕矣。獨奈何不沾戀哉！日下怯暑，不能攀鞍去，苟望見秋風，即先鴻雁南矣。我家當華山下，誠樂，此中亦有苦，既塵心未斷，則淹頓未可也。

與林平泉內翰書

　　自僕與吳中士大夫游，吳中信多才彥，至其渾大堅朴之賢由僕所睹識者，則公一人尤焉。嘗竊窺一二事，皆他所珠傾丸轉不能須臾守，而公植踵于地，不少奪移,即在古昔且稱絕,矧季俗末流哉!僕涉世莽莽,不能周容,不知公誠何謂,時時接引于其中?諒有合,而僕自省亡有也。僕今者南徙,本以諸公推轂之故,諸公尋故事,許以詩贈,而公不首事先登,他公之什安爲媒哉?望之、望之。僕今抵家五十日矣,念發京時公所眷眷于僕者,實萬恒情,此誰能忘之哉!初得徙時,本圖徑往,乃復以老親之鄉念奪之。何悟途次苦澀,燕秦相距不滿三千里,既月余始達華下,可以信行路之難也。日下怯暑,且爾淹頓,苟望見秋風,即戒僕夫南矣。于時征鴻甚便,幸惠教篇,不任翹跂。

與吳澤峰內翰書

語曰"人之相知,所貴知心",豈不信哉!往年鄙人與足下游,第徵逐于館局之間、脩飾于節文之細,足下固斷斷謹朴,乃所謂見其貌者也。頃歲以來,足下以鄙人可與語,乃時時顧問,一過未嘗不移日也。則澤峰君者,蓋若芷之伏莽、玉之隱璞,內誠有餘、外示不足,僕今睹其深矣。嗟乎!今之俗煽播聰明者非少,譬猶膏火,久則竭焉,與足下不同年道也。鄙人涉世莽莽,不能周容,顧獨幸于足下,豈其中稍有合邪?何眷眷若此也。發京時,辱詞林諸公之義至重,而足下且萬之,至貶抑與瞿君輩同體,此之爲情,鄙人未有當也。恐汗、恐汗。從吏還,附言申謝。詞林故事,行者率有言贈,今卷留瞿君所,而諸公之什莫先登者,足下肯爲媒乎?望之、望之。

與凌道山給諫書

浹歲以來,屬公家多故,鄙人不能忍,往往爲過激之論,非其職也。傍人觀者固壯之,亦或誕之,然剖僕之心、撥世之疑,則道山爲多功。此豈徒比昵舊故?篤平生之誼哉!亦爲公家念也。今天下萬事紛紛渙渙異昔時矣,理亂收散,誠難卒振,然不可委之竟不振也。夫居室者,棟撓則易棟、梁折則易梁,何者?不以聊且壞大廈也。夫謀國者亦若是而已。道山具博大之識、抱忼慨之懷。所常與鄙人言者,唯任人選才之慮,故即以此告。夫北山之鴻徙于南州,其音不改,天性使然也。今者鄙人別雲霄、作遠客,猶復云爾者,亦性也。卒能忍之哉?今歸里中兩月,所念未嘗不東北馳,誠有所軫憂,豈繫內重去邪?從吏還,附書申臆,并謝臨岐眷眷之情。已然復然,累重而未有窮也。

與趙子樂郎中書

　　里中衣冠在京師者非少，至僕所與深者，獨足下耳。非以足下有私于僕，誠念朋友之道衰矣，率勤徵逐、飾體貌，比休戚一不相關；若足下所視僕者，皆骨肉之愛、惻怛之德，故今別兩月、隔千里，念未嘗不東北馳也。足下砥行好修，顯名于吳下，然官不償才，含抑數歲矣。僕不能為知己推轂，蓋力弱也。中間機至而失、榮歸而奪者，不啻二三，此殆造物者主之耳。當是時，足下怪僕有二心，不念夙好，僕非敢如此也。菉葹植于中途、芝蘭隱于茂草，所居不同，其芳臭殊矣。足下即不嬰好爵、據權要，人固重之。今僕所耿懷者，獨謂足下甚抑而又久淹。且令分麾領一郡，猶得申手足，終年抱獄，聽官長論駁，宜鬱鬱不樂、發仰天之嗟也。僕今坐塵溷中，思欲解脫南圖，然又憚暑，老親不任蒸溽，且坐而望秋，非淹吾土重去也。發京時足下戀別最切，今老親亦感尊堂太夫人之愛，語及輒歎焉。臨書屬僕道謝，通家之情有若此者，未之數見也。

與仇止齋總戎書

　　鄙人槙典在詞曹，不宜言外事，自往年邊備不設，戎馬至於郊，忠憤所激，於是乃講戰守之計。當是時，公自擊胡歸，方集眾思、審便宜，乃數幸相過議，在摧輪犁庭而已，非獨以鄉曲往來之私故也。今者鄙人徙官南中，南中清虛幽僻之區，甚與願諧。顧所勞勞于中者，謂東北虜部切如肩背，天子恒以為憂，謀國之臣稱捐軀效命人人能矣，卒未有能前者。今公挾衛霍之才、負良平之智，其所以寬主憂、挫狂虜者，固有上計長策，搢紳大夫且跂而望之也。自古豪傑建事，獨不得君之慮，得君功用，未有弗興者也。故築大將壇而韓奮，置大司馬位而衛作，感所遭也。今天子拔公于諸將中，寵異之眷注、委任之非常也。而摧輪犁庭，又公平生之抱，明日捷書南下，鄙人槙有筆扎之役，當為大書記之。往鄙人發京時，辱公召而觴之家，即杯酒斯須之間，不忘滅胡，諸客在坐者咸歎焉。令他將皆若是，庸詎憂出塞哉！江海羈孤，惓惓公家之念，并以謝公眷別之情。傳聞公將兵塞下，歷二時未得歸，亦大辛苦矣，附此以候。

與南姜泉憲使書

春榜信至，見易谷郎君登第，喜慰良深，自負才名十五六年矣，及茲始得走馬長安，固其屈伸有時，然推數循理觀之，朝華既謝則夕秀乃披，翁今退棲渭上，此易谷所以躡履金門也。初楨入南中，適會言司商論人材，聞蜀之人傷翁，有祁黃門者至，乾脣吻力明其無失，然竟不能勝蜀人之嗷嗷，問故，則黃門往爲保寧推官，能諳翁之賢焉。其後楨親問黃門道其事，至改容歎息者久之。已易谷君登第，黃門又造敝處稱賀，若黃門者，誠秉公敦義君子也。方今仕宦所尚，務圜轉脂韋，自楨所睹記，由此而歷大官者豈少乎？一朝而解簪組榮去，而聲跡隨熄矣。翁即不躋鼎鉉、據華要，然經國之略、蓋代之能，猶之金鍾大鏞，一振而響，振已而響仍存也。假令翁逐俗與世相浮沈，即博致公孤何有乎！卒之較得失多寡，誠不以易也。酒西草堂百年寄託在此矣。顧有望華下精舍，恨不羽翼往者。夫宦猶酌也，適量而止，楨之量杯盂耳，今固其歸時矣，獨無奈乎繾綣甚也。老親不甘南中水土，諸侍人皆思家，乃遂興還，因附書扎，申惓惓之衷焉。

與東體忱孝廉書

自入南中，數求便使托致區區，乃竟不可得，形跡誠疎，至其意則甚懇也。足下負清才實學，以博一第不啻拉朽，乃顧再蹶如此，歎恨、歎恨！然士之遇即賈之售，皆欲其適時，欲其邁會。足下亦惟勉崇舊業，以竢時需會而已。渭南三君同科登第，邇所稀睹，此又關地氣論也。人言王華峰守吏部不肯歸，必請一官乃已，斯計亦未爲失。五泓孫子道山西省其父宦所[一]歸時，幸致區區之忱焉。老親不甘南中水土，諸侍人皆思家，乃遂興歸，因附書扎申慰。鄙人自涉世途二十年矣，厭厭倦游，日下且圖請告，獨未決其能遂不也。

【校記】

[一]"山"，嘉靖四十年二十卷本作"出"。

與聶雙江大司馬書

客自北來者，傳今日以翁典戎機、總五兵者，本由聖主獨見而立畀之，以爲舍是無與耳。南中縉紳大夫之屬，咸嘖嘖一口頌天子之明警，謂知人善任如此。顧其所注擬責收于翁者，亦非淺鮮，意必有道以償之也。往翁功名盛時，蓋遭知己；乃中踣于讒妒之手，是不遭知己也。今此之際，問之中外，乃即又稱翁，百口若一，何知己者衆也。乘是而銳身圖事，則請之輒從、倡之輒和，願翁力前而無左右顧焉。方今天下之患莫巨于胡，頃復重之以倭，兩者皆可爲害，然胡患加于肩背之間，最近。京營兵既不可恃以備胡，邊卒又罷徵發，今爲備胡者安計乎？天無降者、地無出者，東海之巨人、西塞之金狄無來者，將孰與爲敵哉！京營兵費公家之粟甚廣，玩而不習戰、怯而畏死，人以故棄之。其兵因自棄不理，久之且怙勢難動，以爲我乃慈父驕子也。即怒不能滅、即罪不能加也。前是本兵諸公殊欸之，卒莫可奈何。願公無爲坐嘯，究觀病源，決癰潰、起痿痺，一快天下之心。望之、望之！楨江海羈孤，不忘公家之慮，乃喋喋于翁前若此，恐悚爲罪，幸冀財察。

與歐南野大宗伯書

客自北來者，輒道門下今日受聖主之知者甚深而眷倚又甚篤。夫從古以來，豪傑抱奇思欲自效者豈少乎？然苦不遇，竟徘徊而靡所如，今門下可謂良遭遇矣。誠知主德光昭、靡闕可補，然爲蒼生計，則甚費思慮。傳曰"夙夜匪懈，以事一人"，則門下之謂矣。楨西鄙之豎儒也，闇汨顓蒙，百問百缺。往在京師時，以其間造門下，曾博半言片語之益，乃今遼絕迌遠不相及，是益之孤而重其愚也。有足不得至于前，有耳不得食其語，則惻惻嗟焉。南中諸省事簡，咸以其興發歷諸勝區，此其故事也。楨居南中歷九月，稱久客矣。彼諸勝碁置，未始一著履其間，斯非其興淺，固有所分岐也。初，楨南趨也，奉老親與俱。居無何，老親不習其水土，飲食減，形容變，思歸。乃遂與之歸，諸侍者皆遣之從。斯本以順親欲耳。比既歸，遺楨煢煢在旅，每念一至，痛若創痏。南中勝區，盡高臺崇巘，登之秖以沾遊子衣耳。故永日塊處、不歷一奇，坐此也。楨受性朴直，不能飾虛詞僞狀厚紿長者，故今倒腸布之，亦以門下知我甚也。私復自度，卒之安所表見？量不能，疾當引去。且楨有先人未畢之事，積三十年缺然而莫之圖，且欲圖所爲畢，憚未敢言，少選之頃，更有請焉，惟教之，幸甚。

答郭東野宫庶書

去秋九月，在家臨發之一二日，得順天試録，乃卒卒讀一過，則甚嘉歎，以爲抵南中當爲言致賀。既入南中，却徘徊顧慮，有懷不得輒達，遂稽而至于今。乃足下不唯不罪，更復惠問到僕，若以僕爲知己，眷眷依依，比于骨肉，僕誦之大息焉。夫自交道衰，厚薄視疏數、敬怠關散要也，蓋往往然矣。僕不肖，僻在江介，凡與足下侣者，盡顯貴聞人，乃獨綣念于不肖，去恒情千里矣。適見邸報，夢坡丈人以太常卿掌成均矣，乃足下猶被舊銜署詞林，位望誠重而爵號不益，其如情何哉！昔潘岳官序優蹇，自歸數奇，且謂之拙，則足下亦若是矣，卒之拙者勝也。自僕居南中，彌歷九月，漸與水土習矣。顧老親居未幾何，每食輒減一器，形神損消，僕爲之懼，莫知所圖。會從兄以壽老親至，因并與俱歸，家人在侍者，皆力疾從，獨僕煢煢守孤邸耳。逮兹盛夏，暑氣鬱蒸，令人喘息不休，西望華山中有玉泉石室，恨不羽翼飛去，坐飲其側、仰臥其間也。顧嫌于李下不敢言耳，竟須有言時也。偶值風便，聊布中曲，頃之更有請焉。

與孫季泉少宗伯書[一]

日者紹興韓推官使者北也，既爲書言事，越三日得報，見選館人姓名，而令器次公在其中，甚喜焉。次公英英有奇氣，僕故嘗異之，今果世史官接跡金閨，乃知龍駒鳳雛固自有别，不待具眼然後識也。方僕在館爲吉士時，固壯歲，力能誦習不倦，乃顧逐群嬉遊，分曹而食，食已即談，遝出所聞。既已内盡九州矣，乃復及九州外之九州焉，猶不止，極而至鬼神，幽怪晦冥無不考而原也。如此日以爲常。既散館，繅籠解，志氣俱縱怠不收，治業不專，因不進，始乃大悔，晚矣！僕誠駑下，然性嗜文詞，何嘗一日置不理，至于今矻矻乎二十年矣，尚猶支離不窺突奥者，固其壯歲失之也。次公堅志績學，雅所聞睹，獨懼其或奪于違衆之誚，不免依依其間，故僕直述自事語之耳。僕居南中，歷寒又歷暑，南中寒亦非薄，暑什伯于北土，西人不能堪，則輒思去之，不可得，徒永日塊處耳。盛夏時往來又稀，多在枕簟中，才一交睫，即坐華頂上，見井蓮十丈，僕采其花盈把也，已而覺，惻然，可以覘旅抱矣。少選有使來請告，更布之。

【校記】

［一］"少宗伯"，嘉靖四十年二十卷本作"少宰"。

與徐少湖閣老書

自楨抵南中，蓋歷九月、經三序矣，然懷門下之德、憶門下之教，未始一日不惓惓依依也。南中川嶺佳麗冠于九州，若楨不以門下汲引之故托跡斯所，則大江之雄、鍾陵之異，竟從畫圖見、談口聞，亦枉負此生矣。顧楨今得睹者，獨唯大江鍾陵而止，自餘諸勝皆不能歷，然大概可識矣。客自北來者，數言國是爲一，百司靖恭咸勉其職業，則門下表正之力居多。然獨北有强虜之患、南有勁倭之憂，則猶費精神、煩思慮，惟門下亟圖之。楨旅在江表，不識今日之虜何似；顧睹倭寇橫行吳越間，若狒狒食人無厭已，時吳越人甚苦之，然卒莫可奈何，故願門下亟圖之也。初楨南來，固奉老親與俱居，無何，老親不習其水土，輒思歸，乃遂輿而西，家人在侍者皆從焉。羈影單子，甚多懷念，坐是申侯稽延抵于今耳。言之骨驚色變，汗瀏瀏下也。唯亮在不罪，幸甚、幸甚。

與江北李監察書

往公按上谷時，虜即不入上谷，即有小入不爲害，何也？以公綜核諸將、區分功罪，不肯以私匿，諸將懲畏輒奮死前矣，則公之功居多。今公至淮北，淮北盜突而起，張弓躍馬呼于市中，所至半創，莫有一縣結菅草、絆馬足者，有司不以聞而又不能撲；幸公疏于上，有司由是大驚，始集兵追勦焉。夫公在北則却虜、在南則除盜，所在批難，猶之淳于國手，隨方變醫，疾遂以平者也。仰之，歎之！方今天下患，北弛于胡、南困于倭，至窘急矣。頃而更益以邳州之戈，譬人一身頭手瘡疥而腹心又癥結，其宗人過而見之，未有不惻惻者也。僕食公家粟二十年矣，既不能請纓持戟效鉛刀一割之用，乃坐觀時疊又不以告主者，即不如宗人之視疾，矧得稱爲臣乎！故與公言縷縷耳。百餘年來，諸方兵皆鈍敝不振，領事之臣相習而尚寬舒，博一時之譽，而貽今日久遠之憂，竟將奈何！惟公深思而力圖之也。

與南叔後吉士書

　　先是半月，聞且有中秘選，竊以爲里中士今在第者固皆俊奇，然如公尤犖犖，必在選中無疑，俄而報至，見公列在高等，私心蓋喜之甚。同州馬先生負聲有日，乃今與公偕出入，足稱聯璧。當僕讀書中秘時，孤獨而靡所與，甚苦之。唯兩君協心邁往，不嫌于相下可也。故事，諸館人相聚，率談幽奇消永日，如此以爲常，至本業則廢之。既而散館，分曹服事，不得理故業，則大悔，以爲前玩愒也。僕抵于今二十年矣，念及猶復悔之，固謂其時壯歲耳，又所與遊者悉海內才，乃不相砥礪而事汗漫，今顛毛種種，竟成腐儒。河清難俟、逝水不還，老冉冉至矣，奈何、奈何！得報之一二日，會舍親柳子北上，附此布悃。柳子獨馬來告，輕齎因不以幣往，當圖嗣申。僕自送老親歸，家人在侍者皆從，惟獨孤影在。羈旅之子，日夜思歸，而又有先人之宅兆未遂，改厝卜之今年爲吉期，少選且欲疏請，遂所私也。

與唐小漁修撰書

　　頃見邸報，凡朝廷所以卹勞臣者，厥典甚備，而足下爲先人伸鬱揚休者亦甚哀切篤至，弗可加矣。仰之，賀之。嘗考本朝大臣得諡文襄者，今至漁翁老師才四人耳。法曰：勤學好問曰文，因事有功曰襄。斯兩言者，漁翁老師實有焉，可謂斯名稱情者矣。僕自童年即侍漁翁老師之教，恩德最深厚，乃不能私一語以紀其盛，誠甚懼焉，卒之不可已也。奉委校漁翁老師集，迄于今未復，非有怠也。乃去年還里，里中人事沓冗；既入南中，老親以不習水土思歸，又謀送老親歸。家人在旅者遞病遞興，未有休已，又遣之從老親歸。坐是思慮紛披，不專所圖，遂稽而未終畢耳，惟足下有以亮我也。緬惟侯芭闡發中說之指，是師言而門人傳之也。則僕既叨爲門下士，安可竟泯默乎？幸毋爲怪。當此之時，私計足下當發而在塗，今比部王先生北來，或與之遇，因附區區若此。竊念漁翁老師有百代不刊之勳，坐讒妒故乃幽抑至卒，且將終焉；忽而足下崛興，奉表陳情、洒淚叩閽，於是上爲之感悟，悉從其請，令先人瞑目、志士壯魄。南中縉紳大夫之屬，咸咨咨以爲唐氏有子，且以歎天之所以報善人者，顧有遠近，未或差忒也。僕日下將計請謁，營改先人之兆，果遂所求，則踪跡日隔，握手何時？言之於邑。每憶令弟先生負才不售，殊屈之，一見爲道惓惓。

駁謝提學刻華山志書

昨公之舍人以書來者，今復西而還報，索僕書，先是，小伻回，業已具書，申區區之私矣。舍人行，僕復何云？顧近觀《華山志》，其首冠以公序，詞旨駢姸，不謝六代，美則美矣，然所謂鷟山割券之云者，第不究其安所采也。僕曩時嘗遊山中，從一道士至西崖下，崖平直如壁，隱有刻在其上，道士向僕指之曰："此宋太祖鷟山券文也"，僕訝之，乃令善緣者攀視，剔苔蘚讀之，則乃元人遊山詩耳。道士言謬矣，設非僕好稽力圖認識，則僕且坐誤矣。斯是道士指崖下刻誤公聽，因遂信之，著在筆扎，然亡必事也。志言華陰縣或稱晉陰、或稱泰寧，此尤舛之甚者。初魏之盛時，河西地皆隸魏，乃號華山曰陰晉，言晉在華山之陰也；又陰者蔭也，取覆護之義焉。其後秦疆，魏割河西地予秦，秦惠王更號華山曰寧秦，言秦得其地，據形勝、獲康寧也。志曰晉陰，則字倒而義乖；曰泰寧，則文悖而指盭。一言不審，豕亥成非，與之刊定可也。志云山中有黃初平牧羊石，按《神仙傳》，黃初平丹谿人，其牧羊所在婺州金華山，不在華山；今志有之，乃撰記者誤以金華山即華山，不辨其爲二山也。削去，乃不溷雜。華山仙人有弘農劉寬，能役神驅鬼、隱身分形之術，後亦蛻化；又有韓眾者，常騎白鹿歷岩間如飛，或見其白日沖霄也。今志皆不具，亦稱遺珠，補入以備仙曹之缺，固不厭其爲幻也。僕因是竊有悟于宦道與仙道通焉。夫劉寬、韓眾之二人者，傳不著其有他異，唯獨以善幻術、能飛奔，並遂仙去。彼其窮海采藥、白首丹爐者何限，卒或有老死火邊者，豈仙真固有命邪？且亦有遇不遇也。巧宦者流，其役神驅鬼、隱身分形，秘于劉君，其馳馬造請，一朝而遍五侯，捷于韓生之鹿，然皆往往得大官稱意；而坎壈淹頓，半屬之義人節士。誠知遇合有時、騰抑有命，然非所以驚世而厲俗也。僕因談仙而翛有悟于宦，遂慷慨道焉。公歷宦坎壈淹頓甚久，茲刻華山志，或有寓指，不欲明示之耳。僕言果中乎不歟？幸卒以教我也。

與浙江巡按趙子書

頃聞使節抵越中，乃即值有海寇之驚，其鞭策將領、論刺勇怯，悉當實不諱。若是則乃天子所以遣部使者意也。若部使者雷同，不肯瀝腸論事，則黨與成于下、人主孤于上，耳目塞、聰明蔽，暴骸累丘山而上不知、冤氣蒸雲霧而主不見，從此而天下之難起矣，僕甚爲憂之。夫天下猶家也，家大人克家嚴矣，乃諸舍人連衡以詐家大人，久之家計損，家大人廉知之，則必罪諸舍人；逮其罪舍人時，家計已莫之救，徒令其家大人苦耳。夫爲人僕而詐其主，與爲人臣而謾其君者，則何以異焉？今海寇之來也，於越中既如此，于吳中又如彼，此人人所悉也。彼二三君者，乃倒心反舌、宣爲謾語，期惑亂聽睹，此爲身名謀則完矣，顧獨奈百姓之殘毀何？今公家財賦專倚東南，其在東南，獨浙之杭嘉湖、吳之蘇松五方乃居最耳。適遭創者正坐五方，五方困敝，財賦不出，公家之用乏，百憂因之而作，非細故也。侍者持寶器不謹，則怒而叱之令加戒；人臣守封疆不謹，顧與之文其咎，亦輕重不審之甚矣。僕觀今日封疆諸臣，獨王君思質可耳。其意氣憤發足以激壯夫、其腹腸洞豁足以親士卒。突至之患即不能一割，後事之效要之且半收也。昔王君在薊門，其時總戎何公者亟稱之，以爲萬人之能。何公之才海內無兩，乃稱王君如此，意必王君實有之也。公見王君，直引大義感動之，傳關中生言。人臣之道貴勿欺而已，王君本赤心，聞吾言當瞿然失顧、愀然變色、蹶然起坐、躍馬仗劍、所向無前矣。語曰"風不激不鳴，士不激不成"，此類是也。往公按雲南，會有沅江之變，公竟與定之；今按越，越復坐寇擾，微公則孰爲蕩平之哉！僕嘗譬公爲大醫倉公焉，所至輒解藥囊療病者，故曰倉公之門多痿痺，非其遭遘使然也，固身所當者應若此耳。不奉顏色五易伏臘，有觸輒念之，然即令得相面，所與談亦止此，其他岐塗離合之悰，人情二毛之感，皆屬私況，不以聞。足下目前皇皇拯焚溺，爲天子恤蒸庶、保東南且不顧其家，奈何云交好哉？

與滁倅楊子書

日者見邸報，又遷公于河東領鹽池事，此特量擢耳，非超歷有赫，不知執事君子其虛清階待阿誰也？趙大洲氏者，抑在卑位且三年足矣，幸既遷，乃令之理徽州。趙氏者素講性命、弄筆硯，今使折兩造，非其好也。僕私以爲執事君子或嫌于鄉曲之故，不敢徑直伸賢者之屈，聊徙之爾，則毋乃傷慎乎？然鶯遷鴻漸，次第上升，物理固如是也。以兩君之賢，奈何愁不九霄萬里哉！使云公發且有日，既讀翰扎，眷別之意依然，僕爲歎息者久之。人生會面，窅不可期。今望滁山咫尺耳，然不得絕江而送。夫宦，羈也，誰能脫之邪！河東距華下堇堇二百里，華人常賈河東，以爲少選之頃，僕且請告還華下，將渡洛陽，入函谷，踰條山，循河曲而弭彎于陰晉之館，以求所謂鹽池者而觀之，與公連袂上薰風亭，歌解慍章，徘徊瞻顧，俯仰今昔，發千古之慨焉。顧私計如此，旦夕不得遂，惆悵深焉。默憶縣旌北馳，我神與往，有身不能生羽翼，將奈之何、將奈之何。

答姜以正僉憲書

自鄙人入南中，客爲稱足下賢者蓋數百[一]，然未有驗也。居無幾何而海寇至，所在大城危，小城陷，靡不得意，然獨唯海鹽完。問之海鹽所由完者，則足下在城中握帷帳之籌，而又有湯參將者與之勠力奮驅，乘城拒守，寇嘗三圍海鹽，每圍厚集數重，期在必拔，然竟不能一中高埤之隼，則足下之智略勇力彰矣。令他城皆若是，則賊鋒挫，必遁；賊見他城悉愞軟不與掎角，獨海鹽忼，以故數至，圖傷之。奉常鄭公，海鹽人也，爲鄙人道之甚詳，故鄙人信客前嘗賢足下者，果有今驗，非謾語也。初寇侵上海也，上海令懷印亡，徒扃縣門，閭無人，邑中人見令亡，立盡奔竄，如雲雨散焉。賊入，以素所聞二大姓盡掠其財而去，殺傷數百人。已而令還，寇復至，令輒復亡。寇過縣門，仍扃無人，乃始排門入，吹火燒廨宇，門樓皆空。前上海民亡者甫還，寇俄復來，不及避，皆伏在鋒刃，積尸高者丘陵，卑者谿澗爲之不流。比三至而邑中屋室空，寇揭虛囊去矣。夫寇三至上海輒得意，及三至海鹽皆燥脣乾喉而歸，則信乎足下之賢有力也。太倉被創在上海後，太倉人爲鄙人述其事，尤可扼腕。方賊艦泊海口時，才數艘耳，其登岸薄太倉城者且不滿百人。太倉守臣怖于猝至，則股栗不能持，乃掖而乘城，守臣從堞間望見賊鋒橫厲，須臾而三遺矢，左右皆笑之，其有以事白者，第瞪目視，口嗫嚅不能語；頃之稍定，則又撲擊施威，用蓋其陋，若是則太倉奈何不殘？今太倉三關皆化爲灰刦，太倉村落皆爲羅鄧鬼區，本之遺矢守臣故也。或言遺矢者爲甲，又或謂乙，久之當有眞歸矣。當是之時，設令足下備太倉，且不啻守海鹽，其智略異也。今寇留海上業三月餘矣，諸公賢有力者，第能嬰城收保不及百姓于創，然未有與寇一創者也。其不能創寇者，有説四焉：夫兵不素習、將不知兵，一也；我衆附賊，益賊之智而張其膽，二也；巡視憲臣權拘而封疆遠，權拘則不在統轄者不聽，封疆遠則緩急不相救，三也；封内士大夫生長江南、不諳兵謀，然好鼓噪沮事，執役之臣往往搖于邪説、怵于後患，有作輒輟之，四也。斯四者，寇所以敢犯，久留横行而莫之遏也。以余觀今日之勢、參彼己之形，寇欲去則去、不欲去則聽之，卒無可奈何；至爲異日計，則鄙人有策三焉，而練兵卒、算軍食不與也。三策者：改巡視爲巡撫，開府于浙府之中，而以巡視爲帶銜，以福建附屬之。既已正名巡撫，則藩臬有司咸聽期會、軍餉民兵咸聽料理、遠徵近發咸聽區分，于計便，此一；今疏請置總兵參將是矣，而未指其總兵建牙處所，愚以爲當置之閩越壤接之界、海道之衝，而諸參將列砦分屯于海上者，散若星羅、會若蟻結，有驚則督所向分戍參將擊之，賊安得登岸？然非大破恒調、力伸軍威，則軍吏不肅、士卒不爲奮，此二；江南法網之弛特甚，乃仁者率用寬和爲治，故至此。夫嬰兒好弄，家大人不痛呵之不止，況馭民乎？誠取軍法戮不軌之民，則誰其通夷而跨海，不枉三尺務以鋤貪暴之吏，則民又誰其甘心棄業而化于夷也？此三。至若練兵卒、算軍食之兩者，固稱要領，則既立撫臣，撫臣自舉之；既立總兵，總兵自舉之，此謂溉其根而枝葉自庇者也。凡今吳越兩地戰卒，皆閭閻好騁子弟也，彼其醉呼于市中，舞權以示力[二]，一見勍敵即奉首竄矣，不足稱俠客，乃驅之逐盜，適足損衆明怯，令酋人抵掌笑耳，非計之得也。頃聞寇兵鳥舉，倏而東、倏而西，不可得而制，要之城守爲是，下令曰：有警到即入收保，近者歸城、遠者屯結，幸不使重傷而已。若欲創賊，令憚不更犯，則異日徐議之耳。二三君子未可徒夸訐訑世，以博哲人之笑云。王思質者，鄙人雅所禮重人也。其才智敏速、腹腸廓落足以立事功，顧視事之日淺，無以應卒，然能焚蕩賊壘、撓不使寧，是亦一奇也。他口雖啾唧不能左王公之計，乃王公顧若懾者，呶呶效兒女子爭言，亟于相勝，豈豪傑任事之概哉！彼言平巢蔓延者，此昧子語耳，有識者不與理也。凡本居爲巢，次舍爲壘，今王公所焚蕩者賊壘也，安得稱巢？王公不持是爲解，乃輕擊豪首，驟詰禍因[三]，衹以搆怨深讐而已，是不自明也。若見王公，爲道區區如此云。使來以嘉翰見，即荷擔取報，遂此答焉。因念鄙人縻公家餼且二十年矣，歲守筆硯間，蔑尺寸之功。方今天下之患，北崼于胡、南困于倭，乃不能效請纓之志、充負戟之役，第塊處空談，猶之孤子言孝、躄人論步，辨説雖詳，終非己能有也。甚愧之，思去，即忍不能去，將齒髪益頹暮，其時可望建立不歟？初鄙人入南中，蓋與老親俱，老親居五月，以不習其水土，輒先歸，盡室皆從，獨鄙人煢煢守孤邸耳。少選且亦上謁去矣。此屬私況，以足下或欲聞，附具之。

【校記】

[一] "數百"，嘉靖四十年二十卷本作"百數"當是。
[二] "權"，嘉靖四十年二十卷本作"拳"，當是。
[三] "詰"，嘉靖四十年二十卷本作"結"，當是。

與孫用脩侍御書[一]

去冬十一月入南中，而吏部萬君以公書抵鄙人，並有清況[二]，萬君且言公所眷鄙人者甚篤，誠甚感焉。乃遂訊萬君以公之戎政云何？萬君具數之，一一皆可嘉歎。居久之，江西士夫在南中者咸嘖嘖譽之。當此之時，公聲名甚振赫，南中縉紳之倫無不知有孫清軍者。尋得邸報，以公代徐君按吴中，乃江西士夫即又爲吴中士夫稱賀，吴中瞻望旄節，苦不旦夕至。會海寇劻勷，莫肯督之一戰，益思公來救。頃聞既至吴中，士夫乃自相賀，以爲得正人，將必上書闕下，明功罪、信賞罰、威黠盜而肅疆域也。唯公圖之，以副吴中之望而已。初鄙人奉公書也，輒欲修報，已復念天上故人坐當書甚衆，書有至有不至，則疑怪生焉，乃竟皆罷之。斯固鄙人隱衷，亦賴公能炤察之不疑怪也。鄙人今獨旅在斯，先是，老親居未幾何不習其水土，思歸，乃遂輿之西，室人以下皆從，唯留至親一人以共朝夕。茲謀又欲歸，省曹岑寂而客懷又惡，南中川嶺雖佳勝，未始往眺矚，可以見宦況矣。日下即計請告退依華山，畢菽水百年之願。自古以來，未有背親逐禄得稱爲人者也。會晤無期，聊此代面，所未具者，嗣陳可也。

【校記】

[一] "用脩侍御"，嘉靖四十年二十卷本作"監察"。
[二] "清況"，嘉靖四十年二十卷本作"清貺"，當是。

答徐鳳竹侍御書

　　使者以翰扎及故人貽來二械至，並受之矣。往公以按部出，既數日始得聞，出不能送于家，歸當圖逆之郊也。瞿君書云：客自南中來，輒言師立己大峻，與人不相親，且在彼中，安可如此也？瞿君于僕有骨肉之痛，乃爾見責，然僕誠非敢如此也。顧僕所由致此者，有說四焉。僕受性直戇，人有不相能，不善浮慕之，遂與之疎，一也；平生未嘗倒心反舌，亂是非、淆曲直，見亂是非、淆曲直者則力爭之，以爲邪口不止，則國是不定，二也；諸所爲非其甘意往者，即一時雷附，然竟作擦眉狀，昔人直弦曲鉤之誡，僕亦念之，顧卒不能忍，三也；僕嘗見賢士大夫，歆艷之，即其人不過我，我固造其廬請事焉，然有造有不造，則猜恨生，四也。斯四者，皆僕短，僕自不能諱，至謂峻處絕物，爲一切嶄截之行，此鑿壞之迂士、斷席之俠客也，僕何敢同之哉！公與瞿君連姻締好，瞿君既已披腹腸責我，諒公必得聞，僕不可竟脉脉也。僕關中人也，關中先輩曾遊翰林者，若武功康公、鄠杜王公，皆異產殊尤之材，乃皆出門一跌，遂止初官不徙，竟老死巖穴中，取僕與兩公較，則驅跛驢逐良駟，其不相逮遠甚，僕安有千里望哉！瞿君憂其座主不和光，恐其顛仆，乃僕則私計審矣：夫人生以百歲爲期，然及期者甚少，僕今年四十有七歲矣，流光驟驟、亦亡幾何，就令僕回心易貌以追逐于世俗之間，吾恐老不曉事、終遺子雲之譏，刓矯衡爲輪、反底作蓋，卒之弗可能乎！亦守其故而已。且僕固思去，非托之欲逃世也。念老母既不耐遠游，歸而處于鄉，而僕羈在此；僕既鮮兄弟之聯，又乏糞土之息，唯獨母子相依爲命，乃分之爲兩，如中情何？世未有離背骨肉、逐一官之榮得稱爲人者也。故常於邑悲傷而近于病，少選之頃將上謁陳乞，依老母側、畢菽水之願焉。古人有言：斯非相惡，一死乃已。當其時非，不早見求去，竟落之阬壍，馬遷謂非爲說難甚具而不能自脫，蓋誚之也。斯固萬世厄士之永鑒哉！今居南中久，幸聞公之賢哲愈詳，僕固當朝夕見，乃顧一月不一遇，坐形迹之嫌云耳。有懷如海，思就傾倒不可得，回車何日？瞻竚、瞻竚。

槐野先生存笥稿卷之二十四

槐野先生存笥稿卷之二十五

左輔王維楨著　館甥渭上南師仲編

書三十三首
答敖夢坡祭酒書
與余伯初郎中書
與王三渠少宰書
答南叔後吉士書
與王子儀給諫書
答王元美刑部書
與程松溪少宰書
答董潯陽編修書
與孫季泉少宰書
與孫伯泉都督書
與陸東湖都督書
答王思質巡撫書
答徐浴泉給諫書
與郭東野少宗伯書
與孫季泉少宰書
與孫仲泉尚寶書
與南叔後吉士書
答趙劍門侍御書
與全九山內翰書
答何月梧憲副書

答楊裁菴巡撫書

與黄翠巖督學書

與張白灘給舍書

與林平泉内翰書

與王鳳泉先生書

答孫用脩監察書

答張南溪侍郎書

與鄭少潭提學書

與張半洲論傳書

答薛方山憲副書

書

答敖夢坡祭酒書

初得公成均信輙有書上，抵今計必達之，然所白者主在辨人材、進良抑僞以返敦本之風而已。此雖公能事，而僕猶云爾者，謂敗鼓之皮倉公不棄，亦藥籠中宜有物也。僕居南中，第塊然獨處，往來甚稀，日惟舊故之思。適奉翰扎，若以僕妄持孤稜、益務不可下之節者，僕非敢若此也。僕猶夫故吾耳，顧于南中不宜，且南中亦不宜于吾，以故人取其近似者以爲名，曰"伉厲守高"也。且僕戇直朴略，受性已定，猶樸之貌，脩幹廣顙、昂首掀眉、揭膺濶步，皆造化陶冶、不可移易。古之挾仙術者，能蛻人骨，不能易人貌，即學者惟因性而道之、因似而成之，不能折強爲弱、反陽爲陰。今公責僕勿高勿卑、擇中而居之，此乃休戚之情、骨肉之痛，懼其僵仆，故望之若是，僕手書三歎焉。亦嘗有以里婦之效顰聞于公者乎？昔有姬曰西子者，里之姣好人也。一日西子病心疾，乃捧心而顰焉，觀者益以爲艷，其里婦慕之，亦捧心而顰，家人見之，詫曰：此固吾家婦也，奈何脩而化爲鬼也？今令僕守吾素，即不投俗好，猶自稱人，變之則化爲鬼，則家人駭矣。僕即死不願也。古人直弦曲鉤之誡，昄昄在策，歷有徵驗。僕誦之久矣，顧竟不能矯而曲，或其司命主之。江湖在前[一]，故驅昧子陷溺也。僕非堅白者流，期直其說而不下，念俗與性違，性不變，竟將俗乖；乖者獨立，獨立必搖。聖人貴見幾，所以避伐木之殃。華山岩洞足栖吾軀，渭水清流足濯吾纓，竟托之永畢矣。彼其當軸匡世、追還古昔，則有諸公在焉。僕藉是得安枕百年，幸尤甚也。唯勉策效時，慎愛景光，至懇、至懇。

【校記】

[一] "湖"，嘉靖四十年二十卷本作"河"。

與余伯初郎中書

近得邸傳，見公補南宮之寮，備禮樂之司，此可謂處當其據矣。令他除皆若是，豈獨可厲賢者，且因之杜奔競也。鄙人自入南中，見南中吏部諸君曾與公爲寮者，語則皆盛推九厓公以爲難得，而光祿君何氏則十見十稱焉。夫芝蘭著于几閣，既移而芳馨不滅，其臭味殊也。鄙人居南中，第脉脉塊處，往來甚稀，日惟故舊之思，人見其不能逐俗尚、結新交，遂目之爲異，鄙人安敢好爲異也？老子曰"世知我者稀"，蓋自古歎之矣。昆湖瞿君責望不穀者甚當，然竟不能從，非故持堅白不肯下，惟性所受者愚戇朴野，乃山人之像，而瞿君所期冀則廟堂之模。夫人形貌不可易，性亦如之，聖人之學所謂變化云者，乃因剛而成之剛、因柔而成之柔，非揉直木而爲轅、盤馬革而作帶也。鄙人自童少時即能讀古人之書，即解識當世之故，彼其直弦曲鉤之誠，誦之甚習，客舉以箴余者又甚眾，然至今明明棄鉤而直弦者，則性不移故也。九厓公溫良夷粹，號稱玉人，則造物者將大余氏之門，乃與之美其器耳。語曰"山林鍾鼎，各各有分"，亦惟任之而已。瞿君軫夙昔之情，於邑悽惋，切于骨肉，憂其座主不同塵，恐不能至萬里，然鄙人私計則固審矣。夫瓦雀近人，人常獲之；鴻飛冥冥，即矰繳不得施焉。鄙人自重其身，既不肯沈酣麯糵，又不肯卒令爲犠牲也。一見瞿君，爲道區區之悃如此，勿以爲訝。

與王三渠少宰書

初得邸傳，既以翁爲館師，如素所期約矣；居頃之，復貳吏部，何也？以地言則部堂爲重，以體言則館禮爲尊，要之重不如尊，執事先生乃移彼就此者，固謂藉翁之重以鎮服人心耳，其獨奈館中諸士之觖望何！故聞太宰柄權而作事，左右少宰第嘿坐而觀之不言，若然，則少宰安置也？楨以爲：即不攻其所私，顧不得薦天下士乎？翁厚重無私，苟一言，太宰輒信之，此固天下士之意也。方今天下之患，南困于倭、北怵于胡、中絓于梁宋之盜，蓋甚紛擾矣。窮本則任事諸臣能者狼顧而不肯前，不能者又闇劣瑣屑、偷位而不辭，弊在官人者之不審，且坐不公；迨今患成，乃以罪任事之臣，舛矣。譬之令躄子追亡、矇人辨色，欲責其馳而辨，可乎？願翁以間語太宰，請論官較材、計安社稷，此主憂臣辱時也。念之，懼之。楨居南中，旅懷多忤，日夜望鄉不得歸，頃將遣人上書請告矣。人生貴得意，得意，所如皆達；不得意，所如皆不達。乃楨居常鬱鬱，恒不得意，唯一去之爲快。山林鍾鼎，各各有分，然意所向往，即其分應爾也。乃茲猶掉舌談世故者，誠所謂漆室女也，慚甚、慚甚。

答南叔後吉士書

越使過南都，以鼎翰見，具審悁悁之誼。僕今羈孤在此，形影相對，日夜惟故山之思，非薄榮禄，誠各有所懷也。日下方遣使上書請告，乃當遣者忽困瘧不能往，須其起則馳矣。旅抱甚惡，仰見秋鴻南下則輒嗤之，以爲吾方恨其不得北，汝又胡爲南也？于邑無聊之中，因追往事以告從史。閣試每歲八月二日開始，其試文欲穩順典實，詩欲宛切清新，二者具乃合本式，居高等，往亡不利。不爾，則違體叛度，曲奏雖妙，聽者弗悅也。公誦說古昔，高蹈漢魏以來作者之踪，其素所慕向也。宜退而就矩，抑之使卑，異日者既解縲籠，不受鞭驅，乃便要津、策高足未晚也。鄉里馬先生，好古之士也，見時持是告之。詞不古不奇，好古之甚亦乖。今之人亡有戴鷸冠、躡珠履者，時不同也。斯足以觀矣。僕自結髮而好古文詞，迨于今且老，猶不能望古人之門，並與其時好違焉。兩不得則一不就，歎惋、歎惋。作書時屬病後，諸同好者不能力展區區，幸白邽田孫先生、豐麓孟先生，毋以爲罪，鄙人念未嘗不之二君前也。

與王子儀給諫書

今者足下入瑣闥、稱夕郎，踐清近之班矣，假令太公先生不釋兵柄，依然大司馬之位，足下能拜此官乎？不也。僕以是識天道乘除，不爽毛髮；多寡脩短之間，哀益惟均。古人不羨韋賢而稱玄成者何也？謂其能嗣續也。足下溫懿沖粹，稱者若出一口，而又少讀父書，習識當世之故，今其言事靡弗中者，銓曹於是號水鑑矣。老親不習南中水土，亟思歸，輒輿之歸，抵今僕犖犖守孤邸耳。故山不得往，而舊游諸人又踪跡越絕，有懷末由申，爲之惻然。少選，欲遣使上書，退依親側，至則幸公遂之。往受命爲序，迄今未有就，坐旅抱甚惡，恐言之不文，不足以揚大人光，秖以暴陋而媒笑耳，以故甘重得罪不辭焉。適屬草稿未定，期在九月致之洛中，得便更具一草致都下也。頃來羽書四馳，所在告急，獨且奈何？僕欲作華下逸人矣，然猶不能忘國難，不欲令漆室女鄙我也。

答王元美刑部書

既公登舟之十日所，而詹簿振菴君始以公手書至，度使使追送不及，罷之。初與振菴君約，期公行日爲一言以送，願早相告也。乃振菴君不告而傳書又晚，令僕背約，抱缺然之懷，卒之當圖補焉。今倭寇犯吳中輒得意，比入越十戰十北者，何也？非越多壯士也，以尊翁先生握帷中之籌故耳。倭憚越不敢近，乃悉力攻吳，吳與戰每不利，仗鉞之臣氣益索弗振，於是南部縉紳之倫咸少之，而益壯尊翁先生之勇奮無前也。初，越人見賊橫欻而起搗巢之謗，其後賊遁，謗者慚服，自咋其舌而謝過。老子曰"不笑不足以爲道"，此類是也。凡本居爲巢，次舍爲壁也，倭酋離背本國，寓居于濱海之洲以窺利，此蓋壁也，安得稱巢？壹燒其壁，賊眾崩潰，溺死者不知其數，得出者相戒不更來，即穰苴之謀、淮陰之智不益于此矣。尊翁先生挾能不居，又不區區自明所搗者之非巢，一意擊賊，俟曉曉者自定，何其堅哉！倭酋往懲秋崖朱公之威，至于今憚之，朱公雖蓋棺，然英氣如生，千歲而後，其骨即朽，其名不沒也。豪傑當世而用事，懼功不立、名不完，諸非在我者奚計焉！自孔明已謂成敗利鈍不可逆睹，非從今然也。其以白尊翁先生，毋怵往事，介別念于胸中焉。少選之頃，僕將圖歸，幸既遂，欲取道西湖，由越之楚，由楚入秦，尊翁先生肯問我于湖上，當面致區區矣。僕與公家有世好，以故沾戀如此云。

與程松溪少宰書

今館中諸俊得翁以爲之依歸，異日者策勳效用、顯聲名于當代，則是科蓋赫然稱首矣。翁講聖人之學，主在正心術以出治功，不屑屑于文詞聲律之間，非棄之也，意以爲枝詞病道、含毫損神，在昔揚雄身自爲之，乃復悔之，曰"壯夫不爲"，可以鑒已。往楨在館時，日所誦習率皆文詞聲律之技，至於今猶然；有道之士又任吾往，不肯覺我之非。夫孔歎逝水、墨悲染絲，蓋謂其弗可還也。楨於是有惋惋之懷矣。館中諸俊，始一出門駕車即登覺路，不眩于南北，何其幸歟！南中頃有海上之警，諸大夫咸罷游眺、廢倡和，徒憂之而倭患自若，可以信誤世者果文詞也。方今天下之患，南既困倭、北又苦胡、中而橫加以梁宋之盜，蓋甚紛擾矣。翁以社稷爲已責，隱軫可知，且欲紓目前之急，宜何爲謀[一]。翁富有上計，幸早出之，海內之所瞻望者非淺鮮也。若以問楨，則比之鉛刀不效一割、萬事付之時髦、踪跡托之倉鼠，俛仰宇宙，無任汗顏。適鴻臚石子告北上，因候起居，并具中悃若此。惟亮在毋坐爲誕，幸甚、幸甚。

【校記】

[一] "何"，嘉靖四十年二十卷本作"可"，當是。

答董潯陽編修書

僕不肖，所與游者盡湖海之士、當世之英也，至語知己若足下深者，誠無幾何。頃奉鼎翰，顧復盛推僕。言僕故有者，僕不敢居；言僕必至者，僕度竟老不可幾。號爲知己者誤猶若是，則信乎知人之難也。南中諸省皆闃寂寡營，諸大夫皆役其力攻詞章之技，僕見作者雲興，錯如綺繡，而我乃蕪穢不理，欲以並驅作者之塗，難矣。以此遂棄舊業罷之，足下期我以冥會，勉以極趨，是策跛驢走千里、責燕雀而爲鳳覽，非其質矣。足下賦材瑰奇而又高蹈古人之軌，一時操觚之士皆謝以爲弗如，下之。今足下所推引僕者，實足下身自有也，僕安能望之哉？頃聞邊關告急，梁宋之墟又多白跖，當斯之際，則空言罔功，雖有健筆，不如缺斧，乃知投硯男子本有超曠之見，非徒興于激也。今宇內多故，司馬之法置而不講，則患安從弭？願足下念之。風毛正順，時惠德音，懇懇。

與孫季泉少宰書

當夏之季,南宗伯王先生之北也,附具一扎,展區區之況,并以賀君家世史,上接龍門司馬之芳,他感亦具焉。王先生既發十日所,客有言太夫人即世者,僕聞而訝之,以爲太夫人健甚,宜不止此。已又謂今之年殆且近百歲矣,此百歲中身所享、目所睹者,咸快欲之極歡、希覯之盛事,要當以日准月、以月准年,所謂百歲身千歲禄也。仙人行遊雲間,久且厭之,猶欲下觀人世。若太夫人者,乃或厭人世而上遊雲間者邪?諸君勿過傷,此哀中有至榮,今之海內未有兩也。居頃之,吳博士以公苦次書至,覽詞甚哀楚。當此之時,猶念夙昔,不廢投報,則惓惓之誼,誠兄弟弗若也。已而比部邵君以公使楚還書至,中督僕竄易傳文也,與苦次書語同。往僕作傳時亦甚費架構,今雖欲頗易,然意脉即紊,必更作之乃可耳。且公駁僕傳訛者有三,有貼說在其行間,僕南來時倥偬,適檢笥中,忽失之,煩公更具貼說以示我,我將因之而刊其訛也。夫史以記事,以服當今、信來世,僕之言不足傳,且無慮來世,然亦欲服當今,乃逡巡引却而至勤往復,坐此故也,公其念之。貼說果于舟中得之,即以歸使者手,當如公令,以傳托陸子,致之姚江焉。僕自老親返于鄉,意翩翩如縣旌而靡所栖薄。凡歌詠之生,由性情也;旅况若此,安能出無情之語哉?前附王先生書業具此指,私計王先生至日而公已去京,書必不得達,甚爲怏怏。今公使鄞稿必善,鄞中曲故稱寡和,而公往又屬雪期,固益助之高也。在今當伏塊讀禮之時,不敢請稿見;既畢喪,猶欲一見之也。公之仲子小史于其別時,令宗誰氏詩律?或慟甚,不及刺刺語,然家承有素,習能諳之也。僕無子,然見他人有子如無子,今公有子而信有子也。違久情多,不獨如紙上云云者,公亮之不?

與孫伯泉都督書

在南中,客有傳太夫人仙逝者,諸大夫咸以爲榮,謂其老壽而多福也。適奉公訃,哀楚不自持,若欲無生,過矣。僕觀今之世家,固未有等垺太夫人者;遡求而上,惟西王母之年差勝耳。然王母獨以壽稱,而太夫人之子孫繁盛顯融,照灼當世,假令王母而在,猶且健羨,謝謂弗如。有母若此,爲其子者誠甚榮之。今其亡歿，誠甚哀之，然未可過也。公書云家庭議歸，淹歷十年竟未果，大以爲恨，此孝子之情也。事既往，不可復追。聖人之教，孝義二者而已，妻依夫、子依母是也。顧世網糾纏[一]，不獲直遂，獨且奈何！公以憂故謝事而南，以其印佩公子茂才，蓋志在擗踊，不顧榮祿，良得之、良得之。奉命督傳，僕愧汗之甚，第所爲延歷歲月、頓不即易者，以失原駁貼說，未知所竄定處，煩公更具以示我，我將因之而刊其舛也。太夫人櫬由楊子渡過，相望非遠，法不得拏舟往，何以申絮酒之忱哉！具有不珍之帛，尚以一介行，稱曰充祖道之奠焉。幸與火之木前，達諸幽杳，庶幾鑒愚之忠誠焉。

【校記】

[一]"纏"，嘉靖四十年二十卷本作"繾"，當是。

與陸東湖都督書

客自北來者，輒言君侯謀國之忠、效事之敏，倍于昔聞。不穀夙厠交游之末，稱爲知己，能無嗒然？今點虜始遭此創，且引去，第云小懲，未可言大痛也。彼其蓄怨銜憤而歸，竟圖一逞，明秋且轉盼至矣，可無慮哉？從古以來，謀國之臣但懷內憂、不苦外患，今國中有君侯在，何憂？顧獨外患苦人意耳。傳言中原盜幸平，司其土者遽以爲快，僕猶竊憂之。夫守臣仗鉞，徒欲苟目前無事而不計其後，此倭寇十往十來而江南弊也。僕睹江南弊[一]，甚切怵心[二]，以君侯憂國無分于南北，故此呶呶云耳。沾戀故誼[三]，緬懷阻絕，適值開州使者往，附申區區若此，幸亮存焉。

【校記】

[一]"僕"下嘉靖四十年二十卷本有"典在詞曹不宜越俎言事然誠"十二字。

[二]"心"下嘉靖四十年二十卷本有"焉"字。

[三]"沾戀"前嘉靖四十年二十卷本有"不穀渡江居南中既一歲過矣從不穀行者皆不習其土多病盡遣之歸獨留一身在居有頃且上謁去矣然尚"四十三字。

答王思質巡撫書

日者有使入越，因附咫尺之書，申問訊之私、展憂憤之懷。書去可十日而華牘至，僕讀之，則皆慮危制變、感時嫉邪之忠言也。前僕書中固具此指，今公之謀逮是矣，夷寇即來無重患也。牘云海道長而兵力寡，難備，信然，但兵法曰"救其所必攻"，是未嘗一一守也。我境鄉邑，寇所垂涎者，可策而知也。于此設伏，于此啗誘，寇一遭創，所至咸疑，必將皇皇引遁、駕洋而東矣。所謂以逸待勞，以少擊眾，古人行之恒有驗，今人誦之而未嘗試者也。願公審思而力圖效焉。越人好議，波瀾喧口，遂以及秋崖朱公于難，固也。然當其時，朱公之志不暴于眾，夷寇之禍不慘于今，故得以脣吻相厄；今寇禍若此矣，朱公之志，士爲悼痛者又如彼矣。夫晝日行則趨者不疑、是非明則動者不沮，願公一意奮往，毋懲舊事、壞新功，負知己之望可也。秉鉞大臣，第可運帷中之算，至效勞展力則在分置之司。公疏請置姜子于浙東而不報，是不欲外臺預辟置而不識姜子之果當置于浙東便也。自古就功名者，恒假之權，得自張弛，擅予奪，故所舉輒立。若動從中制，婉順如女子，局促如轅駒，何以能蹈厲海濱、揚威絕域也！僕爲故人慮最深，然不能上書言便宜，重外臺之權，伸秉鉞之威，徒喟然焉，何其怯也！愧汗之流及于踵矣。使取報甚遽，卒卒引筆布此，才中曲十二三耳。令嗣鳳洲君既渡江，惠僕以書，詞旨絕忼慨，蓋世臣之子孫，非寠人家比也。乃若文采煒燁，抑又其末矣。僕蓋欽慕之焉。

答徐浴泉給諫書

朱射陂以十月到南中，因得奉鼎翰，問起居，蓋甚慰曠然之懷焉。往受公令執筆扎之役，既已敬諾，顧獨須狀至則爲之。今既至，當即勉圖，期無負委任。雖僕么麼，詞甚蕪穢，不足闡揚德人之光，然以章嗣子之賢，紀可傳之實，則誠有獨見焉。初公使塞上時，乃僕至南中日也。居數月，從邸報中見條奏諸疏，則擊節歎之，以爲此一振理，即可保數百年之安。然不得讀全文以快心，則又爲恨。乃今惠我以全文，諭我以始卒，豈以僕諳治邊之略哉？僕未有識也。第讀疏每竟一篇，輒用灑然，若喝子得水、行徒息駕也，則知捍患御菑而保治長久者在此也。其議守大邊一節，此智士獨見之慮，非庸瑣襲故者能睹也。虜既已深入，逼臨內地，乃始傳烽相報，晚矣，何濟之有？僕竊持是說，恒以語人，人不之信，乃今藉公之重以明，故僕頌說歎息非私之也。南中水土非北客所便，老親居南中既半歲輒歸，諸侍人皆遣之從，獨僕羈孤守官邸耳。少選之頃，且欲請告，退依親側，畢百年之願，非薄榮名，誠有所私戀也。傳言中原盜尚有遺孽，道路時梗，虜自河套來者至犯延州，環渭水而居者咸爲辟易。僕欲歸則故園不獲寧，道路不甚通，飄飄旅跡，當托何所？瞻望西雲，無任惻然。

與郭東野少宗伯書

近得邸傳，見公晉位宗伯，崇鉅矣。異日者鼎鉉之司將以次延登焉，前例可徵也。自有是聞，南中縉紳大夫之徒咸一口稱之，以爲宜然，君子豈可以不務素哉！僕以老親歸久，神爽俱西，今所存者形耳。頃之且欲適志，不復戀人間事矣。獨惟同館諸人猶多湛滯未起[一]，豐城、永新戢鱗于望苑；古鄞、高平胃足于史局；閩縣困于成均；德州厄于納言。此六君子者，皆以卓犖之器伏于積薪之下，白日易沈，河清難俟，老冉冉至矣。歎之、歎之！江海羈孤，後會未期，聊展情愫，用代面談云爾。具有不珍之幣，在別紙爲賀[二]，惟亮納，幸甚。

【校記】

[一] "湛"，嘉靖四十年二十卷本作"淹"，當是。
[二] "紙"，嘉靖四十年二十卷本作"楮"。

與孫季泉少宰書

使者自姑蘇回，得報書，極悉悼愴無聊之意。僕以爲七情皆能傷生，惟哀獨甚，而伯泉公竟坐是徂落，痛之、痛之！初東橋公先得之以語僕，僕大驚，已而泣下承睫不能制。嗟乎！孫伯子死于孝矣，年既七十餘，猶戀戀如嬰兒慕也。一死可以風百世，吾復何悲！尋又聞其子錦衣登科，則更爲亡者慰，然不能少須月餘以親睹鷹奮，則又乃造物忌之也。東橋公言太夫人歸窆在是月中，僕遂與詞林舊寮在南京者四五人約，乃戒香帛遣使詣姚江，令代執紼之役，其不事腆洗者，不欲崇虛滅真也。僕又以伯泉公爲哭太夫人死，則宜從之同日出殯，始愜幽情。乃今析之爲二舉者，意必須其子錦衣至乃葬其父。太夫人不可久滯淺土，故先之耳，于義未爲失也。姑蘇書中令僕更定傳文，以公之命稍加竄點，其他不能一一摘削之也。又其法不得不如此書也。夫撫臣都閫外之寄，操節制之權，諸司受戒諭而後敢作，此其體也。故諸司有勞，功歸撫臣，謂幄中算也。忠節許公誠骿力堪任，然孰非忠烈公之功哉？傳稱忠節，乃所以表忠烈才，彼之抑即此之損矣。且漢世蕭何稱元功偉矣，何豈嘗有攻城野戰之勞、出奇制勝之略哉？獨以引用三傑故耳，此可以例推矣。僕受性愚戇，又忌曲筆以重抑善人，故披腹腸爲公道之，惠子知我，又待呶呶邪？少選之頃，既已掩壙，情事少舒，幸取傳一讀之，信鄙言之非忤也。

與孫仲泉尚寶書

使者自蘇州回，忽得公手翰，則甚訝焉，以爲胡儵而在此？乃後從東橋公知公得太夫人訃即不安于家，乃遂徒跣涉江海、北走齊魯之郊，號天而望櫬，故兄弟同伏櫬次也。僕爲之歎息焉。頃聞伯泉公坐哭痛不制，竟殞，談者皆傷之。夫有父死忠、有子死孝，則又奚恨焉。故僕爲故人哀則掩袂、爲世教重則大書，志所幸也。東橋公言太夫人以是月中納之羡門，乃遂與同館諸人約，遣使齎持申絮酒之忱，誠令及期至。由白下望姚江非遠，然義不得往緬憶紼謳，此情奈何！往受令爲忠烈老先生傳，今復更定，具在別函中，惟孰覽之，毋罪淹怠可也。

與南叔後吉士書[一]

八月中，敝州石鴻臚之以使事北也，既附書申致區區，令身自達之。乃鴻臚行未幾何，即有言公戚然在旅舍之中者，僕以爲此或妬口好事、誣吉人以凶，輒置而不問。頃之得家書則大驚，乃信前言非誣，而僕顧疑之舛也。僕惟尊堂老夫人年未六十，稱强盛時，胡遽而罹此也？語曰"人生非金石，豈能長壽考"，則僕乃浩歎之矣。家書云公以九月末始入服舍，伏木叫慟之甚，此孝子之情，誰得止哉！然君子之爲其親重，則固有大者。古之人坐哀傷而毁容滅性者何可勝數？然聖哲不道，謂其越情踰禮，不可訓後世也。惟公審思而强抑焉，則非獨門祚之休，亦斯道之光也。僕覉在江表，不得面致慰私，又不得訃音，不知大事之期在何時，并此二念橫之胸臆，而西來使又少，莫從問訊，乃因請之左右，幸早以示我，僕將遣人來會葬也。獨客天涯，鄉心時作，苟天監其衷，得遂西首，猶能執紼于渭水陽也。石鴻臚使事畢，當至家，前書竟必達[二]，惟省存焉。

【校記】

[一]"南叔後吉士"，嘉靖四十年二十卷本作"南賜谷"。
[二]"竟"，嘉靖四十年二十卷本作"意"，當是。

答趙劍門侍御書

使至，獲奉嘉訊，纍纍滿幅尺，若以僕爲忠憤憂國之士，可與布腹心、吐情愫者。僕么麽，誠不敢自列于國士之林，然爲知己語，則固布腹心、吐情愫也。今公按越且半歲過矣，諸所弛張，人皆以爲識大體、不瑣屑，有司憚明察，不敢弄術以眩移視聽，凡此皆越人言也。僕亦以按部之體，惟應若是而止。但能甄別有司，爲民去蠹，則閭閻自安堵矣。惛惛然役其智于米鹽之細、狐鼠之微，則聰明有遺、奸譎轉生，非識其大者也。僕前書中欲公收逮通倭之家，蓋一時矯弊之說、除草去根之道，此又不當以狐鼠視也。思質王君遺僕書云：趙監察高才赤心，肯戮力而共事。吾今不憂倭患矣。王君服善如此，顧撫院典在戎旅而按院職主封駁，斯兩院者惟懼其弗同，又卒懼其弗異，譬之藥物，甘苦共劑而相制、芝术異用而同功也。僕數與公書，悉他人捫舌而不肯一開口者。私以爲天下誠廣、友朋誠衆，然同德者甚少；矧吾兩人者之相識也，始在道路，傾蓋之際，遂以定百年之盟，意氣結納，比之兄弟，獨所生異胞耳。安有居兄弟間有語不以盡哉？諒公肯篤信，僕言贅矣。

與全九山內翰書

六月中，吳使之燕，既已附申問訊之私，計且必至。適逢鄞客云公得侍太夫人前且三月餘矣。私計前書不得達，以日月錯迕故也。邇者倭舟橫鶩，瀕海諸郡悉無安枕之期。公歸而省侍，顧恤其私不知有他，此孝子之情、有道者之行也。乃僕羈孤江表，離背北堂，逐一官之榮，遺晨昏之事，將猶謂人乎？每念一及，黯黯魂銷，頃之且欲往矣。謂公同懷，故輒白之焉。老親明歲滿七十，今太夫人已八十餘矣，皆所謂"事劉之日短"也。僕將歸而采下澤之蘭，歌白華之曲。公家在海上，聞海上距丹丘不遠，苟幸與神人遇，得禁方授長生丸，子願分以遺我，我持之西也。

答何月梧憲副書

自僕抵南中，數欲爲書申夙昔之意、展契闊之私，然旅怀多鬱、人事都絕，以故尺牘不至于左右，然念固耿耿矣。頃奉鼎翰，轉增慚悚，莫之能解，惟冀執事肯亮之耳。近世縉紳大夫之倫，凡歸田者皆苦之，非厭寂寥、耽志紛華而未能忘也，謂人情薄耳。有勢則畏憚之，失勢則輒以唇吻相稽，有司偏護、置不爲理，此歸田者所以苦也。公挾昭曠之見，其視天下萬事淡如浮煙、泛若虛舟，當不以瑣瑣介其中。然龍蛇之義君子所貴，堅持一道守而弗變，則進有引頓、退有罥絓，而君子困矣。意公熟慮審思之久矣，而僕猶云云者，誠睹夫人情薄、君子困也。若彼狂士，既已念咎伏罪，即釋怨與平庶幾乎，昔人讓畔之風矣。使來投書，一再見輒去不告，遂莫以報，明所以奉公之命不效者如此。夫仕宦之道猶飲也，適量而止、盡興而返，即今赫赫表見在位者，則孰非田中人乎？迨其歸田，與公何殊焉？由是觀之，得勢未可喜、失勢未可戚也。僕么麼，曾不逮中人，乃今濫廁詞垣且久，有頃即圖請告，耕牧于華山之下。其諸人情厚薄，比之翟門鳥雀，亦其理當爾也。由白下望江都非遠，然乖絕若天涯。語曰"盈盈一水間，脉脉不得語"，正僕今日睠戀之衷也。姜子使者歸江都，因布區區如此，并以望執事宥我罪，毋謂僕不急故人之私也。

答楊裁菴巡撫書

今使者至南中，遺僕以尺牘，乃公准取昔人饋魚懷遠之義，芳臭苟合，無問新知與故交也，蓋有古道焉。河南盜發時，會中原之甲埽境而防胡，至空虛也。公聞之，自磁州引兵歸反，而捕盜斬獲蓋數千，自餘沒水死及變姓名亡逃他境者不可勝記，於是中原之道路遂通而瘡痍漸瘳。由此觀之，公可謂左手畫方、右手畫圓，有兼能矣。其不謂難哉？始盜之未發也，人言可用百卒以一日掩滅之；既起而躍馬如鳥橫鶩，遂莫能制。語曰"絲忽不補，直至尺五"，則此類是也。今中原既遭蹂躪，而歲又大侵，愚民重生，以爲餓而待死，不若一飽而作厲鬼，恐不恥爲非。蠶婦睹繭懼而成蛾，則練不俟越宿焉。當斯之際，幸有公在，何憂？亦惟早圖豫弭之耳。有司剝民見骨，略不慘容，此不得恃有司振救之也。往僕歸關中，有司與諸省同風，獨幸關中比歲小有年，百姓尚安如巢鳥；若不幸值有中原之災，僕不知所圖矣。使還取報，卒卒附此申愫，以公爲蒼生隱軫，故不惜唇吻云耳。

與黃翠巖督學書

既僕入南中，南中人士頌說公之道教，至噴不輟口；而方泉趙君又以交承之故具悉其事，尤深感極痛，以爲今日所履，譬若蓼茧習苦不能自言，往往爲僕歎之。在昔有口好議之士，稱齊稷下，謂其人能變堅白、一同異，唇吻所及，即當世宿儒不能自解免也。吳中故太白、季札之域也，號爲忠厚禮讓，不甚爭是非，其遺教也，乃今顧稷下若矣。足下手操文印、馳聲翰墨之塲久矣，既已令作士，復徙而治粟，不當其能。今大匠用木，長短橑桷寸而較之、尺而度之，則巨屋乃成。用人者獨奈何不然？此事功所以弗就而賢豪涕洟也。君子所患，患不知已，今志意既明，白璧漸出，願公坐須高爵而勿以爲慮焉。僕與公微夙昔之好，然意氣所感，顧逾于相朝夕者，故縷縷道之耳。適承惠書，念且逮僕，僕報之如是。頃之計欲請告，苟得遂，將取道大梁之郊，以訪所謂夷門隱淪、蓬池淥波者何似而因以謁高人如足下者。使者歸報，先此聞焉。

與張白灘給舍書

當公衰絰而出在南郭，僕追及之與別也，其時見公痛甚、淚下如懸河，僕不敢前爲勸，然心固念之。今公依几筵、即服舍既三月久矣，痛當稍稍定，而會須野張公往，僕乃附書更且勸之焉。夫世俗言孝者，以生厚奉養，勤晨昏之禮不怠，卒而一哭至骨立，若是者鄉里傳誦，驚歎以爲德人。嗟乎！此特布衣之所謂孝耳。士大夫之所謂孝者，大者在建號萬里，次者表見有位，令父母之名與之俱彰；不幸而遭大故，則哭之甚哀，不使隕性，將以其遺胑競當世、埤光烈也。古之人有藉親爲解，不應徵拜，及刲股舍墓、登木而斃者，其事率奇瑰不可法式；假令周孔而在，必不由焉。公其裁之。僕既承諸君請爲撰辭贈公，將及其考，期予之，忽而坐今奪輟矣。夫閉瓶之口，令不得注，則其中必有焦朽之患。自僕入南中，數睹公之行事與其論白，敬之，誠欲托文以明志；由今以卜來，乃竟不得語，豈不有抑鬱之疾哉！僕西京之鄙人也，適游江南，見士人類修繁文不節，顧遺其鉅者，獨公與須野二公不類耳。語曰"龍伯下絲，不顧鱒鮞"，言見大而遺小也。至若居蓬藋之下，衣鶉結之衣，食糠籺之食，游衍墟中，滅踪人世，是人者高則高矣，卒之坐一隅之士，未通于大方之觀也。令其釋徒步而就軒車，且必有失綏之憂，何者？孤獨而識未能博也。僕受性質木，不善雕飾，諸所論吐，直以寫胸臆耳。以公曠然非庸，乃此縷縷云。會面何時，殊用悵惘。

答林平泉內翰書[一]

從須野君得惠書，再四誦覽，轉轉生慚。僕鄙陋率性，猶之溝中斷木，乃公儕之與華山並峙，是何擬似之非倫也！世俗尚疏通周容極矣，而公獨趻踔而行、離奇而立，吳人咸推予之，自以爲不及。如他氏竭精以市名，而訾口反至，則何也？彼其誠信心不孚于士大夫也。然僕又以有高世之行者，往往負遺俗之議。夫俗未可盡逐，亦未可輒遺也。且夫人孰無有父母、兄弟、親戚、友朋之累哉？斯四累者無一可解而脫，故俗未可一日遺也。即有遺者，可以稱矯俗，難與論至德也。須野君言公雖犖犖拔群，然猶近俗，周旋于四者之中，斯合于聖人之道、天地之德矣。違道畔德，謬據爲高，此迷岡之疾子、大塊之巨盜也。願公勿受其牢籠，爲智者所笑。僕惟古之聖人問道牧童乃得，襄城之處吳中才辨之窟，而游其地者又皆以才興，客至不必引避，見而談對，有是有非，積至千日則得千是千非；以千是觀非，非不可惑也；以千非觀是，是不可惑也。天下之事至萬而止，然是非之端多相類者，不過百種。千已逾百，而且及于萬，君子所以勝艱大、批紛擾，舉四海而莫之能眩者，用此道也。公聰明天畀，無俟論討。僕云云者，謂流光驟驟，歲月既多則富貴逼人，當是之時，公欲推大柄而不受，得乎？彼其翹足待事、昂首待報者將亟望苛責焉，誠不可不豫講也。僕且欲退伏山中，作唐虞巢許，故期注于公者特深。傳曰"唯善人能受盡言"，僕得罪。

【校記】

[一]"答"，本卷目錄作"與"。

與王鳳泉先生書

至於今日乃始以贈篇上者，非敢怠忘，爲有所譁言也，前既已告之矣。篇內獨序兵事、不詳平生者,以翁坐兵事歸,又所振刷廢置,咸社稷之長利、百年之宿蠹,厥功甚大,此不得略,故略他節矣。翁受主上之知實奇特非常,忽而賜玦則偶然有之,竟必召還,與謝安石之退栖、郭子儀之廢免,其跡相類,而所遭之主則非二氏可能值也。篇內尊明斯旨,即以尊君父、表臣節,亦當如是;獨關下鄙儒,雖叨詞苑,然不閑于紀述之體,今之文逾千言,悉皆樸陋靡華,第能說實,觀者其恕我不文可也。近聞郎君柱峯先生以使秦道出洛陽,黃門使者擁傳車白晝入里門、趨堂下,展省覲之儀,里中父老隨而賀翁。此人間至榮、天倫樂事,楨以意揣之必有也。固有遠羈江界,盼盼庭闈,欲飛而不得去者,獨且奈何!鄙生因之脉脉動懷焉。楨在南中,與東谷公比舍居,朝夕相從,熟睹之,固剛毅不撓人也。楨禮之最甚,視翁若在伯仲之間。今洛下一時兩尚書出,又皆以矯矯名當世,毋乃地靈當其盛邪!頃者之患北絓于胡、南困于倭、中而橫加以梁宋之盜,可謂騷然動矣;益之歲惡,所在告歉,非得忠力不二心之臣以擘畫調度于中,豈有濟哉?若執政大臣肯捐他念,誠求其人,將不能釋翁,旦夕檄書且及門矣。篇中所云,固爲券,非作誑也。去歲倭發,勢且窺江上,賴東谷公力得免,楨遂以其事贈之。楨將歸而臥少華山中,私度竟所至,于世奚裨?不如退而修業,蹈史氏之法,令所見聞著而不滅,斯亦足白首,吾志畢矣。嘗具以告東谷公,必能道之。旅懷千種得見,更十僕不能盡,此直大概爾。

答孫用脩監察書

往鄙人所聞于公者,殊傷之直,遂以爲部使者權重而威峻,外言不得至于耳;乃今倒腸語之耳,亦以公虛中無疑、從善劇于轉丸,傳曰"唯善人能受盡言",此鄙人之言所以遂也。適奉翰扎,議設總督以制江海之寇,此議創者何人?其誰和之?又誰以爲然也?即若議行,是適增掣臂而何制寇之能哉?夫南倭與北虜異勢,而禦虜與禦倭宜不同道。蓋虜凡大舉,則必贅聚數萬之兵乃敢入,必歷一二月兵乃集,所入必立營壁,將入必有先聲,所向之鎮獨力不能支,故調兵他鎮,戮力共濟,不得以分地爲辭,此督府所以設也。至若小入,則責坐本鎮,不煩督府號令矣。今倭寇則不然,駕輕舟于大海之中,來不知其所向、去莫踪其所歸,一舟裝五六十人,五六舟突來,食頃間數村皆赤又突去，星散鳥集、不立大軍，流薄飄忽、未有營壘；而海道綿亙且數千里，徵兵待報動逾時日，先期防禦則從入之路叵測、見難而趨則倉卒之變不救。由此言之，則調兵無濟矣。夫既調兵無濟，又安用設督府乎？且九邊軍費多資内帑，九邊士卒皆隸尺籍，設督府者，所以都賞罰、厲武功也。今江南財賦盡輸京師，江南士卒半充漕輓，虛伍而無人、徒手而募士，即今淮陰登壇、留侯處幄，安濟乎？此乃新學小生，持臨帖之見以談世事，而不究便宜；又或諸鎮撫臣，設詭辯于當塗，將分罪嫁殃，故忽而興此議也。公即不察而應和之，卒與之俱蒙其誚矣。爲今日計，則莫若慎擇有司，令選丁壯，厚蓄重賞，必得其死力；比寇至則結連屯寨、自保境土，彼固有痛癢心，遣之出境即亡命是圖矣。然必撫臣以其事責海道兵備，兵備以其事督所在有司乃可。若倭舟停泊海洋、觀望不去，則責之戎幕不少貸焉。如是則行有實效、咎有真歸，禦倭之策，無便此者。鄙人自老親西，日夜思謝去，江界羈人，懷抱甚惡。乃公念茲及之，休戚相憐，真比骨肉。頃之將遣使請告也，且欲作山中人矣。賴公堅心謀國，毋搖浮說，務在計平倭難，成不滅之名。萬萬。

答張南溪侍郎書

日者楨所致訊，聊以申夙昔之私耳，乃厪使使遠將報遺甚佟。山林、廟堂不同事，往一而來十，鄙心蓋脉脉愧焉。翰云"入山以來，舊好絕音"，嗟乎！固世俗恒態耳。此翟公所爲大書其門、馮生所以況之如市也。然楨亦有喻：夫今之廟堂之客，其與山林人絕也，猶之社子祝神，願長爲人，不願爲鬼，然卒之爲鬼，以死生之道弗可逃也。夫進退浮沈亦若是耳。由此言之，得其音未足訢、不得其音未足喑也。楨連日讀所惠榮錄二本至盡，計歷官三十餘年，其踪跡遍乎天下而勳名塞乎宇宙，真可謂榮盛矣。彼其類顧徒以嵬爵重祿炫之爲華，死之日肉未腐而名滅，此蜉蝣舜華等耳，與公不同日論矣。楨本關下鰍生，偶會風雲、濫竽上列，度竟老不能立尺寸，即誓志謝歸矣。亦竊附昔人知止之義焉。乃公勉留懇款、注擬非庸，楨區區耳，安能若所云也？顧獨念當世賢豪著功名于代、卒所托以弗朽者，則史氏是賴，楨即退而去其職，然猶欲私爲論撰，藏之巖穴，令後世有知者求焉，則庶幾乎不沒賢者之名矣。公踪跡紀在榮錄者頗略，或當具家乘中，願錄副本與楨，楨將備覽采焉。歲首多俗冗，使來淹數日始作報書，然不盡中曲也。令孫茂才毋令哭父過傷，此百年所倚者，惟寶視之。懇懇。

與鄭少潭提學書

今關中士被蒙與槐謝君之教甚深，今謝君移官去關中，而公幸復至此，所謂春風罷吹而時雨沾灑也。僕竊必之，關中士竟有就矣。往僕居燕京時，從書肆中得公舉子業一帙，大異之，乃以遺里中士，里中士讀其文，依倣而試高等、博聲名者多有之，此猶乃隔面得之耳，抵于今乃承謦欬、侍几席矣，其所獲當萬之曩昔。語曰"鄒魯弦歌，洛陽賈多"，言漸化使然也。頃謝君自關中來，云關中士第狷狷事記誦、務剽剝，鮮領會之學；又讀書不讀朱注、不求大全，《通鑑》、《性理》二集付之烏有。僕聞之駭焉。夫今時舉子業爲功甚約、望效甚疾，非如前世詞賦應科，微夫窮滓溟、探龍頷即不可得珠也。彼奈何莽莽如是？已而問江南士亦若此。嗟乎！俗之移人，劇于染絲。今海內士盡菲菲然務華沒本矣，其誰與返之也？今關中士習，亦惟公能變之耳，他則僕不知所抵極矣。自僕到白下，客嘗與公游者，悉能說其狀，以爲公博聞彊志，有曠然之識，爲學先本而後枝葉，舉一事必究始卒，擇地納履而後蹈，脫世俗浮靡之好而一歸之真素。僕聽客言，則蹙然動焉。以爲設令公能化百身、散諸國立，當變海內之習，即治化又何慮弗古若也。僕且欲還關中，依華山崒洞竟老，將身睹關中士先變矣。訢然、躍然。人言公暫駐枌榆，旋即入關中，不數十日發矣。乃馳一介、奉尺書，明沾沾之懷焉。

與張半洲論傳書

今槙所爲西峰公傳既就，乃使使上之門下報命焉。傳所具皆說實道有、不溢一詞，雖不敢自謂信筆，然與世之飾言構誣者異矣。始作傳時，乃手西峰公行實，讀之三數日，則熟記而去之，以爲傳者轉也，謂轉相記頌，遺之後世至無窮也。從古以來，吾不知其幾何世矣。然一世不數人、一人不數事，固記其大者耳。故今傳不具生卒年月、不具父母諡行，上之不詳祖先之系、中之不列兄弟之行、下之不及子孫之事，凡若此者，非故略之也，不欲以繁瑣騷屑沒鴻鉅之節也。又以門下號稱作者之宗，上窺史漢而洞燭法軌，槙即略之不加罪焉。顧獨念西郊之麟，孔子志之；老子猶龍，太史表之。此皆有賢聖之才，故托之而傳久遠也。今西峰公具龍德而又獲麟嗣，盛之至矣。乃令槙么麼小夫論述其事，胡以圖久遠哉？誤矣、誤矣。傳中語誠多踳駁，若門下肯有論竄，即十反之不爲苦也。我詞不直疋縑，至用四錦爲賈，則酬過其當，甚懼之。今與傳俱歸矣，毋以不恭爲罪。少選欲身自往謝，茲不喋喋云。

答薛方山憲副書

使者來時，適長女之訃至，旅況既惡而重以是苦，意緒搖曳譬若縣旌，奉公書，詞甚款懇委備，僕徒誦之，不能具答也。第當其痛苦時，度無以解，乃輒取公集讀焉，讀一二首忽復解脫，然失手則又復苦矣。僕谫劣，焉能序公集哉？則是麗服而加敝冠也，不宜。然念今之修詞之士遍滿海內，至若公集云者，固必傳且可久遠，僕亦欲托之弗朽，則安可引却不爲任哉？卒之當效役也。少選之頃，僕欲請告去矣，不能與公圖一面之晤矣。僕有刺心之痛、茹蘗之毒，故乃割情聲利之塗耳，若公則不宜輒有也。秋至水平，宜即拏舟北邁。造物以小兒玩人世，人世亦以小兒玩造物可也。所惠策問及教浙條約，咸斤斤當實不華，要之在變靡俗，敦實學，不辜任使而已。然此越人高者亦能言之不掩其光，獨么麼之子不理耳。傳曰"禮義之不愆，遑恤人之言"。公素稱自信弗惑之士，獨奈何用是區區軫孤憤之懷邪？對客語事，徒傷心腎；獨坐咄咄，又爲造物陰笑之。不如蕩胸結舌，更圖表豎之門，斯亦可以垂百世之譽矣。僕觀公之志獨不得伸于越，自餘所至即可致顯名，毋持二慮，且行且止。倘天從人欲，得假旌節入關，僕當持一觴于關下候之矣。令嗣茂才，附此問訊。望之，慕之。

槐野先生存笥稿卷之二十五

槐野先生存笥稿卷之二十六

左輔王維楨著　館甥渭上南師仲編

書三十五首
與何柘湖內翰書
與何大墅祠部書
與許石城太常書
與史沱村巡撫書
與孫季泉少宰書
與楊朋石光祿書
與鄭澹泉總督書
答喬三石觀察書
再答喬觀察書
與賈樵村督府書
答任棠山太守書
與喬三石觀察書
答南叔後吉士書
與徐少湖閣老書
與李古沖太宰書
與王三渠大宗伯書
答鄒一山巡撫書
答白幼權令尹書
與潼關王兵備書
答吳總兵守直書

答俞是堂憲使書
與孫季泉少宰書
與萬兩溪吏部書
與何柘湖內翰書
答吴總兵守直書
答康道甫太守書
答孫東谷大司徒書
答趙大洲同年書
與樊斗山御史書
答俞是堂憲使書
答薛方山憲副書
答趙方泉提學書
與艾西麓巡撫書
答俞是堂憲使書
答唐霽軒巡撫書

書

與何柘湖內翰書

自得與公游，堇堇半歲耳，而道術相投，神氣相結，顧甚于訂凤昔之盟者。由是觀之，人士相知，果不在新故，蓋脉脉在形骸之外矣。足下以詞賦雄吳中，僕每讀其文，以爲機、雲之亞，近睹未嘗有也。第造物忌完，既右其才，遂左其官，不得蹈厲霄漢[一]，極萬里之志，則又乃名累之也。嘆息、嘆息。僕度竟老一無所竪立，今而歸將依栖華嶽石室，百年蜕骨在斯矣，非薄功名、厭驅馳，誠安愚適志之謂耳。若足下弗遺，肯况我以雲篇[二]，惠我以江芷，斯百年之欲、區區之望也。世事風雨陰睛反覆不可豫謀，然非知命履道之君子，鮮不坐煩惱障矣。惟足下堅意守官，毋用世故芥蒂于中。若僕所思去，則固有隱軫之痛矣，非專爲避賢路也。舟中握手，剌剌不忍別，抵暮登岸，投鞭于江浦，明月在庭，顧影獨步，知己安在？寔用是悵悵耳。從人回，附言布惊，十分中一分耳。前路有便，更思陳述，僕有懷抱，不與足下盡之，其誰能亮之也？

【校記】

[一] "蹈"，嘉靖四十年二十卷本作"踔"，當是。
[二] "況"，嘉靖四十年二十卷本作"既"，當是。

與何大壑祠部書

今僕既渡江，遂與公成各涯人矣。海內知己，指不可數屈，若吾大壑公者，益無幾也。回首南雲，可勝悄怳。語曰"人欲天不違，何懼不合并"。異日者風雲若動，潛蛟再起，彼其時神劍共匣，雲鴻比翼，或可冀幸，有乎？顧僕方圖晷臥，襲公高躅而慕向之，浮世難豫，岐路多乖，且不能卜旦夕、矧後來者，遠在十禩、近在三四年乎？別日抵江浦，明日暫留，勞苦未甚蘇，乃取公贈篇讀之，則悽然涕下矣，安能言哉？度前路距江東益遠，音塵不得達，從人回，附布離悰如此。將發之夜，具有蘭絨一端相贈，而送客淹坐不肯去；既去，則又促促治裝，天遂明，就輿，而贈物攜在輿中。今並以往，見區區之忱，非偶然有也。此絨頗真，可呼衣工來，令作方袍，用青潞紬緣領及四邊，以蘇產玉色熟絹爲裏，則眾柔相得，足耐久遠。體輕而氣溫，亦奉身養命之道也。古人遺遠則重一端綺，僕贈不如綺，然繾綣之意則未始異也。蒸溽中，才一握筆，揮汗滿把，披寫不可具，嗣布之可也。

與許石城太常書

今者僕既渡江，而與公離矣。念此兩歲中相過相歡之跡，即復若夢。浮生百事皆若此，寧獨離別哉！行子發日，令器以公之命，追僕于郊關，亦眷眷甚矣。行子今從車上手公贈言讀之，則回路之義而蘇李之詞也。有才若此，乃令之白首淪躓，不得大暴所長，歎之、恨之！僕又以爲造物小兒予奪悲歡，竟靡有恒，風雲若變，無愁賢哲不再伸也。僕今往，且欲作山中人矣，會面無期，而雲天悠邈，情當奈何！每歲江鴻北邁，幸惠德音。懇懇。

與史沱村巡撫書

自僕與公遇，蓋在傾蓋之間矣，然其披心見愫，顧甚于訂夙昔、要白首者，此其中固有投冥契者存焉，弗可以形跡論也。方今海上之警未已，而蘇松大郡悉遭焚刼，獨江防稍靖耳，以有公在故也。夷酋不量，乃敢犯通泰，自令失利而還，可以見登壇之略矣。頃聞公疏請募兵算食，斯兩者今之第一務也。大臣仗鉞在外，去君門萬里，身睹窘厄，不以實告主上，非體也。然此唯公爲不負耳，僕所爲伏心于門下者坐是故也。公之長公子，一秀才耳，每見輒念其尊人之責甚重也，問計慮患，至刺刺不已；異日者得乘風雲而濟時艱，何詎不逮其尊人哉？僕今往，甚藉門下之力，既饋之賻，又予傳牒，又遺使衛行，眷眷依依，再三而未有已也。使還，因申報謝之私若此。炎塗如灼，畛畝盡欲生煙，不獨行子苦之也。

與孫季泉少宰書

僕今既渡江而徑還關中矣。乃三月中有長女之訃至，老親再三督僕歸，其書曰：我老不能遠遊，汝可解官來就我也。僕得書，惻惻不能忍朝夕，則輒治裝且欲挂冠去，而會有移官之檄來，此甚便歸計，遂行，此五月望日也。且行之一二日，而人事倥偬，不得取寸隙爲書報知已，令知僕消息；既渡江逾淮矣，從車上念故人，今往且將悠悠越絕，音塵不得達，可但已邪！乃頓彎山亭，述近日之況與引身之故如此云。在南中，既聞伯泉公已納之壙中矣，尋又言未也，果誰然乎？僕不能充執綍之役，又不能撰黃鳥之篇，愧歎誠甚焉。見仲泉公，爲道惓惓，旅人草卒無及別啟也。計三年不奉瞻對矣，積愫莫由展，紙上語十之一耳。悵惘、悵惘。

與楊朋石光禄書

僕慕足下之高風舊矣，顧獨不得奉顏色、聆教論耳。乃者僕發南中之一二日而足下至，行子倉卒，不能脩謁圖一面之晤；及發出在郊關，乃公顧肯偕諸公祖僕于大江之滸，僕一見之，脉脉有愧心焉。已又謂古之敦交道者，猶且神交夢尋，況僕行在斯須，倏而別即隔在千里矣，奈何論形跡、較新故乎？公蓋

- 369 -

修古人之道矣，顧僕非其侶也。僕今既渡淮，作路中子矣，炎途灼爍，行子不能前，適憩一亭，坐而念貴僚諸公皆才者，而又有大洲公來也，以其間追游山水、吟眺陳踪，即號爲仙曹可也。安得剛風搏軀，厠我于其間乎！歎慕、歎慕。卒送僕者回南中，附言申謝，并具中曲之戀若此。今剛風既不肯搏我軀，而浮雲又復蔽空，江天回首，渺渺神馳。

與鄭澹泉總督書

今僕既已渡淮，次王莊驛矣。昨在南中時，奉公書訊壘壘盈幅尺，而憂國哀民之感顧居十之六七。其時會僕有長女之訃至，旅懷鬱鬱，不能爲言報謝也。念今且遠去，與公益渺渺絕矣，竟不爲言以謁別故人，安可乎？適鳳陽留守袁吉之使者在行中，僕乃以書附袁使而令之馳走淮上投焉，見鄙人雖往，乃其志猶依依于左右如此也。自僕渡淮，歷淮北諸鄉縣，所在頌口嘖嘖，靡不道開府之德者。以爲往年中原盜起時，我土之人蓋首嬰禍刃焉；而又值河水沒田，民食半菽，苦矣。向微開府來，淮以北赤赤矣。由是觀之，公蓋有吹枯扶傷之仁、再造生靈之德，鄭氏之門閭雖百世益大可也。僕發南中時，蘇州之圍尚猶未解。夫去年之禍絓于松江，今年之禍中于蘇州，斯兩郡者，非凡郡也，而夷禍踵至，大家走保城中，小家流冗他縣，民不得耕種，且無論閭閻蓋藏，即租稅安從出哉？此可爲寒心者也。夷酋數侵暴海上，然不敢再犯江淮者，獨以開府在此故耳。頃嘗一入通泰矣，輒至失利而還，此所以戒不復往也。僕私竊譬公如倉公國手，病者及門輒計日而愈，蓋才性天畀，智略神效，非可數數有也。顧公不能化百身以救萬靈，而海上之禍牽綴而未有已時，願公少出禁方示海上用事者。異日者海上之民活，即公之德；海上之租供，即公之力。奈何恤形跡之嫌而不顧大計乎？第未知海上用事者肯聽邪？不邪？僕今馬首西向，將投鞭華山之下臥矣，然猶呶呶聒聒、掉舌世故而不肯下者，以公憂國哀民，有古大臣之風，所謂彈劍鋏于張華之門、鼓七絃于鍾期之側，誠有所孚契，不當與迂誕者同日論也。

答喬三石觀察書

使者來，適值治亡女之喪，又並遷亡妹壙，兩者皆痛心事，不能詳問足下近履，然使者但言其伏苫塊也。足下志欲豎石表隧、顯揚其先世之德，令永永不沒焉，此孝子之情也，乃以文問僕，非其當矣。僕不幸未嘗獲望尊甫翁伯之面，然壤界相接，頗悉其行實，固必假手中郎之碑、托詞于陳思之誄，乃能闡發幽懿、示信來世，僕何可輒奉教也？僕于其痛間，嘗取公所爲狀一再讀焉，蓋遷史之體而藏山之詞也。古亦有自述祖德者矣，即此可以傳久遠矣。又奈何別有請乎？僕雖守在詞曹，典紀述之事，然時一有作，輒就焚棄，謂不可示人耳。今公要僕爲隧頭碑，路人過者皆見之，適足以暴醜增嗤，于喬氏未有光，而更且抑蔽之也。願公改命，擇能者授之。語曰"朽者形，不朽者銘"，豈得草草哉？唯公亮僕之心，非出于避役；察僕之詞，非依于僞設。幸嗒然笑而允之，僕何異釋負擔哉！饋至，弊儀不欲附使歸，須有間耑致之也。日下炎暑，如坐火爐側，唯保攝自玉。斯文之托，今在于茲，非諛非謾。

再答喬觀察書

頃僕所爲退退不敢承公之令者，本非有他，誠自審其弗可也。乃今接公讓書，謂僕欲要公身請之，妄自尊重，僕非敢如此也。僕得從公游最久，而相愛最深。秦俗：閭里有喪葬之事，有財者賵隧[一]，有力者負土增墳。僕既不能賵襚，又不能奔而負土；又且典在筆扎，即效一詞固當焉。顧念公文詞宗匠，遽而趨役，將恐其操斤而傷手也。再奉督命，竟期策力往矣。昔人有驅孺子而抗寶鼎者，傍或止之，以爲即不愛孺子，奈寶鼎何？願公重惟斯義而已。自入里中，懷抱既惡，而亢陽更甚，遍體發痱成瘡，尚未脫甲，以故掩關謝往來，于人事都絕矣。使者自有口非誣。計公襄事在仲冬，僕有諜，當以前月往，未有食言漢季子也。小女兒亡，此區區私痛，何敢勞足下知之，且加之奠！休戚眷眷之情，比之骨肉，附謝不可具，得面乃盡也。

【校記】

[一]"隧"，據下文當爲"襚"之譌。

與賈樵村督府書

始楨歸華下，即計走使申訊，乃輒以骨肉之事奪之。居兩月而使者來稱饋歸人，既發鼎翰，故誼懇懇依依，至滿幅尺，楨汗下淋漓矣。楨客南中歷二歲，乃不以尺書抵左右，形跡則踈且怠矣。顧江南塞北，相望數千里，雲天悠邈，馹使不道，即書安得達？所幸明公知己，不坐之罪，奈鄙懷皇仄何？往明公填撫關中，關中之民帖然靜愿，如臥枕席，此外內所共聞也；乃今移節塞上，令其西秉王關之鑰而北築高闕之城，則天子知人、有司體國並在此矣。楨喜之甚，唯獨念兵弱而食匱、罰重而賞薄，尚猶費主將料理耳。夫以弱兵當強虜，枵腹任干戈，已無賴矣；又使將吏見威而不見德，內懷首領之念、外圖微倖之功，此邊事所以僨、三軍之氣因之不起也。楨嘗拊髀竊歎，思一叩閽而未敢言者也。明公才略威望實冠一時，既已使，旗幟精明，控弦之士洸洸生氣矣。楨所慨噫者，爲諸邊之通患云爾。往楨在南中，數見倭寇犯海上，卒莫之禁，而二三任事之臣，又平日兢兢于文墨之論者。楨以是又知天下之患，不在北虜，正在南倭也。方今公家多事，人務自效，至楨獨未焉。愧之、愧之。頃之且謀上書請告，引跡安愚，爲賢者避路，不欲甘心于乘軒之鶴、巢閣之鴟竟已也。楨違曠既深，而明公再領大柄又不得身爲賀，奈何！使者還報，附書申謝，且以明賀焉。唯亮在不罪，幸甚、幸甚。

答任棠山太守書

江浦使還，業已有言申悃，計徹左右。僕自入里中，登堂拜老母，老母坐哭孫之痛，容狀颶然，頮謝非舊日矣，僕心誠傷之若創痏焉。已乃葬亡女，葬之歸三月，意忽忽若縣旌未定；頃之稍定，而室中人又被疾，日在檢方和藥中矣。士生，出則涉江海、冒險阻，博一官之榮，而樂不償其苦；入則蹙眉含悽，仰空而咄咄，由此而望百年，弗可幾矣。以故焚棄筆硯，及諸人事皆一切罷之，誠懼諸難攻心、損齡促算，令老親靡托耳。以故受令爲文，久而不報，非忘之也。適紀丞以使西來，責宿諾，僕見使者，赧然汗下，不能出一語，然使者實睹僕鬱鬱吁吁也。使者既留一月，僕乃抑情披抱，尋繹前狀，據而爲文，畢季布之信焉，至其詞則未工也。嗟乎！文章之道亦難矣，僕焉能知！而公又故詞林哲匠，難與爲言，其爲割正可也。僕依老母側，且將爲終焉之計，老母不耐遠游矣，人子事親，以順爲孝，即若老母亦如太夫人之安于逐子，僕獨奈何不奉板輿、博五斗而從園中栖乎？僕辱公知己最深，休戚共之，恐公欲知僕動止，附此白之云。

與喬三石觀察書

今僕所奉碑役既已訖事，乃遂函而遣使馳上，懼不及期反得罪也。碑所具詞，十七皆公之狀，所謂"物之至者，無以加也"。其不能盡取者，有說焉：竊以封君大節，多皆古人之造，近世所稀睹者；其諸慊慊兢兢、閭閻丈夫可庶幾者，率略而弗錄，不欲以繁枝密葉蓋合抱之材也。顧僕荒陋闇汩，不能窺識高人之微，而鋪張散亂，又甚無緒理。文成，私自誦之，愧焉。思欲點竄剟剝，令歸班列，而卒不能，罷之。蓋其才乏也。公文章宗匠，又孝子之志，所欲揚其親者唯恐弗備，乃僕之爲碑若此，何以復惓惓意也？曹植有言："文之好惡，吾自得之。"即更竄何惡焉？唯公循沿古道而加之刪定，此不直區區受教，且不貽石上災矣。幸公念之。本圖會葬，適有霜露之疾，遂止。中懷耿耿，使往，因附襚賵之儀，誠知弗腆，聊以見朋友之私耳。俟大事既訖，當更使使上慰，茲不具述云。

答南叔後吉士書

往僕犬馬之日，至乃辱使使銜幣來賀，惶愧之甚。生平半百，曾微有咫尺之效、斯須之譽以表見于世，私自恨爲太庾鼫鼠、詞曹贅疣、宇宙之偸人也，奈何當賀稱邪！使來時，會僕避客野中，未嘗以筆硯從，未報；乃後數坐塵溷中，遂滯而抵于今矣。足下肯亮之不？所惠羊果既以入，唯幣二純乃馳而璧返，非敢固卻，誠懼其未有當也。僕以老親不欲遠游之故，頃已上書陳情，圖畢菽水之私，遣一价往矣。書中丐詞皆吐出肝膽，上必念之許可矣。苟竟如願，則少華之曲、清渭之濱，采蘭求藥、浪跡自由，或有叩關相訊日也。偶不自慎，被蒙霜露之疾。又書既上，即稱爲山中人矣，義固在埽卻宜也。然于親屬又不當以例謝，故此復用尺牘申致區區云爾。君家兄弟歲試皆得意，獨仲君稍蹶耳，頃之有大申時也，附此賀焉。

與徐少湖閣老書

日者楨得北徙也，誠賴門下吹噓之力，蓋謂北人不便南徙之而從其便者，此其恩德深重，萬之恆情，刻骨而未可忘也。五月之季，既以渡江北首矣，乃復念老母離背日久而又重以失孫之痛，乃遂枉彎入關，且因請老母俱來也；不謂霜葉早凋，夕陽易下，一年不見，遽爾頹容。當是之時，楨悼怛在懷，然猶外侜存慰，大略言今日所以光顯其親者，皆從宦中得之，即甚老，有安車在也。固請與北，而老母固不肯應。楨以違願之事非所以養老，乃遂具疏請告，遣一价往矣。伏望門下隱軫慈悲，令遂所圖，則母子相依，始得附于人倫之列。史臣不與絕裾之子而多陳情之夫，蓋謂忍人不可以事君，而薄于親者又安能厚其他也。楨竊自惟省：十年以來，被蒙門下之教非一種數矣，乃今輒爾請告，天路邈絕，瞻侍無期，楨么麽，固居下客之列，豈無戀舊懷哉？顧勢有所阻，情有所奪，獨且奈何！楨故守史官，諳其職矣。即令楨伏踪家園，猶當以朝夕之間攬采門下匡弼之業、康濟之德，萃而成編，雖不敢妄謂藏之名山以傳來世，然以資延訪、備缺漏，庶與稗官小說類也。語曰"士爲知己者死"，楨也無死所，持是即所以報知己矣。唯垂明鑒而憐察焉。

與李古沖太宰書

不奉光儀，數易伏臘，瞻望如何。前楨上疏陳情，蓋倒出肺腑矣，私計明公燭照海內，物無遁情，楨抱區區若此，當必亮之。客自北來者，乃云明公日侍直廬，上承燕封、奉筆扎至廢眠食、忘旦暮焉，蓋倥傯甚矣。楨以故雖雉停望報，然聞其若此，則未敢以私瀆也。顧獨念日月不留、程限易違，誠知明公保惜人才，甚于護璧，然鄙生憚法畏事，自不能不耿耿耳。楨自少小遭罹凶疢者屢矣，積憂在抱，痰火時作，一發輒不任，乃今又復發，什于往時。乃茲伏在床蓐，百念皆攢，楨皆能遣之去，唯獨謂進退之迹未明，則廊廟山林將何號吾？此楨所爲中夜拊枕而興嗟、永日掩關而含戚者也。伏冀明公照察愚悃，大發慈悲，以其直廬之間取楨前疏早賜施行，則楨私願既諧，公法不撓，兩之皆得，其荷佩恩庇，當與骨共朽可也。自客歲以來，大宗伯渠翁凡遺楨書，輒道明公惓惓不肖之意，劇于收簪，楨誠甚感焉。即令楨退依家園，遠跡雲霄之間，楨豈敢忘知己哉！矧公以道德文章擅名天下，四方野儒苟有聞者，猶當紀述以傳，楨又其故史氏哉！楨不文，尚思攬采明公方潤之餘，稡而成編，以報知己，非諛語也。唯垂聽而憐察之焉。

與王三渠大宗伯書

鄙人楨渡江情事業已具杞縣書中矣，及既歸來而拜老母，老母逾年不見，遽而頹謝，顏狀齒髮大異曩昔。楨仰視泣下，而老母亦歔欷者久之。其時楨即誓言終養以畢夙志，以慰北堂之心。居有頃，復有獵心，誡家人治行，吾將之官，因請老母與俱，而老母固以羸老不任駕馳爲解，綿歷四月，竟不肯許。楨於是始具疏陳情，遣一介往矣，然非其得已也。方今聖明御世，海內才賢側肩而上公車者不可勝數，楨獨何心，乃肯引躬竄伏、自失風雲之會邪？顧理有所阻、情有所奪，世未有二心之臣可以從宦者，此疏之所以奏也。竊恐他人不察，造浮言以爲楨有異懷，以熒惑當塗諸老之聽，令楨所奏寢格而不報，則區區之志終莫之白矣。所幸門下同直西內，得朝夕相晤，承間肯一開口，明所陳乞者皆吐出肝膽，非有覦候希冀之私，如此則請無不得、願無不諧，楨所爲戴門下之德者，即剖心磨踵不足以況其誠，絕纓伏劍不足以比其堅也。惟門下曲軫慈悲，不勝延竚。

答鄒一山巡撫書

使者當此嚴寒之候，至踏冰雪、歷川嶺，入關而問訊區區，斯其爲情，殆萬之恒調矣。鄙人楨手翁惠書，蓋咨咨感嘆者久之，以爲近世交道衰薄矣，踪跡苟殊，則膠漆輒解，矧其人乃一日之好而又隔在千里外哉？今翁所睠顧楨者，有古人折芳遺遠之義，第楨莫可以當之耳。楨關下鄙人也，自通籍以來，竊亦有志于當世之故，以爲駑馬不能十駕，而鉛刀或任一割，日夜磨礪，思欲妄試骱髀，其本圖也。顧唯念老母年七十高矣，而楨乃獨子，鮮兄弟之親；楨齒髮且晚暮矣，而又未有子。今老母倦遠游，楨即戀名爵不忍棄，寧忍棄膝下哉？頃已遣使上書請告，明區區之私矣。苟幸如願，則楨故守史局，嘗諳其職矣，主在論撰名德、揚摧幽懿也。若如尊翁先生之銘與東涯公之傳，悉皆史官所領，此而不紀，其又爲誰效筆硯也？顧楨觀翁所撰二文，咸極詳贍，實不加點，所謂大呂在庭則瓦缶輟響可也，僕安敢前效哉？雖然，郢曲洋洋、秦聲嗚嗚，亦各自寫胸臆云耳，竟須效役于筆硯間也。楨方今掩關堉軌，嘿坐而待報，幸有詔可其奏，則將采秀于嵩丘，問道于河上，凡可以益親之算而蕃吾之俶者，固不憚遠涉重胝也。彼其時或能見翁于道傍，以申宿昔之抱，蓋非飾非護矣。湖海知已，屈指幾何？瞻望雲空，可勝悵惋。

答白幼權令尹書

往在南中，見邸報，知足下不利，然不恨當事者之苛虐不肯少貸，顧獨恨足下之深焉。日者僕歸華下，聞貴邑新貴率皆燁然震烜往來于市衢，而足下已從田中伏矣，則於是又大恨之，且歎之焉。僕嘗語人曰：我如見白君，則則以口齧臂肉，寫吾憾也。顧僕歸來即值有亡女之痛，乃其後益之以諸俗，終日擾擾，無解脫時。以足下不能走而東，即知僕不能走而西也。適奉翰扎，中具惝悅幽鬱之懷，蓋所謂來復時也。嗟乎晚矣！翰云不怨林栖，怨莫以消歲月者，然哉、然哉！僕竊觀四序遞遷，日月出沒，草木榮枯，人世死生，斯四者皆恒道也，夫功名進退亦猶夫是耳。昔人不察，至坐而書空，懊惱以殞其性，此無見于元化至理者也。且近世以罷免歸者，往往沈迷于杯酌歌舞之間，以爲不如是無以度吾年也。然爲身計，則快于風俗大壞之矣，令後生何觀焉？足下即欲求實物可消歲月者，則莫如讀史。夫史，記事之書也。上下千萬年善惡賢不肖、是非興壞之跡皆具焉，讀之令人弗倦；積而久則胸次洞豁，遇事輒曉；又于其中采其涉大節、關大衷者，彙而成集、藏之名山，亦可以命世傳永、稱不朽之業矣，又何羨飛纓躍馬、仰齒貴游哉？鄙人且欲作山中人矣，亦將持是而送餘年，故所以復足下者如是而已。少華谷深，山人所居不復與當塗之君子通來往，少選春生，足下如肯問山人踪跡，則當采藥苗、釀春酌，攜向谷口，候西來騎也。具有不腆之儀，聊用爲壽，非以言報李也。

與潼關王兵備書

頃者得奉光儀，甚慰夙昔，顧客心爭路、蓬踪易轉，晤言無幾時而輒復別去，奈中懷怏怏何？使者肅公之命，爲護行車甚謹，會天新雨，路傍流潦瀰瀰，如行鏡中，而時又晚暮，東方月出，而浮雲又來薄之，車人相呼戒嚴，亦不及于淖，既官卒持篝燈至，車人轉蹈于淖者至再，乃知模糊者滔滔利往，而洞徹玲瓏或不免一跌之虞也。僕侍公教才斯須耳，然大概頗窺矣，蓋倒瀾之孤柱而絕塵之獨駕也。所恨至人難邁、後會不可期，歎息、歎息。使者固請送僕抵都門而止，僕病淹逆旅，發期尚未卜，乃力勒之還，令報命門下，因附謝私若此，所未具者嗣布焉。

答吴總兵守直書

頃鄙人過真定，始知吾子領節鉞、分守居庸，蓋赫然顯盛矣。既入京，而王銘輩諸生來見，又復言之。鄙人以一時同榜之士非少，然今歷顯盛者無幾何，吾子其思所以效節報主可也。使來問訊，惓惓可知，但居庸號稱要害，視他關萬之，將領枕戈而臥、士不解甲而食乃爲得之；況今又屬秋序，胡虜且冉冉生心矣，能無懼乎！鄙人近颷然衰矣，再登霄漢，甚愧效犛，竟亦投劾西歸而已。適覽諸公保語，一一皆寫出吾子之奇，鄙人蓋喜之甚。昔李蔡出廣門下，十餘年位至封侯，而廣卒不封，嗟乎！誠使門下有如蔡者，即鄙人退依蓮華山下何憾焉！願吾子勉之，庶慰期注。

答俞是堂憲使書

行子及白溝，得奉所留嘉訊，乃知公所惓惓于僕者，與僕戀別訂合之情固同之也。保州之會雖斯須，然公轍跡遊歷之遠、艱難辛苦之狀，僕既以識其大都矣。語曰"黃鵠四海，斥鷃籬落"，言才與不才異趨也，願公毋甚以爲勞焉。僕留保州一日，得盡讀所惠集終其編，總之皆澹然自得之趣，與世之勦襲雷同者當以雲門瓦缶論也。至其意格則自創軌轍、恥踐陳踪，北地李先生每以尺寸古人爲宗指[一]，難與公同日言矣。又詞家尚風骨，謂肌膚百骸之所會、感物效情之所將耳，少陵坐是而因寡嫣然之態，近來詩人頗少之，乃遂幡然回首，喧喧乎向韋柳之門矣。僕觀韋柳詩誠澹雅不浮，讀者一過輒快，其以書懷述事莫尚焉。蓋與少陵異製而同情也。古人之言曰：天下一致而百慮、殊塗而同歸，何必其法之似哉？公詩在韋柳伯仲之間，或又有步驟少陵者，蓋總統之才、龍蛇之德也。即令韋柳而在，亦不得以獨逞也。僕闇汐無聞，不閑于詞賦之科，茲所爲復者，猶之瞽者辨色、躄人論步，秪博有識一大噱耳。賤恙稍稍去體，尚猶在醫人手中，承軫念，附此謝焉。

【校記】

[一]"宗指"，猶"宗旨"。

與孫季泉少宰書

僕自南中歸，且將白首華下，與松桂老矣。乃上書不見省，而部檄督赴官甚嚴，仕宦牽絲，不能一割而決。乃今又復驅車出谷，與青雲之士共翺翔焉，非其志也。僕觀世撫己，度卒之安神？旋且返我初服而已。吾兄醇德厚養，一出當為縉紳之表，執政諸公方擬虛端揆之席以待焉。鷦鷯一枝、鳳凰千仞，則亦各遂所圖焉耳。唯足下夙戒行李，居有頃，驛書至矣。自不奉顏色，輒歷四秋，然忽忽若經朝暮，唯鏡中容鬢非復故時，浸浸乎向衰颷矣。明年僕滿五十，稱半百人矣，濛汜漸逼而尺寸無聞，每于中夜閴寂，剪燈孤坐，有慚憤之懷焉。昔人有持寶劍不售者，則亡之他境，謂劍不售且得禍。僕靡有重持，即不去無傷，然麋鹿之性終戀豐草，非敢效百舌反覆以誑惑故人也。令器吉士君有美質，然又肆力于學，當有遠詣，僕見之以為謝氏之玉樹不啻也。顧入京未幾何時，乃即有秋試之役，役事既訖，即又多人事擾擾也，不得與吉士君語，第從吉士君頗悉足下起居耳。海寇暫息，知足下得安枕玄廬，其紀事抒情之作必盈篋笥，能無以遺知音子邪？僕在山中一年，但日事逍遙游，不理筆硯久矣，乃今八月舉一子，此清心養氣之明效也。念足下恒為僕軫軫之慮，附此以聞。茲役草草告成事，以言美善則未也，錄一冊，附奉覽教。

與萬兩溪吏部書

今僕又復驅車出谷，與青雲之士相翺翔焉。檄書相督而守盟弗固，其視鑿坏之子何異？僕居南中且兩歲，從公議論之後，不以僕為鄙，而時時接引之，每念一及輒黯黯神迷焉，豈所謂傾蓋如故者邪？方僕在南中時則思關西；今在燕山，又復思南中。此何以故也？僕蓋甚難言之矣。客有赴南中者，聊因致繾綣之私，併順天試錄往，惟侍教。會面何時，而縮地之術又莫有傳者，悵然、悵然。

與何柘湖內翰書

客自南中來者，輒能道足下起居之概，以為君家昆弟不謝二陸，乃知雲間才彥代生不乏，今至兩何益犖犖出儕輩遠矣。歎之，慕之。自僕歸依華下，已甘心白首矣,乃上書不報,而檄書又來督赴,青雲翱翔豈僕之夙願邪?尋亦旋返初服而已。邇來荒落不理筆扎者一歲餘矣,乃令之校文,安任焉?盲子辨璧,以校文則似之;嫫母畫眉,今録所具者是也。唯覽而教之。

答吳總兵守直書

使來,餽裘襪,蓋謂寒至此能禦之也。遠念勤渠,至于如此,感甚、感甚。今秋胡虜南侵,距關門不至者四十里,然而逡巡瞻顧、不敢直犯者,人言籍籍,皆以爲秉鉞諸臣之功。至如八達嶺,最稱通賊要路,虜不犯居庸而亦不敢近八達者,則誰之力歟?適睹來扎,乃知纖悉。鄙人則拊髀歎焉,今之論軍功者率以先登爲勇、俘斬爲奇;至夫先聲奪氣之勳、不戰屈人之略,盡棄而不講,此將士之所以解體,而武功之所以弗競也。吾子今日守嶺勞苦如此,事定當必有爲表其功者。顧今俗是非淆而名實頗乖,於是通滑奔競之徒得志焉。語曰"苟利社稷,所在以之",唯吾子勉焉。此輩通滑而奔競者,或時自蹶;忠義之夫,神祇將祐之,竟有佩印登壇日也。鄙人入京未幾何時,乃輒承校文之役,亦莽莽卒事耳,以言美善則未也。吾子所稱慕我者,殊非區區所敢當也。使回,附言申謝,并以順天試録往。檢囊羞澀,莫可以將報李之私者,愧之、愧之。

答康道甫太守書

使者來守誌業已歷兩月久矣,其遲遲不遣者,寧稍有怠志哉?顧僕一出棘闈,輒坐人事中不得間,一往一來,錯施而構至,塵勞如此,乃令操筆而構詞,焉能乎?居頃之,又屬遷次,乃又復擾擾,而使者望見往來人甚苦之,然又不敢前而白也。於是僕乃算葬日漸迫矣,倏而怖于中懷,遂力謝人事,臥閣中踰日,誌乃就篇,而續之銘,殊愧乎不文也,不能章顯幽懿,遂孝子之情以永貽來世之休也。如足下有未足,不妨潤削,要在信今傳後而已。狀所列斤斤皆實事可録,然紀述之體有五忌三俗。五忌者,忌腐、忌冗、忌複、忌迂、忌乖刺弗合;三俗者,俗意、俗事、俗格。僕爲避五避三也,以故摭狀中可傳者著于篇,不欲以譸張汗漫之詞反沒仁人君子貞信不疑之行也。僕守在交戟之內,不能束走備紼謳之役,甚以爲歉。誌既已付使者歸報矣,奈此心耿耿何?

所具不珍之幣二，列之別扎，附于古人贈賻之義云爾。

答孫東谷大司徒書

使來，奉翰貺，故誼悠然，感甚、感甚。翁洛陽之長者，僕幸以壤境相接之故，乃翁忘年而引與之游，且至出肺腑相示焉。僕每念之，未嘗不惻然嗟歎，以爲近世所稀遘也。僕于夏杪入京，未幾何時而輒有校士之役，思欲因風問訊，安能乎？役事既竣，於是具書及錄，附吳客便致之門下，今能達之乎不也？竊惟門下素節比之勁竹、直聲震乎域中，客或有談及者，咸肅然振容重之。乃翁欲引年歸洛中，恐不得如願，以眾望所屬故也。僕碌碌不逮中人，往疏陳乞養，本出中悰，而固不許，於是又勉而出焉。頃得家書，老親偶感風露之疾，兩地相縣，情其奈何！立即上疏西矣。乃其始願本若是也。私憂大重，神爽飛越，搖筆布詞，不知所云。唯亮察毋罪，幸甚、幸甚。

答趙大洲同年書

前吉陽何君言公欲遣使來京報謝故人，適果至焉。夫俗格已就，即有豪傑不能自脫，公今乃甘心蹈之是矣。頃見介谿元老，元老出公所貽書示僕，極歎其文詞焉，以爲有古人風，於是內江聲名出關中上矣。然內江固自信讓關中，爲其筆有檢制而辭不漫施也。書所比況楊文貞之奧學、楊文襄之文采、劉洛陽之葆真、李南陽之贊襄，可謂得其似矣。然唯公乃能有此評訂，區區實不能道也。蓋公博稽掌故，因而上下其人物耳，僕何知焉？因使者又知饋諸公幣亦從腆非薄，頃僕入京，第用羔雁通私覿之意耳，視公所具，益覺纖嗇不成觀聽，或詞林故事亦當若是也。但僕絕所爲喜者，以公負當世之望，乃其志又犖犖不與庸眾伍，此所以忤于俗也。至於今頓易肺肝，追逐于塵壒之中，所謂龍蛇之義合于易道，依依乎造聖人之域矣，豈易能哉！又雲霄舊侶往不爲內江公喜者，亦謂內江公能與世推移、不凝滯于物，聖人之徒也。僕頃得家書，老母病，伏枕席間，五內摧裂若受鋒刃，業已上疏請告矣。有旦夕得命，即躍馬西矣。世塗梗泛，執手何時？悵惘、悵惘。

與樊斗山御史書

頃者家僮過真定，辱公遺之書，僕讀其詞，居多獎予之指，鄙人何可當所云也。前僮西歸者，計在開歲之首，乘春氣融暖與老親就京師，此本圖也；乃老親忽感風濕，左體木而不仁，今僮來爲報此耳。天涯游子，欸而得此信，情當何如！言之淚淫淫下矣。信至，乃立即草疏奏于上，而執事君子故泥而不行，獨且奈何？僕有足不敢裹而西走，有身不能化爲流雲飄風，又青禽不至、黃耳未有，則誰與問庭闈也？僕今塊處門內，日日籲天拜斗，爲老親乞憐，外事一不得聞。頃之，客有言後數日僕所請當如意者，僕忽解顔抆淚，而誡家人治裝，令之先發；僕倚馬須上命耳，苟得之即揚鞭馳矣。家僮數過真定，並以公廣屋烏之愛，得不留行，幸足矣；乃又賜食賜粟，恩數稠疊，此皆弛嚴而存故、恒情所未睹也。感甚、感甚。適家僮持裝者去，附書申謝，於邑彌襟，殊不盡曲折也。

答俞是堂憲使書

自僕入京未幾何時，乃即有校士之役，比役既竣，又復居塵溷中，思欲以試錄往者屢矣，然未有因也；而私心恒念之，竊以爲西麓公使當來，可因而致之，乃竟不來。海內知己如足下者，可屈指而校也。錄即不文，奈何匿醜不以遺知己哉？非人情也。頃使者投足下書，顧譽順天錄特甚，僕愧汗淫淫下及踵足矣。僕關塞間鄙生也，雖濫竽詞曹，而實不講于文墨之事，乃足下命之撰夫人銘，僕安能任乎？僕讀足下所爲夫人狀，咸說實道有、不溢一語，又其法度纖密、意脉聯絡，駸駸乎上薄荀悅而下陋歐脩矣。有文如是，乃令僕視而爲銘，恐蜀錦製袿、非寶布所能緣，金柱爲冠、非胡縵可作纓也。僕安能任乎？然念夫人相夫之行匹于齊國鷄鳴之子，而好文知禮，即詠玉階、歌紈素者未能相後先也。古太史氏典在紀述，賢人君子之節與夫貞婦淑媛之美乃其本事，僕以此故輒復任之弗敢辭，亦以重足下遣使加幣、從遠道來，厥意懇懇然也。僕適以老親寢疾在家，書來督僕歸，於是僕疏請歸，乃不幸不許，令僕從別計歸。嗟乎！仕宦之道，如牛就羈，一前一却，信夫人爲之耳。此豪傑之士所以力脫樊籠而掉臂不顧也。僕發軔不出五日內矣，日夜念老親，思得一伏榻前問安穩，不啻若渴鳥赴水、駭鹿投林也。六府盪搖，不能捉筆以復足下之命，須抵敝廬，私懷稍定，當圖所任也，非怠非謾。

答薛方山憲副書

使來，奉公書，乃知僕既發鄉而猶厪使使存問，何其厚也！方僕與公爲華下之會時，誓將白首山中老矣，不謂檄書再至，責僕愈益急，僕本塵壒中人也，遂因有躍馬心，以故抗顏復出，計將效尺寸以酬夙昔耳。乃今入京無幾何，則輒有校文之役，廿年勳名不出筆硯間，愧之、愧之。今公幸離棄文墨、講戈馬之事矣，乃茲復徵之典秦闈焉，雖執事論長，然終罷毛錐之銷，未可倚以畢百年也。僕自竣役來僅五十日，竟日在塵溷中，乃忽得家報，老親今在藥物中矣。天涯游子，情其如何！乃卒卒上疏陳情，附于令伯依劉之義，疏下吏部，吏部固不肯覆，而僕服在近列，又不敢拋印綬去，西望雲空，徒有洒淚號呼而已。頃之有肯爲僕圖便計者，旋當西蠻，得見老親于榻下。僕今塊處戶內，聽有力者爲僕圖之，然意緒搖曳無異縣旌也。使者來取報，安能布辭？乃勉爲之如此云。頃在戶內，當路諸公有顧僕寂寥者，僕以語次頗及足下前事，而當路諸公云前事業已明白，武進公特執法太嚴耳，未有過也。凡歷十數公，言出一口，若是則曾參果爾不殺人矣，何又以疏請引避爲乎？僕讀足下疏甚有意義，且白璧既別，亦無苦怨蒼蠅可也。使者奉主人令固欲上疏，僕等固止之，以故歸毋加譙呵，以爲聽外人言有兩心也。

答趙方泉提學書

齋録使者至，獲奉翰教，至盈幅尺纏纏數百言咸皆悼離追故之義，僕誦其詞，至爲唱歎者久之。嗟乎！今俗交道之薄甚矣，安得有敦古人之風如足下者邪！僕自南中歸依栖華山嵒洞，誓白首老矣；乃檄書再至，責僕甚急，又老親自謂強健，輒令僕赴官，僕不得已，乃洒泣出門，獨以二三健奴從，而留內子輩侍老親，計且入京徐爲之圖耳。不謂頃得家報，老親以九月末偶感風濕，寢疾在床蓐，書來督僕歸。僕得書之明日即上書陳乞，復理前指，而執事君子固不肯覆奏。僕今服在近列，去留一聽聖斷，不敢拋印綬逃去；又不習長房縮地之術，一蹴而侍老親之榻；又不能爲三足鳥，萬里流雲飄飄自由而靡所拘礙；

至于今獨牪牪塊處旅院，俟執事君子爲羈人裁之耳。人生進無裨于國，退又不獲奉家私，尚得稱爲士邪？愧汗淫淫下及踵足矣。適來校文之役，本乃代匱，居山中一年，未嘗治筆硯事，頓令之操觚效技，所謂貧女積綴，富姬見之掩口者也。念錄已傳布，不得匿陋。錄前既托便使往矣，計此時當必達之左右，非以博刮目之譽，聊用爲抵掌之資耳。居頃之，僕竟可得歸，一臥家園，山川悠緬，音塵遂阻，言之惻然。使還，卒卒取報，聊此布復之焉。

與艾西麓巡撫書

頃僕過真定，辱公之眷愈益深重，斯蓋不棄敝帷之意，以爲我罪微，故置之不深校耳。奈此心慚恧何？頃僕早夜所言，悉吐出肺腑矣。念公濟時之器，固須與時周旋，不宜有所牴牾。至若鄙人則戇直天植，猶之柏心竹節，莫可移易。一出國門，則麋鹿之性適矣，豐草長林，任吾鳴眺。第所不忘于懷者，唯重負君恩，食大庾二十年餘，蔑有須臾之效、尺寸之裨，乃所爲恐恐者耳。或言僕竟復進者，則乃朋知交譽之私，僕分白首山中久矣。殘編故劍，倒置敝篋，專爲老親求神丹、訪靈藥，換骨還元，悠悠至百年，足矣、足矣。駕高車、飄華纓，赫奕出入，令都人辟易，僕固能致之，然有私念奪之也。使者護僕行及邯鄲，蓋盡真定境內，當返矣；而楊鸞持公之幣來餽，僕念其義重，受之；而王芝者領二卒更欲前，僕力勒令與楊鸞偕歸。蓋過此以往，飛馳而西，不得更事筆硯、脩報書也。逆旅中草草，言不盡私，唯亮在。

答俞是堂憲使書

頃僕至真定，而使者復持公書及幣來貺，眷眷之誼，至于如此。僕今往連日夜馳者，非以赴官之急，爲省視老親疾耳。中心皇皇，恨不身生兩翼、足攝流雲也。乃足下欲僕從道中奉筆扎之役，僕非敢有避却意也，僕所過實不能斯須留，即道中所經山川雲物，無非忤懷抱者，矧以抽思搆詞，撰幽貞之德、發燁燁之光邪？固須抵關中、謁慈闈，情事稍定，乃能畢所委也。斯指已具前報書中矣，乃聞報書未得達足下所，故此又呶呶云。頃會西麓、斗山二公，極稱足下南產也而諳于戎略，異日者擁節鉞、當一面，則取之井陘足矣。而西麓又數數稱其詩焉，以爲有郎士元之婉麗、劉長卿之清潤，近世操觚之士所稀覯也。若然，則古所稱文武吉甫者，此非其類邪？僕今在車中，恒手足下惠我詩誦之，藉以暫遣於邑之抱，亦可以見至寶所在，即昧子豁目、愁人顧顏也。適次中丘，已漏下二鼓矣，行子倦極，展布不得悉，嗣致之可也。

答唐霽軒巡撫書

今者僕歸而侍藥庭闈，蓋未嘗一日不流泣沾衣也，適奉嘉貺，號之曰賀，僕念於邑在抱，此安可領受之哉？乃遂附使璧歸，亦恃門下洞悉人情，當能亮區區也。又僕往來兩都，數辱惠問，動費帑藏若干金，即他往來餽貽，又不知其凡幾數矣。彈丸小邑，恐不能給，矧今歲大侵，斗米二錢，倉庾既匱而帑藏又虛，有司假以實倉爲名，朘削富人之財，不顧見骨，富人叩胸呼天，靡所控訴，凡此皆以冗費多而節約寡也。願公憐而察之，即僕不奉嘉貺，而百姓蒙賜獲保生之幸，僕之感德尤愈于百朋也。率爾晉言，誠知越俎，然念士人出而應世，在內則言內、在外則言外，苟利國家，遑恤其他！唯足下裁省而寬宥之耳。

槐野先生存笥稿卷之二十六

槐野先生存笥稿卷之二十七

左輔王維楨著　館甥渭上南師仲編

小簡五十首
與王鳳泉先生簡
答吴柳濱先生簡
與張南溪巡撫簡
與南姜泉儀部簡
與徐少湖少宰簡
與朱碧峰先生簡
答謝畹溪巡撫簡
與張太谷中舍簡
答鄭一山督學簡
白里中親友簡
與顧六泉督學簡
答彭豫齋大參簡
與汪春谷太常簡
與張南溪少司徒簡
答郎陽任巡撫簡
答劉一軒侍御簡
與孫右川太守簡
答盧書菴方伯簡
與盧淶西少司成簡
答傅應臺巡撫簡

與饒仁菴太守簡
與張重卿太守簡
與王三渠少宗伯簡
與劉月山少參簡
答周石崖憲長簡
與尹朔野太守簡
答謝與槐少參簡
與喬三石大參簡
與趙守朴大司馬簡
與張東沙少司馬簡
與謝與槐少參簡
與徐儀岡給諫簡
答韓苑洛大司馬簡
答張元洲兵憲簡
答任樸山太守簡
與張石渠給諫簡
答閻濯溪侍御簡
與王子皐給諫簡
答姚惟貞侍御簡
與王思質巡撫簡
與何太華總督簡
與徐少華巡撫簡
與薛方山憲副簡
與趙大洲光祿簡
答王仲山提學簡
與唐霽軒巡撫簡
與趙大洲光祿簡
與王穉川少司成簡
答任樸山太守簡
與薛方山憲副簡

小簡

與王鳳泉先生簡

楨庸瑣，進止亡關一二，親故見今身跡如此，廼取昔人捧檄之義，諷使再出，竊又恐山靈笑我也。

答吳柳濱先生簡

楨嘗謂孝之道甚博，匹夫以力、達士以禄、隱君以善、大人以名。昔黃香扇枕，斯須承歡；孟博驅車，百代藉響。然孟博爲勝，楨願師終孟博之志，略斯須之節以揚百代之名，退依云云，非所敢贊也。

與張南溪巡撫簡

今爲天下患者，虜最稱鉅，多寡強弱，勢不相當。今言者酷責主帥、恕論三軍，何不知兵甚也。宣大一隅，創殘已極，西北一面生靈所倚者，元戎之力耳。虜情叵測，未可以遭創而遽弛吾備，昨年不窺宣大而輕犯榆林，茲有所向，其禍大矣。言之栗栗。

與南姜泉儀部簡

久客京國，不任煩囂，亦擬奉母西歸，依山結廬，屏居勉造，期以不辱知己。乃屢圖輒阻，蹉跎班行，非本志也。

與徐少湖少宰簡

古道既衰，勢絕者交疎、望歸者情分，乃比比然矣。今公所延納鄙人者，皆振古之遺風、近世之希覩也。即且望華山往矣，苟得假息歲年，猶能究古人之學、尋當今之務，著之話言、取裁有道；若五斗相迫，即就宦轍，則未能也。

與朱碧峰先生簡

近世仕宦，多術巧者得塗，往往掇拾邊檄、傍竊緒綸，次而爲書，且布之人，曰：夫夫也，明戎知兵，是嬰情世故者。無何，即當一面。比不驗所云，至敗，即斥去，若已冒榮名、贏厚利矣。楨嘗謂：當事者用人，若略名覈實、獎恬抑競，則用罔非才。

答謝畹溪巡撫簡

自得歸，依棲頗就閒適，乃部檄趣還，弗獲堅守鄉園。然欲去復止，止又欲行，遭迍節月，依戀慈榻，此所謂去父母國之道也。

與張太谷中舍簡

初楨之歸也，念先贈君權厝非所且二十年，乃捐費儲俸易地一區，謀所謂吉徙之事。甫興輒罷，本力不贍，又信惑術家語也。積衷幽憤，何時獲展邪？抵家來，親志子情，悠悠甚適，乃去秋部檄趣入，勸行亡論百輩，而老親故苦逆旅，不欲更去，以是依戀遲回，至期始發耳。然心痛兩親，沒者如彼、存者如此，每從餞筵中聽驪歌，心折骨驚，便欲截轅從好，非飾言也。

答鄭一山督學簡

楨植性骯髒，不能作婀娜諛媚狀，自與海內人士遊，往往始忤終合，竊不敢輒附于古昔切切偲偲之義，然于世之面諛背訿者異矣。

白里中親友簡

鄙人且去鄉土，義須就諸長老白請離教，迺顧早承招邀，稱送行子，即已戒僕待命，宴日爲上元後夕，雲月漸豁，良霄嘉晤，生平幾逢？乃探囊中買賦金，獲此餘屑，聊助華筵。因思少陵偕劉法曹宴集石門詩："能吏逢聯璧，華筵直一金。"今花宮酒費奚啻一金，然以楨陪侍可，山戶曹人其肯號聯璧不也？走伻齎金往，附之瑣言。

與顧六泉督學簡

士人讀書希功名，冀以效用，身冠珮而蘿薜其語，皆違心之聲，非其好也。顧物情牴牾，時時有之，則鄭旦不得爲妍、西子不得爲潔，雖有黃金，無奈眾口。

答彭豫齋大參簡

往公嘗計以親老解官，若竟獲遂，僕于其歸日當采華山黃精寄致宋中，于以饌親延歲。公亦當攀二室三花報我，爲北堂歡也。

與汪春谷太常簡

楨西鄙人也，少聞里中先輩談干戈戎馬之烈、講規畫建置之略；長又見從軍行兵、經過華下者無論數十，比其卒，成敗利鈍一一在臆，窮知其本。竊自謂異時幸爲圖器，當效一割之用。至文墨之技，本非性能，又尠師授，間屬一詞，聊以官守在是，率情漫漫而已。

與張南溪少司徒簡

楨按古之樹大烈、膺大名者，率皆非常之士。然非常之士非常人所識，故每不通于常人之論，一遭唇吻，竟就淪埋。謗篋矢書，即賢者無以自理，此翁所以去榆鎮也。

答鄖陽任巡撫簡

鄖地控治三省，寔稱要害，謂其山博而奸伏、治兼而俗異也。翰云其地天空鳥絕，與性相宜。古者塞外撤守、烽煙不作，則風日昭曠故天空、林野寧棲故鳥絕。鄖故多寇盜，今稱天空鳥絕，西南殆寡事矣。

答劉一軒侍御簡

使者奉天子按部察奸，本至威重矣。或復作意揚厲之，於是部中弗靖、嬾邪脫網、譎謀百出不可窮詰。始之明法，法卒以敝，何者？患坐好異而不務要實也。

與孫右川太守簡

襄垣令王尚禮者，僕知其爲人也，廉直方正，不能婥婀媚世，蓋天性也。自服官來，以官者守法而治民，故撓法者罪、殃民者刑，一意向往、略不左右顧，於是旁擊掩襲、戈矛交集，此乃所以傷也。令得罪于人情，不得罪于法，令守法者危，則狥情者衆，斯治之弊也。明明知非罪而卒不與直者，狥情者也；陰陰知報怨而卒令弗行者，護法者也。公護法洞冤，即有巧佞，不得施爲，令解網羅、惜羽毛者，公也。

答盧書菴方伯簡

秦人不善宦而善任事，故超歷顯赫十無一二，至邦有紛難則屬之矣。公久歷晉疆，飽諳邊計，明日仗鉞登壇，其思所以答群望可也。讀中秋之什，在刻者咸當讓驅。夫詞章事功，其極一也。識淺而弗鉅、機窒而弗圓，均未之有立。

與盧淶西少司成簡

仕宦由北而南者，譬之征雁，有及春蚤歸者，有歷夏孟始歸者，則羽翼健弱異也。夫士亦有羽翼，北轉淹速，亦與雁同，則僕難言之矣。

答傅應臺巡撫簡

近世士論，右拘忌而左弘博，以爲拘忌似謹、弘博似通也。庶政多隳，職此之由。夫守官與建功異道、清談與實用殊情，今累尺寸、積歲月薦升嵬峻者非少也，然瑰瑋之士鄙之。夫君子所遇，猶麟遊鳳棲，跡彰文著可也；泯泯循循，需時盼調，此中才等務耳。梴固誜末，誠不願爲。

與饒仁菴太守簡

公按吳，聲稱籍甚，乃忽領郡符，何也？貞士引繩、巧宦營便，自古有之矣。鳳陽太祖興王重地，聞其勝即漢之豐沛，龍蟠虎距，王氣榮光時時見之，游此可以嵬目蕩胸，增拓意概，第僕不得一往償所願焉。古稱淮泗之間多猛士才官，今點胡爲患，求所能擊胡者未得立可，選徒徵發，令赴戰壘，即公身繫民社、力實效戎伍也。

與張重卿太守簡

僕觀當今吏治，率右儇巧而左忠信，蓋忠信之吏實惠在民而身謝名跡，采風使者以爲無赫赫譽，輒掉頭不顧，彼見其弗利，往往遷志從俗，苟可釣奇營便，不恤其他，此下民所以怨咨而治安之效未睹也。

與王三渠少宗伯簡

秦中山川突兀，士生其間者往往跌宕疎鹵、與世相左，性既違俗、宦乃不達，蓋自古若此矣。翁敦大渾涵，時人比之叔度，末路修廣，可占而知。楨不脫秦俗，恒自抑之，卒未能，固不知我所稅駕矣。

與劉月山少參簡

區區愚伉，譬之高皋獨樹，烈風四會；長河片帆，海若吹波，能不摧拔覆沒者亡幾。由今以往，萬里之騁、跬步之蹐，不爲喜、不爲懼也。

答周石崖憲長簡

奉翰諭，中多悁憤之詞、怊悵之意，自聖人不免于狐裘之憎。曾參大賢，或人負之以殺人之名。茅絲同紐，竹栢異心，嫫母爲妍，閭娵爲醜，蓋自昔云然矣。

與尹朔野太守簡

今馬市既開，寇掠不免，斯其情難測擬矣，卒之用公算，譬之醫焉，凡公計皆調元氣、補榮衛，彼按摩熨灼，第救斯須之痛，賴以起痾還壯未能也。贈詩稽滯迄今，大抵美言可市而憤發之詞動觸時忌，以故悠悠未竟耳。諒公能鑒我也。

答謝與槐少參簡

夫同舟而濟，一值狂颶，舟中之人不俟教誡拉柁持篙、維纜相連者何也？共患難也。君子之于人國，義亦類此。

與喬三石大參簡

鄙人從老母志便道還廬，里中風俗日新，長老苛責以貌，而少者往往出與抗禮，居己于伉與折而爲踰禮之恭，皆非也。幸公教之。

與趙守朴大司馬簡

今馬市之議，罷舉兩存，未有所決，卒以何者爲久道上計？臨岐路而踟躕，思之雖審，日暮途迂，不能抵所止也。公握長算、馭遠駕，宜定一畫，不搖于脣吻，鄙人之言越俎矣。

與張東沙少司馬簡

楨關西鄙人，不習文墨之事，雖守在詞曹，實未有睹。追憶里中先達，若空同、渼陂、對山諸先生者，此皆主盟騷壇、擅聲當代，楨頫而自顧，有惄然之懷焉。若以其故謂關西生盡能文，是邯鄲無醜女、幽并無懦士也。

與謝與槐督學簡

西京才今悉集長安城中矣，公采擷校之，所得幾何人？在昔稱才難，今信之不？江南以舉業爲耕織，諳于斯路；秦中本尠的傳，而士習又惰，此業所由荒也。

與徐儀岡給諫簡

今天下萬事皆異于昔時，最急者虜患也，竟出何計，力能制之，令不更來哉！謀國之臣畫奇百數，莫若用人。用之而當，百廢百興矣；用之不當，百興百廢矣。故已疾先本，立事先人。

答韓苑洛大司馬簡

頃有言翁耳目聰明稍改于奮者,楨以爲此或托而逃世,適奉翰諭,而朝邑人士亦頗言之,此蓋天欲完賢者之節,故令病廢,不欲置之危苦以喪生平,如頃歲所歷睹,可歎也。

與張元洲兵憲簡

公負詞華,兼善繪事,今當關峙者有華山,遶關流者有黃河,此真畫圖中物也。得暇能爲一揮,寄致遠人不?遠人方懷故國山水,日入夢思,又懷君侯,幸獲斯圖,即不奉顏色、還故國,然念且慰之。

答任樸山太守簡

江南諸郡率多靡敝寢格之政,究之則士人好議有口,仕者懼不便,輒濡忍相習而事姑息,此于身圖不傷得矣,而法紀日瀾倒不之顧也。惟君侯圖之。

與張石渠給諫簡

往僕在史局時,自以既不閑筆扎之伎,他日或當備驅使,乃蒐羅古今奏疏遍讀焉。在本朝則楊邃菴、王晉溪,此兩公者蓋凌跨前後矣。夫持文墨之論,則以華沒實;循行移之體,則陋而無觀,均之非疏格也。昨奉公教,云見楊疏久,顧獨未見王疏,而僕蓄有王疏二,乃分一以補几閣之缺。誠謂倉公固國手,然亦須禁方乃益神效也。若僕者,猶之虢中醫不識厂廛,非其任不能起病子,亦空讀本草耳,安足稱哉。

答閆濯溪侍御簡

今天下外臺二,撫臺主在輯和,按臺主在摘發,職也。若撫臺不能其職,而按臺徒泥陳調,坐觀呻吟,不爲施礆砭,將奈百姓何?今公定畫一之則、興便民之政,諸郡士民囂然稱快,喁喁仰戴,以爲父母。夫按臺既已號鷹鸇而人又父母之,彼撫臺者媿死矣。

與王子皋給諫簡

方今胡騎大侵、倭舟橫鶩、中原之盜雲擾而鼎沸，救之安所托、圖之安所先？既得上計，願草奏行之。鄙人越在江介，乃喋喋言事者，以爲士之居世，猶處大廈之下，欻而風雨震凌、桁棟搖曳，其下處者安能寐乎？此所以云云也。

答姚惟貞侍御簡

鄙人自結髮時，即有志當世之務，迨茲既衰，度不能罷之。夫念在則百物皆重，念去則百物皆輕，此人情大都也。鄙人既罷邁往之念，乃其視世俗紛華與虛舟飄瓦奚異。

與王思質巡撫簡

經國之臣率言置將益官，如今所云，若以爲淮陰得韓信、洛陽得劇孟者。獨不思信領漢軍十萬，乃始橫行趙衛之郊；設孟當從征時微刺客千餘人，身且爲禽，何以立功于行間哉？夫置將不置兵、益官不益卒，猶之倉公就病家，遺刀圭碱砭而不持，論證雖詳，何救于危？

與何太華總督簡

公一出，爲國家銷未萌之變、貽萬世之安，厥功大矣。歸而理舊業、講計然之策，所謂既以施之國，又以用之家也。人生以百歲爲期，公之年今六十有六，其距百歲，董董三十四春秋耳，終日揮金置酒，集諸社中故人以博飲取適，然流光驟驟，即百歲且飄忽至矣，彼勞勞塵刦何爲乎？僕且圖請告作終老計，將貸公家錢鉅萬，廣置田園，恣所欲爲，期以他生償之，彼瑜伽輪廻之說可睹也。不識公肯邪？不邪？

與許少華巡撫簡

公得遂初服，竟日開口笑，私宜自較，以視在鎮之日，則孰爲快也？人言公勁健，渥顏如丹，似有得餌砂抱真之術者，僕慕之最甚。少選請告，退依華下，當撰杖屨從公游衍。顧僕有老親在，不得講沖舉術，即且奉玄緒真言，得住世千年，足矣。

與薛方山憲副簡

今時已春莫，新水灌渠，宜即理楫北邁，酬知己之私，若肯輟懷離緒，枉帆燕子磯下，僕當攜酒一壺，走大江之濱觴公，不則亦任所由而已。

與趙大洲光祿簡

老奴齒髮衰暮矣，不堪雕蟲，且厭驅馳，行當過商顏山下，將弔四皓之遺踪、采芳岜之故芝，招赤松問石髓，求長生益算之術，與山靈共老，即有餘藥，欲以分貽同好，非讕語也。

答王仲山提學簡

夫人情不割升斗、必就緇鏃，此亦大都然矣。顧念黃鵠高舉，不啄塏下之食；籠中鸚鵡睹其橫絕，繫而不得去，乃知羽毛爲累、多智非福也。以君侯知己，特爲論之云爾。

與唐霽軒巡撫簡

僕伏山中一歲餘，而十室九空，日不能再食者比比，益之有司貪虐，巧于朘削，以罔上而希譽。僕每游村落間，與父老班荊坐談，聞其說輒對泣如雨，然莫之控訴也。今歲又大侵，江南之賦缺而不入，內帑之藏出之無窮，大司農告匱者屢矣，恐無以遂所請，振關中之飢，獨且奈何！

與趙大洲光祿簡

兄負當世之望，志在濟艱持厄，振頹綱、扶積弱，此人人所明也。顧坎壈不離其身，斯其故可知矣。老氏之術，本欲有爲而陽示無爲，其道居在吾儒之右，不可弗之講也。

與王穉川少司成簡

　　大洲氏睹人情世事，一不當意，輒發憤不平，此恒情大都也。古人之言曰"聖人憂治世而不忿世"，言人品各異等、徒嫉怪之亡益耳。趙氏稱服公至數矣，言必見聽。豪傑遭構，有相成之道焉，與庸眾不同，其念之。若僕既計在引避，則放浪形骸之外亦得矣，不問人情世事，亦任所由而已。

答任樑山太守簡

　　近世受簡爲文者，往往獻諛效佞，漸之而成俗矣。故睹其浮宕之詞、構架之事遂以爲喜；不則吟吟咨咨、黯然弗快焉。今足下不以僕之詞爲背俗，而顧以爲快，其度越世人之見遠矣。

與薛方山憲副簡

　　順天試録一本奉覽，録中論語義及孟子義、詩第一義、易二篇、春秋二篇、表一篇、策一、策三、策五，俱出老奴之手。充國既老，安能與驍將鬭也？秦中録傳言公爲總裁，盡與刪潤，然僕讀之疑焉。孫吳習兵，豈宜學偏裨小帥布陣躐步，而不講于神變之術也？附此問焉。其他省見録四種同往。

槐野先生存笥稿卷之二十七

槐野先生存笥稿卷之二十八

左輔王維楨著　館甥渭上南師仲編

小簡四十首

與孫季泉宗伯簡

在家僅八月，僻居散髮，真成疎慵。見客到，著衣冠如猨猱在籠，唯思二三知己沓沓天涯，以故時興雲霄之念；若曰薦歷累勞、冀希崇峻，始願不有。今觀覽世故，益落莫矣。

二序至[一]，諸公云何旋生口語，此理勢必有者。此中首末惟吾兄知之、信之，他人謂我欲呈技也。成毀者，功名之士所常有也。惟慮好事者之口，指松栢爲藤蘿，令名敗身辱、棄其素立，此君子所以畏世防人也。近部檄督往，老親又促之行，且母子相依者也，老親獨子，棄而遠離，豈其甘忍？老親苦旅居寂寥，堅不欲出；弟又無攜家宦游之理；而隻躬在外，又貽親念。此進止之難，交戰而未決也。雨窗獨坐，意緒正煩，引紙申致如此。

【校記】

[一] 此後各簡均無標題。

翰至，獎予鄙作溢有，愧莫以勝。在家雖稱閒曠，然每廢吟詠，何者？靡唱誰和、無耳焉聽，其理然也。乃若探究往牒，頗窺真詮，欲把公臂一極論共訂之，然術乏長房、不能縮地求晤，祇益悵憶耳。兩奉雄撰，咸精銳有體，符契古昔，際它逐時好、騁浮華者，即萬里弗趨也。僻處寂寥，每念雲霄舊侶，渺渺神疲。其不即北者，唯老親孤兒實難遽離，乃遁延節月耳。竊又念謀之二歲始得歸，歸猶未葺，輒復治行，徒擾擾道路，于初志何如也。

永晝單棲，歸念與火雲俱昇，然獨憶高賢阻絕，有懷未展，因采掇杜句、綴而成章以見志焉，猶恐澆澆也。昨柱車轍，會我南出，不與邁；且念公在養，何又遠涉，觸彼炎煙也？走使申意，併勸御者勿復理行。

惠至，絹色及品俱嘉之甚，以弟昨與公晤，語次及易絹欲馳奉老母，不得嘉者如我願，公因念之，遂用貽逮若此，然非其意也。即且械，附僮使歸獻之母，書明言：此醬色絹者，同館兄孫宮允所予，兒以色求之他所不得，孫聽言歸以言之內，內出絹如所求色，孫封具予兒，云致之母，此其本末也。孫宮允者，即曩寓京時，晨夕相持，及母之西也，與其兄總兵君偕來拜母于堂，顧而長者總兵，而宮允則彼面如紫玉狀、謙謙若不勝衣者也。書如此言，庶老母憶思得之，記其容益信其德也。推愛逮所親，友道如此，邇所鮮睹，感激萬之恒情矣。

前數日，東野來視弟疾，因知玉體在養。凡人形勞則憊、心勞則熱，此大都也。今公之憊、弟之熱，正坐二道。自下楗謝客，問醫服餌，百應都絕，理之十日許漸復，然無奈客固求見何！間又熱。獨旅閴寂，鄉心偏生，懊不羽翰即往。始疾之來也，緣自良鄉送老親歸，悲苦在臆，邑邑不得申，則日夜望，以故耗損元神，猶之拖薪增炊，釜安不沸、水安不竭也。今面赭渥、四體癢搔，皆火使然；慮夏令至，更益助熱，為病子累爾。今早始開關見客，計且遣使走候，乃使來傳溫諭，誼存休戚，非浮相朝夕者，頓覺疾去數分。昔人睹檄而愈頭風者，殊非虛哉！再邁，一室頗窻，端設一榻俟高人下，則寔慰我心耳。

贈言之例，在昔回路已然，楨竟不得諸公一字，是棄之矣。幸賴名撰在卷，稍慰慚衷，亦可以見知己之難也。往日寄作，勞公委曲，令完補無缺，真愛如此。楨辱教有歲，昔訂言撰古詩十章為贈，初非謾語，謂誼重則單詞難述、歌長則深衷庶襮也。乃浹年沓月、存而不作，誠敢忘之哉？頃以吟思落莫，冀有金奏、乃後用石和之，不謂索逋也。繼自今奉責命，即宜緒理積思、衍而成章，不欲令夙盟冷也。天雨驅暑，爽氣宜人，昨熱時，視宇宙皆洪爐矣，霽後能鞍馬出門不？

始以爲公所不快者，或偶觸乍得，旋復有瘳。昨與伯兄語，則知今不快猶坐前疾據不受驅，且前疾甚輕尠，今久不去何也？乃公初教務在精明，又欲削冗振墜，皆以勞費心神。夫勞生火、火生欲，欲發如弩弗可制，勞人不能勝欲，病遂乘弱來苦之。此方書所載，鄙人不敢爲臆說通諷諭也。言中與不安知之？固特以公平日少欲，肢體甚康平無病，今一病累數旬，愆素而反常，以故竊意之如此。今要在省事暫閒，塊處一室，不與貴近者相朝夕，一藥病減、再則去、三則還我本初，不十日，以之臨事肩勞，即不憊強甚，幸無謂弟爲蒙瞽也。鄙人同病，而鄙人隻處少內，令醫人早收功，猶然憚遠勞，北望止十里，不能往訊也。夜寐繫念在斯，早起臨紙述之，遣吏代白。

惠至，吳刻誠甚佳，猶不敵孫解元卷。得吳刻喜十三，得解元卷喜十九也。既又諭我肯不顧俗忌、力踐正途，則喜益不勝。凡弟所告語者，率依憑名法，主在風世軌物，務鉅略細，不欲以區區之便傷大節也。乃公不罪狂瞽，竟從始願，可以稱大勇矣。仰歟、仰歟！聖人之道，有從俗亦有遺俗，從俗謂無害，苟有害即遺俗弗顧矣。今有兩人行，而一人矇，直蹈于澗，彼不矇者弗蹈之矣，不可謂不矇者不與矇者共一心也。士各有志，必其同則苦矣。吾知我，焉知他乎？鄙人雅懷是念，因以發之，于道有濟不？功名久促崇下，吾能遺之，于身則不忍棄也。晚暮，道述未悉，非面不快。

連日料理傳事，而頭緒繁沓多于春林之筍，迺始甚苦之，思欲盡蒐諸事，選類立部、考辭就班，已乃濡翰結局、比事陳篇，則庶乎不挂漏、不繁穢也。故大將行師，必先定部署，部署既整，乃鼓而戰，即不勝猶稱有制之兵；莽莽從事，第以應卒難以成驍也。夫文亦若是而已。私計晦日漸及，有食言之懼；顧復念急絃無善調、疾走無善步，急之則口吃、寬之則詞競，其理然也。方擬捐冗謝客，專力營搆，且文亦有神，神其助我乎不也？

昨往滿擬得瞻冠履，乃顧與左，嗣圖更造也。即不會其尊人，然幸接鳳毛，爲歡轉益甚。其留賦草草，至勞惠答，語雖近謔，然篇章佳麗矣。東野郭氏善興事端，新春舊年之句本自郭氏發之，公奈何不察而輒任兩耳也？連朝甚苦煩勞，不能申白，所謂懶惰無心作解嘲也。

　　在昔吳楚相貽則出縞紵，謂土產也。古賢豪投分，或解劍脫驂贈之，豈以物相結納哉？表衷徵信，所以將愛輸義也。僕辱君家昆季之知，其休戚體戀逾于骨肉，即古人何讓焉？所以贈遺門下者，本之悃愊，與居常酬答者弗類；又其物皆秦華所作；非市得外求也。方遣往時，度可以與、可以取，乃此械馳；今公念貧多費，麾使璧歸，體察區區之意豈不感哉？然君子處辭受間，亦必視貨義孰重輕，較所重者取之。今翰云云，似猶計貨掩義，輕重不得當，與庸眾往來者均視之矣。公于事皆宜，獨此稍未宜耳。原具再去，幸亮入，毋煩僕夫。

　　公爲弟計者詳審周至，比之骨肉，讀諭感頌惻愴，以爲友道喪久矣。面謾背憎、吹沙射影，蓋往往然矣。若公所云，近復有是心哉？弟不安于獨旅，惟繫戀老親，以爲背母守官，非子也；令母有子而懷獨處之悲，非人也。業已遣使齎書，顒迓北來，勉志就祿，申以母子相依之說，言甚委備，其聽與不，皆非弟所敢強也。弟以老親甘意守家，嘗言"我在家歡樂，在京苦不歡樂"，乃必強之來，以重逆親志，非知者也。俟回音至，則弟念決矣。是時方搖搖，寧能有定乎？弟又以人生意一去即當直目視前路，若回首顧即不能去，古云勇退有以也。奉愛深重，言不申感，聊此復之耳。明日當顒造。

　　頃造公談及者數種，切言之、煩言之咸勇脫俗忌、不與庸眾同流。禮亞推逯，寔公宜有除，目下士論嘖嘖稱快。尤靡所生，何云招也；忌本無從，何云速也？功名之際，群皆趨之，苟不自我要徼來者，則屬之公評矣，何關肺腑、至競競也？嗣承翰諭，始知昨報答不對本旨，然語次所及者，雖誤弗誤，有深思焉。昔人誤書"舉燭"以遺燕相，燕相疑其意，以爲燭者明也，諷我以明揚側陋也。乃一旦薦賢而燕邦以治，誤亦有裨，勿謂誤者魯略疏莽，弗之察也。復起三渠公于野，君德相業並見廣遠，仰歎無已。用人俱若是，奔競安由生哉？早起怯寒，草草附答，詞涉直戆，特惠子知我耳。

連日夜正苦稱架，尚未就篇，蓋緒烈紛委、裁益未之定也。即在數日內斷手耳。凡撰大文譬如治大屋，位置堂戶既已有規，則雕刻丹青無難也。今不出見客二日矣，爲一文不可成，視倚馬者何遠也？愧之。

天益不雨，造化杳默，未測其故，乃翁引爲己罪，斯則刻責之甚者。初受教爲傳，盟計三會矣。頃盟在初旬，實本志也；乃夢坡決日南還，索文歸以壽太夫人，行者不相待，義須移力先此，非謂渝盟。然坐此格閣不得執筆，亦不得謂畢命也。更自爲盟期，以月內斷手，更復渝之，筆神當責我也。頃自秦晉來者，並道民有艱窘、流冗載路；乃燕趙今又大旱，若此宜不能不勞聖懷也。諸省仰體一德、涓戒協誠莫有二者，天顧不之監！蒼蒼不可問，獨嘿嘿自循省耳。禁解，當相見面布。

傳載伏節事獨詳，謂太公諡忠烈，平生事業至此乃定，故爾又敘陽明平難者，以太公能練兵備患，故王公得因之就功名耳。首述濠謀逆，不厭具列，以爲見本末則稱傳信，略而襮之漫詞焉，不可昭遠而信後也。至其語意，或稍有牴牾，不妨往復評駁，孝子爲親之心未有窮也。今遣書吏齎投門下，幸加審思。僕文多直書，不善掩覆委折，即其詞格法度遠謝古人，然事核言直則近之矣。

賜教佳篇，渾如初唱，而四句五句費破心力始成，迺知良工獨苦也。鑪香自非朝寺宮觀，未見輕用，或有之，弟未睹也。初起自然，的的如見，據通篇較之則稱雄逸，而末結顧雅淡稍覺未稱。陋見如此，大方以謂如何？

和篇春容閑雅，先鞭襄陽，非諛、非諛。起聯、頸聯字字稱量、不可加損，朱墨并施、猶未盡賞，具眼者自有公評；但頷聯更請推敲，比于前後二聯，則光照連城、色奪合浦矣。何字此和不可再得，不知何將軍何如和何也？發笑不盡，歎詠、歎詠。

昨于臥中吟思和篇，始知妄肆評品，早擬具解，迺奉此教。鑪、鼎通用，固矣，然謂氣騰蒼霧，非金鼎穹窿、軒墀虛敞，無此盛氣，須易之；第五句仍舊爲當；又，"大道"弟亦誤評，摩詰詩有"大道今無外"，古詩有"大道與君同"，二字騾括衆義，氣象洪偉，弗可易也；結句礙七句，意更思之，乃稱完璧。蓋昨因雪獅子據吾腹中，方擬制縛，遂坐此失。以此知古人之作間有被屈，率是道也。慎哉慎哉！

凝字如尊諭，用亦無害，弟終持依違，竢再思奉陳。連讀全篇，則第七句當承第六句生意，結句即承第七句爲是。蓋道繫百年，一二同志當何如策勵哉？氣如奔湍直下，未可停住，他意縱佳，恐非正脉，詳之、詳之。弟技寡降龍，尚能縛獅，徐結網羅、嚴設兵戟乃始可制，草草不克也。

寅出酉歸，夜來稍萌佳思，却爲今日塵土埋沒，悵悵入舍，方擬執筆，忽值家中人至，來日或能脫稿呈覽。大作冲雅安慎，無一可指，但一結稍欠曲終奏雅之意。兄于獅蓋已制伏全體，獨尾尚搖未伏，更加猛力，令首尾盡馴可也。呵呵。

獅却難詠，初擬取喻，乃又思落于模倣雕鏤，氣格不振；肆意漫成，恐非詠物體裁。空攬腸胃，句字不就。頃奉來諭，允獲鄙思，唯唯。郎詩領惠外稿求刪定，風日望安臥帷中，慮犯尊目也。

弟尋詩之難，無如此詠，廼知西域名毛，不認鄉里制縛，其崛奇如此。發笑、發笑。大作骸骨無議，獨貯太和幷玉麟文豹，更加點定則成妙製。結雅而淡、戲不涉浪，可以占兄養矣。

蘇子此行爲親，蓋仕宦希事也，大作只以侍親命意，而蘇子宦蹟文業隨所出入，蓋識大體者。漢人文也詞氣蒼鬱、盡剗浮言，而復不餒餤、不詰曲。尤所難者，讀至終篇更不用冀其來朝之意，尤脫俗見，敬仰、敬仰。

録稿二紙，舊盟新約皆畢，亦久稽矣。詞章之道，本澗略不可冒繫，乃弟株守古法，誠一方之士哉！每誦諸公大撰，亦思改轍，又懼效趨失步，奈何？

教之、教之。

贈蔡章復更兩言，于理當不也？凡思深多獲，莽莽然即乖刺支離遠矣。歲逼繁俗，誠若坐溷中，非勇拔力脫、置身空虛之府，沃以甘泉、灑以清風，則佳思不來。願相與共努力人事，一有缺失尚猶得補，片言出，不可追也。

對山翁《武功志》，往見公羨之，以爲不及睹，今得之，故以入公。對山諸撰，是仙人辟穀，食氣自爾沖天，自難輕議。公具大法眼，一披即知，何俟瑣言。

靜養即學，何必操管伸紙行墨也。泛應誠苦，自後力脫之，庶一道也。獵師出野，本以射兕；牧兒見山麋，邀而請獲，既罥斷力分，兕竟逸去不得，則獵師拊心怨矣。如何、如何？

《蘇門集》頲還。讀竟篇，率吐真素，鉛華都謝，不爭勝于一句一字之間，此其有妙悟者矣。恨今不得自有其集，俟有佐史，求錄一帙。昨枉車轍，謝之。

二作異體，本難定擬，非敢浮論以負知己。蓋公近製，俱各入格，不甚相縣，猶之射工發矢，騎步雖殊而貫侯一也。今必欲登卷，則古選舒遲含痛，有意有象，而律體亦未爲不得意者，謙虛過矣。

聞公下關謝客，稱號補瀉，其自重如此。第靜養中當必搆思大撰，譬之定水安鏡，萬象自照；擾擾塵凡，與物相驅逐，誠未有得也。石翁名卿，用舍關氣運、繫人心，得公言揚榷之，益灼灼矣。俟成，欲走讀之。

早檢篋中舊作，褋文皆不存，意以此事猶不序及，故留置家藏耳。其抄《韓非子》，僮輩不省是主人選集，作爲廢書隔塵用矣。惜哉、惜哉！弟早取非子全集一覽，詞則古矣，顧皆陰謀伏計、傾賢妬善之爲，言論雖依柔良，而內離外合、朋比作奸，往往而見。卒死于秦，有以也。如何、如何。

《潛夫論》四冊頗復。令嗣蕫尚猶繫念功名，但可治舉業射科而已，此等迂務也，非謝却塵俗、希志古昔，不以外慕淆其中，安可爲之？教兒曹固有急緩之次，若性所不有，勉令改轍，枉才之道也。恃愛瑣言。

《文心雕龍》二冊抄畢專復。是書評校極精，探作者之窟，遊藝君子不睹斯道，徒以資之所近爲詞，終蹈襄野之迷。茲讀覽再四，愛之又愛之也。

連日夜既苦俗擁，又被招要甚困，幾擬撰一詩未獲，意在數日草就，詩神肯至否也？晁氏行迫，又來督促。夫思猶泉也，沙石既渾，乃挹而注之罌罍，不可飲也，須澄汰之。今奈何？惠詩一帙領已。風氣漸凜，亦欲卻掃避寒。公今坐室而了公役，甚得之。西來趨侍未多，乘間即往，不必拘答謝也。

首篇甚佳，其"盼"或從初用"望"字爲得；次和堯、招二韻，妥帖絕倫；"消"字亦穩；獨結句更須思索，令與上意相串，則兩作者即有白璧一雙不與易也。今昨熱愈甚，才一臨几，揮汗滿把，附報草草。

今詞曲二體俱用七言絕句爲當，弟昨夕靜思深求，故復此說；亦知高見自殊，猶獻瑣瑣。牧童指襄野之徑，七聖所不厭也。既已淨稿，幸擲示，傾注、傾注。

鼓吹體裁，即五言律不拘調者是已。然亦有五言四句者，又有五言十二句者，又有長短句者，紛紛不同。總之應制之詞當從五言八句者爲是。稿成定呈覽正，亦望尊篇見示。惠書領已。

本緣取凉郊寺，至則脫巾宴坐風林，與釋子談竟日，以爲是足稱極樂國矣，奚又索吟哉？自廢寢來近兩月餘，冷如灰燼，幸公噓之使動，當復還昨。今寂寞甚矣。

槐野先生存笥稿卷之二十八

槐野先生存笥稿卷之二十九

左輔王維楨著　　館甥渭上南師仲編

五言古詩三十五首

贈汪氏赴瑯琊四首 以下北署稿

慶源堂爲許氏作

世芳樓爲許相公作

送人之南陽二首

贈汪子

贈謝子令大興

寄謝氏四首

與汪仲子別三首

贈余駕部之南都四首

贈瞿太史使梁册封四首

爲嚴相公題三瑞圖三首

貢院贈袁懋中學士二首

贈袁生督兵守鳳陽三首 以下留院稿

燕子磯次韻二首

五言古詩

贈汪氏赴瑯琊四首

初景照城闕，垂楊蔭廣陌。孤鳥繞樹鳴，旦出送征客。
感物愴離乖，遂往思羽翮。各天從此始，喟然敘疇昔。

其二

疇昔比廬舍，跡邇情復深。歡讌共晨夕，譬彼連枝禽。
子也奏楚歌，我乃嗣秦音。人生悵雲雨，誰能堪別襟。

其三

別襟一何悽，驅車一何速。清晨發易水，夕稅瑯山麓。
志士無卑業，富國在慮淑。君其最所司，雲錦被林谷。

其四

林谷鬱以紆，有亭峙其巔。昔者酩酊翁，樂此著于篇。
前瞻滄海流，仰捫青雲天。巍哉佳勝區，非子今誰宣。

慶源堂爲許氏作

赫赫許氏宗，光祚一何侈。里門擁丹轂，殿廷接朱履。
高陽謝多才，韋相慚趾美。美來諒有端。云自哲祖始。
哲祖昔未達，懷瑾栖窮里。開堂羅詩書，背軒秋桑梓。
得宦不嗟卑，冀以貽孫子。嗣者既雲興，覽故情靡已。
息陰寧忘植，對食必念耒。三徑拓往規，層構涑今址。
制改理無違，代遙跡逾起。豈伊輪奐競，於焉祖是似。
粲粲新宮號，玩之示訓理。木本水有源，來世其敬止。

世芳樓爲許相公作

皇代紹神聖，賢哲應時作。太公既龍奮，嗣公亦鳳躍。
鳳躍在天池，懷里眷昔閣。前臨函谷關，俯睇弘農郭。
長流縈綠澗，遠巖燿蓮萼。基崇望自延，跡阻興焉託。
獨往憶前人，宦成謝羈縛。中園遂偃仰，顧已歎今昨。
抑心違故築，年悠寂以寞。苔蘚冒綺疏，雲霧侵珠箔。
朝來誠薈蔚，夕原信寥廓。曩眺愜真趣，今賞成虛諾。
振衣一何有，君王恩非薄。

送人之南陽二首

鬱鬱雲中闕，夾道燿朱樓。駿馬飾飛纓，美人佳遨遊。
頓轡趨明光，攝容禮九旒。出揚珊瑚鞭，捐我向宛丘。

其二

白水產真人，臥龍起南岡。運還風燄火，事去星無光。
予心企遺躅，子乃立故疆。贈離兼訊古，援筆申此章。

贈汪子

迢迢東南帆，逝將起舊京。洪川無滯楫，況乃奉王程。
西顧望楚天，白雲忽而生。以茲感人腸，游子安得寧。
改棹遵彭蠡，沿涯采蘭英。簡書豈不畏，念此二人情。
如何絕裾子，逐逐但榮名。

贈謝子令大興

騏驥信千里，發足在跬步。卑卑栖棘羽，縱之凌雲霧。
子也毛骨殊，相要終天路。茲焉逝行役，願言慎所務。
絃歌武城化，彈琴單人附。桐鄉炳遺烈，河陽蔚花樹。
平生蘊固奇，古人良可慕。隘子計微細，達夫修遠度。
令名苟不虧，折腰安足顧。

寄謝氏四首

首夏與君別，杪秋忽逮茲。天道有變易，世事安可期。
孤鴻暮南適，嗷嗷聲何悲。感物惻我衷，各天悼乖離。
藹藹金閨遊，夙昔相追隨。嬿婉非恒情，結義良在斯。
驚飆吹飛藿，倏爾東南馳。安得肅肅羽，奮飛從所思。

其二

為金寧免鑠，抱玉祟其身。賈生豈不美，弃置湘江濱。

仲舒遷膠西，三策禍之因。賢豪恆屯蹇，娥眉召姤嚊。
之子投臨海，抑鬱志不伸。古來多悲憤，非爾獨沈淪。
蓄德固無匹，揮翰亦絕倫。令名既勿虧，得失焉足陳。

其三

佳人邈難即，言在赤霞岑。高視天宇外，長嘯揚哀音。
前臨滄海波，云是桑麻林。神理悟變化，何浮不有沈。
幽懷自茲釋，仙侶相追尋。朝騎白鹿遊，暮采瑤華吟。
倘遇雲中翰，願以遺同心。上言結永好，下言保芳馨。

其四

煌煌京洛內，羅列十二衢。車馬交橫馳，纓冕皆鴻儒。
日出照閶闔，鳴佩紛來趨。於心懷我友，滄海滯其軀。
世故多局促，旅遊寡歡娛。閒居免憂患，言念故里閭。
我當返初服，避世甘愚駑。子當振羽翮，重來翼聖圖。
人生各有因，不見分飛鳧。

與汪仲子別三首

翩翩雙鳳鳥，比翼青雲端。芳池不獨飲，竹實必俱餐。
何意相背飛，遽令乖所歡。我有綠綺琴，聊以暫自寬。
絲桐感人情，拊之哀孤鸞。推幹置之去，逍遙步河干。
中有並游鳧，戚戚念彌攢。

其二

飄飄子行邁，瞥如快鵠飛。豈不戀同袍，所念在庭闈。
向期崇朝還，今已六年歸。升堂視白髮，歡極轉歔欷。
抽身敕中廚，辦膳腯以肥。發我昔時箱，披我五紋衣。
一舞慈顏開，再舞百憂違。樂莫斯日樂，遠遊今悟非。

其三

還子無苦顏，羈人寡歡趣。宛馬東道來，西風常反顧。
予也塞鄙人，謬習從章句。會值好文時，凌風偶鸞鷟。

天路豈不廓，翱翔非所慕。華嶽雲臺邊，翳翳饒松樹。
其下盤茯苓，其上棲白鷺。歸與依吾鄉，延年而保素。

贈佘駕部之南都四首

我后洽文德，宇内富英彦。迅才鬱雲興，馳翰若飛電。
意氣凌風騷，睹者咸驚羨。我聞歐冶氏，鑄之經百鍊。
至道蘊淵玄，沙窮金乃見。張衡才何逸，十稔成二撰。
茲秋君能探，余心誠繾綣。

其二

吾愛南州子，懷瑾嗜冲素。纓冕填九衢，茲爾厭馳鶩。
挐舟遽南適，高踪疇能附。黃鵠異凡翮，四海隨飛翥。
焉能同燕雀，依依梁間度。炎江晝歊蒸，渚芳困毒霧。
願子慎行泊，勿云匪躬故。

其三

望吳行已即，迂棹忽而西。問君何爲者，嚴親重我悽。
趨里瞻喬木，別久惑故蹊。行行造堂階，見面情復迷。
顧視笥中彩，被服爛雲霓。承歡安可極，簡書畏難稽。
含涕仍辭閭，悲風爲酸嘶。

其四

鬚棹陟鍾岫，眺奇俯吳疆。故宮莽荊榛，清淮流未央。
千年王氣還，皇祖重開荒。晷城依虎距，飛閣擬龍翔。
十載心恒往，蔥鬱詎能忘。冀君愜登賦，枉我大夫章。
歷歷陳今昔，慰茲念所當。

贈瞿太史使梁册封四首

自爲京洛客，曲居城西隅。軒車遊不來，之子恒相須。
今朝就我辭，云望大梁趨。眷眷游子情，惻惻居人吁。
斷蓬處田中，風舉而天衢。世塗多乖別，非徒泣楊朱。

其二

四牡駕朱輪，征夫出薊疆。冬旭燿寒圻，觀者盈路傍。
借問此何爲，皇命爾肅將。山河盟帶礪，一扎縮十行。
盛以金錯函，襲以錦盤囊。置之當轅軛，所重在王章。
但軫靡及懷，焉知使者光。

其三

行行歲聿改，言及汴河濱。春風吹淥波，廣樂沸通津。
導入梁王苑，雁序鄒枚賓。禮竟華筵張，俎箏縱橫陳。
三爵未云已，授簡何殷勤。奮筆賦鴻篇，逸氣薄蒼旻。
坐客咸辟易，主君前自申。馬卿已牢落，千秋爾復振。

其四

梁園非不樂，王程詎敢稽。朝辭淥竹館，暮返薊亭栖。
經涉百餘城，城城哀黔黎。一哀困徭租，再哀愁鼓鼙。
翹首望君門，君門隔雲霓。太史采風人，聞言良酸嘶。
停車遲不發，奏草憑軾題。天王本弘仁，覽之重凄其。

爲嚴相公題三瑞圖三首

品物璨殊形，至德合一軌。軌一氣斯觸，形殊類則似。
伊昔嚴園竹，亭亭鈐岡趾。肅肅霜雪幹，猗猗東南美。
主人伏欲興，靈篠闡玄理。七節屈蠖伸，岐枝雙翼起。
祥鍾兆果符，跡奮悟同揆。譬彼伶倫遭，裁之吹宮徵。
既舞阿閣鳳，亦躍天池鯉。熙化豈異求，調律今在此。
誰謂嶰谷管，復當楚山裏。　　　右瑞竹

煌煌百卉內，芝也擅其神。檢圖誠弗爽，召祥亦有因。
猗茲負鼎翁，佐帝康斯民。斯民既已康，皇情豫且親。
閣曰延恩名，畀之楚城闉。其域未閱時，有芝生輪囷。
俄而茲役興，識者歎屢申。青者表木德，赤者象龍鱗。

綺錯非一色，徵理見吉人。謙謙君子志，睹瑞懼益振。
上以謂乾造，下以謂坤珍。　　　右瑞芝

四運無停軌，迅商萬妍謝。盈盈池中萼，灼灼長安舍。
孤莖翠自持，雙蒂紅相射。芳流詎因風，光深不減夏。
觀者摩朝簪，一顧一驚詫。借問此何爲，靈根結其下。
氣合株乃連，精通色無亞。何異同心人，駢肩而並駕。
古人云此華，服之能羽化。美人玩不采，但對持杯斝。
玩之有真契，朝吟繼以夜。　　　右嘉蓮

貢院贈袁懋中學士二首

自通金閨籍，匪懈夙所將。帝命秉在茲，焉得不徬徨。
爰有同心人，深肩共回翔。子也踰伯樂，我乃希夜光。
所願卞生歸，持以充珪璋。良驥苟在野，胡以服君箱。
勉哉殫爾心，毋令車下傷。

其二

肅肅崇垣棘，沉沉寒夜扉。噭噭雲間鳥，燦燦斗中輝。
佇立廣庭內，星漢漸微微。問余胡爲然，吳邪世所希。
誰與掘豐獄，我思布重闈。將令九苞羽，下之覽其威。
念在情無極，寧知露沾衣。

贈袁生督兵守鳳陽三首

初陽照東壁，有客款我門。問客何所之，駕言趨帝園。
腰佩金錯刀，羽旄豎戎軒。意氣無江湖，轅馬望路奔。
張君辨豐鋏，神光躍厚坤。願子策高足，慰我思所存。

其二

汎舟越長江，行行屆陵宮。陵宮一何麗，樓觀鬱雲虹。
崇辠翳松柏，金闕羅羆熊。將軍中夜起，仰天天無風。

回寢顧牀頭，寶刀挂雌雄。但令四境謐，疇願册元功。

其三

淮野山盤曲，雉兔交回岡。躍馬徵徒出，觀者盈路傍。
矢發不虛歸，左右斃雙翔。就罨敲石火，炙鮮呼金觴。
還車意未已，試巧疊穿楊。從禽豈所欲，聊以娛時康。

燕子磯次韻二首

蔡生期久榮，主父歎日暮。始圖豈不偉，終稅寂無趣。
伊余慚豹姿，敢云附隱霧。睠茲清江流，前種蒼桑樹。
四節逝不居，奄忽改芳杜。因之慕幽人，冀與訂良晤。
天外狎鷗群，雲中躡仙路。所嗟乏羽翰，萬里安能去。
弱冠事遨遊，廿年承雨露。戀恩恩未酬，檢齒齒非故。
驅逐將如何，徒令鬢髮素。

其二

旅愁苦未央，日夜相糾錯。雖云廁纓冕，何異坐窘約。
散步出郊圻，倏登川上閣。波長情既延，景異跡仍泊。
目睇江雲卷，意屬渚禽落。秖令鄉思馳，轉覺衣帶闊。
行止嗟誰尤，悔吝亦自作。王喬厭塵劫，屈平嗜蘭薄。
往哉無淹馴，去矣有飛鶴。窈窕三山秀，靈怪五丁鑿。
且共同懷子，相從覓所樂。

槐野先生存笥稿卷之二十九

槐野先生存笥稿卷之三十

左輔王維楨著　館甥渭上南師仲編

七言古詩一十首
贈孫伯子畫菊歌并序 以下北署稿
錦江行贈陸子使蜀
贈劉少參赴楚守顯陵
對雨篇
對雨後篇
相逢行贈艾少參
石鼓殘文歌
封君鄭公以子朝慶太史貴衣錦南歸作畫錦篇贈之
東海篇送劉太守入覲 家居稿
北邙行 行役稿

七言古詩

贈孫伯子畫菊歌并序

　　楨所爲畫菊歌者，辭旨局促，才藻繁猥，視古作者相距殆千里。然以發抒花態，抉剔筆精，則自謂十九有中矣。夫畫之道，與詩通也。神情苟會，則意象隨具；心手應援，則態度弗乖。古亦有言，惟其有之，是以似之，伯子之謂也。若中無栽植，臨景髣髴，得其莖則葉失，體幹即完，色相不浮。詩亦若是而已。故諸秋能之品，未始無法。泥法者陿，弗學弗得，自得者鮮哉。楨自操觚以來，注情篇什，期詣淵邃，然妙悟竟隔。即觀伯子所爲菊，窮日拂玩，脉脉灑灑，遂有解如此云：昔張旭善草書，自以謂見公主與擔夫爭道，而得其意。已又觀公孫夫人舞劍，而得神俊。楨之童昧闇劣，惡敢自託于古人。然于徵類觸長之道，因甲求乙之術，則竊所學焉。爲念通家骨肉之誼，有投必合之情，輒吐新識，欲秘不得，使語諸人人，則自延誕責，此其囚哉。歌既勒卷，用備笥中一物，且令觀者知西國鄙生有此崇嗜，與看花玄都之儕異矣。若其爲伯子傳聲于不朽，則以俟賦落英之才、蘊東籬之致者大衍厥辭，楨非其輩也。新暑薄人，有言不得具，然物理亦止此，伯子其謂何。

　　　　畫菊自有孫伯子，眼中菊花無顏色。
　　　　千葩萬萼貌皆神，鄭老王丞掩不得。
　　　　鄙人重菊尤重孫，初乞一揮挂吾軒。
　　　　霜天搖落群芳盡，錦石崢嶸數樹存。
　　　　坐觀立玩忻還訝，紫艷金英爛相射。
　　　　恍惚如遊甘谷叢，葳蕤疑傍東籬下。
　　　　東籬甘谷杳難尋，畫手千年直到今。
　　　　細蘂疎枝秋嫋娜，含煙帶露氣蕭森。
　　　　吁嗟伯子之菊胡爾殊，少日致品自三吳。
　　　　分畦列植繞山墅，朝吟把朶夕對壺。
　　　　一吟一醉情相悅，便欲因之向點綴。
　　　　濡毫拂絹花神愁，生色真機造化泄。
　　　　名筆今餘二十年，長安門閾踏將穿。
　　　　孤芳一出連城賤，尺幅持來萬戶傳。
　　　　孫伯子，勁氣直操無與比，畫中霜幹宛相似。
　　　　已知勳望收人寰，況睹丹青冠帝里。
　　　　東園繁華李共桃，才看綽約倏飄搖。
　　　　南渚芙蓉雖稱絕，娉婷可耐秋風高？
　　　　三花總不煩君手，煩君更寫菊之友。
　　　　紫蘭翠竹團清泉，天寒歲暮恒相守。

錦江行贈陸子使蜀

君不見，濯錦江中錦爲水，形勝冠絕西南州。

遠勢逶迤作字轉，清波瀲灩帶花流。
蜀女濯錦錦爲燦，水之奇異殊足歎。
安得臨流一玩之，令我胸中生錦瀾。
錦瀾星橋萬里餘，使君今乘駟馬車。
琴臺夕訪相如調，草閣朝尋揚子廬。
揚馬千年俱已矣，只今惟有錦江水。
君飲江水餐江芷，期君文章亦如此。
人言君行解網羅，君行獨自費吟哦。
峽樹時聽啼血鳥，渚風遙遞竹枝歌。
歲晚看君西南鶩，到時雪滿錦江路。
江頭得句應念余，江中鯉魚幸無數。

贈劉少參赴楚守顯陵

先皇昔時乘飛龍，龍飛弓墮楚山中。
其後瑤池邀聖母，遺珮卻在燕臺宮。
當時諸臣議頗紛，或欲別隧比湘君。
所賴我皇見不移，同室同穴古有云。
嘉靖己亥二三月，大駕親行觀陵闕。
羨門馳道皆新啟，荊榛爲掃山突兀。
歸來始發梓宮舟，五月江平非人謀。
使者還報哀未已，更詔置吏守其丘。
茲丘巀嶪俯南州，下峰踞虎上盤螻。
金粟之山何足數，黃帝橋陵未可儔。
中有桂樹枝相結，雙棲鸑鷟將九雛。
自從置吏十年周，闢臨虎豹茂松楸。
崖頭石鏡光閃爍，山鬼驚避聲啾啾。
劉君此去百不憂，伏臘虛筵俎豆張，但奉衣冠時出遊。
亭碑雙峙功德在，閑剔苔蘚識蝌蚪。
我聞洞庭以南即蒼梧，隔岸有廟帝女孤。
千年斑竹猶含怨，一水盈盈不得俱。

只今二聖共一山，翠華雲軿相往還。
夜深風起萬壑間，虛空珊珊響珮環。
君也聞之動心顏，嗚呼！君也聞之動心顏。

對雨篇

西山黯黯雲氣黑，日落未落帶雨色。
夜深亂鴉九衢喧，轟雷厭城雨翻盆。
攬衣驚出莽四顧，前屋後屋溜如注。
樓頭鍾鼓不聞傳，但聞玉溝濺濺波濤怒。
此時上御集靈臺，燭裏龍顏筅筅開。
平明筵張雨亦歇，左右爭進萬年杯。
君不見大麥回枯小麥青，社鼓賽神民樂生。

對雨後篇

燕市雨餘花如簇，買之百本植屋後。
晴日亭亭一株立，餘枝散地垂不茂。
朝雲灑霽風淅瀝，前雨既足今雨又。
推窗看花意轉嗔，立者自立仆者仆。
栽培枉費主人心，我堂不妍翻增陋。
雨分雨兮澤何厚，脈脈相對移清晝。

相逢行贈艾少參

艾子別予凡幾載，長安柳色十更代。
邇來復走長安陌，相逢杯酒俱感慨。
予今醜老昔朱顏，子亦四十鬢且斑。
向來形容不自保，何況萬事反覆間。
君不見漢家五侯雄甲舍，車馬紛紛候門下。
草玄閣中揚子雲，閉戶反遭時人罵。
又不見斯非結交誓死生，秦雖貴斯非有名。

一朝寵利防傾奪，背面戈矛不顧盟。
今人古人皆若此，言之憤懑哀歌起。
五陵豪俠今非少，百歲交游吾與子。
子到長安已再春，宿昔意氣不沈淪。
要路朱門絕謁謝，窮巷往往停車輪。
是時東北有胡塵，要子請予致其身。
吐膽傾心有大節，蘭芬金斷豈常人。
歡遊未極復分散，大梁遙指黃河岸。
君歸大梁憶長安，予望黃河生嗟歎。
黃河淼淼與天連，正月雪消注百川。
我乃持戟帝座前，安得同汎黃河船。

石鼓殘文歌

我聞宣王石鼓史籀筆，文辭簡質字銛利。
歲久剝落搨摹昏，讀者往往恨弗備。
頃登汪君堂，見此更惆悵。
形畫失真事之微，中興勳蹟隨彫喪。
於乎文武已歿成康往，幽厲再傳姬祚衰。
田事不講武威弛，宣也英英嗣其基。
岐山之陽廣且夷，我馬可驅車可馳。
召從百辟修舊典，左驂右騑各有儀。
君王大輅吉日出，旌斾凌亂天風吹。
駪駪騎射競獻巧，喧聲振山山為披。
汧水沔水魚瀰瀰，選徒擲網又一時。
事罷從臣奏大成，爰請礱石勒其銘。
豈徒風烈紹先世，要令千載垂鴻名。
人言禽荒古有誡，彼美宣王寧無解。
玁狁內侵蠻夷侮，我武不揚萬事壞。
請君究古蒐遺編，參訂闕文裨之全。

賢聖作事固可傳，毋爲區區點畫論精妍。

封君鄭公以子朝慶太史貴衣錦南歸作畫錦篇贈之

海東旭日射郊紅，鄭老南行趁曉風。
江草萋菲明錦繡，野雲繚繞護艨艟。
艨艟望望穿遙樹，錦衣驚起沙頭鷺。
瞻闕時開紫誥函，含情轉盼赤霄路。
赤霄下直金馬門，阿戎載筆擅詞源。
十年庭對傳詩禮，九漢冥騰班鷺鵷。
鵷鷺班中如鄭者，共擬驊騮空萬馬。
家世元稱鄭子真，文章況逼孟東野。
只今風譽動明堂，帝曰推恩表義方。
五花細爛雲霞色，雙鳳高銜日月章。
翁兮衣錦自茲始，胡以貴翁視爾子。
四海聲華一日馳，百年閥閱崇朝起。
故園風物那堪違，衣錦翩翩晝日歸。
花光樹色晴相映，玉敕霜色晚共煇。
吁嗟此去人共羨，急柁飛檣馳如箭。
名高里閈鄭公鄉，身赴雞黍香山宴。
香山高會樂偏饒，衣錦如翁興更豪。
朝遊谷口田千頃，夕飲潮頭月一瓢。

東海篇送劉太守入覲

渭水湯湯流，言歸東海東。
我送劉大夫，臨流酌酒筒。
大夫東征氣磊磊，聽我爲子歌東海。
東海天開萬水窟，萬水東奔誰能改。
誰能改，赴海門，萬水灣環此水尊，
風雲晝吐蓬萊氣，蛟蜃宵蟠日月根。

日月蓬萊光相映，六鰲穩載波如鏡。
　　島樹嘗聞鸞鳳棲，鮫人不道鯨鯢橫。
　　島中十二樓，樓上集神仙。
　　絳節搖搖紛閃爍，霞裳兩兩劇聯翩。
　　霞裳絳節數不計，共向鉤陳朝玉帝。
　　水底龍吟簫自吹，雲中鶴唳曲新製。
　　一曲世所希[一]，玉帝朝來啟玉扉。
　　王喬從此登仙籍，方朔今回近太微。
　　劉大夫，覲天子，萬水朝宗宛相似。
　　君不見皇家車書八表同，皇居正向海濱起。
　　君行會到東海濱，蓬萊雙闕玉嶙峋。
　　天子見之用爾作，近臣不信試看王喬倫。

【校記】

［一］"一曲"前崇禎十二年四十二卷本有"新製"二字。

北邙行

　　洛陽城中無繁華，洛陽城北有古墓。
　　今人繁華古人爲，古人不見見古樹。
　　寒食家家焚紙錢，哭聲高處盡新阡。
　　古墓古樹空嵯峨，斷碣殘文姓不傳。
　　邙山矗矗幾千尺，南望洛陽俯紫陌。
　　紫陌軒蓋人嘗避，壠頭金印牛羊跡。
　　客下北邙遊燕關，燕關忘卻北邙山。

槐野先生存笥稿卷之三十

槐野先生存笥稿卷之三十一

左輔王維楨著　館甥渭上南師仲編

五言律詩八十六首
春登郊壇偕諸同館三首 以下北署稿
別舍弟二首
送人奉使南歸
留別諸同館四首
慈恩寺納涼用郭質夫太史韻四首
立秋夜坐有懷三首
雨霽宴郊壇徐奉常院二首
送駱太史謝病歸湖州四首
送黃僉憲赴山東二首
七夕宴集和陳太史
陳子詩期七夕宴集忽雨渝盟迺依韻嘲之
七夕雨二首
七月八日夜集陳子館
中秋夜飲景叔喬子和韻二首
送李子西憲使再赴汴臺
三忠祠
寄趙孟靜
陳戚畹宅同年會和孫志高韻四首
廣德寺送別陳子
千秋節二首

送趙明府赴長洲

送陳子侍父歸嵩山

詠孫氏第雪獅二首

左順門望文華有述

月夜孫志高見過

左順門偕諸寮上問安疏

冬夜孫志高宅對月

冬夜過孫錦衣太史昆仲留觴紀贈一首

雪後望西山

送兄二首

和袁子詠雪之作

初度二首

贈王懋中太史移居四首

壽甘母二首

大風

春日院中齋居對雪

同館寮宿院中

三月晦日諸館寮約集鄭園余坐阻不赴寄之二首

俞侍御父母雙壽

七夕雨

秋夕齋宿

送盧子上泰陵祠昭聖太后二首

齋夜同彭孫歐三太史

中秋過汪氏二昆季玩月二首

贈潘使君赴汝寧二首

贈李侍御按雲中

送吳吏部謫大名二首

秋夕孫子見訪和韻

壽蘇諫議母許孺人兼贈諫議得告歸侍二首

雪中簡鄰舍汪子

五言律詩

春登郊壇偕諸同館三首

爛熳簇金馬，登臨傍紫霄。飛花千樹下，曲磴五雲飄。
漢闕晴相映，燕關望不遙。和風特地起，隱隱洞中簫。

其二

珠履千盤轉，夕雲四望開。未須愁羽翰，茲已傍三台。
勝覽收堯甸，長吟倚漢臺。同遊俱俊妙，把酒亦奇哉。

其三

野曠瑤壇出，天高霽色分。丹梯觀日月，玉佩引風雲。
鰲岫微茫現，鸞簫仿佛聞。每緣龍駕入，長有赤霞文。

別舍弟二首[一]

猶是他鄉淚，那堪爾更離。腸回分手處，被憶共眠時。
行斷鴻雙叫，征遙馬獨嘶。歸言好消息，聊慰倚門思。

其二

爾去伴春歸，鶯花撩亂飛。到知無市虎，行擬訪庭闈。
骨肉他鄉淚，桑麻故國扉。金臺遙送目，征騎入雲微。

【校記】

[一] "舍弟"後崇禎十二年四十二卷本有"維新"二字，本卷目錄亦同。

送人奉使南歸

幾載江鄉夢，秋來此放舟。晝歸看漢使，宵泊和吳謳。
去指金陵樹，回瞻薊闕樓。君行有雙劍，會遣紫光浮。

留別諸同館四首

湖海知名日，雲霄結侶時。相依憐玉樹，贈別把松枝。

何地同看月，因風好寄詩。文園歸臥客，萬里幸相思。

其二

忍判金門袂，卻憐共直時。聽鶯穿柳苑，歌鳳倚花枝。
真羨凌雲氣，長吟伐木詩。浮踪難自定，延竚有深思。

其三

蓬轉何須歎，星團會有時。爲言天上侶，莫折道傍枝。
劍在輕分袂，囊空感贈詩。病來吟力減，報爾愧清思。

其四

今帝過炎武，鄒枚盛一時。雲龍游遠漢，梧鳳在高枝。
苦抱還山癖，愁吟戀闕詩。莫將司馬薦，病矣倦文思。

慈恩寺納涼用郭質夫太史韻四首

地偏人不到，曲砌徧苔磯。自愛尋真入，何嫌與世違。
薜房閒白羽，藤樹挂緇衣。毒熱愁無那，蕭然一坐微。

其二

五月亦何爽，東林不傍村。微風寒石榻，濃木蔭溪蓀。
余是驅車客，茲爲避世軒。無生如可學，捐珮未須論。

其三

野外煩囂絕，城中車馬紛。偶來閒問社，不是故離群。
淨院依風色，游心憚日曛。徘徊松柏裏，香靄共氤氳。

其四

日暮不知去，棲禽啼滿林。僧沾微月返，星向暝樓臨。
偃蹇由來性，遲迴自和吟。明朝又城市，愁見土盈襟。

立秋夜坐有懷三首

爲客三看月，關情獨此宵。葉辭風裏木，斗轉漢邊杓。
逝水嗟時序，張燈坐寂寥。鄰人吹短笛，不管旅魂消。

其二

去年當此日,葉下不爲凄。鄉月當樓照,園禽伴我啼。
撲螢行竹外,披露臥軒西。京洛關山絕,秋風憶故棲。

其三

塞草秋應茂,胡奴欲犯關。寐從今夜廢,弓有幾人彎。
霄漢誰謀國,華夷只限山。書生空肉食,自赧月中顏。

雨霽宴郊壇徐奉常院二首

愛此赤松家,令予清興賒。玉童調白鶴,金龜鬭丹砂。
衣潤臺邊露,花迷洞口霞。何當謝人世,即爾駐年華。

其二

主人譾客情,歌管步虛聲。始信仙家別,能令世慮輕。
青鸞棲竹院,赤石映霞城。猶自牽纓冕,將無誤此生。

送駱太史謝病歸湖州四首

忽謝金門直,言尋碧海濱。明時豈無意,旅病苦傷神。
白髮愁中長,青山夢裏真。知非鷗鷺侶,暫與薜蘿鄰。

其二

挂席下遙潯,行行指越林。菱歌醒旅夢,鱸膾稱鄉心。
千里秋江水,孤舟夜月吟。和人渾不見,霄漢有知音。

其三

何處采芝苓,松嵒與石町。一蘇司馬病,重注子雲經。
舍外湖光白,窗中越岫青。客來時問字,不得臥深扃。

其四

君家湖水上,余住華山西。不爲憐同調,何緣惜解攜。
高林風葉下,遠渚暮雲低。望望行舟杳,津樓費屢躋。

送黃僉憲赴山東二首

罷草辭蘭署，驅車向海隅。澄清今屬范，平反舊名于。
蜃氣衝風落，鯨濤絕岸逋。東人應解說，此後鮮冤夫。

其二
余意觀滄海，君行謁孔林。千年獲麟地，半世望洋心。
政憶哀矜訓，宅聽絲竹音。從知多古調，老檜動長吟。

七夕宴集和陳太史

靈匹今宵會，言尋隔歲盟。同歡吾在此，競巧句雙成。
雲似仙鬟裊，月疑玉珮明。填橋鵲共去，怪底樹無聲。

陳子詩期七夕宴集忽雨渝盟廼依韻嘲之

仙筵即共賞，風雨卻寒盟。不及雙星信，河梁約竟成。
坐令佳節邁，空對客燈明。歡宴知誰第，笙歌急夜聲。

七夕雨二首

暮雨緣何事，仙娥赴舊期。爲傷彌歲阻，不以濕衣辭。
碧霧寒丹幄，驚濤濺畫眉。明宵如可再，那畏險衝泥。

其二
雨晦針樓夜，燕姬恨不休。驕雲急奔馬，暝漢失牽牛。
博巧違今夕，瞻星記後秋。明當剪庭樹，風葉易生愁。

七月八日夜集陳子館

仙媛方怨別，仙子復尋盟。天上鵲橋斷，人間燕席成。
杯含孤月白，河間二星明。佳會知難數，酣歌盡漏聲。

中秋夜飲景叔喬子和韻二首

纖雲淨碧落，圓月皓中央。詎意今宵酒，逢君引興長。
光搖杯影亂，吟倚檻花芳。高調真難和，嘿然坐燭傍。

其二

今夕非凡夕，中宵宴未央。風清知漏永，月白仰天長。
樓笛飄淒調，庭蘭溢暗芳。留連銀渚曙，徒倚美人傍。

送李子西憲使再赴汴臺

梁苑與繁臺，夫君屬再來。豸移曾搗穴，馬入舊題梅。
城是黃河抱，衙當艮嶽開。雖然持斧鉞，猶可賦鄒枚。

三忠祠

乍睹神如在，卻憐志不償。身殘無社稷，廟古有椒漿。
靈聚松杉院，生憑鐵石腸。千年識餘恨，怒鐸起長廊。

寄趙孟靜

劍閣青天外，燕樓每自凭。人皆極霄漢，爾獨厭飛騰。
臥倚深晷寺，閒邀同病僧。禪心如有悟，一寄五雲層。

陳戚畹宅同年會和孫志高韻四首

俱起脫荷裳，聯趨傍日光。十年霄漢客，七貴鬱金堂。
興逐燕歌發，衣攜御案香。猶思曲江舊，春水繞青蒼。

其二

今筵已此地，來聚復何時。共戀看花伴，齊吟伐木詩。
淹杯忘景夕，闋唱見雲移。無限乾坤事，誰當遂所期。

其三

仙曹錦繡裳，仙醴玻瓈光。歌起雲停戶，簫鳴鳳在堂。

梅風遞花樹，蘭霧裊爐香。不盡追攀意，何言暮色蒼。

其四

一別十年去，百年能幾時。殷勤醉後語，慷慨座中詩。
城晚霜笳動，歌闌錦瑟移。相看歎踪跡，萍海渺難期。

廣德寺送別陳子

俱是游京國，獨憐尋故山。鄉心因子劇，別句對僧刪。
枯沼風荷咽，空林夕鳥閒。前程愁欲暮，乞與一燈還。

千秋節二首

七歲即明聖，仙才信不虛。生來龍鳳表，誦得典謨書。
玉闕千官舞，金枝九葉舒。願言時問寢，常到萬年廬。

其二

拜舞集天閽，仙盤上曉暾。未能通漢苑，先得奉堯樽。
露湛彤墀草，笙聞白鶴軒。從今億萬載，長此戴明恩。

送趙明府赴長洲

春擬到蘇臺，江流面面回。東風一夜發，曉樹萬花開。
虎岫傳名壤，牛刀試異才。公餘若問古，吳苑盡蒿萊。

送陳子侍父歸嵩山

阿翁懷舊隱，子亦戀鄉關。雙駕青門外，歸塗白雪間。
身溫寒夜席，衣學古人斑。明到嵩山曲，芝觴好駐顏。

詠孫氏第雪獅二首

豈自條邦至，疑從崑岫生。風毛翻玉屑，日彩盪瑤精。
踞地如思奮，看人似欲鳴。情知非信有，臨視意頻驚。

其二

入庭真足詫，何物爾崢嶸。瑰狀熛雙眼，奇毛縮六英。
衝風寒益壯，不月夜猶明。雖在階除裏，還看猛氣橫。

左順門望文華有述

門爲通天峻，宮因抱日華。露明曾傍柳，春動舊穿花。
鑪氣連王氣，墀霞映閣霞。含情獨佇立，高處見栖鴉。

月夜孫志高見過

君有王猷興，余慚戴子家。過逢乘夜月，門館靜雲霞。
貧擬來人少，詩憐古意賒。同聲今復幾，莫便轉歸車。

左順門偕諸寮上問安疏

臣心似丹靄，長傍帝宮飛。壽已占千歲，身應爲九圍。
函中犬馬戀，闕下羽林威。晚候金門側，瞻依極暮歸。

冬夜孫志高宅對月

今夜華堂月，盈盈坐玉壺。影流疎竹動，光滿一燈無。
城笛關山調，君詩合浦珠。不歸非漫興，此地可忘吾。

冬夜過孫錦衣太史昆仲留觴紀贈一首[一]

嗜靜雖吾癖，談奇即爾過。杯香雙桂映，雪霽二鴻和。
太史元稱馬，將軍舊姓何。徘徊不欲去，天地此吟窩。

【校記】

[一] "冬夜過孫錦衣太史昆仲"，嘉靖四十年二十卷本作"冬日孫伯泉錦衣季泉太史因而"。

雪後望西山

常愛城頭色,今看雪後容。蒼崿排玉戟,瑤樹變青松。
皓失雲林鶴,寒蟠洞壑龍。何因一駐馬,冰澗聽清淙。

送兄二首[一]

預愁分後苦,羈抱向誰論。雪裏征人道,天涯獨客魂。
寂寥棠棣館,迢遞鶺鴒原。意到家山日[二],池塘草漸繁。

其二

念歲憐兄暮,一官猶待年。探囊今已盡,剖袂淚同潸。
白髮臨河苦,青霄望日縣。他時問消息,鴻雁自須傳。

【校記】

[一] "兄"前崇禎十二年四十二卷本有"仲"字,本卷目錄亦同。
[二] "意",崇禎十二年四十二卷本作"憶"。

和袁子詠雪之作

天風吹白雪,來伴玉人清。身似栖梁苑,歌應繼郢城。
亂飄梅閣重,輕繞竹窗明。最憶袁安舍,期來倒數觥。

初度二首

母也彌六旬,余今半世人。猶多三徙魄,未老五雲身。
觴酒來燕市,冰盤具海鱗。朝來稱慶地,冬日可相親。

其二

少小從文墨,于今只故吾。徒然游鳳沼,未是探驪珠。
鏡裏容頻換,域中風漸殊。碧山有舊業,將擬著潛夫。

贈王戀中太史移居四首

苑木斜連戶,宮梅近拂牆。氣侵琴劍濕,風染竹蘿香。

虚阁玄经就，闲门碧草长。虽然住霄汉，何异在林塘。

其二
寂寞唯孤室，豪华自五陵。门喧裘马过，楼望海云凭。
爱竹呼君对，遗书向友徵。不须愁夜读，自有金莲灯。

其三
昔住城临屋，今楼市接门。多君不择地，得道自忘喧。
车马朝天路，蓬蒿吏隐轩。可言浑扫却，时有问奇烦。

其四
岁宴春将起，绕庭青草生。官闲长繫马，柳细蚤啼莺。
乡物吴王劍，臣心漢士纓。更憐芳調合，竊有結鄰情。

壽甘母二首
令子皆成孟，名媛不羨曹。里中傳閫範，天上有宮袍。
銜鳳恩長下，丸熊意獨勞。只今望雲客，目極錦江皋。

其二
定想稱觴地，秋花帶露舒。笙邀西海鶴，饌釣錦江魚。
健在年從積，庭深桂不疎。晚來歌舞劇，彩婆挂門閭。

大風
長安正月暮，强半烈風吹。苑草寒仍細，城雲晚更馳。
翻空朝勢壯，入樹鵲巢危。不惜摧楊柳，傷心桃李枝。

春日院中齋居對雪[一]
漸見青歸柳，忽驚白灑扉。暖風微著地，急勢曲穿幃。
寒勒庭花發，膏滋野草菲。端居疑節序，肅志迓天威。

【校記】
[一]"齊"，本卷目錄及崇禎十二年四十二卷本作"齋"，當是。

同館寮宿院中

話久輟青燈，宵寒擁翠綾。枝鳴宿鳥動，窗影曙光昇。
人語雞聲盡，風庭雪氣增。夫君莫問夢，多懷寐未能。

三月晦日諸館寮約集鄭園余坐阻不赴寄之二首

今春今日盡，游侶出京華。谷口鳴珂入，桃源背郭斜。
林鶯調妙曲，席藁墮殘霞。佳賞休言暮，姚黃冠百花。

其二

一春長抱戚，笑口可能開。漫使花殘樹，空聞酒上臺。
喧庭憎鳥雀，荒院任莓苔。獨倚詩排悶，詩成意轉摧。

俞侍御父母雙壽

龐德無聞子，梁鴻秖令妻。何如越江叟，茲事總能齊。
鶴島形雙老，鳧州影並栖。獨令柏臺史，日夕望雲迷。

七夕雨

爲是靈媛會，今宵雨故來。濛濛連魏闕，黯黯似陽臺。
城葉兼聲下，階蟲帶濕哀。客心空戀節，河漢仰悠哉。

秋夕齋宿

坐徹清秋夜，遙思太乙壇。三天神共下，五嶽帝同安。
祝史將金籙，香燈擁玉冠。微臣不可到，亦有寸心丹。

送盧子上泰陵祠昭聖太后二首

虞帝英爲嬪，周王姒作逑。當年稱二聖，此日閉重丘。
雲慘蒼梧夕，風悲玉殿秋。侍臣瞻切際，鳳輦必來遊。

其二

仙寢金梟海，皇心白露園。秋行嚴帝遣，夕奠降靈媛。
鍾鼓空山應，霜天宰木翻。知君懷舊德，悽斷關雎言。

齋夜同彭孫歐三太史

微微寒燭盡，晤語向深宵。千響秋驚宋，同心暗祝堯。
窗虛覺露下，桂落想天高。漸見雲低戶，應催萬壽謠。

中秋過汪氏二昆季玩月二首

孤月明無際，繁星淡不輝。只疑金鏡轉，卻道玉盤飛。
氣逼浮雲斂，光含白露微。無因生羽翰，萬里但瞻依。

其二

謝庭欣得月，長夜坐忘還。歌酒耽燕俗，池塘印鄭環。
憐香依桂樹，聞笛憶關山。重以南鴻度，君心江漢間。

贈潘使君赴汝寧二首

使君分部所，山水似宣城。露冕千人望，板橋五馬行。
吟知齋對岫，政想臥爲聲。簿領焉能累，由來謝眺名[一]。

【校記】

[一]"眺"，當爲"朓"之譌。下同。

其二

汲黯猶爲郡，黃公終賜金。但愁徵拜日，無奈借留心。
舊直旌摧檻，新鞭繞贈音。嗟予傾蓋晚，相望意何深。

贈李侍御按雲中二首[一]

青驄白玉環，之子向邊關。影度桑乾水，目寬句注山。
防胡身佩劍，弔寶石成斑。霜氣因君早，寒威八月間。

其二

年年此戎馬，望望半空村。陰火冤夫氣，秋笳漢使魂。
背人鴻入塞，行部鷺隨軒。白簡無嫌數，安危在討論。

【校記】

［一］"二首"二字本卷目錄無。

送吳吏部謫大名二首

簪組先朝舊，吾鄉不乏賢。君今下霄漢，予意重悽然。
賈傅投湘日，屈平辭楚年。離筵顧儔侶，落落曉星天。

其二

謫處王畿切，無歌行路言。爲官殊畫虎，得罪類亡猿。
澶水涉旬到，滑臺望斗繁。君王明日月，終爲照翻盆。

秋夕孫子見訪和韻

美人今夕至，明月故徘徊。案帙秋螢點，鄰機寒女裁。
驚心時序晚，淹坐鼓鐘催。俱是他鄉客，堪聞北雁來。

壽蘇諫議母許孺人兼贈諫議得告歸侍二首

嶺表無黃葉，年多不記秋。但知霜入鬢，曾見海爲疇。
跨鶴身同健，丸熊意竟酬。獨憐游子遠，霄漢望歸舟。

其二

歸舟遵海入，應慰倚門心。綵袖重溟映，芳蘭五嶺尋。
承恩將錦誥，獻壽恥黃金。唯有白華曲，傳來清廟音。

雪中簡鄰舍汪子

君爲南楚客，我乃西秦人。舊國元連壤，今居更卜鄰。
坐看簾外雪，調憶郢中新。興至相尋易，無愁棹遠津。

槐野先生存笥稿卷之三十一

槐野先生存笥稿卷之三十二

左輔王維楨著　館甥渭上南師仲編

五言律詩八十首

送人之金陵 以下北署稿

上元壽傅母太孺人

午日送郭主簿之江都二首

送內兄選士郭子歸省二首

寄郭舅郭故爲縣倅

寄齊侍御

夏至齋居

送孫生鋌入吳成婚

雨中郊寺送郭子

慈仁寺集鄉中諸友

送華學士之留都

中秋集汪尚寶舍和韻二首

白僉事入賀聖壽卻還山東二首

送彭子還山二首

贈許氏二首 有引

送王司成之南都二首

沈光祿謁歸以改塋先大夫兆

申進士令分宜

秦維价宰孟縣

寄贈宗兄司訓

送汪子

送徐推官之西安

輓許相國夫人二首

送李明府之任蜀中李父故爲御史

贈陳憲使之江西兼訊謝許二丈二首

還闕二首

寄家書二首

寄東氏妹二首

五日登毘盧閣同王趙二子二首

予既還京會無錫王子亦至因簡二首

寺閣同諸子和楊司諫韻四首

立秋書懷

聞蟬

秋日閒居二首

贈張秋部決獄南畿

雪日詣宫門哭大行皇后有述

贈學士張公之留都

春晚見白髮作

聞鶯次趙子樂比部韻

孝烈皇后輓歌四首應制

人日作

春日寺集和尹崇基韻二首

賦得天寧塔贈別胡中望同年

郭氏莊遊次崇基尹子韻二首

南浦舟泛次韻

南浦觀蓮次韻

贈閔氏提學山西

贈劍與孫都督

送葛給事以使册封歸河西二首

輓竹坡隱君

有客二首

贈朝宗劉子宰瑞安二首

寺中訪喬景叔大參留宿二首

五言律詩

送人之金陵

君行辭北闕，予意慕南邦。龍虎雄蟠岫，煙花錦夾江。
春聲聞凍浦，暖日透船窓。最是乘潮便，無緣鼓楫雙。

上元壽傅母太孺人

漢京燈夕至，令節倍繁華。春酒新浮蟻，名媛舊夢蛇。
邦傳三徙訓，宴倚五陵霞。即此勝王母，無勞羡孟家。

午日送郭主簿之江都二首

午日有蒲觴，留君醉帝鄉。酒醒天欲暮，別去念何長。
臺駿元稱隗，棘鸞卻負香。不能推俊彥，羞說位巖廊。

其二

直泛長淮盡，開窓見廣陵。千區朝市客，萬點夜船燈。
擁岸人騎竹，當官子飲冰。無言不得意，茲地古來稱。

送内兄選士郭子歸省二首

聖代無屈士，如君竟自舒。名通上國籍，秩挾右軍書。
久客鄉心發，長郊去馬徐。遙遙函谷外，白髮倚門閭。

其二

送歸殊自歎，十載住長安。旅跡同飄梗，征人獨采蘭。
天遙堤柳黑，鄉近嶽蓮丹。孟老應相問，惟貧似伯鸞。

寄郭舅郭故爲縣倅

逍遙官罷後，依舊只哦松。世上無窮事，心中自不容。
健知弃杖走，遊說抱琴從。如向三峰頂，迎人有二龍。

寄齊侍御

南國得炎早，因君五月霜。威傳江客遠，書上漢廷長。
塞北仍多事，天涯憶舊行。何時歸柱下，高論動巖廊。

夏至齋居

節候忽如此，端居感慨心。城雲看火度，宮樹起蜩吟。
便覺年將半，那堪暑遂侵。所思在虞帝，南吹散瑤琴。

送孫生鋌入吳成婚

去矣秦淮水，南風菡萏新。身游吳帝苑，人擬孟家親。
鳳管臨臺發，雞山引眺頻。六朝文物舊，未可廢推論。

雨中郊寺送郭子

東林君且住，急雨濕征衣。愁說恒河漲，思看佛日暉。
情人頻勸酒，釋子解忘機。但道沈冥坐，鄉山定裏歸。

慈仁寺集鄉中諸友

春來不得意，秋至尚羈棲。鄉思深燕館，客游到虎谿。
新涼蓮水畔，宴坐夕陽西。世事唯堪醉，青尊爲爾攜。

送華學士之留都[一]

君王正圖治，學士乃南轅。春度長淮水，星分太乙垣。
馬遷元石室，方朔本金門。即見徵還日，懷書十萬言。

【校記】

[一] "留",嘉靖四十年二十卷本作"南"。

中秋集汪尚寶舍和韻二首

高城角夜流,高宴屬豪遊。醉度霓裳曲,清吟落葉秋。
霜將月皎皎,思爲客幽幽。可那南樓笛,聲聲是隴頭。

其二

今地月華流,全勝天柱遊。蟾蜍臨水靜,風露滿庭秋。
寒鵲驚枝繞,鳴蛩破室幽。關山未歸戍,此夜倚樓頭。

白僉事入賀聖壽卻還山東二首

閶闔九重開,衣冠萬國陪。象隨人共舞,鳳逐樂雙來。
仙醴擎盤露,山呼繞殿雷。夫君亦至止,金鑑録須裁。

其二

舊是含香吏,今爲攬轡臣。來知戀北闕,去擬慰東人。
海氣瞻浮蜃,郊情憶獲麟。遠遊空復志,送子重傷神。

送彭子還山二首

看君得罪去,別路倍堪悲。虛負彈冠志,真成納履疑。
身應臥滄海,夢不到彤墀。若遇漁翁問,何當著楚詞。

其二

本性嗜閒居,歸來得遂初。向平家累畢,中散世情疎。
遊嶽將新履,絕交有素書。平生飛動意,爲爾欲焚魚。

贈許氏二首 有引

仲貽許氏之遷南奉常也,王子戀焉。又歎其成畫錦歸也,詩並有之。
君家鍾阜下,聖祖舊邦畿。二水清官舍,千門鎖帝闈。
到知仙是侶,行羨宦爲歸。晝日驅車馬,相如倍有輝。

其二

許子予所好，言離戀不窮。才華今謝朓，官譽舊山公。
卿月隨行李，王風速去蓬。南登有詞賦，莫不附雲鴻。

送王司成之南都二首

帝謂夔能教，南雍此奉恩。蒼龍辭漢闕，白馬度吳門。
道以先生重，名令學者尊。舊賓勞睿想，博望欲開園。

其二

敢云鳳是侶，十載濫同池。交愛那能道，行旌不可隨。
堂留倒屣處，途望著鞭時。南國見春草，知予千里思。

沈光祿謁歸以改塋先大夫兆

原生慕京兆，孔氏疑防山。大孝今誰繼，憐君此日還。
沾衣辭漢署，走馬向江關。若到悲鳴處，佳城在此間。

申進士令分宜

申生予所獲，少年懷遠心。手持循吏傳，言赴楚江潯。
敢謂張華識，相期宓子琴。彈來無自苦，世上有知音。

秦維价宰孟縣

河陽元勝地，之子去乘軒。花樹迷官路，濤聲入縣門。
孤城已非晉，舊事尚追潘。誠使芳名續，折腰未足論。

寄贈宗兄司訓

蚤歲淹經術，長途阻著鞭。逢人惜白髮，得宦耐青氊。
上論推匡鼎，諸生仰鄭虔。思兄若春草，徧繞泮池邊。

送汪子

出城芳草歇，臨水荌荷生。節換羈心感，山回客路橫。
同人違上國，天子在西清。萬事憑誰語，悠悠悵別情。

送徐推官之西安

故國君爲理，歡來卻自歎。秦人今好訟，漢法本從寬。
三面羅應解，重關路亦難。須君按轡入，百里到長安。

輓許相國夫人二首

相國能扶聖，夫人勸好賢。令名追解珮，峻業至回天。
何悟飛霜月，遂成殞蕙年。國門丹旐去，清淚萬人縣。

其二

澗水函谷接，青蘋歲歲生。歸魂今日駕，薦豆向來情。
行望胡笳慘，入鄉緱嶺橫。爲詢迎玉鶴，何日返雲軿。

送李明府之任蜀中李父故爲御史

名家周柱史，才子漢郎官。去望星隨幰，還知鐵戴冠。
棧花驅馭暖，江月照琴寒。萬里遊真勝，無歌蜀道難。

贈陳憲使之江西兼訊謝許二丈二首

繡斧江遙入，白雲官獨能。平持漢氏法，威著暴公稱。
山雨城常暗，浦雲波自澄。亦知文賦客，滕閣幾回凭。

其二

謝子猶垂翼，許君復縱鱗。高賢無下位，遠徼有孤臣。
南檝同人逝，東門把袂頻。因君聲二子，離思不堪論。

還闕二首

許身已南山，歘爾謁天關。猿鶴堪深怨，冠簪亦舊班。

海元群水匯，辰自眾星環。聖世誰能隱，移文不愧顏。

其二
西人皆好武，吾亦罷論文。昨向南山下，時隨射虎群。
趨朝寧徇國，在野每懷君。旰食憂邊切，阿誰請入軍。

寄家書二首
母念今逾切，別來夏又殘。時驚流水逝，日作倚門看。
有客傳消息，爲郎憶考槃。應知非謾語，貧賤故能安。

其二
客心殊不樂，千里獨長安。夢寐還家屢，風波涉世難。
跡危偏信卜，慮重欲辭官。悵望西飛鳥，何由附羽翰。

寄東氏妹二首
萬里游真倦，向來依故廬。寧親迎衛女，設饌釣河魚。
奔詔身仍遠，思家意不舒。班昭應有念，早上丐兄書。

其二
危途親更隔，獨客意偏哀。信遠憑長翼，詞悲敘大雷。
畏人將宦薄，懷汝覺神摧。何日雪堂共，重賡詠絮才。

五日登毘盧閣同王趙二子二首
應赴東林賞，榴花故國同。況今辰不住，可使色成空。
載酒諸天上，掇蒲淨界中。宴闌人未醉，憑閣思無窮。

其二
滄流不入渭，西嶺故遮秦。本博樓中趣，翻傷望裏神。
停杯看去鳥，落日下同人。支遁休慳馬，急將入暮闉。

予既還京會無錫王子亦至因簡二首
金門仍侍朔，聖代敢逃堯。以我猶懷隱，知君勉赴招。

陌塵袍色化，世故道心消。何以滄江畔，白雲閒自謠。

其二

華嶽吳江口，雲天萬里遙。相違憐宿昔，相見復今朝。
鋏判終同匣，鴻飛不異霄。扳歡斗酒匱，爲爾脫金貂。

寺閣同諸子和楊司諫韻四首

紛紛京洛客，此地幾能遊。氣爽秋疑早，林深晝亦幽。
觴緣逃暑舉，興爲慕空留。可道危樓晚，猶須上上頭。

其二

陰晴誰可料，朝霧晚爲開。簷鴿衝空逝，江虹截雨來。
霞流忽殿閣，身擬到天台。遊嶽嗟難遍，今觀亦異哉。

其三

居峻望逾迥，浩然生遠思。山無雲斷處，塔有雁來時。
繫足書猶澀，傷神客自知。十年塵土裏，初服盡爲緇。

其四

樓中客未返，棲鳥已松篁。興在惜餘照，空冥識妙香。
鍾聲侵檻急，杯影接雲涼。惠遠休憎飲，陶公嗜醉鄉。

立秋書懷

故園當此日，一葉下深閨。萬里勞親念，孤兒作客悽。
身將天共遠，心與火俱西。昨向秦關別，春風草色萋。

聞蟬

上苑無窮樹，微吟抱一枝。風回聲故迴，雀繞跡堪危。
清飲垂天露，寒哀向暮時。羈人愁聽汝，獨坐正多思。

秋日閒居二首

千里逢秋客，閒居感慨中。宦踪巢幕燕，鄉念下江鴻。

院靜蛩偏響，霜寒木漸空。遙憐故山桂，鬱鬱自爲叢。

其二

窮巷深仍僻，應門午未開。知無問奇客，不是草玄才。
履跡荒庭沒，秋聲遠樹來。誰言繫朝籍，只擬臥雲隈。

贈張秋部決獄南畿

使旄人總羨，之子獨含情。司寇雖持法，天王本好生。
江楓霜後葉，水驛月中程。縱令君多念，能無秀句成。

雪日詣宮門哭大行皇后有述

文母登遐日，哀臣哭臨時。風如淒玉闕，雪擬到瑤池。
宮女看雲立，仙人騎鶴隨。向來歡白意，此日淚偏滋。

贈學士張公之留都

春水吳天渺，風帆易石城。才奇牽物望，跡遠軫皇情。
何日迎周旦，前身是孔明。岐途無限意，佇立暮雲生。

春晚見白髮作

苑日柳全綠，庭風榴欲然。不知何處雪，吹向鬢毛邊。
把鏡光堪妬，傷神客獨偏。十年成底事，惟取百憂煎。

聞鶯次趙子樂比部韻

予懶春遊減，掩關客罷迎。居深羈旅感，鶯作故園聲。
遞響和風斷，得群繞樹鳴。向從家柳聽，不是此時情。

孝烈皇后輓歌四首應制

大聖今誰儷，長辭久益哀。暖鶯清淚墮，憂樹淒風來。

鳳輦宵空備，婺星瞻已頹。猶思少翁術，見貌上瑤臺。

其二

範内留芳訓，扶天有駿功。仙遊知跨鳳，聖念爲當熊。
玉佩虛無裏，蒼雲悵望中。宜春花照眼，淚灑舊時叢。

其三

暖候親蠶舊，今朝罷采桑。六宮齊下淚，萬葉爲誰長。
苑草春猶綠，雲車畫竟藏。返魂百無賴，空有月氏香。

其四

卜勝開今隧，峰回水抱關。丘成千隊力，星照九泉灣。
騎吹晨風壯，龍慌夕霧斑。都人瞻送處，號是武擔山。

人日作

人日陰晴半，燕山獨望時。晴當免夭扎，陰豈有災危。
天遠真難問，春歸只益悲。西南渭川渺，冰泮快漁師。

春日寺集和尹崇基韻二首

處處春光接，客愁殊未開。言尋息心侶，遂到望鄉臺。
見雁翻增恨，逃名莫道才。漫看諸妙樂，取醉藉蒼苔。

其二

長安少年子，春來日日嬉。城南無數寺，花柳徧含滋。
走馬尋香入，逐鶯載酒移。吾衰今可笑，向此亦棲遲。

賦得天寧塔贈胡中望同年[一]

平郊曠千里，孤塔突青天。寒集三秋雁，危開百丈蓮。
望應收楚蜀，勢已壓幽燕。徙倚吾愁上，離魂會渺然。

【校記】

[一]"贈"後本卷目錄有"别"字。

郭氏莊遊次崇基尹子韻二首

曠野迷禾黍，聞流不辨谿。問途行復立，入里北還西。
谷遠疑禽響，園深詫虎啼。上林云在邇，獵地豈應栖。

其二
稼事村村似，河流曲曲同。分明燕甸外，只訝鄭谿中。
三伏渾遺暑，百禽各占叢。簪纓聊此日，丘壑竟吾躬。

南浦泛舟次韻

呼舟催力進，波靜日仍暉。怕有回風作，虛令蕩槳歸。
白鷗來故狎，青島望何微。出浦聞相近，吾將遂所依。

南浦觀蓮次韻

生來本自潔，非爲遠塵氛。丹抱芳心色，光回水面文。
不愁逢赤日，卻愧比朝雲。更笑蹊桃艷，春歸遍地紛。

贈閔氏提學山西

晉壤胡沙接，羽書歲歲聞。登壇誰練武，擁節子論文。
道向河汾重，秋來烽火勤。自嗤簪筆者，翻欲學從軍。

贈劍與孫都督

寶劍藏年久，匣中渌水光。千金酬未許，一日爲君將。
青海傳雙箭，天山駐五王。何當持此去，萬里靖邊疆。

送葛給事以使册封歸河西二首

搖珮辭宮直，分珪向塞城。星槎千里使，帶礪萬年盟。
雪路遲春草，天山少早鶯。梁王偏好客，除道迓枚生。

其二
星海與崑丘，迢迢壯故州。人從青瑣去，鄉得錦衣遊。

苜蓿銜天馬，河源泛月舟。歸應折榴蘂，萬里致同儔。

輓竹坡隱君

聞說幽人逝，猶餘竹滿山。交風聲似咽，近淚色多斑。
笛憶龍吟斷，枝應鳳去閒。空令嵇阮輩，攜酒到林間。

有客二首

有客談農事，淒然傷我心。風回青失壠，日轉赤流金。
處處神巫問，哀哀寡婦音。憑誰還報語，帝禱已桑林。

其二

單于欻款塞，使者急臨邊。果得蒲梢馬，何言少府錢。
沙場元恨井，炎月更生煙。願假將軍劍，山山爲出泉。

贈朝宗劉子宰瑞安二首

得邑東南畔，皇心念遠人。徵求深到越，山海近連閩。
九曲神仙窟，三年撫字身。政成知有慕，潛渡武夷津。

其二

南國余真慕，湖山每按圖。宦來情漫切，君去景應殊。
秋浦平開鏡，霜林艷抹朱。過家潮正壯，還是子胥無。

寺中訪喬景叔大參留宿二首

遠客來千里，息心即此宮。世途已白髮，池館復秋風。
慷慨吾真動，留連夜易終。朝來聞過雁，翹首共遙空。

其二

君自梁園至，予依燕塞居。臺金事已往，苑雪賦何如。
俱抱千秋感，因停五夜車。秖須謀一醉，率爾脫銀魚。

槐野先生存笥稿卷之三十二

槐野先生存笥稿卷之三十三

左輔王維楨著　館甥渭上南師仲編

五言律詩七十五首
東峰二首和韻 以下家居稿
趙孟靜弟下第歸
郡堂趨賀聖節三首
投南寺避暑四首
贈馮子
西溪亭上分韻得屏字二首
草堂即落悼往悲今愴然有懷于我翁遂賦四韻爰抒底衷焉
熱
郵亭賦別限韻二首
宴南寺用韻
冬至西溪限韻二首
別浦竹塘侍御二首
元宵
齊大尹父母雙壽二首
送李兵備致仕歸二首
壽趙中丞母七十二首
張憲使父母輓詩二首
寄朝邑劉令二首
春夜草堂飲趙孟靜限韻二首
暑雨

寄周潤夫汪子才二曹郎

夜雨

美人篇

秋日登墅樓同郭子得差字

出平涼尋故人 以下行役稿

王母宮二首

夜投乾州

宿涇陽館穀不至

涇陽蚤發用壁間韻

渡渭

渭南蚤發

宿臨潼

華清宮

渡河用壁韻

王喬洞和趙孟靜韻

望輞川

過湘子祠

秦嶺過文公祠

度秦嶺

商州別舍姪吉兆北歸二首

聞蟬 以下留院稿

除夜書懷

元日喜雪和韻二首

早春過王宗伯宅留飲次韻二首

早春王錦衣宅集諸舊游次盧君韻二首

春日登鳳凰臺次韻二首

春日遊靈谷寺次韻

贈仲良童子之任泉州二首

悼內爲項氏作

哀妣爲項氏作

張戶部母六十二首

五言律詩

東峰二首和韻

孤嶂藏深隱，招尋奈爾何。芝壇圍鹿洞，翠壁挂青蘿。
谷許幽人賦，溪聽孺子歌。如聞鶴書至，還臥後山阿。

其二

知戀東峰久，幽懷定若何。縱吟穿水竹，避世入煙蘿。
澗月傳孤影，松風韻短歌。會應逢丹侶，騎鶴過南阿。

趙孟靜弟下第歸

詞賦今司馬，聲華宋小蘇。誰憐歌短劍，吾亦念窮途。
錦里千花爛，青峨萬嶂殊。題橋應有日，去矣莫嗟吁。

郡堂趨賀聖節三首

殘月城烏起，輕煙嶺樹迷。鳴雞醒短夢，躍馬度長堤。
曙鼓雲邊落，華簪柳外齊。鶯聲隨意轉，粧點漢金閨。

其二

法仗瞻依似，趨方拜舞同。絳霄浮瑞靄，華燭裊高風。
簫鼓疑天上，冠裳識霧中。卻思供奉日，執簡氣冲融。

其三

鼓吹開仙仗，衣冠儼漢儀。曙星猶紫極，香霧亦彤墀。
珮影三峰月，山呼萬壽詞。天顏知有喜，遙繫近臣思。

投南寺避暑四首

望裏乾坤赤，行邊草樹黃。問禪投野衲，駐馬坐空廊。
竹日晴逾酷，松風夕未涼。萬人今涕淚，吾亦慕商羊。

其二

境僻風煙靜，林深殿閣涼。松琴酬鐸語，茗盌豁詩腸。
鶴訝銀魚立，蓮浮寶地香。卻憐車馬客，盡日競彭彭。

其三

吾興層霄外，僧除此暫棲。苔青滋古棟，紗碧護新題。
開閣涼飈入，攀林夕日低。忽驚孤鳥起，直上五雲齊。

其四

戀勝登臨屢，松杉鬱作叢。萬方愁赤日，獨閣快涼風。
觀世塵沙裹，談玄感慨中。斜陽催去轍，回首盡晴空。

贈馮子

知子馮驥裔，劍歌志亦同。撥灰殘夜月，攀桂阻秋風。
麗賦千金在，霜蹄萬馬空。飛騰應有日，未可悵途窮。

西溪亭上分韻得屏字[一]

曲水圍青帶，回岡抱翠屏。冠裳仍廢榭，鷗鷺自寒汀。
霞覆千年樹，風翻十月萍。少陵何處問，徒倚白雲亭。

其二

暮倚溪山曲，悠然見晚屏。水風醒酒面，野火辨漁汀。
坐下忘機鳥，行吟浪跡萍。良遊天亦縱，明月故亭亭。

【校記】

[一] 此處本卷目錄有"二首"二字。

草堂即落悼往悲今愴然有懷于我翁遂賦四韻爰抒底衷焉

風燕歡穿戶，晴花笑入簾。豈知居室者，愁惋轉相淹。
堂豁堪羅鼎，丘高早傍巖。小樓曾一上，楓木落遙尖。

熱

院深風不度，火鑠酒猶溫。林密翻包暑，蚊多故趁昏。
何方無五月，明發問孤村。蓮洞涼如許，崟嶤不可奔。

郵亭賦別限韻二首

春館寒猶峭，霜旌氣愈嚴。萬人遮去馬，一斗候虛簷。
柳色暗浮閣，嵐光翠入簾。攀君真失計，彩筆漫重拈。

其二

暫爾關河客，相看幾愴神。恨無繩繫日，漫說馬回輪。
三疊杯前曲，雙旌畫裏身。自茲懷遠夢，夜夜逐行塵。

宴南寺用韻

疎林帶落日，殘靄碧氛氳。境勝詩相逐，情高鶴欲群。
梵歌羞艷曲，歸鳥度行雲。要對諸天月，不妨入夜醺。

冬至西溪限韻二首

杜翁行樂處，千載憶詩王。境接風人會，筵依雪岸張。
猶看溪瀲灩，亦有樹低昂。忽漫豪吟發，潛鱗出境望。

其二

有賦空招杜，論才遠謝王。溪回青鏡轉，山繞翠屏張。
當日亭何著，臨風氣頗昂。遺踪誰可問，雲樹幾回望。

別浦竹塘侍御二首

何事乘驄客，今朝奉節還。一封言慷慨，萬姓淚潺湲。
去望雲中闕，行看雪後山。蹊梅兼館竹，聊可慰愁顏。

其二

殘冬憐北去，千里霧雲昏。自伏批鱗咎，長歌行路言。

逢人惟洒涕，有夢尚排閶。到日春墀下，陽光透覆盆。

元宵

豈無三五夕，歌管獨今宵。陌上遊人滿，風中曲子搖。
寶鈿分朗月，火樹燦煙霄。爲樂看如此，昇平戴帝堯。

齊大尹父母雙壽二首

七十今辰及，榮光昔日無。人同龐老譽，庭有謝家株。
筵啟蓬仙下，笙鳴野鶴趨。何當綿歲月，幾見海波枯。

其二

雙挾藍田笋，登堂酌碧醪。海雲回彩服，春色醉仙桃。
健擬千年頌，祥看五色毛。縣知瞻拜日，白髮兩刁騷。

送李兵備致仕歸二首

自擁元戎節，憂時鬢易斑。賜環諧始願，躍馬度遙山。
勳業麒麟上，神情水月間。昆池大如許，任爾弄潺湲。

其二

共說失金障，何緣臥碧雞。有聲知漠北，不語過巴西。
行裏鶯花伴，別來虎豹啼。縣知歸後夢，鐵馬尚沙蹊。

壽趙中丞母七十二首[一]

生當五月望，戟府夜猶筵。北斗輝瑤樹，南風沸錦絃。
健躋榴閣坐，笑指桂輪縣。司馬因將祝，千回伴母圓。

其二

自製稱觴曲，膝前趙倚樓。綵雲停白馬，烏府勝丹丘。
蒲酒偏宜夏，萱階不受秋。長生吾有頌，其奈野人謳。

【校記】

[一]"中丞"，嘉靖四十年二十卷本作"撫臺"。

張憲使父母輓詩二首

那處埋雙玉，條山傍大河。只今駟馬貴，不奈九泉何。
墓草輝丹詔，渚蘭奠碧阿。無情東逝水，日夜咽聲多。

其二

幾持天子詔，哭向壠雲端。髮爲招魂白，衣緣灑淚丹。
人猶傳虎座，家尚德熊丸。化鶴雙來有，朝朝倚柱看。

寄朝邑劉令二首

十月菊猶艷，折花遠贈君。夢中宵對酒，闕下昔同雲。
塞北風煙鬱，中原鼓角殷。知君抱雙劍，端擬樹高勳。

其二

竟是排雲羽，不妨下陟風。相看從白眼，自誓有丹衷。
花滿新栽樹，威傳舊避驄。定知罷琴坐，有句念王戎。

春夜草堂飲趙孟靜限韻二首

窈窕歌今夕，留連及曙鍾。殘星低北牖，片月墮西峰。
歡向樽前劇，思於別後重。高標蓮嶽似，萬仞削芙蓉。

其二

幾載天涯別，今宵此聽鍾。昔游慚二妙，新興等三峰。
宿鳥窺燈起，春雲貯院重[一]。明歸錦江曲，相憶采芙蓉。

【校記】

[一]"貯"，嘉靖四十年二十卷本作"佇"，當是。

暑雨

風雨清涼暫，愁心切斷虹。坐看雲入岫，即有暑侵宮。
河朔遙難去，雪鄉事亦空。人言林谷爽，毒霧轉濛濛。

寄周潤夫汪子才二曹郎

懷人情不極，日暮且登臺。望盡長雲影，那能鴻雁來。
宮綾宵並直，署草曉同裁。應歎離居者，逍遙華嶽隈。

夜雨

夜雨聽無厭，春來望至今。枝甘棲鳥濕，泓得臥龍吟。
愁說朝陽起，緣知瓜圃深。殘燈具簑笠，欲向東門尋。

美人篇

美人樓上坐，曲曲度成章。能駐行人騎，難窺傾國粧。
問年逾二八，下嫁待春陽。不比巫山女，朝朝赴楚王。

秋日登墅樓同郭子得差字

久客悲秋屢，今歸重我嗟。青山猶故國，黃葉變人家。
不盡樓中感，況多鬢裏華。世途空節序，真覺向來差。

出平涼尋故人

窮塞涼州是，吾今出更西。峽深昏白晝，劍在耀青霓。
畏色生危巘，吟情亂急溪。故人千里外，有酒慰羇棲。

王母宮二首

地勝層山抱，人亡故事訛。來緣舒遠眺，到豈訪仙娥。
鼓吹失青鳥，風雲引玉珂。未須生羽翰，身世已嵯峨。

其二

嵬臨千載後，勝覽萬山中。鳥散空斜日，桃殘但野風。
有無來絳節，今古自丹宮。特恨雄才主，尋仙志不窮。

夜投乾州

旦發暮還轍，荒林已宿鴉。前旌明野火，遠戍咽樓笳。
行漸初星密，愁深曲徑斜。風塵疲道路，瞻想五陵霞。

宿涇陽館穀不至

寥落今宵最，空庭候吏稀。才疎誰授粲，吟苦自關扉。
浪說銀魚貴，翻憐紫蕨肥。浮雲悲世態，萬古憶緇衣。

涇陽早發用壁間韻

征心催五夜，歸路引雙麾。野闊殘星動，林疎落月垂。
有懷詩不減，無懼劍常隨。暝色行看破，寒煙帶柳絲。

渡渭

日暮煙波闊，輕橈趁遠風。人憐舟楫外，興落水雲中。
沙冷喧鷗急，天昏鼓棹雄。漁磯何處是，千古憶非熊。

渭南早發

燈火凌宵發，行行傍渭濱。樹雲蹲虎豹，水霧失星辰。
舟楫百年志，風煙四海身。洪濤聽正急，未可濯纓塵。

宿臨潼

宿處傍驪山，泉聲入臥潺。鼓鼙千載恨，寂寞萬峰閒。
星過明逾火，雲來暗似鬟。嬌娃已傾國，眉月尚澄彎。

華清宮

禁沼人能浴，禁垣草自荒。斷山銷王氣，廢閣罷霓裳。
樹任玄猿嘯，泉留碧砌光。岢梅不知變，猶自縱寒香。

渡河用壁韻

挂席東西望，茫茫萬艦多。估人輕七尺，漁子犯層波。
岸闊迷青漢，風生怯綺羅。蘭橈且莫進，欲聽濯纓歌。

王喬洞和趙孟靜韻

古洞名空在，何方王子喬。無因驂白鶴，真愧擁青袍。
雲冷金丹竈，心傾碧玉簫。招尋非異姓，倘爾下煙霄。

望輞川

昔賞人安在，嘉名尚輞川。我車不可到，野立重依然。
山有題詩墅，溪多種秫田。勞生空碌碌，何日此攀緣。

過湘子祠

山深行不極，澗水鎮相隨。已倦遊人意，忽逢湘子祠。
花驚十月艷，鶴動九天思。仙駕倘相借，翩翩遂所期。

秦嶺過文公祠

萬里南遷客，千峰昔此停。雪磬不可度，猿夜若爲聽。
道在翻能重，名高故有亭。松門吾下馬，瞻竚涕雙泠。

度秦嶺

未曉登崇巘，已窺海日明。雲從車下起，人在斗邊行。
天險分秦塞，神謀度漢兵。卻思千載事，感慨不勝情。

商州別舍姪吉兆北歸二首

鄉念吾方切，商山汝又歸。相看愁對酒，臨別更沾衣。
望極白雲迴，岩空紫蕨肥。他時遂初服，此地更須依。

其二

汗血渥洼種，苞毛丹穴兒。一鳴誠有待，萬里固須期。
岐路情難盡，人離老易悲。向來遊宴地，竹樹獨離離。

聞蟬

客居不傍樹，蟬響遞遙風。帶月流虛院，和砧入暮空。
驚心寒不遠，爲客思無窮。忽墮雲中影，嗸嗸又塞鴻。

除夜書懷

怕說明星出，愁聽夜漏殘。羈人家萬里，新歲若爲歡。
漫使梅輝閣，徒教柳媚闌。東鄰簫鼓競，曲徹又更端。

元日喜雪和韻二首

今年今日雪，四望四方同。卜歲豐應至，寬愁酒未窮。
飄將梅苑失，積與石欄崇。郢調能歌此，千春直到公。

其二

不雪愁皆甚，既沾喜亦同。只悲寒臥者，猶自困途窮。
故擁蓬門斷，偏增玉閣崇。誰能命車馬，除道訪袁公。

早春過王宗伯宅留飲次韻二首[一]

南風吹北雁，去去自爲雙。楚國空留舄，鹿門虛羨龐。
暮雲迷遠岫，春棹響空江。不是公能款。朝朝臥北窓。

其二

喚酒期同醉，杯行赤玉雙。主逢今日聖，俗轉古來尨。
旅抱風吹雪，春光柳拂江。更言梅樹好，一爲拓南窓。

【校記】

[一]"王"，嘉靖四十年二十卷本作"端溪"。

早春王錦衣宅集諸舊游次盧君韻二首

離懷不可道，醉裏爲君申。跡是蓬飄野，情均柳望春。
豈期五侯第，復見十年人。我意鶯能解，啼聲故故頻。

其二

自我今來此，年光感逝川。適行初雪裏，忽對早花前。
風雨春能幾，容華向亦妍。平生悔斷酒，杯到不虛傳。

春日登鳳凰臺次韻二首

吾念頻來此，經春罷不遊。臺花空笑客，鄉思只登樓。
有酒誰同醉，行歌幾忘憂。古來臨眺者，何處可相求。

其二

望極春臺上，寂寥千載餘。新篁疑鳳羽，古樹認蟲書。
時去重雲合，情來萬事虛。關心親舍遠，聊爾薦江魚。

春日遊靈谷寺次韻

自歎南飛鵲，臨風繞樹三。幽巖期獨往，竟日只空談。
野色牽遊騎，塗歌盡采藍。直依龍伏處，花滿亂春潭。

贈仲良童子之任泉州二首

看君如健鶻，塌翅竟翻飛。往事那堪問，初期幸不違。
吳歌送越客，暮嶺駐斜暉。後會應難料，離腸且暫揮。

其二

去住俱爲客，悽悽獨愴神。浮生已衰白，京洛尚風塵。
采藥臨滄海，乘楂釣紫鱗。茲情終未已，訪爾到南閩。

悼內爲項氏作

得意今如此，閨中孰下機。舊臺塵掩鏡，新錦淚沾衣。

夜月烏偏喚，春風蝶自飛。誰能少翁術，爲爾致容輝。

哀妣爲項氏作

寂寂佳城閟，萋萋宰木稠。不將青鳥至，知與白雲遊。
留誡諸姬頌，遺孤萬戶侯。檢囊熊膽在，涕下可能收？

張戶部母六十二首

令子今如此，丸熊志已酬。名通漢閨籍，身逐楚江遊。
饌得湖間鯉，丹思海外丘。慈顏誠可駐，猶欲泛楂求。

其二

瑤池落日外，蓬島扶桑東。仙嫗誰能見，今朝忽此逢。
鬢將霜共白，桃與面俱紅。歲歲華堂宴，鸞簫下碧空。

槐野先生存笥稿卷之三十三

槐野先生存笥稿卷之三十四

左輔王維楨著　館甥渭上南師仲編

七言律詩五十九首
送縣倅之浙東　以下北署稿
和夏相公九日邵園賞菊
夜雨偶得窗字
迎恩寺次王懋中韻三首
病懷二首
彭子遷居鄰宇因簡
病告馬尚寶孟之彭翰編起之許吏部仲貽茅殿撰邦攜觴枉別
和黃子九日感懷之作
雪晴
齋夕有感和大宗伯王公韻二首
長陵恭謁
康陵陪祀
沙河道中用懋中太史韻
祗役山陵憩道院
鞏華城陟眺
沙河逢同年高令
登長陵山和宗伯馬公韻
上陵和韻
長陵樓眺和韻
和韻送友人

送吳吏部謫赴大名
初度
陳子至自嵩山
小至院內對月簡諸同宿
和司空甘公誕日夜宴見示之作
為人賦碧山
九月二十八日過袁太史詠堂內菊用何氏韻
卜居
冬夜過林太史宅
冬日朝天宮道院和韻
元日
凌進士父母雙壽卷
立春日賜宴和宗伯徐公韻
正月十六日冊立敬妃侍班和韻
送李御史之南都
夏日同諸文學登都城和孫志高韻
答袁子告中見貽因次其韻
贈李封君樂隱公
京館守歲同舍姪吉兆
曹侍御以使便歸覲太夫人
曹侍御使金陵
冬郊候母北至
贈陳太史奉其家君還蜀
贈袁太史使南陽便且還越用舊韻
贈嚴太史使大梁用舊韻
贈世胤趙侍御之南都
贈吳純叔分司太和山二首次韻
秋赴郊寺同曹王二客夜遊用獻吉先生韻
九月十二日黃太史宅賞菊次韻
贈李給事移官南都

聞警二首

聞笛

秋思

七言律詩

送縣倅之浙東

都門冠蓋憐君別，仙棹相將下潞河。
去袂香攜天闕霧，離筵清囀渭城歌。
楓江夜泊喧靈籟，花縣秋臨艷越羅。
到日琴堂定無事，松風竹月送吟哦。

和夏相公九日邵園賞菊

邵園風景即陶園，踏閣登臺細倒尊。
閣傍雲霄瞻萬里，臺臨幽薊俯千村。
媚筵松菊橫秋塢，戀節笙歌急暮軒。
忽憶蒼生促歸駕，幾多翹首望覃恩。

夜雨偶得窗字

夜雨瀟瀟亂客窗，決渠新水瀉春江。
暗浮花氣侵重幕，遠度天風慰萬邦。
坐聽竹前沉玉漏，行吟簷際把銀缸。
自憐疏曠無機事，宿鳥依依出樹雙。

迎恩寺次王戀中韻三首

郭外尋幽百慮閑，林邊簇騎五花斑。
泉鳴鳥弄俱成調，望日看雲一破顏。
好句當春仍碧草，豪游憑閣且青山。
直須酩酊酬佳興，重見山翁倒載還。

其二

尋幽真愛祇林閑，吟入穠花句亦斑。
不用談禪追白社，自將澄性駐丹顏。
風回鍾梵流三界，地湧煙霞自一山。
塵土預愁朝市去，臥雲看月暮忘還。

其三

悠悠雲葉伴僧閑，寂寂風花點地斑。
境僻誰能來野步，池空吾欲洗塵顏。
九衢車馬喧清晝，十載神情寄碧山。
暮倚佛樓遙送目，塞鴻江燕爾知還。

病懷二首

望斷鄉關歎各涯，凄風孤月伴空齋。
幾傳白髮門長倚，三叫青雲志未諧。
病裏愁魂雙劍信，夢中歸路兩山排。
君恩自識天同大，爲眷詞臣滯乞骸。

其二

只擬朝昏賦去來，到今吟臥尚雲隈。
病多合是煙霞骨，志在卻非廊廟才。
何處嚴君憑問卜，幾瞻秦嶠強登臺。
祇緣菽水捐冠珮，倘有綸恩許草萊。

彭子遷居鄰宇因簡

只尺門牆接謝家，十年京國重才華。
官閒常下迎徐榻，興動無勞訪戴槎。
萍海弟兄真自約，上林詞賦許誰誇。
話來亦有鄉關思，腸斷高樓幾暮笳。

病告馬尚寶孟之彭編修起之許吏部仲貽茅殿撰邦獻攜觴枉别[一]

病裹驚看諸妙過，愁顏此日暫成酡。
九霄躐步聯簪珮，三徑歸心自薜蘿。
戀别頻沽燕市酒，博歡翻罷渭城歌。
他時論賦休推引，爲道相如只抱痾。

【校記】

[一]"編修"，本卷目錄作"翰編"。

和黃子九日感懷之作

白酒茱萸九日來，卻驚烽火照燕臺。
愁深漫發籬邊菊，多難聊停客裏杯。
霜甸雲霞當晝起，風城鼓角繞天哀。
幾回自灑長沙涕，萬古空思飛將才。

雪晴

長安二月雪花飛，五日陰陰此放暉。
淒氣不隨雲霧散，輕冰漸向午風微。
苑條寒峭鶯聲澀，野徑泥深客願違。
聞說城南富花樹，今朝能得幾芳菲。

齋夕有感和大宗伯王公韻二首[一]

吏散庭虛暮雀過，淒風急雪響春柯。
坐深金闕催鍾漏[二]，意激青燈對嘯歌。
槐月籠雲微映牖，花渠咽水漸盈科。
朝來忍問東郊事，凍壓千疇滿目皤。

其二

雪裹春宵寒寂寂，堂中齋客思玄玄。

廻廊曲檻輕流霧，嫩柳初花共報年。
四海蒼生雙淚下，兩朝白髮一燈前。
閒情唯有堦頭鶴，曲臥悠悠帶月眠。

【校記】

[一]"王"，嘉靖四十年二十卷本作"張"。
[二]"鍾"，嘉靖四十年二十卷本作"鐘"，當是。

長陵恭謁

文皇陵殿傍居庸，覽盡千峰壯此峰。
石壑蒸雲蹲虎豹，玉泉含霧臥蛟龍。
神京想像明王作，窮漠淒迷破虜踪。
埋劍藏弓元勝地，晚來時望紫氛重。

康陵陪祀

塞上猶傳八駿名，帝丘今望赤霄平。
千峰雲起旌旗影，萬木風多劍槊聲。
玉殿香煙浮俎豆，瑤墀星斗燦冠纓。
雍歌聽徹人歸盡，獨立春宵百感生。

沙河道中用懋中太史韻

曉日平郊遠色分，皇家千嶂抱諸墳。
沾花車騎香聞露，過水冠裳潤帶雲。
繡壁斜翻丹鳳勢，回沙細擁白蛇文。
詞臣預喜瞻依地，寶篆穹碑七帝勳。

祗役山陵憩道院[一]

山程迢遞漭雲沙，仙苑幽虛貯彩霞。
興爲吹笙聊駐馬，桃如索笑故開花。
芝房漫倚燒丹竈，瑤水空憐泛海楂。

此去蒼梧猶道路，乘風欲借紫鸞車。

【校記】

［一］"院"，嘉靖四十年二十卷本作"觀"。

鞏華城陟眺

沙城粉堞喜初凭，壯接神京亦股肱。
地湧雲霞圍御宿，峰縣松柏認皇陵。
青青輦道春苔合，宛宛靈山王氣凝。
盡說經營勞睿思，群工莫自論微能。

沙河逢同年高令

故人觴我沙河岸，十載相逢各詫顏。
腰佩魚符今不賤，花開雁塔舊同攀。
傍筵官柳低波綠，狎客仙鳧占渚閒。
更把瑤琴留取醉，座中流水聽潺湲。

登長陵山和宗伯馬公韻

回首京華隱九門，松蘿高處手初援。
山當鰲背蟠三極，天闢龍顏起一元。
弓劍重泉光欲動，陵園千載勢常尊。
西南更接居庸險，天意分明作漢垣。

上陵和韻

岧嶢陵闕切天門，自躡雲梯不待援。
萬里長峰連海嶠，七朝遺鼎壓坤元。
驚心玉瓏浮春氣，載酒銀河落夜尊。
禮謁渾忘鍾漏永，回看山月照東垣。

長陵樓眺和韻

玉作闌干金作門，喜從丹磴得攀援。
窗中河嶽天歸漢，漠北干戈帝滅元。
水鳥聯翩山鳥引，萬峰回合一峰尊。
翠華此日歸何處，極目雲霄倚畫垣。

和韻送友人

江路鶯花待品題，江波瀲灩淨雲霓。
風帆春轉煙中急，月渚宵停鏡裏棲。
戀闕回瞻燕樹北，還鄉直過鄱陽西。
朱衣金馬鴛池彥，綸綍聲名賈至齊。

送吴吏部謫赴大名

客裏送君情自苦，況逢秋色易沾衣。
征鴻別唱聲俱切，落葉離魂路共飛。
千里故人應漸減，十年宦蹟未爲非。
澶淵本是天河水，會見乘楂望斗歸。

初度

子月簪梅正欲舒，他鄉杯酒對寒爐。
冠裳十載依天近，弧矢茲辰閱世初。
鏡裏窺顏驚老大，雲中獻賦愧吹嘘。
西瞻舊業蓮峰下，歲晚黃精好自鋤。

陳子至自嵩山

昨年聞汝到嵩山，二室三花鎮日攀。
霄漢今來還舊省，煙霞猶自帶清顏。
月明鶴嶺瑤笙滿，春入牛溪錦樹斑。

勝地遙憐塵世隔，相逢徒問白雲間。

小至院內對月簡諸同宿

海東滿月上金規，風後寒光湛玉墀。
出檻新梅渾失影，當堦老鶴淡無姿。
宵深霜露侵偏劇，節變星河望欲移。
坐待嚴城樓觀曉，擬看雲物共登危。

和司空甘公誕日夜宴見示之作

子雲詞賦三巴外，伯禹勳名萬載前。
芳遠有人仍繼躅，陽回此日正開筵。
雪融漢閣春含色，星聚燕分夜集賢。
須信朱衣稱帨地，全勝碧海獻桃年。

爲人賦碧山

十年曾傍碧山居，翠霧丹雲日在廬。
遂使世人疑豹窟，旋看之子起龍渠。
春溪細發王孫草，石室深藏太史書。
不得歸來尋舊隱，徒懷幽勝說縣車。

九月二十八日過袁太史詠堂內菊用何氏韻

秋杪今登袁子堂，主人耽菊似陶郎。
深衣北牖長留色，近掇東籬故帶香。
節逝燕臺還勝賞，霜飛朔塞入寒鄉。
向來花樹看皆盡，唯有金英殿歲光。

卜居

由來卜築避天街，此日幽棲意更諧。
無客蓬蒿從滿徑，有時鳥雀自馴堦。

雲中歌鼓五侯第，塞上旌旗千里懷。
閉戶著書愁未得，傍人休擬草玄齋。

冬夜過林太史宅

北斗高城欲壓牆，南樓鼓角漸微茫。
寒筵酒罷情仍劇，宵路月明去不妨。
奕世衣冠周太史，驚人詞賦漢長楊。
交游海內如君最，跨馬時來學鄭莊。

冬日朝天宮道院和韻

歲暮桃花開不稀，洞靈仙子跡非微。
朝來謁帝廻金節，雪裏迎賓混羽衣。
地勝真疑凌海入，書成不欲換鵞歸。
晚鍾蕭颭三天靜，細聽南華悟道機。

元日

白露陰陰欲匝天，今年元日異常年。
簪纓朝退沾猶濕，梅柳春遲凍不妍。
趁節軒車交紫陌，臨風樓閣落朱絃。
愁予正爾成孤坐，柏酒盈觴爲罷傳。

凌進士父母雙壽卷

少從高隱傍滄江，老得家聲重海邦。
沙上鴛鴦棲每並，庭前玉樹看成雙。
白雲晝伴幽人室，明月宵隨釣客艭。
即此長生堪預卜，未知蓬島問仙幢。

立春日賜宴和宗伯徐公韻

上林春到暖何偏，遂有歸鴻幾度連。

氣早乍融城上雪，筵開初散禁中煙。
鶯知送酒歌能至，梅爲看花放故先。
此日承恩予忝竊，十年簪筆未稱賢。

正月十六日册立敬妃侍班和韻

漢宮班氏奉恩偏，遊輦從車許接連。
遂以鴻名傳玉册，即將龍節導鑪煙。
日臨長信雲相映，花發宜春暖獨先。
借問侍臣誰紀勝，賦成唯有馬卿賢。

送李御史之南都

前年憶爾在鍾山，夏半今年謁帝關。
立傍苑葵心共赤，憂深封事鬢先斑。
擬將解佩酣燕市，忽漫拏舟下潞灣。
安得從君便南去，鳳臺同眺白雲間。

夏日同諸文學登都城和孫志高韻

帝城今得倚崔嵬，可那歡多暮角催。
不去真憐天上侶，貪涼忍罷掌中杯。
風筵簫颭霜疑下，霧堞陰森晚漸開。
時向建章宮北望，通天隱隱見高臺。

答袁子告中見貽次其韻

予苦晝長鄉思紛，閒居君亦歎難曛。
伴人雙燕常依壘，抱樹孤蟬自作群。
越鳥謳吟眞有調，玄暉休沐本能文。
多君持贈明珠似，每玩慇懃到夜分。

贈李封君樂隱公

丈人高隱古梁園，脩竹蓬池今在門。
自向明時甘抱甕，卻因令子強乘軒。
黃河東望煙波闊，魏闕遙瞻雲霧屯。
牟氏懷恩情漫切，任公垂釣意終存。

京館守歲同舍姪吉兆

旅夜張燈共寂寥，天涯明日是元朝。
高城哀角腸俱斷，故國竹林望獨遙。
老去憐余終畫虎，悶來羨爾竟承蜩。
休將勳蹟虛相擬，春伴同歸興已饒。

曹侍御以使便歸覲太夫人

老去離多愁正繁，翩翩游子忽歸軒。
歡來不用忘憂草，倚處今爲下馬門。
饌鯉幾年違道路，盤瓜七月薦家園。
卻思繡斧仍王役，遮莫筵前舞袖翻。

曹侍御使金陵

西北烽煙年更劇，東南民力日堪哀。
拯窮早上寬租疏，按塞猶思攬轡才。
王氣金陵千古會，大江雪浪九天回。
亦知遊覽非君志，望闕能無上鳳臺。

冬郊候母北至

至後今年真可憐，劇晴寒月有和煙。
梅香早動周京路，柳色先歸朔塞天。
千里隨春應未苦，雙眸望遠忽潸然。

不將王馭還鄉國，卻使潘輿此逝遷。

贈陳太史奉其家君還蜀

苦憶滄浪作釣翁，將歸令子帝恩洪。
驛車直到花溪口，險路虛愁棧閣中。
天闕劍門元向北，江盤巴字竟趨東。
未應便逐綸竿往，簪筆還來侍漢宮。

贈袁太史使南陽便且還越用舊韻

予住終歸華下堂，君行旋作殿中郎。
人間岐路腸堪斷，馬首春花日漸香。
桐葉遠將虞子國，宛丘今識漢皇鄉。
馮高好望南征道[一]，楚越通波一鏡光。

【校記】

[一]"馮"，嘉靖四十年二十卷本作"憑"，相通。

贈嚴太史使大梁用舊韻

梁王城壓大河隈，臘盡濤聲入殿來。
正憶星楂人忽到，同游春苑雁初回。
倒池綠竹明新色，媚客金罍出舊杯。
作賦不辭頻授簡，亦知君是馬卿才。

贈世胤趙侍御之南都

十載承恩侍帝闈，封章四海奏曾稀。
漢庭賈誼名何忝，春水吳舟志卻違。
寇盜關南鼙鼓急，烽煙塞下羽書飛。
時危愁劇君仍遠，回首江樓定濕衣。

贈吳純叔分司太和山二首次韻

真祖宮開襄漢間，百年靈跡寄深山。
醮壇紫氣晴常覆，仙路金扉夜不關。
香火去看人斷續，花源行探窟潺湲。
幽尋若遇赤松子，莫學留侯竟不還。

其二

天門曉闢日臨墀，法仗風高颭羽旗。
侍帝忽為遊楚客，到山寧忘入班時。
官閒寶籙頻開笈，世泰仙翁每獻芝。
應有徵書還省閣，向來才藉九重知。

秋赴郊寺同曹王二客夜遊用獻吉先生韻

朔雲胡雁急秋風，野寺蕭蕭落木中。
羈客悲深誰共語，上方僧定自開宮。
寒憐酒伴依依至，月望珠樓閃閃紅。
莫訝晝遊宵未徹，三千世界本無窮。

九月十二日黃太史宅賞菊次韻

此日此堂花尚開，驚人佳色對傳杯。
醉攀高朵吾三嗅，笑逐良朋歲幾回。
節後風庭冠更落，霜中寒蘂蝶難陪。
卻思桃李芳菲日，盡向秋前沒草萊。

贈李給事移官南都

南國宮城千載舊，北風舲舸九秋餘。
兩都青瑣俱仙侶，四海蒼生有諫書。
避雪塞鴻依渚下，經霜江樹入看疎。
杳然鍾阜情真往，不得從君遂所如。

聞警二首

胡騎能過獨石戍，燕臺百里接烽煙。
豈無大將曾推轂，卻使明王自籲天。
五夜竹宮遙望拜，一時軍帖劇聯翩。
定應風電驅氛祲，餉士虛縻少府錢。

其二

雲中猛將真難犯，裘馬千群欸復東。
即恐漁陽容得意，幸聞上谷敢臨戎。
歸心誠動悲笳裏，伏甲須防險塞中。
夜襲邊村憐昔歲，至今鬼哭向秋風。

聞笛

寒夜高樓玉笛哀，天涯羇客思難裁。
關山萬里惟看月，霜露孤庭有落梅。
怨鶴愁聞雲裏下，吟龍疑自海邊來。
誰能吹向飛狐塞，一遣胡奴競北回。

秋思

城上悲笳斷客情，關山隴水總秦聲。
山連太白西南壯，水下東川日夜清。
未論濯纓臨岸渚，曾因望月坐崢嶸。
秋風異域今俱阻，翹首高雲塞雁征。

槐野先生存笥稿卷之三十四

槐野先生存笥稿卷之三十五

左輔王維楨著　館甥渭上南師仲編

七言律詩五十九首

贈張憲使之閩中 以下北署稿

贈蔡使君守衡州

送晁太史使梁次董太史韻

除夜與親者飲用韻

次韻答用均太史

春日邀諸同好登毘盧閣和尹崇基韻

五月五日寺集

夏日同敖純之尹崇基二太史劉道卿客部朱士南憲使郊寺讌集會大雷雨是時朱得除督閩中學怯暑滯行余爲紀述二首

六月三日作

夏日李氏山亭餞閻文甫之金陵即用其韻

贈閻文甫司成之南都

贈吳氏視南都翰林

立秋

秋夜呂信卿胡穉美周祖義枉過對月二首

贈秦太史使徽藩便道歸越

贈朱太史使楚藩

張給諫將使侯藩尋復留行孫司成爲賦詩余和之

朱象玄太史使楚尋復留行次閔翰長韻

元日

— 475 —

人日飲汪戶部宅次韻

功德寺遊眺

宿碧雲寺偕同遊諸子

西溪亭上次劉太守韻二首　以下家居稿

移山潭同舒大行游譧用韻

次劉太守登移山韻

萊公祠送江從之用杜工部望嶽韻

至家貽京邑同好次韻

北窗

送柯元卿自秦移鎮河南

五日和唐臣戶部韻

和應午謝子華陰雨中望嶽見懷之作

夏日東氏園亭讌集和世鳴張參伯韻

村南晚望口號

淇門留別周給事潤夫　以下行役稿

寧山寺

原州鎮西樓制府劉公讌集用韻二首

原州魚池秋泛用王宮諭韻二首

王母宮次曹可宗韻

旅館獨坐

臨潼初度

冬日同王宮諭曲江雁塔和韻二首

王喬洞和趙孟靜韻

登雞鳴山寺　以下留院稿

和大宗伯王公至日見贈之作二首

大司寇顧公以請告勉留作詩自紀因和答之

人日盧通政宅宴集用韻

春寒

南中立春

烏龍潭上亭子和壁韻

宴烏龍潭上朱氏亭子次韻
登清涼寺後山次韻
贈仲榮葛子守河南郡

七言律詩

贈張憲使之閩中

閩疆萬里盡東南，漢使宣威促去驂。
臘雪薊門寒尚積，早春江柳色先含。
山猿見節移深樹，水怪驚戈徙別潭。
若到越王臺上望，皇朝無外海同涵。

贈蔡使君守衡州

楚鄉春至即炎風，去馬遙衝歸塞鴻。
媚客柳條臨路待，到官蠻谷爲君通。
嶽形倒看清湘水，桂樹高攀赤帝宮。
聞說五峰峰並峭，何當詞賦與爭雄。

送晁太史使梁次董太史韻

負弩前驅日漸舒，當朝使者果誰如。
春風花柳穿行騎，盟誓山河有制書。
豫土天中元大國，梁臺世遠只殘墟。
流傳好賦千秋在，今日何人著子虛。

除夜與親者飲用韻

愁深客久意難舒，坐看君曹漸不如。
守歲傳觴吾後得，頌椒強興夜先書。
欲移珠斗臨秦塞，將起春雲抱漢墟。
歲歲故鄉歸未得，慚騫弱羽亦凌虛。

次韻答用均太史

敢向明時論卷舒,天衢獨步果難如。
九重空愧金門詔,雙管真憐太史書。
歲月鬢毛吾入老,斗牛劍氣爾衝墟。
故廬西嶽三峰下,思跨茅龍上太虛。

春日邀諸同好登毘盧閣和尹崇基韻

我向君曹意不疏,芳時嘉約可教虛。
便從淨界看花放,已得春風隔夜噓。
歡劇共挤樓上醉,悲來偏濕檻邊裾。
天涯游子秦川客,翹首西雲片片舒。

五月五日寺集

令節今朝逢五日,東林呼侶且持樽。
野氛新暑臨筵劇,宮扇親臣拜賜繁。
製出上方擎寶月,傳宣中使促金門。
十年待詔吾恒在,不會何時奉主恩。

夏日同敖純之尹崇基二太史劉道卿客部朱士南憲使郊寺讌集會大雷雨是時朱得除督閩中學怯暑滯行余爲紀述二首

市遠林深暑自微,城居六月旅遊稀。
能驅汗馬臨中野,共坐空堂敞北扉。
過院雲霞看屢變,趁時雷雨罷仍飛。
人間萬事誰堪問,但醉醍醐莫遽歸。

其二

江行六月苦炎蒸,有客停橈滯五陵。
匣劍囊琴愁獨臥,佛樓禪塔喜同登。
雷轟舍利朱光落,雨颭罘罳紫鴿騰。

轉眼清秋南棹促，三山佳興共誰乘。

六月三日作

西山硉兀與天參，湖水城隅碧浪涵。
風起湯池威轉放，雲來炎郭毒逾含。
虛傳吹黍名燕谷，實有蒸波類漢南。
華嶽高寒清渭肅，故鄉回首欲抽簪。

夏日李氏山亭餞閻文甫之金陵即用其韻

此日此亭情大劇，濃花錦石惜離群。
人間岐路消青鬢，天際長江渺白雲。
桂棹知從南浦入，蓮歌合遣北書聞。
秋風苦憶今遊地，楊柳飄蕭葉早紛。

贈閻文甫司成之南都

建康郭裏秦淮水，宛入橋門匯璧池。
歲起蛟龍喧霹靂，朝來雲氣散淋漓。
渚芹岸藻行相映，日閣星軒坐不移。
固信傳經蕃弟子，亦知戀主費瞻思。

贈吴氏視南都翰林

一自文皇遷鼎後，留都省寺尚初銜。
詞垣未許荒榛入，詔視常緘墨勑斜。
畫閣時來天外岫，秋江君泛斗邊槎。
莫言到日閒能得，聖蹟推尋渺未涯。

立秋

閏夏逢秋氣自淒，風城吹葉遍沙堤。
紅顏鏡裏能恒駐，寶劍天涯亦暫攜。

螢動虬潛悲此日，山青雲白憶吾樓。

勳名老去終何有，野望行歌好杖藜。

秋夜吕信卿胡稺美周祖羲枉過對月二首[一]

今宵冠蓋忽填戶，十載京華只索居。

才薄敢言時輩弃，興來聊與故人舒。

秋城吹角聲偏壯，月院看星影自疎。

已報殘更促車馬，尚呼餘酒立躊躇。

其二

好月長安共此亭，涼秋夜氣滅飛螢。

光中樓閣瞻俱出，醉裏乾坤忌獨醒。

喜有酒船須中聖，愧無玄草與談經。

明朝太史應占奏，紫極宮西客聚星。

【校記】

[一]"信卿""稺美""祖羲"嘉靖四十年二十卷本分别作"沃洲""白湖""吴峰"。

贈秦太史使徽藩便道歸越

千里桐圭將帝命，萬年嵩嶽擅名邦。

過時諸縣春除道，館處三花曉映窗。

漢使孫弘元第一，吴賓季扎本無雙。

皇心遠役真憐汝，未許廻橈滯越江。

贈朱太史使楚藩

枚生詞賦游梁日，司馬車徒使蜀年。

千古風流今再見，九重恩命許誰宣。

出都恰值青春伴，入鄀應歌白雪篇。

况是楚王能愛客，醴觴日日爲君傳。

張給諫將使侯藩尋復留行孫司成爲賦詩余和之

聖帝千官重論思，五更朝罷散彤墀。
開函自理匡時疏，向夕仍修入殿儀。
梁苑鳧池元獨勝，淮王鴻寶亦多奇。
孤楂臨泛情空切，九漢今羈眷可知。

朱象玄太史使楚尋復留行次閔翰長韻

君才已脫囊中尖，猶說翻經日下簷。
忽憶楚山輕道路，因辭芸閣戀深巖。
春歸花底朝仍見，夢到湖南覺自嫌。
極識王孫饒逸興，空教澤草綠纖纖。

元日

陽回此日逢元會，城雪融融苑變霞。
萬里越裳班闕下，九重春色到天涯。
委庭煙珮俱沾柳，退食椒盤自頌花。
祇恐和風吹草綠，早邀胡馬度邊沙。

人日飲汪戶部宅次韻

秦園回首千山隔，楚塞牽心萬里長。
氣早湘蘅抽暖渚，春遲雍柳勒寒塘。
酒杯今聚聊同醉，霄漢年來恥並翔。
懷土依依不歸去，祇緣明主是虞唐。

功德寺遊眺

勅寺百年湖水濆，渚花汀柳尚秋芬。
花迎鳳輦聞前事，柳引龍舟想瑞雲。
馳道逶迤還鷲嶺，行宮寂寞下鷗群。

太平遊幸仍今主，波上重看五色氛。

宿碧雲寺偕同遊諸子

秋深處處皆搖落，入寺松陰鬱未稀。
斜日鶴歸寒共宿，上方僧定夜相依。
爲談夢幻嗟人世，卻望雲霞滿帝畿。
匡濟于今公等在，吾茲擬結碧山扉。

西溪亭上次劉太守韻二首

代遠空尋高士跡，橫泉亂石自成文。
狎吟鷗鷺驚寒吹，動興笙歌駐暮雲。
四海詩名誰落落，千年蹊徑轉紛紛。
九原如起司功老，野水輕橈欲共群。

其二

溪光寒浸千峰影，霞氣霄蒸五色文。
上客有懷惟對酒，孤亭無主但流雲。
沙鷗野鷺看還下，水管風簫聽正紛。
不用登臨深慷慨，勝遊天地幾同群。

移山潭同舒大行游讌用韻

山空暫住青霄節，波霽光搖碧篸文。
幾度笙歌喧極浦，百年踪跡歎浮雲。
狎人鷗鷺飛還下，驚吹魚龍靜又紛。
況是三峰晴對眼，憑高真欲去人群。

次劉太守登移山韻

碧水蒼山佳氣浮，不將搖落浪悲秋。
參差臺殿千峰會，迤邐川原一望收。
野曠煙霞饒逸興，天清花鳥破深愁。

登臨未盡層巖志，悵望丹梯思正悠。

萊公祠送江從之用杜工部望嶽韻

祠古風煙鬱抱尊，遶欄叢竹儼諸孫。
座依臺殿淹南節，代想勳名羨北門。
點虜年來誰秉鑰，香醪花外對傾盆。
知君詞賦如泉盛，弔古無辭一倒源。

至家貽京邑同好次韻

饌魚親捧自河隈，盤筍深從春谷來。
徐庶辭劉心始慰，王陽游蜀馭初回。
家筵自賦南山什，旅宴曾陪北海杯。
豈即貪歡忘故侶，時于夢寐覓群才。

北窗

憶在京華今五月，炎雲赤日意難降。
朝廻汗馬愁相逼，闕望仙盤屹自雙。
消渴馬卿辭石室，避喧漁父戀滄江。
休言簪筆還中秘，已足風林臥北窗。

送柯元卿自秦移鎮河南[一]

年來烽火徹秦關，募士徵兵不暫閒。
地重秪須馮異守，節移難借寇恂還。
旌旗龍避三河水，斧鉞花迎二室山。
梁國舊傳多俠客，知君定訪夷門間。

【校記】

[一]"元卿"，嘉靖四十年二十卷本作"獅山"。

五日和唐臣戶部韻[一]

榴院呼朋記昔遊，佳辰今到興全休。
愁多無那霜侵鬢，臥獨空憐酒送籌。
車馬十年人北滯，少狂幾日水東流。
欲憑綵縷添長壽，只向滄浪老釣舟。

【校記】

[一] "唐臣"，嘉靖四十年二十卷本作"可山"。

和應午謝子華陰雨中望嶽見懷之作

一從塌翼下青雲，十載江湖袂忍分。
中夜清標勞夢寐，東來佳氣望氤氳。
隘途泥阻秦關馬，名嶽雨留謝脁文。
借問雲臺臺畔宿，鸞簫能得幾回聞。

夏日東氏園亭讌集和世鳴張參伯韻

山亭五月暑猶微，永日雲林蔭石扉。
海內冠裳今酒共，塵中車馬後游稀。
直須解珮深挤醉，便欲移家竟息機。
九漢扶搏公等事，獨憐歸翼下斜暉。

村南晚望口號

車馬喧喧走帝鄉，廿年逐祿背吾莊。
舊游野徑悲歌裏，今望沙田浦漵傍。
報主豈能忘社稷，謀生終爾藉糟糠。
情牽去住渾難定，竚立東林見月光。

淇門留別周給事潤夫[一]

共銜丹詔下雲端，千里追隨興渺漫。

岐路煙花牽別緒，離筵歌管駐征鞍。
風催漢節三湘遠，春向秦關獨客寒。
此去相思何處寫，前程華月擬同看。

【校記】

［一］"潤夫"，嘉靖四十年二十卷本作"石厓"。

寧山寺

山除勝集神仙侶，野色晴看錦繡文。
松老天風巢鸑鶴，塔高霽日鎖煙雲。
回廊四起笙歌滿，峭壁千重木葉紛。
莫把昏鍾促歸騎，天涯明發又離群。

原州鎮西樓制府劉公讌集用韻二首[一]

天清塞閣敞秋筵，木落山空殺氣先。
千里登臨吾慷慨，萬年疆宇此喉咽。
雲移沙磧邊烽靜，日閃旌旗海色連。
老將論兵渾不懈，酒中猶欲弄龍泉。

其二

危樓真倚白雲間，霧堞陰陰合萬山。
地險胡塵空絕漠，天遙漢壘接重關。
杯前劍罷笙歌起，塞上年來虎豹閒。
壯觀平生今更幾，坐升海月不知還。

【校記】

［一］"制府劉"，嘉靖四十年二十卷本作"松石"。

原州魚池秋泛用王宮諭韻二首[一]

碧池空闊浸樓臺，錦纜浮游鏡裏回。
放興兼葭深住槳，快人簫鼓漫傳杯。

旌旗倒映龍蛇動，關塞遙看雁鶩來。
莫報鯨波催避岸，座中今有濟川才。

其二

夜深燈火燦池臺，歌管留歡未擬回。
十里煙花雙放舸，百年天地幾銜杯。
入波星斗帆前動，驚吹鳧鷺島上來。
笑指滄洲生遠興，醉吟巴曲愧雄才。

【校記】

[一]"王"，嘉靖四十年二十卷本作"三渠"。

王母宮次曹可宗韻

山空人去自崔嵬，千古追踪一上臺。
青鳥囀殘黃鳥囀，桃花栽後野花栽。
亦思身世生雙翼，不用勳名動萬雷。
便向危巖望仙節，日斜惟見碧雲來。

旅館獨坐

院靜春深晝掩扉，孤琴雙劍自相依。
供愁花片頻吹樹，入夢鄉山忽采薇。
八駿誰應廻玉輦，一官空自負斑衣。
向來燈火成何事，悵望遙天歸雁飛。

臨潼初度

辛丑仲冬月二日，吾今三十五年過。
漫將車馬驅塵海，豈有文章艷綺羅。
冉冉松雲依閣度，輝輝梅日傍人和。
他鄉杯酒難成醉，策杖驪山望故阿。

冬日同王宮諭曲江雁塔和韻二首[一]

江上白雲四望來，江頭鸛鶴亂徘徊。
荒臺廢苑憐今到，珂馬宮袍憶昔才。
野迥風高悲塞笛，吟深日落嗅昬梅。
爲依佳侶淹歸興，徙倚南樓望斗台。

其二
野寺蒼茫有客來，野塘無主客徘徊。
乘風齊上青蓮界，覓句終慚白雪才。
溪午林疎時見鹿，月明香細但聞梅。
豪華消歇悲前代，共祝昇平禮上台。

【校記】

［一］"王"，嘉靖四十年二十卷本作"三渠"。

王喬洞和趙孟靜韻

穿昬密霧釀春寒，澗草蹊桃錦作團。
往事秖餘孤洞水，世人空製萬年棺。
簫樓罷吹雲還駐，鶯樹交啼午未闌。
即向峰頭尋勝覽，始驚日月跳雙丸。

登雞鳴山寺

石城曲抱萬家寰，西轉岑巘忽此山。
地接時浮蹲虎氣，江遙晴指鬥龍灣。
世移梁武還蕭寺，僧住空林卻帝關。
須信客遊憑覽勝，非因禮佛故躋攀。

和大宗伯王公至日見贈之作二首

天涯此日逢長至，踏閣登臺喜欲狂。

閣望卿雲浮帝闕，臺憐梅樹發山莊。
思將嘉瑞頻書史，傳有新詩忽到堂。
陽長如翁還並進，吾歸擬被芰荷裳。

其二

毛生逐眾元非贅，賈子憂時卻類狂。
千古高名吾愧汝，百年舊業水連莊。
陽回泉動堪垂釣，身遠梅開自照堂。
強欲不歸終未補[一]，太平天子本垂裳。

【校記】

[一]"補"，嘉靖四十年二十卷本作"得"。

大司寇顧公以請告勉留作詩自紀因和答之

由來報主不知身，老念丘園叩紫宸。
遂有絲綸催受印，虛令猿鶴待歸人。
丹心詎逐頭顱改，白眼頻看世事新。
共道于公能種德，高門駟馬預須論。

人日盧通政宅宴集用韻

他鄉節序偏愁客，趁侶樽罍且任狂。
花柳山中從自發，乾坤醉裏即吾莊。
虛勞淹興深投轄，爲愛聞歌不下堂。
忽憶關山征戍者，塞遙春阻一沾裳。

春寒

春日寒多疑北斗，柳癡梅凍詫南邦。
亦知天意高難問，可那愁心鬱未降。
欲起蛟龍翻閉窟，將飛鴻雁卻依江。
暖風何日吹冰破，思泛東溟蕩槳雙。

南中立春

此日江南作薊北，天涯逐處寄行踪。
自憐奔走頻銷骨，幸值春風忽蕩胸。
應節吳宮花欲放，違時燕塞雪猶封。
未聞吹黍驅寒散，悵望遙天意轉重。

烏龍潭上亭子和壁韻

潭上真人跡不微，釣時常見五雲飛。
至今龍去波仍淥，傳有珠遺岸故輝。
春動黿鼉愁尚徙，向來妖孽計全非。
孤亭落日空吟望，萬里河山一鐵衣。

宴烏龍潭上朱氏亭子次韻

故鄉此日杳啼鶯，楚水秦山萬里程。
旅食魂驚時屢改，春潭客到思俱清。
避人孤鷺惟依渚，競賞千花故傍楹。
酒罷空庭還獨立，中天滿月照人明。

登清涼寺後山次韻

山危風急寒難住，延賞要賓合有亭。
面面嶺雲看總白，淒淒厓柳待誰青。
改筵空宇生春色，聽法今朝悟性靈。
日暮踟躕非戀酒，自憐衰鬢漸如星。

贈仲榮葛子守河南郡[一]

此日憐君始剖符，廿年世事幾榮枯。
驚心險路容真改，得郡賢聲望不孤。
撫字朝廷虛上考，封疆天地據中衢。

只今臘盡行春促，新水急江好放艫。

【校記】

［一］"仲榮"，嘉靖四十年二十卷本作"雙石"，無"郡"字。

槐野先生存笥稿卷之三十五

槐野先生存笥稿卷之三十六

左輔王維楨著　館甥渭上南師仲編

五言排律七首

瓊翰流輝樓二十一韻 以下北署稿

忠弼堂二十韻

贈別胡中望給事二十九韻

送別吳曰靜宮贊省覲十二韻

嵩鶴老人六十壽八韻

送侯大參赴山東右轄十四韻 以下家居稿

壽張德徵侍御封公四十韻

七言排律二首

贈吳曰靜學士之南都次內閣韻 以下北署稿

贈敖純之學士之南都次內閣韻

五言排律

瓊翰流輝樓二十一韻

聖帝撫皇輿，兢兢念不疎。頻徵萬世策，屢下十行書。
謀鉅關元化，憂深至里閭。周王全屬旦，衛國獨賢蘧。
睿異蒙求我，謙將問起予。擎來光自絢，誦罷氣還餘。
鼎鼐期調燮，攙槍計掃除。密章綸細出，雄藻翰橫舒。
歲月龍綃積，江天貝閣虛。非同八詠建，欲取百籤儲。
瑞日明珠栱，祥煙閉綺疏。形成疑翡翠，勢俊等匡廬。

網拒穿簷雀，芸防蠹字魚。華囊裁錦繡，玉匣剖璠璵。
虞典安天下，羲文啟治初。永存沙變海，長曜斗臨墟。
鄴氏藏充棟，張華載滿車。誰云伊可羨，須信此難居。
余也生金徽，歘來濫石渠。才微慚授簡，質散類遺樗。
強擬高樓作，大夫謝不如。

忠弼堂二十韻

傳說明殷道，蕭何翊漢圖。從容宣室對，密勿合宮謨。
髮以憂時白，肝如抱日朱。遂令歌帝德，無復論兵符。
甲第營南紀，君王眷老儒。費多分少府，家就擬蓬壺。
地改齊卿舊，門高于氏俱。風庭交畫戟，奎翰映雕櫨。
號本沃心定，恩緣許國敷。榮褒踰一字，壯觀走千夫。
地擅山川勝，星分斗牛區。時時湧雲霧，耿耿照江湖。
豈不牽清夢，其如奉紫樞。廟堂憑柱石，棲息阻枌榆。
漫爲龍開沼，虛因鳳植梧。徑應蘭蕙積，林任鶴猿呼。
在昔潛環堵，寂寥守一隅。草玄名煒赫，衣白志唐虞。
閥閱今如此，輝光古所無。豈如原憲陋，一室竟榛蕪。

贈別胡中望給事二十九韻[一]

已猶勞半刺[二]，吾爲撫吾膺。飄泊須言命，淒涼枉負能。
上書客甘謫[三]，彈鋏志誰矜。憶昔君初奮，於時我亦徵。
曹分青瑣闥，寵濫金蓮燈。詞客追游密，熙朝瀚海澄。
無憂才盡展，有道氣逾增。一一文如錦，人人直似繩。
誰非爲赤鳳，不復懼青蠅。交態河趨海，世途谷作陵。
蹶蹄千里駿，塌翅九霄鵬。事去同心減，身危烈士懲。
幾年今會面，四海爾良朋。亦結人間舌，如傷折後肱。
尚憐詩俊逸，秖覺念凌兢。對酒悲兼笑，酣歌止又興。
宦踪浮未定，物理反難憑。榮及乘軒鶴，飢歸倒臂鷹。
薊亭堪更別，吳舸遠還登。羈子蘆中餓，漁翁江上罾。

屈伸千古有，行邁百思凝。太史周南久，東方漢闕仍。
狂寧甘自棄，雄卻媿人稱。報燧頻年急，擒胡幾將曾。
私惟看短劍，早恐至堅冰。判袂情非苦，聞笳憒弗勝。
陰符今日事，大道向來弘。摘藻時應緩，策勳勢可乘。
羽毛長好在，無慮不騫騰。

【校記】

[一]"胡中望給事"，嘉靖四十年二十卷本作"胡青岩同年"。
[二]"已"，崇禎十二年四十二卷本作"君"。
[三]"甘"，崇禎十二年四十二卷本作"就"。

送別吳曰靜宮贊省覲十二韻

今我思歸阻，憐君得詔還。嶽蓮空悵望，江楫下潺湲。
自作東園客，常瞻西楚山。海雲偏墮淚，宮酒只摧顏。
鄉念鵲依樹，朝看鷺去班。采蘭行訊谷，釣鯉必臨灣。
歡宴時時啟，鬱情去去閒。門非向來倚，衣有古人斑。
睠此真傷臆，安能共賜環。孤鴻沙葦裏，萬事酒杯間。
秋杪人堪別，霜殘柳亦攀。他時問蹤跡，竟擬臥柴關。

嵩鶴老人六十壽八韻

嵩鶴開中土，昔聞跨鶴言。詎知千載後，復有至人存。
問歲甲初換，逃名道自尊。餐苓和石髓，策杖覓花源。
奇樹多名玉，芳茗舊說藩。栖遲千嶂榻，歌詠累朝恩。
谷靜笙迴響，機忘鳥下軒。直看巖石爛，不計海田翻。

送侯大參赴山東右轄十四韻

策勳三十載，猶滯紫薇垣。抱玉偏難售，如桃自不言。
皇王今北極，赤舄且東藩。去斾勾關樹，征塵佇海門。
蜃樓看渺渺，鮒轍念元元。夙望欽分陝，溪心慰下軒。
桑麻煙外迥，雨露橐中屯。行步琴隨鶴，觀潮弩射黿。

情高吟岱頂，天霽俯中原。孤嶂悲秦碣，一錢答漢恩。
新聲凌日月，久客遍乾坤。御座名應注，民譽世所尊。
明堂需柱石，宗廟待璵璠。好辦星辰履，行看謁帝閽。

壽張德徵侍御封公四十韻

磊落東村老，風聲震八垠。千人瞻鳳鳥，間代産麒麟。
搖筆傾河洛，乘楂上漢津。世傳孫子業，名策帝家賓。
說劍無前烈，彈絃此後身。蔣公淹百里，寇父借三秦。
行部花盈甸，開衙柳拂巾。萬邦推製錦，一日憶垂綸。
祿網縈霜羽，官池困紫鱗。翻然脫組綬，逝矣臥松筠。
笑口時時啓，折腰忽忽伸。邵窩雲作侶，陶徑菊爲鄰。
山費登臨屐，谷埋朝市輪。青霞變白髮，蘿帶勝儒紳。
豈獨丰標古，還知道履醇。孝能肩李閔，誼可步雷陳。
俗重千金諾，囊周百室貧。趨庭群孔鯉，倚杖羨劉晨。
不讓燕山桂，那云謝砌珍。先鳴稱柱史，壯節負忠臣。
驄馬西人避，龍泉北虜馴。文章垂琬琰，意氣兀嶙峋。
四海真無敵，二郎果絶倫。翁今五十邁，吾卜八千春。
鍊骨新傳訣，閒情久駐神。縣弧當勝序，戲綵會芳辰。
葭管春催律，梅尊曉泛銀。早鶯來度曲，野鶴解依人。
冉冉群仙下，番番雜吹頻。風搖鼉鼓漫，日燿豸袍新。
紫誥開瑤匣，朱顔照繡茵。洪河添壽筭，妍唱落清塵。
宅即蓬萊窟，軀同漆園椿。三溪延賀客，萬口頌天民。
賤子慚何秋，仙郎幸見親。貽謀欽正學，私淑捧高論。
思獻南山什，空瞻潁水濱。餐苓術總幻，跨鶴事非真。
願讀長生傳，時霑不老唇。從今頹復壯，幾見海成畇。

七言排律

贈吴曰靜學士之南都次内閣韻[一]

聖祖開都據上游，高依鍾岫俯長洲。
貢來萬國帆常滿，館禮諸賢意最優。
不獨曆歸人恰會，亦緣才集政俱脩。
當年風起歌真壯，此日龍移鼎自留。
君去定應詢故事，職存端合記春秋。
尚聞朝暮三山外，王氣葱葱鬱未收。

【校記】

[一] 嘉靖四十年二十卷本標題作"贈吴學士之南都次介翁相公韻"。

贈敖純之學士之南都次内閣韻[一]

廿年握手皆蘭蕙，此別天涯各自芬。
余向岐塗脱寶鋏，汝從六代覓遺文。
豪華往事東流水，王氣今朝鍾阜雲。
之國可能忘滅虜，徵兵到處說空群。
離筵塞角偏傷抱，沽酒軍城只解醺。
行楫已遙還岸立，非緣千里獨懷君。

【校記】

[一] 嘉靖四十年二十卷本標題作"贈敖學士之南都次介翁相公韻"。

槐野先生存笥稿卷之三十六

槐野先生存笥稿卷之三十七

左輔王維楨著　館甥渭上南師仲編

五言絕句二十首

望雨四首 北署稿

圖中小景二首 以下家居稿

病臥五首

題鵪鶉圖二首

涇河 行役稿

春意二首 以下留院稿

題項侍御雙節卷二首

題項司訓歸休卷二首

六言絕句六首

渡渭二首 家居稿

淇門用壁間韻別周潤夫給事四首 行役稿

五言絕句

望雨四首

三月已不雨，四月可奈何。祇疑東海畔，猶有抱冤娥。

其二

堂北鳩空喚，堂南風漫吹。火雲與珠淚，相對共垂垂。

其三
皇天不可問，海水若爲傾。思得八公術，吸噓雲雨生。

其四
昔聞子雲語，至誠金石開。今皇憂旱極，好雨幾時來。

圖中小景二首
岸柳垂垂碧，煙波曲曲流。輕橈隨處着，吾道滿滄洲。

其二
渺渺孤舟橫，娟娟孤月上，何時濟川歸，約爾踏青嶂。

病臥五首
林棲人不見，吪句鳥應知。閑風吹獨臥，雙燕下簷窺。

其二
一室大如斗，炎飈五月狂。不審陶彭澤，何以到羲皇。

其三
幽臥理禽言，密林隔市喧。客來時借問，或恐是文園。

其四
藤牀愜隱臥，草閣稱幽吟。怕道連霄夢，趨蹌尚禁林。

其五
本爲便曲寢，人疑學臥龍。覺來撫琴劍，水霧濕溶溶。

題鶴鶉圖二首
野禽雖微細，知結寒士衣。不學鴛鴦鳥，偏登玉女機。

其二
朝飛豐草西，暮隱幽花左。終然忌網羅，化作天中火。

涇河

不泛涇河棹，千秋信濁涇。風恬波影靜，猶可鑒儀形。

春意二首

春意今朝動，鄉關萬里遙。客心共江柳，日夜絲千條。

其二

江上梅初發，魚龍窟未開。不愁花不爛，只想聽風雷。

題項侍御雙節卷二首

隧柏何年有，雙軀連理枝。清霜十月重，寒色自葳蕤。

其二

雨露淒心感，春攀九原上。可怪雙蝴蝶，飛飛兩相向。

題項司訓歸休卷二首

座上一氈青，歸來雙鬢白。請看項氏身，何似趙城璧。

其二

橫琴臨泮水，楚月與淒清。但願如期耳，非要伯氏名。

六言絕句

渡渭二首

雙鳥微茫天際，孤舟欸乃日斜。凌波空憶漁叟，投老終尋釣楂。

其二

渺渺水天一色，喧喧鷗鷺同聲。自將鼓楫登岸，不用臨流濯纓。

淇門用壁間韻別周潤夫給事四首

古竹青搖遠岸，春山翠繞新屏。去去秦關楚澤，悠悠月館雲亭。

其二
風霧相看曉色，原林到處春薆。把劍空悲別路，臨流偏繫離懷。

其三
仙侶終然漢闕，星軺暫爾郵亭。竹裏征袍共碧，柳邊望眼同青。

其四
河嶽千重路杳，瀟湘二月鴻來。到日音書早寄，別時愁怨交催。

槐野先生存笥稿卷之三十七

槐野先生存笥稿卷之三十八

左輔王維楨著　館甥渭上南師仲編

七言絕句四十九首

梳粧樓 以下北署稿

題菊贈陳子母

苦熱行十首

贈墨與陳子

次韻答陳子饋筆

老將行贈孫都督二首

海印寺聽沈山人彈琴二首

問彭子疾彭子者安禪養生並自稱能於其疾也余故得嘲及之二首

贈劉令赴潮陽二首

贈王相陸氏之楚四首

贈單倅之濬縣三首

對雨

十六夜貢院作

集杜句問訊孫志高疾二首

過望兒山 以下行役稿

回山

原州教場閱武曲十二首贈制府劉公

彰德道中時聞駕幸承天二首

七言絕句

梳粧樓

太液池東百尺臺，淡煙衰草鎖崔嵬。
自來胡運百年少，浪說粧樓是禍胎。

題菊贈陳子母

東園桃李芳春候，南渚芙蓉白露前。
最是西風搖落地，獨憐寒蘂耐霜天。

苦熱行十首

五月長安熱更偏，黃塵赤氣鬱相連。
九龍只在昆池裏，何日爲霖洗碧天。

其二
莫把祝融怨太驕，秪緣平地有狂飇。
吹來暑氣千門滿，火谷湯池無處逃。

其三
十二街頭不種槐，行人何處避炎埃。
望中木槿空無數，朝見花開暮見摧。

其四
赤日煌煌愁太晴，轉看天外火雲生。
風師不爲驅煩暑，虛逐驕霆繞鳳城。

其五
海上三山寒色開，丹梯何處陟崔嵬。
道人晝臥洪爐裏，赤腳蒼崖夢往來。

其六
西山窈窕即蓬壺，雪館冰巖五月無。
相看咫尺誰能到，浪說東溟遠泛桴。

其七
貴家列宴午風斜，洞啟重扉不用遮。
此日交河防虜戍，翩翩金甲度龍沙。

其八
露下金盤碧玉清，中官朝日進承明。
君王養得千齡壽，病渴詞臣空復情。

其九
天子邀涼敞玉扉，天風吹動紫雲衣。
微臣願保王躬泰，帝座南頭著繡幃。

其十
上古虞帝即我君，金徽一曲拊南薰。
招來灝氣天中滿，歌散愁襏世上聞。

贈墨與陳子
陳玄本自屬君家，玄到君家樂未涯。
背起雙龍翻硯沼，煙浮五色亂簪花。

次韻答陳子饋筆
彩毫勞贈子雲家，綺思玄情詎有涯。
持去應為羽獵賦，簪來時拂漢宮花。

老將行贈孫都督二首[一]
十五即騎生馬駒，未能三十飽陰符。
誰言齒髮今非壯，引臂猶開五石弧。

其二

孫子談兵故有名,李家飛將慣專征。
形容不入麒麟畫,鬢髮空憐霜霰生。

【校記】

[一]"孫"下嘉靖四十年二十卷本有"伯泉"二字。

海印寺聽沈山人彈琴二首

客來繫馬東林坐,院靜風回玉軫張。
本是猗蘭抽妙曲,令人錯意雨花香。

其二

如有驚禽翻貝閣,似聞瀑水下空巒。
燕京四月皆知暑,那得此中白雪寒。

問彭子疾彭子者安禪養生並自稱能於其疾也余故得嘲及之二首

獨客虛堂即淨域,驚人病骨似維摩。
那因得借金仙力,為爾全驅五百魔。

其二

紫霞庭院寂無喧,雙蝶籧籧繞夢魂。
自是莊生潛漆室,非關司馬臥文園。

贈劉令赴潮陽二首

劉子別予向潮陽,燕州九月已飛霜。
尚聞海樹津津綠,更有山花處處香。

其二

縣樓望海海雲生,仙島茫茫無限情。

但使丹成似王宰，那愁梟鶴不逢迎。

贈王相陸氏之楚四首

七澤澤邊楚國城，章華臺上鼓鍾聲。
君王不是耽游宴，醴酒朝朝爲穆生。

其二
楚苑天南暖不遲，隔年梅柳已多姿。
春來花絮紛紛起，絕勝梁園雪裏時。

其三
王人本性嗜幽居，竹圃梟池信所如。
即使好仙仙亦得，淮南肯發枕中書。

其四
鸚鵡洲前水濛濛，黃鶴樓頭四望空。
千載懷人堪作賦，陸機詞調本來工。

贈單倅之濬縣三首

美人拜除辭欲西，眼看黃綬轉含悽。
當年自負凌雲翮，何悟今從枳棘栖。

其二
秋甸經霜菊未殘，離觴泛菊駐征鞍。
問君何事衣裘重，明到琴堂白雪寒。

其三
縣郭南連瓠子河，漢家障口鎮無波。
只今泛濫憑誰楗，試問淇園竹若何。

對雨

朝朝雲雨滿長安，歌鼓千家對酒歡。

秪道沙田茂禾黍，不愁平地起波瀾。

十六夜貢院作

斜光閃閃動嚴扃，獨臥孤闈夢忽醒。
自是夜來逢趙璧，虛疑明月照前庭。

集杜句問訊孫志高疾二首[一]

多病所須唯藥物，花枝照眼句還成。
知君苦思緣詩瘦，吾輩悠悠飽飯行。

其二

年過半百不稱意，許身愧比雙南金。
形神寂寞甘心苦[二]，日暮聊爲梁甫吟。

【校記】

[一]"孫志高"，嘉靖四十年二十卷本作"季泉孫氏"。
[二]"心苦"，嘉靖四十年二十卷本作"辛苦"。

過望兒山

雲去臺高草色斑，居人爲指望兒山。
忽思游子千峰裏，白髮當門暮未關。

回山

山回王母何年至，我亦王孫此日遊。
鶴馭龍旌誰在眼，碧雲丹水共悠悠。

原州教場閱武曲十二首贈制府劉公

柳營危據蒼山曲，金甲晴環碧水頭。
要使狼煙空朔漠，不知兒戲控貔貅。

其二
戈馬翩翩搖白野，將軍嶽嶽坐朱林。
秋霜秋日晴相映，照見年來肘後金。

其三
大將營中喧鼓角，隨風吹入祁連閣。
祁連閣外胡兒愁，借問戍兒聲何惡。

其四
雪峰照野開山斧，猛氣轟雷全勝車。
漫說弓刀是長技，古來驕虜笑中華。

其五
峭壁千重縣漢壘，長垣萬里靜胡塵。
健兒此會休挑戰，不是要功畫閣人。

其六
雕戈寒映千山雪，鐵馬橫行入陣雲。
即向油幢瞻氣象，座中元是霍將軍。

其七
萬里煙沙百尺臺，朱旗繞繞拂雲開。
輕車欲碾天山破，馳突先從此地來。

其八
頻年不道虜塵飛，萬隊煌煌自合圍。
貫落青鵰神臂弩，驚還白雁佛郎機。

其九
原州北塞起新城，結寨連營殺氣橫。
為語書生休浪誚，范老胸中百萬兵。

其十
漢家麟閣倚丹霄，圖畫功臣百代超。

可惜當年橫白骨，爭如開府虜煙消。

其十一
持纓老子據胡牀，號令風霆縛吉囊。
已見甲兵雄衛霍，還知仁義壯金湯。

其十二
日月勳名今岳穆，詩書家學宋劉琦。
不緣走馬觀營壘，文武那知足我師。

彰德道中時聞駕幸承天二首

百道傳呼疾若雷，龍輿虎旅發仙臺。
千層殿閣連雲起，萬國車騎動地來。

其二
到處悲歌是苦飢，何人草奏上金扉。
虛傳八駿驚千里，天子元垂帝舜衣。

槐野先生存笥稿卷之三十八

槐野先生存笥稿附錄

南京國子監祭酒槐野王公行狀

賜進士及第翰林院侍讀前國史編修會典纂修官兼管誥勑吴郡門人瞿景淳撰

嗚呼！槐野王公之卒三年矣，淳每念疇昔，瞻望西嶽，輒欷歔不能止。思欲一拜几前，無從也。今年丁巳春，公母太孺人將圖葬公，乃馳一介走京師，乞銘于當世名公，且屬淳編行狀。顧淳誠固陋，不足以知公。然公兄弟所述甚核，而文參諸吏部南君所睹記，宜得其大都，謹拜稽首，校定遺事。

公姓王氏，諱維楨，字允寧，別號槐野，陝西華州人也。其先昌平州人。始祖諱伯牙者，由進士任河南憲副，左遷華州稅課局大使，因家焉。伯牙生處士得。得生真定縣令徽；處士和。和生子六人，處士原，其行五也。原生子二人，長曰載，號文菴；次曰軒，號質菴。文菴公配劉氏，以正德丁卯十一月二日生公。王氏之家華州者，至公凡六世矣。世以文行相後先，故遂爲關中望族云。公生而風骨峻岐，文菴公督令就學。甫十歲，即善舉子業，復多博習古文辭，爲文疎宕爽朗，經師異之，曰：大王門者，必此子也。文菴公亦喜。其甫弱冠，督學漁石唐公、鳳泉王公咸以國士期之。歲辛卯，舉于鄉。乙未，舉進士，選授翰林院庶吉士，讀書中秘。三閱年，乃授檢討，自同館咸推讓公才。後文菴公以公貴，蒙恩贈徵仕郎、翰林院檢討。母劉氏封爲太孺人云。公傷文菴公早世，禄養不逮。太孺人復以久客京邸。丁酉冬，充册使副，便道送太孺人西歸，而祭文菴公墓，焚黃寫哀。太孺人有女，許字東生夔，夔故仕族，家稍削，公特厚其資嫁之，仍歲時餽遺不絕，以順適母意。又明年己亥，公留內子東孺人侍太孺人家居，單車復命。再閱時，會東孺人卒，公感泣且念母獨居無侍，故肺疾浸劇，具疏以請，得賜歸侍養。越辛丑，復奉太孺人如京師。甲辰會試，爲同考官，取士號多得人。乙巳冬，太孺人念女積，忽忽不樂。時公與纂修會典，重違母意。復疏請，得奉太孺人歸。以丁未春還史館繹舊業，逮己酉以九載考績，乃晉秩爲脩撰。方公以盛年登朝，積勞取貴，可歲月計。然公欲娛太孺人，每遲回家居。公誠賢者，知所重，固不以彼易此也。庚戌會試，復爲同考官，公發策詢士，略曰：今大同邊垣既以底績，而薊州一路顧有遺謀，自今作之，西接宣府，東抵山海，爲邊千二百里，使幹濟之臣戮力經營，患可少止。是年秋，虜果自薊州入，天子採群臣議，特設總督大臣一人，使專備遼薊。其議蓋自公發之。冬十月會試武舉，公爲主考官，仰天祝曰：是安得殉國之人而收之以神國用，攤卷品士，必先謀識。所進武弁，亦多得人。公燕居好觀古今名臣經略，凡關隘阸塞備禦疎密之詳，皆能歷歷指陳，不俟按圖。其用世意氣，立談可知也。辛亥冬，詔晉秩爲右春坊右諭德，署南京翰林院事。公念南京王業根本，控江海上游，宜早戒不虞。每搢紳過從，輒訊兵馬錢穀之事，人或以爲迂。無何，會倭奴寇下江諸郡，始服公先識。時洛陽孫公以工部尚書攝兵部事，公馳就議事，即日協同內外守備，振揚兵威，固守要害。寇知有備，遂遁去。公謀居多。甲寅夏，有詔召還宮坊。時太孺人留關中，便道歸省，且疏請終養。天子不可。吏部移文促公還任，惶懼就道。既入見，復申前疏，留中不報。乙卯秋，命主順天府鄉試，士類忻忻，多自幸入公彀中。公凡四入試場，每錄出，士爭傳觀，謂真班馬之匹云。時公方嚮用，會太孺人遘末疾，公聞報，驚仆，失聲悲號，寢食俱廢，復披擴請終養。久之，乃晉秩爲南京國子監祭酒。公謝恩畢，即日陛辭，倍道西馳，不數日過西嶽，爲文虔禱，請以身代母。太孺人聞公至，病亦少愈。是年冬，關中地大震，山摧川溢，城郭廬舍多傾毀，民人橫罹，壓死過半，而公亦不免，實嘉靖乙卯十二月十三日夜分時也。悲夫！悲夫！傳稱"天道無親，惟與善人"。若公之念母，好爵不縻，非所謂善人邪？而卒罹此。曩所稱天道，信邪？否邪？公性孝友，始爲諸生時，喪文菴公，哀毀骨立。比既貴，每在告。事仲父質菴恭順唯諾，如事文菴公。與從兄弟維藩、維祺、維新、維厚群居怡怡，友恭藹然，人不知爲從兄弟也。從姪吉兆少孤貧，公異其質，資給就學，撫而教之甚備，今爲郡學生。念族蕃有貧不能葬者，割地立塋，俾以昭穆次第，即葬其中。歲飢，則出粟贍族。有婚喪，亦如之。故族人多德公云。素剛直，少不當意，即時貴必面折其過，人或不堪。然與人交，不渝終始，誠意懇至，迥出俗輩。里中孫通判氏，居官清苦，夫婦沒垂三十年，其子不能葬，公爲買地葬之。其與人之周多類此。故雖素不悅公者，亦服公高義。公雅意經世，然優游館閣積二十餘年，訖不當任，故不及以功業自見，時托之著述。今有稿三十餘卷，達人君子取而玩焉，亦可識其微意之存也。公先配東氏，兵部車駕司郎中東君魯之女，生男二：曰逢春、長春，俱不育。繼配安陽丞郭君從禮之女，生女二：長許舉人東君棐仲子瑛，沒于室。次許今吏部稽勳司主事南君軒叔子師仲。側室宋氏，生男一，曰京闈。復聘東君棐女，尋舊好也。太孺人卜以是年十一月十一日，葬公少華山麓祖塋之次。嗚呼！公爲關中偉人，咸期以公輔，然歷官僅四轉，享年僅四十有九，何去之忽也！然公文章節概，雖傳千百年，猶當赫赫在人，則公雖死猶生矣。淳本海濱鄙生，甲辰之春，荷公首薦入史館。從公後，每辱訓迪，愧淺衷弱植不克副。公今已矣，豈名山之頹，哲人之萎，數固相符，如古所歎乎！敢忘固陋，取公遺事，論次如右，懇惟大人先生採擇而賜之銘。公雖不幸，亦可瞑目矣夫。

明故南京國子監祭酒王公墓誌銘[一]

賜進士出身通議大夫太子賓客吏部左侍郎兼翰林院學士給二品服安陽郭朴撰[二]

嘉靖乙卯冬十有二月癸卯夜，關中地大震，山摧川溢，城郭廬舍傾毀，人民壓而死者過半，南京國子祭酒華州王公遭焉。時公一子方襁抱，母老且病，聞之令人淚漱漱下也。先是，公在京[三]，聞母疾作，驚仆悲憂，寢食俱廢，上疏請終養。適遷南京國子祭酒，遂兼程西馳，禱于華山，願以身代。比歸，母稍愈，乃日夜理醫藥、治棺襚弗輟。會有地震之變。嗚呼傷哉！公諱維楨，字允寧，號曰槐野。其先昌平州人曰伯牙者，以進士任河南憲副，左遷華州稅課大使，因家焉。伯牙生得，得生和，和生原。原長子曰載，號文庵，娶劉氏，生公。公生而峻巖，十歲能博習古文辭[四]，舉業疎宕爽朗，善發經旨，弱冠即有聲三輔間，督學憲臣咸奇之。嘉靖辛卯舉于鄉，乙未登進士，廷議簡育侍從[五]，上御文華臨試，取三十人，公名在其中。改庶吉士，績學翰林。丁酉，授檢討，贈父文庵如其官，母封太孺人。公幼稟穎質，長抱奇志。既列清貫，益肆力學。晝則鐍戶，夜則燃燭。六經群史外，尤喜諸子百家之言，含精咀腴[六]，掇英蒐異，咸發之于詞。海內文人哲士多與交游[七]，由是聲名歘起，軼駕流輩矣。甲辰，分校禮闈，取士號多得人。乙巳，與重修會典。己酉，以九載滿秩，晉修撰。庚戌，再分較禮闈策士[八]，略曰：大同邊垣既以底績，而薊州一路顧有遺謀，自今作之，西接宣府，東抵山海，為邊千二百里，使幹濟之臣戮力經營，患可少止。至秋，虜果自薊州入。朝廷採群議，特設總督大臣專備遼薊，其論蓋自公發之。是年冬，典試武舉，所進多謀略才豪之士。辛亥，晉春坊諭德，署南京翰林院事。公以留都王業根本，控江海上流，宜豫戒不虞。每遇縉紳，輒談兵馬錢穀。會倭奴突入應、徽、寧、太諸郡境，人咸稱公先識。甲寅，召還春坊。取道省母關中，因請終養，吏部移文促赴任。乙卯秋典校順天鄉試，一時士類咸以得公衡鑑自慶。尋遷官留都，而沒于家。距生正德丁卯十一月二日，享年四十有九。公始為諸生，喪父，哀毀骨立。比登仕籍，泓蓄駿發，顯貴可立致也。顧以痛父不逮養，每圖順悅母志，邅延家居者前後五六年，其孝如此。性素豪邁，負氣敢言。折節交游，中存區畛。稱人之美，惟恐弗及；面折人過，若無所容。眾遂謂公善抑揚人，公自謂真弗變也。至剖疑決難，雖非己職，必毅然任之。且博學彊記，論事慷慨，指顧揮霍，廣譬曲諭，多中肯綮。諸公亦以此偉其為人。平居好觀今昔名賢經略，凡關隘陀塞，備禦曲折，能歷指陳其詳，此其志概豈謭謭拘拘者比哉？內閣諸公雅愛公文[九]，亟稱其有異才，嘗薦于上，謂可大用。丙辰秋，上指公名，問今安在，時已沒數月矣。公優游詞苑，積二十餘年，訖不當任。然志在經世，時托之著述。遺文若干卷，宗伯季泉孫公敘次而傳之[十]。公凡兩娶，俱封孺人。先東氏，車駕郎中魯女，生二男子，早夭。繼郭氏，安陽丞從禮女，生二女子。其嗣子曰京闈者，側室宋氏出也。卜以丁巳十一月十一日，葬于郡城南原之兆。先期走使京師謁翰林侍讀瞿君狀公行，屬朴為銘。朴與公同舉進士，又同官詞林最久，銘也焉敢以不文辭。銘曰：

抱穎握奇才且彊只，蜚英燿彩厥蘊章只，鸑鷟高翔驊騮驤只。梗楠可材棟明堂只，胡為一夕忽殞亡只，數與變會匪厥殃只。華原瞰河倚崇岡只，佳城鬱鬱檜松蒼只，往妥爾室萬年藏只。

【校記】

［一］此文與新出土王維楨墓誌銘互校。

［二］此行後墓誌有"賜進士通議大夫吏部右侍郎前都察院右副都御史蘄陽馮天馭書并篆"一行。

［三］此處墓誌有"師"字。

［四］"辤"，墓誌作"詞"。

［五］"廷議"前墓誌有"時"字。

［六］"腴"，墓誌作"腴"。

［七］"文"，墓誌作"聞"。

［八］"較"，墓誌作"校"。

［九］"內閣諸公"，墓誌作"少師嚴公"。

［十］"季泉孫"，墓誌作"孫季泉"。

槐野先生存笥稿附錄

書槐野先生存笥稿後

往聞先君言與外舅槐野先生交也，余小子能述焉。嘉靖初，有戚給事者于役道渭上，見先君，異之，攜至華下，館城南僧舍中，試以文。時先生爲孝廉，方下帷僧舍，已錚錚擅名關輔。且伉厲不可一世，乃從傍睇先君文，心竊奇之。即其家爲具雞黍，甚備酒，間握先君手謂曰：子，吾畏友也，願定交焉。先君年方志學，遜先生十齡。亡何，先生簪筆玉堂，先君尋薦鄉書。先君爲文窮理窟，耻剿說，數不利于春官。先生惓惓務相砥礪，壹當作者。先生有息女方襁褓，即紹介先君，願請倩若子以聯好。後先君讀中秘書，先生在留院，貽書先君，令抑之使庳，勿守漢魏軌轍以乖時好，見載集中。乃先君以制歸，而先生移官南雍，便道歸省，殞于家。其著述幾爲人匿，先君即帳中大索之，亡所失，攜入都，文恪孫公序而傳焉。其時散在四方者不盡出。後不肖廁門楣，先君一日謂余曰：司成公逸稿，爾盍圖焉。不肖唯唯，遂遍咨姻舊，得逸者十之三四，未及論次，會仲氏官棘津，爲好事者索以鋟梓，草雜不厭眾心，疇爲先生忠臣者。最後復得逸者若干首，遂合先後諸刻，分類正譌，勒成一編。頃直指黃公按陝以西，且謂我明文章，自北地左輔繼起，海內操觚之士，莫敢雁行進。今北地集歷三朝，關中始一殺青，安可令左輔集竟成草草，遂檄邑侯王君付之剞劂。夫以先生集隃五十年，遇直指公而後稱完書。邑侯又兢兢殫力斯役，九京知己，不負苦心，若直指公者，不唯雅重文獻，儻所謂知人善任者矣。余不文，僭述先生于先君交游之深，洎斯集傳播始末，以寄今昔之感。若先生人品在本傳，詩文評隲在諸名公序中，余曷能贊一詞。南師仲曰：往余在京師，得侍大宗伯臨武曾公教，曾公之言曰：左輔著述，前無古人，宋以下何論焉。韓柳搆撰，覺尚疏莽，誠詞壇絕調矣。曾公嚮往如斯，當時已諾爲序，闡作者之志。詎意別不踰歲，乃繼左輔以修文也。聆論猶在，追想愾然，輒爲附載若此。

萬曆丙午端陽日

賜同進士出身翰林院國史檢討徵仕郎直起居注編纂六曹章奏館甥渭上南師仲謹撰

郢中後學王廷詔書

後　記

　　《陝西古代文獻集成》是陝西省自建國以來實施的最大的古籍整理項目。這一課題的任務是，將歷史遺留下來，而又沒有經今人整理過（或雖經今人整理，但是整理本有較多問題），並且具有很高歷史和文化價值的典籍，做成供中等文化程度以上讀者可以閱讀的整理本。工程浩大，任務繁重，時間緊迫，要求很高，需要課題組織者和參與者付出很大努力。將這項世紀工程做好，不僅爲當代，而且可以爲後世貢獻一份珍貴的精神遺產。

　　中國歷史上凡是經濟繁榮、富庶安泰的時代，執政者往往會在文化建設方面投入較多的精力和財力。宋初的四部大書《太平御覽》《太平廣記》《文苑英華》《册府元龜》，明初的《永樂大典》，清代康熙乾隆年間的《古今圖書集成》和《四庫全書》等，無不基于這種背景，這就是所謂"盛世修書"的傳統。

　　改革開放以來，陝西省在全國經濟發展方面長期居於中游甚至偏下，上一輩學者欲整理陝西古代文獻者不乏其人，但都因所需鉅資無法籌措而望洋興嘆。國家實施西部大開發的戰略以來，在國家扶持和陝西人民的努力之下，陝西經濟有了快速提升。陝西乃中華民族的發祥地，古長安又是十三朝古都，憑此地緣優勢，陝西省人民政府不失時機地提出了要將陝西省建設成中國的文化大省和文化强省的戰略目標。近年來陝西省在文化遺址的修復和文物保護方面，採取了大力度的措施，恢復和整修了相當多的文物古跡，例如日前已列入《世界遺產名錄》的漢長安城未央宮遺址、漢城湖公園以及漢昆明池遺址公園、唐長安城大明宮遺址、唐芙蓉園、曲江遺址公園等；文物的修護保護也取得很大成就，秦始皇陵兵馬俑的彩繪保護、古代紙質文獻的修復保護等，這些成就舉世矚目。但是這些成果，主要是從空間上展現文物和遺址的形貌，而這些文化遺產内在的精神支撐，也就是其產生的時代與背景、存在與湮毁等豐富的文化信息，更須依靠文獻的記述。正如本課題主持人所說：“歷史上的文明，文物只是一端，而文獻則構成另外一端。無文物則不睹其容，無文獻則不知其故。文物爲體，文獻爲神，著此一睛，則飛龍在天。”更何况有些精神遺產是地面文物所無法負載的。例如，宋代以後，理學成爲中國官方的主要意識形態，而陝西關中理學即關學是其重要的組成部分。關學的代表人物張載、蕭斠、馬理、吕柟、馮從吾、康乃心、李顒、李因篤和王心敬等人的著作，不僅是陝西省的珍貴文化遺產，也是中華民族的精神財富。張載的“爲天地立心，爲生民立命，爲往聖繼絶學，爲萬世開太平”的豪言壯語，成爲世世代代立志爲國捐軀的有志之士的座右銘。而這些遺產，也到了搶救的時刻了。

　　陝西堪稱中國古代文獻的淵藪。產生於這塊土地上的古代經典文獻有《周易》《周禮》《史記》《漢書》等，《詩經》和《尚書》中亦有相當篇目與這一地域有關，而歷代這裏出現的文獻瑰寶，更是不勝枚舉。

　　有鑑於此，我們認爲編纂一套能比較全面反映陝西省古代文化輝煌成就的大型叢書時機已經成熟，並且刻不容緩。2011年初，我們向陝西省政府提出建議：抓住當前有利時機，傾省內外可以利用的學術資源，盡速啓動，用十年左右時間編纂一套全面反映陝西古代文獻成就的大型叢書《陝西古代文獻集成》。

　　陝西省人民政府主要領導迅速做出批示：“對我省歷史上形成的，目前又没有被整理出版的典籍，應下力氣投入，以傳承歷史文化和文明。”

　　項目組經過審慎的摸底調查，決定精選出三百種左右的典籍進行整理，在“十二五”和“十三五”期間各完成一百五十種左右，約需投入兩千萬元左右。經過以著名古籍整理專家周天游教授爲主任的陝西省古籍整理出版工作領導小組專家委員會的數次開會研究論證，認爲方案切實可行，上報省政府。陝西省發展和改革委員會、陝西省財政廳對這項工作非常重視，決定撥出專項資金予以支援，並立項爲陝西省“十二五”古籍整理重大項目。

　　其後，課題組精心落實了課題的實施。

　　一、成立《陝西古代文獻集成》編輯修纂工作班子。一是編修委員會，由陝西省省長任主任，中共陝西省委宣傳部部長和主管文化的副省長任副主任，各相關主要單位的領導任成員；二是成立專家委員會，由陝西省古籍整理出版工作領導小組（簡稱“省古籍整理領導小組”）專家委員會代行職責；三是成立編纂委員會，設在項目直接承擔單位西北大學，負責項目的編纂實施工作。由一批在國內享有盛譽的專家擔任顧問，另由一批以陝西省內爲主的年富力強的古代文獻學者擔任委員會成員。編纂委員會確定了一期工程的具體進展計劃，並且提出，這一項目在省古籍整理領導小組統一領導下實施開展，省古籍整理出版辦公室負責項目的總體協調和日常行政事務工作，督促檢查項目的進展情況和經費使用情況。西北大學爲項目的第一承擔單位，負責項目的具體組織和實施。爲落實這些要求，省古籍整理領導小組於2012年9月下發文件，通知了各相關單位。

西北大學還在項目主持人賈三強教授所在的文學院成立了重大項目管理辦公室，從辦公場所、人員配備方面提供了必要條件，使項目順利啟動。

二、確定子課題。按照省政府文件精神，課題組決定先整理一批沒有經過近人整理，或雖有近人整理本，但整理本存在較多問題的典籍。爲了有利於今人閱讀，以便使這些文化資源成爲今天的經濟建設、文化建設、社會建設和環境建設的有用信息，我們決定不採用國內有些省市採取的古籍影印的方式，而是採用古籍點校本，並用繁體字橫排本的形式，這樣既尊重了古代文獻的原有形式，又便於今人閱讀。既然確定爲目前只做尚未有今人整理本的陝西古代典籍，課題組經過反覆研究論證，確定下來300多個子課題，依傳統古籍分類法，分成經、史、子、集四部。按前後兩期實施，"十二五"期間先行完成150多個子課題。在這些子課題的確定中，專家委員會意見得到了極大的重視。

三、開展項目的招標工作。根據專家委員會的建議，對於子課題的承擔，我們決定採用招標制和委託制結合的辦法，以招標制爲主，無人投標或投標者明顯不合要求者，再採用委託專家承擔的方法。省古籍整理領導小組在2012年9月下發文件，公開向省內徵集一期工程151個子課題的承擔者。以省內高校和科研單位爲主，學者踴躍申報，經編纂委員會初審，決定將74位學者申報的117項子課題交付專家委員會審查。2013年1月，專家委員會審定107項子課題合格。入選者絕大多數是近年來從事文獻研究已有成就的中青年學者，有一部分已對所申報的子課題有了相當深入的研究。對於無人申報或申報者不合要求的課題，還有專業性太強如中醫藥方面的子課題，我們採取了委託具有高水準的相關專家承擔的方式。因此，所有150余子課題都已先後確定了整理者。

四、多次召開相關會議，進行學術交流，互促互進，並及時解決實際問題。在項目規劃時，我們就提出了課題進行中，每年召開一次學術研討會、一次行政事務會的設想。前者主要交流課題研究中的學術問題，後者主要針對項目進行中出現的各種事務性問題，及時加以解決。2013年3月，東亞漢學研究學會（秘書處設日本長崎大學）、西北大學文學院和陝西省社會科學院古籍研究所聯合舉辦，西北大學文學院承辦了"陝西地方文獻國際學術研討會"。與會專家學者50餘人，分別來自日本、中國大陸和臺灣地區，共提交論文41篇。論文專業性強，水準高，圍繞陝西古籍整理、古代文獻編年、宗教文獻的文學闡釋、陝西地方方言、域外漢學的開拓與發展等學術問題，進行了深入的交流。會議期間，舉行了"陝西古代文獻"課題開題報告會。與會專家一致認爲項目具有重大文化意義，並且對項目的各方面問題提出了許多好的意見和建議。對於這次會議，《中國社會科學報》2013年3月4日曾專發消息《"陝西古代文獻集成"項目啟動》予以報導。會議論文由東亞漢學研究學會會刊《東亞漢學研究》出版特別號《"陝西地方文獻國際學術研討會"論文集》。

2014年6月，西北大學文學院和陝西省社會科學院古籍研究所舉辦了"第二屆陝西地方文獻學術研討會"，會議的參加者全部是項目的承擔者，各位學者專家對自己承擔課題中的學術問題做了歸納研究，發表的論文有很強的現實針對性。對于項目的深入開展和將項目做成高品質的學術成果，這可謂是高調的集結號。會議論文集由商務印書館出版。

行政事務會議也力爭開成辦實事、解決實際問題、不務空談的交流會。雖然我們已給各位課題承擔者發了《工作手冊》，專門規定了體例，但是在實際操作中，仍然出現了一些問題。于是2013年10月召開的行政事務會議，專就體例不一展開了研討。集思廣益，將各位專家學者的意見建議分門別類做了梳理，又重新修訂了《工作手冊》，大家反映良好。

根據實際需要，從事編修編纂的單位建立了暢通的管道，問題一發生，就做出快速反應，及時溝通，及時解決。2015年年末，省政府主管文化的副省長過問了項目的進展，明確表示，這個項目是省上親自抓的重大文化項目，也是建國以來投資最多的軟文化工程，受到省委省政府主要領導的關注，必須抓緊、抓好。爲此，陝西省社會科學院、陝西省古籍整理辦公室、陝西省古籍整理專家委員會、西北大學四家單位的領導和項目主持人開會，對當前面臨的問題一一過濾，採取相應對策。如稿件完成後的審閱、成書的分集等具體問題均有涉及，並且有了明確的應對之策。

五、利用電子信息時代的優勢，建立隨時應答的動態管理模式。項目日常的工作人員主要由在校博碩士生等組成。他們利用年輕上進、精通電子信息技術的優勢，提出了很多很好的建議。例如建立了全員電子通信網，隨時隨地可與各位項目承擔者進行聯繫，實現無紙交流、無紙辦公，並且建立了聯絡群，可以隨時發佈各種信息，對各種問題進行及時應答。具有普遍性的問題，還可由專門或專業人士進行解答。

與此同時，我們建設了"陝西古代文獻集成"信息終端，硬件軟件已經採購到位，待安裝調試成功後，計劃將一些共用的資源錄入，逐步建成課題組的大資料庫、大信息庫。這個終端的建成，必將爲課題的開展起到重要的促進作用。

陝西省古籍整理辦公室從項目的選題到項目的立項，從經費的管理到經費的監督，從督促項目的進展到聯絡出版、印刷等事宜，認真負責落實，先後召開了五次專家委員會會議、五次項目進展情況督促檢查會、六次專項出版印刷會，下發正式文件三次，認真組織實施，積極協調各方相關單位，使項目有序推進，對于項目按時間、保質量地完成，起到了重要的作用。

陝西人民出版社承擔項目的出版工作。從社領導到編輯均表現出了極强的責任心和專業素質，在此表示誠摯的謝意。

賈三强
丁酉年春日